Vorwort

»Das einzige, was mich während des ganzen Krieges mit Sorge und Angst und Schrecken erfüllte, waren die Periskope der deutschen U-Boote – und der bis zum Ende ungebrochene Geist ihrer Besatzungen.«
Das sagte Churchill.

Dieses Buch ist kein Heldenepos, dieses Buch belegt den U-Boot-Krieg, wie er sich den Beteiligten und Betroffenen damals darstellte: lebensnah, ohne Pathos und ohne dramatische Überspitzungen, ohne romanhafte Verzerrungen und ohne verkaufsfördernde Entgleisungen. Die Stoffsubstanz wurde aus frischem Erleben zum Teil noch im Zweiten Weltkrieg oder kurz danach aufgenommen und kritisch verarbeitet. Es bedurfte auch keiner konstruierten und multiplizierten »Thema – Eins – Themen«, um auch sachfremde Leser »anzuheizen«. Das hier verarbeitete Geschehen spricht für sich und beeindruckt mit jeder Zeile: Der tragischheldenhafte Einsatz für U-Boot-Besatzungen gegen einen erkannt zahlenmäßig wie technisch immer stärker werdenden Gegner – der zudem, wie wir heute wissen, über die besseren Informationen verfügte – zwang zu einem erschütternden Opfergang ohne Beispiel. Das bei wissentlich höchstem soldatischen Einsatz. Die Männer im Grauen Lederpäckchen, die U-Boot-Fahrer, erfüllten ihre Pflicht bis zur letzten Stunde des Krieges, einfach, weil sie Soldaten waren, mehr noch, weil sie überzeugt gewesen sind, einer gerechten Sache zu dienen, ihrem Vaterland, ihrer Heimat. Auch das gehört zur schicksalhaften Tragik dieser Männer, von denen von 390003 2000 Mann – das sind 82 von Hundert – auf See geblieben sind.

So jedenfalls war der U-Boot-Krieg aus deutscher und damaliger Sicht. Ein nicht geringer Teil der britischen und später amerikanischen Gegenmaßnahmen blieb der deutschen Führung ebenso verborgen wie den U-Boot-Kommandanten und ihren Besatzungen, die nur zu spüren bekamen, daß der Kampf gegen sie härter, immer unbarmherziger härter wurde. Dazu zählt auch das erschöpfende Suchen, Suchen, Suchen nach den (vom Gegner) rechtzeitig umgelenkten Konvois. Siehe auch Anhang I, Nachtrag 1. Nur die neuen Boote vom Typ XXI und vom Typ XXIII – oder die Walter-U-Boote – wie auch die neuen Torpedos hätten hier (vielleicht!) eine Wende herbeiführen können. Der Weg dahin konnte jedoch erst eingeleitet werden, als Dönitz als Großadmiral und Oberbefehlshaber der Kriegsmarine die notwendigen Vollmachten besaß. Er hat dann auch, wie wir wissen, sofort das Notwendige für eine Umrüstung der konventionellen Boote, die auch tauchen konnten, auf echte Unterseeboote veranlaßt. Sie kam zu spät.

Meinem	Freunde aus langjähriger gemeinsamer Seefahrt auf dem Vollschiff *Großherzogin Elisabeth* und Kommandanten von *U 77* Korvettenkapitän Hein Schonder
und	allen gefallenen Kameraden der U-Boot-Waffe
wie	allen, die auf See geblieben sind, gewidmet.

Hein Schonder starb als Kommandant von U 200 am 24. 6. 1943 im Nordatlantik südwestlich Island den Seemannstod mit seiner ganzen Besatzung. Beim Auslaufen zu seiner letzten Unternehmung stand er lachend und winkend, umdrängt von seinen Offizieren und Männern, auf dem Turm seines neuen großen Bootes. Seine letzten Worte:

»Macht's gut und denkt daran!
Es gibt drei Sorten von Menschen:
Die Lebenden.
Die Toten.
Und die, die zur See fahren.«

INHALT

Anhang

Anhang I

TEIL I · 1939

ES BEGANN SO FAIR, SO RITTERLICH

1

Schlachtschiffe oder U-Boote?

Zur Lage:
August 1939, 56 U-Boote stehen der deutschen Kriegsmarine einsatzbereit zur Verfügung. Nicht alles sind Frontboote, ein Teil, jetzt mehr denn je, wird für die Schulung gebraucht. 21 Boote verlassen zwischen dem 19. und 21. August ihre heimatlichen Stützpunkte. Befehlsgemäß beziehen sie ihre Wartestellungen. Im Geheimfach der Kommandanten ruhen die versiegelten OKM-Befehle. Unter diesen Offizieren sind Männer, die schon wenige Monate später auf den Titelseiten der Weltpresse erscheinen und im deutschen Rundfunk gefeiert werden: Prien, Kretschmer, Schepke, Frauenheim, Schultze, Schuhardt und andere . . .

»Nummer Eins, sorgen Sie dafür, daß die taktische Nummer Außenkante Turm überpönt wird. Lassen Sie auch den Vogel entfernen«, ruft Kapitänleutnant Schultze, kurz »Vaddi« genannt, seinem Oberbootsmann zu. Mit dem Vogel meint er, wenig respektvoll, aber allgemein verständlich, das Vorkante Turm angebrachte Hoheitsabzeichen mit dem Adler darüber.

U 48 ist vor Tagen, am 18. August 1939, mit anderen Booten in die Nordsee ausgelaufen. Der ranke Bug mit seiner Netzsäge, die dem Boot in Verbindung mit der gähnenden Trossenklüse das Aussehen eines hörnerbewehrten Reptilkopfes verleiht, zeigt zum Norden.

Eine frühherbstliche Sonne scheint, und die See, die sie an der Küste fröstelnd auch die Mordsee heißen, ist heute friedlich und bürgerlich brav. Nur eine sanfte, kaum spürbare Dünung schwingt durch das graugrüne Wasser.

»Das stinkt immer penetranter nach Pulver, Herr Kaleunt«, brummt der erstaunte Oberbootsmann statt des üblichen »Jawohl« als Antwort.

»Der Krieg wird erst verschwinden, wenn man ihn nicht mehr braucht –, und wenn die Menschheit sich den Frieden verdient hat, mein Lieber«, sagt Schultze philosophisch. »Nun machen Sie kein Gesicht wie ein Dackel, der sich auf einen heißen Eierkuchen gesetzt hat. Es ist so. Leider ...« Er dreht sich langsam zurück, nimmt das Doppelglas wieder in beide Hände und sieht über die See.

Damit ist dieses heikle Thema beendet. Die Nummer Eins ruft in den dunklen Schlund des Turmluks ein »Abwärts« hinein, um die zu warnen, die in diesem Augenblick vielleicht gerade nach oben wollen, denn es führt nur eine Leiter in die Röhre, eine schmale kalte eiserne Leiter für jeweils nur einen Mann. Wie ein Wiesel verschwindet der Oberbootsmann. Ein Akrobat wäre ein unbeholfener Tölpel gegen ihn.

Bevor er den ihm gegebenen Befehl an einen Seemann weitergibt, kriecht er nach hinten in die Maschine, zu seinem Kumpel, dem Obermaschinisten.

»Verdammt dicke Luft. Der Alte läßt sogar die Bootsnummer überpöhnen. Das bedeutet Krieg.«

»Du siehst Gespenster, das erzähle einem, der den Hut mit der Gabel aufsetzt. Es wird keinen geben. Ein kleines Schützenfest mit den Polen vielleicht. Uns hier geht das einen feuchten Schmutz an. Die Leimis werden sich nicht mucksen.«

»Denkste, schließlich haben die Briten erst vor kurzem erklärt, zu ihren Bündnisverpflichtungen mit den Polen zu stehen. Die Aufkündigung des Flottenvertrages und der am 28. April von unserem Reichstag gefaßte Beschluß, sich nunmehr an keine Baubegrenzungen mehr gebunden zu fühlen, werden sie nicht wie Olivenöl schlucken. Umsonst kutschen wir in diesen kritischen Stunden nicht in der

Nordsee herum statt in der Ostsee, an deren polnischer Küste es knistert.«

»Vorbeugend, nur vorbeugend. Die Insulaner werden sich hüten. Hier«, der Obermaschinist klopft dabei an den geschweißten Druckkörper von U 48. »Unsere Boote sind die beste Garantie dafür, daß er kneifen wird. Damit haben sie im letzten Krieg fast ausweglose bittere Erfahrungen gemacht. Damals hatten wir bei Kriegsbeginn nur ein paar. Heute sind es fünfzig.«

»Du bist zu sehr Techniker. Du rechnest und denkst nur in Zahlen, und du übersiehst, daß die Fehlerlosigkeit des Materials und das Funktionieren der Maschinen und der Waffen Selbstverständlichkeiten sind. Überschätzen wir nicht unsere Erfahrungen aus dem Weltkrieg. Auch unsere Gegner haben neue Methoden, neue Waffen. Es ist doch bis zu uns herabgesickert, daß England völlig neuartige U-Boot-Ortungsgeräte erfunden haben will.«

»Was ist schon besser bei denen da drüben! Was schon! Wir haben in jedem Fall die besseren Boote, die besseren Techniker und den besseren Geist.«

»Du meinst, wir haben das verbessert, was wir im Weltkrieg einmal besaßen. Auch die anderen haben verbessert. Was uns fehlt, sind U-Boote, noch mehr U-Boote. Aber Raeder will ja Schlachtschiffe. Ein Schlachtschiff kann man aber nicht in abgeschlossenen Hallen bauen. U-Boote – ja.«

»Du siehst die Dinge einseitig. Vom Standpunkt des U-Boot-Fahrers mag das alles stimmen. Das Schlachtschiff ist immer noch das Rückgrat einer Flotte. Noch jedenfalls.«

»Richtig, aber nur für den Starken. Der Schwächere muß sich auch der Mittel des Schwächeren bedienen. U-Boote sind die Waffe des Schwächeren. Und die zur See Schwachen – sind wir.«

»Solche Gedanken hemmen dich und deine Männer.«

»Ich betrachte die Dinge so nüchtern, wie deine Maschinen für dich mathematisch nüchtern konstruierte Gebilde sind.«

Das Problem: »Mehr U-Boote oder mehr Schlachtschiffe?« bewegte auch den kleinsten Mann in der Marine. Er ahnte, daß hinter den Türen der Oberkommandos am Tirpitz-Ufer in Berlin mancher harte Strauß ausgefochten wurde. Die an ihrer Waffe fanatisch und gläubig hängenden U-Boot-Männer vertrauten auf *ihren* Löwen, *ihren* Dönitz, der ihnen mehr als nur ihr Sonderbefehlshaber war. Der kleine Mann bei der U-Boot-Waffe tat die Situation auf seine Art ab, wenn er verbittert sagte: »Unser Ob. d. M. (Admiral Dr. h. c. Raeder) will bloß deshalb keine U-Boote haben, weil er bei uns keine Musikkapelle an Oberdeck aufstellen und blasen und pauken lassen kann.«

Die jungen, tatendurstigen U-Boot-Offiziere, denen Dönitz zugerufen hatte, daß sie die Crème der Marine seien, drückten ihre Ablehnung der Raederschen »Balance of power«-Politik zwar weniger drastisch, aber nicht minder konsequent aus. Sie standen genauso bedingungslos hinter »ihrem« Dönitz und dessen Forderungen.

Einige Monate vor der Polenkrise nahm Raeder, dem die seinem Überwasser-Kampfschiff-Programm entgegenstehende Meinung der U-Boot-Offiziere nicht unbekannt geblieben war, Gelegenheit, ein offenes Wort vor einem Forum höherer Marineoffiziere zu sprechen.

»Ich weiß, daß verschiedene Herren, auch solche in maßgeblichen Dienststellen, über unser neues Flottenprogramm eine andere Meinung vertreten als ich. Es berührt mich daher schmerzlich, wenn mir der stille und auch offene Vorwurf gemacht wird, daß ich die Bedeutung einer zahlenmäßig starken und ausbildungsmäßig schlagkräftigen U-Boot-Waffe übersehen würde. Es wäre eine Torheit, diese neue, im Weltkrieg so bewährte Waffe nicht weiterzuentwickeln. Es scheint daher an der Zeit, Anschauungen richtigzustellen, die der obersten Marineführung solche Erkenntnisse absprechen wollen.«

Raeder legte dar, welche Schiffsbauten ihm angesichts der

politischen und militärischen Gesamtsituation und der Versicherungen Hitlers, ein Krieg mit England sei ausgeschlossen, aber vordringlicher erscheinen würden.

Es liegt eine bittere Tragik darin, daß sowohl Raeder wie auch Dönitz, von ihrem Standpunkt aus gesehen, recht gehabt haben, nur mit dem Unterschied, daß Raeder das Ganze sehen mußte, während Dönitz ausschließlich nur für die U-Boote, also einseitig verantwortlich war. Historisch darf darum natürlich nicht gefolgert werden, daß Dönitz richtiger und klarer gesehen habe. Das zu behaupten wäre ebenso ungerecht wie falsch.

Raeder hielt als Verfechter der historischen Methoden an den Prinzipien der klassischen Seestrategie fest. Als Wissenschaftler hatte er alle Operationen und strategischen Entschlüsse und Maßnahmen wie auch die verschiedenen Faktoren für Erfolge und Mißerfolge im letzten Weltkrieg untersucht. Die Erfahrungen des letzten Krieges hatten bei der Skagerrakschlacht bewiesen, wie hoch der Kampfwert der deutschen Schlachtschiffe dem der britischen überlegen war. Die Sinksicherheit der deutschen Schiffe überstieg das Maß des praktisch Vorstellbaren. Nun, auf den Helligen der Werften und in den Konstruktionsbüros des OKM wußte Raeder im Rahmen des Planes »Z« neue Schlachtschifftypen, die unbesorgt jeder Klasseneinheit der britischen Flotte und jeder anderen Flotte der Welt in offener Seeschlacht begegnen konnten.

Es ist schließlich auch der klugen Personalpolitik Raeders zu danken, daß er in der Auswahl desjenigen Offiziers, den er mit dem Aufbau einer neuen deutschen U-Boot-Waffe beauftragte, gerade auf Karl Dönitz verfiel.

Bei aller Tatkraft und aller dynamischen Initiative muß Dönitz obendrein den Einwänden Raeders beipflichten, daß seinen Vorstellungen von einer zahlenmäßig großen und schlagkräftigen U-Boot-Waffe noch immer einige schwerwiegende Unsicherheitsfaktoren gegenüberstehen. England behauptet nämlich, mit seinem sogenannten Asdic-Gerät, einer neuartigen Unterwasser-Ortungsanlage, der U-Boot-Gefahr Herr geworden zu sein.

»Möglich, daß es einer der typisch englischen Bluffs ist«, schränkte Raeder ein, »aber wir kennen das englische Gerät nicht, um die Behauptung zu überprüfen. Wir tappen im dunkeln.«

Sollte Raeder unter dem Aspekt dieser Unsicherheit nun alles auf eine Karte, also nur auf das U-Boot, setzen? Das konnte und das durfte er, der als Oberbefehlshaber ja für das Ganze verantwortlich war, nicht.

Erst die von Dönitz entwickelte und in verschiedenen Manövern erfolgreich durchexerzierte Rudeltaktik ergab automatisch einen höheren Bedarf an U-Booten. Diese Taktik fand aber erst im Frühjahr des Jahres 1939 im Rahmen einer großen Übung zwischen Kap Vincent und Quessant, bei der zwanzig U-Boote einen »Geleitzug« angriffen, ihre größte, auch das Oberkommando überzeugende Beweisführung, der trotzdem noch immer die großen Fragezeichen der praktischen Auswirkungen der gegnerischen U-Boot-Abwehr gegenüberstanden. Weiter aber waren die deutschen U-Boot-Typen noch immer in einer ständigen Entwicklung begriffen. Es schien daher zwecklos und wenig ratsam, von den auch dem FdU noch nicht vollkommen erscheinenden größeren Typen Massen in Auftrag zu geben.

Der Kampf zwischen dem FdU und dem OKM war auf dem Typensektor noch immer nicht endgültig entschieden. Der FdU wollte in erster Linie das mittlere, wendige und daher manövrierfähigere Boot vom Typ VII[1], das außerdem durch eine schmale Silhouette begünstigt war. Dieser Typ, der 1934 im Haushalt vorlag und als Typ VII A 1935/36 in Bau gegeben und 1936/37 in Dienst gestellt wurde, hatte

1 Typ VII A: Die Boote U 27 bis U 36, Baujahre 1936/37, 626 ts ↑, 745 ts ↓, 16 kn ↑, 8 kn ↓, 5 TR, 1–8,8 cm, 1–2 cm, 4300 sm ↑ bei 12 kn, 90 sm ↓ bei 4 kn, 44 Mann Besatzung.

bereits Verbesserungen erfahren, und zwar als Typ VII B (Haushalt 1936/37[1]), der 1936 bis 1939 laufend in Bau ging und 1938 bis 1940 in Dienst gestellt wurde. Die später so erfolgreiche Endform, der Typ VII C[2], wurde bereits 1938 in den Haushaltsplan einkalkuliert, aber erst 1939 in Bau gegeben und 1940 in Dienst gestellt.

Die Verbesserungen waren bereits zwischen dem Typ VII A und B eindeutig und überzeugend, wurde doch die Fahrstrecke von 4300 sm auf 6500 sm und die Höchstgeschwindigkeit bei Überwassermarsch von 16 kn auf 17,2 kn erhöht. Dem FdU schien dieser Typ der Goldene Schnitt zwischen den sich widerstrebenden Forderungen nach Kampfkraft und Seeausdauer.

1 Typ VII B: Die Boote U 45 bis U 55, U 73 bis U 76, U 83 bis U 87, U 99 bis U 102, Baujahre 1938 bis 1940, 753 ts ↑, 857 ts ↓, 17,2 kn ↑, 8 kn ↓, 5 TR, 1–3,7 cm, 2–2 cm, 6500 sm ↑ bei 12 kn, 72 kn ↓ bei 4 kn, 44 Mann Besatzung.
Wie von Dönitz gefordert, wurde der Typ VII, der aus dem 1918 konstruierten Weltkrieg-I-Typ UB III entwickelt wurde und als dessen Vorläufer das vor der deutschen Wehrhoheit mit deutscher Unterstützung und nach deutschen Plänen in Finnland erbaute 493/717-ts-Boot »Vetehinen« gelten darf, als Typ VII C der Standardtyp für die Atlantikschlacht. Dieser bereits 1938 durchkonstruierte und beim Haushaltsplan einkalkulierte Typ wurde indessen erst 1939 in Bau gegeben. Er konnte daher nicht vor 1940 in Dienst gestellt werden. Der Mangel an diesen mittleren Hochseebooten, die von Dönitz aufgrund seiner Erfahrungen und seiner geplanten Rudeltaktik immer wieder bevorzugt gefordert wurden, hatte zur Folge, daß er als BdU seine Rudeltaktik in der Praxis erst Ende 1940 zum Tragen bringen konnte.

2 Typ VII C, Baujahre 1940 bis 1943, 769 ts ↑, 871 ts ↓, 17,0 kn ↑, 7,6 kn ↓, 5 TR, 1–3,7 cm, 2–2 cm, 6500 bzw. 6100 sm ↑ bei 12 kn, 80 sm ↓ bei 4 kn, 44 Mann Besatzung.
Später wurde noch der Typ VII C42 entwickelt, ein Kampfboot mit 999 ts ↑, 1050 ts ↓ und einer Fahrstrecke von 10000 sm ↑ bei 12 kn. Es waren 168 Boote geplant. Begonnene Boote wurden aber beim Anlaufen des noch später zu behandelnden Typ-XXIer- und XXIIIer-Programms im Bau gestoppt, sistiert und abgebrochen.
Während die Boote vom Typ VII (wie auch alle anderen Boote) bis 200 m (in Notfällen auch etwas mehr) tauchen konnten, sollten die Boote vom Typ VII C42 eine Höchsttauchtiefe bis zu 400 m unter Wahrung der zulässigen Sicherheitsgrenze (die immer etwas überschritten werden konnte) erhalten.

Das OKM dagegen war ein Anhänger von Booten größerer Typen[1], ohne dabei die Entwicklung der vom FdU geforderten kleineren Kampfboote zu behindern. Dieses Tauziehen um den vordringlichsten Serientyp belastete naturgemäß nicht nur die Planungsabteilungen, sondern auch die Kriegsmarine-Bauwerften, ganz abgesehen davon, daß auf dem U-Boot-Sektor der Bau- und Materialkapazität durch den von Raeder vertretenen Z-Plan[2] ohnehin nur wenig Spielraum verblieb.

1 Die vom OKM geforderten Boote gehörten zum Typ IX, von dem der Typ IX A 1938/39 gebaut wurde: die Boote U 37 bis U 44: 1032 ts ↑, 1153 ts ↓, 18,2 kn ↑, 7,7 kn ↓, 6 TR, 1–10,5 cm, 1–3,7 cm, 1–2 cm, 8100 sm ↑ bei 12 kn, 65 sm ↓ bei 4 kn, 48 Mann Besatzung. Eine etwas größere Fahrstrecke wies der Typ IX B (Baujahr 1939/40) auf, der nachfolgende Typ IX C und C40 wurde erst interessant, als deutsche U-Boote für den ostasiatischen Raum benötigt wurden. Später kamen noch die Typen IX D1 und IX D2 (Baujahr 1941/44 bzw. 1941/42) hinzu. Ihre Größe lag bei 1610 (1616) ts ↑, 1799 (1804) ts ↓. Ihre Geschwindigkeiten bei 15,8 (19,2) kn ↑, 6,9 (6,9) kn ↓, ihre Fahrbereiche lagen bei 9900 (23700) sm ↑ bei 12 kn, 115 (57) sm ↓ bei 4 kn. Der Typ IX D1, von dem nur die beiden Boote U 180 und U 195 gebaut wurden, wurde später als Ölversorger (250 ts Ölfracht) verwandt, der Typ IX D2 war ein Ostasienboot (Monsun-Gruppen), dessen Fahrbereich beim Zusammenwirken von Diesel- und E-Motoren sogar bis auf 31500 sm ↑ bis 10 kn Marschfahrt gesteigert werden konnte.
Diese Übersicht beweist, daß die Entwicklung der größeren Boote durchaus nicht abwegig war, haben doch diese Typen bei der ozeanischen Ausweitung des U-Boot-Krieges (besonders nach dem Mai 1943) die gegnerische Schiffahrt im Südatlantik und im Indischen Ozean schwer geschädigt, wenn auch diese Erfolge in keinem nennenswerten Verhältnis zu den Erfolgen an der Geleitzugfront des Nordatlantiks standen. Der Leser wird sich selbst ein Bild davon machen können, wieviel anders die Geleitzugschlacht ausgegangen wäre, hätte man den Schwerpunkt der Typenentwicklung zunächst nur bei den von Dönitz immer wieder beharrlich geforderten Typen belassen und Boote für eine ozeanische Verwendung erst dann entwickelt, wenn es die Baukapazität zuließ.

2 Z-Plan. Dieser Plan war das kurz vor dem Kriege von Admiral Raeder nach der Aufkündigung des Flottenbauvertrages mit Großbritannien entwickelte Flottenbauprogramm, das 1948 abgeschlossen sein sollte. Das Soll sah vor:
4 Flugzeugträger (bei Kriegsbeginn fast fertig der Graf Zeppelin, im Bau die Planung B);
8 Schlachtschiffe (bei Kriegsbeginn fertig Tirpitz mit 42900 [vollausgerüstet: 52000] ts, Bismarck mit 41700 [voll: 50900] ts, im Bau H und J

mit 56200 [voll: 68000] ts, beide Einheiten wurden 1940 gestoppt und auf den Hellingen abgewrackt);
2 Schlachtkreuzer (bei Kriegsbeginn fertig Scharnhorst und Gneisenau);
20 Schwere Kreuzer (8 bei Kriegsbeginn fertig: Admiral Scheer, Admiral Graf Spee, Lützow – alles Ex-Panzerschiffe, ferner Prinz Eugen, Blücher, Admiral Hipper, im Bau Lützow [1940 an die UdSSR verkauft] und Seydlitz [1942 kurz vor der Fertigstellung zurückgebaut zum Flugzeugträger, bis Kriegsende aber nicht vollendet];
48 leichte Kreuzer (bei Kriegsbeginn fertig: Nürnberg, Leipzig, Köln, Karlsruhe, Königsberg, Emden; im Bau drei Einheiten der Bauplanung R., Q., P., O., N., M., die aber 1941/43 auf den Hellingen gestoppt und abgebrochen wurden);
22 Spähkreuzer (bei Kriegsbeginn keine Einheit fertig; es handelte sich hier um eine Art Großzerstörer mit über 4500 ts Wasserverdrängung und 36 kn Höchstgeschwindigkeit, die später als Z 40 bis 42 zum Teil vergeben, aber nicht fertiggestellt wurden);
68 Zerstörer (bei Kriegsbeginn 30 Einheiten fertig bzw. im Bau);
90 Torpedoboote (bei Kriegsbeginn 36 fertig bzw. im Bau);
249 U-Boote (bei Kriegsbeginn 51 fertig und 78 im Bau);
302 F- und M-Boote sowie Kleinkampfschiffe verschiedener Aufgabenbereiche (bei Kriegsbeginn 40 F- und M-Boote fertig oder im Bau und 147 der anderen Typen fertig bzw. im Bau);
10 Minenschiffe (bei Kriegsbeginn fertig bzw. im Bau 3).
Wenn man überlegt, daß ein Schlachtschiff vom Typ der Tirpitz an Schiff und Maschinen 105 Millionen RM und an Waffen und Panzer 78 Millionen RM, also zusammen 183 Millionen RM, verschlang, ein U-Boot der mittleren Typen nur zirka 4 Millionen RM kostete, und wenn man dabei berücksichtigt, daß diese Kostenwerte in ungefähr auch mit dem Zeit- und Arbeitskraftaufwand in ein gleich ähnliches Verhältnis zu bringen sind, läßt sich behaupten, daß für ein Schlachtschiff mindestens 40 U-Boote hätten gebaut werden können. Hier kam noch hinzu, daß der U-Boot-Bau ungleich schwerer vom Gegner zu kontrollieren war als der eines Schlachtschiffes. Der Bau eines Schlachtschiffes braucht vier Jahre Zeit, der eines U-Bootes (1939) zirka ein Jahr. Für U-Boote waren keine Hellingen notwendig, improvisierte Hellingen hätten vollauf genügt. Man hätte also ohne allzu große Schwierigkeiten die Gegenwertsziffer von 40 U-Booten leicht in einem Jahr bauen können.
Auf der anderen Seite hätten die vorgesehenen Schlachtschifftypen pp. – man denke an die durch die Bismarck erwiesene Kampfkraft und Sinksicherheit – die Initiative im atlantischen Raum an sich gerissen, gesetzt den Fall, daß der Gegner diesen Bestrebungen einer Kräfteüberlegenheit oder einer Balance of power nicht durch eigene gleich oder stärkere Neubauten entgegengetreten wäre. Er wäre es, daran besteht kein Zweifel. Ob er aber das richtige Verhältnis zu einer starken und noch dazu im Geheimen erbauten U-Boot-Waffe gefunden haben würde, ist anzuzweifeln. Er hat zumindest zur Stunde des Kriegsausbruchs und noch viele Monate danach die Bedeutung der U-Boote als Überwasser-Torpedoträger wesentlich unterschätzt und ihre vernichtende Wirksamkeit bei Rudelangriffen sogar unbeachtet gelassen.

Der energiegeladene Dönitz, schmalgesichtig, drahtig und hager, war aber indessen durchaus nicht gewillt, vor Raeders konsequenter Großkampfschiffpolitik zu kapitulieren. Immer wieder stellte er beschwörend und warnend fest, daß die Zahl der vorhandenen U-Boote nicht ausreichen würde, auf See einen entscheidenden Faktor in einem zu befürchtenden Krieg mit England darzustellen. Er war davon überzeugt, daß Raeders Flottenbaupolitik gegen die Grundsätze der britischen »balance of power« verstoßen würde.

»Es genügt nicht zu hoffen, daß England wegen eines Grenzkonfliktes mit Polen stillhalten wird«, warnte der FdU, sooft sich ihm dazu eine Gelegenheit bot.

Auch auf dem technischen Sektor wurde Dönitz zur dynamischen Kraft, um seine Ziele durchzusetzen. Die vorhandenen U-Boot-Typen stellten für ihn, den unruhig, aber planmäßig Suchenden, nur eine Zwischenlösung dar.

Von all diesen Sorgen und Kämpfen merkten die Offiziere und Männer auf den schwimmenden Einheiten und in den Kasernen nicht viel. Auch in den Kreisen der U-Boot-Fahrer ahnte man nur, daß es wohl auch grundsätzliche Gegensätze in den Anschauungen der Flottenstrategie waren, welche die Entwicklung des vom FdU so energisch geforderten U-Boot-Bauprogrammes hemmten.

Um eine Übereinstimmung zwischen Mittel, Ziel und Kriterium des Handelns zu erreichen, hatte sich Raeder auf der Basis seiner historischen Kenntnisse auf das heikle Gebiet der Spekulationen begeben. Er suchte nach einem ruhenden Pol der Gewißheit, und er glaubte felsenfest an die Zusicherung des »Führers«, daß England zwar protestieren, niemals aber intervenieren würde, wenn der Streitfall Polen zu einem offenen Konfliktstoff auswachsen würde.

All das erscheint besonders tragisch, als gerade Raeder ein vorzüglicher Kenner und Beurteiler der britischen Psyche war und aus diesem seinem großen Wissen heraus viele kluge, auf die britische Mentalität abgestimmte Maßnahmen ableitete.

Es genügt eben nicht, nur herauszufinden, was man hat und tun wird, sondern was man haben und tun muß, wenn man sich irrte.

Noch immer war es zur Stunde der Polenkrise Zeit, das Ruder um 180 Grad herumzuwerfen, um die gesamte Produktionskapazität der der Kriegsmarine zur Verfügung stehenden deutschen Werften nur noch für den Bau von U-Booten, für den Bau von Schlachtschiffen aber nur dem Schein nach einzusetzen . . .

Aber Raeder wurde von Hitler erneut beharrlich getröstet:

»Es gibt keinen Krieg mit England.«

Herbst 1939 . . .

Am 1. September, morgens 04.45 Uhr, überschreiten deutsche Truppen die polnische Grenze, die Grenze jenes unglückseligen Korridors.

In der Nacht zum 3. September erlöschen an den Küsten der britischen Insel und Frankreichs, auf den Bermudas und an den Gestaden Kanadas die Lichter der stummen Wegweiser für die Seefahrer. Die behäbigen Festfeuer, die bunten Gruppenfeuer, die unruhigen Blinkfeuer und die zuckenden Blitzfeuer. Es wird die dunkelste Nacht seit dem Weltkrieg.

Um 12.56 Uhr dieses Tages nehmen die Funker der auf Lauer liegenden U-Boote den Funkspruch ihres Befehlshabers auf: »Beginn der Feindseligkeiten gegen England sofort.«

Zweihundert Meilen westlich der Hebriden stampft der britische Passagierdampfer »Athenia« durch den Atlantik. Der Kapitän hat versucht, seine nach der Meldung über den Ausbruch der Feindseligkeiten nervös gewordenen Fahrgäste zu beruhigen. Über tausend sind an Bord. Frauen und Kinder sind unter ihnen. In stillen Gebeten flehen sie inbrünstig zum grauverhangenen Himmel, sie unangefochten den schützenden Hafen erreichen zu lassen.

»Laut internationalem Seerecht dürfen Passagierschiffe nicht angegriffen werden. Es sei denn, sie fahren im Geleit. Wir aber fahren allein«, versucht der Kapitän der »Athenia« seine Passagiere zu besänftigen.

Wie ein blutrotes Auge ist die Sonne gesunken. Lange noch stehen Passagiere und wachfreie Besatzungsmitglieder an Oberdeck. Nicht des Schauspiels wegen, nicht um den auf See immer wieder imposanten Sonnenuntergang zu sehen...

Nun ist über dem Schiff das Intermezzo der Sterne aufgegangen. Sie vermochte der Krieg nicht auszulöschen. Sie dienen auch in dieser Nacht über allen Zwist hinweg dem Freund wie dem Feind als verläßliche und immer bereite Wegweiser in der Weltverlorenheit ozeanischer Gebiete. Im lichtüberfluteten Speisesaal bleiben an diesem Abend viele Stühle leer. Nur in der Bar hocken ein paar Hartgesottene und wägen bei »Black and White« die Chancen der feindgewordenen Mächte ab.

In dieser schicksalsschweren Nacht reicht der Funker der »Bremen« einen Spruch auf die Brücke, einen Notruf aus dem Raum der Hebriden. Kommodore Ahrens nimmt ihn zur Kenntnis. Mehr nicht. Vor Tagen noch wäre er aufgesprungen und hätte das ganze Schiff mobilisiert. Auf der Kommandobrücke wären die Maschinentelegrafen auf höchste Fahrt geworfen worden, um auf die im SOS-FT benannte Position zuzulaufen.

In dieser Nacht aber schiebt Ahrens das SOS-Telegramm kopfschüttelnd und mit betroffener Geste zur Seite, zu seinem Wachoffizier hin.

Die »Athenia« ist es, die um Hilfe funkt. Sie schreit in die Welt hinaus, von einem deutschen U-Boot torpediert worden zu sein. Die britischen Zerstörer »Electra« und »Escort« bestätigen und drehen zur Hilfeleistung ab. Auch der norwegische Frachter »Knute Nelson« und die Jacht »Southern Cross« funken zurück, daß sie Kurs gelegt haben.

Eintausenddreihundert Passagiere und Besatzungsmitglieder werden von ihnen gerettet. Hundertachtundzwanzig kommen ums Leben.

10.40 Uhr des nächsten Tages sinkt die »Athenia« über das Heck. Wie ein Mahnmal ragt für Sekunden der Bug aus der See, ehe das erste Schiff eines neuen Weltbrandes ins Dämmerlicht der ewigen Tiefe fährt.

Auf U 30 aber notiert Kapitänleutnant Lemp seinen ersten Erfolg. Das Schiff, das er in dunkler Nacht angriff, beschreibt er als einen mit hoher Fahrt allein dahinjagenden Truppentransporter. Es war erst einige Stunden her, daß Lemp durch FT von der Kriegserklärung gegen England erfuhr. Jeder wird seine Erregung verstehen, als er die versiegelte Order aufbrach und die Weisungen über die U-Boot-Kriegführung durchlas. Es war Nacht, als Lemp den großen dunklen Schatten in Sicht bekam. Und Lemp glaubte, alle Anzeichen rechtfertigen die Annahme, daß dieses Schiff kein Passagierschiff, sondern einwandfrei ein Truppentransporter wäre.

Und mit diesem Krieg »Die Schlacht im Atlantik«. Sie wird die längste Schlacht im Weltkrieg II.

Neun Stunden nach dem mit England und Frankreich erfolgten Kriegsausbruch zischten auf U 30 die ersten scharfen Torpedos aus den Rohren.

Sie trafen gut. Viel zu gut.

Sie hätten ebensogut auch die Lemp auf ihrer Position unbekannte »Bremen« treffen können.

So begann der Krieg auf See mit einem tragischen Irrtum.

U 48 hat den ersten Dampfer gesichtet. »Vaddi« Schultze läßt die Kanone an Deck klar machen und schießt dem fremden Schiff eine Granate vor den Bug. Der Frachter stoppt und schickt ein Boot. Schultze prüft die Unterlagen. Sie weisen den Fremden als den Schweden »Aberdan« aus.

»In Ordnung«, sagt er, nachdem er die Papiere überflogen hat.

Der Schwede nimmt die Fahrt wieder auf und dippt die blaue Flagge mit dem gelben Kreuz zum Gruß.

Einen Tag später sichten sie ein neues Schiff. Und wieder verläßt ein Stoppschuß das Rohr, als der fremde Frachter herangelaufen ist. Der Kapitän da drüben stoppt aber nicht. Im Gegenteil, aus dem dürren Schornstein wälzt sich jetzt dickes, schwarzbrodelndes Gewölk. Die Stoker vor den Kesseln machen Dampf auf. Das Schiff versucht abzudrehen. Es macht Anstalten, mit hoher Fahrt davonzulaufen.

»As you like«, sagt Schultze. »Wir können uns ja auch ein ganz klein bißchen anders unterhalten. Direkter, deutlicher und lauter.«

Der nächste, diesmal gezielte Schuß, der das kurze Rohr der 8,8-cm-U-Boot-Kanone verläßt, ist ein Treffer.

Der Fremde bläst Dampf ab, stoppt. Aber er funkt weiter. Er gibt laufend seinen Namen und meldet, von einem deutschen U-Boot angegriffen zu werden. Eine britische Landstelle wiederholt den Wortlaut des Funkspruchs. Inzwischen geht die Besatzung in die Boote.

Schultze schießt nicht weiter. Er will nicht, daß die Granaten die vor dem Frachter auf und nieder schwimmenden Rettungskutter treffen. Dabei gibt ihm vor dem internationalen Gesetz das beharrliche Funken der 4853 BRT großen »Royal Sceptre« das Recht, erneut das Feuer auf den Frachter zu eröffnen. Das kann aber auf dem schwankenden U-Boot, dessen Geschütz keine automatische Abfeuerungseinrichtung besitzt, natürlich nicht so genau sein, um nicht befürchten zu müssen, bei Kurzschüssen die in den Rettungsbooten treibenden Überlebenden zu treffen.

Endlich: Die Besatzung ist in den Booten. Sie schwimmt jetzt in sicherer Entfernung.

13.28 Uhr zerfetzt ein Torpedo den Leib eines Schiffes mit einem stolzen Namen. Die »Royal Sceptre« sinkt. Mit ihr fährt der britische Funker in die Tiefe.

»Hut ab, Männer«, ruft Schultze erschüttert aus. »Nun wißt ihr, wer unser Gegner ist. Er heißt Trotz, wenn es um die Fahne geht. Er wird uns nicht schonen, weil er in der höchsten Gefahr sich selbst zu opfern bereit ist.«

Eben belebte noch Freude und Stolz die jungen Gesichter der U-Boot-Seeleute, jetzt werden diese Züge ernst. Staunen und Betroffenheit spiegeln sie wider.

U 48 kann sich um die Überlebenden nicht kümmern, denn inzwischen sind an der Kimm zwei nadelfeine Spitzen und eine Rauchfahne sichtbar geworden. Schultze läuft ab. Er versucht, dem fremden, noch unsichtbaren Frachter den Weg abzuschneiden.

»Man hätte vielleicht doch erst noch die Bootsbesatzungen versorgen sollen«, meint der IWO zu seinem Kommandanten. Befremden schwingt in seiner Stimme mit. Er gibt sich keine Mühe, sein Mißvergnügen zu verbergen.

»Eben«, sagt Schultze mit fester Stimme und nickt seinem IWO freundlich zu. Er ändert aber sonderbarerweise nichts an seinem soeben gegebenen Befehl, sich zunächst dem anderen Frachter vorzusetzen. Und der läuft ahnungslos in den Kurs des deutschen U-Boots hinein. Schuß vor den Bug. Stoppbefehl. Der Brite kommt der Aufforderung sofort nach.

Statt das Prisenkommando abzuwarten, steigt da drüben gleich die ganze Besatzung Hals über Kopf in die in Eile gefierten Boote aus. Funksprüche werden nicht beobachtet.

U 48 geht auf Rufweite an die Boote heran. Den britischen Kapitän läßt Schultze wissen, daß unweit von diesem Platz die Besatzung eines eben von ihm versenkten Schiffes in Booten auf dem Teich schwimme. »Kümmern Sie sich um Ihre Landsleute, Kapitän. Pullen Sie auf Ihr Schiff zurück und dampfen Sie damit zur Untergangsstelle.«

Der Kapitän ist fassungslos. Er steht aufrecht und zögernd in seinem Boot. Vermutlich wittert er irgendeine Schweinerei.

»Zum Teufel, Sie sollen sich um die Überlebenden der ›Royal Sceptre‹ kümmern. Habe sie eben dort versenkt«, schreit Schultze ärgerlich und weist mit dem Arm in die Richtung der Untergangsstelle. »Ihnen und Ihrem Schiff wird nichts geschehen.«

Nun erst begreifen sie, pullen zu ihrem Schiff zurück und steigen wieder ein. Auf den 5000 BRT großen britischen Frachter »Browning«.

Das geschah am gleichen Tag,

an dem in den Vormittagsstunden die »Athenia« sank,

an dem die Weltpresse in Unkenntnis der wahren Vorgänge auf See die Deutschen der unmenschlichen Kriegführung bezichtigte und von einem Bruch internationaler Abmachung sprach.

Daß Lemp sich irrte, hätte dies die feindliche Welt wirklich geglaubt?

Warum erschienen nicht später gleich groß aufgemachte Berichte über die Rettung der »Royal Sceptre«-Leute?

Kapitänleutnant Liebe hatte schon einige Erfolge zu verzeichnen, als Obersteuermann Brünninghaus in diesen Tagen aufgeregt sein Glas absetzt. Er hat Mastspitzen gesehen. Und an diesen Mastspitzen hängt ein fetter Brocken. Ein Tanker. Auf den Stoppschuß reagiert der fremde Kapitän sofort.

»Würde ich auch tun an seiner Stelle bei der Aussicht, mit einigen tausend Tonnen Öl unter dem Hintern aufzubrennen«, läßt sich Oberleutnant Lüth hören, WO und Torpedooffizier an Bord. Ein Boot kommt herüber. In ihm sitzt der Kapitän mit einem Bündel Papiere unter dem Arm. Er hätte gar nicht erst auszusteigen brauchen, denn inzwischen ist durch das Verhalten des an Bord gebliebenen Funkers eine feindliche Handlung ausgelöst worden, die eine sofortige Versenkung rechtfertigt.

Aus dem Rohr eins läuft der Torpedo auf das Ziel zu. Ein Vulkan tut sich da drüben auf, als der Tanker auseinanderbricht und die Ladung schlagartig zu brennen beginnt. Mit einer wahnsinnigen Geschwindigkeit breitet sich das Öl auf dem Wasser aus. In ihren Rettungsbooten versucht die Tankerbesatzung der Feuerwand zu entfliehen. Sie pullen um ihr Leben. Aber die Walze brennenden Öls holt einige der Boote bedrohlich ein. Niemand auf Liebes Boot kümmert sich um den britischen Kapitän. Sie sind alle gepackt und entsetzt von diesem grauenhaften Schauspiel, von der Gier der Flammen, die nach den verzweifelten Menschen züngeln. Aufrecht und in männlicher Haltung steht der britische Kapitän auf dem deutschen Boot. Er ist bleich wie ein Laken.

Liebe hat inzwischen schnell reagiert. Er hat seinen Leitenden Ingenieur, Kapitänleutnant Müller, den sie an Bord wegen seiner unverwüstlich guten Laune den Müller-Lustig nennen, von seinen Absichten unterrichtet. Er will nicht nur an den Oberflächenbrand herangehen, er will sogar versuchen, die Rettungsboote aus dem Feuerwirbel herauszuschleppen. Das Boot nimmt Fahrt auf. Dabei herrscht ein unangenehmer hoher Seegang. Rauch und Qualm lassen kein sicheres Arbeiten zu. Die Boote drohen zu kentern. Und so zieht man die, die inmitten der Brandfläche schwimmen, schnell an Bord. Chinesen sind unter ihnen und ein paar Iren.

Kaum ist Liebe aus dem Gefahrenbereich heraus, als die Iren den Mund aufmachen und zu schimpfen beginnen. Nicht auf Liebe, nicht auf das deutsche Boot. Sie fluchen auf England, und sie klopfen, als hätte ihnen die Stunde ein gutes Geschenk beschert, den bärtigen U-Boot-Leuten auf die Schulter. Anstatt froh zu sein, dem sicheren Tode entronnen zu sein, freuen sie sich über den deutschen Erfolg.

»Was nun?« sagt Liebe. »Wir schwimmen hier mitten im Atlantik. Zur Küste können wir die Boote nicht schleppen. Und wenn wir die an Bord gezogenen Überlebenden auch noch in die übriggebliebenen, noch seeklaren Boote setzen, sind sie überfüllt. Das geht ja auch nicht.«

»Vielleicht treffen wir einen Neutralen«, wirft Lüth ein. »Von mir aus auch einen Briten. Hauptsache, wir werden diese Männer auf eine anständige Art und Weise los.«

Nur wenig später sichten sie einen anderen Tanker, einen Amerikaner, der ohne Ladung von England nach Amerika marschieren will. Auf große Entfernung läßt Liebe einen Schuß vor den Bug geben. Gleichzeitig läuft er mit höchster Fahrt darauf zu.

Die an Deck des U-Bootes stehende überlebende britische Tankerbesetzung wird plötzlich unruhig. Die Brückenwache sieht, wie die Männer in Richtung querab auf den Horizont zeigen. Der britische Kapitän formt seine vierkantigen Hände zu einem Trichter und schreit hinauf. »Zerstörer, Sir, britische Zerstörer!«

Dabei weist er in die Richtung, in der auch die Brückenwache schon vorher kleine Rauchfahnen zu sehen glaubte. Liebe war sich mit Lüth fast einig, daß es möglicherweise nur kleine Wolken seien.

»Wenn es keine sind, ist es um so wichtiger, den Amerikaner so schnell wie möglich zu erreichen.«

»Müller-Lustig, dreh deinen Diesel auf. Laß die Jumbos schnaufen«, ruft Liebe in die Zentrale hinab. Er tut das so ruhig und so schulmäßig, daß Lüth bei sich denkt, »so fürchterlich ruhig möchte ich auch mal werden. Wenn es mal brenzlich wird, ist das das Praktischste.«

Und dabei fällt ihm ein . . .

»Wenn das nun wirklich Zerstörer sind, dann müssen wir doch tauchen. Was wird dann mit den armen Kerlen an Oberdeck? Ins Boot kann man sie nicht nehmen, und der Kapitän hat nicht einmal eine Schwimmweste.«

Lüth hat dies nicht einmal zu Ende gedacht, als er sieht, daß auf den Befehl seines Kommandanten dem Briten eine von den eigenen genau abgezählten Schwimmwesten heruntergereicht wird. Der Engländer ist jetzt aufgeregter als die deutsche Besatzung. Flehend und beschwörend hebt er die Hände.

»Sir, tauchen Sie, bitte, tauchen Sie!«

Aber die Sorgen sind unbegründet. Die Rauchfahnen entpuppen sich als harmlose Wolken.

Der Amerikaner hat inzwischen gestoppt. Seine Besatzung steht in Schwimmwesten klar an der Reling. Die Zurufe der deutschen U-Boot-Besatzung scheint man zu ignorieren. Da verteilen sich die Überlebenden des Tankers über die ganze Länge von U-Liebe. Sie schwenken ihre Mützen, soweit sie welche haben, und rufen im Chor:

»Send a Boot! Send a Boot! Here are british sailors.«

Das hilft. Der Amerikaner schickt ein Boot. Die scheidende Tankerbesatzung winkt aus dem amerikanischen Kutter zu Liebe und seinen Männern hinauf. Lüth macht ein paar Aufnahmen davon. Zwei der Iren grüßen verstohlen mit erhobener Hand.

»Wie gut, daß wir ein Bild davon haben«, sagt Liebe. »Nachher glaubt's uns keiner.«

Und was tat Herbert Schultze am 11. September dieses Jahres, als er den 4869 BRT großen britischen Frachter »Firby« beschießen mußte, weil er nicht stoppte, wie irrsinnig funkte und auszureißen versuchte? Auch Schultze barg wie Liebe und andere Kommandanten die Verwundeten. Auch er ließ sie verbinden. Er reichte auch Proviant und Wasser hinüber, als er erfuhr, daß die Bootsausrüstung mangelhaft war. Und er half mit seiner Seekarte aus, damit die Männer den Weg zur nahen Küste auch mit Sicherheit fänden . . .

Und er tat noch mehr.

Er gab einen offenen Funkspruch an die Britische Admiralität ab. Darin meldete er die Position des versenkten Frachters und die der treibenden Rettungsboote.

So begann es.

So harmlos fast.

So anständig.

So ritterlich und seemännisch christlich.

2

Erfolge überzeugen Zweifler

Zur Lage:
Die Briten gehen zu dem im 1. Weltkrieg bewährten Churchillschen Geleitzugsystem über. Am 7. September verläßt der erste Konvoi in der Schlacht um den Atlantik und die Versorgung der Insel England. Zerstörer und 200 Abwehrschiffe stehen bereit, die Konvois bis 200 Meilen westlich Irland zu bewachen. Deutscherseits kann die von Dönitz weiterentwickelte Rudeltaktik noch nicht angewendet werden. Die Zahl der Boote, die nun im Ablösesystem eingesetzt werden, ist noch zu klein. Raeder hat inzwischen den Schwerpunkt des Kriegsschiffbaues auf die U-Boote konzentriert. Die ersten großen Erfolge machen ihm dies um so leichter, vor allem die Versenkung des Trägers »Courageous« und der Einbruch in Scapa Flow durch Günther Prien. Er hofft, 20 bis 30 neue Boote im Monat produzieren zu lassen, der wirkliche Ausstoß beträgt indessen nur 12,5. Der schwierigste Engpaß liegt nicht bloß in der Rohstoffbeschaffung, sondern in der Fertigung von Dieselmotoren und Periskopen. Raeders Forderung nach einer eigenen Aufklärungsluftwaffe wird von Göring und Hitler ignoriert. Die wenigen Boote erschöpfen ihren Treibstoff oft im ergebnislosen Suchen nach Geleitzügen und schnellen Einzelfahrern. Nach dem Krieg stellt der französische Vizeadmiral Bajot fest, daß die deutschen U-Boote selbst 1942/43 noch hätten die Schlacht im Atlantik gewinnen können, hätte man der Marine eine ausreichende Luftaufklärung gegeben ... Das heißt, so untätig war die Marine in dieser Beziehung im Rahmen der von Reichsmarschall Göring gezogenen

Grenzen nicht, wenn man nur an die ARADO Ar 231 erinnert ...

Im Seegebiet der Insel Irland haben die Engländer in den ersten Kriegswochen ihren Flugzeugträger »Courageous« stationiert.

Unweit davon stampft der Passagierdampfer »Veendam« durch die See. Er gehört der holländischen Reederei Nederland-Amerika-Stoomvaart. Auch den Passagieren bleibt es nicht verborgen, daß das Schiff plötzlich auf höhere Fahrt gegangen ist. Voraus im Rotlicht des Abendsonnenscheines waren erst Rauchfahnen gesichtet worden, unter denen wenige Zeit später vier Kriegsschiffe sichtbar werden. Die Aufregung unter den Passagieren legt sich schnell, als von der Brücke die beruhigende Nachricht durchgegeben wird, es handele sich hier um einen britischen Flugzeugträger und um drei ihn sichernde britische Zerstörer.

Die Flugzeuge des Trägers umschwirren die »Veendam«. Sie gehen tief herunter, und die Fahrgäste meinen in selbstzufrieden lächelnde Gesichter der Piloten zu blicken. Deutlich ist jetzt auch die britische Kriegsflagge am Heck der »Courageous« zu erkennen, auf dem nun mit stärker zunehmender Dämmerung die Flugzeuge gerade zur Landung ansetzen.

Plötzlich steigt unmittelbar neben dem Flugzeugträger eine riesige weiße Wolke auf. Sie sieht wie Nebel aus, und im ersten Augenblick glauben Besatzung und Passagiere auf dem Holländer, man habe da drüben künstlichen Nebel abgeblasen, einen neuartigen, beinahe explosivartigen künstlichen Nebel, hinter dem der Flugzeugträger wie hinter einem plötzlich zufallenden Bühnenvorhang verschwindet. Schneller als dieser Gedanke zu Ende gedacht wird, schwingen nun die Wellen von zwei furchtbaren Erschütterungen herüber. Aus dem Nebel heraus wirbeln Trümmerstücke, Eisenteile, Blechfetzen und Flugzeugstücke. Schwarzer

Rauch wird sichtbar, als der »Nebel«, es sind riesige Wassersäulen, in sich zusammensinkt.

Und aus dem Rauch brechen nun Flammen heraus. Das weitauslaufende Deck des Flugzeugträgers ist in der Mitte geborsten. Das Riesenschiff kentert. Es legt sich erst langsam und dann immer schneller nach Backbord über. Man sieht, wie Menschen von dem Deck herunterrutschen und ins Wasser springen, um dem Feuerorkan zu entkommen. Minuten später treibt die »Courageous« kieloben auf dem Wasser.

Die See ist um die Katastrophenstelle herum mit einer dichten Schicht von Heizöl bedeckt. In dieser Fläche treiben Menschen. Sie versuchen aus dem Ölfleck herauszukommen, den beißenden, wie Gift wirkenden Öldämpfen zu entfliehen.

Den Augenzeugen auf der »Veendam« droht das Herz stehenzubleiben. Mit wachen Sinnen und zur Hilflosigkeit verurteilt, sehen sie, wie einer nach dem anderen derer, die den Untergang überlebten und ins Wasser kamen, versinkt; erstickt und gelähmt von den Gasen über der Untergangsstelle. Natürlich ist die »Veendam« herangegangen. Natürlich hat der Kapitän mit höchster Eile die Boote klarmachen und aussetzen lassen. Natürlich sind auch die Zerstörer herangebraust und in den Ölfleck hineingefahren. Auch der in der Nähe stehende britische Frachter »Collingsworth« ist auf den Notruf hin an die Untergangsstelle geeilt. Aber für viele der im Wasser um ihr Leben ringenden Seeleute kommt die Hilfe zu spät.

Von der Besatzung des Flugzeugträgers werden 682 Mann, darunter 72 Offiziere, gerettet. 578 Besatzungsmitglieder starben den Tod auf See.

Den Angriff auf die »Courageous« fuhr Kapitänleutnant Schuhardt auf U 29. Er kam mit seinem Boot aus der Sonne heraus. Das nur kurz gezeigte Seerohr hatten die Engländer im Zwielicht der Dämmerung und im Sonnenglanz auf dem

U-Boote im Bau

Wenige Monate nach Kriegsbeginn, als die U-Boote ihre Bewährungsprobe bestanden und auch Zweifler im OKM überzeugt hatten, wurde der Schwerpunkt des Schiffsbaus auf U-Boot-Neubauten konzentriert, zu spät, um in der Zeit der damals noch schwachen gegnerischen Abwehr eine Entscheidung in der Schlacht um den Atlantik herbeizuführen. Unser Bild zeigt die Spanten für den Druckkörper eines Bootes. Von der Qualitätsarbeit der Werft hängt das Schicksal des Bootes und seiner Besatzung ab. Und diese Arbeit war so gut, daß die Druckkörper dem Druck viel größerer Tauchtiefen, als auf dem Papier vorgesehen, standhielten.

Ein U-Boot im Dock: Diese Vorderansicht wirkt wie eine Riesenbombe. Im unteren Bereich sind die beiden vorderen Tiefenruder zu erkennen. Die viereckigen Ausnehmungen dienen dem Wasserzufluß zu den Tauchtanks.

Baubelehrung

Der Leitende Ingenieur erklärt die technischen Einrichtungen. Die Männer lernen das Mitdenken für die Ausführung der Befehle, um jederzeit schnell und sicher und auch notfalls selbständig handeln zu können.

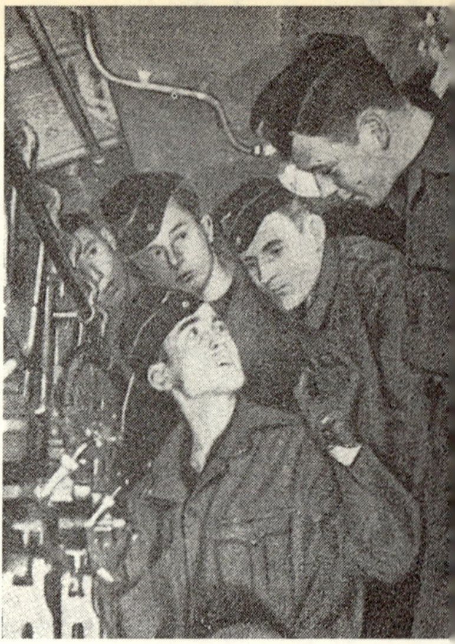

Der U-Boot-Maschinenmaat beim Unterricht an den Dieselmotoren. »Ist das jetzt klar? Denken Sie immer daran: Sie sind an Bord in erster Linie Techniker und fachlicher Mitarbeiter.«

Der Obersteuermann ist der lebendige Rechenschieber des Kommandanten. Er muß größtes Einfühlungsvermögen besitzen. Hier erklärt Ritterkreuzträger Kapitänleutnant Rollmann künftigen Obersteuermännern einen U-Boot-Angriff im feindlichen Geleitzug.

Meer nicht gesehen. Die von den Zerstörern nach der Katastrophe geworfenen Wasserbomben lagen nicht im Wirkungsbereich. Man warf, was man davon an Bord hatte, fast planlos in die See. Ganze Serien rollten sie über Bord. Aber die Asdic-Geräte arbeiteten nicht einwandfrei. Dort, wo der Angreifer nach den Peilungen dieser neuen Unterwasserortungsanlage stehen sollte, stand er schon lange nicht mehr.

Mit der »Courageous« sank das erste Kriegsschiff in diesem Orlog. Der Träger war 22500 Tonnen groß, und er hatte 52 Flugzeuge an Bord.

Ein David vernichtete einen Goliath.

In diesen Tagen verzeichnet die Kriegsmarine ihren ersten U-Boot-Verlust.

U 39 ging verloren, als das Boot, 150 Meilen westlich der Hebriden stehend, vergeblich einen der modernsten britischen Flugzeugträger, HMS »Ark Royal«, mit zwei Torpedos angriff. Die britischen Zerstörer HMS »Faulknor«, »Foxhound« und »Firedrake« vermochten ihren Angriff auf die errechnete Position des Bootes zu konzentrieren. U 39 wurde eingekreist und mit ganzen Teppichen von Wabos belegt.

Fast wäre der »Ark Royal«-Gruppe am gleichen Tag noch ein weiterer Erfolg beschieden gewesen. Drei Trägerflugzeuge sichteten jenes U-Boot, das kurz vorher einen britischen Frachter tropediert hatte und dessen Notrufe durch Funk aufgenommen worden waren. Bei dem Versuch der Engländer, ihre Bomben genau auf das Ziel zu werfen, ereignete sich eines der seltsamsten Geschehen in diesem Krieg. Zwei von den angreifenden Skua-Maschinen wurden vernichtet, als die tief herabstoßenden Flugzeuge in die Explosionswelle ihrer eigenen Bomben hineingerieten. Das allein zurückkehrende dritte Flugzeug meldete das Boot so schwer beschädigt, daß seine Vernichtung wahrscheinlich wäre. Das Boot, es handelte sich um U 30, kehrte aber heim, denn auch bei diesem Angriff erwies sich die Explosionskraft der noch zu kleinen britischen Fliegerbomben als zu schwach, um den Druckkörper des Bootes aufzureißen. U 30 überdauerte sogar den Krieg. Erst im Mai 1945 wurde es in der Flensburger Förde von seiner Besatzung selbst versenkt.

Die großen britischen Hoffnungen, die man in das Asdic-Gerät gesetzt hatte, scheinen sich nicht voll zu erfüllen. Mit diesem Gerät ausgerüstete britische U-Boot-Abwehrfahrzeuge vermochten getaucht fahrende deutsche U-Boote zwar aufzuspüren, noch nicht aber genau anzupeilen. Das bewies das Drama um den Träger »Courageous«, dessen Zerstörersicherung keine einwandfreie Peilung bekam. Aber vielleicht war nicht das Gerät daran schuld, sondern die Leute, die es bedienten.

An sich war dieses Asdic-Gerät im Prinzip nichts anderes als ein elektrisches Echolot. Der einzige auffallende Unterschied bestand darin, daß die Peilstrahlungen nicht wie beim fest eingebauten Echolot nur nach unten fallen, sondern in beliebige Richtungen ausgesandt werden konnten. In U-Booten, die mit dem Gerät eingepeilt wurden, vermochte die Besatzung die Peilung zu hören. Das Auftreffen der Peilstrahlen auf dem Außenkörper verursachte unverkennbare typische Geräusche.

Die Berichte der heimkehrenden U-Boot-Kommandanten wurden ausgewertet und führten später zu der Entwicklung der Anti-Asdic-Pille, die unter den Namen »Bold« zur praktischen Anwendung kam.

In der ersten Phase des U-Boot-Krieges aber war »Bold« noch nicht geboren. Dieses Abwehrgerät befand sich genauso erst in der Entwicklung wie so viele andere Abwehr- und Angriffswaffen, über die der Krieg viel zu schnell gekommen war.

Über die Fahrt Günther Priens ist schon viel geschrieben worden. In keinem dieser Berichte aber wurden die Leistungen der Männer von der Maschine gewürdigt. Ohne sie und ohne ihre geniale Erfindungsgabe, plötzlich eingetretene technische Störungen mit behelfsmäßigen Bordmitteln zu meistern, wäre Günther Prien niemals nach Scapa Flow hinein- und auch nie zurückgekommen.

So erlebte die Maschine nach den Unterlagen von LI Wessels das tollkühne Unternehmen:

Auftragsgemäß soll Günther Prien in der Nacht vom 12. zum 13. Oktober in die Bucht von Scapa Flow, in das Heiligtum der britischen Home Fleet, einbrechen. In den Abendstunden steht U 47 dicht unter der Küste. Hier erhält der LI Wessels eine beunruhigende Meldung von seinem wachhabenden Obermaschinisten. Das Motorenschmieröl weist einen ungewöhnlich hohen Seewassergehalt auf.

»Das ist aber eine verdammt unangenehme Geschichte«, flucht Wessels. Sofort stürzt er zu Prien, berichtet diesem und warnt abschließend: »Wir werden das Unternehmen Scapa verschieben müssen. Bei den zu erwartenden hohen Fahrstufen besteht Gefahr, daß die Lager nicht mehr geschmiert werden oder daß sogar das Seewasser verdampft.«

»Ich verstehe ja nicht viel von solchen Sachen, Wessels. Aber ich habe fast den Eindruck, daß ihr Techniker zu vorsichtig seid. Nachher, in der Werft, können wir die Jumbos immer noch reparieren lassen. Solche Beanspruchungen werden sie doch für die kurze Zeit aushalten. Sie müssen sie einfach aushalten, LI.«

»Nein, nie und nimmer übernehme ich dafür die Verantwortung. Es ist zuviel gefährdet. Wenn das Seewasser verdampft, bleibt kristallisiertes Salz zurück. Wenn sich die Salzkristalle in den Lagern festsetzen, können wir uns den Brandenburger auf die Minuten genau ausrechnen. Wenn uns das in Scapa passiert, dann ist's daddeldu, Herr Kaleunt. Nein, ohne mich. Auf Glück und Zufall können wir uns nicht verlassen.«

Prien, der unbekümmerte, gegen sich und andere so rücksichtslose Draufgänger, senkt den Kopf. Der Wessels hat recht. Er muß versuchen, die Störung zu finden. Und LI Wessels entdeckt sie in Gestalt einer groben Undichtigkeit an einer Zylinderbuchse des Backbord-Dieselmotors. Diese Buchse trennt den Verbrennungsraum vom Kühlwasserraum. Durch die undichte Stelle läuft das Wasser frei in die Kurbelwanne hinein und vermischt sich hier mit dem Schmieröl.

»Was tun?« fragt Prien, jetzt ernstlich besorgt.

»Was tun?« fragt sich auch der sich am Kopf kratzende LI, denn ein Ausbau der schweren Zylinderbuchse kann Stunden dauern.

Wessels findet einen improvisierten, aber famosen Ausweg. U-Boot-Fahrer müssen sich zu helfen wissen. Nach seinen Anweisungen gehen seine Männer an die Arbeit. Sie bauen so etwas wie eine Regenrinne. Diese Blechrinne befestigen sie um die defekte Zylinderbuchse. Das durch sie aufgefangene Wasser wird nun durch zwei Rohre nach außen in die Maschinenraumbilge geleitet. Das Provisorium ist so vorzüglich gelungen, daß solche Blechrinnen später allen U-Booten gleicher Bauart von der Werft für Eventualfälle mit zur Ausrüstung beigegeben werden.

Der 13. Oktober ist ein Freitag, an dem die Würfel fallen.

Ausgerechnet ein Freitag und ein 13. dazu.

U 47 hält nach Einbruch der Dunkelheit auf die östliche Einfahrt von Scapa Flow zu. Prien fährt aufgetaucht. Man hat eine dunkle Neumondnacht erwartet. Statt dessen überzieht ein ungewöhnlich starkes Nordlicht den Himmel.

Dieser verrückte schwarze Freitag ...

Unten in der Zentrale wartet Wessels der kommenden Dinge. Er steht neben Wilhelm Spahr, dem Obersteuermann. Beide starren stumm auf die Spezialkarte von Scapa Flow. Es gibt nichts zu erzählen. Im ganzen Boot wird nicht gesprochen.

Alarm! U 47 muß wegen eines vorbeifahrenden Schiffes in den Keller. Die fremden Schraubengeräusche verebben nach Minuten wieder. Dann taucht U 47 wieder auf. Prien weilt mit seinen Wachoffizieren, mit Endraß und Varendorff, auf der Brücke. Außer der Wache ist auch der Bootsmann oben.

Wessels und Spahr verfolgen in der Zentrale auf der Seekarte den Weg in die Einfahrt. Spahr gibt von Fall zu Fall Kursänderungen an die Brücke. Spahr ist ein vorzüglicher Nautiker. Er ist gewissenhaft und zum selbständigen Denken erzogen. Prien hat größtes Vertrauen zu ihm. Gleich muß U 47 die Einfahrt erreicht haben. Gleich wird das Boot nach Backbord drehen, denn es muß sich hart auf der Seite der kleinen Insel Lamb Holm halten, da voraus, auf dem geraden Kurs, einige versenkte Schiffe liegen und den Weg versperren.

Nur eine winzige Lücke ist noch offen. In die steuert U 47 hinein. Der Gezeitenstrom droht das Boot zu versetzen. Nur mit äußerster Maschinenkraft gelingt es, die schmale Rinne zu durchfahren. Es ist wirklich eine Rinne. Kaum ein Daumenbreit bleibt U 47 an beiden Seiten Platz.

Prien an alle Stellen: »Wir sind drin.«

Und nun gilt es, lohnende Beute zu finden und – anzugreifen. Auf der Weiterfahrt bis zu den bekannten Liegeplätzen der britischen Flotte hat Wessels von sich aus beide Diesel auf Laden geschaltet. Beide Motoren arbeiten jetzt auf die Schraube und laden damit gleichzeitig die Batterien. Man wird die E-Batterien noch bis zur Erschöpfung brauchen ...

Die Bucht ist fast leer. Nur einige Tanker liegen an der Kette. Mehr ist im Augenblick nicht zu sehen. Aber dort hinten, diese Umrisse, diese bizarren dreieckig geformten Aufbauten, das können nur Schlachtschiffe sein. Es sind zwei. Dort liegt die »Royal Oak« und dahinter, das ist, daran scheint kein Zweifel, die »Repulse«. Der mit dem

Vorschiff hervorstehenden »Repulse« gilt der erste Angriff. – Treffer![1]

Die Torpedomechaniker im Bugraum müssen nach dem Fächerschuß sofort die Rohre nachladen. Sie arbeiten mit aller Kraft und Anstrengung. Da! Plötzlich springt der Bodenverschluß eines Torpedorohres auf. Im breiten Strahl rauscht Wasser in den Bugraum. Seemann Tewes schiebt sich blitzschnell vor das Rohr und preßt sich mit seiner breiten Brust dagegen. Zum Ablaufenlassen des Wassers in die Torpedozellen bleibt keine Zeit. Die neuen Aale sind eben in den Rohren, da beginnt schon ein neuer Anlauf. Um tauchklar zu bleiben, werden Trimm des Bootes und Gewicht laufend berichtigt.

Der nächste Angriff gilt der »Royal Oak«. Prien bringt das Boot in Schußposition. Endraß steht am Torpedozielgerät. Wieder fauchen die Aale aus den Rohren. Wieder folgen Detonationen. Sie sind noch gewaltiger als die vorangegangenen. Ein fürchterlicher Krach. Ein Bersten und Kreischen ist zu hören.

Die »Royal Oak« zerbarst. Das Schlachtschiff wurde buchstäblich in Stücke gerissen.

U 47 marschiert mit großer Fahrt aus dem Loch heraus. Die Torpedos sind verschossen. An der engsten Stelle, dort, wo die Sperren liegen, dort, wo nur ein schmaler Durchschlupf ist, stemmt sich dem Boot jetzt ein besonders starker Strom entgegen. Beide Dieselmotoren müssen das Äußerste an Kraft hergeben. Nur zentimeterweise schiebt U 47 voran.

Hinter ihnen ist es jetzt lebendig geworden wie in einem Ameisenhaufen, in den ein Stock hineinfuhr. Immer mehr Lichtfinger der Scheinwerfer geistern über den Horizont und über die aufgescheuchte Bucht. Kleine, wendige Bewa-

1 Es handelte sich hier nicht um das Schlachtschiff »Repulse«, sondern um den älteren Flugzeugträger »Pegasus«. Nach der Darstellung in »The War at Sea I« wurde aber auch nicht dieser, sondern nur das Ankertau der »Royal Oak« getroffen.

chungsfahrzeuge suchen das nachtschwarze Wasser ab. Sie preschen in jeden Winkel. Sie lassen keinen Quadratmeter von Scapa Flow aus.

U 47 aber gewinnt die freie See. Es läuft noch immer über Wasser. Es gilt, die hohe Fahrtstufe der Dieselmotorenkraft auszunutzen, um die Küste schnell hinter sich zu bringen.

Da erreicht Wessels die Nachricht, daß die Umdrehungen der Steuerbordschraube nachlassen. Mit langen Schritten eilt er in den Dieselraum. Mit dem Blick des Fachmannes sieht er sofort, was los ist. Die Kupplung, die den Dieselmotor mit der Schraubenwelle verbindet, droht auseinanderzufallen.

»Das ist ja eine herrliche Schweinerei«, entfährt es Wessels. Er macht Prien Meldung. Der Schaden muß sofort mit Bordmitteln repariert werden.

Noch dicht unter der englischen Küste legt Prien das Boot auf Grund. Wessels ist mit seinen beiden getreuen Obermaschinisten Strunk und Römer in die Ecke gekrochen. Die Motoren sind abgestellt. Jetzt wird es sich beweisen, daß der Mensch, der sie für seine Dienste schuf, auch Herr über ihre heimlichen Tücken und nicht ihr Sklave ist. Sämtliche Schrauben am Deckel der Hauptkupplung sind zum Teufel. Jede einzelne muß mühselig in geradezu akrobatischen Verrenkungen unter Strömen von Schweiß herausgebohrt werden. Die an Bord vorhandenen Reserveschrauben aber sind – ausgerechnet – dicker. Also müssen die Löcher größer gebohrt werden. Neue Gewinde werden hineingedreht. Die Schrauben werden »passend« gemacht. Der enge Maschinenraum, in dem sich an den Wänden des Druckkörpers die beiden Ungetüme der Dieselmotoren ducken, in dem auf kleinstem Raum die geballte Kraft vielhundertpferdiger Maschinen auf schalldämpfenden, gummigelagerten Sokkeln aufgestellt wurden, in dem Rohre und Leitungen das technische Gewirr an Hochbehältern, Manometern, Handrudern und Hebeln noch verwirrender machen, sieht es wilder aus als in einer Werftwerkstatt bei Akkordbetrieb.

Nach Stunden steht Wessels, er ist verschmiert und verdreckt, vor Prien. Er sagt nichts weiter als »Sünd all wedder klor!«.

Prien lacht: »Prima, LI.«

Damit endete eine tolle Episode unter Wasser, die im Kriegstagebuch mit nur drei nüchternen Sätzen Erwähnung fand.

Aber U 47 kann jetzt nicht auftauchen. Oben ist heller Tag.

Wer nicht unbedingt etwas zu tun hat, liegt flach. Die Lüfter rumoren dumpf. Sie wirbeln die Luft im Boot durcheinander und saugen sie dabei durch eine Batterie von Kalipatronen, in denen Kohlensäure chemisch gebunden und der Sauerstoff wieder freigemacht wird. Seit einiger Zeit schon muß der in Stahlflaschen mitgeführte Sauerstoff zugesetzt werden, damit die Männer überhaupt noch atmen können, um nicht sanft und wohlig für immer einzuschlafen.

Es dämmert, als Prien U 47 zum Auftauchen klarmachen läßt. Und es ist dunkel, als er das Turmluk aufstößt. Köstliche, kühle Nachtluft dringt in das Boot. Sie wirkt wie neues Öl auf eine müde flackernde, fast ersterbende Flamme.

Bald stehen sie vor dem deutschen Minenfeld, das vor die heimatliche Küste geworfen wurde. Wichtig ist jetzt nur, auch den Weg durch die Sperre zu finden.

Stimmt der Kurs? Stimmt die Position?

Wessels stutzt, als er, einer inneren Stimme folgend, in die Zentrale zurückkommt. »Das sind doch fremde Geräusche?!«

Gustav Böhm, der Zentralemaschinist, hört nichts. Dabei ist »Justav« ein bürokratisch vorsichtiger Mann, ein alter Hase mit sicherem Blick und guten Ohren für jeden fremden Unterton. Böhm schüttelt verneinend den Kopf. Aber Wessels läßt es keine Ruhe. Er nimmt den Horchstab und sucht die Zentrale ab. Beim Kreiselmutterkompaß wird

Wessels' Haltung gespannteste Aufmerksamkeit. Plötzlich reckt er sich.

»Aha! Kreisel unklar. LI an Brücke. Boot sofort stoppen.«

Und wieder geht U 47 auf Grund. Dieses Mal vor der deutschen Küste. Und zu allem Überfluß vor dem eigenen Minenfeld. Der Kompaß zeigte falsch an und die Zweifel sind berechtigt, ob man damit überhaupt die schmale Fahrrinne fand, ob man nicht schon mitten zwischen den eigenen Minen steht.

Nun, im eigenen Minenfeld umherzufahren ist genauso unangenehm wie im feindlichen. Den Teufelseiern ist es gleich, wen sie in den Seemannshimmel schicken.

Mit seinen Männern pflückt Wessels den komplizierten Mutterkompaß auseinander. Er findet den Fehler. Eine Kreiselkugel war schadhaft geworden und erzeugte jene seltsamen Geräusche, die Wessels aufgefallen waren. Außerdem hatte dies, wie nun festgestellt wird, zu einer Mißweisung von 15 Grad geführt. Damit wäre U 47 in der Tat in das eigene Minenfeld hineingekarrt. Die Heimat hätte den Helden von Scapa nie wiedergesehen.

Wessels' vieljährige Erfahrungen mit diesem hochkomplizierten Kreiselkompaß haben, daran ist nichts zu deuteln, das Boot gerettet. Lernen und lernen ist ein Unterschied. Man muß auch begreifen und die Materie, den Stoff und das Material beherrschen.

Auf Wessels traf dies zu.

Im weiten Seeraum des Atlantiks zeichnen sich die ersten Phasen der Geleitzugkämpfe ab.

Zum Verständnis der gesamten Situation genügt es aber nicht, festzustellen, daß für den Atlantikkrieg nach Abzug der Schulboote und der kleinen Typen rund zwanzig große Kampfboote verbleiben. Von diesen zwanzig Booten befinden sich ja jeweils ein Drittel auf dem Anmarsch und ein Drittel auf dem Rückmarsch oder auf den Werften zur Instandsetzung und Überholung. Also nur ein Drittel steht an der Front. Um die Jahreswende operieren in sämtlichen Seegebieten der U-Boot-Front nur ein bis zwei U-Boote.

Nach den OKW-Berichten aber muß das deutsche Volk annehmen, daß die U-Boote rudelweise den Atlantik beherrschen.

Um so höher müssen daher die Erfolge gemessen werden, die diese kleine tapfere und zähe Schar mit heimbrachte, Erfolge, die genügten, über England düstere, dunkle Schatten der Verzweiflung und der Sorge zu werfen.

Um diese Zeit spricht Englands Premier vor dem Unterhaus. Churchill nennt die Schlacht auf dem Atlantik einen tastend heraufziehenden Krieg von Hinterhalt und Strategie, von Wissenschaft und Seemannschaft.

Die deutschen Unterseeboote bekommen jetzt die im Raum vor England sich konzentrierende Luftüberwachung zu spüren, die allerdings erst im Aufbau befindlich ist.

Im September konnten noch 97 von hundert aller U-Boot-Angriffe über Wasser gefahren werden. Im November wird nur noch die Hälfte aller Versenkungen über Wasser erzielt. Die Boote greifen jetzt in der Nacht an, um den sich mehrenden Flugzeugen und Zerstörern im Schutze der Dunkelheit in Überwasserfahrt entwischen zu können.

Noch bieten die Nächte Schutz.

Noch gibt es kein Radar in Flugzeugen.

Der Kampf auf See wird von Tag zu Tag härter. Am Horizont zeichnet sich bereits schemenhaft die Gnadenlosigkeit eines totalen Krieges auf dem Atlantik ab.

England fordert für bewaffnete Handelsschiffe die Anerkennung des Handelsschiffcharakters beim Anlaufen neutraler Häfen und beim Befahren neutraler Hoheitsgewässer.

Deutschland antwortet am 2. Oktober:

»Da unter der englischen und französischen Küste beim Zusammentreffen mit abgeblendeten Fahrzeugen angenommen werden muß, daß es sich um Kriegs- und Hilfskriegsschiffe handelt, wird voller Waffeneinsatz gegen alle abgeblendeten Fahrzeuge zwischen 44 Grad Nord und 62 Grad Nord und zwischen 7 Grad West und 3 Grad Ost befohlen.«

Das Küstenvorfeld ist hauptsächlich Tätigkeitsfeld von Vorpostenbooten und Minenfahrzeugen, die keine Lichter setzen. Da feindliche Frachtschiffe aus Tarnungsgründen ebenso verfahren, ist eine Unterscheidung unmöglich. Bislang war es U-Booten verboten, Handelsschiffe warnungslos anzugreifen. Also unterblieben wegen Verwechslungsgefahr auch Angriffe auf Kriegsfahrzeuge.

»Das ist militärisch untragbar«, folgert Dönitz, und Raeder befiehlt, was die Stunde von ihm als Militär fordert.

Jeder britische Admiral hätte nicht anders gehandelt.

Tags zuvor hatte die Britische Admiralität ihren Handelsschiffen Anweisung gegeben, deutsche U-Boote zu rammen. Damit wurde jede völkerrechtliche Debatte über den neuen deutschen Befehl illusorisch.

Am 4. Oktober wird gegen alle feindlichen Handelsschiffe, die eine einwandfrei erkannte Bewaffnung fahren, voller Waffeneinsatz befohlen. Dieser Weisung wird noch folgendes hinzugefügt: »Nach Ausschaltung der Möglichkeiten für eine Gefährdung des Bootes sind Maßnahmen zur Rettung der Besatzung zu treffen. Passagierdampfer sind nach wie vor nicht anzugreifen, auch wenn sie bewaffnet sind.«

Ist der deutsche Befehl unmenschlich? Widerspricht er dem Völkerrecht?

Erinnern wir an den Ausspruch eines anderen, später gegnerischen Staatsmannes, an Roosevelt, der in der bloßen Anwesenheit deutscher U-Boote im Nordatlantik schon eine Bedrohung der US-amerikanischen Schiffe zu erblicken glaubte: »Wenn Sie eine Klapperschlange sehen, dann warten Sie auch nicht, bis sie gebissen hat, ehe Sie sie totschlagen.«

Damit ist viel, ja alles für die Rechtfertigung des neuen deutschen Befehls gesagt, erst recht, wenn man weiß, daß nach britischer Auffassung Handelsschiffen das Recht zugestanden wird, sich zur Wehr zu setzen.

Wo aber ist in der Praxis die Grenze zwischen Angriff und Widerstand zu suchen?

Und so bleibt denn auch der britische Rammbefehl nicht ohne Erwiderung.

Am 17. Oktober ergeht ein FT an alle Boote: »Gegen sämtliche mit Sicherheit als feindlich erkannte Handelsschiffe, ob bewaffnet oder nicht, wird U-Booten sofortiger voller Waffeneinsatz freigegeben, da mit Rammversuchen oder sonstigem aktivem Widerstand in jedem Fall zu rechnen ist.«

Hinsichtlich der Passagierdampfer scheint es erwiesen, daß das deutsche Entgegenkommen mißbraucht wurde, und so kommt es am 29. Oktober zu einem weiteren Befehl:

»Voller Einsatz gegen Passagierdampfer, aber nur im feindlichen Geleitzug.«

Alle Passagierschiffe des Gegners, auch die Einzelfahrer, werden inzwischen weiter und stärker bestückt. Die deutsche Regierung warnt und veröffentlicht laufend die Namen der ihr bekannten bewaffneten feindlichen Fahrgastschiffe. Der Gegner reagiert nicht.

Eine weitere Schranke fällt. Die U-Boote erhalten am 17. Oktober die Erlaubnis, alle bewaffneten Passagierschiffe, also auch Einzelfahrer, anzugreifen. Eine lange Liste von Namen der in Frage kommenden Schiffe schwirrt durch den Äther.

Es sollte aber noch fast ein Jahr dauern, bis unter dem Druck der immer mehr entflammenden Härte und Wut und Verbissenheit auf beiden Seiten auch die letzten, allerletzten Schranken eingerissen werden.

TEIL II · 1940

DAS JAHR DER KRISEN UND UNERFÜLLTEN HOFFNUNGEN

3

Minenunternehmungen – stilles Heldentum

Zur Lage:
Schwierige, teilweise sehr schwierige Minenunternehmungen stehen in den ersten Monaten des Jahres im Vordergrund. Diese Operationen sind in den meisten Fällen navigatorische Meisterleistungen, auf der anderen Seite stilles Heldentum, dem der direkte, sichtbare Erfolg versagt bleibt. Aber die Sperren bedingen, daß die gegnerische Versorgungsschiffahrt behindert und teilweise sogar für Tage gesperrt wird. Jeder verlorene Tag ist verlorene Tonnage.

Eisbarrieren auf der Elbe und in der Nordsee erschweren den Anmarschweg, als »Vaddi« Schultze, noch immer Kommandant von U 48, mit seinem Boot den Auftrag ausführen will, eine Minensperre direkt vor den britischen Hafen Portland zu legen. »Vaddi« hat sich in diesen unfreundlichen Februartagen »arktisch« angezogen. Es entspricht seinem eigenwilligen Lebensstil, auch der grimmigen Kälte mit einer persönlichen Note zu begegnen. Er hat sich einen Riesenturm von einer Pelzmütze auf den Kopf gestülpt. Dieser Polarhut läßt ihn nur noch väterlicher erscheinen. So erinnert er in nichts an einen »zackigen« U-Boot-Kommandanten, wie ihn das Publikum an Land in den Wochenschauen sehen möchte, wie ihn die PK zeichnen muß und wie ihn sich die Filmproduktionen vorstellen. Fast möchte man meinen, auf dem Kommandoturm stünde ein gelangweilter, des bürgerlichen Daseins satter pommerscher Gutsbesitzer, der sich den gefährlichen Luxus einer U-Boot-Fahrt erlaubt.

Daß sie ihn an Bord »Vaddi« nennen, hat seine guten Gründe. Bei Schultze geht es nicht gerade übertrieben kommissig zu. Er hält seine Männer durch die Kraft seiner Persönlichkeit und – nicht zuletzt – durch sein originelles Wesen beieinander. Schultze ist zudem Antialkoholiker, und er läßt keine Gelegenheit verstreichen, seine Männer wohlwollend und eindringlich auf die seiner Meinung nach so verderblichen Folgen des Teufels Alkohol hinzuweisen. Daß er neulich mit dem traurigen, völlig zusammengebrochenen Kapitän eines versenkten Frachters einen Schnaps auf dem Turm von U 48 genehmigte, war Anlaß zu einem abendfüllenden Gespräch in allen Räumen. Der Brite mußte mit seiner Leidensmiene den Seemann in »Vaddi« Schultze so tief in der Seele getroffen haben, daß er einen Köhm brauchte, um sein gestörtes Gleichgewicht wiederherzustellen.

Ansonsten war und blieb seine Redewendung: »Ich warne Sie vor Alkohol. Dreimal Schwarzer Kater.«

Ein schwarzer, krummbuckliger Kater mit böse funkelnden Augen wurde denn auch Herbert Schultzes Bootszeichen. Eines Tages überraschten ihn seine Männer mit dieser Maling am Turm. Er sieht sie nicht einmal ungern, denn als rechtschaffener Seemann ist er so fanatisch abergläubisch wie ein Medizinmann aus dem finstersten Afrika.

So ist es zum Beispiel ein ungeschriebenes Gesetz an Bord, daß alle Kurse, die in freier See gesteuert werden sollen, auf jeden Fall durch die Glückszahl sieben teilbar sein müssen. Die Rudergänger haben strikte Anweisung, jeden neuen Kurs, der von der Brücke heruntergegeben wird, sofort daraufhin durchzurechnen, ob er auch durch sieben teilbar ist, um dann selbständig den Kurs zu melden und zu steuern, der dieser Zahl oder einem Vielfachen davon am nächsten liegt.

Diese Sieben-Marotte hat sich jedenfalls als Faktum auf U 48 eingebürgert. Als »Vaddi« Schultze später ausstieg und der breitschultrige Kapitänleutnant Bleichrodt das Boot übernahm, hätte es deswegen beinahe eine Kriegsgerichtsverhandlung gegeben: Bleichrodt befahl Kurs 227 Grad ...

»224 Grad liegen an«, meldete der Rudergänger.

»Wohl durchgedreht da unten. 227 Grad habe ich gesagt.«

»Verstanden, Herr Kaleunt. 224 Grad liegen an.«

Bleichrodt, vormals Handelsschiffsoffizier und als solcher schon seit Jahren gewohnt, daß ein von der Brücke errechneter Kurs nautisches Heiligtum ist, fühlte das Blut in seinen Adern gerinnen. Es kostete ihn einige Mühe, sich zu beherrschen. »Hochverehrter Herr Rudergänger, ich habe 227 Grad gesagt. Verstanden!«

Die Nummer Eins schaltete sich erklärend ein, daß man auf U 48 in freiem Wasser seit ehedem Siebenerkurse zu fahren pflege. Und Bleichrodt war Seemann genug, um zu wissen, daß er daran nicht rütteln durfte ...

Soweit einiges über einige Marotten »Vaddi« Schultzes, der nun ausgelaufen ist, um seine Minen vor Portland auszuladen.

Der Kurs geht »oben herum«, zwischen Island und Färöer, und führt dann vom Westen in den Kanal hinein.

Kurz vor dem Ziel legt Schultze U 48 auf Grund, um in der kommenden Nacht Gelegenheit zu haben, das Gebiet vor der britischen Minensperre abzutasten und auszuloten. Schultze hat Glück. Die nächste Nacht ist so schwarz, daß nicht einmal die Anilinwerke ein solches schwarzes Schwarz synthetisch herzustellen vermögen. Die britische Sperre ist übrigens über den deutschen B-Dienst bekannt geworden. Nun aber gilt es, ihre Ein- und Ausfahrtswege zu ermitteln. Das dauert Stunden. Monotone Kartenvergleiche, Lotergebnisse und wieder Kartenvergleiche.

Eine Pulverfaßstimmung schleicht dabei durch das Boot. Wer kennt nicht die harmlos anzuschauenden Bleikappen an Minen, die den Sprengkugeln das Aussehen von gehörnten Teufeln geben. Man braucht nur an eine davon mit dem

Boot anzutippen – und eine Himmelfahrt ist gewiß. Aber es klappt alles befehlsgemäß.

Im Kriegstagebuch vermerkt Schultze den lapidaren Satz: »Auftrag wurde erfüllt. 03.38 Uhr Beginn des Werfens. – 04.50 Uhr Ende des Werfens.«

Danach ist U 48 frei für den Torpedoeinsatz.

Als erster muß der Holländer »Burgerdijk«, 6853 BRT, von New York kommend, daran glauben. Der auf U 48 geholte holländische Kapitän wehrt sich nicht lange und gibt zu, daß er im Auftrag seiner Reederei einen britischen Kontrollhafen anlaufen sollte. Auf Wunsch von »Vaddi« Schultze wird vor der Versenkung der »Burgerdijk« von dem Holländer ein Funkspruch abgegeben, wonach das Schiff nach einem Zusammenstoß südlich von Bishop Rock am Sinken sei. Mackay Radio bestätigt die Meldung prompt und bedauert, keine weiteren Einzelheiten geben zu können, denn diese schlummern in Schultzes Tagebuch.

Fünf Tage später sinkt das 12 306 BRT große britische Kühlschiff »Sultan Star«, das größte Schiff der britischen Blue-Star-Linie. Es hat Fleisch, die Ration für drei Tage, und Butter für die Inselversorgung von zweieinhalb Tagen an Bord. Kühlschiffe sind Spezialschiffe. Ihre Bauzeit ist länger als die von normalen Frachtern. Kühlschiffe sind lebenswichtig für die Insel. Der Verlust der »Sultan Star« hat in die Lebensversorgung Englands eine empfindliche Lücke gerissen. »Sie sank wie eine Lady«, kommentiert der britische Rundfunk in typisch britischer Selbstironie diesen schweren Verlust.

Einen Tag später geht dann der holländische Tanker »Den Haag«, 8971 BRT, in den Keller. Er wird ohne Warnung angegriffen. Tanker sind kriegswichtigste Schiffe geworden. Zwei Tage später greift Schultze einen Frachter unbekannter Nationalität an. Auch er versinkt. 114 510 BRT – das ist das Ergebnis von U 48 aus bisher vier kurzen Feindfahrten. Die Minenerfolge nicht einbegriffen.

Auf alle Fragen über die neue Aufgabe hat Kapitänleutnant Rollmann ein stilles Lächeln. Er ist soeben vom BdU zurückgekommen und über die Gangway auf U 34 geklettert, das frisch überholt und neu ausgerüstet im öligschmutzigen Hafenwasser von Schlicktown ruht.

Lange Gesichter, als nachmittags einer der üblichen Prähme längsseit kommt und statt blitzender Aale graugestrichene U-Boot-Minen darin sichtbar werden.

»Da hat er sich vom Löwen aber 'ne Viecherei andrehen lassen ... Darum ist der Alte so innerlich ...«, grollt die enttäuschte Besatzung, denn Minenunternehmen erfreuen sich keiner Beliebtheit.

»Bringt nischt ein«, schimpfen die Männer und meinen Tonnage, die sie auf die Erfolgsliste von ihrem U 34 verbuchen wollen. Die ersten Ritterkreuze sind verliehen worden, und es ist verständlich, wenn die Männer ihren Stolz darein setzen, mitzuhelfen, ihrem Alten auch eine Blechkrawatte zu beschaffen. Schließlich strahlt der Glanz eines Ritterkreuzes auch auf die Besatzung ab.

»Jungs, es ist wichtiger, wir kommen nach jeder Unternehmung mit Erfolgen und vor allem wieder heil nach Hause. Euer Vertrauen ist mir wertvoller als ein Eisen am Hals«, wehrt Rollmann ab.

Als der Eisgürtel bei Helgoland U 34 freigibt, geht Rollmann auf nordwestlichen Kurs in Richtung der Shetland-Inseln.

Es weht draußen aus allen Knopflöchern. Giftgrün schillernde Kaskaden türmen sich vor dem Vorschiff auf, wenn das Boot in die See einsetzt. Sekunden später verschwindet die Brückenwache in einem Wirbel von ganzen Tonnen salzigen, eisigen Wassers.

»Müssen zum Westausgang Kanal, kommen so schneller hin«, erklärt Rollmann. Er ist wortkarg wie immer, aber nicht unfreundlich dabei. Und er meint damit, daß man es bei diesem Stiehm wagen könne, in Überwasserfahrt durch die stark überwachte Enge zwischen den Shetlands und den Orkneys hindurchzustoßen, da die hier vorherrschende starke Gezeitenströmung einen Unterwassermarsch erschwere.

In der Höhe des Nordkanals kreuzt ein dicker Brocken den Kurs von U 34. Das Schiff mag seine 15 000 BRT haben, und es sieht halb nach einem Frachtschiff, halb nach einem Passagierschiff aus.

U 34 taucht und dreht auf den Koloß zu.

»Fährt Kriegsflagge«, ruft Rollmann, der den Gegner genau durch das Seerohr betrachtet, plötzlich aus. »Bugrohr klar ...«

Die Werte für die Torpedowaffe kommen durch. »Rohr eins und zwei sind klar ...«

»Rohr eins und zwei: los ...«, der erlösende Befehl.

Ein Ruck geht durch das Boot. Die Trommelfelle knakken ein bißchen, denn irgendwo muß die Ausstoßluft ja bleiben. Draußen würde sie zum Verräter werden.

Der große Sekundenzeiger der Uhr kriecht weiter. Es ereignet sich nichts.

»Ein«, befiehlt Rollmann. Das Sehrohr verschwindet, und der Kommandant erscheint in der Zentrale. Als die Aale liefen, wechselte der britische Hilfskreuzer den Kurs. Vorbei. Enttäuschung schlängelt sich durch das Boot, denn man hat wegen der Minen sowieso nur wenig Torpedos mitnehmen können.

»Die ersten Pflaumen sind madig, Herr Kaleunt. Was schlecht anfängt, hört gut auf, besser als umgekehrt«, läßt sich einer vernehmen.

Was er sagt, tröstet.

Unter Wasser rundet U 34 Kap Lizzard am Westzipfel der Insel und dreht nun in die weite Bucht von Plymouth ein.

»Das wird eine niedliche Unternehmung werden«, unkt LI Ruhland, der neben dem Kartentisch steht, an dem der Obersteuermann mit eckigen, abgezirkelten Bewegungen hantiert. Er zeigt auf den Anmarschweg ...

»Hier 14 Meter Wasser, dort 18 . . ., dort 15 Meter. Beinahe ein Kinderfreibad, Herr Oberleutnant!«

Die Stimmung im Boot ist gedrückt. Ein trüber Hauch Ungewißheit umweht die Männer, die schweigend herumhocken oder brummig ihrem Dienst nachgehen.

Wo liegen die feindlichen Minensperren? Wo die U-Boot-Netze?

Stimmen denn die Unterlagen des B-Dienstes? Wo wollen diese Kerle denn diese Positionen überhaupt herhaben?

Die Schatten der Nacht legen sich über die nahe Küste. Rollmann beobachtet wenig später voraus ein Leuchtfeuer. Die Kennung wird festgestellt, eine Peilung wird genommen.

»Stimmt. Wir stehen richtig«, wirft Rollmann dem Obersteuermann zu, um dann den Befehl zu geben, die Besatzung möge sich im Bugraum versammeln. Geräuschlos schleichen die Männer nach vorn.

»Kameraden«, beginnt Rollmann zu seinen Seeleuten zu sprechen, die mit bleichen, aschfarbenen Gesichtern vor ihm hocken oder stehen.

»Wir haben den Auftrag, den Hafen von Falmouth zu verminen. Befehlsgemäß müssen wir versuchen, die Minen möglichst innerhalb der Molen, also im Hafen selbst, loszuwerden. Wassertiefe 14 Meter. Der Hafen ist durch Bewacher gesichert. IWO, sorgen Sie dafür, daß die Geheimsachen unter die Leute verteilt werden. Die Schlüsselmaschine wird auseinandergenommen. Jeder bekommt einen Teil davon. Und dem trete ich noch im Himmel in 'n Mors, der einen Teil bei seiner Gefangennahme bei sich führt, oder . . . Na ja, man kann auch ins Seegras beißen . . . aber ohne ein Stück von der Maschine in der Hosentasche, verstanden? Größte Unterwasserdisziplin ist selbstverständlich. So, nun wißt ihr Bescheid, Kerls. Wir riskieren den blanken Hintern . . .«

Eine gespenstisch schweigende Geschäftigkeit beginnt im

Boot. Sprengpatronen werden angeschlagen. Der LI hat die empfindlichsten Stellen dafür schon vorher ausgesucht.

U 34 nimmt Fahrt auf. Leise gehen Meldungen in die Zentrale ein. Unbeweglich stehen die Männer auf ihren Gefechtsstationen. Rollmann blickt überall in fiebrig glänzende Augen, die vor Erregung und innerlicher Anspannung weit offen sind und an ihm, dem sie vertrauen sollen und auch vertrauen wollen, hängen.

Die Ruhe aber selbst ist Fiete Pfitzner, der Obersteuermann, der mit sichtbarer Gelassenheit und Routine die Kurse in die Karte zeichnet, als kutschiere er vor dem Badestrand Swinemünde spazieren.

Mit ausgefahrenem Sehrohr strebt U 34 auf die Einfahrt des Hafens zu. Direkt voraus sieht Rollmann einen dunklen Schatten. Aha, da ist einer der erwarteten Bewacher. Rollmann wagt nicht, das Seerohr einzufahren, da er fürchten muß, daß ihn die Einfahrgeräusche verraten. Er weiß, wie gut die britischen Horchgeräte sind. Aber schließlich sind die Briten da drüben auch nur Menschen. Mit Schwächen und mit Fehlern.

Es ist still wie in einem Grab. Wer laut atmet, empfängt das Stirnrunzeln seiner Kameraden. Einer hebt die Faust und droht, als wolle er sagen: »Mensch, wir sprechen uns noch nachher ...«

Der Kommandant flüstert leise. Nur die Lippen bewegen sich. Niemand versteht ein Wort. Nur der ihm Nächststehende hört es.

»Wir passieren gleich den Bewacher an dessen Steuerbordseite.« LI Ruhland steuert das Boot genau auf den Strich. Er lacht sogar. Aus Freude, daß das Boot so brav auf Kurs zu halten ist ... Vielleicht auch aus Übermut ... oder um den anderen Mut zu machen ... Niemand im Boot sieht ihm jedenfalls seine Erregung an, die auch ihn wie ein Zittern durchläuft und innerlich frieren läßt.

U 34 durchfährt die Einfahrt. Links und rechts die Mo-

Asse der Tiefe

Links oben: Albrecht Brandi, der Kreuzerknacker, Träger des Ritterkreuzes mit Eichenlaub und Schwertern und Brillanten. Brandi, der am 6. Januar 1966 verstarb, war nach dem Kriege Architekt in Dortmund. Er baute nicht nur in Deutschland. Sein Name hatte auch im Ausland und in Übersee einen fachlichen Klang. – Oben rechts: Reinhard Hardegen. Mit zwei anderen Booten fuhr er den »Paukenschlag« unter Amerikas Küsten. – Links unten: Wolfgang Lüth, Träger der Brillanten zum Ritterkreuz mit Eichenlaub und Schwertern, ein blonder Balte mit viel Humor und privaten Meinungen. Wolfgang Lüth war zuletzt Kommandeur der Marineschule in Flensburg, eine Beauftragung, die er nicht allein als einer der erfolgreichsten U-Boot-Kommandanten, sondern mehr noch wegen seiner erwiesenen hervorragenden Menschenführung erhielt. Lüth wurde nach Kriegsschluß in Verkettung unglücklicher Umstände von einem eigenen Posten erschossen. – Rechts unten: Otto Kretschmer, mit 350 000 BRT versenktem Schiffsraum der »Tonnenkönig« des Zweiten Weltkrieges. Kretschmer, sie nannten ihn »Otto den Schweigsamen«, studierte nach dem Kriege Jura, war bis 1956 Präsident des Deutschen Marinebundes und bis zur Pensionierung in führender Position der Bundesmarine tätig.

Alte Namen – neue Boote

Das war die U-Flottille »Weddigen«. In »Päckchen« liegen die Boote gelegentlich eines Besuches von Swinemünde während einer »Bäderreise« am Pier, ein Rudel Wölfe, die Jahre später für England die größte Krise und die schwersten Sorgen heraufbeschworen. Diese Boote hier sind sogenannte Einbäume.

lenköpfe. U 34 schwimmt nun im Innern des Hafens. Es steuert einen weit ausholenden Bogen.

»Minen klar.«

»Minen sind klar zum Werfen«, kommt die Meldung von der Torpedowaffe.

»Beide Maschinen Langsame voraus.«

Das näselndhelle Surren der Dynamos klingt etwas stärker.

»Erste Mine wirf!«

Kratzend und schurrend verläßt sie das Boot.

Alle, die arbeiten, halten den Atem an und lauschen ... Wird der Brite diese Geräusche hören, und wenn, wird er sie richtig deuten? Einer legt die Hand an die Wange und macht die Augen dicht, dann zeigt er nach oben ... Die schlafen da oben. Warum auch nicht. Hafen heißt Hort, Hafen ist Sicherheit vor den »damned German Submarins«.

Die Bewegungen der Männer werden planlos. Es scheint mit ihrer Beherrschung vorbei zu sein. Einer achtet auf den anderen, daß er keinen Unsinn macht. Es geht nicht ohne sanfte, aber gutgemeinte Püffe ab: Paß auf ...! Torf nicht ...! Reiß dich zusammen ...! Dreh nicht durch ...! Scheißkerl, du zitterst ja ...!

3. Mine, 4. Mine, 5. Mine ...

Im leichten Bogen zieht U 34 durch den feindlichen Hafen. Er hat 13,8 Meter Wassertiefe. Knapp 80 Zentimeter bleiben dem Boot unter dem Kiel. Bei dem Herumkurven bleibt es nicht aus, daß U 34 über die eigenen soeben gelegten Minen rutscht. Zwischen ihnen und dem Bootskörper sind nur wenige Zentimeter Zwischenraum.

An sich kann nichts passieren. Denn die Minen, es sind Magnetminen, werden erst später scharf. Es sind jene neuen raffinierten Eier, in die das deutsche Oberkommando große Hoffnungen setzt.

Der Druck im Boot wird durch die in den Druckkörpern zurückfließende Ausstoßpreßluft mit jeder Minute unerträglicher. Die Luft wird schlecht. Zum Schneiden dick. Schweiß bricht aus und steht auf den Stirnen der Männer, auch bei denen, die kein Glied rühren.

»8. Mine wirf!« Rumpelnd und stöhnend verläßt sie das Rohr.

U 34 nimmt Kurs zur Hafenausfahrt. Die Maschinen laufen wieder Schleichfahrt. Langsam kriecht das Boot an den Molenköpfen vorbei. Dann kommt der Bewacher, der noch immer stur auf seiner Position liegt, eigens dafür hingelegt, deutschen U-Booten den Garaus zu machen.

Im Boot sieht es aus, als ob ein Film über das Leben und Treiben im Innern eines U-Bootes beim Vorführen plötzlich stehengeblieben ist. Die Männer sind in ihren Bewegungen erstarrt.

Die Wassertiefe nimmt zu.

Himmel ... Ein lautes, für angespannte Nerven geradezu lärmend lautes Geräusch wird hörbar. Der Kommandant hat aber nur das Sehrohr eingefahren, ein Geräusch, das sonst gar nicht beachtet wird, jetzt aber schneidend und bohrend in die Nerven fährt.

»50 Meter Wassertiefe«, meldet der Obersteuermann.

Müde beugt sich Rollmann über den Kartentisch, dabei legt er seine Hand auf die Schulter von Fiete Pfitzner, nicht lose, sondern mit etwas sanftem Druck, der einem Händedruck an den Obersteuermann gleichkommt, der aufblickt und lacht. Wie Sterne stehen seine Augen in dem stoppelbärtigen Gesicht, denkt Rollmann. Fiete Pfitzner aber erschrickt fast, als er in das Gesicht des Kommandanten sieht. Er hat es noch nie so erschöpft, so müde, so eingefallen gesehen. In den Bartstoppeln hängen Tropfen von Schweiß. Wie Perlen mit stumpfem Glanz.

Rollmann nickt und geht in seinen Kommandantenraum ... in seine ganze zwei Quadratmeter große Heimat an Bord. Er zieht den Vorhang dicht. Eine Drahtmatratze stöhnt. Dann ist es ruhig.

Die Anspannung der Besatzung legt sich. Einige sprechen, und aus dem Maschinenraum kommt ein Lied, eine leise gesummte Melodie, in die andere einfallen, immer lauter ...

Rollmann wird wach darüber.

Fiete nutzt die Gelegenheit.

»Welchen Kurs sollen wir eigentlich steuern, Herr Kaleunt?«

»385 Grad«, sagt eine müde, abgezehrte Stimme.

Fiete sieht zum LI. Dann zum IWO. »Unser Kompaß hat aber nur 360«, resigniert er.

Der IWO nickt. »Steuern Sie direkten Kurs Mitte Kanal. Wir lassen den Alten zwei Stunden in Ruhe.«

Nach zwei Stunden erscheint Rollmann. Er ist frisch und ausgeruht. »Boot klarmachen zum Auftauchen.«

U 34 durchbricht die Wasseroberfläche. Luft strömt ein, und durch das runde Turmluk sehen die da unten in der Zentrale den Sternenhimmel.

»Frage, Chance zum Rauchen?«

»O. k., drei Mann Brücke.«

4

Operation Weserübung

Zur Lage:
Unter dem Begriff »Operation Weserübung« liefen im Frühjahr die deutschen Vorbereitungen für eine Besetzung Norwegens an, als bekannt wurde, daß England einen gleichen Plan mit größter Intensität zu verwirklichen beabsichtigte. Die deutsche Operation widersprach allen Regeln der Seestrategie, denn sie mußte angesichts einer an Zahl und Kampfkraft so weit überlegenen Gegnerschaft durchgeführt werden. »Ich glaube trotzdem, daß das Moment der Überraschung so groß sein wird, daß unsere Truppen mit Erfolg nach Norwegen transportiert werden können. Die Ge-

schichte beweist«, so erklärte Raeder im Hauptquartier, und er sprach hier als Psychologe, »daß Operationen, die im Widerspruch zu allen klassischen Prinzipien der Kriegführung stehen, vermöge ihres Überraschungsfaktors gelingen. Es darf erwartet werden, daß das auch für unseren Plan gilt.« Den U-Booten fiel als Hauptaufgabe die Sicherung von Narvik zu, jenem Nabel der schwedischen Erzverschiffung, die mit einem Total von 11,5 Millionen Tonnen auf dem Plan der deutschen Rüstung stand, wobei allein ein Drittel über den eisfreien norwegischen Hafen Narvik verschifft werden mußte. Die Besetzung von Norwegen gelang. Sie war das kühnste und schwerste, aber auch das erfolgreichste Unternehmen in der gesamten deutschen Seekriegsgeschichte.

Am 1. April 1940 gibt das Hauptquartier die letzte Order.

»Unternehmen Weserübung startet am 9. April 5 Uhr 15 Minuten.«

In Sichtweite der kahlen, von Meer und Wind glattgeschliffenen Felsen der Norwegens Küste vorgelagerten Inseln stehen seit Wochen kleine und große U-Boote auf und ab. Sie werden in den Rollern der langen Dünung bei Überwasserfahrt wild hin und her geworfen. Es ist kalt. Und die eisige See wäscht unaufhörlich über den Turm. Wer auf Brückenwache zieht, hat Minuten später keinen trockenen Faden mehr am Leibe. Die Männer überkommt ein Frösteln. Nicht nur, weil die nasse Kälte an ihnen nagt, mehr noch bei dem Gedanken, eines Tages gezwungen sein müssen, in die Fjorde einzubrechen, in diese dunklen Schluchten, die wie die Tore zu einer toten Welt herübergrüßen. Ein Trost sind die ziehenden Wolken und die großen braunen norwegischen Möwen. Mit zänkischem Geschrei begleiten sie die deutschen Boote. Vor der Küste und weiter draußen in der Weltverlorenheit des nördlichen Eismeeres, dort, wo man den Anmarsch der britischen Streitkräfte erwartet!

U 47, mit Prien als Kommandant, sichtet drei Schlachtschiffe. Mit nördlichem Kurs jagen sie in hoher Fahrt am Horizont dahin. U 47 kann sich nicht vorsetzen. Die Boote sind zu langsam. Und die neuen Boote? Man hat irgend etwas gehört ... Über einen Herrn Walter und seine geheimnisvolle Tätigkeit hinter den Mauern eines roten Backsteinbaues in Kiel. In Offizierskreisen munkelt man von neuen Antriebsanlagen, die U-Booten Höchstgeschwindigkeiten bis zu 26 Knoten verleihen sollen.

Auch die Lords hören das Gras und eine Wunderwaffe wachsen.

Genaues weiß man nicht. Nicht einmal die Flottillenchefs. Und das ist gut so.

Auch Prien hat seine Rohre mit neuen Torpedos geladen.

Es sind blasenfreie Torpedos mit einer neuartigen Magnetzündung. Schon Monate vorher bewährten sie sich. Sie funktionieren ganz einfach. So, wie die Endform einer umwälzenden Neuerung im Prinzip immer einfach ist. Die Aale werden auf eine bestimmte Tiefe eingestellt. Sie sollen die Schiffe unterlaufen. Die Magnetpistole im Zündkopf löst beim Unterfahren eines Gegnerschiffes unter der Einwirkung des magnetischen Großflächenfeldes eines Eisenschiffes die Initialzündung und damit die Sprengstoffdetonation aus. Die Sprengwirkung dieser Torpedos ist furchtbar, denn die Explosion schiebt ja eine Wasserdruckwelle vor sich her, die eine viel größere Fläche angreift, als es bei einer Direktexplosion der Fall ist, denn Wasser läßt sich nicht zusammenpressen.

In diese Magnettorpedos setzen die Deutschen ihre Hoffnungen. Raeder, Dönitz, die Kommandanten, die Torpedomixer und die Konstrukteure.

Sie ahnen nicht, daß ihre Hoffnung ein Schlag ins Wasser werden sollte.

Auf dem Boot des Kapitänleutnants Herbert Sohler, auf U 46, ist der spätere Fregattenkapitän und Schwerterträger Erich Topp als Oberleutnant Wachoffizier. Topp hat über den Einsatz deutscher U-Boote im Rahmen der Aktion Norwegen seine eigenen Gedanken. Seinem Kommandanten gegenüber verhehlt er sie nicht. In sein Tagebuch schreibt er:

»U-Boote sind für einen solchen Zweck nicht geeignet. Das U-Boot ist als Handelszerstörer gedacht, und es braucht, um wirksam zu werden, weite Seeräume. Wohl kann es als Einzelkämpfer überraschend im Küstenvorfeld eingesetzt werden. Es widerspricht aber seiner Natur, in einem engen Fjord zu operieren. Jahreszeitlich bedingt, kann es hier in diesen Breiten sehr kurzen Nächten begegnen und gar keinen Nächten, wenn die Mitternachtssonne aufgegangen ist. Die Situationen lassen einem U-Boot nicht die erforderliche Zeit, um die Batterien aufzuladen. Die Fjorde haben unangenehm günstige Horchbedingungen für die gegnerische Abwehr. Sie sind navigatorisch ein Problem, und die Vermessungswerte der Tiefendimensionen sind unzureichend. Die Karten zeigen mehr oder weniger nur die handelsüblichen Schiffahrtswege in genauer Tiefenwertung an, nicht jedoch die Randgebiete und die kleinen Nebenfjorde, in die ein U-Boot aber ausweichen muß.«

Topp fährt fort:

Seit Tagen liegen wir nun schon hier oben. Wir haben unsere Position in irgendeinem der norwegischen Fjorde, einem kleinen, unbekannten Fjord in diesem Labyrinth der norwegischen Felsenwelt. Selten steht auf dem vorgelagerten Felsenzacken ein Leuchtturm. Nur hin und wieder kann man ein Häuschen sehen, das sich unter dem Seewind duckt, als suche es Schutz in dieser chaotischen Landschaft, in der es keine Milderung, keinen Trost und keinen Zuspruch gibt.

Wir haben Befehl, zunächst den feindlichen Schiffsverkehr nur zu beobachten und zu melden. Schußerlaubnis haben die deutschen Boote nur für die britischen Kriegsschiffe. Bisher kam keines in Sicht. Dafür beglückt uns die Schönheit der majestätischen Landschaft, ihre finstere Größe, die Trotz und Widerstand fordert. Wenn es des Morgens anfängt zu dämmern, wenn der Vollmond im Südwesten nur noch einen schwachen Schimmer hinterläßt, dann stehen breit die dunklen Bastionen der Bergketten gegen den geröteten Morgenhimmel im Osten. Höher klettert die Sonne, der Himmel wird schwach violett. Die Bergketten lösen sich in blau abgeschattete Bergmassive auf, schon treten einzelne Berge hervor. Mit schwarz absetzenden Kanten und blaugrauen Flächen. Unter diesen wissen wir das ewige Eis.

Immer um die gleiche Zeit kommt dann Alarm, weil wir tagsüber unter Wasser müssen und noch immer unbemerkt bleiben sollen.

Manchmal, so am Ostermorgen, hat uns die frühe Morgenstunde Hagel und Schneetreiben geschickt. Da durften wir oben bleiben, auf vereisten Planken, mit klammen Händen und mit steifen Füßen. Aber wir durften die klare, kalte Wasserluft atmen. Das weiß nur der zu schätzen, der wie wir fünfzehn Stunden vom Tag in den sauerstoffarmen, ölgetränkten Dünsten des U-Bootes lebt. Oder die Landseiten des Fjordes waren von Frühnebeln verhangen oder von schneeschweren Wolken. Doch das war selten. Der kalte, blaue Nordlandhimmel mit seinen transparent lichthellen Tagen herrschte vor.

Die gigantische Schönheit dieses Fjordes bei Tage, seine blaue, glasklare Flut, die hohen Schneeberge, die ihr Eis bis dicht an die Küste schicken, dürfen wir nur durch das Sehrohr schauen. Ob es nun die scharfen, wechselreichen Bergformen sind, die hell leuchtenden Schneeflächen oder die wuchtigen Gletscher, die in der Sonne gleißend widerspiegelten und uns am Sehrohr blendeten, wir werden von einer Bewunderung für die unberührte Schönheit dieser Landschaft erfüllt.

Wer durch das Sehrohr blicken durfte, schwieg. In der Zentrale herrscht eine Stille wie in einem Sterbehaus. Wir fühlen uns erdrückt von dieser Umgebung. Mögen Stürme brausen, mögen Wasser von den Felsen talwärts stürzen, mögen die Berge unter der Last neuer kilometerdicker Gletscher einer neuen Eiszeit ächzen, diese Berge werden weder wanken noch weichen.

Sie sind wie Grabsteine dahingegangener nordischer Gottheiten.

Täglich müssen wir uns daran erinnern, daß wir ja Krieg führen. Das ist schwer bei dem erhabenen Frieden dieses majestätischen Anblickes.

Wenn die Sonne ihre letzten Strahlen sendet, tauchen wir auf, atmen wir tief die lang entbehrte würzige Luft ein, und wieder werden wir gefesselt durch die Variationsmöglichkeit dieser einzigen Landschaft.

Alle. Der Kommandant, der LI, der Heizer oder der Zentralemaat.

Die Luft ist glasklar und kalt, ein leuchtender Sternenhimmel zieht herauf. Nur die Bergketten sind mit einem weichen Wolkenkranz umhüllt. Das letzte Tageslicht ist noch nicht ganz abgeebbt, da bekommen im Süden die Wolken einen goldschimmernden Rand und künden den Mond an. Mehr und mehr verschwinden die scharfkantigen Berge im verdämmernden Dunst des Widerscheines der scheidenden Sonne. Leise schlagen kleine Seen gegen unseren Bug. In Abständen huscht der Schein eines tiefstehenden Leuchtfeuers über die Kimm. Hinter dem Brückenschanzkleid glimmen verstohlen die Zigaretten der Freiwache. Die Brücke quillt über von den Männern, die köstliche Luft in ihre Lungen saugen.

Da beginnt über uns ein Schauspiel, wie es Bilder nur kümmerlich wiedergeben und Worte nur fade beschreiben können. Ein zitternder Lichtstrahl bricht hinter den Bergen auf, wandert anschwellend und verebbend. Da, noch einer, zunächst zaghaft, dort auch, überall bricht es heraus. Der ganze Horizont flammt kaskadenhaft auf und strahlt empor zum Lichtring im Zenit. Nordlicht.

Von der Kimm, vor der sich der feindliche Schatten zuerst

abhebt und der unsere ständige Aufmerksamkeit gilt, gleiten unsere Blicke immer wieder hinauf. Beinahe jeden Abend bietet sich uns dieses Schauspiel, nie sich in seinen Formen wiederholend, immer neu, immer schöner, immer phantastischer.

Drei Wochen sind wir heute draußen. Drei ermüdende Wochen. Was diese Zeit auf dieser Fahrt bedeutet, kann nur der ermessen, der dabei war. Jagte auf anderen Fahrten eine Überraschung die andere, hier verzehrt uns das Gleichmaß eines nichts unterbrechenden Daseinstaktes. Sollen wir sechs Wochen draußen bleiben, so haben wir mehr oder weniger sechs Wochen lang das Tageslicht nicht gesehen. Wie die Schleiereulen werden wir zurückkommen. Bleich und aufgedunsen, denn an Bewegung mangelt es ebenso.

Fünfzehn Stunden sind wir täglich unter Wasser in einer schlechten, sauerstoffarmen Luft. Wir können nur so viel Sauerstoff täglich aufbrauchen, wie unser Vorrat, auf ungefähr sechs Wochen verteilt, es zuläßt. Auch die Anzahl der Kalipatronen, die das schädliche Kohlendioxyd absorbieren, ist beschränkt. So sitzen wir am Nachmittag mit dikkem Kopf und keuchendem Atem im Boot.

Jede Bewegung läßt die Atemzüge verdoppeln.

Hinzu tritt die lähmende Gewißheit, auf aussichtslosem Posten zu stehen. Wir müssen scharf aufpassen, denn er könnte einmal kommen, der Feind; aber ebenso tragen wir die Gewißheit mit uns, daß wir drei Wochen vergeblich gelauert haben.

Wir warten, warten, warten weiter ...

Der 6. April. Das Stichwort »Hartmut« ist abends eingegangen. Beginn der Narvik-Unternehmung. Alle sind stark erregt, nachdem der Kommandant uns Offizieren den Zweck des Unternehmens bekanntgegeben hat. Die kommenden Tage vergehen wie im Fluge, denn uns stehen große, schwere und harte Tage bevor.

Der 8. April.

Vormittags sind wir vor einem Zerstörer auf Tiefe gegangen. Er kam unvermittelt aus dem Dunst. Seine Nationalität war nicht auszumachen. Er wurde für einen patrouillierenden deutschen Zerstörer gehalten. Die ganzen Tage weht ein steifer Südwest.

Werden es unsere Zerstörer schaffen?

Werden sie bis Narvik durchbrechen?

In der Nacht vom 8. auf den 9. auf Zwischenposition gegangen.

Sturm dreht nach Nordwest, diesig bis neblig. Wieder die bange Frage, werden es die zehn Zerstörer schaffen, die auf dem Marsch nach Narvik zweitausend deutsche Gebirgsjäger heraufbringen sollen, um den so wichtigen Erzverschiffungshafen Narvik zu besetzen? Kein Feuer ist an Land auszumachen. Wir sind auf Tiefe gegangen, da keine Sicht.

Der 9. April. 04.00 Uhr morgens.

Nach dem Auftauchen kommen die erlösenden Funksprüche von den Zerstörern: »U-Boote veranlassen, Narvik einzulaufen.« »Narvik in deutscher Hand.«

Ein Nachzügler passiert uns. Wenige Stunden später meldet Zerstörer »Giese«: »Baröy passiert.«

»Endposition einnehmen!« Über FT geht der Funkspruch des BdU ein. Mit hoher Fahrt stoßen wir nach. Es ist immer noch diesig. Plötzlich Alarm. Eine U-Boot-Silhouette steht vor uns. Beim Näherkommen verschwindet sie.

Freund oder Feind?

Es ist schlecht möglich, daß uns eines von unseren eigenen Booten zuvorgekommen ist. Sie haben ja alle weiter draußen gestanden. Größte Vorsicht ist geboten.

»Ruhe, äußerste Ruhe im Boot!« befiehlt der Kommandant und hebt beschwörend wie ein Musiker die Hand, die Pianissimo fordert.

Im Sehrohr ist nichts zu sehen. Aber im Gruppenhorchgerät ist ein leises Geräusch, ein typisches E-Maschinen-Geräusch.

»Verflucht!« entfährt es dem Kommandanten. »Wir müssen durch, ehe der uns zuvorkommt.«

Im Sehrohr erstirbt die Landschaft. Wie ein Leichentuch senkt es sich herab. Schneetreiben. Ein Geschenk des Himmels. Wir tauchen auf und laufen mit großer Fahrt voraus. Der Flockentanz ist so dicht, daß wir nicht einmal den eigenen Bug sehen können. Weder der Kommandant noch der WO, noch der Obersteuermann kennen diese Gewässer.

Kurz vor Tranöy klart es auf. Das U-Boot haben wir überrundet.

Voraus ist aber ein Schiff. Ein einlaufender Dampfer. Ihm folgen wir im Kielwasser. An seinem Heck prangt der Name. Es ist der schwedische Tanker »Strassa«. An Bord bricht eine Panik aus, als sie uns sehen. Sie fieren die Kutter. Sie rennen mit Schwimmwesten an Oberdeck herum. Sie wedeln mit den Armen und wissen scheinbar nicht recht, was sie tun sollen. Der Fjord ist eng. Sehr eng sogar. Zu beiden Seiten steigen eisengraue Wände auf. Oben sind sie vergletschert. Die Nachhut der Eiszeit. Kalt und scharf weht es von diesen Höhen herunter.

Den Schwedentanker überholen wir. Keiner von uns nimmt Notiz von ihm. Keiner hat auch einen Blick für die Schönheit des Fjordes. Wir suchen den Gegner.

»Alarm!« Aus dem Dunst bricht eine Zerstörersilhouette. Mit der Lage auf uns zu. Wir schießen Erkennungssignale. Drüben antworten sie. Ein deutscher Zerstörer. Dicht gedrängt stehen Gebirgsjäger an der Reling. Sie winken. Sie schreien Hurra. Da – eine wollige Riesenhand wischt sie weg. Nur die Freudenrufe der in Sichtweite des nahen Festlandes aufatmenden Kraxelhuber stehen noch in der Luft.

Als es wieder aufklart, sehen wir, wie dieser Zerstörer den Schweden hindert, durch den Tjeldsundet nach Norden zu entwischen. Wir passieren Baröy. Schneetreiben und Sonnenschein wechseln in kurzer Folge ab. April. Nordischer April.

Auf der Höhe von Ramsund zwei neue Zerstörer. Es können nur deutsche sein. Wir gehen auf Rufweite heran. Winkspruch ...

Es sind deutsche. Sie suchen die in den deutschen Karten eingezeichneten Batterien. Die sind gar nicht vorhanden.

Wir fahren weiter. Und wir erreichen unsere Position. Sie heißt Ofoten-Fjord. Zu beiden Seiten recken sich Schneeberge. Ein paar Häuser sind da hingetupft. Und Skiläufer sieht man auf beiden Seiten, so eng ist der Fjord.

»So, hier laßt uns Hütten bauen«, sagt der Kommandant. Und er versucht zu lächeln ob unserer Aufgabe, denn wir haben das zweifelhafte Vergnügen, den nachdrängenden Feind abzufangen.

Es sollte anders kommen ...

Am 10. April herrscht um die Mittagsstunde ein wildes Schneetreiben. Man kann buchstäblich die Hand vor Augen nicht sehen. Als ich um 04.00 Uhr morgens meine Wache übernehme, liegt der Schnee fußhoch auf der Brücke und an Deck. Es ist sichtiger geworden. Zart angedeutet sieht man zu beiden Seiten die Ufer des Fjords.

»In Abständen klopfendes Geräusch an der Bordwand«, meldet der Zentralemaat nach oben.

»Wie hört es sich denn an? Was ist es denn?«

»Ursache ist nicht festzustellen«, gibt der Mann zurück.

Es ist genau 06.30 Uhr, als ich jenes Klopfen nun auch auf der Brücke höre. Es ist ein unaufhörliches Hämmern. Eigentlich mehr ein dröhnendes Rumoren. Es kommt aus der Richtung von Narvik. Kein Zweifel. Geschützfeuer. Sollten die Norweger Widerstand leisten?

Der Geschützdonner wird stärker. Der Backbordausguck fährt herum, setzt das Glas ab und zeigt zur Küste hinüber. »Schnellboot oder Motorboot, ein Kriegsfahrzeug.«

»Der will ausreißen. Ein Norweger. Was sonst«, sagt der Kommandant.

»Und wenn's keiner ist?«

»Na, na, der Fall Narvik ist doch klar. Die türmen, die Norweger, aber schießen wir meinethalben ES.«

Und wir schießen ES. Als die Sterne niedersinken, hat das Boot gestoppt. Aber es kommt nicht näher heran. Wir jagen fünf Schuß mit der Zwozentimeter hinüber. Eben über die Köpfe hinweg. Es braucht ja nicht gleich Tote zu geben. Die Bootsinsassen besinnen sich. Das Boot nimmt Fahrt auf und kommt langsam und zögernd näher.

»Merken Se was?« Der Obersteuermann grinst. Er hat das Glas abgesetzt und reibt sich nun die Hände. Die ganze Brücke grinst. Und dann freuen wir uns. In dem Boot sind deutsche Gebirgsjäger, aus Innsbruck, aus dem Ötztal oder vielleicht aus den Stubaier Alpen. Was sie uns herüberrufen, müssen wir zweimal erbitten. Vor Freude reden sie Dialekt. Für diesen hier haben wir kein Lexikon an Bord. Die Gebirgsjäger kommen längsseit, und schließlich wissen wir, worum es geht. Sie sollen ein Depot im Ramsund besetzen.

Was in Narvik vor sich geht, wissen sie auch nicht.

Eben hat das Boot abgelegt, da sehe ich aus dem Dunst Schatten herauskommen. Es sind Schatten mit hohen ausladenden Aufbauten. Weiß stehen drei Bugwellen im Raum. Wie drei »V's«, auf einen grauen Himmel gemalt. »Alarm.« Wir verschwinden. Wir fallen in den Turm. Als letzter der Kommandant. Ein Angriffsansatz ist nicht möglich. Die Zerstörer überlaufen uns. Es bleibt ruhig.

Neuer Zerstörer. Die Entfernung ist gering. Lage Null, Richtung Fjordausgang. Ich blicke gerade durch das Sehrohr, und ich sehe über dem Fjordausgang eine hohe Rauchwolke. Minuten später durchruckt eine Erschütterung unser Boot. Im Sehrohr erscheint eine hohe Feuersäule und ein riesiger Rauchschirm. Ein brennendes Schiff wird auf Dreck gesetzt. Der Zerstörer ist verschwunden.

»Da finde sich noch einer aus. Hier scheint alles durcheinanderzugehen. Wer ist Freund? Wer ist Feind? Schoß ein britisches U-Boot auf einen deutschen Dampfer oder ein deutsches U-Boot auf einen britischen Zerstörer?«

Erst später erfuhr ich es.

Der einlaufende Zerstörer hatte den deutschen Nachschubdampfer »Kattegat« geknackt.

Die Meute ist da. Die Briten holen zum Gegenschlag aus. Sie setzen alles an, was zur Verfügung steht. Schlachtschiffe, Kreuzer und Zerstörer. Ihre ganze maritime Überlegenheit schleppen sie nach Norwegen. Es geht nicht mehr um Norwegen. Es geht um das Ansehen der britischen Flotte. Ihre Masse soll, muß siegen. Zahlenmäßige Überlegenheit an Schiffen, an Kampfwerten und an Mannschaften war von jeher der Sinn aller Verträge, die England schloß.

Bei uns herrscht »Zustand«. Nur wer zur See fuhr weiß, was Zustand heißt. Zustand ist ein Begriff.

Die Funker sprechen jedes Geräusch als U-Boot-Geräusch an. Schließlich wissen wir ja keine Einzelheiten über die Ursache der Erschütterungen. Überall sind Detonationen zu hören, vervielfacht im Widerhall von den engen Fjorden. Phantasie feiert Orgien.

Endlich dämmert dieser Tag. Ein Tag ohne Erfolg, ein Tag des Umsonst. Endlich können wir auftauchen, um die Batterie aufzuladen.

Wir sind erschöpft. Die Batterien – und wir.

Der Kommandant legt das Boot gegen den dunklen Hintergrund eines steil an das Fjordwasser herangehenden Berges. Die Diesel hummeln ihr gewohnt vertrautes Lied. Die Batterie braucht neuen Saft. Ich habe mich ein bißchen zur Ruhe gelegt. Man schläft bei dem Krach im Boot wundervoll, wenn man sich erst mal daran gewöhnt hat.

»Alarm!« »Auf Tauchstationen!« Ich bin hellwach.

Der Kommandant ist mit ein paar langen Sätzen in der Zentrale. Er stoppt das Tauchmanöver ab. Der Obersteuermann hat durchgedreht. Zerfahren. Mit den Nerven fertig, murmelt er etwas von heranbrausenden Zerstörern.

Unmöglich, daß sie uns hier sehen, denkt der Alte. Unmöglich, daß sie uns hier dicht unter Land vermuten.

Es sind in der Tat Zerstörer, die näherkommen. Aber sie kommen aus Richtung Narvik. Wieder die bange Frage. Freund oder Feind? Die Rohre haben klar gemeldet. Der Torpedozielapparat steht in Schußrichtung.

Es sind deutsche Zerstörer. In hoher Fahrt, mit einem phosphoreszierend leuchtenden Bart am Bug, ziehen sie vorbei. Nach einer guten Stunde kehren sie zurück.

Der Funker reicht einen Spruch vom BdU für den Kommandanten aus seinem kleinen Schapp heraus: »Einlaufen Narvik zur Besprechung mit Chef 4. Zerstörerflottille.«

Diese Anweisung ist so gut wie eine Tasse starken Kaffees für jeden Mann. Nach den Mißerfolgen des letzten und der vorausgegangenen Tage läßt diese Fahrt neuen Auftrieb erhoffen. Die Sorge um unsere Kameraden von den Zerstörern und aus den deutschen Bergen bewegt uns im Unterbewußtsein doch sehr, beeinflußt unsere Stimmung und unsere Handlungen. Frohen Mutes, ja fast heiteren Sinnes treten wir die Fahrt an.

Mit elementarer Wucht springen uns nun aber Geschehen und Erlebnisse an. Das Antlitz des Krieges, der totalen Vernichtung, wird deutlich. Schon von weitem ist Narvik zu sehen. Ein auf Strand gesetzter brennender Dampfer weist uns den Weg. Der Schnee ist mit einem Wurf blutroten Lichtes überdeckt. Die Rotglut der Brände spiegelt sich in den noch heil gebliebenen Scheiben der spärlichen Holzhäuser mit ihrer Falunrotbemalung. Die Feuer der Hafeneinfahrt sind gelöscht. Auf diese Einfahrt drehen wir nun langsam und vorsichtig zu. Je näher wir kommen, desto stummer werden wir.

Wracks! – Wracks! – Wracks!

Ein Schiffswrack neben dem anderen.

Schornsteine, Masten ragen aus dem quecksilberfarbenen Wasser heraus. Und Schiffsbrücken, hinter denen wir die Kammern der Offiziere und des Kapitäns wissen, den Salon, das Heiligtum eines jeden Schiffes, das Kartenhaus mit seinen Instrumenten und Geräten.

Von einigen Schiffen ragt nur noch der Bug, von anderen nur noch das Heck heraus, und an Steuerbord möchte man glauben, ein Wald sei begraben worden.

Masten! – Masten! – Masten!

Heiliger Himmel. Hier muß die Hölle los gewesen sein. Dabei war es nur das Tor zu ihr.

Eine Barkasse schert längsseit. Ein Obersteuermann klettert auf unser Boot und meldet sich auf der Brücke. Er hat Befehl, uns durch die Wracks zu lotsen. Dabei berichtet er, was geschah:

Die Zerstörer liefen planmäßig in Narvik ein. An Bord eines jeden Schiffes befanden sich zweihundert Jäger in voller Ausrüstung. Norwegische Küstenpanzer wollten Widerstand leisten. Vom Zerstörer »Heidkamp« wird Kapitän zur See Gerlach, 2. Asto des FDZ, mit der Pinasse zu den Küstenpanzern hinübergeschickt.

Dem norwegischen Kommandanten stellt er die entscheidende Frage. »Wollen Sie Widerstand leisten oder nicht!«

»Wir wollen und werden«, die Antwort.

Der deutsche Offizier grüßt und kehrt auf »Heidkamp« zurück. Ein roter Stern zischt in den Tag. Rot wie Blut.

Ein Dreierfächer verläßt die Rohre. Der norwegische Küstenpanzer verschwindet in einer hohen Wassersäule. Als sie in sich zusammensinkt, als der Rauch verweht, ist von dem Schiff nichts mehr zu sehen. Zerstörer »Bernd von Arnim« läuft als erster ein und erhält auf wenige hundert Meter Geschützfeuer von dem zweiten Panzerkreuzer. Die erste Salve liegt zu kurz. Die zweite geht in die Felsen. Eine dritte können sie da drüben nicht mehr schießen. Die Zerstörertorpedos haben ihr Ziel gefunden. Von sieben Torpedos trafen zwei. Es war ein leider unvermeidlicher Akt. Ein Turnier mit ungleichen Waffen.

Nun, man kann die Vernichtung des ersten Panzerschiffes schwerlich als unrühmlich bezeichnen. Dieses Zusammentreffen norwegischer und deutscher Streitkräfte im engen Raum eines Fjordes erinnert eher an eine mittelalterliche Kriegführung. Damals war es nicht selten, daß sich die gegnerischen Heerführer über ihre Parlamentäre absprachen, ehe man zu den Waffen griff. Die Deutschen schickten Offiziere als Parlamentäre. Die Verhandlungen endeten in der Feststellung: »Es wird gekämpft.«

Aber beide Seiten warteten. Die Norweger bewiesen eine großartige Anständigkeit, die ihrer Geschichte würdig war. Sie warteten mit geladenen Rohren erst die Rückfahrt des deutschen Offiziers und das Einsetzen der Pinasse ab.

Daß die Deutschen schneller waren, ist der Norweger Pech. Raeders psychologische Überlegungen wurden für die Besatzung des Panzerschiffes zur bitteren Wahrheit. Die Norweger waren zu langsam. Sie schalteten zu spät.

Und was heißt hier überhaupt zu spät. Vielleicht wollte der Panzerkreuzerkommandant den artilleristisch unterlegenen deutschen Zerstörern die Feuereröffnung überlassen, so wie der Stärkere dem Schwächeren eine Chance gibt, so wie man beim Sport oder beim Spiel den Kleineren einen Vorsprung schenkt . . .

Planmäßig wurden die Truppen ausgeschifft. Die Zerstörer gingen bei dem deutschen Versorgungsschiff »Jan Wellem« längsseit, um Öl zu übernehmen. Vier andere Zerstörer werden unter Kapitän Bey in zwei andere Fjorde detachiert. Inzwischen brechen im Schutze unsichtigen Wetters fünf britische Zerstörer heran. Sie drehen vor der Einfahrt ab und machen ihre Aale los. »Heidkamp« und »Schmitt« sinken. Mit ihnen acht Dampfer. »Dieter von Roeder« erhält drei schwere Treffer. Die Division Bey kommt in ein Feuergefecht. Zwei Briten packt das Schicksal. »Hunter« wird gerammt und sinkt, ein anderer brennt und setzt auf Strand. Drei entkommen in hoher Fahrt.

Nach Rücksprache mit dem Chef der 4. Z-Flottille laufen wir tagsüber nach Narvik weiter.

Nachts stehen wir sichernd auf der Höhe von Farnes. Wir laufen gegen Morgen aus, kommen aber bald wieder herein und machen längsseit des Zerstörers »Thiele« fest. Zehn Tote werden von Bord gegeben. Eine ganze Geschützbedienung. Auf der Innenseite liegt »Bernd von Arnim«. Beide Zerstörer haben leichte Beschädigungen.

Abends ausgelaufen.

Auf Position nichts Besonderes.

Der 12. April. Es wurde der Beschluß gefaßt, Proviant und Brennstoff zu übernehmen. Unser Boot ist bei dem Zerstörer »Lüdemann« längsseit gegangen. Für mich gibt es eine Freude. Hier an Bord treffe ich meinen Crew-Kameraden Perl. Sie haben ihn später, hilflos im Wasser schwimmend, kaltschnäuzig erschossen. Wir sitzen mit den Zerstörerkommandanten Rechel und Schmid zusammen. Beide unterhalten sich über ihre Erlebnisse. Beide haben in der schweren See während der Überfahrt Leute verloren. Der Zerstörer mußte ja mit hoher Fahrt laufen. Die überkommenden Brecher wuschen bis über die Brücken hinweg. Motorräder und Geschütze der Gebirgsjäger wurden wie Spielzeug über Bord gefegt, obwohl sie mit dicken Tampen und Trossen festgelascht waren. Die brachiale Gewalt der See zerrupfte die Tampen wie Zwirnsfäden. Bei fast allen Zerstörern waren die Brückenverkleidungen eingedrückt, auch bei Rechel und Schmid. Aber sie gingen mit der Fahrt nicht herunter. Sie hielten ihre Termine ein. Unterwegs hatten Rechel und Schmid Gefechtsberührung mit britischen Zerstörern. Sie erhielten drei Treffer. Der Schwere Kreuzer »Hipper« stieß nach und erledigte sie. Bei Rechel fiel der »Giese«-Kreisel aus. Man kam trotzdem nach Narvik rein.

Nachmittags läuft U 64 ein.

Der Kommandant, Kaleunt Wilhelm Schulze, berichtet:

»Starke Zerstörerbewachung steht vor dem Fjord. Narvik droht zu einer Falle zu werden.«

U 49 meldet feindliche Flieger mit Kurs Ost. Kurze Zeit später haben wir Fliegeralarm. Wer nicht gebraucht wird, wird an Land geschickt. Ich bleibe mit der MG-Bedienung. Die Maschinen fliegen an und kurven über uns und die Zerstörer hinweg. Wir schießen wie die Irren. Aber nichts kommt von oben. Bomben, ja. Eine fällt fünfzig Meter neben uns in den Bach. Meine Leute staunen. Ich auch. Da hat man nun einen Schießprügel in der Hand, und laut Ausbildung hätte man auch damit treffen müssen ... Nun, ein Trost bleibt, die da oben wundern sich vielleicht auch, daß ihre Bomben danebengingen. So ist es nun mal im Kriege. Wenn's ernst wird, sieht manches ganz anders aus als bei friedlichen Manövern. Einen Schuppen haben die angreifenden Maschinen allerdings getroffen. Er brennt. Daneben liegen Tote.

So sieht es also in diesen Tagen um Narvik aus. Und im Hauptquartier berichtet Raeder:

Die ganze verfügbare deutsche Flotte ist im Einsatz. Alle verfügbaren U-Boote sind in Aktion. Drei Boote stehen im Vaags-Fjord, fünf Boote im West-Fjord, drei Boote mit Nachschub an Munition und Lebensmitteln sollen nach Narvik gehen. Ein Boot steht auf der Route zum Nansen-Fjord. Zwei weitere Boote werden für den Nansen- und Folden-Fjord klargemacht. Drei Boote stehen auf der Höhe von Drontheim. Ein Boot ist zum Romsdals-Fjord befohlen, fünf Boote operieren auf der Höhe von Bergen und zwei Boote auf der Höhe von Stavanger.

Auch U 48 ist dabei.

»Vaddi« Schultze ist immer noch Kommandant. Wachoffizier noch immer »Teddi« Suhren. Auch der Seemann Horst Hofmann ist noch an Bord, jetzt als Pieksgast. U 48 hatte Befehl, die Narvikgruppe zu unterstützen und nach

Narvik einzulaufen. Als das Boot in den Innenfjord marschiert, kommt Sohler mit seinem Boot gerade raus, um auf neue Position zu gehen. Schultze unterrichtet Sohler von dem neuen Befehl. Durch FT kommt nichts mehr durch.

Horst Hofmann berichtet:

»Wir fahren voraus. Sohler folgt uns. Von Sohler erfahren wir, daß es um die deutsche Zerstörergruppe schlimm bestellt ist, wahrscheinlich sei sie vernichtet.

Dennoch fahren wir am Morgen des 13. April in den Hauptfjord von Narvik ein. Immer wieder tauchen Flugzeuge auf. Immer wieder müssen wir in den Keller. Wie oft am Tage, weiß keiner mehr.

Raus, runter, raus, runter.

Plötzlich ist ein Zerstörer vor uns. Schultze hat ihn im Fadenkreuz. Die Sicht ist diesig. Schultze hängt förmlich am Sehrohr. Dann schreit er nach hinten: ›Suhren, Suhren, kommen Sie mal her. Sehen Sie mal durch. Die da drüben geben Anton, Anton.‹

Suhren sieht durch. Tatsächlich. Der unbekannte Zerstörer gibt mit seinem Signalscheinwerfer, den er auf das Sehrohr gerichtet hat, laufend den Buchstaben Anton durch.

Keiner auf U 48 weiß, ob es ein Deutscher oder ein Engländer ist. Schultze gibt Unterwasser-ES. Viermal, fünfmal und sechsmal. Keine Antwort.

Was bleibt uns weiter übrig. Wir müssen auftauchen und das ES bestätigen.

Eine miese Situation. Können doch keinen eigenen Zerstörer umpusten.

Schultze klettert auf die Brücke. Suhren und die Brückenwache folgen. Suhren gibt mit der Morselampe das Erkennungssignal. Inzwischen kommt der Zerstörer näher. Erst langsam. Nach Abgabe eines zweiten ES durch U 48 dreht er auf. Die Bugwelle wird steiler und höher.

Das also ist seine Antwort.

›Tommy! Alarmtauchen!‹

Wer auf der Brücke steht, fällt in das Boot. Schultze als letzter. Er dreht das Luk dicht. Inzwischen geht U 48 auf Tiefe. So tief, wie es das Fjordwasser zuläßt. Dann kracht es. Die Wasserbomben liegen über uns und neben uns. Wir hatten noch die Berge in Erinnerung und meinen nun, sie stürzen sich auf unser Boot. Hohe, eisgekrönte Riesen.

Weiter geschieht nichts. Aber es ist auch so genug.

Wir schreiben den 13. April. Und wir erhielten dreizehn Wasserbomben. Keine weniger und keine mehr. Schultze schmunzelt stillvergnügt. Es stimmt schon mit der Sieben und der Dreizehn.

Die dreizehn Bomben waren aber nur die Ouvertüre. Es folgen Höllentage. Stunde um Stunde, Tag für Tag greifen wir die Zerstörer an, haben uns die Zerstörer in den Klauen. Tag um Tag und Nacht um Nacht. Und die Nächte sind kurz, viel zu kurz, um die Batterien aufzuladen und das Boot gefechtsklar zu halten. Wir bekommen keinen Schlaf mehr. Wir finden kaum Zeit, etwas zu essen. Wir verschießen einen Magnettorpedo nach dem anderen. Doch keiner krepiert.

Was zum Teufel ist mit den verdammten Torpedos los?

Es ist dieselbe Schweinerei wie vor Tagen vor Bergen. Als Schultze bei dem Angriff auf britische Kriegsschiffe einen Dreierfächer auf einen schweren Kreuzer schoß. Schultze hatte unser Boot gut vorgesetzt. Die Position konnte überhaupt nicht besser sein. Ein fast schulischer Idealfall. Keiner der Aale traf. Der Torpedomixer war verzweifelt. Er untersuchte die stählernen Riesenzigarren, doch er fand nichts, nicht die geringsten Anzeichen, die die Ursache für diese Versager hätte sein können.

Nur gut, daß »Vaddi« Schultze väterlich ruhig blieb.

Und hier oben geht das Theater weiter. Die Magnettorpedos krepieren auch hier nicht. Alle Mühe, alle Angst, alle Not, alle Opfer sind umsonst.

Die Hölle von Narvik wird auch unsere Hölle. Vier volle

Tage kutschieren wir in dem Fjord unter Wasser einher. Wir brauchen die letzte Luft aus den Sauerstoffflaschen. Und wir schießen den letzten Aal. Auch der läßt nichts von sich hören. Versagte die Tiefeneinsteuerung? Löst der Zündmagnetismus nicht aus? Oder war das deutsche Geheimnis den Engländern kein Geheimnis mehr?«

Soweit Horst Hofmann, der später als Obersteuermann das Ritterkreuz erhielt.

U 46, auf dem Topp als WO fährt, hat es nicht minder schwer.

Folgen wir weiter seinem Bericht:

»Am 13. April geht es auf neue Position.

›Ihr seid unsere letzte Hoffnung‹, rufen die Zerstörerbesatzungen den Männern im Lederpäckchen zu. Zwei große deutsche Flugzeuge kreisen gerade über Narvik. Sie werfen Verpflegung und Munition ab. Ein Aufatmen geht durch den verlorenen, von allen Nachschubwegen abgeriegelten Haufen.

Am 14. April überfliegen britische Flugzeuge unsere U-Boot-Position. Es sind Sicherungsflugzeuge, die den Fjord erkunden sollen. Im Sehrohr werden plötzlich Zerstörer beobachtet. In drei Kolonnen marschieren sie heran. Hinter ihnen schält sich der graue Schatten eines Schlachtschiffes heraus.

Es ist die ›Warspite‹, ein Riesenbrocken, der sich langsam näher schiebt und direkt in das Fadenkreuz einlaufen muß.

Die Stimmung an Bord ist zum Platzen. Sie ist wie ein Zähneknirschen. Einige blicken nervös zum Horcher hin, als wir herandrehen und die Zerstörerkolonne unterlaufen. Der Gegner reagiert nicht. Wohl hören wir, wie uns die feindlichen Ortungsgeräte abtasten. Aber sie peilen unseren Standort nicht ein. Es fallen keine Wasserbomben. Wir warten ... Es kommen immer noch keine. Wahrscheinlich spricht man die Asdic-Impulse als Unterwasserfelsen an.

Rohr eins und vier sind schon lange klar zum Schuß. Und an diesen Schüssen hängt das Schicksal einer ganzen Unternehmung. Sinkt die ›Warspite‹, ist Narvik gerettet. Mehr noch, dann sinkt mit ihr die Moral der bei Andalsnes gelandeten britischen Truppen. Fünftausend Mann! Mit der Vernichtung der ›Warspite‹ zerbricht der alliierte Widerstand, zerbricht hier das Vertrauen in die Unbesiegbarkeit der britischen Flotte, die das Rückgrat der britischen Aktionen in Norwegen ist.

Unser Boot läuft sparsamste Fahrt. Ganz langsam. Aber es muß fahren, um in Sehrohrtiefe zu bleiben.

Wir warten. Achtundvierzig Herzen klopfen. Man hört es fast.

Und in diese nervlich angespannte Situation hinein gibt es plötzlich einen Stoß, der das ganze Boot erschüttert. Unter dem Kiel hören wir dumpfes, polterndes Schaben. Im gleichen Augenblick beginnen wir zu steigen, wird das Boot achterlastig. Der Kommandant reagiert blitzschnell.

›Hinteres Tiefenruder hart unten. Fluten! Schneller fluten!‹ Der Kommandant hat die Augen nicht vom Sehrohr genommen. Er verläßt sich auf seinen LI, auf seine Techniker, auf junge Kerlchen, die in monatelanger Ausbildung den U-Boot-Mechanismus in sich hineingefressen haben, daß sie mit schlafwandlerischer Sicherheit jeden Handgriff beherrschen.

Durch das Sehrohr wird die Netzsäge sichtbar, dann das Vorschiff, das schäumend aus dem Wasser herausbricht. Wenig später erscheint auch die Oberkante des Turms mit dem Peilrahmen an der Oberfläche.

Draußen marschieren britische Zerstörer auf. Sechshundert Meter querab steht die ›Warspite‹. Sie schießt aus allen Rohren nach Narvik hinein. Verdammte Tat, nun wandert sie durch das Fadenkreuz hindurch. Unser Boot ist nicht mehr schießklar. Vorbei! Eine große einmalige Gelegenheit fuhr zum Teufel. Ein tückischer Unterwasserfelsen war die

Ursache. Auf ihn waren wir aufgelaufen und nach oben gedrückt worden. Beide Maschinen laufen dreimal äußerste Kraft zurück, um das Boot wieder frei zu bekommen. Die Zerstörer kümmern sich nicht um uns. Haben Sie uns nicht gesehen? Bei allem Pech ist dies noch unser Glück.

Das Massaker in Narvik nimmt seinen Lauf. Alles, was im Hafen liegt, neutrale Schiffe, deutsche Frachter, Hafenboote und die deutschen Zerstörer werden von dem Tod und Verderben speienden Schlachtschiff und den britischen Zerstörern unter Feuer genommen. Die deutschen Zerstörer sterben, bis zur letzten Granate angreifend und feuernd.

Ihre Aufgabe haben sie erfüllt. Zweitausend Mann Landungstruppen wurden ausgeschifft. Und diese halten diese nördliche Bastion in Norwegen.

Den U-Booten bleibt nur noch die Aufgabe, weitere Landungsunternehmen des Gegners und den Nachschub zu stören. Am gleichen Nachmittag kommen acht Zerstörer und das Schlachtschiff wieder heraus. Wir werden in aussichtsloser Position unter Wasser gedrückt. Erst um 22.00 Uhr können wir auftauchen. Um die Mitternachtsstunde gibt es wieder Alarm. Wieder zwingen uns britische Zerstörer in den Keller.

Der 15. April.

Wir sind wieder aufgetaucht, um die erschöpften Batterien aufzuladen. Die Nächte werden immer kürzer. Um 03.00 Uhr ist es bereits so hell, daß wir die britischen Zerstörer vor Narvik sehen, die dort auf und ab patrouillieren. Wir müssen wieder tauchen. Die Batterie ist nur wenig aufgeladen worden. Sie ist jetzt fast restlos erschöpft. Der Kommandant wagt es nicht, ihre letzten Reserven in Unterwasserfahrt zu verbrauchen. Wir legen uns in 13 bis 14 Meter Wassertiefe auf den Grund, um vielleicht in Schußposition passierende feindliche Fahrzeuge anzugreifen. Aber der Strom ist zu stark. Die Gezeitenströmung drückt aus dem Atlantik in den offenen Fjord mit einer solchen Gewalt herein, daß das Boot über den Grund geschleift wird. Der Funker reicht einen eben über die Längstwelle eingegangenen Funkspruch in die Zentrale. Ein Führerbefehl: ›Narvik ist mit allen Mitteln zu halten.‹

Das gilt auch uns. Das bedeutet: Weiter im Schlamassel bleiben. Die Angriffsmöglichkeiten sind gering. Die Chance, übrigzubleiben, noch geringer. Als der Kommandant den Befehl gibt, sämtliche Geheimsachen zu vernichten, weiß auch der letzte Mann an Bord, was gespielt wird und noch gespielt werden soll. Mit dem sicheren Bootsverlust ist zu rechnen.

Beim Wechsel der Position auf Punkt Nero 3 haben wir U 48 getroffen und Herbert Schultze die Lage in Narvik dargestellt. Er kennt nur den ersten Befehl von Dönitz: ›Boote Narvik gehen.‹ Danach will er handeln. Auf seine Frage, wo die deutschen Zerstörer stehen, erhält er die lakonische Antwort: ›Vernichtet.‹

›Ich versuche es trotzdem‹, gibt Schultze zurück und dreht ab.

Mehrere Zerstörer passieren. Wir werden unter Wasser gedrückt. Sie greifen uns mit Wasserbomben an. Unheimlich hallen die Detonationen in diesen engen Gewässern. Nachmittags versuchen wir erneut, die Batterien aufzuladen, aber Flugzeuge drücken uns wieder unter Wasser. Abends tauchen wir wieder auf. Wer sieht noch die Schönheiten der Fjordlandschaft. Gerade jetzt entbietet sie sich im Schein der untergehenden Sonne in faszinierendem Licht. Niemand achtet darauf.

Wir kämpfen um das nackte Leben.

Die Batterie hat nicht einmal mehr für einen Angriff genug Saft.

Bei Niedrigwasser fällt der Wasserspiegel um einige Meter. Er gibt einen dunklen Felsstreifen ohne Schnee frei. Im Schutze dieses dunklen Hintergrundes versuchen wir aufzuladen. Wir, die jagen sollten, sind die Gejagten. Ein Zerstörer zieht vorbei. Er sieht uns nicht. Ein zweiter Zerstörer kommt. Der aber bekommt uns spitz und dreht mit dem Bug auf uns zu. Wir lassen uns auf Grund fallen. Elf Meter Wassertiefe. Eben genug, um uns zu bedecken. Der Zerstörer versucht uns mit weitgeworfenen Wasserbomben beizukommen. Sie krepieren in unangenehmer Nähe. Aber sie schaden uns nicht. Der Gegner nimmt wieder Fahrt auf, dann stoppt er wieder, um seine ekelhaften Ortungsgeräte zu gebrauchen. Wieder Wasserbomben. Dann wieder Ruhe. Wir rühren uns nicht, aber wir müssen weg. Hier können wir nicht bleiben. In einer Stunde ist Niedrigwasser, dann wird das Wasser noch um zwei, drei Meter und mehr fallen. Dann aber haben sie uns. Dann liegen wir wie eine Schießscheibe frei zum Artilleriebeschuß. Ein Glück, daß die Zerstörerkommandanten trotz des Hochwassers die Untiefen zu fürchten scheinen.

Der 16. April.

04.00 Uhr morgens schleichen wir langsam in vierzig Meter Tiefe eben über den Grund. Das Boot liegt achtern fast zehn Grad tiefer. Wir haben wieder mit dem Bug auf einen Felsen gesetzt. Einer der Zerstörer hat den Positionswechsel bemerkt. Mehrere Male überläuft er uns. Er überschüttet uns mit Wasserbomben. Die Ausfälle sind schwer. Und die Schäden beängstigend. Aber keiner dreht durch. Die Besatzung behält die Nerven. Den ganzen Tag über müssen wir hier liegenbleiben, weil unsere Batterie restlos am Ende ist. 20.00 Uhr klettern wir auf Sehrohrtiefe, um in tieferes Wasser zu kommen. Die Batterie hat sich etwas erholt. Wir können mit sparsamer Fahrt unter Wasser marschieren. Es ist zum Weinen. Auf zwanzig Meter Tiefe berührt der Kiel wieder Grund. Es ist ein helles, singendes Schlurfen, das durch das Boot schwingt. Wieder ein Felsen, der in unserer Seekarte nicht verzeichnet ist. Wozu auch, denn in diesem Fjordgebiet hat kein Frachter etwas zu suchen. Wir bleiben erst mal liegen. Um 20.30 Uhr tauchen wir auf. Die Diesel springen an. Vorsichtig laufen wir ab. Mit zweimal halber Fahrt. Raus, raus aus dem Hexenkessel.

Der 17. April.

Es ist 03.00 Uhr morgens, als wir auf der Höhe von Flatöy vor einem abgeblendeten Fahrzeug tauchen müssen. Zum Überwasserangriff ist es zu hell, und zum Unterwasserangriff ist unsere Position zu ungünstig. Um 04.00 Uhr wird ein U-Boot gesichtet. Es steht recht voraus. Wir halten darauf zu. Das fremde Boot taucht. Wir verschwinden ebenfalls.

Ein Kameradenboot? Oder ein Brite?

Es bleibt so vieles ungeklärt bei diesem Kampf in den düsteren Schluchten der Fjorde um Narvik, im Schneetreiben, im Dunst und im Nebel.

16.00 Uhr läuft ein Befehl für uns ein. Rückmarsch wird befohlen. Es wird höchste Zeit. Allerhöchste Zeit. Die Besatzung ist fertig. Alles atmet auf.

17.30 Uhr feindlicher Kreuzer in Sicht. Er steht günstig. In Lage Null. Wir laufen ihn unter Wasser an. Er zackt. Wir versuchen uns vorzusetzen. Vergeblich. Der Kreuzer dreht und verschwindet durch die Lofoten.

Der 18. April.

Wir stehen ablaufend noch immer im Operationsgebiet. Kurz nach Mitternacht ist es, als wir ein Schlachtschiff mit Zerstörersicherung sichten. Was heißt hier befohlener Rückmarsch? Natürlich greifen wir an. Wir versuchen es wenigstens und drehen, über Wasser fahrend, auf den Verband zu. In der Hundekurve, so, wie ein Hund nach dem Radfahrer läuft. Ein U-Boot muß sich ja vorsetzen, um in Schußposition zu kommen. Ein Torpedo ist keine Kugel. Ein Torpedo ist ein schwimmender Körper. Er ist zwar schneller als jedes Schiff, aber viel zu langsam, um ohne Vorhalt geschossen zu werden.

Das helle Nordlicht verrät uns. In diesem Augenblick

breitet sich sein zitternder Faltenwurf über den ganzen Polarhimmel aus. Es sind bunte Schleier, die wogend und wallend über den aufleuchtenden Himmel ziehen. Es ist ein verklärtes Licht, das wie Trost und Verheißung vom Himmel rieselt. Es leuchtet in vielen Farben. Es wird uns verraten, ist unsere bange Sorge. Und es verrät uns wirklich. Einer der Zerstörer dreht jetzt auf uns zu.

Alarmtauchen. Ab in den Keller. Der Horcher meldet direkt anlaufende Zerstörerschrauben. Wir stehen auf hundert Meter Tiefe, als die ersten Wasserbomben krepieren. Schließlich hat auch dieser todbringende Segen ein Ende. Nach drei Stunden tauchen wir wieder auf.

07.00 Uhr früh sehen wir drei gesicherte Transporter mit hoher Fahrt an der Kimm entlangziehen. Ein Angriff ist zwecklos. Wir melden die Schiffsgruppe und halten eine kurze Zeitspanne Fühlung, dann aber kommen die Frachter außer Sicht. Nachmittags Fliegeralarm. Und Fliegerbomben. Abends tauchen wir wieder auf. Vor uns liegt die freie See, der weite Atlantik, der Weg in die Heimat.

Als der Flottillenchef bei der Begrüßung in Kiel die Front abschreitet, wird sein Gesicht ernst und bleich. War es der Widerschein unserer blassen, hohlen Gesichter? Oder war es das Mitgefühl für eine so schwere und vor allem so erfolglose Fahrt?«

Keines der deutschen Boote, Wolfgang Lüth auf U 9 ausgenommen, hatte während der Norwegenaktion einen Erfolg zu verzeichnen. Prien nicht, Kretschmer nicht, Schultze nicht und alle anderen nicht. Es lag nicht an den Kommandanten, nicht an den Männern, nicht an den Booten.

Die neuen Magnettorpedos versagten.

Die deutschen Boote hatten Schlachtschiffe, Kreuzer, Zerstörer und schwerbeladene Frachter vor Norwegens Küste vor den Rohren. Der Ausfall an Treffern ist nicht mit Zahlen zu belegen. Wirksame Torpedos hätten die britische

Flotte in eine bedrohliche Situation gebracht. Auch der spätere Übergang zur Aufschlagzündung führte zu keinen nennenswerten Erfolgen mehr.

Die verhängnisvollen Torpedoversager bei der Norwegenaktion hatten folgende Gründe:

Die Magnetpistole neigte zu Frühzündung, Nichtzündung und unbeabsichtigter Zündung während des Laufs. Diese fehlerhafte Neigung wurde besonders in der nördlichen Zone – im Gebiet nördlich von 62° 30′ Nord, also im norwegischen Raum – verstärkt.

Die Aufschlagpistole wies einen erheblichen Prozentsatz von Versagerursachen auf, einmal durch Verpuffen der Initialladung, weiter bei zu geringer Vorschnellose des Schlagbolzens und schließlich bei Nichtfassen der Greifnase.

Die Tiefensteuerung des Torpedos war bedeutend tiefer als eingestellt, weil die Tiefendruckkammern der Torpedos häufig Undichtigkeiten hatten; diese Fehlerquellen wirkten sich bei dem Operieren in den norwegischen Gewässern besonders aus, weil die U-Boote den größten Teil der Zeit von 24 Stunden unter Wasser stehen mußten, infolgedessen einen besonders hohen Überdruck im Boot hatten, der sich dann durch die genannten Undichtigkeiten an den Tiefendruckkammern der Torpedos auf einen größeren Tiefenlauf der Torpedos auswirkte. Dieser Zusammenhang zwischen Überdruck im Boot und Tiefendruckkammern des Torpedos hat sich erst später erwiesen.

»Die Torpedokrise ist ein nationales Unglück«, erklärt Großadmiral Raeder verbittert und entsetzt. Es gibt sogar Stimmen im Oberkommando der Kriegsmarine, die nach diesen erschütternden Mißerfolgen dafür eintreten, den U-Boot-Krieg einzuschränken und den U-Boot-Bau zugunsten der im Bau befindlichen Überwasserschiffe des Z-Planes einzustellen. Kriegsgerichtliche Untersuchungen sind die Folge. Hohe Ingenieuroffiziere und Konstrukteure werden zur Rechenschaft gezogen. Das ändert aber nichts an der Tatsache, daß England gegen die deutsche Magnetzündung rechtzeitig mit wirksamen Abwehrmitteln auf den Plan trat.

Die im Kampfraum Norwegen stehenden U-Boote werden zurückgezogen und wieder für Atlantikunternehmen ausgerüstet. Nur einige Transport-U-Boote verbleiben für den norwegischen Raum.

5

Das U-Boot und seine ungeschriebenen Gesetze

Zur Lage:
Nach der Norwegenaktion folgen die Besetzungen von Holland, Belgien und Frankreich. Der deutschen U-Boot-Führung steht nun das Tor zum Atlantik offen. Zum ersten Mal kann Dönitz jetzt seine vor dem Krieg erprobte Rudeltaktik anwenden. Sie hätte, wenn der deutschen Kriegsmarine mehr Boote zur Verfügung gestanden hätten, England in eine tödliche Situation gebracht. Auch die Einrichtung von Flugbasen auf dem dänischen Island, die England eine Flankenposition in der Schlacht auf dem Atlantik sicherte, hätte eine totale Abschnürung der britischen Inselversorgung nicht verhindern können. Mit dieser Feststellung soll keine »Dolchstoßlegende« genährt werden, denn der Mangel an U-Booten hatte weder etwas mit Verrat noch mit ähnlich gelagerten Dingen zu tun. Er war einer der gravierenden Fehler des diktatorischen Systems und des maritimen Unverständnisses der letztverantwortlichen Stellen.

Es ist nun schon viel über das U-Boot-Leben und den Kampf der Männer im Lederpäckchen geschrieben worden, noch nichts aber über das Boot selbst, seine Anatomie und seine Gesetze. Dreiviertel des bei den größeren Typen in der Mitte im Durchmesser 3,60 Meter hohen, aus bestem Stahl geschweißten Zylinders, den alte U-Boot-Hasen die »Büchse« nennen, ist mit Technik ausgefüllt, vor allem mit den raumfressenden Dieselmotoren und den E-Maschinen. Je nachdem, wer als Kommandant oder LI ein neues Boot zuerst bestieg, gab diesen beiden Dieseln ihren Namen. Rheinländer verfielen, was liegt näher, auf »Tünnes und Schäl«, Hamburger nennen sie »Hummel und Mors«, andere »Max und Moritz« und wieder andere »Rabatz und Klamauk«, »Tran und Helle«, »Dick und Doof« oder, phonetisch, wie auf U 172, »Rackel und Dackel«.

Riesige E-Batterien, Pumpen aller Art, Ventile über Ventile, Preßluft- und Sauerstoffflaschen, Reservetorpedos, Röhren und Leitungen, Armaturen und Handräder, Hochbehälter und Manometer füllen das röhrenähnliche U-Boot-Innere aus, so daß der Besatzung nur kümmerlich wenig Platz verbleibt.

Im Druckkörper selbst sind weiter außer den Akkubatterien unter den Flurplatten noch die bei Unterwassermarsch dem Ausgleich von Gewichtsschwankungen im Boot dienenden Reglerzellen, die Tauchzellen, der Unterbau für den Diesel und die in halber Höhe herausstehenden Elektromotoren untergebracht.

Es leuchtet ein, daß das Leben in einer derart mit Technik vollgepfropften Stahlröhre in besonderen Formen verläuft und daß sich hier Sitten und Gebräuche ergeben, wie sie auf anderen Kriegsschiffen und auf Frachtern unbekannt sind.

In ein U-Boot kann man nur durch die in den Druckkörper eingeschnittenen Luken einsteigen. Sie sind nicht viel größer, als ein normaler Mann im Umfang mißt. Auf Feindfahrt ist lediglich das Turmluk in Betrieb, während das Kombüsenluk und die Torpedoluks geschlossen bleiben. Die Eisenleitern, die aus der mitschiffs unter dem Turm gelegenen Zentrale in den Turm nach oben führen, können immer nur von einem Mann bestiegen werden. Jeder Mann, der vom Turm in die Zentrale oder umgekehrt aus der Zentrale in den Turm klettern will, muß dies vorher ankündigen. Wer zuerst ruft, hat Vorfahrtsrecht.

Beim Alarmtauchen kann von einem Hinabsteigen nicht die Rede sein. Die Männer der Turmwache fallen wie ein geölter Blitz in die Zentrale hinein. Diese Turmakrobatik, aufwärts und abwärts, ist ein besonderes Kapitel im U-Boot-Leben. Jeder muß sie erst erlernen, so wie sich ein kleines Kind im Gehen und Stehen üben muß. Von ihr hängt viel, sehr viel ab, denn kein Kommandant wird auch nur einen Mann auf der Brücke lassen, wenn das Boot in Gefahr ist. Außerdem ist es ohnehin üblich, daß der Kommandant oder sein Vertreter als letzter einsteigt und das Turmluk schließt.

Bei Unterwasserfahrten darf nicht jeder im Boot hin und her laufen, wie er etwa möchte oder es im Rahmen des Dienstes muß. Da das U-Boot beim Unterwassermarsch in der »Waage« schwebt, in einem Zustand also, den der Leitende Ingenieur durch ein fast grammweise genaues Einpendeln ermittelt, wirkt sich verständlicherweise schon die geringste Gewichtsverlagerung auf den Schwebezustand aus. Daher wird bei dem notwendigen Durchgang durch die in der Mitte des Bootes gelegene und quasi das Zünglein an der Waage bildende Zentrale dem dortigen Wachoffizier von jeder Gewichtsverlagerung Kenntnis gegeben. Der betreffende Seemann kündigt sich mit einer Anfrage an:

»Frage, ein Mann Bugraum?« oder »Frage, ein Mann U-Raum?«

Erst wenn die Zentrale dies genehmigt hat, darf der Mann gehen.

Rauchen ist im Boot grundsätzlich verboten. Die im unteren Teil des Bootes untergebrachten Batterien für die E-Maschinen sind ja keine Trockenbatterien, es sind nasse Batterien, bei deren Aufladen sich Knallgase bilden. Diese gefährlichen Gase werden zwar durch die Batterielüftung abgesaugt und im ganzen Boot verteilt, trotzdem läßt es sich nicht verhindern, daß sich solche Knallgase irgendwo derart konzentrieren, daß schon ein winzig kleiner Funke genügt, um eine Explosion auszulösen. Auf den größeren Booten gestatten es manche Kommandanten, bei Überwassermarsch und offenem Turmluk eine Zigarette im Turm zu rauchen, da dieser gut durchlüftet ist. Hier haben aber auch nur immer zwei, höchstens aber drei Mann Platz. Steht das Boot unter Wasser, ist das Rauchen gänzlich untersagt.

Wer bei Überwassermarsch rauchen will, muß sein Bedürfnis nach einer »Smoketime« durch eine Anfrage melden, ob er die Brücke betreten darf. Da sich nun aber kein überflüssiger Seemann auf der Brücke aufhalten darf, sind es auch hier höchstens ein oder zwei Mann, denen die Erlaubnis erteilt werden kann. Man vermag sich also an fünf Fingern abzuzählen, wie selten die U-Boot-Seeleute auf Feindfahrt in den Genuß einer Zigarette kommen; eine Ausnahme bilden höchstens die Männer vom Brückenpersonal, aber auch nur bei solchen Kommandanten, die das Rauchen während der Wachzeit auf der Brücke gestatten; und auch dieses ist mit Einschränkungen verbunden, denn in der Nacht darf auch auf der Brücke nicht geraucht werden, da selbst ein schwach leuchtender Glimmstengel bei Dunkelheit in der klaren Seeluft weithin zu sehen ist. So kommen denn zu den allgemeinen Strapazen noch solche persönlichen Entbehrungen hinzu, von denen kein anderer Soldat der Marine oder anderer Waffengattungen betroffen wird. Auch bei der dicksten Luft kann der Infanterist seine Nerven durch ein paar Qualmstöße beruhigen, während dem U-Boot-Mann gerade und erst recht in kritischen Situationen solche Beruhigungsmittel versagt bleiben.

In der Enge des U-Bootes können natürlich nicht genügend Schlafplätze aufgestellt werden, lediglich für die höheren Dienstgrade stehen auf den kleineren Booten Kojen zur Verfügung, die diese aber auch noch im Turnus des Wachwechsels umschichtig untereinander teilen müssen. Die restliche Besatzung muß sich mit Hängematten oder mit auf die Flurplatten gelegten Matratzen begnügen.

Großgeschrieben wird das Essen an Bord. Alle Strapazen, Entbehrungen und Sorgen nimmt der U-Boot-Seemann ohne Murren hin, nur kein schlechtes Essen. Es stört ihn nicht, wenn er seine Mahlzeiten halb im Stehen oder auf dem Boden hockend einnehmen muß, wohl aber, wenn der Smut den Brei verdarb oder wenn der für den Stauplan des Bootes verantwortliche Unteroffizier eine ungeschickte Hand bewies.

Ungefähr 15 bis 16 Tonnen Proviant müssen nämlich auf großen Booten an Bord verstaut werden. Viel hängt davon ab, wie dieser Proviant in der engen Röhre eingepackt wird, denn schließlich muß alles in einer vernünftigen Reihenfolge, einem abwechslungsreichen Speisezettel dienend, untergebracht werden. Hinter die Spinde, auf die Spinde, zwischen die Gestänge in der Zentrale, im Bugraum, kurz überall, wo sich noch eine kleine Lücke und ein kleiner Platz findet, verschwinden die Proviantreserven. Es hat Boote gegeben, deren Besatzung tagelang nur Rotwurst als Zubrot essen mußte, weil die anderen Zubrotkonserven so ungeschickt verstaut worden waren, daß man vorerst nur an die Rotwurst herankam. Wehe, wenn ein wichtiges Gewürz verlegt ist und nun fehlt, um das Essen schmackhaft zu machen; denn in der schlechten Luft und bei der geringen Bewegung erstirbt zu schnell der gute Appetit.

Ein Kapitel für sich ist die Kombüse. Sie ist nicht viel größer als vier Quadratmeter. Auf kleineren Booten ist sie noch kleiner. In dieser winzigen Küche, die noch durch den elektrischen Herd, durch Töpfe und Pfannen beengt wird, wirkt der Smut und kocht für vierzig bis fünfzig und auf größeren Booten sogar für sechzig Mann. Die Leistungen der U-Boot-Köche grenzen ans Übermenschliche. Die Smuts lassen es nicht dabei bewenden, der Besatzung zur Mittagsmahlzeit einen nahr- und schmackhaften Hauptgang auf die Back zu bringen, an manchen Tagen zaubern sie zwei, drei und an Festtagen auf See sogar vier Gänge in einer so kleinen, so winzigen Küche hervor, bei deren Anblick eine moderne, räumlich gewißlich nicht verwöhnte Hausfrau verzweifeln würde.

Und da ist noch etwas.

Jeder Mensch muß mal. Auf einem U-Boot kann aber nicht jeder müssen, wie er muß. Der Weg, den selbst der Kaiser von China allein zu gehen hatte, wird in einem U-Boot verkehrstechnisch durch ein rotes Licht geregelt.

Die größeren U-Boote haben zwar zwei solcher Örtchen an Bord, meist ist aber nur das eine in Betrieb, während man das andere ausgenutzt hat, um Dosen, Proviant, saure Gurken und andere für abwechslungsreiche Kost wichtige Reserven darin zu stauen.

Um ebendiesen berühmten Ort kreisen während des wochenlangen Seetörns die Gedanken, an ihm scheiden sich die Charaktere, in die Temperamentvollen, die Choleriker, die Stoiker und in jene, die es hinnehmen wie ein Mohammedaner: »Allah hat's gewollt« (wenn's schiefgeht).

IWO Dieter Heilmann, heute Jurist und Gastronom in Minden, darüber:

»Wir sind vierzig Seelen und einige. Und immer, wenn einer diesen Ort betritt, flammt das Lämpchen rot auf; ein impertinentes Rot, dieses Rot. Es leuchtet in den Bugraum, durch die Oberfeldwebelmesse, durch den Offiziersraum, am Funkschapp und Horchraum vorbei in die Zentrale. Es spiegelt sich im Holz der Spinde und in der Deckenbeleuchtung, auf den Leitungen und in den Bildern. Und es brennt immer. Immer! Immer! – Vor allem dann, wenn man selbst . . .

Also man wartet und wartet. Man tritt von einem Bein auf das andere. Schon beginnt der Magen zu schimpfen und einen zu quälen. Man stellt sich bereit. Wie ein Tiger wird man zuspringen, wenn sich die Tür öffnet. Aber sie öffnet sich nicht, nicht ums Verrecken. Man könnte den Dauersitzer erschlagen. Kaltblütig.

Endlich!

Langsam öffnet sich der Spalt. Da, man traut seinen Augen kaum, da schiebt sich eine Hand auf den Drücker, hat ihn in der Hand, bevor man selbst . . .

. . . Der Schweiß bricht einem aus. Wieder warten! Jetzt warten schon zwei, drei, vier . . .

Die neue Wache muß aufziehen. Selbstverständlich hat sie ›Vorfahrtsrecht‹, muß sie doch anschließend vier Stunden draußen stehen. Man gibt's schließlich auf.

Nach Stunden geht man dann zufällig einmal daran vorbei. Irgendwie gestört blickt man auf. Das rote Lämpchen brennt nicht! Hinein!

Wie ein Elfmeter fliegt man ins Tor. Tor!!!

Zunächst nimmt man sich Zeit und rächt sich fürs lange Warten. Aber schon ballert es an der Tür. Wieso? Hast du etwa, als du warten mußtest, geballert? Auch nicht! Na also. Aber trotzdem, mal muß man ja raus. Also ziehen. Ja, Pustekuchen! Ziehen? Erst öffnest du mit einem eleganten Schwung das Innenventil, dann stemmt man sich mit aller Kraft gegen das Außenventil und öffnet es gegen See. Von der Wand wird eine eiserne Brechstange genommen und irgendwo eingesetzt. Und nun mußt du nicht vergessen, den kleinen Hahn auf ›Spülen‹ zu stellen, sonst –, es ist schon mancher gesprenkelt herausgekommen. Und dann beginnst du zu pumpen. Und: lausig eng ist dieser stille Ort. Man kann nicht aufgerichtet stehen. Der Schweiß bricht in Strömen aus. Die See bedankt sich für das, was du ihr geben willst, und sendet es immer wieder zurück. Selbstverständlich bleibst du im Kampf mit der See Sieger. Aber das dauert. Ich kann dir sagen, das dauert!

Müde, gebrochen und mit zitternden Knien verläßt du den Ort. Und wartest mit Zittern und Zagen auf das nächste Mal.

Noch ein guter Rat: Vergiß beim Seegang nicht, dich fest hinten anzulehnen, sonst schlägt dir beharrlich der Deckel ins Kreuz, wenn das Boot nach Steuerbord überholt.

Schlimm ergeht es unserem Zentralemaaten. Seine Station liegt außerhalb des Sichtkreises von ›Rot‹. Zehn-, fünfzehnmal am Tage steckt er sein Gesicht durchs Schott und fragt trübsinnig monoton: ›Chance für Rot?‹ Wenn einmal vieles vergessen sein wird, wenn man längst wieder so kann, wie man möchte – ich glaube, nie vergessen werde ich dieses Bangen und Fragen von vierzig Seelen und einigen: ›Chance für Rot . . .?‹«

Außerdem, das bleibt abschließend zu erläutern, kann das U-Boot-Örtchen auch nur bei Fahrten in geringer Wassertiefe benutzt werden. Beim Erreichen großer Tiefen genügt die Pumpeneinrichtung nicht mehr, um den außenstehenden hohen Wasserdruck zu überwinden. Erst viel später wurde hier eine Einrichtung geschaffen, die es gestattete, das Örtchen auch in großer Tauchtiefe zu benutzen, vor allem, nachdem die Schnorchelboote und die Elektroboote in Dienst gestellt wurden. Wegen eines solchen ist, so profan und unglaublich es klingen mag, später tatsächlich ein U-Boot verlorengegangen.

Von Wolfgang Lüth, einem der beiden Brillantenträger der Kriegsmarine, erzählt man sich, daß er auf diesem stillen Kämmerlein die Bordzeitung und manchmal die Befehle über an Bord notwendig gewordene Bestrafungen aushängen ließ. Lüth, ein ebenso humoriger wie psychologisch klug denkender Kommandant und Mensch, meinte dazu boshaft: »Hier haben meine Seeleute Zeit und Muße, Befehle, kleinere Strafen oder irgendwelche Beanstandungen vom Kommandanten in begnadeter Ruhe durchzulesen und durchzudenken.«

Man sieht, auch die menschlichen Belange, das Essen, das Schlafen und das »mal müssen«, unterliegen auf einem U-Boot besonderen Gesetzen. Und wenn man so will, so sind auch sie von einem stillen Heldentum umgeben.

Die Besetzung Norwegens und die kurz darauf folgenden

Niederlagen Frankreichs, der Niederlande und Belgiens haben für Englands U-Boot-Abwehrkampf schwerwiegende Folgen. Bei dem Versuch der Briten, ihre Streitkräfte von Dünkirchen nach England zu schaffen, gehen viele der kleinen U-Boot-Abwehrschiffe verloren. Die Folge ist, daß britische Geleitzüge vorerst noch schwächer als zuvor gesichert werden können.

Der deutschen U-Boot-Führung aber steht nun im Süden wie im Norden das Tor zum Atlantik offen. Deutschland beherrscht die gesamte europäische Küste, vom Nordkap angefangen bis hinunter zur Biskaya. Die norwegischen Häfen Bergen, Drontheim, Christiansund und Narvik, die französischen Häfen Brest, Lorient, Bordeaux, Larochelle und St. Nazaire werden als U-Boot-Stützpunkte vorgesehen. Geheime Verhandlungen mit Italien gehen dahin, auch im Mittelmeerraum U-Boot-Basen einzurichten. Auch Japan gibt, wenn auch nur zögernd und zurückhaltend, seine Einwilligung, deutschen U-Booten das Einlaufen, Eindokken und Ausrüsten in japanischen Häfen zu gestatten.

Englische Stellen bekennen: »Die Situation ist schwarz«, und ausländische Beobachter predigen den Untergang Britanniens, der einzigen den Achsenmächten in West- und Südeuropa verbliebenen Festung.

Dönitz verfügt nun wohl endlich über bedeutsame, den Anmarschweg in den Atlantik verkürzende Ausfallbasen. Aber noch immer fehlen ihm genügend Boote, um diese günstige Ausgangsposition im gewünschten Umfangs nützen zu können.

Die wieder an der Front stehenden Boote überraschen den Gegner durch eine neuartige Taktik. Die wenigen Boote erzielen Erfolge, daß es den Anschein hat, als würden tatsächlich ganze Rudel der »Grauen Wölfe« auf den lebenswichtigen atlantischen Straßen operieren. Geleitzüge werden nicht mehr am Tage angegriffen. Die Boote halten bis in die Abendstunden Fühlung, rufen durch Funk Kameradenboote heran und setzen sich in der Nacht gemeinsam zum Angriff vor. Ihre schmalen Silhouetten sind von den gegnerischen Abwehrschiffen nur schwer zu erkennen, zumal die Kommandanten fast immer den dunkleren Teil des Horizontes auszunutzen verstehen.

»Ihre Kühnheit ist erstaunlich. Ihre Navigation ist meisterhaft. Ihre Seemannschaft ist bewundernswert«, geben britische Stellen bekümmert und verzweifelt über die anscheinende Aussichtslosigkeit der Lage offen zu.

Das gesamte Gebiet rund um England – nach dem Norden im Mittel bis an den 60. Breitengrad und nach dem Westen zu bis an den 20. Längengrad – ist am 17. August 1940 zum Gebiet für den uneingeschränkten U-Boot-Krieg erklärt worden.

Von neunundfünfzig im September 1940 versenkten Schiffen wurden allein vierzig Frachter aus Geleitzügen herausgeschossen.

»Die deutsche Regierung übernimmt keine Verantwortung für Schäden, die Schiffen und Personen in diesem Gebiet zustoßen sollten«, lautet der öffentlich und in allen Sprachen in die Welt gesandte Text dieser neuen Verschärfung im U-Boot-Krieg.

Im Niemandsland der Weltverlorenheit atlantischer Räume brechen die Gräber auf.

Der Krieg auf See ist total geworden.

Der Einsatz der jetzt endlich an die Front gekommenen Neubauten bringt England in eine beängstigende Lage. Die Verluste steigen von Monat zu Monat an. Im Oktober sinken dreiundsechzig Schiffe mit 352000 BRT. Zwei Geleitzüge werden während der Vollmondperiode mit englischen Worten »buchstäblich in Stücke gehackt«. Die »Wolf packs«, wie sie auf der Insel die U-Boot-Rudel nennen, verbeißen sich mit tollkühner Zähigkeit in die schwerfällig und langsam dahintaumelnde Herde von Schiffen aller Klassen und

Größen. Einer dieser Wölfe heißt Otto Kretschmer, bei der U-Waffe »Otto der Schweigsame« genannt. »Ein Torpedo – ein Schiff« ist seine Devise. Mit unbarmherziger Konsequenz, überragendem Selbstvertrauen und begnadeter, fast an Sturheit grenzender Ruhe versteht er sie zu verwirklichen, wenn er sich bei Nachtangriffen aus der Lage Null durch die Sicherung mitten zwischen die Dampferkolonnen der Gegnergeleite einsacken läßt. Über Wasser fährt er zwischen den Marschsäulen der Frachtschiffe hin und her, sucht sich in Ruhe, von den Dampferbesatzungen hier weder erwartet noch in den meisten Fällen nach den ersten Überraschungstorpedierungen gesehen, die dicksten Brocken und wertvollsten Schiffe heraus. Er schießt auf kürzeste Entfernung – und trifft mit fast jedem Torpedo ein neues Ziel.

Die Britische Admiralität ist entsetzt. Sie zeigt sich über die Taktik der Nachtangriffe der U-Boot-Rudel völlig überrascht. Die »Grauen Wölfe« greifen die Geleitzüge in der Nacht nicht wie erwartet als U-Boote im Sinne des Wortes, also nicht unter Wasser, sondern als verhältnismäßig schnelle und vor allem wendige Torpedojäger über Wasser an.

Erst mit Skepsis, dann mit Bestürzung werden Berichte von Besatzungsmitgliedern in den Konvois fahrender Schiffe entgegengenommen. Die Männer behaupten unerschütterlich, im Scheine der Explosionen und Brände torpedierter Schiffe mitten zwischen den Dampferkolonnen ihres Geleitzuges über Wasser fahrende und angreifende U-Boote gesehen zu haben. Wie Wölfe in einer hilflosen Schafherde hätten diese Boote ihre Opfer gerissen, während draußen, voraus und seitlich des Geleits, die Sicherungsfahrzeuge vergeblich nach den Angreifern suchten ...[1]

1 Nach dem Kriege spürte der Verfasser der offiziellen Seekriegsgeschichte der Britischen Admiralität über den Zweiten Weltkrieg, Captain S. W. Roskill, D.S.C., R.N., in seinem Ersten Band »The Defensive« des Werkes »The History of the Second World War, The War at Sea«, auf den Sei-

Dem besseren Verständnis der Erfolge der deutschen U-Boote wird es dienlich sein, wenn nachstehend einige grundsätzliche Ausführungen über die U-Boot-Taktik im allgemeinen und die Rudeltaktik im besonderen gemacht werden.

Als Dönitz am 1. Oktober 1935 Chef der U-Flottille Weddigen wurde, hat er bei den anlaufenden taktischen Übungen immer wieder betont und in den Vordergrund gestellt, welch ein ausgezeichneter Torpedoträger das U-Boot nachts über Wasser ist.

Weiter forderte und schulte er unter und über Wasser den Nahangriff par excellence, das heißt aus der Mindestentfernung unter der 600-Meter-Grenze, wobei die Kommandan-

ten 354 bis 356 den Gründen nach, warum die Britische Admiralität von der Überwasserverwendung der U-Boote in der Nacht überrascht worden sei. Er stellt fest, die Britische Admiralität habe die Überwasserverwendung der U-Boote aus den Augen verloren, obwohl sie doch nichts Neues gewesen wäre. Dabei hätten die Deutschen sie schon am Ende des Ersten Weltkrieges, nämlich im Jahre 1918, mit Erfolg angewandt. Gleichzeitig verweist Roskill auf das vor dem Zweiten Weltkrieg von Dönitz bei Mittler und Sohn, Berlin, im Jahre 1939 veröffentlichte Buch »Die U-Boot-Waffe«.
Was Captain Roskill in seiner Seekriegsgeschichte schreibt, ist ein klarer, wenn auch milde ausgedrückter Vorwurf gegen die Britische Seekriegführung. Die britische Presse befaßte sich mit der Besprechung dieses Buches deutlicher mit diesem Versager. Selbst ein so liberales Blatt wie der »Manchester Guardian« schrieb freimütig und offen: »Die Britische Admiralität hat vor dem Krieg geschlafen. Nur deshalb ist sie von der Überwasserverwendung der deutschen U-Boote in der Nacht überrascht worden.«
Interessant ist in diesem Zusammenhang, daß in England andere Lesarten in der Presse und auch in Büchern über den Seekrieg veröffentlicht wurden. Über diese versucht man zu argumentieren, daß die Überwasserverwendung von U-Booten bei Nachtangriffen überhaupt erst 1940/41 entwickelt worden wäre.
Das ist, wie anhand der geschilderten Ausbildung der U-Boot-Kommandanten dargestellt, glatter Unsinn. Offenkundig geschieht dies in der Absicht, die schweren Vorwürfe gegenüber der Britischen Admiralität in der Öffentlichkeit zu entkräften, keine Notiz von der von Dönitz schon vor dem Krieg öffentlich behandelten Überwasserverwendung der U-Boote in der Nacht und seiner gleichfalls publizistisch dargestellten und für den Ernstfall vorgesehenen Rudeltaktik genommen zu haben.

ten versuchen sollten, möglichst bis an die 300-Meter-Sicherheitsgrenze aufzulaufen. In jedem Fall verlangte er bei Geleitzügen den Angriff innerhalb der gegnerischen Sicherungslinie. Dönitz konfrontierte sich damit mit der Auffassung der aus der U-Boot-Abwehrschule hervorgegangenen U-Boot-Schule in Neustadt, bei der man glaubte, wegen der vermutlich verbesserten gegnerischen U-Boot-Abwehr auf solche Nahangriffe verzichten zu müssen.

Vom Herbst 1935 bis zum Herbst 1939 hat Dönitz mindestens ebenso viele Nachtangriffe und Nachttorpedoschießen *über* Wasser fahren lassen, wie er Unterwassertagesangriffe üben ließ.

Die vom damaligen Chef der U-Flottille Weddigen seit 1936 entwickelte Rudeltaktik wurde ebenfalls bis zum Kriegsbeginn in vielen Übungen durchexerziert und in jedem großen Kriegsspiel geübt. Diese Taktik beruht auf der über Wasser gegebenen größeren Beweglichkeit und größeren Geschwindigkeit der U-Boote. Sie hatte zum Ziel, auf die Konzentration von Schiffen, zum Beispiel in einem Geleitzug, auch eine Konzentration an U-Booten anzusetzen, heranzuführen und zum Angriff zu bringen. Die Rudeltaktik ist, das sei hier ganz klar herausgestellt, eine Überwassertaktik. Man kann daher auch nur von Überwasser-U-Boot-Rudeln sprechen, denn Unterwasser-U-Boot-Rudel waren bei dem damaligen Stand der Technik praktisch illusorisch.

In dem Handbuch für U-Boot-Kommandanten, einer Geheimen Chefsache, die unter der Marine-Druckvorschrift 906 lief, hat Dönitz später alle von ihm entwickelten taktischen Befehle präzisiert, begründet zusammengefaßt und sich unter anderem eingehend mit dem Überwasser-Nachtangriff und der Rudeltaktik befaßt. Im Anhang dieses Buches sind als Anhang II die wichtigsten Richtlinien des »Handbuches für U-Boot-Kommandanten« für diejenigen Leser wiedergegeben, die sich ausführlicher über die U-Boot-Taktik informieren wollen.

Die Kommandanten von der Notwendigkeit nächtlicher Überwasserangriffe innerhalb der gegnerischen Sicherung, von der wegen ihrer schmalen Silhouette gegebenen praktischen Unsichtbarkeit der U-Boote in der Nacht und von der Durchführbarkeit des ungesehenen Unterwasser-Nahangriffes zu überzeugen, waren wesentlicher Inhalt dieser taktischen Vorschriften und der kriegsmäßigen Übungen.

Diese Übungen waren kriegsmäßig in ihrer Realität und Härte, sollten sie doch bei den Kommandanten bereits im Frieden ein unerschütterliches Vertrauen zu ihren Waffen und ihrem Können schaffen.

»Nerven behalten, Männer. Nicht weich werden bei einem Nachtnahangriff innerhalb der Sicherung. Ihr werdet *nicht* gesehen. Ein U-Boot ist nachts immer schlechter auszumachen als ein Überwasserschiff. Bedenkt: Je näher das U-Boot am Geleit und an der Sicherung steht, um so unsichtbarer ist es!« Das predigte Dönitz aufgrund seiner eigenen Erfahrungen als U-Boot-Kommandant seiner jungen Kommandantenmannschaft. Er ritzte ihnen seine Praktiken buchstäblich in die Haut ein. Daß er dies, das sei am Rande vermerkt, in einer so wohltuend warmherzigen, kameradschaftlichen Form vermochte, ohne dabei den Vorgesetzten und Chef herauskehren zu müssen, zeichnete von Anbeginn seine außergewöhnlichen Führungseigenschaften aus.

Auch einem Laien leuchtet es ein, daß ein weiter abstehendes U-Boot sich gegen die auch in dunkler Nacht hellere Kimm abzeichnet, daß es aber nicht mehr gesehen werden kann, wenn seine dunkle Silhouette aus dem überhöhten Blickwinkel nahestehender Zerstörer, Korvetten, Fregatten und Frachtschiffe mit der ebenfalls dunklen See verschmilzt.

»Greift, wenn ihr könnt, von vorn, aus der Lage Null an! Die Lage Null ist die beste Situation in der Nacht, ungesehen durch die Sicherung einzusickern!« war eine weitere, immer wieder eingehämmerte Forderung des BdU.

Naturgemäß machten diese kriegsmäßigen Übungen der U-Boote den Kommandanten der beteiligten Überwasserschiffe Kummer, ließ es sich doch nicht immer vermeiden, daß U-Boote in die Gefahr von Rammpositionen kamen. Gar bald schon wurden diese Manöver zu einer Quelle ernster Sorgen. Unglücksfälle blieben nicht aus. U 18 wurde bei einem Unterwasser-Nahangriff am Tage von einem Torpedoboot gerammt und sank. Anläßlich der in Anwesenheit des ungarischen Reichsverwesers, Admiral Horthy, durchgeführten Flottenmanöver wurde U 35 vom Panzerschiff »Graf Spee« überlaufen, gerammt und schwer am Turm und Oberdeck beschädigt. Ein anderes Boot brach unmittelbar neben dem Zielschiff aus der See. Flottenchef Admiral Carls erwog nunmehr ernsthaft, die U-Boote bei ihren gefährlichen Nachtübungen mit einem orangeroten Licht versehen zu lassen.

Aber Dönitz wich um keinen Millimeter zurück. Die Kriegsmäßigkeit dieser Übungen war für ihn notwendig, um im Falle eines Krieges um so größere Verluste zu vermeiden. Er verzichtete daher nicht auf den Nahangriff, so schmerzlich Unglücksfälle auch waren.

Diese vom BdU von Anbeginn geübte Taktik des Nahangriffs bildete zusammen mit der ebenfalls von ihm von Anfang an geforderten Taktik des Angriffs in Rudeln später die Grundlage für die großen Erfolge der deutschen U-Boote im Zweiten Weltkrieg.

Noch ein Wort zur Frage des Einsickerns in die Kolonnen gegnerischer Geleitzüge: Viele Kommandanten haben nach diesem Rezept im Zweiten Weltkrieg innerhalb der feindlichen Dampferkolonnen eines Geleits angegriffen und geschossen. Dabei ist es ganz gleich, ob die betreffenden Kommandanten sich nun bewußt aus der Lage Null in das Geleit einsickern ließen, wie es zum Beispiel Kretschmer mit seiner überlegenen Ruhe und seinen bewundernswerten Nerven sich zur Regel machte und wie es nach ihm auch von vielen anderen Kommandanten getan wurde, oder ob ein sich innerhalb der Sicherung befindliches Boot durch plötzliche Zackmanöver des Geleites in die Dampferkolonnen geriet. Es ist doch so: Durch Zuzacken des Geleits kann ein Boot, das eben noch außerhalb der äußeren Dampferreihe, aber innerhalb der gegnerischen Sicherung stand, plötzlich zwischen zwei Dampferkolonnen geraten oder umgekehrt, das heißt, wenn das Boot mitten davor oder dazwischen stand, geriet es durch Abzacken des Geleits wieder nach außen[1].

Soviel über die Entwicklung der U-Boot-Taktik und ihre Grundzüge. Wenden wir uns wieder den Ereignissen gegen Ende des Jahres 1940 zu, als die U-Boote zum ersten Mal in Rudeln zupackten, als die Nahangriffe innerhalb der Sicherung der Geleitzüge bei den meisten Kommandanten zur handwerklichen Routine wurden und die Besorgnisse des einen oder anderen, in der Nacht über Wasser unter Umständen doch gesehen zu werden, wie Seifenblasen zerstoben ...

Amerika hat England auf verzweifeltes Drängen und Bitten hin fünfzig Zerstörer gegen die pachtweise Überlassung westindischer Stützpunkte überlassen.

Aber was sind fünfzig Zerstörer ...

Die Stunde scheint reif, die britische Insel von der Versorgung aller lebens- und kriegswichtigen Güter abzudrosseln. Was England Deutschland nach der Kriegserklärung androhte, wird zum Bumerang. Nicht Deutschland, sondern England muß die Riemen enger schnallen.

Seit Kriegsbeginn sind 1026 britische, alliierte und neu-

1 Der Leser wird *diese* Praxis im »Handbuch für U-Boote« vergeblich suchen. Sie wurde von der U-Boot-Führung bewußt nicht mit in das Handbuch aufgenommen, da dieses das Ständige und Grundsätzliche enthalten sollte, nicht aber Situationen, die vom Wechsel der Lage abhängig waren, wie hier das Außen- und Dazwischenstehen bei Dampferkolonnen eines Geleits.

trale Schiffe mit nahezu 4 000 000 BRT gesunken. 568 Schiffe führten die britische Flagge, allerdings kommen nicht alle Verluste auf das Konto der U-Boote. An diesen Erfolgen haben auch die deutschen Überwasserstreitkräfte und die Luftwaffe einen beachtlichen, wenn auch bedeutend kleineren Anteil.

Nicht nur die materiellen Verluste erschüttern das Vertrauen der Welt in die Unbezwingbarkeit der britischen Insel. Selbst hohe Heuersätze ziehen nicht mehr, ausländische Seeleute für den Dienst auf britischen Schiffen zu gewinnen. Die Opfer sind erschreckend, nachdem die U-Boot-Angriffe fast nur noch in der Nacht gefahren werden und die Rettung Überlebender damit schwerer geworden ist.

Einen Pluspunkt kann England allerdings verbuchen. Es richtet auf dem dänischen Island im Einverständnis mit der dänischen Exilregierung Flugstützpunkte ein. Damit schließt sich die Lücke in der Überwachung des nördlichen Teils des Mittelatlantiks, der wegen des geringen Aktionsradius von den Bombern des britischen »Küstenkommandos« bislang nicht kontrolliert werden konnte. England hat sich damit wenigstens eine Flankenposition gesichert, um die nordwestlichen Annäherungswege, die »Western Approaches«, zu überwachen. Bemühungen, auch Südirland zu bewegen, Basen für britische Küstenkommandos zu gestatten, scheitern. Irland verharrt weiter in strikter Neutralität. Und der britische König respektiert diese Haltung.

Vor Westafrika tauchen unvermutet, wenn auch schon lange befürchtet, die Spargel deutscher U-Boote auf. Vier Frachter gehen in den Keller. Im November wird wieder ein Geleit angegriffen, aus dem sechs Schiffe herausgeschossen werden, und im gleichen November greift der Schwere Kreuzer »Scheer« ein aus Halifax kommendes und vom B-Dienst ermitteltes Großgeleit von siebenunddreißig Schiffen an, das, vom britischen Hilfskreuzer »Jervis Bay« gesichert, zur Stunde des Angriffs in jenem Raum steht, der von Flugzeugen noch nicht erreicht werden kann und in dem die Geleite von den südlich stehenden Sicherungsfahrzeugen noch nicht aufgefaßt worden sind.

So klingt das Jahr 1940 mit für Deutschland hoffnungsvollen Aspekten aus.

Das Jahr 1940 hielt für die deutsche U-Boot-Führung zwar nicht das, was man erhoffte. Der Mangel an U-Booten ist eine der Ursachen. Für England brachte es bittere und schwere Enttäuschungen.

Sie aber schufen nicht Mutlosigkeit.

Sie weckten angelsächsischen Trotz.

Die deutschen Sondermeldungen aber schenkten in Deutschland Sicherheit und das Gefühl: »Was kann uns denn schon passieren!«

Wenn auch keine U-Boot-Verluste bekanntgegeben wurden, so sickerte es doch durch, daß, gemessen an den Erfolgen und den Neubauten 1940, die Verlustziffern erfreulicherweise recht gering geblieben sind. Die Listen des Jahres 1940 nennen neunzehn Boote. Ein Teil, die Hälfte, dieser Boote fiel Zerstörern und Bewachern zum Opfer, nur bei einigen waren Trägerflugzeuge beteiligt, ein Boot wurde das Opfer eines Minentreffers, und U 15 wurde in der Ostsee von einem deutschen Kriegsschiff gerammt. Aber nicht ein Boot wurde von den Bomben und Wabos der britischen Flugzeuge tödlich getroffen.

Seit Kriegsbeginn gingen insgesamt siebenundzwanzig Boote durch Feindeinwirkung verloren. Auf den Monat übertragen sind dies eineinhalb Boote. Ein verhältnismäßig geringer Prozentsatz. Wenn man überlegt, daß oftmals nur vier bis sechs Boote an der Front operierten und daß der Gegner Hunderte und Aberhunderte Zerstörer, Bewacher, U-Boot-Jäger, Flugzeuge und andere Abwehrstreitkräfte in Bewegung halten mußte, um diese wenigen deutschen

U-Boote abzuwehren und um seine Geleitzüge von dreißig, vierzig, fünfzig Schiffen zu schützen, wird klar, wie ohnmächtig die Masse des Gegners den kühnen Operationen dieser kleinen Schar von Unterwasserkämpfern gegenüberstand. Überlegen wir ferner, daß es drei, vier und mehr Zerstörern oftmals nicht gelang, ein das Geleit allein angreifendes U-Boot rechtzeitig zu orten, abzudrängen oder gar zu vernichten. Ein U-Boot nahm den Kampf gegen die doppelte und dreifache und fünffache Übermacht auf. Es scheute auch nicht die zehnfache, um einen Erfolg zu erzwingen.

TEIL III · 1941

DAS JAHR DER GROSSEN RUDELSCHLACHTEN

6

Otto Kretschmer über das Ende von Günther Prien

Zur Lage:
Die Großoffensive der U-Boote beginnt. Die Angriffsgruppen, die gegen die Atlantikgeleite abgesetzt werden, sind stärker geworden. Auch im Mittelmeer tauchen jetzt die »Grauen Wölfe« auf. Gruppenweise dringen sie durch die Enge von Gibraltar in dieses Seegebiet ein. Die Zusammenarbeit mit der Luftwaffe ist erfreulicherweise etwas besser geworden. Göring stellt von Fall zu Fall Fernkampfflugzeuge vom Typ »Condor« für Erkundungsflüge ab. Eine eigene Seeluftwaffe wird der Marine dennoch nicht zugestanden. Dönitz ist auf die Gnade und Ungnade der Luftwaffenführungsstellen angewiesen. Noch immer muß sich das Gros der im Atlantik operierenden U-Boote allein behelfen, um über mühselige Aufklärungsstreifen gegnerische Geleitzüge aufzuspüren. Mit Suchen, Suchen, Suchen wird kostbare Zeit vertan. Manches Boot kehrt mit vollen Rohren zurück, weil es keine Ziele für die Torpedos gab, der Treibstoff zur Neige ging und zum Abbruch der Unternehmung zwang.

Die britische Luftwaffe erzielt mit den neuen, für Flugzeuge entwickelten Wasserbomben ihren ersten Erfolg. Einer Sunderland vom 210. Geschwader glückt unter der Führung von Oberleutnant E. F. Baker am 6. Januar 1941 der tödliche Angriff auf ein italienisches U-Boot, westlich von Cap Wrath. Das Boot versuchte angesichts der Sunderland wegzutauchen und bekam zwei der neuen 250 Pfund schweren Wasserbomben nachgeworfen. Eine Stunde später war die See mit einer dicken Ölschicht bedeckt.

Im Monat März verzeichnet die deutsche U-Boot-Waffe ihre bisher größten und auch schwersten Verluste bei den Rudelschlachten. Sechs Boote gehen verloren. Unter den Kommandan-

ten sind Prien, U 47, Schepke, U 100, und Kretschmer, U 99. Entgegen allen anderen Gerüchten: Günther Prien blieb auf See. Hier ist der Bericht von Otto Kretschmer, mit 350 000 BRT Tonnagekönig im Zweiten Weltkrieg und später, nach seinem Jurastudium, bis zu seiner Pensionierung Flottillen-Admiral bei der Marine der Bundeswehr.

»Günther, halte mir ein Geleit parat«, das waren die letzten Worte, die ich mit Günther Prien wechselte, als dieser mit U 47 am 20. Februar 1941 aus dem Stützpunkt in Lorient auslief, dieweilen ich noch mit der Ausrüstung meines Bootes beschäftigt war.

Das übliche Bild: Musik, Händewinken, herzliche Wünsche für eine glückliche Heimkehr.

Prien stand in seinem neuen Lederpäckchen im Turm, fröhlich und immer noch etwas jungenhaft in seiner Unbekümmertheit, aber innerlich doch ernst und besorgt um das Schicksal seiner ihm anvertrauten Männer. Die guten »alten« Zeiten der ersten Kriegsmonate sind nur noch eine nebelhafte Erinnerung.

Ich lief zwei Tage nach Prien aus, und in der Biskaya schon hörte ich, daß Prien sein Wort, das er mir wegen des Geleitzuges gab, wahrgemacht hatte. Prien war auf ein Geleit gestoßen, das sich, von England auslaufend, mit Kurs Süd-West durch den Atlantik bewegte. Prien hielt Fühlung, und so war es möglich, den Standort, der laufend von Prien gemeldet wurde und den die Leitstelle in periodischen Abständen »An alle« funkte, anzulaufen.

Das hört sich einfach an ... Standort des Geleites anzulaufen.

Draußen stand eine wilde See. Brecher rollten über das Boot, das sich wie unter Titanenfäusten duckte und sich wie ein nasser Hund schüttelte, wenn die Seen über den Turm hinwegwuschen. Naß, klatschnaß, mit vom Seewasser brennenden, schmerzenden Augen standen wir auf dem

Turm. Nun nehme man einmal in einer solchen Situation ein hinreichend genaues Besteck, wenn sich die Sonne oder des Nachts ein Stern überhaupt blicken ließ. Und wie oft nur für wenige Minuten. Dann hieß es schnell und traumwandlerisch sicher handeln. Petersen machte das großartig. Petersen war mein Obersteuermann, der eine unwahrscheinliche Routine darin hatte, auch bei solch einem Wetter den Höhenwinkel mit dem Sextanten zu messen, die Sonne zu schießen, wie es in der Seemannssprache heißt. Auf diesen Winkel, der zwischen Gestirn und Kimm, der wahren Kimm, gemessen wird, kommt es an, um die genaue Position zu finden.

Später ließ das wilde Wehen nach. Nebel kamen auf. Nur die Dünung blieb noch lang und schwer und hoch.

Unseren Berechnungen nach mußten wir jetzt in der Nähe von dem von Prien gemeldeten Geleit stehen, das inzwischen weiter südwestlich gedampft war. Ich ließ tauchen, um eine Horchpeilung zu nehmen, da die Schiffe unter Wasser viel weiter zu hören sind, als man sie über Wasser sehen kann. Außerdem hatten wir Nebel, der die Sicht behinderte.

Wir bekamen tatsächlich eine Peilung in das Gerät. Der Lautstärke nach zu urteilen, mußte das Geleit nicht mehr weit von uns stehen. In diesem Augenblick mochte es gewesen sein, daß ich direkt voraus den schwarzen Turm eines U-Bootes sah. Hinter diesem die schemenhaften Umrisse von Frachtern und von zwei Zerstörern, die gerade auf das vor mir stehende Boot zudrehten.

Nur selten traf man Kameraden in solchen Situationen auf See. Der vor mir war Prien. Die Zerstörer drückten uns unter Wasser. Aber wir verbissen uns dennoch an dem Geleit.

Prien hatte Erfolge.

Auch mir glückte der Angriff, bis wir durch einen heftigen Wasserbombensegen abgedrängt wurden. Ich hatte Glück. Prien bekam die Bomben.

Als wir später den Platz des Angriffs noch einmal aufsuchten, fanden wir brennende Schiffe. Die Luftwaffe hatte, aufgrund der Meldung Priens vom BdU unterrichtet, inzwischen das Geleit angegriffen und bös gerupft. Das hier war einer der wenigen Fälle, bei denen die Zusammenarbeit zwischen U-Booten und Luftwaffe einmal gut funktionierte und bei denen die Flieger das vollendeten, was uns, die wir durch die Geleitzerstörer abgedrängt worden waren, versagt blieb.

Ich habe dann die Fühlung mit Prien verloren und nahm Kurs auf das mir zugewiesene Operationsgebiet. Wir bekamen ja vom BdU jeweils verschiedene Quadrate zugewiesen, um das Suchgebiet so weiträumig wie nur möglich zu erweitern und um dann beim Sichten eines Geleitzuges in der Rudeltaktik anzugreifen. Dadurch, daß in diesem Krieg auch getaucht fahrenden U-Booten Funknachrichten übermittelt werden konnten, riß die Fühlungnahme mit dem BdU und dessen Leitstelle nie ab, konnten die Unternehmungen draußen stehender Boote von einer höheren Warte aus gelenkt und geleitet werden. Diese sogenannten Längstwellen mit einem Band zwischen 12 000 und 20 000 Meter haben als einzige Frequenz die Eigenschaft, bis zu gewissen Tiefen auch unter Wasser einzudringen. Im normalen Funkverkehr wurde die Kurzwelle zwischen 12 und 80 Meter benutzt und ihrer Eignung nach in Tag- und Nachtwelle eingeteilt.

Auf dem Marsch ins Operationsgebiet, das für mich zwischen Island und Irland liegen sollte, bekam ich dann durch FT Anweisung, mit anderen Booten einen Aufklärungsstreifen zu fahren, also auf gleichliegendem Kurs das befohlene Seegebiet abzusuchen. Als der Streifen aufgelöst wurde und die Aufgabe also beendet war, traf ich erneut mit Günther Prien zusammen. Das Wetter war wieder recht unfreundlich geworden. Eine Verständigung von Boot zu Boot auf Rufweite war natürlich ausgeschlossen.

Wir gaben uns ein paar freundliche Worte per Morsezeichen herüber und hinüber, ehe wir uns trennten, um die uns befohlenen Gebiete aufzusuchen.

Kurze Zeit später meldete Prien ein Geleit, das aus dem Nordkanal zwischen Irland und England herausdampfte und dessen Generalkurs mit Nordwest benannt wurde. Es dämmerte schon, als ich Kurs auf das neue Geleit nahm. Erst um die Mitternachtsstunde erreichte ich seine Position. Prien hatte inzwischen angegriffen und einige Treffer anbringen können. Er meldete sein Gesamtergebnis aus diesem Unternehmen mit 26000 BRT. Durch Priens Angriffe war natürlich die Aufmerksamkeit der britischen Bewacher äußerst konzentriert. Von einem Überraschungsangriff konnte nun keine Rede mehr sein. Dennoch glückte es mir, wieder im Schutze der Nacht in Überwasserfahrt aus vorgesetzter Position den Zerstörerring zu durchbrechen, um, meiner alten Taktik folgend, mich mitten in das Geleit einsacken zu lassen.

Hier war man, damals jedenfalls noch, vor diesen Windhunden einigermaßen sicher. Wer von den Zerstörerkommandanten der Gegner hielt es schon für möglich, daß ein deutsches U-Boot sich zwischen die Kolonnen dahindampfender Frachter wagen würde. Zwei Frachter und einige Tanker knabberte ich aus dem Geleitzug heraus.

Auch Prien griff wieder an. Ebenso U 70, Kapitänleutnant Matz, und U-A, Fregattenkapitän Eckermann, die inzwischen an das Geleit herangekommen waren.

Brennende Schiffe. Sinkende Schiffe. Brennendes Öl auf dem Meer. Eine schaurige Kulisse, die die davongekommenen, davontrottenden Schiffe hinter sich ließen.

Am 7. März, morgens 04.24 Uhr, meldete Prien noch einmal Geleitzugsstandort, Fahrt und Kurs.

Dann hörten wir nichts mehr. Dann drückten die sichernden Zerstörer auch mich unter Wasser. Daß sich Prien auch später nicht mehr meldete, stimmte uns weiter nicht besorgt. Vermutlich war er auf größere Tiefe gegangen, um den Wasserbombenangriffen zu entgehen. Vielleicht war auch seine FT ausgefallen. Auch mir und Matz rückten die Zerstörer jetzt auf den Pelz. Eigentlich Matz mehr als mir. Nach zwei Stunden tauchte ich wieder auf.

Morgens 06.50 Uhr meldete Matz, daß sein Boot Turmschäden aufweise. Dann zwang uns wieder ein Zerstörer zum Tauchen. Auch diesmal blieb ich von direkten Bombenserien verschont. Sie galten wieder Matz, der noch immer neben mir stand und so schwer eingedeckt wurde, daß er schließlich sein Boot verlor. Er selbst geriet mit dem größten Teil seiner Besatzung in Gefangenschaft.

Neun Stunden lang tobten die Detonationen der Wasserbomben!

Es war gegen 17.00 Uhr nachmittags, als endlich Ruhe eintrat und ich vorsichtig auftauchen konnte.

Dönitz forderte durch Funk, daß ich mich um ein Schiff kümmern solle, das von mir um die Mitternachtsstunde nur angeschossen worden wäre. Der deutsche B-Dienst hatte inzwischen die Funksprüche dieses Frachters entschlüsselt. Es handelte sich um die norwegische Walkocherei »Terge Viken«, deren Funker um Hilfe rief und meldete, daß das Schiff mittschiffs getroffen wäre und sehr viel Wasser mache. Nun, das traf sich gut. Ich wollte mich sowieso noch einmal auf dem Schauplatz unseres Nachtangriffes umsehen.

Inzwischen rief die Leitstelle Prien.

Immer wieder. Immer wieder. Aber von Prien kam keine Antwort.

Am Untergangsplatz traf ich die Walkocherei nicht mehr an. Sie war wohl inzwischen untergegangen. Statt dessen trieb sich dort ein Zerstörer herum, wohl jener, der die Besatzung der Kocherei nach deren Absaufen übernommen hatte. Ich wurde gesehen und entwischte eben noch in größte Tiefe.

In der Nacht haben wir dann unsere Rohre nachgeladen.

Eine mühselige und zeitraubende Arbeit. Um diese Stunde ging von U 110, Lemp, eine Meldung über die Leitstelle ein, daß ein Kanadageleit mit Südwestkurs im Raum Island gesichtet wäre.

Wir bekamen das Geleit auch zu fassen. Ich brach wieder in die Marschkolonnen ein, verschoß mit Erfolg meine sämtlichen Torpedos (die Tanker »Ferm«, »Bedouin« und »Franche Comte« und die Frachter »Venetia«, »J. B. White« und »Korshamn«) und ging auf Heimatkurs. Ablaufend stand ich über den Lausebänken, wie diese Untiefen südlich Islands wörtlich übersetzt heißen. Es wurden wirklich lausige Bänke für uns, denn hier lief ich einer Zerstörergruppe direkt in die Arme. Mein Boot wurde unter Wasser von Wabo-Detonationen schwer beschädigt. Ölbunker liefen aus. Ich mußte mit blockierten Schrauben auftauchen, wollten wir nicht absaufen. Der eine Zerstörer lag, als ich an die Oberfläche kam, in ausgezeichneter Schußposition. Aber wir hatten alle Preßluft verbraucht. Unmöglich, einen Torpedo loszumachen. Die beiden Zerstörer beschossen uns. Es war nichts mehr zu machen. Wir stiegen aus. Mein LI, der von sich aus noch einmal ins Boot gestiegen war, um das Absaufen von U 99 zu beschleunigen, wurde das Opfer seiner Pflichterfüllung. Er blieb im sinkenden Boot.

Die Besatzung des Zerstörers »Walker« nahm mich und meine überlebenden Männer auf. Hier erfuhr ich auch, daß der andere Zerstörer der Suchgruppe, HMS »Vanoc«, unmittelbar vorher, fast auf gleicher Position stehend, U 100 mit Schepke als Kommandant gerammt und vernichtet hatte. Schepke ist dabei tragisch umgekommen. Er wurde zwischen Sehrohr und Brücke eingeklemmt, als der Bug des Zerstörers das aufgetauchte, nicht mehr voll manövrierfähige Boot mittschiffs traf und rammte. Ein Teil der Besatzung konnte gerettet werden.

Auf HMS »Walker« belästigte man uns nicht weiter. Mir wies man zu meinem Erstaunen die Kommandantenkajüte an. Abends wurde ich noch einmal überrascht, als in den Tagesraum der Kommandantenkajüte die Kapitäne jener Schiffe, die wir vorher versenkt hatten, zum Schlafen einzogen. Da schliefen die alten Seebären, würdige prachtvolle Salzwassermänner, auf Behelfsschlafplätzen, und dem Deutschen, dem Gefangenen, wies man die Koje an.

Die britischen Kapitäne benahmen sich großartig, für sie waren wir Schiffbrüchige wie sie selbst. Sie teilten im Geiste der christlichen Seefahrt, bei der sie groß und alt und manche grau geworden waren, ihren Tabak, ihre Zigaretten, und sie sorgten kameradschaftlich dafür, daß es mir an nichts fehlte. Abends spielten wir, um die Zeit abzukürzen und nicht noch weitere, hier unnötige Worte unter Männern zu vergeuden – gemeinsam einen Bridge nach dem anderen. Auch der Arzt des Zerstörers gesellte sich hin und wieder zu uns, um ein paar Runden mitzudreschen.

In Liverpool wurden wir ausgeschifft und kamen auf einen wunderschönen Landsitz in der Nähe Londons. Dieser paradiesische Platz war aber weniger uns zuliebe eingerichtet, sondern er erwies sich als eines der üblichen Verhörlager, in denen man uns durch betont gute Behandlung und freundliche Umgebung die Zungen zu lockern hoffte. In allen Räumen, in denen wir uns allein und unter uns glaubten, waren Mikrofone eingebaut, über die jedes Wort, jedes Gespräch auf Magnetofonband aufgenommen und ausgewertet wurde.

Bei mir erschien eines Tages ein britischer Offizier, um mich zum Chef der britischen U-Boot-Abwehr zu bitten, zu jenem Offizier, der heute der Chef der britischen Heimatflotte ist. Das beweist, das sei nebenbei bemerkt, daß die Engländer seinerzeit ihre besten und fähigsten Köpfe heranzogen, um den »Schrecken« der deutschen U-Boote und der äußerst bedrohlichen Versorgungskrise auf der Insel Herr zu werden.

Einige Schwierigkeiten bereitete meine Einkleidung in Zivil, um zu diesem Captain Creasy zu fahren. Einen Anzug und alles Zubehör beschaffte man mir von der britischen Offizierskleiderkammer. Mir passende Schuhe waren nicht aufzutreiben. Einer der britischen Verhöroffiziere, ein Oberleutnant zur See, löste das Problem. Behende sprang er auf und nahm, neben mir stehend, zwischen seiner und meiner Schuhgröße Augenmaß, dann zog er seine Halbschuhe aus. Sie paßten.

Auf der Fahrt nach St. James, einem vornehmen Stadtteil in London, berichtete mir der mich begleitende Kapitänleutnant, Creasy habe ursprünglich die Absicht gehabt, mich offiziell in die Admiralität zu bitten. Später aber beließ er es bei einer privaten »Einladung« in seine Wohnung nach St. James, wo er eine ganze Etage bewohnte. Auf dieser Fahrt fiel auch das Stichwort Prien.

Der Kapitänleutnant hatte vorher offensichtlich mit Offizieren des Zerstörers »Wolverine« gesprochen oder zumindest die Gefechtsberichte gelesen. Danach habe man bei dem fraglichen Geleit ein U-Boot geortet und mit Wasserbomben belegt. Auch nach dem Krepieren der zweiten Serie wurden keine Anzeichen beobachtet, die auf Treffer schließen lassen konnten. Kurze Zeit darauf aber wäre das Meer unter einer gewaltigen Detonation aufgebrochen, mittendrin habe man orangefarbene Flammen beobachtet. Danach sei der riesige Wasserberg wieder in sich zusammengesunken. Man habe nichts gefunden. Kein Brett, kein Stück Holz von den Oberdeckgrätings, keinen Ölfleck. Die Asdic-Ortung aber ergab keine Impulse mehr.

Der Begleitoffizier sah mich bei seiner Erzählung mehrfach von der Seite an, als wolle er beobachten, wie ich auf seinen Bericht reagieren würde.

Ich vermochte ihm nur zu sagen, daß ich die später erfolgte Detonation für ungewöhnlich halte und noch mehr die orangefarbenen Flämmchen.

Der Empfang bei dem Abwehrchef war beinah herzlich

zu nennen, zumindest ging er über die Grenzen der Förmlichkeit hinaus . . .

Wir unterhielten uns über allgemeine Belange, scheinbar unverfänglich, aber, wie ich nach dem Kriege vom späteren Admiral Sir George Creasy erfuhr, mit äußerst verfänglichen psychologischen Testfragen über Dönitz, und dann bekam ich aus dem Munde des britischen U-Boot-Abwehrchefs einen genauen Bericht über alle meine bisherigen Atlantikunternehmen zu hören.

Die Angaben stimmten. Von A bis Z. Nur einige, aber unwesentliche Einzelheiten trafen nicht zu. Ich fühlte ein Frösteln in mir heraufkriechen, und es kostete mich einige Mühe, gleichmütig zu bleiben und verbindlich lächelnd auf diesen Bericht zu antworten.

»Wirklich sehr interessant . . .«

»Nicht wahr?«

»Sie erwarten doch nicht, daß ich Sie korrigiere? Es ist vieles falsch. Irren ist menschlich, Captain.«

»Aber natürlich, lieber Kretschmer, natürlich ist es das. Aber darum geht es ja auch nicht, Sie auszufragen oder zur Preisgabe von Geheimsachen zu bewegen. Ich möchte nur einen der bekannten deutschen U-Boot-Kommandanten einmal persönlich kennenlernen. Möchte mal sehen, mit welcher Art von Offizieren und Männern wir es auf der Gegenseite zu tun haben. Meine Hochachtung und meine Bewunderung vor solchen Leistungen, Kapitän Kretschmer. Wissen Sie, es ist uns unerklärlich, daß Sie und Ihre Kameraden auch bei schwerstem Wetter nicht unter Wasser gehen, daß Sie oben bleiben, daß Sie weiterfahren, daß Sie sogar an Geleitzüge heranschließen und . . .«

Captain Creasy machte eine lange Pause . . .

». . . daß Sie auch noch angreifen und versenken, bei einem Wetter, bei dem jeder Seemann sich mit seinem Schiff abmühen muß, den Sturm abzureiten, sonst aber nichts, gar nichts anderes mehr im Kopf hat.«

Was sollte ich Creasy darauf antworten? Eine Gegenfrage überbrückte die Situation: »Aber Ihre U-Boot-Kommandanten sind doch auch als ausgezeichnete Seeoffiziere bekannt, als Seeleute von Format. Ist es so ungewöhnlich, daß wir bei unhandigem Wetter zur See fahren? Sie tauchen doch auch nicht, Ihre Kameraden, wenn sie ein Ziel verfolgen . . .«

»Irrtum, sie tauchen weg, wenn es stiehmt wie in den letzten Wochen.«

Creasy wollte einfach nicht begreifen, daß man auf der schwankenden Plattform des in der See einhertorkelnden Bootes überhaupt noch ein Besteck nehmen könne. In seinen Worten war ehrliche und aufrichtige Bewunderung, und es war wie ein Aufatmen, als er schließlich sagte:

»Sie werden verstehen, daß ich um meiner Heimat willen froh bin, gerade Sie, eines der gefürchteten deutschen Asse, bei mir als Gast zu wissen. Noch ein Glas Porter?«

Und was geschah mit U 70? Im Hinblick auf die vom U-70-Kommandanten, Kapitänleutnant Joachim Matz, angewandte Einsickertaktik sind diese Angriffsoperationen auf die Schiffe innerhalb des Geleitzuges von besonderem Interesse, sind sie doch eine Beweisführung für die beste praktische Nutzanwendung der vom BdU festgelegten Anweisungen für U-Boot-Kommandanten.

Über diese Angriffe wie auch über die letzten Stunden auf U 70 lassen wir den Kommandanten, den heutigen Dr. rer. pol. Joachim Matz, selbst berichten:

Nun sehen auch wir in unseren Gläsern wenige tausend Meter backbord voraus den von Prien gemeldeten Gegner. Zuerst einzelne schwarze Striche auf der tiefgrauen Kimm. Dann immer deutlicher, immer dicker. Sie liegen nicht genau auf uns zu, sondern zeigen anscheinend ihre Backbordseite. Obwohl man sich auch darin täuschen kann.

Zustoßen! Auf die Flanke. Angreifen.

Aber was ist das? Täusche ich mich? Stimmt es, daß die Schatten wirklich auf einmal schmaler werden, während gerade die ersten Kommandos zum Anlauf gegeben wurden. Nein, es ist kein Irrtum, der Geleitzug schwenkt. Er zackt genau auf uns zu. Wir stehen mitten davor. Nur zweitausend bis dreitausend Meter trennen uns noch von den ersten Einheiten. Wie Riesen wachsen sie nun aus dem Dunkel hervor. Nun kommen sie angeschnaubt; die dicken Kolosse, in der ganzen Wucht ihrer vielen tausend Tonnen.

Da – mit einem Male taucht der erste Zerstörer vor den dicken Schiffen auf, in sehr spitzer Lage. Seine relativ niedrige Silhouette verschwindet fast vor den großen Hintermännern, den »Herren und Damen im ersten Rang«.

Langsam rollen wir vor der See den Ungetümen und diesem widerlichen Jagdhund entgegen.

Die Würfel sind gefallen.

Die Spannung vor dem Kampf löst sich auf.

Sie ist überwunden.

Von einem Schießen auf den Zerstörer kann keine Rede sein. Er steht viel zu dicht, zu spitz von vorn. Auch ist ein Schuß auf diesen Leithammel von vornherein ziemlich unsicher bei diesem Seegang. Die Torpedos halten auf diese geringe Entfernung nicht ihre eingestellte Tiefe. Die Gefahr ist zu groß, daß der Aal unter dem Boot durchläuft und mir den Zerstörer auf den Hals hetzt. Das sind die schnellen Überlegungen, die zu dem Entschluß führen, nicht auf den Führerzerstörer zu schießen.

Nun stampft er heran. Ganz dicht, dichter – wenige hundert Meter ab. Schwer taumelt unser tief in der See liegendes Boot. Keine weiße Bugwelle verrät uns bei der achterlichen See und unserer langsamen Fahrt. Ganz sind wir mit unserem Element verwachsen. Vor unserer Nase stampft der Zerstörer vor seiner Herde her. Schwer setzt sein Bug alle halbe Minute in die See ein. Gischt sprüht silbergrau in der schwarzen Nacht über Vorschiff und Brücke. Wir erkennen die einzelnen Leute auf der Brücke, die wie wir in die Ecken geklemmt stehen, um bei dem Seegang einen Halt zu haben. Wir sehen die Blaulichter und alle Einzelheiten an Deck und die Geschütze, die nicht unsere Freunde sind. Unheimlich, daß die uns da drüben nicht auch erkennen. Wenn uns jetzt nur einer sehen und sie uns mit ihren Maschinenwaffen überschütten würden, das gäbe auf diese zweihundert bis dreihundert Meter einen schönen Salat von uns.

Aber mit stoischer Ruhe zieht er vorüber, stur und nachtmüde von vielen Wachen. Seine Leute wünschen sicher, sie wären schon rüber über den Atlantik.

Keine Zeit nachzudenken, uns noch lange mit dem »Leader« zu beschäftigen, jetzt, wo er vorbei ist. Die Mahalla strömt uns drohend entgegen. Vor uns jetzt die Riesenrümpfe, die schwarzen Schattenmassen, die unerbittlich auf uns zukommen. Dicht bei dicht, und dahinter schon die nächsten. Wie die Einfahrt in einen norwegischen Fjord – so kommt mir das Loch zwischen den beiden Riesendampfern vor, durch das ich in den Geleitzug hineinstoßen will.

Nur mitten dazwischen!

Bloß nicht anstoßen!

Längst sind alle Rohre bewässert und klar zum Schuß. Nur noch das Wort »Fertig«, das letzte Entsichern vor dem Schuß fehlt.

Dic nächsten Ziele stehen nur noch fünfhundert bis achthundert Meter ab.

Jetzt blitzschnell handeln. Auf den Dicken an Steuerbord etwas zudrehen. Rohr eins fertig – Feuererlaubnis – Rohr eins los!

»Torpedo läuft« kommt von unten die Meldung, dann die Laufzeit des Aales aus der Zentrale. 10 Sekunden – 20 – 30 – 40 – peng, der bekannte, metallisch harte Schlag, dann sofort hinterher die dumpfe Detonation mit der auf die geringe Entfernung gewaltig aussehenden Explosionsfontäne direkt hinter der Brücke. Dabei dunkler Feuerschein. Es scheint der Kessel mitexplodiert zu sein.

Alles geht blitzschnell, der Dampfer sinkt.

Stur stampfen die anderen Giganten weiter, getreu dem Gesetz der Geleitzugfahrer, sich nicht bei gefallenen Kameraden aufzuhalten. Das ist Sache der Begleitfahrzeuge.

Ich selbst habe gar keine Zeit, lange hinzusehen. Während ich noch einige Bemerkungen nach unten gebe, ist die Aufmerksamkeit schon längst wieder nach vorn gerichtet, kaum daß ich Zeit habe, das Sinken des Schiffes selbst zu verfolgen.

Schon wälzt sich die zweite Welle von dicken Pötten heran. Frachter und Tanker. Es ist keine Zeit zu verlieren. Ziel aufnehmen. Das erste Schiff an Backbord, ein Tanker.

Keine dreißig Sekunden, da heißt es schon wieder »Rohr fertig« – »Rohr los«.

Treffer. Mitte Schiff. Von den Kameraden unten dröhnt eine Welle der Begeisterung nach oben.

Weiterfahren. Aufpassen, daß wir nicht selbst plötzlich durch einen etwa zudrehenden Dampfer überkarrt werden. Inzwischen ist es überall lebhaft geworden.

Fahren, kurven, sich durchwinden und – schießen.

Beginnt der Geleitzug sich aufzulösen? Scheren die Schiffe aus der Linie? Oder ist es nur der Eindruck durch unsere eigene Kreuzundquerfahrerei, oder macht es die Fülle von Schiffen?

Weiter, weiter, es gibt nun keinen Halt. Wieder zudrehen auf den nächsten heranrollenden Dampfer. Wieder Rohr fertig. Los. Der dritte Aal läuft. Er trifft sein Ziel. Mit schwerer Detonation geht das Schiff hoch. Roter Feuerschein aus dem Inneren und eine dicke schwarze Wolke steigen über dem Schiff in die Nacht. Es stellt sich senkrecht auf und verschwindet in den Fluten, ein grausiger Anblick.

Weiter, weiter, wir verlieren das Gefühl für Zeit und Raum; Schiffe, neue Schiffe, nun meist geringerer Größe, wälzen sich heran. Wieder anlaufen, schießen – 10 – 20 – 50 Sekunden – der Aal ist vorbei, das ist zu sehen. Während von der Zentrale noch routinemäßig die Laufzeit weiter gemeldet wird, wir aber uns längst von dem Schiff abgewandt haben, dröhnt auf einmal noch eine Detonation hinterher. Wir blicken uns um und sehen die bekannte Detonations- und Wassersäule nun nicht über »unserem« Schiff, sondern über dem nächsten, etwa weitere tausend Meter dahinter stehenden Dampfer hochsteigen. Wir haben vor dem ersteren Schiff vorn vorbeigeschossen und den Nebenmann getroffen.

Inzwischen ist die Hölle losgebrochen ringsum. Leuchtraketen, ferne Detonationen und ein anscheinend wirres Durcheinander der Schiffe. Die Zerstörer stehen offensichtlich weit draußen. Sie können uns bei dem Gewühl zwischen den eigenen Schiffen gar nichts tun. Oder sind sie mit den anderen U-Booten beschäftigt? Rühren die anderen, fernen Detonationen von Prien und Kretschmer her? Man kann es in der Nacht, in der auf wenige tausend Meter alles verschwindet, nicht beurteilen. Man sieht nur die unmittelbare Umgebung und ist mit ihr reichlich beschäftigt.

Hatte Prien seine Torpedos bereits verschossen? Wir werden es nie feststellen.

Ungeachtet des Tohuwabohus, das um uns herum herrscht, geht unser Kriegshandwerk weiter. Unsere Torpedos sind verschossen. Wir müssen tauchen und nachladen.

Die Arbeit dauert länger als erwartet. Schließlich sind die vier Aale, die letzten, in den Rohren.

Horchen, ob Fahrzeuge in der Nähe sind.

In der unmittelbaren Umgebung ist nichts zu hören. Schwächere Schraubengeräusche in verschiedenen Peilungen.

Schnell hoch und die gefährliche Minute zwischen Unter- und Überwasser überbrückt.

Schwarz und schweigend umhüllt uns die späte Nacht. Wenn von unseren Opfern noch einer schwimmt, dann muß er hier herumliegen. Da kommt auch schon der erste Schatten aus dem Dunkel. Ein treibendes Schiff, denn es wandert nicht aus. Das muß eines von unseren Opfern sein.

Auf geringste Entfernung, auf vierhundert bis fünfhundert Meter, fällt der Schuß. Langsam laufen wir hinter dem Torpedo her auf das Schiff, einen Tanker, zu, monoton kommen die Meldungen der Stoppuhr . . .

Da, die erst hart peitschende, dann dumpfe Detonation.

Wir warten, ob er sinkt. Aber er tut uns den Gefallen nicht. Und wir wollen doch weg von hier. Warum sollen wir den Morgen abwarten, bis die englischen Zerstörer hier Nachsuche abhalten und dann hinter uns herjagen?

Aber was ist das? Es blitzt auf dem Heck des Tankers auf. Das gilt uns. Das ist ja allerhand. Rumst uns doch der Kerl mit seinem Heckgeschütz seine Granaten über die Köpfe. Auf wenige hundert Meter.

Wenn nicht so ein Seegang wäre, es wäre eine böse Sache. Wir laufen etwas ab. Die Kerle wollen ihr angeschlagenes Schiff einfach nicht aufgeben. Gewiß, auch ein Tanker schwimmt mit zwei Torpedotreffern nicht ewig. Es hilft nichts, er muß schneller unter Wasser.

Runter auf Sehrohrtiefe und unter Wasser ran auf Schußentfernung. Da kann er ruhig ballern mit seiner Schrotspritze.

Gedacht – getan. Es geht nicht alles so wie es soll. Die See ist grob. Was oben nicht stört, das macht sich auf Sehrohrtiefe unangenehm bemerkbar. Das Boot ist nicht sofort einzusteuern. Wir kommen zu tief. Das Sehrohr schneidet unter. Ich kann nichts sehen.

Nun geht alles blitzschnell. Der Horcher, unser guter Wrodarzyk, meldet starke Schraubengeräusche voraus, nach Steuerbord auswandern. Ich halte sie erst für die Geräusche eines zweiten Dampfers.

Wir kommen mit dem Boot wieder höher. Das Sehrohr kommt frei. Ich brenne darauf, was vor uns zu sehen ist.

Da, mir erstarrt das Blut in den Adern. Keine hundert Meter vor mir der Bug unseres Tankers. Lage Null. Er hält direkt auf uns zu, mit einem schnaubenden Schnurrbart, einer weißen Bugsee. Mein Gott, der fährt uns über den Haufen. Das ist nur noch eine Sache von Sekunden. Wie ist der bloß so schnell in Fahrt gekommen?

»Schnell auf zwanzig Meter!« Runter mit dem Boot. Wir müssen noch freikommen.

Sauber und systematisch funktioniert in diesem Augenblick unsere Tiefensteuerung. Jetzt, da es auf alles ankommt, arbeiten sie an den Tiefenrudern mit größter Konzentration. Während die Maschinen längst auf A. K. gehen, läßt der LI, Gerhard Wall, ruhig ankippen. Deutlich sehen wir an unseren Instrumenten, wie die Nase des Bootes nach unten weggeht.

Die Sekunden werden zu Minuten, während das Manometer ganz, ganz langsam das Fallen des Bootes anzeigt.

Werden wir es in diesen Sekunden noch schaffen? Aber diese Tanker gehen tief, und noch dazu dieser mit dem vielen Wasser, das er durch unsere Torpedos im Bauch hat, schießt es mir blitzartig durch den Kopf. Sollen unsere eigenen Treffer uns indirekt zum Verhängnis werden?

Da kracht es. Fürchterlich. Es geht alles so wahnsinnig schnell. Das Boot legt sich stark über. Ein schwerer Stoß erschüttert uns. Gepolter aus dem Turm, während wir fluchtartig diese ungastliche Stätte verlassen und das Zentraleluk, das den Turm von der Zentrale trennt, schließen. Mit Getöse rumpelt der Koloß über uns hin. Wir schrammen am Schiffsboden entlang. Über uns das Wühlen der schweren Schiffsschrauben. Er schneidet uns das Boot entzwei … Mein Gott, wenn das klargeht.

Es kommen keine großen Wassermassen ins Innenboot. Also ist das Schlimmste nicht eingetreten, also hoch an die

Oberfläche, auf keinen Fall mit dem beschädigten Boot hier blind im Keller bleiben, und dann mit abgesäbelten Sehrohren.

»Auftauchen! Anblasen!« Ohne Zögern den Turm wieder öffnen. Gott sei Dank, er ist leer. – Aufgerissen das Turmluk. Da, es geht kaum auf, es klemmt und öffnet nur einen Spalt, durch den ich mich hindurchzwängen kann.

Was macht der Tanker? Hundert Meter hinter uns sein Heck, das eben noch über uns weggerumpelt ist. Und die alte Kanone, die schießt wie wild.

Hier müssen wir weg, bei den Leuten ist es ungemütlich.

Wenn ich bloß wüßte, ob unser Boot noch richtig tauchklar ist.

Der Tanker bleibt hinter uns zurück. Die Entfernung beträgt bereits mehrere tausend Meter. Wenn es doch noch dunkel wäre, wir wären gut dran. Aber jetzt in der Morgendämmerung mit dem beschädigten Boot . . .

Das Beste, was wir in dieser Lage machen können, ist, in den dunklen Westhorizont hineinzustoßen. Schon sind an die zwanzig Minuten vergangen, und ich denke daran, einen Haken zu schlagen, um etwa auftretende Verfolger abzuschütteln, da rührt mich der Schlag: Aus dem dunklen Horizont stoßen mehrere Zerstörer auf mich zu. In breiter Formation kommen sie an. Es gibt keine Möglichkeit mehr, noch seitlich auszuweichen. Noch haben sie uns nicht gesichtet.

Wieder runter in den Keller. Mit dem beschädigten Boot wirklich kein Vergnügen.

Aufmerksam verfolgen der LI und ich, wie sich das Boot beim Tauchen benimmt. Hat es schon mehr Wasser »gemacht«? Werden wir gleich durchsacken?

Nein, Gott sei Dank! Es benimmt sich gut, unser liebes Boot, das, nun schwer verwundet, uns doppelt ans Herz wächst.

Erst mal auf dreißig Meter runter. Nicht tiefer als nötig.

Sie laufen vorbei. Sie steuern auf den Tanker zu. Nach zehn weiteren Minuten stoppen sie. Aha, sie sind bei unserem Opfer.

Da, jetzt meldet der Horchraum erneut Schraubengeräusche aus derselben Richtung. Fahren sie weiter? Oder kommen sie zurück?

»Schraubengeräusche werden lauter, Peilung steht«, meldet der Horcher.

»Zerstörer gehen mit den Umdrehungen herunter.«

»Sie stoppen.«

»Sie orten.«

Da haben wir den Salat.

Inzwischen hat der LI mit großer Sorgfalt das Boot an allen Stellen untersuchen lassen. Von allen Seiten kommen die Meldungen, daß die verschiedenen Tanks und Zellen gepeilt und leer oder vorschriftsmäßig gefüllt sind. – Nur in der Zentrale, dieser dumme Schaft des Funkpeilers, den uns unser Freund oben, ebenso wie die Sehrohre, abgefahren hat, der leckt wie verrückt.

Es wird höchste Zeit, auf hundert Meter zu gehen.

»Zerstörer läuft an«, meldet der Horchraum.

Wir stehen gespannt und beobachten die Instrumente. Ich gehe rüber zum Horchraum und nehme einen Kopfhörer in die Hand. Deutlich höre ich das anschwellende Mahlen der Zerstörerschrauben. Jetzt ganz laut. Da, jetzt ist er über uns weg. Da hören wir ihn ablaufen. Gleich wird das Gepolter losgehen. 10 – 20 – 30 Sekunden. – Wumm, bricht das Getöse über uns herein.

... Inzwischen rechne ich mit dem LI aus, wie lange wir wohl im Keller bleiben können. Das ist das magere Ergebnis:

Wenn alles gutgeht, können wir bis zum späten Nachmittag durchhalten. Mehr Strom haben wir nicht mehr in der Batterie; wir haben zuviel bei dem Parforce-Auftauchen und vorher verbraucht. Aber unsere Techniker haben ja normalerweise in ihren Berechnungen einige Reserven. Damit werden wir uns, wenn nichts dazwischenkommt, bis zum nächsten Abend hinschleppen können. Davonlaufen können wir unter Wasser ja doch nicht.

Preßluft haben wir auch nicht mehr viel. Davon haben wir auch zuviel bei dem mehrmaligen Auftauchen verbraucht und konnten ja inzwischen auch nicht Luft pumpen.

So warten wir auf 100 Meter Tiefe ab, bis die Burschen da oben die nächsten Wasserbomben auf uns herabschütten. Erfahrungsgemäß sind wir auf dieser Tiefe verhältnismäßig sicher. Geduld brauchen wir, viel Geduld – noch mehr Geduld.

Nun liegt die Initiative bei den Briten, die es sich da oben gemütlich machen, um alle Stunde oder halbe Stunde eine Ladung Wasserbomben vom Stapel zu lassen.

Im Boot ist alles ruhig. Die Freiwache liegt auf den Kojen und muß warten. Alle wichtigen Stationen sind besetzt; in der Zentrale leitet der LI, unser guter Gerhard Wall, die Tiefensteuerung in bewährter Weise. Das Boot ist auf hundert Meter Tiefe eingesteuert. Mit kleinen Bewegungen der Tiefenruder wird es auf Tiefe gehalten. Ganz leise, kaum hörbar, törnen unsere Schrauben bei geringster Fahrt von ein bis zwei Seemeilen in der Stunde. Nur unmerklich spielt der Kreiselkompaß vor dem Rudergänger, der kaum eine Bewegung zu tun braucht, um hier unten das Boot auf Kurs zu halten. Nur der Funkmaat am Horchgerät spielt aufmerksam mit dem Peilrad, um nicht den Moment zu verpassen, wenn der nächste Anlauf kommt.

... Da kommen sie wieder! Das mahlende Geräusch der Schrauben wird stärker. Die Peilung steht; das heißt, der Zerstörer kommt genau auf uns zu. Jetzt hören wir wieder das rhythmische Schlagen über unseren Köpfen mit dem bloßen Ohr ganz deutlich. – Zwanzig Sekunden betretene Stille und dann Holterdipolter das Getöse um unsere Ohren; das Boot erbebt, schüttelt sich, Spinde springen auf,

Glas zerbricht hier und dort, aber sonst Gott sei Dank nichts Ernstes. Ruhig kommen die Meldungen von allen Stationen, regelmäßig läßt der LI die Tanks und Zellen peilen. Noch ist alles in Ordnung.

Nur dieses verdammte Leck an dem Schaft des Funkpeilers. Es gießt ganz schön. Das Maschinenpersonal versucht es zu dichten, aber es ist mit aller Gewalt nicht dicht zu kriegen in dieser Tiefe. Der Wasserdruck ist zu stark.

Stunde um Stunde verrinnt, nur unterbrochen von dem Gepolter der Angriffe.

Mit stoischer Ruhe macht der Obersteuermann einen Strich auf den Kartenstand für jede Wasserbombe, und für jede Salve macht er über den Daumen gepeilt ein paar Striche auf einmal.

Wenn nur dieses verdammte Leck nicht wäre. – Dann wollte ich mich gern in Ruhe und ohne Sorge auf die Koje legen.

Stunden vergehen, langsam, langsam – viel zu langsam rückt der Minutenzeiger vorwärts. Es wäre so gut, wenn es bald Abend wäre. Mit dem Leck, das geht nicht ewig.

Es hilft nichts, wir müssen alle Regelzellen lenzen. Sonst können wir das Boot nicht halten. Liter für Liter, zehn Liter für zehn Liter dringt das Wasser unaufhörlich ein. Es müssen außer dem Peilerschaft noch andere geringfügige Lecks vorhanden sein. Das Boot dürfte sonst nicht dauernd schwerer werden.

Es ist halb zwölf Uhr mittags. Rund fünf Stunden sitzen wir nun hier unten. Der gute Steuermann hat über fünfzig Wasserbomben angekreidet auf seiner Karte.

Der LI hat Mühe, das Boot zu halten. Das eingedrungene Wasser macht sich bemerkbar. Wir pumpen, wenn auch vorsichtig, um nicht zuviel Lärm zu machen.

Denn trotz der Ortungsgeräte der Gegner versuche ich immer wieder mit Kursänderungen, ob wir nicht doch dem Gegner entkommen könnten. Aber dazu müßte ich nach einem Angriff mal vorübergehend höhere Fahrt laufen können. Nur kann ich mir das nicht mehr leisten. Wenn wir bis zum Abend durchhalten wollen, müssen wir Strom sparen und noch mal sparen.

So trotten wir denn stur unseres Weges. Alle Viertelstunde muß der LI jetzt einen Schuß Preßluft in die Tauchzellen geben, um das Boot zu erleichtern, denn längst sind alle Regelzellen leergepumpt. Aber in den Bilgen schwappt das Wasser bedenklich, und das Pumpen schafft bei hundert Meter Tiefe wenig. Wir dürfen auch gar nicht dauernd pumpen.

So krauchen wir längs. Trotzdem ist die Stimmung unverändert zuversichtlich.

Der Horchraum meldet nur noch Geräusche von einem Fahrzeug da oben. Sind die beiden anderen weg? Haben sie es aufgegeben? Wessen Sturheit wird siegen? Unsere oder die unserer Verfolger?

Wenn es auf Sturheit ankommt, dann soll es bei uns nicht fehlen. Wir U-Boot-Leute sind gewohnt, auszuhalten und zu stehen. Nur darf jetzt mit dem zum Äußersten angespannten Boot in seiner inzwischen ungünstigen Gewichtslage nichts Dummes mehr hinzukommen. Das können wir uns nicht mehr leisten.

12.00 Uhr mittags. Der halbe Tag wäre also geschafft, wir müssen es auch weiter schaffen; und es sollte mit dem Teufel zugehen, wenn wir nicht auch den Rest noch totschlagen. Zwar sieht das Boot schon recht wild aus. Viel Glasschaden, alles, was nicht niet- und nagelfest ist, ist durch die Bombenerschütterungen herunter – oder aus den Spinden herausgefallen. Aber was macht das schon. Das ist jetzt unwichtig.

Wichtig ist allein, daß wir unser Boot, unser gutes und uns bisher so treues Boot auf Tiefe halten und keine größeren Mengen Wasser mehr hereinbekommen.

12.10. Meldung vom Horchraum. Zerstörer läuft an. Schon sind die Schraubengeräusche mit dem bloßen Ohr zu hören. Da – jetzt geht er über uns weg – wieder das Warten auf das Gepolter der Detonationen.

Jetzt haltet den Daumen, Leute, daß es wieder klargeht.

Da bricht es über uns herein. Wieder schüttelt sich das Boot. Die Salve liegt gut deckend, das fühlen wir. Auf das äußerste gespannt, blicken wir auf die Instrumente! Da! Was ist das? Täuschen sich unsere Augen? Das Boot sinkt rapide – unaufhaltsam geht der Zeiger des großen Tiefenmanometers nach rechts – 120 Meter – 130 – 140 – 160 – 180 – rasend geht es bergab. Zugleich Meldung aus der achteren Zentrale: »Wassereinbruch!«

Beide Maschinen äußerste Kraft voraus! Ruder hart oben! Alle Mann achteraus! Werden wir das Boot halten? Oder in das Bodenlose absacken? 3000 Meter Wassertiefe haben wir hier – das ist zuviel für uns.

Wie gehetzt springen die freien Leute durch die Schotten nach achtern, um das Boot hinten schwer zu machen, damit es sich wieder aufrichtet. Um Gottes willen jetzt das Boot halten, es darf nicht absacken. Da – jetzt schlägt der Manometerzeiger mit einem feinen Tick an den äußersten Begrenzungsstift: 220 Meter Tiefe – endlos, endlos die Sekunden. Sekunden werden zu Stunden, während die Maschinen wie wild zu wühlen beginnen. Schwer richtet das Boot sich auf.

Ganz langsam kommt der Zeiger wieder in Bewegung. 200 Meter, 180 bis 160.

Nun geht es mit Gewalt aufwärts – aber bei Gott, das dürfen wir ja auch nicht, oben warten ja unsere Freunde auf uns. Also Abfangen, es wird allerhöchste Zeit. Wir müssen es wieder auf 100 Meter zur Ruhe bringen. Das kann doch nicht das Ende sein. –

Also: Alle Mann voraus, um das Boot wieder auf ebenen Kiel zu legen. Herunter mit der Fahrt: Beide Maschinen langsame Fahrt voraus!

Schon sind wir auf 120 Meter und immer noch steigt das

Boot wie wild. Also vorlastig machen. Abstoppen die Aufwärtsbewegungen.

Aber wir machen die Rechnung ohne den Wirt. Jetzt wirkt sich die frei bewegliche Luft in den Tauchzellen aus. Kaum ist das Boot auf ebenem Kiel, da fällt es auch gleich wieder vornüber.

Und wieder geht es, ob wir wollen oder nicht, auf große und nie versuchte Tiefen, mit Sekundenschnelle fallen wir wieder auf 150 bis 170 Meter, also wieder alle Mann nach achtern.

Die Tiefenrudergänger arbeiten wie wild an den auf Handbetrieb umgestellten Tiefenrudern, der LI braucht seine ganze Konzentration, um das Boot wieder zu halten.

Endlich, bei 200 Meter gelingt es diesmal, das Boot in seiner Abwärtsbewegung aufzuhalten. Hinein einen Schluck von unserer letzten spärlichen Preßluft in die Tauchzellen!

Wieder atmen wir alle auf, zum zweiten Mal haben wir unser gutes Boot abgefangen. Nur endlich zur Ruhe kommen! Es muß doch gelingen, es wieder auf 100 Meter einzusteuern.

Aber es ist hoffnungslos. Sowie das Boot auf ebenen Kiel kommt, fällt es auch wieder auf die Nase, wieder geht es bergab. Hinein die allerletzte Preßluft. 30 Kilo, unsere allerletzte Reserve. Das Hauptmanöverventil bleibt offen stehen. Kein Liter Luft mehr für das Halten des Bootes.

Nun hängt es allein an den Maschinen, ob wir es schaffen.

Mit eigenartiger Klarheit sehe ich auf einmal, daß wir auf dem letzten schmalen Grat marschieren. Es sind die seltenen Sekunden im Leben, wo man mit ganzer Wucht die Entscheidung spürt.

Der Rest ist kurz erzählt:

Mit buchstäblich letzter Energie fangen die Maschinen das Boot noch einmal auf 180 bis 200 Meter Tiefe ab. Langsam richtet es sich auf, das Vorschiff hebt sich, während die E-Maschinen mahlen und die freie Besatzung im Achterschiff zusammengedrängt steht. Kein Laut zu hören außer den Kommandos, soweit solche noch erforderlich sind. Kein Mann dieser großartigen Besatzung, der ein unnötiges Wort sagt. Keiner, der nicht fühlt, daß wir alle auf Gedeih und Verderb in derselben Falle sitzen.

Viel ist unser Leben in diesem Moment nicht wert.

Das Boot steigt, und jetzt wirkt sich aus, daß wir die ganze restliche Preßluft in die Tauchzellen jagen mußten: Nachdem der kritische Punkt zum dritten Mal überwunden ist, steigt das Boot unaufhörlich. Es ist nun nicht mehr zu halten.

Wir hängen zwischen Scylla und Charybdis. Wenn wir nicht die Entlüftungen ziehen und freiwillig unser Grab auf 3000 Meter suchen wollen, dann bleibt nur eins: Das Boot schießen zu lassen und zu sehen, daß möglichst alle herauskommen.

Alle Mann klar zum Aussteigen!

Viel Zeit werden wir nicht haben! Nun geht es blitzschnell. In Sekunden ist das Boot oben. Turmluk auf, Kombüsenluk auf, alle Mann aus dem Boot.

Trotz meiner Befürchtungen kommen wir alle aus dem Boot. Wie ich hochkomme, sehe ich den Zerstörer – es ist in Wirklichkeit eine Korvette – auf geringste Entfernung neben uns liegen. Sie schießen zunächst wie wild. Von der Brücke ruft jemand in schlechtem Deutsch: »Springen Sie über Bord, ich schieße!« Und das tun sie auch. Soweit ich sehen kann, wird im ersten Moment niemand verletzt.

Ich schicke die Besatzung über Bord. Die Leute erreichen unter Führung der Offiziere zwei nahe Flöße, an denen sie sich festhalten können. Auch haben sie ihre Schwimmwesten oder Tauchretter. Nur mit wenigen Mann bleibe ich noch an Bord. Der LI wird bei dem Versuch, das Kombüsenluk, das die See wieder zugeschlagen hat, zu öffnen, über Bord gespült. Wieder schießen die Engländer auf geringste Entfernung mit Maschinenwaffen. Es ist eigenartig, daß sie uns nicht treffen. Sie wollen uns wohl nur von Bord scheuchen, denn sie hoffen, unser Boot entern zu können. Sie machen ein Boot klar. Aber so haben wir nicht gewettet. Noch schwimmt das Boot, so schwer beschädigt es auch sein mag. Aber kriegen sollen sie es nicht. Sollten die Entlüftungen nicht geöffnet sein? Bevor ich mich entschließe, ist der gute Paul Kollmann schon im sinkenden Boot verschwunden, um die Entlüftungen zu kontrollieren. Gott sei Dank ist er gleich wieder oben. Dann gehe ich selbst noch einmal hinunter. Leer und wüst liegt die Zentrale da. Nun nicht zögern, »auf« die Entlüftungen und schnell wieder auf die zerstörte Brücke.

Schon ist das ganze Achterschiff unter Wasser. Wir springen über Bord, zwanzig Meter bin ich vom Boot entfernt, da richtet es sich steil auf. Drohend steht der Steven gegen den Himmel und verschwindet für immer in der Tiefe des Nordatlantiks.

Zwanzig gute Kameraden hat die See behalten. Sie sind der Kälte des Wassers und den Anstrengungen erlegen. Unweit unseres Bootes U 47, Priens Boot, mit Kommandant und allen Leuten. Erst später erfuhr ich, daß die Engländer das Boot noch in der Nacht gerammt und mit Wasserbomben zerstört haben wollen.

Die Kameradschaft des U-Boot-Lebens und die Geschlossenheit des Geistes an Bord gehören zu den größten Erlebnissen meines Lebens.

7

Die Asse Mützelburg und Lüth

Zur Lage:
Es war unüberlegt von Hitler, Anfang Januar 1941 zu erklären: »Im Frühjahr wird unser U-Boot-Krieg beginnen, und dann werden die

da drüben sehen, daß wir nicht geschlafen haben.« Churchill spricht nicht. Er handelt. Er konzentriert nach dieser Rede alle Energien noch mehr als bisher, um der von Hitler angedrohten Steigerung des U-Boot-Krieges entgegenzuwirken. Er prägt den in Deutschland belächelten Begriff vom »Admiral Zeit«. England verhandelt mit den USA. Im gleichen Januar finden geheime britisch-amerikanische Admiralstabsbesprechungen über die Einrichtung amerikanischer Luft- und Seestützpunkte statt. Im April übernehmen amerikanische Kriegsschiffe formal die Sicherung der im 500-Meilen-Bereich des amerikanischen Küstenvorfeldes des Westatlantiks fahrenden Geleitzüge. USA-Truppen treffen zur Verstärkung der britischen U-Boot-Abwehr-Stützpunkte in Neufundland und Island ein. Ein Amerikaner namens Henry Kaiser unterbreitet der amerikanischen Regierung Vorschläge für eine umwälzende neue Schiffbautechnik. Er will Fließbandschiffe bauen, um England zu helfen. Noch sind diese Pläne graue Theorie. Die Zeit muß und wird für sie arbeiten. Noch übertreffen die Indienststellungen der deutschen U-Boote bei weitem die Verluste durch den Gegner. Im Monat werden jetzt 17 bis 18 Boote frontreif, und auf nur ein bis vier Boote, den Katastrophenmonat März ausgenommen, belaufen sich die Monatsverluste, während sich in England die Relation der Neubauten zu den immer mehr ansteigenden Verlusten an Schiffsraum bei eins zu drei bewegt. Die Schlacht im Atlantik entbrennt bis zur Unerbittlichkeit. Kapitänleutnant Mützelburg ist eines der neuen Asse, die den Würgegriff an Englands Versorgungswesen verstärken. Kretschmer ist gefangen, aber seine mit 350000 BRT – das ist die Tonnage einer mittleren Schiffahrtsnation – gekrönten Beweise eiserner Nerven, Umsicht und begnadeter Ruhe leben fort. Er ist eines der Vorbilder, deren Erfolge nur dadurch möglich wurden, daß Kretschmer die vom BdU geforderten Taktiken vor dem Feind bis an die äußerste Grenze des Vertretbaren praktizierte. Mützelburg ist einer von denen, die es ihm gleichtun.

Der B-Dienst hat ein Geleit vollbeladener, von Kanada nach England gehender Frachter ermittelt. Konzentrisch laufen die U-Boote drauf zu. U 203 steht in der Mitte des Atlantiks, und in den Morgenstunden werden am Gruppenhorchgerät Schraubengeräusche beobachtet. Sie hören sich wie ein dumpfes unterirdisches Mahlen an.

Mützelburg, der sich zum Schlafen niedergelegt hatte, springt auf, als der FT-Obergefreite Kampe ihm seine Beobachtung meldet. Er nimmt einen Rundblick durch das Sehrohr. Aber er sieht nichts. Der Horizont ist leer. U 203 taucht auf.

»Der Smut auf die Brücke«, ruft Mützelburg.

Der Koch, Schlachter von Beruf, ein Kerl mit einem Kreuz wie ein Kleiderschrank und einem Gemüt wie ein Bernhardiner, hat schon darauf gewartet, denn er ist das »beste Auge« an Bord. Er sieht sogar ohne Glas oft besser als die anderen Kameraden der Brückenwache mit ihren ausgezeichneten Zeißgläsern.

U 203 läuft zwanzig Minuten lang auf die Horchpeilung zu.

Aber auch der Smut sichtet nichts. Wohl aber meldet Kampe:

»Horchpeilung wird stärker.«

Nach weiteren zehn Minuten: Nichts. Noch immer keine Sichtung.

Nach weiteren fünfzehn Minuten hebt der Smut die Hand.

»Mastspitzen in 88 Grad.«

Alle Gläser richten sich auf diesen Punkt.

»Smut, irren Sie sich nicht?« fragt Mützelburg, nachdem er den Horizont in der gewiesenen Richtung abgesucht hat.

Der Smut plustert beleidigt die Backen auf, holt tief Luft und sieht im Augenblick aus, als habe er Backpulver pfundweise gelöffelt. »Nein, Herr Kaleunt, ich irre mich nicht. Jetzt sind es sogar ein paar mehr . . .«

Erst fünf Minuten später kann die Brückenwache die gemeldeten Mastspitzen durch das Glas erkennen.

Es ist das vom B-Dienst gemeldete Geleit.

U 203 steht genau backbord querab. In der Hundekurve staffelt sich Mützelburg so nahe heran, daß die Silhouetten der außenstehenden Frachter sichtbar werden. Er marschiert zunächst neben dem Geleit her, um dessen Generalkurs zu ermitteln. Das Geleit zackt, das heißt, es fährt zur U-Boot-Sicherung wechselnde Kurse, die sich nach Ablauf einer bestimmten Frist, die Stunden betragen kann, wiederholen. U 203 fährt diese Kursänderungen des Geleits mit, während der Obersteuermann die Zackbewegungen zur Bestimmung des Generalkurses des Geleits auf Millimeterpapier einträgt. Als dieser ermittelt ist, meldet U 203 das Geleit dem BdU durch Kurzsignal.

Erst nach Anbruch der Dunkelheit setzt sich Mützelburg mit erhöhter Fahrtstufe vor. Inzwischen sind über die Leitstelle des BdU durch Funk andere Boote verständigt worden.

Aufgetaucht schleicht sich Mützelburg im Schutz der Nacht durch die Zerstörersicherung hindurch und läßt U 203 bei kleiner, geräuschloser Fahrt mitten in das heranstampfende Geleit hineinsacken. Das hört sich beinahe spielerisch einfach an.

Auf Parallelkurs marschiert Mützelburg neben den Frachtern her. Er fährt seine Manöver so schulmäßig wie in der friedlichen Ostsee. Auf der Brücke herrscht heilige Ruhe und im Boot Grabesstille. Nur die Maschinen hummeln ihr vertrautes Lied. Oberleutnant Heyda, IWO, sieht sich inzwischen nach den fettesten Brocken unter den Schiffen um, während sich Mützelburg um den Gesamtangriff kümmert.

Da drüben an Backbord, nur knapp 100 Meter von U 203 entfernt, zieht ein 6000 BRT großer Frachter dahin. Man vermeint das Rauschen der herüberschimmernden Bugsee zu hören, und man glaubt, den Kapitän und seine Offiziere auf der sich schattenhaft gegen den dunklen Nachthimmel abzeichnenden Brücke zu sehen, wie sie mit langen Schritten unruhig von einer Nock zur anderen wandern und wie sie nur hin und wieder einen mißtrauischen Rundblick nehmen. Dieser schwerbeladene mittelgroße Frachter steht im Kern des Geleits. Seine Schiffsführung fühlt sich hier sicher und geborgen wie in Abrahams Schoß. Keiner auf dem Frachter kommt auf die Idee, etwa das Wasser vor und neben dem Schiff nach verdächtigen Schatten oder nach dem Aufleuchten einer verräterischen Bugsee abzusuchen. Unmöglich, daß ein U-Boot die aufmerksame britische Zerstörersicherung durchbricht, ohne aufgefaßt zu werden.

Mützelburg hat sich absichtlich so nahe an den Frachter heranmanövriert, um in dessen Schiffsschatten besser und sicherer operieren zu können. Heyda hat inzwischen die beiden größten Frachter herausgefunden. Er tritt dicht an Mützelburg heran und weist mit ausgestrecktem Arm zu den Ahnungslosen hinüber. Mützelburg nickt. Er fragt leise, ob die Torpedowaffe klar ist.

»Ist klar«, kommt es zurück.

Seine Gestalt strafft sich. Dann fallen die Befehle . . .

Ein Zweierfächer, auf Abstand geschossen, verläßt die Rohre. Jeder Aal trifft einen der beiden großen, an Steuerbord in der dritten Kolonne hintereinander fahrenden Frachter.

Zwei Explosionen zerfetzen die Nacht. Beide Schiffe sinken.

Dann aber bricht die Hölle los.

Leuchtgranaten erhellen den Himmel und lassen das diamanten funkelnde Geschmeide der Sterne verblassen. Scheinwerfer fingern zitternd über die See.

Aber die Abwehr sucht das U-Boot draußen, dort, wo die Zerstörer wild umherkurven. Man sieht die hellen Bärte ihrer hoch aufschäumenden Bugsee bis zum Boot herüber leuchten.

Wasserbomben fallen und krepieren. Pausenlos.

Ein irrsinniger, erdbebenhafter Spektakel brandet durch die Nacht.

Mützelburg fährt indessen mitten im Geleit mit und sucht sich, von keinem Bewacher bedroht, in aller Ruhe neue Opfer aus. Um sein Boot wieder voll gefechtsklar zu machen, hat er die beiden soeben verschossenen Rohre sofort nachladen lassen. Nach zwanzig Minuten meldet die Torpedowaffe auch diese Rohre wieder klar.

Noch dreimal kommt U 203 mit Einzelschüssen ab.

Drei neue Treffer. Drei weitere Frachter sinken.

Otto der Schweigsame, nun hinter britischem Stacheldraht, hat in Mützelburg einen Nachfolger seiner Devise gefunden. Nicht nur in Mützelburg ... Doch zurück zu U 203.

Welcher Maler vermag dieses Bild des Grauens nur annähernd wiederzugeben, und wo sind die Worte, dieses entsetzliche Drama auf See zu schildern ...!

Auch da drüben, an Bord der schwerfällig hilflosen Frachtschiffe, fahren ja Menschen. Sie verlassen sich auf die Windhunde, auf die schnellen, sichernden Zerstörer. Meist sind es einfache Männer, grundanständige Kerls mit vielleicht nicht für noble Salons polierten Umgangsformen. Rauhe Burschen, aber in den Stunden der Not prächtige, zuverlässige Kameraden. Mancher von ihnen wurde im Schlaf von der Explosion überrascht und aus der Koje geworfen. Mancher konnte die kleine Matrosenkammer, das Logis, wie es die Seeleute nennen, nicht mehr verlassen, da die Tür klemmte und die Bewohner wie Ratten ersaufen mußten.

Und wie oft zerreißt ein Torpedo die zerbrechliche Sicherheit des Rumpfes gerade dort, wo die Heizer vor ihren Kesseln stehen. Mit dem Knall zugleich blättert die Schiffswand wie dünnes Zeitungspapier auf, und der ewige Mörder Ozean leckt mit tausend gierigen Zungen unter Zischen und wildem Brausen in den Raum hinein, alles ersäufend, auch die Feuer, die schrill wie ein Kind aufkreischen.

Und wer ins Wasser kommt, ist noch lange nicht gerettet.

Vielleicht hat er das Glück, eines der an Deck lagernden und beim Absaufen des Schiffes aufschwimmenden Flöße zu erreichen ..., vielleicht legt sich aber auch der kenternde Riesenrumpf des Schiffes über ihn. Und so mancher wird mit dem Sog des in die Tiefe fahrenden Frachters mit hinabgerissen ...

Wer schreibt die Gedanken derer auf, die jenen Männern kurz vor dem nassen Ende kamen, jene Minuten, in denen ein Mensch sein ganzes armseliges Erdendasein wie auf einem Bildschirm abrollen sieht ...

Es wäre so schön gewesen, von der doppelten Heuer, die für solche halsbrecherischen Fahrten gezahlt werden, ein kleines Häuschen an der Küste zu kaufen, zu heiraten, Kinder zu haben und einen kleinen Garten mit Blumen und ein paar Kohlköpfen darin. Welcher Seemann träumt nicht in stillen Stunden solche Wünsche, die für die meisten in ihrem harten Beruf unerfüllbar bleiben, solange sie leben; denn an Land spült sie der Strudel jenes blutvollen Lebens mit hinweg, das sie auf den dünnen Planken, die sie auf ihren Fahrten von dem Moloch Ozean trennten, entbehren müssen.

Und wer legt Blumen auf diese Gräber, in denen der Tod wirklich endgültig ist.

Keine Mutter, keine Frau, kein Sohn kann zu diesen Gräbern pilgern, um Trost zu finden in einem stillen Gebet.

Allein deswegen hassen die Frauen das Meer seit ehedem, weil es ungebärend ist und so kalt und systemvoll in seinem unterirdischen Zorn und seiner sodomitischen Wut.

O ja, auch auf U Mützelburg ist keiner so kalt wie eine Gurke, in diesem Augenblick nicht ein Herz für die zu haben, die jetzt, da die Schiffe zerbersten und unter Zischen und Stöhnen und schrillen Schmerzensschreien versinken, um ihr bißchen Leben kämpfen.

Retten? Diese Männer retten, hieße für die Angreifer, sich dem Selbstmord ausliefern.

Mützelburg will noch einen Anlauf fahren, und Heyda sieht sich gerade suchend nach weiteren »lohnenden« Frachtern um, da kriecht in diesem Augenblick vor einem querab stehenden Dampfer der Bug einer Korvette hervor. Ein tolles, kühnes Manöver. Die Korvette kommt um Meterbreite mit dem Heck vor dem Bug des Frachters frei.

Auf der Korvette blenden sie ihre Scheinwerfer auf und fassen auf Anhieb – ist es Zufall oder eine durch ein Funkmeßgerät ermittelte Peilung? – das deutsche U-Boot.

Weg. In drei Teufelsnamen weg. Aber wohin?

Was nun geschieht, ist nicht so schnell geschrieben, wie es sich abspielte, und auch nicht so schnell gelesen. Mützelburg befiehlt der Maschine »Dreimal AK«, gleichzeitig gibt es Alarm, gleichzeitig läßt sich die Brückenwache in den Turm fallen. Als letzter steigt Mützelburg ein. Das Boot wird schon geflutet, und in das noch nicht ganz geschlossene Luk schwappt mit Macht eine ganze Tonne Wasser in das Innere herein. Macht nichts, macht gar nichts . . . Das Boot wird nur ein bißchen schwerer dadurch. Alles andere wird der LI, der inzwischen die Diesel abstellen ließ und auf E-Maschinen-Fahrt gegangen ist, schon regeln.

Durch das kurze Manöver mit Dieselfahrt hat das tauchende Boot so viel Fahrt bekommen, daß es nun schnell unterschneidet und mit Schwung in die Tiefe schießt.

45 Sekunden dauert es, bis U 203 von der Wasseroberfläche verschwunden ist. Im Boot fallen weitere Rudermanöver. Mützelburg geht nicht auf große Tiefe, sondern er dreht das Boot mit Hartruderlage so, daß es den Kiel des Backbord stehenden Frachters unterfährt. Die von der Korvette in Kursrichtung des verschwundenen Bootes geworfenen Wasserbomben verfehlen ihr Ziel. In der Nähe der Bordwand des von U 203 unterlaufenen Frachters können sie keine Wabos werfen, ohne dieses eigene Schiff zu gefährden.

Erst jetzt geht Mützelburg auf 180 und später auf 220 Meter Tiefe. Oben jagen die Zerstörer dahin. Wenn sie fahren, fährt Mützelburg auch. Stoppen sie, um zu horchen, stoppt Mützelburg ebenfalls.

Wasserbomben fallen.

Wasserbomben über Wasserbomben.

Rabamm ...! Rabamm!

Am Horchgerät sitzt der Funkgefreite Bartel und macht mit dem Gesicht eines gewissenhaften Buchmachers gleichmütig und unerschüttert Kreidestriche.

Vier vertikale und immer einen quer hindurch ...

Die Fünfergruppen mehren sich.

In den ersten sechs Stunden fallen siebzig Wasserbomben.

Einige der Besatzung haben sie gar nicht mehr gehört. Sie haben sich schlafen gelegt.

»Herrlich sture Kerle«, lächelt Mützelburg. »Sind an Land ein Nagel zum Sarg von jedem Kompaniechef. Hier aber goldrichtig.«

Das Geleit ist weg.

Fünf Frachter mit 28 000 BRT fehlen darin.

Zusammen mit U 201, Kapitänleutnant Schnee, und weiteren Booten greift Mützelburg im September 1941 ein Kanadageleit an. Die Schlacht tobt schon seit Stunden. Das Geleit ist in Gruppen zersprengt und wird weiter in Gruppen von den »Wölfen« angegriffen.

Der dritte Anlauf ist in vollem Gange. Das Boot steht auf Sehrohrtiefe. Es ist Tag. Ausnahmsweise packen die Boote das in der Nacht gerupfte Geleit auch bei Tage, da durch seine Zersplitterung die auf Hilfsflugzeugträgern beigegebene Luftsicherung ausgefallen ist und der Angriff in dem sogenannten Black pit, wie die Engländer das von Flugzeugen der Küstenkommandos noch nicht erreichbare »schwarze Loch« nennen, erfolgt. Lediglich ein paar Zerstörer versuchen, verzweifelt zwischen den Gruppen hin und her rasend, ihre Schutzbefohlenen zu schützen.

Mützelburg hat drei Frachter im Fadenkreuz, als der Horcher andersgeartete, achterausstehende Schraubengeräusche ins Gruppenhorchgerät bekommt. Es ist ein helles knirschendes Singen, das Kampe wie tausend glühende Klingen den Leib zerschneidet. Er hört nur einen Herzschlag hin. Er weiß Bescheid.

Himmel, achteraus läuft ein Zerstörer auf.

Horcher Kampe meldet: »Zerstörer von achtern anlaufend.«

Mützelburg hört die Meldung und dreht das Sehrohr. In knapp hundert Meter Entfernung jagt tatsächlich ein Zerstörer heran. Er liegt auf gleichem Kurs, er schwimmt genau in der Kiellinie von U 203.

»Auf zwanzig Meter gehen«, schreit Mützelburg.

Oberleutnant Heyda erschrickt. Er wird blaß und farblos wie eine frisch gekalkte Wand. Er möchte etwas sagen, aber an dem entschlossenen, dünnen Lächeln des jungen Mützelburg erstirbt ihm das Wort.

»Ist der Alte wahnsinnig«? flüstern sie im Boot.

Die Schraubengeräusche sind jetzt mit bloßen Ohren zu hören. Sie werden immer lauter.

Mützelburg geht nicht auf rettende Tiefe. Er denkt nicht daran. Er läßt den Zerstörer eben über sich hinweglaufen. Sein Kiel muß beinahe den Turm berühren. Im Boot ziehen sie die Köpfe ein. Einige greifen zu den Tauchrettern. Der Atem setzt aus. Und der Herzschlag. Gleich, gleich müssen Wasserbomben kommen.

»Eher laufen Kakerlaken im Laufschritt über eine frisch geteerte Persenning, als daß das gutgeht«, denkt Heyda verzweifelt.

Es fallen aber keine Wasserbomben.

Ganz ruhig und selbstverständlich sagt Mützelburg: »An Feuerleit- und Torpedowaffe. Rohr eins klar zum Unterwasserschuß.«

U 203 geht wieder auf Sehrohrtiefe. Mützelburg sieht das Heck des Zerstörers davonrauschen. 20, 25, 30 Meter. Er sieht Gestalten. Es sind britische Seeleute an den Wasserbomben.

Die Klarmeldung erfolgt.

Rohr eins öffnet seinen Schlund, und das blitzende Ungetüm bricht in das kristallklare blaue Wasser des Ozeans. Mit 40 Knoten Geschwindigkeit rast das verderbliche Geschoß hinter dem Zerstörer her. Und es holt ihn auf. Und trifft. Fast gleichzeitig mit dem irrsinnigen Krach der Detonation prallt die Druckwelle des hochgehenden Torpedos gegen das U-Boot an und schüttelt und beutelt es, daß die Männer durcheinanderfliegen, als seien sie von Faustschlägen getroffen.

Ein Lärm bricht an. Ein Intermezzo entsetzlicher Geräusche.

Es rasselt blechern. Es splittert. Es ist ein grausames Bersten. Dampf entweicht schreiend, pfeifend und ersterbend zischend aus den Rohrleitungen des sinkenden Zerstörers. Sie hören, wie die Schotten zusammenbrechen, als der Windhund auf Tiefe geht. Sie hören aber nicht das Schreien der Verletzten, die drinnen blieben. Und auch nicht derer, die verwundet auf dem Wasser treiben und denen man nicht helfen kann . . . weil der Selbsterhaltungstrieb jede christliche Seemannschaft ausgelöscht hat.

Nur mit einer eingefahrenen, auf vielen Feindfahrten erprobten Besatzung konnte Mützelburg das Risiko dieses verwegenen Angriffes riskieren.

Er hat famose Kerle an Bord . . .

Der Smut, das Augenwunder, das selbst Zeißgläser übertraf, wurde bereits erwähnt. Da ist noch der Obermaschinist Ivens, ein Original. Weil er nicht groß ist, wirkt der korpulente Techniker nur noch dicker. Sieht aus wie ein Tönnchen. Vielleicht ist er auch der Tonnen wegen so dick. Nicht der Tonnen, die er versenken half, sondern jener, die er bisher versoff und für die ihm die Brauereien ein paar Dankschreiben hätten schicken sollen. Bei Alarm durch das Turmluk kriechen, fällt, Gott sei Dank, nicht in seinen Aufgabenbereich. Entgegen den Gewohnheiten auf Frontfahrt zieht sich Ivens, wenn er Freiwache hat, in Seelenruhe aus. Er schläft in Unterhosen, und er schläft gut und fest. Die Neuen an Bord erleben eines Tages, wie der friedlich schlummernde Ivens wie ein Flitzbogen von seiner Koje schnellt und wie vom Katapult geschossen auf Socken und in ebendiesen langen Unaussprechlichen im Maschinenraum verschwindet und hier den wachhabenden E-Obermaaten anfaucht.

»He! Warum läuft der Backborddiesel nur auf fünf Töppen?«

Der gute Obermaat macht ein Gesicht, als habe ein Antialkoholiker soeben herausgefunden, daß Bier doch ein nützliches Getränk sei.

»Hören Sie denn nichts, Obermaat?«

»Nein, Herr Obermaschinist, alles normal.«

»So, denn will ich es dir mal zeigen.«

Sie sehen nach. Eine Düse ist verkokt.

Das hat der Ivens im Schlaf gehört.

Einmal stand er auf der Brücke und nahm einen Smok aus seiner Museumspfeife, die so groß ist wie er dick und deretwegen die anderen Smoktime-Interessenten stets böse wurden. Aber sie sagten nichts. Ihr Respekt vor Ivens war größer als ihr Groll über den Tabakeimer, den er verkokelte.

Auf einmal hängt Ivens seinen Bauch über den Wintergarten und besieht sich die Dieselabgase. Weil er sie so kritisch und stirnrunzelnd beobachtet, kümmert sich nun auch Mützelburg um den Qualm. Was der Ivens bloß hat? Für ihn sehen die Abgase doch ganz normal aus.

Plötzlich dreht sich Ivens mit einem Ruck um, springt zum Turmluk und ruft in die Zentrale: »Turm an Dieselraum: So langsam müssen Se aba wieda mit Treiböl fahren. So weit sin ma noch nich, daß der Jockel mit Seewasser läuft.«

Tatsächlich ist der Treibölbunker fast ohne Öl. Da die

Treibölbunker nach Verbrauch des Brennstoffes wegen der Lastigkeit des Bootes nicht leer bleiben können, sind sie so eingerichtet, daß Seewasser über das an tiefster Stelle befindliche, auf Feindfahrt geöffnete Bodenventil nachdrängen kann. Da Öl nun leichter als Seewasser ist, schwimmt es nach oben, wo es zum Verbrauch abgesaugt wird. Aufgabe der Heizerleins ist es, auf ihrer Wache darauf zu achten, wenn der Ölbestand in dem gerade angeschlossenen Bunker zu Ende geht, um dann rechtzeitig umzuschalten. Auf U 203 war es soweit. In den Abgasen entdeckte Ivens einen hauchdünnen, nur einem Fachmann etwas aussagenden weißen Schleier, wie er nur bei der Mitverbrennung von Seewasserspuren entsteht.

Einmal, beim Fliegerangriff, als Mützelburg vor der Biene in den Keller fährt, fällt das Boot beim Alarmtauchen mit ungewöhnlicher Geschwindigkeit durch. Seelenruhig steht der Zentralemaat Bausch neben seinem LI.

»Vorsichtig, Herr Oberleutnant, wir sind eine Tonne zu schwer.« Der LI kann das durchfallende Boot noch auf 120 Meter abfangen. Bausch hatte es eigenmächtig eine Tonne schwerer als üblich gefahren. Er kannte den Rummel in dieser Landschaft und das oftmals unerwartete Auftauchen feindlicher Flieger aus Erfahrung besser als der an Bord neue LI. Natürlich war der Obermaat zu einer derart selbständigen Maßnahme nicht berechtigt. Hier in diesem Fall aber rettete er wahrscheinlich das Boot und der Besatzung das Leben.

So ist das manchmal beim Militär. Entweder bekommt man das EK oder ein Verfahren beim Kriegsgericht, wobei in diesem Zusammenhang erwähnenswert erscheint, daß die U-Boot-Besatzungen schlechthin bis auf ganz wenig Ausnahmen in Ordnung waren. Selbst mit schwierigen Leuten kamen Kommandanten, die etwas leisteten und die in ihrem ganzen Verhalten Vorbild und Persönlichkeit waren, gut zurecht.

Und das gerade von Begebenheiten die Rede ist, die der Seelord Bolzen nennt, hier ist noch einer:

U 325, Oberlt.z.See Dohrn, ist auf Feindfahrt im Nordatlantik. Schwere Heckseen schlagen über die Brücke, so daß die Brückenwache in Haltegurten festgeschnallt ist, um nicht über Bord gewaschen zu werden. Für einen Augenblick kommt der Kommandant auf die Brücke. Ein schwerer Brecher rollt heran, und für Sekunden fährt das Boot unter Wasser. Aber der Brecher hat den Kommandanten mitgenommen.

»Mann über Bord!«

Fast wie bei einer friedensmäßigen Übung läuft alles ab. Und nach wenigen Minuten gelingt dem Wachhabenden Offizier das schwere Manöver, den Kommandanten wieder aufzufischen. Stilles Heldentum, das im Kriegstagebuch nur mit dem lakonischen Satz erwähnt ist:

»11.43 Uhr bis 11.49 Uhr Kommandant über Bord.«

Aber diese sechs Minuten reichten aus, um einen langen Papierkrieg in der Heimat zu entfachen. Nach dem Einlaufen gab der findige Bootsmann nämlich seine üblichen Verlustverhandlungen ab, auf der alle Seeschäden verzeichnet waren. Alle Verluste mußten glaubhaft erklärt werden, und wenn sie nicht glaubhaft schienen, dann gab es eben Papierkrieg. Und den haßt ein rechtschaffener Seemann wie die Pest. Unser Bootsmann aber meinte, wenn der »Alte« in so einer Sache mit »drinhängt«, geht's klar.

Da stand also unter anderem:

»... Um 11.43 ging der Kommandant über Bord. Er wurde wieder geborgen. Um besser schwimmen zu können, entledigte er sich folgender Gegenstände:

zwei Lederhosen, zwei Lederjacken, ein Paar U-Boot-Stiefel, zwei Maschinenpistolen, zwei Doppelgläser, ein Sextant und vier Paar Lederhandschuhe ...«

Die von Natur aus mißtrauischen Verwaltungsleute der Flottille bekamen giftige Kulleraugen. Man hörte Worte wie Falschmeldung und Kriegsgericht. Aber man ist nicht zuständig. Deshalb ging die Verlustverhandlung auf dem Dienstweg weiter nach Paris, direkt an den Befehlshaber. Dort aber saßen alte U-Boot-Fahrer, die die Sorgen und Nöte des U-Boot-Mannes kannten und wußten, daß man sooft eine Erklärung für das, was verlorenging, finden mußte. Jawohl mußte, denn was verstanden denn schon Verwaltungslöwen von Seegang und von U-Boot-Dienst.

Lächelnd reichte beim Befehlshaber einer das Schriftstück an den anderen weiter. Und als es nach ein paar Tagen zur Flottille zurückkehrte, trug es den Vermerk: »Verlust ist zu ersetzen. Ersatzbeschaffung genehmigt.« Und unten am Schluß stand handschriftlich vermerkt:

»Ist das Boot ein neuer Typ? Kommt man denn mit einer solchen Ausrüstung noch durch das Turmluk hindurch? Bitte in Zukunft daran zu denken.«

Über die Menschenführung im U-Boot hielt der spätere Brillantenträger Korvettenkapitän Wolfgang Lüth auf einer Befehlshabertagung der Kriegsmarine einen Vortrag. Hier ein Auszug:

Der Kommandant hat die Aufgabe, dafür zu sorgen, daß auf seinem Boot der Geist der guten Soldaten vorherrscht und die Meinung der schlechten Soldaten nur wenig gilt. Er muß sich an Bord vergleichsweise wie ein Gärtner verhalten, der das Unkraut ausreißt und die guten Pflanzen pflegt. Das ist auch gar nicht so schwer, denn wir haben ja meist junge Soldaten an Bord, die einsatzbereit sind. Es ist auch sehr vorteilhaft, wenn die Männer meist alle ein Handwerk erlernt haben und nicht als Halbgebildete angesprochen werden müssen, die die höheren Schulen nur halb besuchten, rausgeflogen oder zu dumm waren.

Wenn einer pampig gegen seinen Vorgesetzten war oder sonst etwas verbockte, was ihm normalerweise drei Tage einbringen würde, dann diktiere ich ihm statt der drei Tage

»Bau« drei Tage »hartes Lager«. Er schläft dann an Deck ohne Matratze und ohne Decke, und da das unbequem ist, wirkt es besser als drei Tage Arrest, die er obendrein noch in sein Führungsbuch eingetragen bekommt.

Eine harte Strafe ist auch das Rauchverbot.

Drei Tage Spielverbot für Skatlöwen wirken ebenfalls Wunder.

Auf einer Fahrt wurde der Proviant knapp. Trotzdem »besorgte« sich einer in unkameradschaftlicher Weise zusätzlich Proviant, und zwar so viel, daß hart durchgegriffen werden mußte. Aber auf einem U-Boot kann man einen Mann nicht einbuchten. An Land wäre er vor jedem Gericht, auch vor zivilen, schwer bestraft und eingesperrt worden. Ich machte das auf meine Art. Ich bestrafte ihn mit vierzehn Tagen »Verschiß«, so wie es früher bei Kadetten üblich war. Keiner durfte mit ihm sprechen, und während der ganzen Zeit mußte er auf einem harten Lager schlafen. Damit war der Fall ausgestanden. Kein Wort mehr darüber. Die Kameradschaft war wiederhergestellt. Dieser Mann wurde später einer der besten und einsatzbereitesten U-Boot-Fahrer.

Es ist selbstverständlich, daß der Kommandant an Bord zu jeder Zeit für jeden zu sprechen ist. Ich halte es für Unsinn, sich mit dem Nimbus eines Abstandes zu umgeben. Der Mann unterläßt dann unter Umständen aus Furcht wichtige Meldungen.

Der Ausguck ist besonders wichtig. Er ist aber mehr eine Frage des Charakters als der guten Augen. Wir haben während meiner Fahrzeit in allen Operationsgebieten und auf den verschiedensten Typen weit über tausend Flugzeuge gesehen, sind aber nur dreimal gebombt worden. Selbst bei Nacht hat der Ausguck Flugzeuge erkannt und in zwei Fällen sogar rechtzeitig gehört. Trotzdem erlaube ich den Männern auf Wache zu reden und zu rauchen. Ich weiß, daß die Heimatdienststellen das nicht gerne sehen und sogar Verbote erließen. Natürlich muß erst »Grund« in eine Brückenwache kommen. Aber wenn man monatelang draußen ist, kann man die Männer nicht vier Stunden lang Wache gehen lassen, ohne daß sie ein einziges Wort reden. Wenn sie aufpassen, lasse ich es zu, auch, daß sie mit dem Glas an den Augen Rücken an Rücken zusammenkriechen und einen Schlag reesen, wie der Seemann zum Quasseln sagt.

Alkohol darf es auf Feindfahrt normalerweise nicht geben. Die Männer sind aber dankbar, wenn sie wenigstens ab und an mal einen Schluck aus der Pulle nehmen können. Sei es, wenn ein Dampfer versenkt wurde, wenn einer Geburtstag hat oder wenn einer bei Arbeiten an Oberdeck naß geworden ist. –

Wolfgang Lüth hat ein Herz für seine Männer. Er fühlt und denkt mit ihnen, und er kennt ihre Schwächen ebensogut wie ihre Vorzüge. Lüth schreibt ihnen sogar einen Musterbrief, aus dem können sie sich heraussuchen, was ihnen paßt, wenn sie im Stützpunkt ihren Eltern oder ihren Freundinnen schreiben wollen. Da ja über sehr viel Dinge nicht berichtet werden darf, würden die Männer sonst lieber gar nicht schreiben, ist seine Meinung.

Der Alltag muß tadellos organisiert werden. Das Boot muß den Männern zur Heimat werden, sagt Lüth. Es darf aber nicht zuviel organisiert werden. Da Ruhepausen auf U-Booten besonders nötig sind, gilt der Grundsatz, Freizeit und Schlaf sind dem U-Boot-Mann heilig. Der Rhythmus des normalen Lebens muß gewahrt bleiben. Da der Wechsel zwischen Tag und Nacht im Boot nicht ohne weiteres zu spüren ist, muß man ihn sichtbar machen. Zum Abendessen wird die Schlummerbeleuchtung im Boot angeschaltet, und eine halbe Stunde vor bis eine halbe Stunde nach dem Wachwechsel um 20.00 Uhr lasse ich das Abendkonzert senden.

Sonntage werden hervorgehoben.

Sie beginnen mit einem Schallplattenkonzert und stets mit der Platte: »Ja, das ist mein Sonntagsvergnügen, bis zehn Uhr im Bett zu liegen.« Und das Abendkonzert wird mit einer anständigen Platte beendet, mit dem »Abendlied« der Regensburger Domspatzen.

Die Aufstellung des Speisezettels ist eine schwierige Sache. Zu leicht wird über das Essen gemeckert. Ich lasse deshalb die einzelnen Wohnräume die Speisezettel aufstellen. Bei zunehmender Länge müssen sie natürlich genauer kontrolliert werden, damit die guten und schönen Sachen nicht zuerst aufgefuttert werden.

Es wird auch Brot an Bord gebacken. Wenn der Backofen nicht in Ordnung war, wurde das eine schwierige Sache. Da haben wir uns durch einen Bäckerwettbewerb geholfen. Vier Mann, die Bäcker von Beruf waren, mußten um die Wette backen. Wir haben für jedes gebackene Brot durch den Bordrundfunk und die Bordzeitung so viel Reklame gemacht, wie sie bei den Reichstagswahlen nicht besser sein kann. Und wir haben nachher wirklich ein anständiges Brot gehabt.

Es gibt körperliche Leiden, mit denen man recht wohl ein guter U-Boot-Fahrer sein kann. Es sind sicher viele U-Boot-Soldaten dienstuntauglich geschrieben worden, die es nach den Bestimmungen auch waren und bei denen keiner die Verantwortung übernehmen wollte, sie wieder an den Feind zu schicken, obgleich es gegangen wäre. Aber wenn so viele Soldaten ihr Leben einsetzen, dann müßten andere in einem harten Krieg ebenso ihre Gesundheit aufs Spiel setzen.

Wenn wir einlaufen, achte ich darauf, daß mir die Leute recht viel für ihre Angehörigen einkaufen, damit sie das Geld auch vernünftig ausgeben. Man muß sie auch mal im Stützpunkt ungezwungen und heftig feiern lassen, einfach, weil sie sonst zu anderen »Stützpunkten« schleichen.

Es gibt Dinge, die man auch auf keinen Fall durchgehen

lassen darf. Ich hatte mal einen Wachoffizier, der stets ausgezogen auf seiner Koje schlief. Er kam auch nachts nie auf die Gefechtsstationen, ohne sich vorher peinlichst und umständlich angezogen zu haben. Er vergaß es nie, die Ölhose und den Ölhut mitzunehmen. So wichtig war ihm sein persönliches Wohlergehen, ehe er auf Gefechtsstation erschien. Er trank keinen Kaffee, weil er Hypochonder war und glaubte, er hätte was am Magen. Statt dessen trank er eine Tasse Milch. Da wir keine Kühe an Bord hatten und daher auch nicht soviel Milch, verbot ich das. Dann aß er dieses nicht, dann jenes nicht und beanspruchte alle nasenlang eine Extrawurst. Ehe der Kommandant so etwas merkt, hat die Besatzung das natürlich schon lange spitz, und die Offiziersmesse ist blamiert.

In der Offiziersmesse werden die Mahlzeiten gemeinsam eingenommen, und zwar im anständigen Anzug und mit weißen beziehungsweise noch leidlich weißen Bettlaken als Tischtuch. Dann ist der tägliche Doppelkopf nicht zu vergessen. Schön ist auch, wenn man ein Buch gemeinsam bespricht.

Einer der wichtigsten Männer an Bord ist der Funker. Er hört den Zerstörer schon, bevor die Besatzung etwas merkt. Ich verbiete ihm, mir den Zerstörer und seine Bewegungen laut zu melden. Jede Meldung wird mir durch einen Befehlsübermittler überbracht, von einem ausgesuchten ruhigen Mann, der sie mir leise sagt. Das Wort »Zerstörer« gibt es in unserem Sprachschatz nicht. Es heißt dann »kleines Fahrzeug«, damit sich unerfahrene Männer nicht unnütz aufregen.

Man muß es hinkriegen, daß sich die Freiwache hinlegt und schläft. Man muß darauf achten, daß sie auch tatsächlich durch Kalipatronen atmet, um die Luft zu reinigen und den Sauerstoffvorrat zu sparen. Selbstverständlich bezieht sich das auch auf die wachfreien Offiziere. Gerade, weil es unbequem ist.

Wenn nun alle Vorbereitungen getroffen sind, ist es gut, wenn sich auch der Kommandant schlafen legt. Das freut die Besatzung, und die Männer denken: »Alles halb so schlimm.«

Die Freizeitgestaltung ist wichtig, besonders an Festen und Feiertagen, die man schön gestalten kann. In der Adventszeit brannten in jedem Raum die Adventskerzen und Tannenkränze, die wir aus zusammengedrehten Handtüchern und grünbestrichenem Lokuspapier selbst hergestellt haben. Vierzehn Tage war die Weihnachtsbäckerei in Betrieb, und jeder durfte auch mal naschen, genau wie zu Hause.

Nett waren immer Skat- und Schachturniere oder Sängerwettstreite. Jeder mußte durch Mikrofon singen, und die Besatzung gab dafür Zensuren wie in der Schule. Der Sieger erhielt als ersten Preis eine Freiwache, und seine Wache mußte der Kommandant gehen. Der zweite Preisträger durfte einmal den Diesel anstellen, wenn es ein Seemann war, oder er durfte anstelle des Kommandanten das Boot fahren, wenn es ein Heizerlein war.

Ich freue mich über jeden Streit, der über ein Thema so heiß entbrennt, daß die Nachschlagewerke herhalten müssen. Auf langen Feindfahrten werden die absonderlichsten Dinge diskutiert ...

Ob die Kühe mehr Milch geben, wenn in ihrer Nähe Radio spielt ..., oder ob die Käselöcher mit Preßluft gemacht werden, oder es wird behauptet, daß bei einem Gewitter auf See kein Donner zu hören sei.

Es gibt auf jeder Fahrt Situationen, die man nicht durch Befehle und verlangten sturen Gehorsam meistern kann.

Nach einer besonders langen Werftliegezeit hatte ich weit über ein Drittel neue Männer an Bord bekommen, und zwar gerade unter den Offizieren und Unteroffizieren. Der erste Dampfer, den ich auf dieser Fahrt sah, war ein fetter Brocken, der hohe Fahrt lief. Erst nachts kamen wir in

Schußposition. Ich sagte zu dem IWO, der seine erste Fahrt machte:

»Nun schießen Sie den ersten Schuß auf den vorderen Mast, den zweiten ganz ruhig auf den achteren Mast.«

Der IWO will das auch ganz besonders gut machen und sagt beherrscht ruhig, aber so leise: »Rohr eins los«, daß der Feuerleitmann das im Turm nicht hörte. Mir schien das auch zu leise, und ich sagte zu ihm:

»Sie müssen beim zweiten Schuß lauter befehlen.«

Das tat er denn auch. Aber der Feuerleitmann hatte den Sicherungsstift von der Abfeuerung nicht herausgezogen, deshalb fiel auch der zweite Schuß nicht. Er war neu an Bord, ebenso wie der Mechanikersmaat, so daß auch die Verständigung durch das Sprachrohr nicht so klappte, wie es vorher eingeübt war.

Sofort ließ ich die restlichen Rohre umschalten und schoß sie selbst auf den Dampfer. Allerdings war die Entfernung sehr klein geworden. Die Aale waren eben raus, da sah uns der Dampfer und drehte auf uns zu. Uns drohte eine Ramming, während die Schüsse vorbeigingen. Ich wollte hart nach Backbord abdrehen und befahl: »Hart Backbord, Steuerbordmaschine AK voraus. Backbordmaschine AK zurück.«

Aber unser neuer Rudergänger legte das Ruder erst einmal nach Steuerbord. Ich mußte ihn erst berichtigen, so daß das Boot nur langsam drehte. Der alte erfahrene Dieselmaat ließ nun aber den Backborddiesel auf AK zurück anspringen und glaubte, daß der neue Maat am Steuerborddiesel durchgedreht sei, da dieser AK voraus lief. Er sprang hinzu und schaltete auch den Steuerborddiesel auf Rückwärtsgang um.

Nun stand ich da mit meinen beiden AK zurücklaufenden Maschinen und falscher Ruderlage. Aber mit Gottes Hilfe ging trotzdem alles klar. Wir wurden nicht gerammt. Wir jagten den Dampfer weiter, der nun aufdrehte und eine Seemeile schneller als wir fuhr. Du kriegst ihn nicht mehr, war meine letzte Erkenntnis. Die ganze Sache war vermasselt. Es war zum Heulen. Ich heulte nicht. Ich lachte.

Man darf nie vor seinen Leuten weich werden und nie nervös. –

8

U 74 und die »Bismarck-Tragödie«

Zur Lage:
Am 24. Mai 1941 versenkt das zusammen mit dem Schweren Kreuzer »Prinz Eugen« ausgelaufene Schlachtschiff »Bismarck« südlich von Mittelgrönland und westlich von Südisland das bislang größte Kriegsschiff der Welt, HMS »Hood«[1]*. Auf Schlachtschiff »Bismarck« behindert ein Vorschifftreffer von HMS »Prince of Wales« die Höchstfahrt, während die unbeschädigte »Prinz Eugen« entlassen wird. Bei ihrem Versuch, nach Brest durchzubrechen, wird die »Bismarck« zirka 500 Meilen westlich von Brest durch den Torpedo eines Flugzeuges des Trägers HMS »Ark Royal« in Höhe der Ruderanlage schwer beschädigt und am nächsten Morgen von den sie verfolgenden beiden Schlachtschiffen »Rodney« und »King George V« und den Kreuzern »Norfolk« und »Dorsetshire« unter vernichtendes Feuer genommen. Am 27. Mai, 10.36 Uhr, sinkt der manövrierbehinderte, unter dem Panzer im Innern aber völlig intakte Riese »Bismarck« nach Einleitung der Selbstversenkungsmaßnahmen und dem Befehl »Alle Mann von Bord«; weitere (ohnehin unwirksame) Torpedotreffer des Kreuzers »Dorsetshire« sind jetzt ohne Bedeutung. Vorher forderte der eingeschiffte Flottenchef, Admiral Lütjens, noch ein U-Boot an, um diesem das KTB zu übergeben. Die anderen Boote, die Lütjens bereits nach der Versenkung der »Hood« herbeigerufen hatte, um die britischen Streitkräfte über deren Position hinwegzuziehen, kamen zu keinem Erfolg. Lediglich U 566, Kapitän-*

1 Der Schlachtkreuzer »Hood« hatte 42 642 ts, voll ausgerüstet 48 360 ts, das Schlachtschiff »Bismarck« 41 700 ts, voll ausgerüstet 50 200 ts. *Siehe erweiterte 5. Neuauflage: Jochen Brennecke, Schlachtschiff »Bismarck«.*

leutnant Wohlfahrt, sichtete das Schlachtschiff »Renown« und jenen Träger »Ark Royal«, dessen Flugzeug den verhängnisvollen Torpedo auf die »Bismarck« löste. Die beiden Einheiten liefen U 566 direkt ins Fadenkreuz, vierkant vor die Rohre, aber vor leere Rohre, denn U 566 hatte sich bei Geleitzugoperationen verschossen.

Auch das in See stehende U 74, Kapitänleutnant Kentrat, hat den Befehl erhalten, die britischen Einheiten im Raum der Position der »Bismarck« anzugreifen. Kentrat marschiert mit AK in das befohlene Gebiet. Gegen Abend, als er zu einer Horchpeilung tauchen läßt, meldet der Funker Unterwassergeräusche.

Kentrat springt selbst an das Gruppenhorchgerät.

»Wenn mich nicht alles täuscht, sind das Schraubengeräusche von einem U-Boot.«

Kentrat taucht auf. Nur einige hundert Meter entfernt sichten sie das geortete Boot. Es ist, wie sie vermuteten, ein deutsches U-Boot. In der schweren See dieser sturmdurchtobten Tage taumelt es wie besessen auf und nieder. Eine Gestalt mit bärtigem Gesicht winkt zu U 74 herüber. Es ist Wohlfahrt, Kommandant von U 566. Er schwingt ein Megaphon in der Hand. Er muß es mehrmals ansetzen, ehe Kentrat und seine Männer Wohlfahrts Worte in diesem Tosen von Wind und Wellen verstanden haben. »Kentrat, übernehmen Sie meinen Befehl. Bergen Sie KTB ›Bismarck‹ ab.«

Endlich haben die Männer auf U 74 verstanden. Kentrat hebt die Hand. Wohlfahrt gibt das Verstandenzeichen mit der geballten Faust zurück, verschwindet im Turm, und kurz danach taucht sein Boot gespensterhaft unter. Über den Platz, wo es versank, rollen die weißbemähnten Riesen des Nordatlantiks hinweg.

Kentrat und seine Männer überkommt ein Schauern. Wie ein Spuk erschien ihnen dieses Bild, und unfaßbar ist, warum Wohlfahrt, ein As unter den alten Hasen, diesen Befehl abgegeben hat.

Erst später, daheim, erfuhren sie Einzelheiten. Wohlfahrt hatte keinen Brennstofff mehr, und er mußte, um überhaupt noch in den Stützpunkt laufen zu können, mit Sekunden und Minuten geizen.

Kentrat übernimmt also den Befehl. Eine Flugzeugsichtung zwingt ihn unter Wasser. Nachher wird man sich aber einig, daß die Maschine wahrscheinlich eine deutsche »Condor« war, und taucht wieder auf.

Hagelböen rasen über den Atlantik. Regenböen folgen. Und wieder Hagel, der der angeseilten Brückenwache wie Nadelstiche ins Gesicht peitscht. Wasser brandet auf den Turm und über den Turm. Wie eine Lanze reckt sich manchmal der Bug des Bootes freischwebend in die gischtige Luft, wenn U 74 auf den Rücken einer Riesensee gehoben wird. Dann sackt es ab und schlägt mit unheimlicher Wucht donnernd in die See, die kaskadenhaft himmelhoch aufspritzt. Das Boot ächzt und stöhnt, aber es hält tapfer durch.

Eine wilde Seefahrt.

So vergeht die Nacht, und der Morgen bricht an. U 74 taucht.

Um 10.36 Uhr meldet der Oberfunkmaat Hallet am GHG beobachtete Sinkgeräusche. Kentrat stürzt in den Funkraum. Und er sieht, wie die Hände des Funkers zittern. Als Hallet den Blick des Kommandanten auf seinen Händen ruhen sieht, zieht er sie betroffen und erschreckt zurück.

»Brauchst dich nicht zu schämen, Hallet. Ich fürchte, wir meinen beide dasselbe . . ., die ›Bismarck‹ . . .«

Gleichzeitig sind verschiedene Unterwasserdetonationen zu hören.

Ist die »Bismarck« gesunken?

Oder war es, hoffentlich, einer ihrer Gegner?

U 74 muß jetzt in unmittelbarer Nähe des Schlachtfeldes stehen. Schattenhaft kommen im Sehrohr Schiffe in Sicht. Es sind die unverkennbaren Umrisse von Schlachtschiffen und von Kreuzern.

U 74 ist einfach nicht auf Angriffstiefe zu halten. Oben donnern und wuchten die wandernden grünschillernden Seen wie Riesenberge dahin.

Welten aus Wasser wälzen sich einher und wühlen den Atlantik auch bis in die Angriffstiefe von U 74 auf.

U 74 hat die schwersten Einheiten der britischen Flotte vor den geladenen Rohren ...

Für die Männer im Boot ist es eine schwere, harte Prüfung. Kentrat kommt trotz mehrfacher günstiger Schußpositionen nicht zum Angriff. Es ist zum Verzweifeln. Keinen seiner Torpedos kann er losmachen, denn in der wilden See fliegt sein Boot immer wieder raus und muß vom LI erst wieder neu eingesteuert werden.

Trümmer schurren jetzt am Sehrohr vorbei. Kentrat sieht Leichen. Deutsche oder britische Seeleute?

Er kann das nicht genau erkennen. Nur das Gelb der aufgeblasenen Schwimmwesten leuchtet in dem leichenfarbenen Tageslicht. Dort ist wieder eine. In der Schwimmweste hängt ein Bündel mit nach vornüber gefallenem Kopf. Ein Mensch. Ertrunken?

Oder vom Granatfeuer zerfetzt?

Die britischen Einheiten kommen langsam außer Sicht. Sie haben Fahrt aufgenommen und drehen ab. Zuerst die Schlachtschiffe und dann die Kreuzer und der letzte Zerstörer.

Kentrat kann auftauchen. Die See ist mit Toten bedeckt, mit Ertrunkenen, denn die Leblosen, die auf den Wellen treiben, zeigen keinerlei Verletzungen. Einige zerren sie an Bord.

Es sind deutsche Seeleute. Soldaten, Unteroffiziere, Feldwebel, Offiziere.

»Himmel Herrgott«, schüttelt sich Kentrat entsetzt. »Haben die Briten denn nichts, gar nichts unternommen, die Überlebenden zu retten?«

»Angst!« schreit der WO, um den Orkan zu übertönen.

»Vor wem? Vor U-Booten etwa? Glauben die denn, ein deutsches U-Boot würde einen Zerstörer oder eine andere Einheit angreifen, die dabei ist, Schiffbrüchige zu bergen ...?«

»Die glauben nur das, was sie im umgekehrten Falle selbst tun würden ... Dort«, brüllt der WO.

Neue Leichen. Neue Ertrunkene.

»Ein paar müssen doch leben ...«, stöhnt Kentrat.

Es wird Abend, als die Brückenwachen von U 74 zwischen den Wellenbergen einen großen gelben Punkt entdekken. Er ist größer als jene von den Schwimmwesten. Er ist ein Schlauchboot, in dem drei deutsche Seeleute liegen. Einer winkt, als U 74 näher kommt, aber nicht nahe genug, um die Treibenden von ihrem Floß direkt an Bord ziehen zu können.

»Gebt einen Tampen her«, schreit Kentrat. »Ich springe über Bord und hole sie.«

»Herr Kaleunt, in dieser Lage dürfen Sie das Boot nicht verlassen«, wendet der WO ein.

»Dann fahren Sie es heim, wenn ich versaufe. Einen Befehl kann ich niemandem geben, in diese Teufelssee zu springen.«

Kentrat ist von seinem Vorhaben nicht abzubringen.

Inzwischen aber sind die drei Überlebenden selbst in die See gesprungen, um sich auf U 74 zutreiben zu lassen. Es scheint, daß dies glücken wird. Zwei der drei rufen mit ihren letzten Kräften zum Boot herüber.

»Rettet den zuerst, der kann nicht schwimmen.« Dabei zeigen sie auf ihren dritten Kameraden.

Es kommt aber umgekehrt.

Die an Deck stehenden U-Boot-Männer müssen zuerst einen der Schwimmer retten, als dieser mit einem Wellenberg an das Boot herangetrieben wird. Als man ihn an Oberdeck zerrt, wird er besinnungslos. Dann glückt es, auch den zweiten Überlebenden zu bergen. Er ist verwundet. In dem

Chaos der überbrandenden Seen packen sie schließlich den dritten Kameraden, den Nichtschwimmer. Sie haben ihn eben auf den Bootskörper gezogen, da gibt es Fliegeralarm. Drei von U 74 schleppen den letzten der Überlebenden zum Turm. Sie versuchen ihn hinaufzuschieben, während sich oben hilfsbereite Hände entgegenstrecken. Kentrat mahnt: »Beeilt euch, Jungs, beeilt euch ... Packt an. Er muß ins Boot.«

Der Gerettete aber wehrt sich. Er schlägt um sich und schreit. »Laßt mich. Es kommt nicht auf mich an. Laßt mich fallen. Das Boot soll nicht vor die Hunde gehen.«

»Woll verrückt, was? Woll wahnsinnig?!« flucht einer.

»Sieh mal einer an, ein Bilderbuchheld«, schreit ein anderer von U 74 zurück und packt so kräftig zu, daß sich der Erschöpfte nicht mehr wehren kann ... »Alarm beendet. Flugzeug ist eine ›Condor‹.«

In Ruhe schafft man die drei Geretteten jetzt in das Boot, soweit man in diesem Wirbel überhaupt von Ruhe sprechen kann. Offizierskojen werden fertig gemacht. Mit weit aufgerissenen Augen liegen die Männer dort. Sie geben auf keine Frage eine Antwort. Sie sind völlig erschöpft. Erst nach zehn Stunden vermag der erste zu sprechen.

Der Obergefreite Manthey macht noch die konkretesten Angaben, während die Erzählungen der beiden anderen Seeleute noch immer unter dem Eindruck des Grauens der letzten Stunden auf der »Bismarck« und im taumelnden Rettungsfloß stehen.

Kentrat ordnet an, die Aussagen sorgsam aufzuschreiben, damit sie dem OKM als Unterlage dienen können. Nach der Schilderung von Herzog sei von Admiral Lütjens der Befehl »Alle Mann aus dem Schiff« gegeben worden. Manthey dagegen weiß nichts davon, wohl aber, daß die Flakbedienungen angewiesen worden seien, sich in Dekkung zu bringen. Hinter den beiden achteren Türmen glaubten sie sich sicher. Noch immer schoß Turm Dora, der auch nach dem Befehl »Schiff verlassen und sprengen« weitergeschossen haben soll, bis nur noch ein Rohr feuerte und bis auch dieses nach einem Rohrkrepierer schwieg.

Im Schutze des Turmes haben sie sich mit anderen Kameraden einige Rettungsflöße hervorgeholt. Ein schwerer Treffer zertrümmerte aber alle Flöße bis auf zwei; Herzog und Manthey fanden ein anderes zwischen den hinteren schweren Türmen. Hinter Turm Dora wollten sie das Floß gerade zu Wasser bringen, als dicht neben der Bordwand eine Granate krepierte und Herzog, Manthey und einen dritten Kameraden mit dem Floß zusammen über Bord wusch. In der Nähe trieb ein anderes Floß mit Überlebenden. Zu ihnen habe sich dann noch der im Wasser treibende PK-Mann Dreyer hinaufgerettet. Dreyer hatte die während des Gefechtes gedrehten Filme bei sich, die ebenso wie das Kriegstagebuch auf Befehl des Kommandanten als Dokumente in Sicherheit gebracht werden sollten. Man habe sich sogar mit dem Gedanken getragen, dieses Material mit dem Bordflugzeug abfliegen zu lassen. Aber durch die schweren Treffer wurden die Startanlage wie auch die Flugzeuge unbrauchbar.

Manthey will von seinem Floß aus beobachtet haben, wie die »Bismarck« immer mehr Schlagseite bekam. Kurz danach sei an der Stelle, wo eben noch die »Bismarck« stand, nur noch eine Rauchwolke zu sehen gewesen, als ihr Floß mit einer See wieder hochgeschleudert wurde. Manthey hörte keine Explosion.

Mehrmals sei das Floß umgeschlagen. Zuerst fehlten die Filmpacks des PK-Berichters und nach einem neuen Kentern auch der Leutnant Dreyer selbst.

Das andere Floß kam bald außer Sicht. Sie hätten wenig Hoffnung gehabt, mit dem Leben davonzukommen, denn auf dem Floß war weder etwas zu essen noch etwas zu trinken. Um die Mittagszeit flog eine »Condor« über sie hinweg.

»Ob sie uns sah, konnten wir nicht erkennen. Erst in den Abendstunden tauchte neben uns das U-Boot auf.«

Soweit der erste Bericht der drei Geretteten, die sich nur langsam erholen.

U 74 erhält durch FT Befehl, sofort Lorient anzulaufen.

Sechsunddreißig Stunden vor der Ansteuerungstonne wird befehlsgemäß der Standort gegeben. U 74 will einen weiteren Befehl über das Einlaufen abwarten und dann tauchen, als sich der LI bei Kentrat auf der Brücke meldet.

»Die ganze Besatzung ist durch den Wind, sind alle wie betrunken. Wir können in diesem Zustand unmöglich tauchen. Das Boot muß erst weiter durchgelüftet werden . . .«

Durch die ständigen Wassereinbrüche haben sich Chlorgase über den Batterien entwickelt, die die Ursache für den bedrohlichen Zustand der Besatzung wurden.

Durch FT meldet Kentrat, daß das Boot nur bedingt tauchklar sei. Er erhält die Erlaubnis, über Wasser einzulaufen.

Nach vier Stunden Marschfahrt hört Oberfähnrich (Ing.) Dähne, der sich in der Zentrale befindet, wilde Ruderkommandos auf der Brücke.

»Was ist denn nun schon wieder los?«

»Das wird schon seinen Grund haben«, beruhigt der LI.

In diesem Augenblick bumst es. Ziemlich nahe.

Die Nummer Eins hatte plötzlich Blasenbahnen von einigen Torpedos auf U 74 zulaufen sehen. Kurz darauf wurde auch das gegnerische Boot achteraus sichtbar. U 74 versuchte die feindlichen Aale auszumanövrieren. Sie gingen tatsächlich vorbei und krepierten am Ende ihrer Laufstrecke unter mächtigen Detonationen . . .

U 74 erreicht endlich Lorient.

Die drei Überlebenden werden zur Gruppe West nach Paris befohlen. Von ihnen erfährt das Oberkommando, was auf der »Bismarck« geschah.

Die Besatzung von U 74 fährt in Urlaub. Auch Oberfähnrich Dähne. Als die sorgende Mutter dem Heimgekehrten das Abendessen bereitet und ihr dabei das Messer aus der Hand rutscht und klirrend auf den Teller fällt, springt Dähne schreckensbleich und zitternd auf.

Es war seine erste Fahrt auf einem U-Boot.

Er ist zwanzig Jahre alt.

9

Der verratene Treffpunkt St. Antoa

Zur Lage:
In den 92 Tagen der Monate März bis Mai steigen die britischen Verluste erschreckend an. 142 Schiffe mit 818 000 BRT gehen, zumeist in erbitterten Geleitzugschlachten, verloren. Die Lage für Englands Versorgung wird immer bedrohlicher. Wie verzweifelt sie ist, beweist, daß man sich nicht scheut, wertvolle Kampfmaschinen zu opfern. Unter dem Begriff »Anti-U-Boot-Escort« beschatten mit Katapultanlage und einem Flugzeug ausgerüstete Frachtschiffe die Geleitzüge. Das Flugzeug muß nach dem Start geopfert werden, da es weder auf dem Wasser noch auf dem »Träger« landen kann, wenn der Treibstoff aufgebraucht ist. Aber diese Maßnahmen sind ein Anfang, auch das »Black Pit«, das von Flugzeugen bisher noch nicht zu kontrollierende »Schwarze Loch« zwischen Kanada und England, zu überwachen. Bald schon werden regelrechte Hilfsflugzeugträger in Dienst gestellt. Aber noch ist es nicht soweit ... Ein Lichtschimmer zeigt sich für England. Roosevelt gestattet US-Kriegsschiffen, deutsche U-Boote zu beschatten und im September 1941 sogar gegen alle deutschen Kriegsschiffe zwischen Amerika und Island offensiv vorzugehen. Im November werden die amerikanischen Handelsschiffe bewaffnet. In Berlin fällt das Wort »Paukenschlag«. Mit einem Paukenschlag will Hitler den Amerikanern demnächst eine Antwort erteilen. 50 bis 60 deutsche U-Boote stehen jetzt an der Front. Nach den drei Assen Schepke, Prien und Kretschmer muß Dönitz im Mai auch Kapitänleutnant Lemp abschreiben, ohne zu wissen oder auch nur zu ahnen, daß dessen Boot mit allen geheimen Schlüsselmitteln in

Feindeshand gefallen und Lemp, wie im Anhang I, Nachtrag 1, nachzulesen, wehrlos im Atlantik schwimmend, vom britischen Prisenkommando des Eskortzerstörers erschossen worden war, als er zum Boot zurückschwimmen wollte. Von 53 im Juli eingesetzten Booten indessen geht kein einziges verloren. Zahlenmäßig genügen diese Boote aber nicht, um den immer stärker werdenden britischen Abwehrkräften, vor allem den neuen Fregatten mit ihrem großen Aktionsradius, entgegenwirken zu können. Trotz dieser Erkenntnis will Dönitz auf die zeitfressende Ausbildung und Schulung der Besatzung auf den Neubauten nicht verzichten. U 67 sei als Beispiel von vielen herausgegriffen.

Auf der Deschimag in Bremen geht U 67 seiner Vollendung entgegen. Kommandant soll Kapitänleutnant Bleichrodt werden, IWO Oberleutnant zur See Pfeffer, II. WO Oberleutnant zur See Trojer, LI Oberleutnant (Ing.) Wiebe. Obersteuermann Mathiesen, Steuermann der Reserve Förster, Bootsmann Klocke und die Obermaschinisten Volmarie und Koch werden zusammen mit zwölf Unteroffizieren und sechsundzwanzig Mannschaften den Rest der Besatzung bilden.

Am 22. Januar 1941 stellt U 67 in Dienst. Von Bremen marschiert es, nachdem die Besatzung eine kurze Baubelehrungszeit durchgemacht hat und bei den Restarbeiten der Werft mithalf, nach Kiel.

Diese Baubelehrung ist von nicht zu unterschätzender Bedeutung. Die Besatzung sieht ihr zukünftiges Boot halbnackt. Die Verkleidung fehlt. Die Diesel ruhen zwar schon im Druckkörper, aber die Flurplatten sind noch nicht ausgelegt. Die Männer können die sonst verdeckten Rohrleitungen für das Kühlwasser, für die Lenzanlagen und Trimmleitungen und alle anderen Einrichtungen und Anlagen studieren. Als die Besatzung ihr Boot betrat, wurden gerade die Dieselleitungen und Abgasklappen eingebaut. So verwachsen die Seeleute mit dem werdenden Boot, das sie vollenden helfen.

In Kiel betreut die UAK, das U-Boot-Abnahmekommando, das Boot.

Unter anderem wird es in einem besonders konstruierten Dock einer Druckprobe unterworfen. Das Dock kann luftdicht hermetisch abgeschlossen werden, und das Boot, in dem sich nur ein paar Spezialisten befinden, wird einem Druck ausgesetzt, der den für den jeweiligen Typ vorgesehenen Höchsttauchtiefen entspricht und der zeigt, ob der Druckkörper den zu erwartenden Belastungen gewachsen ist.

Danach werden die Feuerleitanlagen für die Torpedos überprüft und ein Überwasserschießen durchgeführt. Normalerweise dauert die UAK in Kiel etwas über eine Woche. U 67 friert aber ein und kann erst am 5. März unter AK-Fahrt nach Gotenhafen weitermarschieren. Hier untersteht das Boot vom 9. bis 12. März dem Technischen Erprobungskommando, das bei Tauchmanövern alle Anlagen prüft.

Am 13. und 14. März muß U 67 in die Werft nach Danzig, wo einige Mängel beseitigt werden. Vom 15. bis 17. untersteht es erneut dem Technischen Erprobungskommando in Gotenhafen. Am 18. März wird es der 25. U-Flottille in Gotenhafen zugeteilt. U 67 macht seine Meilenfahrten und marschiert am 9. April nach Rönne auf Bornholm zur Unterwasserhorcherprobung, die zusammen mit Hafenschutzbooten durchgeführt wird. Am 10. Kolberg. Am 11. Oxhöft. Am 16. beginnen endlich die taktischen Übungen. Das Boot durchläuft bis zum 28. April die »Ausbildungsgruppe Front«, die AGRU-Front. In dieser Zeit klettern die Kommissare an Bord. Sie, die alles und jeden überprüfen, sind ehemalige U-Boots-Asse, Kommandanten und fronterfahrene LIs, ausgesuchte Spezialisten und hervorragende Taktiker. Während dieser Zeit finden regelrechte, oftmals sehr harte, strapaziöse und wirklichkeitsnahe Übungsangriffe auf Scheingeleite statt, die von hier über abgestellten Frachtschiffen aller Klassen und Geschwindigkeiten in Verbindung mit Zerstörern, Torpedobooten und anderen U-Boot-Abwehrschiffen durchgeführt werden. Am 30. April ist U 67 wieder in Kiel. Von hier aus marschiert es nach Wilhelmshaven und macht bis zum 4. Mai die sogenannten Restarbeiten. Am 11. Juli wechselt der Kommandant. Bleichrodt erhält U 109. Für ihn steigt Kapitänleutnant Müller-Stöckheim ein. Das Boot läuft nach Kiel zurück und verbleibt hier vom 12. Juli bis zum 29. Juli, um unter anderem noch einmal durch das Druckdock geschleust und später zur Überführungsfahrt in den Stützpunkt Lorient ausgerüstet zu werden. Bevor U 67 aber die Reise nach Frankreich antritt, bleibt es noch ein paar Tage in Apenrade, Dänemark, von wo es den Weitermarsch nach Drontheim antritt, auf dem die Besatzung übrigens ihre erste Feuertaufe erhält, als das Boot in den Morgenstunden des 3. August von einer »Bristol-Blenheim« angegriffen und mit Wasserbomben belegt wird. Zum Glück waren die Bomben Blindgänger. Am 5. August trifft U 67 in Drontheim ein, um in den hier gegenüber der Ostsee anders gelagerten Wasserverhältnissen erneut die Unterwasser-Horchanlagen und Ortungsgeräte überprüfen zu lassen. Am 11. marschiert es nach Bergen, wo man noch einmal die Außenhaut kontrolliert. Am 19. August tritt es den Marsch zum Stützpunkt Lorient an, wo es am 29. August eintrifft und wieder eine Werftliegezeit durchmachen muß. Erst am 14. September, neun Monate nach der Indienststellung, läuft U 67 zur ersten Unternehmung aus.

Am 18. September steht das Boot auf der Höhe von Lissabon, und am 21. September geht ein Funkspruch ein.

U 107, Korvettenkapitän Heßler, Dönitz' Schwiegersohn, meldet 08.00 »kleinen Geleitzug mit nördlichem Kurs, vier Zerstörer sichern«. Wegen zu heller Nacht will Heßler noch nicht angreifen. 10.00 befiehlt der BdU: »Heßler Fühlung halten und angreifen. U 68 Merten, U 103 Winter und U 67 Müller-Stöckheim, Standort melden.«

20.40 FT vom BdU: »'ran an Heßler-Geleit.«

Wiebe, LI von U 67, in sein Tagebuch:

Also dann mal ran. Lagebericht vor dem gesamten Boot. Nun soll es endlich losgehen, nach einer Dienstzeit des Bootes von sage und schreibe einem dreiviertel Jahr.

Standort: Höhe Tanger, 24 Grad West.

22. September 04.00: U 107 meldet vier Fehlschüsse. Eine halbe Stunde später Ausfall der Kühlwasserpumpe.

11.00: U 107 wieder klar, 05.00 drei Tropedofackeln beobachtet. 17.00: erste Erfolgsmeldung von U 68, Korvettenkapitän Merten: »Heute nacht aus Geleit zwei Dampfer mit 15 000 BRT versenkt, 6000-Tonner torpediert.«

Inzwischen meldet sich auch U 103 am Geleit, das im Laufe der Nacht von U 103 und U 68 angegriffen wird.

19.20: Prüfungstauchen, Standort Agadir West.

23. September, 03.30, U 107 meldet: »7000-Tonner versenkt, zwei weitere Frachter mit zusammen 11 000 BRT sinken wahrscheinlich. 6000-Tonner torpediert. Vier Dampfer mit Sicherung Kurs West in Sicht.«

U 68 meldet: Fünf Torpedodetonationen. Nur noch drei Zerstörer. Fehlschuß auf Zerstörer.

09.30: Geleit in Sicht, bilden Fühlungshalter.

18.20: FT von U 67 an BdU: Geleit von drei bis vier Dampfern. Später stellte sich heraus, daß es mehr waren. Kurs 45 Grad, 7,5 Knoten.

21.00: U 107 meldet sich erneut am Geleit.

Abends auf Gefechtsstationen. Es ist alles o. k. Es kann losgehen. Ich sitze mit dem E-Maschinenmaaten und dem Zentralemaaten in der Zentrale und spiele »Mensch ärgere dich nicht«. Obwohl uns die gleiche Spannung ergriffen hat, haben die Männer, die uns so friedlich spielen sehen, den Eindruck, als sei alles halb so wichtig und halb so gefährlich. Wir haben dieses System auch späterhin beibehalten. Es hat wundervoll geholfen, uns, den Spielern, und auch den Zuschauern.

Standort Insel Palma, 23,5 West.

Das Spiel wird durch einen leisen Knack unterbrochen. Es folgt ein Zischen. Das Schwingmetallstück in der Saugeleitung der Hauptlenzpumpe ist geplatzt – und das zwanzig Minuten vor dem Angriff.

»Mensch ärgere dich nicht, Wiebe«, möchte ich mir zurufen.

00.10: Eine Viertelstunde vor dem Angriff muß ich dem Kommandanten das Boot bedingt tauchklar melden, da »Anschluß Regelbunker und Saugeanschluß Regelzellen« undicht sind.

00.28: Angriff. Drei Aale. Ein Treffer. 7000 BRT großer Glattdecker sank. Schulangriff trotz Zerstörer, die mit rund dreißig Leuchtgranaten ein prachtvolles Feuerwerk veranstalteten.

Wir laufen ab.

04.42 FT an BdU: Aus Geleit ein Frachter mit 7000 BRT versenkt.

U 107 meldet 09.00: 13000 BRT großer Tanker versenkt; ein 8000-Tonner und ein 5000-Tonner sinken wahrscheinlich. Von zwei Zerstörern vom Geleit abgedrängt. Rest vom Geleit: ein kleiner Dampfer, vier Zerstörer, drei Bewacher. –

Soweit der U 67 LI, Oberleutnant Wiebe.

Das Geleit wurde zerschlagen, zerhackt und vernichtet. In tagelangen Angriffen, in Nächten, vom transparentblauen Schein der Schneeflockenbomben erhellt, durchzuckt von den grellen Feuerscheinen aufbrennender Frachter, erfüllt von dem Schreien und Rufen der Verletzten und den Überlebenden auf ihren Rettungsflößen und an ihren Schwimmwesten im Wasser, wurden fünf Schiffe mit 42 000 BRT versenkt. Sechs Schiffe mit 36000 BRT wurden torpediert. Ihr Sinken konnte nicht beobachtet werden, war aber wahrscheinlich. Ein einziger Frachter ist der Rest, den sieben Bewacher beschützen.

Am 24. September ergeht ein Funkspruch von Dönitz: »Boote am Heßler-Geleit: Gut gemacht.«

Einen Begriff über die Zusammenarbeit des BdU-Stabes mit den einzelnen Booten und auch über tragisch dramatische Zufälle, mit denen der U-Boot-Fahrer immer rechnen muß und die auch ein alter Fuchs nicht immer abzuwenden vermag, vermitteln die sich an die Heßler-Geleitzugschlacht anschließenden Wochen ...

Dönitz hat befohlen, daß U 68, Merten, und U 111, Kleinschmidt, sich auf dem geheimen Versorger-Treffpunkt, einer Bucht der kleinen Insel St. Antoa, treffen sollen. U 111 muß den Rückmarsch antreten und soll Merten seinen Torpedobestand übergeben, damit U 68 seine Operationen in den Südatlantik erweitern kann. Für U 67 bietet sich bei dem Treffen eine willkommene Gelegenheit, einen Kranken abzugeben. Ein Heizer hat sich auf dem letzten Urlaub eine Kavalierskrankheit eingeschleust. U 68 hat einen Arzt an Bord. Er soll entscheiden, ob für das Heizerlein eine längere Werftliegezeit in einem Heimatlazarett erforderlich ist oder ob sich der Schaden mit Bordmitteln reparieren läßt. Dönitz ist damit einverstanden.

Merten, der sich bei dem Geleit leergeschossen hat, nimmt als erstes Boot Kurs auf St. Antoa, die nördlichste Insel der Kanaren.

Die Sonne steht schon tief, als U 68, langsam und vorsichtig manövrierend, den geheimen Treffpunkt ansteuert. Nach den internationalen Handbüchern soll die Insel unbewohnt sein. Vermutlich rechnete man die schwarzen Zeitgenossen zu jener Zeit nicht zu vollwertigen Mitgliedern der Bewohnerschaft unserer Mutter Erde, denn als Merten in die Bucht einfährt, zeigt Lauzernis, sein neuer WO, resigniert zum Land hinüber. Querab von einer dürren Palme stehen ein paar Bretterbuden, neben denen sich ein paar braune Gestalten tummeln. Näher herangehend, glaubt

Merten zu erkennen, daß einige sogar Uniformen tragen. Unterdessen breitet die Nacht ihre Schwingen über die hier bleiern ruhige See, über die Bucht und den ockergelben Strand.

Da drüben lodern Feuer auf. Es sind Lagerfeuer, die die Vermutung bestätigen, daß in den Hütten farbige Soldaten eines Inselkommandos wohnen.

Sollte sich auf der Insel etwa eine Funkstation oder eine Kabelverbindung befinden?

Aber die Versorgung muß durchgeführt werden. Das andere Boot, U 111, ist bereits Stunden vorher eingelaufen. Kleinschmidt drängt Merten, die Versorgung so schnell wie möglich durchzuführen.

»Ich habe ein gallenbitteres Gefühl im Magen, Herr Kapitän«, schnauft Kleinschmidt und zeigt auf die Inselbewohner.

»Ach was, dumme Unkereien. Was heißt hier Gefühle. Sind nichts für Männer«, versucht Merten abzulenken, gesteht sich aber innerlich selbst ein, daß auch ihm nicht ganz wohl zumute ist. Aber man muß hier in der Nähe bleiben, um U 67 abzuwarten, da dieses Boot ja den Kranken von U 68 untersuchen lassen will und unter Umständen an U 111 abgeben muß. Immerhin, auch Merten erscheint es besser, sich zu beeilen.

Im Schein von kleinen Kabellampen wird die Torpedoübernahme mit größter Beschleunigung durchgeführt. Kurz nach Mitternacht ist sie beendet. U 111 geht sofort ankerauf.

»Kleinschmidt, Kleinschmidt, Sie und Ihre Gefühle . . .«, lacht Merten und ertappt sich dabei, wie der Befehl in ihm reift, auch sein Boot schnellstens seeklar zu machen.

Warum eigentlich? Auch Gefühle?

Er läßt den Anker aus dem Grund reißen und gibt den Befehl, mit langsamer Fahrt aus der Bucht herauszuschleichen.

Bootsmann Kokowski kontrolliert inzwischen mit der

Kabellampe alle Oberdeckstutzen. Sein knallroter Bart wetteifert mit dem Rot der Lampe. Es ist ein gespenstisches Bild, das gar nicht mit der palmenbestandenen, so friedlich scheinenden Umgebung der Inselküste harmoniert.

»Alles in Ordnung«, sagt Kokowski und schwenkt zur Bestätigung die Lampe.

In diesem Augenblick gibt es einen furchtbaren unterirdischen Knall. Gleichzeitig mit der Explosion wächst eine riesige Wassersäule in die Luft. Genau an der Stelle, wo Merten und U 111 vor kurzem noch lagen. Minuten später knallt es ein zweites Mal.

Was es war, kann sich Merten nicht erklären. Fest steht nur, daß der Anschlag den deutschen Booten galt. War es eine Unterwassersprengung, oder waren es Torpedos, die ein nachgeschlichenes U-Boot aus großer Entfernung auf den Liegeplatz geschossen hatte?

Merten will eben eine Warnnachricht an die anderen Boote absetzen, als sein Funker erscheint und einen Spruch des Inhaltes übergibt, daß U 111 soeben dem BdU gemeldet habe, in der Buch St. Antoa 30 Minuten nach dem Auslaufen zwei schwere Detonationen gehört zu haben. Die Meldung besagt weiter, daß das Licht, das Merten zur Erledigung der Restarbeiten an Oberdeck führte, mit der Explosion erloschen sei. Es wird vermutet, daß Mertens Boot versenkt wurde.

»Da legst di nieder«, sagt Merten. »Soweit kommt es noch. Eines Morgens steht man auf und ist tot und weiß gar nichts davon.«

Und wie steht es um diese Zeit um U 67?

LI Wiebes Tagebuch sagt darüber aus:

27. September. Wir haben uns eine Oberdeckbrause aus einem Feuerlöschschlauch und aus dem Saugsiebkorb der Handnotlenzpumpe angefertigt. Außerdem sind wir jetzt die stolzen Besitzer einer feudalen Badewanne. Seitlich des

Turms wurde eine Oberdeckklappe herausgenommen. Man kann prima auf dem Druckkörper sitzen und sich freiflutendes Ozeanwasser um die Figur spülen lassen. Freude und Hallo. Man muß nur Köpfchen haben. Daß der BdU an so was nicht gedacht hat ...

Standort: Breite von St. Antoa.

02.15 Uhr: St. Antoa in Sicht. Diesige Kimm.

03.49 Uhr: Detonation wie von Wabo oder Torpedo.

03.59 Uhr: Zweite Detonation zu hören – Tauchen zum Horchen.

05.04 Uhr: Aufgetaucht. Wir haben nur leise Schraubengeräusche vernehmen können. Es war zu dunkel, um die anderen beiden U-Boote auf dem Treffpunkt finden zu können. Kommandant entschließt sich, abzulaufen, um bei Tage wiederzukommen. Wir sollen ja sowieso erst morgen hier sein.

06.17 Uhr: Meldung von Brücke: Feuerschein an Land.

Wir machen wieder kehrt und hoffen, die beiden Kameradenboote in See zu finden.

06.20 Uhr: Schatten an Backbord voraus. Lage 90 Grad. Intuitive Entschlüsse.

Ein S-Boot?

Kommandant läßt die Backbordmaschine ganz große Fahrt gehen. Ruder Hart-Steuerbord.

Nein, kein S-Boot. Schatten ist ein U-Boot.

Beide Maschinen AK zurück! Ruder Hart-Backbord!

Das AK wirkt sich nicht mehr aus. Es kracht ziemlich. Erste Reaktion bei mir: An Zentrale: Schottendichtzustand. Gott sei Dank ist alles dicht. Wir haben das U-Boot in Höhe Auspuff gerammt. Es wurde, ehe es versank, von der Brükkenwache einwandfrei als ein Boot des englischen Typs »Clyde« erkannt. Furchtbares Gebrüll auf dem Gegnerturm gehört.

FT an BdU: Warnmeldung für andere Boote, daß St. Antoa-Treffpunkt bei Gegner bekannt ist.

Später erfuhren wir, daß auch U 111 das gegnerische Boot gesehen hatte. Schäden bei uns: Schnauze verbogen. Rohr eins und zwei unklar. Ich ging mit Tauchretter herunter, kam aber wegen des Seeganges nicht an die Rohre heran. Der Steven ist völlig nach Steuerbord gedrückt. Die Mündungsklappen von den Rohren I bis III sind unklar. Rohr I und II machen Wasser. Der Steven hängt zum Teil nur noch am Netzabweiser.

Kommandant läßt BdU den Schaden melden.

FT vom BdU: »Frage, kann Schaden mit Bordmitteln repariert werden?«

U 67 an BdU: »Nein.«

BdU an U 67: »Rückmarsch antreten.«

Merten wittert Morgenluft. Er fragt nach diesem FT, das sein Funker mit aufnahm, bei Dönitz an, ob er auch die Torpedos von U 67 und eventuell Treiböl übernehmen könne. –

Als Wiebe diesen Satz in sein Tagebuch niederschreibt, lächelt er bitter, denn schließlich ist seinem Boot durch diese Ramming der weitere Einsatz vermasselt worden.

Wiebe schimpft: »Man soll dem Merten als Bootswappen einen Hamster oder einen Geier vorschlagen. Der nimmt mit, was er kriegen kann.« Er denkt an eine andere Gelegenheit in der Heimat, als er dem Boot vermöge seiner dienstgradmäßigen Überlegenheit fein säuberlich eingeschliffene Zylinderbuchsen abluchste. »Vielleicht will er zu den Torpedos und dem Treiböl diesmal auch noch einen ganzen Motor erben.«

Merten kommt erst am 2. Oktober in Sicht.

Wiebe in sein Tagebuch: In Flüstertüten-Reichweite fragt Merten unseren Kommandanten: »Wo haben Sie sich Ihre ›arische Nase‹ verbogen?« Er meinte den verbogenen Steven.

Schlagfertig gibt Müller zurück: »Wir haben nur dem leuchtenden Beispiel des Herrn Kapitän nachzueifern versucht ...«

Er spielt damit auf die Zeit der taktischen Übungen in Gotenhafen an, bei denen Merten ein ähnliches Pech gehabt hatte, als er ein anderes Boot auf die Hörner nahm – nur unter anderen, gar nicht frontbedingten Umständen.

Merten zieht es vor, diese bissige Anspielung zu überhören, schon genug, daß seine Männer so verdächtig und verständnisinnig grinsen.

17.58 bis 20.25 Uhr: Wir tauchen vor einem Segler, der mit Dakar in Funkverbindung steht.

21.17 Uhr: Längsseit von U 68, das geankert hat. Die Übergabe von 1300 Liter Schmieröl beginnt. Da keine Ölschlauchleitung vorhanden ist, kann dies nur in Kanistern geschehen, eine mühselige, zeitraubende Arbeit, die volle sechs Stunden erfordert. 190 Liter Destillat, eine Tonne Waschwasser und einige Torpedos folgen.

Inzwischen hat der Arzt von U 68 den kranken Heizer untersucht. Genau kann er noch nicht bestimmen, was sich der Mann angelacht hat. Daß er kavalierskrank ist, das steht auf alle Fälle fest.

Deswegen mußten wir uns die Schnauze verbiegen und dürfen nun den Rückmarsch antreten: Eine leichtsinnige Viertelstunde hätte dem Boot das Leben kosten können, zwingt Dönitz, zumindest eines seiner Frontboote aus dieser Operationsperiode abschreiben zu müssen ...

Gewiß, wir können wenigstens noch einem Kameraden helfen, und wir tun dies ja auch gern. Aber es wurmt uns doch mächtig, daß unser Treibstoff und unsere Torpedos gleichsam Pillen gegen eines anderen Halsschmerzen werden ...

7. Oktober: Rückmarsch angetreten. –

Ende Wiebe.

U 68 indessen wurde durch diese zusätzliche Versorgung in die Lage versetzt, seine Operationen zeitlich und auch räumlich auszudehnen. Merten hatte über den B-Dienst erfahren, daß im Raum zwischen den Inseln Ascension und St. Helena ein britischer Kriegsschiffverband mit einem Flugzeugträger operiert, der offenkundig gegen deutsche Hilfskreuzer und Überwasserstreitkräfte angesetzt wurde. Ihn zu suchen und anzugreifen, erscheint ihm des Schweißes der Edlen wert. Zunächst schnuppert U 68 in die Reede von Ascension hinein, und da sie leer ist, unternimmt Merten einen Abstecher zur Napoleoninsel, hoffend, dort die britischen Einheiten vor Anker liegend zu treffen. Im Hafen liegt aber lediglich ein Tanker. Immerhin, wenn sich schon keine Kriegsschiffe zeigen, dürfte die Vernichtung des Versorgungstankers ein nicht minder bedeutsamer Schlag gegen die Kampfkraft der britischen Flotte sein. Im Schutze der Nacht schiebt sich Merten zwischen die Hafenanlagen und den Tanker, ohne von den Soldaten des Inselkommandos bemerkt zu werden. Sie hören sie auf U 68 in ihren hellerleuchteten Baracken singen und lärmen. Alkohol ist ihnen auf dieser abgeschiedenen frauenlosen Insel der einzige Trost. Merten überlegt es sich aber anders. Er läuft zurück und greift den Tanker von der seewärtigen Seite an. Im gleichen Augenblick, als die Torpedos die Rohre verlassen, entdecken ein paar Mann der Tankerbesatzung das sich gegen den Horizont silhouettenhaft abzeichnende U-Boot. Sie schreien laut »submarine« in die Nacht und alarmieren die Inselwache, bevor die Torpedos den Tanker vernichtend treffen. Unter einer zum Himmel aufbrandenden Feuersäule sinkt das Schiff, dessen Ladung explodierte. Merten dreht ab und marschiert mit AK aus dem Innenhafen heraus. Viel zu spät leuchten die Scheinwerfer auf, schießen die Batterien planlose Salven.

Ohne sophistisch werden zu wollen, dieser Erfolg wäre ohne die verbogene Schnauze von U 67 und deren tiefere Ursache nicht möglich gewesen. So hat eben jedes Ding zwei Seiten.

Tragisch dagegen spielt das Schicksal mit dem dritten Partner des Treffens, mit U 111 . . .

Einige Tage nach Abgabe der Torpedos sah der Kommandant der HMS »Lady Shirley«, A. H. Callaway, in zehn Meilen Entfernung den Turm eines tauchenden U-Bootes. 220 Seemeilen von Teneriffa entfernt stehend, lief das britische Schiff auf die Tauchstelle des Bootes zu und warf eine Reihe von Wasserbomben. Das angeschlagene U-Boot tauchte auf, und die Briten schossen sofort mit allen verfügbaren Waffen. U 111 erwiderte das Feuer. HMS »Lady Shirley« erhielt schwere Beschädigungen. Es gab Tote und Verwundete. Aber nach nicht einmal fünfzehn Minuten heftigsten Kampfes mußte das U-Boot wohl einen verhängnisvollen Treffer erhalten haben . . .

Es genügt ja schon ein Granatsplitter, um den empfindlichen Druckkörper aufzuschlitzen . . .

U 111 sank.

Acht deutsche U-Boot-Seeleute, unter ihnen Kleinschmidt, der Kommandant, wurden bei dem Gefecht getötet. Das britische Geleitschiff übernahm den Rest der tapferen Besatzung, vierundvierzig Mann.

10

U 81 versenkt ein Luftgeschwader –
U 331 vernichtet das Schlachtschiff »Barham«

Zur Lage:
Obwohl Italien zu Beginn des Krieges mit 120 U-Booten neben der Sowjetunion mit 160 einsatzbereiten U-Booten (1941: 270 U-Boote!) mit über die größte U-Boot-Flotte der Welt verfügte, erwies es sich nach der Besetzung der Balkanstaaten und der Insel Kreta und bei den Bestrebungen, den Nahen Osten über Nordafrika via Alexandria aufzurollen, als notwendig, auch die in ihren Taktiken und ihrem Angriffsgeist den Italienern weit überlegenen

deutschen U-Boote in das Mittelmeer einzuschleusen. Diese Aktionen zielen ferner auf eine Diversionierung der britischen Streitkräfte ab und weiter auf Aktionen gegen alle jene Geleite, die den Weg durch das Mittelmeer nehmen. Zwar bedeutet der Abzug der für das Mittelmeer bestimmten U-Boote eine Schwächung der Kampfkraft der Atlantikgruppen, Raeder aber, der der Verfechter dieser Operationen ist, verspricht sich im Mittelmeer neben militärischen Erfolgen auch solche, die den Gegner demoralisieren. Die ebenso technisch wie personell bedingte Passivität der italienischen U-Boot-Flotte führte jedenfalls bislang beim Gegner zu einer gewissen Vernachlässigung der U-Boot-Abwehr im Mittelmeer. Mit anderen Worten, man nahm den Italiener nicht ernst und hielt es für unwahrscheinlich, daß Raeder einmal U-Boote aus der Schlacht aus dem Atlantik abziehen und zum anderen das Wagnis eines Durchbruchs durch die stark bewachte Enge von Gibraltar verantworten würde. Daß es trotzdem gelang, dieses Sperrgebiet nicht nur zu durchbrechen, sondern gerade hier zu gravierenden Erfolgen zu kommen, das beweist unter anderem der nachstehende Bericht über den Kommandanten von U 81, Kapitänleutnant Fritz Guggenberger.

Vor Gibraltar . . .

Es ist Nacht, eine dunkle Neumondnacht. Einzelne Wolken ziehen langsam und ruhig über den Himmel. Gleichmäßig hebt und senkt sich die Dünung. Unter der Küste schiebt sich ein kleiner Dampfer entlang. Er ist beleuchtet. Ein Spanier. Sonst ist weit und breit kein Schiff zu sehen.

Aber die Ruhe vor Gibraltar täuscht. Ein dichter Gürtel von Zerstörern, U-Boot-Jägern und Flugzeugen schirmt die Felsenfestung und vor allem den Hafen mit seinen Schlachtschiffen und Kreuzern ab.

Und außerdem: Die Straße von Gibraltar ist noch immer eine der wichtigsten Lebensadern für die britische Schifffahrt. Trotz Rommel, der in Nordafrika steht, trotz der deutschen U-Boote, die jetzt das Mittelmeer durchkreuzen, trotz der (auf dem Papier) mächtigen italienischen Flotte. Im Innern des Bootes herrscht Ruhe. Aufmerksam beobachten die Leute der Wache die Instrumente. Die Freiwache schläft. Auf der Brücke scheinen die Posten ein Teil des Bootes selbst zu sein, so eng haben sie sich an das Brückenkleid geschmiegt, so vollkommen nehmen sie an den Bewegungen des Bootes teil. Nur an den spielerisch auf den Fingerspitzen balancierten Nachtgläsern sieht man, daß in diesen schweigsamen Männern Leben ist.

Die Feuerprobe hat dieses U 81 längst bestanden. Es schlüpfte auf der Suche nach alliierten Schiffen bereits in die engsten und tiefsten Buchten von Murmansk hinein. Es stand auch in einem Rudel Boote, die im Atlantik Geleite angriffen.

Guggenberger und sein Obersteuermann haben die Seekarte von der Straße von Gibraltar vor sich ausgebreitet.

»Am besten kommen wir aus Südwesten. Dort vermuten sie uns am wenigsten«, meint der Obersteuermann. Er spricht aus, was auch Guggenberger denkt.

»Ja«, sagt Guggenberger. »Am besten über Wasser. Wir kommen dann dreimal so rasch voran und stehen immer dort, wo es tief genug ist, um im Notfall auch in einen tiefen Keller zu verschwinden. Warten wir, bis die Flut aufläuft, damit uns der Gezeitenstrom noch schiebt.«

Das ist der Plan zum Durchbruch ins Mittelmeer. Es gibt keine feste Regel. Dönitz überläßt es seinen Kommandanten, hier selbst zu entscheiden.

Mit halber Fahrt nähert sich das Boot der Straße. Tiefschwarz und scharf umrissen droht das Kap an Steuerbord voraus.

»Zweite Wache 23.30 Uhr einzeln ablösen«, ordnet Guggenberger an. Halblaut gibt der Rudergänger den Befehl weiter. Der Zentraleheizer weckt die Männer. Sie machen sich klar: Lederjacket an, Glas um, Mütze auf, Handschuhe an. Fertig. »Aufwärts!«

Der II WO, der den Obersteuermann ablösen soll, erscheint auf der Brücke, schnuppert nach dem nahen Land und räuspert sich: »Verdammt dichte bi.« Mehr sagt er nicht, greift zu seinem Glase und putzt es. Er betrachtet den Himmel, verschwindet nach achtern und kriecht nach ein paar Minuten wieder nach vorn. Endlich haben sich seine Augen an die Dunkelheit gewöhnt. Er kann ablösen. »Auf Wache, Obersteuermann.«

»Von Wache, Herr Oberleutnant.«

Das Boot setzt nun zum Durchbruch an. Es vibriert leise. Gleichmäßig giert es vor der See und gewinnt Meter um Meter.

Inzwischen beobachtet der Obersteuermann in der Zentrale den Kurs auf der Karte. »Obersteuermann an Kommandant: Zeit zur Kursänderung.«

Den Kurs hat Guggenberger im Kopf. Er hat ihn auswendig gelernt.

»Auf 80 Grad gehen«, befiehlt er.

Der äußere Gürtel ist nach dem taktisch richtigen Ansetzen des Bootes damit ohne Feindberührung durchbrochen. Deutlich heben sich die Berge Spaniens an Backbord und an Steuerbord jene des schwarzen Afrikas gegen den nachtdunklen Himmel ab.

Die Straße wird enger.

Leuchtfeuer spiegeln sich in langen zitternden Bahnen auf dem ruhigen Wasser. Die Lichter an Steuerbord bezeichnen den Hafen von Tanger, jene voraus stammen von neutralen, wahrscheinlich spanischen oder portugiesischen Frachtern, jene an Backbord rufen bei den älteren Besatzungsmitgliedern Erinnerungen an Spanien wach.

»Abgeblendeter Dampfer an Backbord«, der zuständige Sektorenausguck.

»Danke. Interessiert heute nicht«, murmelt Guggenberger und gibt Befehl zu einer neuen Kursänderung, um sich von dem fremden Schiff etwas abzusetzen.

Deutlich ist der jetzt mächtig schiebende Gezeitenstrom zu spüren. Das Boot macht gute Fahrt über den Grund.

Tariffa, die engste Stelle, ist bereits zu erkennen.

Sekunden und Minuten werden zu Ewigkeiten.

Leise murmelt das Bugwasser.

Näher, näher schiebt sich Tariffa.

Dann hat man es querab.

»Frage: Dritte Wache wecken«, wendet sich der IWO an den Kommandanten.

»Nein. Unruhe kann jetzt nur schaden.«

Eine Übermüdung der Männer auf der Brücke ist nicht zu befürchten. Das Abenteuer des Durchbruchs hält jeden hellwach und energiegespannt.

»Tariffa querab.«

Man könnte mit einem Stein herüberwerfen, so nahe scheint es zu sein, obwohl U 81 genau mitten in der Straße steht. Das Rundfeuer des hochstehenden Leuchtturms wirkt fast wie ein Scheinwerfer. Bei jeder Runde wird das Boot hell erleuchtet. Die Brückenwache ist so geblendet, daß Guggenberger überlegt, ob er nicht doch besser tauchen soll. Er bleibt aber oben.

»Alles halb so wild. Nur aufpassen. Vor allem Wasser absuchen.«

Die eigentliche Enge ist bald passiert. Der schwierigste Abschnitt aber beginnt erst. An Backbord weicht das Land zurück. Die Bucht von Gibraltar öffnet sich. Der berühmte Festungsfelsen zeichnet sich schwarz gegen den nachtblauen Himmel ab. Seine tropischen Bewohner werden schlafen. Was kümmert die Paviane Englands Krieg.

Ein Schatten taucht auf. Er verschwindet wieder.

»Was sind denn das für Lichter recht voraus?« wundert sich der II WO.

Aha, sie stammen von Booten, die quer über der ganzen Straße liegen. Sind sie etwa mit Netzen oder Trossen untereinander verbunden?

U 81 weicht nach Backbord aus.

Die Lichter kommen näher und näher. Guggenberger hält auf die Mitte zwischen zwei solcher Boote zu. Nichts geschieht, als er sie passiert, Bojen und Bewacher wandern achteraus ...

»Herrschaften, Herrschaften, Gott erhalte euch euren gesunden Schlaf«, unkt der WO. Sein Lachen tut gut. Es wirkt wie ein Schlüssel zur Tür Zuversicht.

Gibraltar, der Felsen, liegt jetzt querab. Steil, düster und drohend springt er in die Nacht.

Die Straße wird breiter. Die Sicht wird besser. Neue Schatten voraus. Eine neue Bewacherlinie? Es sind zwei Zerstörer. Sie laufen aufeinander zu, drehen und marschieren auf entgegengesetztem Kurz wieder auseinander.

U 81 läuft auf die Mitte des zwischen den Zerstörern langsam immer größer werdenden Zwischenraumes zu. Die Bewacher merken nichts und ahnen nichts.

U 81 ist durch.

Der Weg ins Mittelmeer ist frei.

Nicht allen Booten glückte er so reibungslos. Über die Hälfte hatten Pech. U 81 geht schlafen.

Es taucht bei Anbruch der Morgendämmerung.

Der B-Dienst meldet über Funk eine britische Kampfgruppe, die im Mittelmeer einen deutschen, nach Afrika bestimmten Geleitzug angriff: »Schlachtschiff ›Malaya‹ ... Flugzeugträger ›Ark Royal‹, Träger ›Furious‹ und Zerstörer. Kurs West.«

Der BdU befiehlt U 81, wenn durchgebrochen und U 205, Kapitänleutnant Franz-Georg Reschke, an den Verband.

»Wenn überhaupt, dann dürften die Schiffe jetzt hier vor Gibraltar zu suchen sein. Diese letzte Standortmeldung ist fünf Stunden alt. Und sie ist auch nur der Ausgangspunkt für ein Strahlenbündel möglicher Kurskombinationen«, sagt sich Guggenberger.

U 81 läuft also zurück.

Zurück in die Höhle des Löwen. Dorthin, wo man gerade mit Herzklopfen durchgeschlüpft ist.

Wind und Seegang haben zugenommen. Die See ist kurz und daher ungewohnt.

Flugzeuge zwingen zum Tauchen.

Der 13. November, ein Freitag, dämmert herauf.

Flugzeuge – Alarm – Tauchen. Zerstörer – Tauchen. Wieder Flugzeuge . . .

Nach Guggenbergers Berechnungen müßte der Kampfverband gegen 15.00 Uhr hier eintreffen.

14.10 Uhr: Flugzeug aus östlicher Richtung.

14.11 Uhr: Boot steht in Sehrohrtiefe.

14.15 Uhr: Weitere Flugzeuge aus Ost.

14.20 Uhr: Gefechtsmast eines Schlachtschiffes schiebt sich über die Kimm. Beide Boote, U 205 und U 81, greifen an.

Kurze Zeit später sieht Guggenberger die drei gemeldeten großen britischen Kriegsschiffseinheiten vierkant auf seine Position zulaufen.

Fritz Guggenbergers Herz schlägt nicht vor Freude im Hals, wohl aber vor Schreck . . . »Fritze, Fritze, eigentlich müßtest du dich ohrfeigen, dich in eine solche dumme Sache eingelassen zu haben. Zu blöd. Hast doch keine Halsschmerzen von wegen Blechkrawatte. Warum willst du denn David spielen? Kannst immer noch zurück . . . Nur ein Befehl dazu – und eine plausible Erklärung nachher, denn keiner im Boot weiß in diesem Augenblick von der Sichtung des Verbandes . . .«

Die Männer sehen ihn weder lachen noch etwa mit vor Freude glänzenden Augen. Guggenberger ist bleich und ernst. Sehr ernst. Seine Lippen sind so schmal wie die Trennungslinie bei einer mathematischen Formel, wie ein Strich zwischen Sein und Nichtsein.

»Auf Gefechtsstation!«

Dieser Befehl schließt alle unnützen Gedanken aus. Die Pflicht packt ihn und die Leidenschaft, ohne die man nicht mit den Gefahren und Strapazen des U-Boot-Fahrens fertig werden kann . . . denn die Sorgen, die Strapazen beginnen ja nicht erst bei einem Angriff. Sie beginnen mit der Stunde des Anlaufens. Eine Feindfahrt ist eine ununterbrochene Kette von schwersten körperlichen wie seelischen Belastungen.

»An alle Stellen: Boot greift britische Kampfgruppe an.«

Der Verband schiebt sich näher heran. Er fährt in Backbordstaffel, und zwar in der Reihenfolge »Malaya«, »Ark Royal«, »Furious«. Sechs Zerstörer bilden mit hochaufschnaubender Bugsee einen engen Sicherungsring. Ihre weißen Bärte sprechen davon, welch hohe Fahrt sie laufen. Windhunde, richtige Windhunde.

Guggenberger zeigt nur noch sekundenweise das Seerohr, nachdem ein Flugzeug direkt auf das Boot herunterzustoßen schien.

Aber die Flugzeugbesatzung meint das U-Boot nicht. Die Männer sind wohl froh, wieder heimzukommen. Der Pilot fliegt nur aus Freude solche Kapriolen.

»Ruhe in der Zentrale.« – »Aus.« – »Ein.« – »Aus.« – »Viererfächer Rohr 1 bis 4.«

Rundblick. Auf Flugzeuge kann Guggenberger nicht mehr achten. Was machen die Zerstörer? Einer kommt direkt auf das Boot zu. Verdammte Sauzucht. Was ist mit den Schiffen? Prima! Haben wieder gezackt. Aha, der Zerstörer hat nur mitgezackt und geht hinten vorbei.

Wo sind die andern? Alles klar! Na also.

»Ein – Aus.«

Rundblick. Abwarten.

»Ein – Aus – Ein. – 14,6 Meter steuern.«

»LI, mach keinen Mist. Paß auf! Aufpassen!«

»Fächer ist klar.«

Rundblick. Alles klar. Schiffe haben Lage 60.

»Blau aus. Folgen.«

Durch die Feuerleitanlage wird der errechnete Kurs auf die Torpedos übertragen. Jetzt wandert der Bug des einen Schiffes ein.

»Fächer ...«

»Ein! – Aus! – Ein! Beide langsam ...! Ein – Aus! – Los! – Ein ...! Ein ...! Eiiii in!«

»Beide Halbe!«

Schwupp, der erste Aal verläßt das Rohr. Im gleichen Abstand folgen die anderen.

»Fächer läuft!«

Das Boot steigt, denn es ist jetzt leichter geworden. Es gehört sehr viel Übung und sehr viel Ruhe dazu, das Boot nach einem Viererfächer nicht durchbrechen zu lassen. Der Kommandant ist in die Zentrale gesprungen. U 81 steigt noch immer.

»Alle Mann Bugraum. Los, los, los!«

Nur ganz langsam nimmt die Achterlastigkeit ab.

Die Aufwärtsbewegung ist noch immer nicht gestoppt.

11,4 Meter ... 11,3 Meter ...

»Rasch auf 100 Meter gehen!«

Wie ein Stuka stürzt das Boot in die Tiefe. So kommt es allen vor. Warum kommen keine Wasserbomben?

Auf 120 Meter wird das Boot abgefangen.

»Wie oft hat es vorhin geknallt?« fragt Guggenberger erst jetzt, völlig erschöpft. Er war derart mit dem Tauchmanöver beschäftigt, daß er nicht einmal gehört hat, wieviel Treffer erzielt wurden.

»Zweimal! Zwei Treffer!« meldet der IWO.

Mit kleiner Fahrt schleicht das Boot davon. Warum bloß kommen keine Wasserbomben? Beide Funkmaate sitzen am GHG. Der eine zeigt auf die Skala seines Peilers.

»Hier – starkes Geräusch. Ablaufend. Hier – hier und hier Zerstörer.«

Die Zerstörer machen wenig Fahrt ... stoppen ... und gehen wieder an.

Guggenberger kann sich kein klares Bild von der Lage machen. Zwei Treffer ...? Und da die Aale auf fünf Meter Tiefe eingeregelt waren, kann nur eines der großen Schiffe getroffen worden sein, da die Zerstörer von den Torpedos unterlaufen worden sein müssen.

Vom nahen Gibraltar scheinen neue Zerstörer hinzuzukommen. Auch sie orten und horchen. Im Gruppenhorchgerät ist das Zirpsen des Asdics zu hören. Ein Wunder, daß die Funker die Nerven behalten, daß denen die Hände nicht zittern ...

»Zerstörer läuft von Backbord an ...«

Die ersten Wabos.

U 81 schüttelt sich. Keine Ausfälle. Schleichfahrt.

Wieder stoppen die Zerstörer.

Die Ortungsgeräte sind jetzt mit bloßem Ohr zu hören. Jetzt wird es kritisch.

»Zerstörer an Backbord läuft an«, meldet der Funker.

»Beide Maschinen AK voraus«, Guggenberger.

Direkt über dem Boot fallen die Bomben. Der zweite Zerstörer kommt. Deutlich hört man die Abschüsse der Wabos. Ein ganzer Teppich von Wasserbomben liegt über dem Boot und sinkt tiefer und tiefer.

Die Stoppuhr läuft.

Mit jeder Sekunde kommen die Bomben um drei Meter näher.

Jetzt haben sie fünfzig Meter Wassertiefe ... Die Maschinen des Bootes laufen auf höchsten Touren. Kommen wir noch unter dem Teppich heraus?

Dann kracht es. U 81 biegt sich durch wie ein Degen. Glas klirrt, Glühlampen fallen aus.

Das Spiel beginnt von vorn.

Der Zweikampf zwischen Zerstörer und U-Boot geht weiter.

Es gibt kein Rezept für ihn, wenn man auch in den Messen drei »Stufen« herausgeknobelt hat.

Stufe eins: Man denkt nichts, man tut nichts oder eben nur das, was einem gerade einfällt.

Stufe zwei: Man muß sich in die Situation des Gegners

versetzen und erahnen, was dieser vermutet, was man selbst tun wird. Man tut dann das Gegenteil von dem, was man annimmt, daß es der Gegner von einem vermutet.

Stufe drei: Sie ist recht kompliziert. Man nimmt an, daß der Zerstörerkommandant ein gewitzter Hase ist und daß dieser raffinierterweise vermutet, daß der U-Boot-Kommandant sicherlich das Gegenteil von dem tut, was am augenfälligsten ist und deshalb auch das Gegenteil tut. In solch einem Falle muß man gerade das Augenfälligste tun.

Wie gesagt, das sind so Theorien. Die Praxis sieht anders aus. Guggenberger hat in diesem Falle bald den Eindruck, daß die Zerstörerkommandanten doch keine alten Hasen sind. Sie verstehen zwar ihr Handwerk. Einige Anläufe liegen sogar recht gut. Und die Wasserbomben knallen zahlreich und wirkungsvoll. Aber die Entfernung zwischen U-Boot und Zerstörern nimmt ständig zu. Nach drei Stunden werfen die Zerstörer in 4000 Meter Abstand ihre hundertdreißigste Wasserbombe.

Der Gefechtsrudergänger zählte sie. Um sie zu zählen, benutzte er Kerne von Backpflaumen. Er ist unermüdlich und angestrengt am Kauen, um Kerne zu produzieren. Von anderen Wabo-Verfolgungen ist er einiges gewöhnt. Diese Backpflaumenesserei aber scheint das Maß seiner Kräfte zu übersteigen. Er ist satt.

Soviel über Guggenbergers U 81. Aber auch U 205 hatte nicht nur angegriffen, sondern bereits 04.00 Uhr, noch vor U 81, eine Fühlunghaltermeldung gefunkt. Des Kommandanten Franz-Georg Reschkes Bericht siehe Anhang I, Nachtrag 2.

Am 14. Oktober gibt die Britische Admiralität öffentlich den Verlust der »Ark Royal« zu. Guggenberger selbst erfährt seinen Erfolg über den Funkspruch vom BdU.

Nicht bekannt aber wurde damals, daß Guggenberger auch die »Malaya« unter dem vorderen Turm getroffen hatte und daß das Schlachtschiff eben noch in das zwanzig Meilen entfernte Gibraltar eingeschleppt werden konnte. Die Beschädigungen waren so stark, daß sie während des Krieges nicht wieder in Aktion treten konnte.

Die erst kurz vor Kriegsausbruch in Dienst gestellte »Ark Royal« war 22600 Tonnen groß und hatte 72 Flugzeuge vom Typ 16 »Fairey-Swordfish« und »Hawker Osprey« an Bord, sie war mit 16 11,4-cm-Geschützen, mit 32 4-cm-Befors, 32 MGs und zwei Torpedorohren bestückt. Sie fuhr 2000 Mann Schiffs- und Fliegerpersonal unter dem Kommando von Kapitän zur See Maund als Besatzung. Maund tat seltsamerweise auf allen bisher versenkten Flugzeugträgern Dienst, worin die britische Presse ein böses Omen sehen wollte, das die Britische Admiralität hätte in Rechnung setzen sollen (es gibt auch in der deutschen Marine ähnliche Parallelfälle).

Nach englischen Angaben kostete allein der Rohbau des Trägers 3,25 Millionen Pfund Sterling. Das sind nach Friedenskurs 65 Millionen Reichsmark. Die Ausrüstung ging in weitere Millionen, und die 72 Flugzeuge verschlangen ebenfalls Hunderttausende.

Der Kampfwert der »Ark Royal« entsprach, fliegerisch gesehen, dem eines Geschwaders. Artilleristisch betrachtet, kann die Feuerkraft mit der eines sehr gut ausgerüsteten kombinierten Artillerie- und Flakregiments verglichen werden. Die hohe Geschwindigkeit von 30 Knoten vermag schwerlich auf landläufige Begriffe übertragen werden, sie war aber der des angreifenden U-Bootes um gut das Doppelte bei Überwasserfahrt und um fast das Vierfache bei Unterwasserfahrt überlegen.

In Wirklichkeit aber bestand die britische Kampfgruppe ja noch aus dem 22450 Tonnen großen Träger »Furious« und dem Schlachtschiff »Malaya«, einem 31111 Tonnen großen Ersten-Weltkriegs-Bau mit allein acht 38-cm-Geschützen und zwölf 15,2 und acht 10,2-cm-Geschützen neben einer Anzahl von Flakwaffen. Nebenbei bemerkt, die »Ark Royal« ging dreizehn Monate nach Verlassen Englands an einem dreizehnten und noch dazu an einem Freitag verloren.

»Niemals hätte die Britische Admiralität zulassen dürfen, daß das Schiff an einem solchen Schicksalstage sich auf See befand«, kommentierte die britische Presse, als sie nach einem Schuldigen für den schweren Verlust suchte, denn die »Ark Royal« umgab der Nimbus, nicht nur eine gute Dividende für das Empire abgeworfen zu haben – eines ihrer Trägerflugzeuge hatte ja die Fühlung mit der »Bismarck« wiederaufgenommen und bei dem folgenden Gruppenangriff bei der »Bismarck« den verhängnisvollen Treffer an der Ruderanlage angebracht –, sondern auch der aktivste aller Träger zu sein. Allein zwischen dem Oktober 1939 und dem Februar 1940 bedeckten die Flugzeuge der »Ark Royal« 4,5 Millionen Quadratmeilen atlantischer See.

Von den sechsunddreißig deutschen U-Booten, die Ende 1941 ins Mittelmeer detachiert wurden – fünfzig waren nach einem Vortrag des Oberbefehlshabers der Kriegsmarine im Führerhauptquartier vorgesehen –, erreicht auch das Boot des Freiherrn v. Tiesenhausen, U 331, den befohlenen Kampfraum ohne besondere Ereignisse.

Östlich der Ecke von Raz Assaz, dort, wo die östliche Küste von Tobruk nach Sollum und Bardia nach Süden schwingt, wartet U 331 auf seiner zweiten Mittelmeerunternehmung auf ein Angriffsziel.

Tagsüber unter Wasser, nachts über Wasser. Aber nichts zeigt sich, außer Flugzeugen, die das Boot immer wieder unter Wasser drücken, wenn es nur den Versuch unternimmt, am Tage über Wasser zu bleiben. Die U 331 gestellte Aufgabe lautet, den britischen Nachschub nach Tobruk soweit wie irgend möglich zu unterbinden. Dieser Nachschub wird durch bewaffnete Panzerfähren oder sehr stark gesicherte, allerdings kleine, von Alexandrien ausgehende Geleitzüge betrieben. Außerdem wurden in letzter Zeit hin und wieder die deutschen Stellungen durch britische Seestreitkräfte ziemlich nachhaltig beschossen. Mindestens einmal im Monat versuchte der Gegner auch einen Konvoi von Gibraltar nach Alexandria durchzubringen.

Endlich, nach Tagen vergeblichen Auf- und Abstehens, geschieht etwas.

Morgens gegen 08.00 am 25. November bekommt der Funkmaat auf dem getauchten U 331 eine schwache, aber breite Horchpeilung ins Gerät. Den Geräuschen nach zu urteilen, muß es sich um einen im Norden stehenden Verband von Schiffen handeln.

v. Tiesenhausen läßt auf Sehrohrtiefe gehen, um einen Rundblick zu nehmen. Im Mittelmeer sind die Horchverhältnisse derart verschieden, daß man nie mit Sicherheit sagen kann, ob die Urheber solcher Geräusche nun weit entfernt oder nahe stehen. Ebenso unterschiedlich sind auch die Wasserdichten.

Durch das Rohr ist nichts zu sehen. Die Wasserfläche ist leer. Am Himmel sind keine lästigen Bienen auszumachen. Der Kommandant läßt auftauchen und hat gerade das Turmluk geöffnet, da sieht er, fast über dem Boot, ein Flugzeug.

»Alarm!«

Die Maschine hat U 331 nicht gesehen. Es kommen keine Bomben.

Während der nun folgenden Stunden bleibt das Boot unter Wasser. Mit mäßiger Geschwindigkeit hält es auf die Horchpeilung zu, die langsam nach Nordosten auswandert.

Die große Frage lautet, um was für einen Verband handelt es sich? Sind es Kriegsschiffe? Ist es ein Geleitzug?

Alle möglichen Mutmaßungen werden laut.

Jeder befaßt sich in Gedanken mit der Horchpeilung.

Und damit, wie dieser Tag wohl enden wird.

Wenn es ein Geleitzug ist, dann wäre er sicherlich gemeldet worden.

Dönitz hätte alle im Mittelmeer in See und in der Nähe stehenden Boote auf ihn angesetzt.

Ist es ein Kriegsschiffsverband, so kann es leicht passieren, daß ihn v. Tiesenhausen überhaupt nicht zu Gesicht bekommt.

Auf jeden Fall ist die breite Horchpeilung vorerst weiterhin gut zu hören. Die Hauptsache ist, daß sie es auch bleibt.

Mit Höchstfahrt marschiert U 331 auf die GHG-Peilung zu, die zuletzt in nordöstlicher Richtung zu hören war. Zu sehen gibt es aber immer noch nichts. Dabei ist das Wetter ideal. Ein schwacher Wind mit Stärke 2 aus Nordosten rauht die Wasserfläche so auf, daß es für gegnerische Flieger schwer sein dürfte, den Schaumstreifen zu erkennen, den ein vorsichtig gezeigtes Sehrohr durch das Wasser zieht. Die Wolkenschatten, die über das Wasser wandern, machen seine Oberfläche nur noch unruhiger.

Endlich, 14.30, wird Steuerbord voraus etwas wahrgenommen. Es scheint zunächst nur eine Trübung der Atmosphäre über der Kimm zu sein. Aber nach weiteren 10 Minuten Höchstfahrt werden Nadeln erkennbar, die an beiden Seiten der Trübung gerade über der Kimm stehen.

Zerstörermasten! Na also!

In der gelben Trübung bildet sich plötzlich ein dunkler Kern.

Das sind schwere Schiffe. Ob aber Handelsschiffe oder Kriegsschiffe, ist noch unklar. Auf jeden Fall ist es ein großer Verband, der sich, ostnordöstlich stehend, nach Süden bewegt. Trotz Höchstfahrt des U-Bootes wird er wieder undeutlicher. Er muß seinen Kurs nach Osten geändert haben. Es scheint also ein Kriegsschiffsverband zu sein, der aus Sicherheitsgründen Zickzackkurse steuert oder Formationsänderungen durchführt. Damit aber besteht die Gefahr, daß er ganz außer Sicht kommt und eine einmalige Chance, auf größere Kriegsschiffe zum Angriff zu kommen, verlorengeht.

v. Tiesenhausen taucht auf, um die Überwassergeschwindigkeit der Dieselmotorenkraft auszunutzen.

U 331 braust jetzt mit östlichem Kurs dem Verband nach.

Im Süden, im großen Abstand, wieder ein Flugzeug. Aber es sieht das Boot nicht.

Und da wird plötzlich das, was zuletzt als gelber Dunst zu entschwinden drohte, wieder stärker, deutlicher und gegliederter. Der Verband von Kriegsschiffen hat abermals gezackt und kommt nun mit Gegenkurs, also Westkurs, direkt auf das U-Boot zu. Alles weitere entwickelt sich schnell.

Irgendeiner Eingebung folgend, läßt v. Tiesenhausen das noch über Wasser stehende Boot eine Drehung von nahezu 350 Grad ausführen. Erst später zeigt sich, wie wichtig dieser dadurch entstandene Zeitverlust ist, als Sekunden über Leben und Tod des Bootes entscheiden.

»Alarmtauchen!« und »Auf Gefechtsstation!« sind die nächsten Kommandos. Endlich »tut sich etwas«. Die Spannung, die schon den ganzen Tag in der Besatzung vibriert – ein Außenstehender würde wahrscheinlich nichts davon gemerkt haben – kommt jetzt zur Auflösung, oder besser: sie macht einer anderen Platz.

Jeder hat seine Aufgabe, auf die er sich konzentrieren muß, die ihn ganz in Anspruch nimmt und ihm keine Zeit läßt, sich Gedanken zu machen um Dinge, die nicht ganz speziell mit dieser Aufgabe zusammenhängen. Genauso ist es im Turm, wo sie sich mehr oder weniger zusammendrängen: Obersteuermann Walter, der getreue und ewige Optimist, der Befehlsübermittler für die Torpedofeuerleitanlage, der Gefechtsrudergänger und v. Tiesenhausen, dessen Auge am Okular des Periskops klebt.

Jetzt – beim »Eintritt in die Handlung« – ist auch v. Tiesenhausens Spannung gewichen. Es ist kurz nach 16.00 Uhr, also bald Teezeit bei denen da oben.

Das Angriffswetter ist ideal. Die Sonne steht im Südwesten, im Rücken des Bootes. Vom Sehrohr ist oben so gut wie nichts zu sehen. Darf auch nicht. Besonders jetzt nicht.

Auf Gegenkurs laufend, sind sich U-Boot und Flottenverband schnell näher gekommen. Durch das Sehrohr sind drei Schlachtschiffe zu erkennen. Sie marschieren in Kiellinie und werden auf jeder Seite von vier in Dwarslinie fahrenden Zerstörern gesichert. Sie tauschen Signale aus. Offensichtlich betreffen sie eine neue Formationsänderung. Die beiden auf der Backbordseite und dem vordersten Schlachtschiff am nächsten stehenden Zerstörer gehen auf höhere Fahrt und setzen sich vor. Sie sind knapp 500 Meter voneinander entfernt. Vor der Mitte dieser Verbindungslinie schwimmt U 331 unter Wasser. Nur ab und zu ragt das Sehrohr eine Handbreit aus der leicht bewegten Wasseroberfläche heraus. Der Kommandant beobachtet die beiden Bewacher abwechselnd, bis sie querab sind.

»Sehrohr ein!«

Im Horchraum übernimmt nun der Funker die Peilung über die Schraubengeräusche der beiden Jäger. Als er sie achterlicher als querab meldet, fährt v. Tiesenhausen das Sehrohr wieder aus: beide Zerstörer haben den alten Kurs beibehalten. Sie sind vorbei. Sie stören nicht mehr.

Jetzt die Schlachtschiffe. Das Boot ist sehr nahe dran und steht noch immer auf Gegenkurs.

Gegnerwerte schätzen. Schnell schätzen.

Vorsicht mit dem Sehrohr! Nur ab und an lugt es aus dem Wasser. Und ganz wenig. Die Torpedorohre sind längst gewässert. Größte Stille im Boot. Konzentration.

Da – das erste Schlachtschiff! Ist das ein Brocken ...

Das Boot steht so nahe, daß das Ziel mehr Raum einnimmt, als das Gesichtsfeld im Sehrohr groß ist. v. Tiesenhausen versucht hart heranzudrehen. Aber dieses Manöver gelingt bei dem ersten Schiff nicht mehr. Die Gegnerfahrt ist zu groß.

Auf allen Meeren, bei jedem Wetter

Wieder breitet ein strahlender Morgen seine Arme aus und zieht wieder eine goldene Bahn über die stille See des Mittelmeeres. Solche prächtigen Sonnenspiele werden nur am Rande vermerkt, interessieren die Männer nicht. Unablässig kreisen die Gläser, suchen ... suchen ...

Ganz anders der Atlantik. Viele Monate zwischen Herbst und Frühjahr toben hier schwerste Stürme. Die Ausguckposten werden zu Akrobaten. Trotz der wilden Bewegung des U-Bootes vernachlässigen sie keine Sekunde den ihnen befohlenen und anvertrauten Sektor.

Auf Patrouillenfahrt im Operationsgebiet des Atlantik. Immer wieder branden Brecher über den Turm, wenn das Boot mit großer Fahrstufe gegen eine der breiten Dünungsseen angeht.

(oben) Der U-Boot-Obersteuermann beim »Sonnenschießen«.

(rechts) Torpedoübernahme auf hoher See (aufgenommen auf U-Emmermann).

Flugzeugangriff auf ein U-Boot. Bordwaffenbeschuß und eine Bombe unmittelbar vor den Bug.

Nur die Übersicht nicht verlieren, sorgt sich v. Tiesenhausen. Noch schneller beobachten, noch schneller schätzen. Sind etwa schon alle drei vorbei? Oder nicht? War das da eben wirklich das erste Schlachtschiff? Wo bleibt das nächste?

»Sehrohr aus.« Ein schneller Blick. Ein Stahlkoloß älterer Bauart rauscht mächtig heran. Welcher Typ, welches Schiff es ist, kann so schnell nicht festgestellt werden. Ist auch weniger wichtig. Wichtig ist nur, es zu treffen.

Das Boot muß doch noch etwas ausholen, weil es sonst zu dicht herankommt. Aber nun ... Jetzt dreht v. Tiesenhausen mit allen Mitteln heran.

»Backbordmaschine stop. Steuerbordmaschine äußerste Kraft voraus! Ruder hart Backbord!«

Wie Hammerschläge fallen die Befehle.

Das Schlachtschiff ist im Fadenkreuz. Es wird immer breiter.

»Fächer fertig!«

Alles ist fertig. Nur der Schußwinkel ist noch zu groß. Über 90 Grad. Vom Bugraum kommt die Meldung »Hartlage«! Der Schuß kann noch nicht fallen. U 331 steht jetzt fast querab zum Ziel, dessen mittlere Partie das Sehrohr voll ausfüllt. Nervosität kriecht durch das Boot. Alles ist klar, nur das Boot ist noch nicht weit genug herumgeschwoit.

Vom Bugraum kommt immer noch »Hartlage«.

Beim Barte Neptuns, ist das ein Ziel!

»Fächerrr! ... lllosss.«

Wie beim Schulschießen verlassen vier Aale in ordnungsgemäßen Abständen das Boot. Schwupp ... schwupp ... schwupp ... schwupp. Im schnellen Weiterdrehen des Sehrohrs hat der Kommandant gerade noch erkennen können, wie sich das dritte Schlachtschiff wie eine gewaltige graue Stahlmasse direkt auf das Sehrohr zuwälzt.

In den Keller mit dem Boot. Eine verdammt schwierige

Lage für den LI, geringe Fahrt im Boot, vier Torpedos haben die Rohre verlassen.

Das Boot sackt zunächst tiefer, wird dann aber trotz der Bemühungen des LI nach oben gedrückt. Dabei versteht der Leitende seinen Kram. Hat dies oft genug in anderen miesen Situationen bewiesen. Sie fühlen alle, wie die Aufwärtsbewegung den Magen und die Eingeweide durchsakken läßt.

»Boot mit Oberkante Turm heraus!« schreit der LI von der Zentrale her. Es kann nur noch eines so sicher wie der Donner auf den Blitz folgen: der Rammstoß.

»Turm räumen, schnell!«

Obersteuermann Walter wirft die Klamotten in die Zentrale und schließt hastig das Luk zwischen dieser und dem Turm. v. Tiesenhausen hofft, daß bei einer Ramming vielleicht nur der obere Turm beschädigt wird, der Druckkörper aber heil bleibt.

Die Zentrale ist jetzt angespannteste, verzweifelte Konzentration. Ganz nebenbei werden erst drei, dann eine vierte Detonation gehört. Gar nicht sehr laut. Das müssen die Treffer sein. Auch Schraubengeräusche sind jetzt deutlicher zu vernehmen: das dritte Schlachtschiff.

Viel wichtiger ist es im Augenblick, das Boot auf Tiefe zu bekommen.

Der Rammstoß kommt immer noch nicht.

Endlich fällt das Boot.

Es schienen Ewigkeiten.

Immerhin ist U 331 fünfundvierzig Sekunden an der Oberfläche gewesen. Das dritte Schlachtschiff, die »Valiant«, setzte alles dran, um es zu zerstören. Das erfuhr die Besatzung aber erst viel später.

Die Zeiger der Tiefenmanometer zittern über die 30- . . . 40- . . . 50-Meter-Marke. Bei 70 Meter werden sie langsamer. Bei 80 Meter stehen sie still. Da stimmt was nicht. Fieberhaft wird überlegt, was damit wohl los sein könnte. Sie wenden radikale Mittel an. Sie klopfen und schlagen gegen das Glas und an das Rohr. Nichts.

v. Tiesenhausen erinnert sich an eine ähnliche Situation auf einem anderen Boot, auf dem er als IWO fuhr. Ihm dämmert die Erleuchtung . . .

»Frage: Vorderes Tiefenmanometer?«

Diese Frage v. Tiesenhausens rüttelt den zuständigen Seemann wach. Er stellt endlich die richtige Manometergruppe an.

Entsetzt starren aller Augen auf die Skala. Einige Männer schlucken heftig, so würgt ihnen der Schrecken im Hals.

266 Meter!!! So tief ist U 331 noch nie gewesen. So tief stand noch kein deutsches Boot.

Es ist wieder ein von unerträglicher Spannung geladener Augenblick – wie schon mehrere an diesem ereignisreichen Tage –, den v. Tiesenhausen mit nüchterner, fast monotoner Stimme unterbricht. Er denkt einen Herzschlag an Otto Kretschmer, der sein Lehrer und Meister war. Wie hätte Otto der Schweigsame in dieser teuflisch tödlichen Situation gehandelt?

»Na schön«, sagt er gleichmütig, »müssen mal sehen, ob das die Röhre aushält – oder nicht.«

Und sie hält den Druck aus! Kein Leck. Keine undichte Stelle. U 331 ist das erste bei den privaten Nordseewerken in Emden gebaute U-Boot. Die Besatzung ist stolz auf ihre Werft.

Der LI fängt endlich das Boot auf. Es gelingt ihm, U 331 wieder in eine »zivilere« Tiefe zu bringen. Aber immer noch steht das Boot mit 250 Meter Tauchtiefe sehr tief.

266 Meter war immerhin ein Tiefenrekord. 26 Kilo Druck lasteten auf jedem Quadratzentimeter des Druckkörpers. Auf jeden Quadratzentimeter mehr als ein halber Zentner. Man muß das zweimal sagen.

»Sehr tief«, ist jetzt die neu erprobte »Haustiefe« von U 331.

v. Tiesenhausen grinst. »Hier unten kann uns keener!«

»Haben wir den Zerstörer denn getroffen?« fragt der Obermaschinist, der vom Maschinenraum in die Zentrale stakst. Da wird ihm erst klargemacht, daß es sich um ein Schlachtschiff gehandelt habe. Es war einfach keine Zeit dazu, Berichte über Ziel und Angriff ins Boot bekanntzugeben. Die Entfernung beim Schuß betrug 375 Meter.

Nur einige Wasserbomben werden geworfen. Sie werden nur am Rande registriert.

Der gewaltige Druck in der tödlichen Tiefe hatte die Form des Bootes so verändert, daß sich die Wellenlager nicht mehr in ihrer normalen Stellung befinden. Wenn sie drehen, entstehen Funken. Sie werden mit Wasser bekämpft.

Ohne durch die Zerstörer in eine ernste Gefahr gebracht worden zu sein, setzt sich das Boot nach Norden ab ...

Hier noch einige vom Autor verarbeitete interessante Einzelheiten der Gegenseite zum »Barham«-Verlust.

Die vom Boot beobachteten Signale hatten in der Tat eine Formationsänderung bedeutet, zu deren Ausführung sich zunächst die beiden Zerstörer vorsetzten. Die bis dahin in Kiellinie steuernden drei Schlachtschiffe »Queen Elizabeth«, »Barham« und »Valiant« mußten etwas nach Backbord drehen, um zu der neuen gestaffelten Formation zu kommen. Gleich nach dem »Andrehen« wurde von der »Valiant«, dem letzten der drei Schlachtschiffe, eine heftige Detonation auf dem mittelsten Schiffe, der »Barham«, beobachtet. Die »Valiant« drehte also schon nach Backbord, als an ihrer Steuerbordseite, etwa 130 Yards (zirka 120 Meter) entfernt, sieben Grad Steuerbord ihren Kurs nach Steuerbord kreuzend, ein U-Boot-Turm die Wasseroberfläche durchbrach. Er blieb 45 Sekunden sichtbar. Der Kommandant der »Valiant« befahl sofort »Hart Steuerbord – Äußerste Kraft voraus«, um das Boot zu rammen.

Da das große Schiff aber schon in einer Drehung nach Backbord stand und nicht so schnell auf den neuen Kurs gebracht werden konnte, verschwand der U-Boot-Turm nach besagten 45 Sekunden wieder. Hätte der Torpedoangriff früher stattgefunden, so wäre das Boot bei der geringen Schußentfernung sicherlich gerammt worden. Diese vorher behandelte Zeitverzögerung entstand kurz vor dem Tauchen.

Solange U 331 an der Oberfläche zu sehen war, wurde es mit leichten Maschinenwaffen der »Valiant« beschossen. Da es aber zu dicht an der Steuerbordseite des Schlachtschiffes schwamm, konnten die Rohre der »Valiant« nicht genügend gesenkt werden. Die Geschosse gingen über das Boot hinweg. Es verschwand etwa 35 Yard von der Bordwand des riesigen Schiffes, das nun seinerseits wiederum nach Backbord drehen mußte, um nicht in die noch in Fahrt befindliche, torpedierte »Barham« zu rasen. Diese legte sich inzwischen stark nach der Steuerbordseite über und flog unter ungeheuerlichen Detonationen 4 Minuten 45 Sekunden, nachdem sie getroffen worden war, auseinander. Von den abgeschossenen vier Torpedos hatten drei ihr Ziel erreicht. Einer davon mußte die Munitionskammer getroffen haben. Das, nur das war die vierte Detonation, die auch im Boot deutlich gehört worden war und die das schnelle Ende des 31 100 Tonnen großen Schlachtschiffes besiegelte. Daß die »Barham« tatsächlich sank, hatte v. Tiesenhausen nicht mehr beobachten können.

Dieser für England auch prestigemäßig empfindliche Verlust wurde, offenbar aus taktischen Gründen, von England erst zwei Monate später öffentlich zugegeben.

Ein Jahr später geriet v. Tiesenhausen mit seinen Männern nach dem Verlust von U 331 in Gefangenschaft. Eines Nachmittags wurde er, es war im Januar 1943, vom Verhörlager aus zu einer Unterredung in die Britische Admiralität in London gefahren. Anschließend trank er wie im tiefsten Frieden mit seinen Airforce- und Navybegleitern Tee im vollbesetzten Regent Hotel in London. Man verstand sich sogar glänzend, erst recht, da die Gastgeber keinen Versuch unternahmen, v. Tiesenhausen zur Verletzung militärischer Geheimnisse zu bewegen. Und doch war es Test, ein psychologischer nämlich, um im scheinbar kameradschaftlichen Zusammensein den Typ des deutschen U-Boot-Kommandanten zu analysieren.

Die noch im April im deutschen Oberkommando der Kriegsmarine erhobenen Bedenken, das Mittelmeer lasse größere Erfolge kaum erwarten, weil das oft wochen-, ja monatelang anhaltende gute und klare Wetter mit der damit verbundenen ruhigen See längere Tauchfahrten unter Wasser notwendig mache, scheinen durch die Erfolge Guggenbergers und v. Tiesenhausens zunächst widerlegt zu sein.

Wie es sonst im Mittelmeer aussah, wissen wir von Kapitänleutnant Hein Schonder, der als Kommandant von U 77 im Mittelmeer fuhr und später bei Island auf U 200 mit seiner ganzen Mannschaft auf See blieb:

»Einleuchtend, daß unsere Boote unter der afrikanischen Feindküste wegen der hier äußerst aktiven, meist fern dem Aktionsbereich der deutschen Jäger tätigen britischen Luftaufklärung am Tage nicht über Wasser operieren können. Außerdem gondeln hier in dieser schmalbrüstigen Seelandschaft Zerstörer und allerhand andere Bewacher umher, die von den U-Booten mit Rücksicht auf zu erwartende Transporter oder größere Kriegsschiffe nur selten angegriffen werden. Das nutzen die Burschen natürlich aus.

Oft, und vornehmlich an auch im Mittelmeer langen Sommertagen, bedingen die Operationen unter der Küste vierzehn-, ja sechzehnstündige Tauchfahrten, um ›dran‹ zubleiben. Das bedeutet, daß ein Kommandant Vorkehrungen zu treffen hat, um seine Besatzung nicht über das Maß zu beanspruchen und zu erschöpfen. Trotz vieler sinnreicher technischer Einrichtungen ist die Luft in einem U-Boot schon sehr bald verbraucht. Das ist um so schneller der Fall, je mehr sich die Männer bewegen. Also muß ein Kommandant jede Bewegung, jede Arbeit auf ein Minimum reduzieren. Es darf nur wenig, am besten überhaupt nicht gekocht werden. Kochgase und Essensdünste würden die dicke Luft noch mehr vermiefen. Praktisch heißt das, daß die Männer während der ganzen Tauchzeit auf warme Mahlzeiten verzichten müssen. Das Mittagessen wird in die Nacht verlegt, wenn das Boot aufgetaucht fahren kann. Die Mittagsstunde wird im Mittelmeer zur Mitternacht. Der Tag zur Nacht, die Nacht zum Tage und der Nachmittag zum Morgen. ›Morgens‹ ist die Luft zum Schneiden dick geworden. Sie steht wie eine breiige, mit den Händen zu greifende Flüssigkeit in den Räumen. Sie umfließt wie zähflüssige Gelatine jeden Mann und jeden Gegenstand. Sie legt sich schwer auf die Hände und bleiern auf die Brust. Von den Wänden rinnt das Schweißwasser. Alles ist klebrig und feucht. Silberne Perlen blitzen auf den Stirnen der Männer, deren Augen tief in den fahlgelben Gesichtern liegen, die ein struppiger Bart umkränzt.

Niemandem an Bord, der nicht auf Wache steht, braucht diese bedingte Ruhe befohlen zu werden. Jeder ist so erschöpft, so ausgezehrt und von der Hitze ausgelaugt, daß es keines Befehls bedarf, sich nicht mehr als unbedingt notwendig zu bewegen.«

Auch Schonder hat sich nach dem ersten Wachtörn hingehauen, denn die kommende Nacht wird wieder einmal zum Tage werden. Ab und zu läßt er sich wecken, um einen Rundblick zu nehmen. Sanft schwebt das Boot dann nach oben, auf Sehrohrtiefe.

Es ist nichts zu sehen. Wieder einmal nichts zu sehen. Also wieder hinab in den Keller. Sie wachen und lauschen. Auch nicht das leiseste Schraubengeräusch deutet darauf hin, daß der Brite den Einsatz von Truppentransportern und Kriegsschiffen wagt.

So vergeht der Tag oder besser gesagt die »U-Boot-Nacht« im Mittelmeer. Erst mit dem Sinken der Sonne macht Schonder zum Auftauchen klar. Der Smut bereitet das Frühstück, ein gutes, kräftiges Frühstück, das um die Abendstunden gereicht wird. Es ist ein verdrehtes Dasein, in dem diese Männer für die nächste Zeit leben.

Die Sonne ist gesunken. Das Boot ist klar zum Auftauchen.

»Anblasen.«

Räder drehen und schnurren. Es faucht, rumort. Der Kommandant entert als erster die Eisenleiter im Turm. Er öffnet das Luk.

Raus.

Rundblick in die sternenklare Nacht. An Backbord ein schmaler, langgestreckter Schatten: Afrikas Küste. Hörbar rauscht frische Luft in die Röhre. Fast hörbar saugen sie die ausgehungerten Lungen der Männer ein. Die Ventilatoren laufen und bringen mit der frischen Meeresluft auch ein wenig Abkühlung in das Boot.

Und das rote Licht, es brennt.

Die Diesel hummeln ihr monotones Lied. Das Weiß der Schaumstreifen der aufgeworfenen Bugsee zuckt zu den Männern auf den Turm herauf. Geübte Augen blicken in die kalte, gläserne Sternenhelligkeit, die im Gegenlicht das Meer wie eine silbern getönte, leicht zerknitterte Seidendecke erscheinen läßt.

Da! Der Kommandant erstarrt. Zum WO gewandt:

»Hören Sie nichts?«

»War mir im Augenblick auch so. Ein Flugzeug . . .?«

»Natürlich! Zum Teufel, eine Biene!«

»Alarm!«

Motorengeräusche aus der Luft übertönen das Trappeln der in den Turm absteigenden Männer. Über das Boot huscht ein Schatten. Für Sekunden verlischt dort das Licht der Sterne. Ein kurzes Pfeifen steht in der Luft, ein zischendes Aufklatschen ist zu hören. Spritzer überschütten den Kommandanten, der sich am Turmrand festkrallt. Eine wütende, häßliche Detonation grollt aus der Tiefe. Dem Kommandanten reißt es die Füße weg. Das Boot springt förmlich aus dem Wasser, torkelt und scheint zu bersten. Unten zerspringen Gläser an den Skalen und Manometern. Licht fällt aus. Die Freiwächter hat es aus den Kojen geschleudert. Taschenlampen blitzen auf. Ihr zitternder Strahl beleuchtet ein wüstes Durcheinander. Er fällt auf blasse, aber gefaßte Gesichter.

»Stop – Alarmtauchen – stop!« schreit eine Stimme. Es ist die des Kommandanten, der das Tauchmanöver belegen läßt.

Er will das Boot nicht noch weiteren Bomben beim oder unmittelbar nach dem Tauchen aussetzen. Er will kämpfen und die Bienen mit seinen Flakwaffen abdrängen.

Man hört jetzt das harte Bellen der Maschinenwaffen.

»Munition rauf! Munition rauf!« fluchen sie von der Brücke ins Boot.

»Munition, Munition«, wiederholen Stimmen.

Aber die Munitionszufuhr ist abgeschnitten.

Das Kugelschott, das die Zentrale von den anderen Räumen abschließt, klemmt. Der LI ist eingeschlossen. Andere mit ihm. Sie reißen und wuchten an dem Schott.

»Hau ruck!« – »Zuuugleich!« – »Hau ruck!«

Da, langsam läßt es sich öffnen. Die Munition wandert in die Zentrale. Hier sind die Leitern, die in den Turm führen, nach unten gestürzt. Sicher und schnell arbeiten die Männer, um die Schäden zu beseitigen.

Endlich. Nur Sekunden sind seit dem Angriff vergangen. Jeder Handgriff saß. Keine Bewegung war zuviel und auch keine zuwenig. Die Munition wird in den Turm gemannt. Die Fla-Waffenschützen haben ein gutes Ziel. Sie brauchen nur vor die Silberfäden der Leuchtspurgeschosse zu halten, mit der der abdrehende Brite das Boot beschießt. Schleunigst verholt sich die Biene aus dem Feuerbereich der deutschen Waffen. Sie werfen noch Leuchtbomben über dem Angriffsplatz und müssen zähneknirschend feststellen, daß das deutsche Boot doch noch schwimmt und fährt.

Licht ist im Boot wiederaufgeflammt. Die Männer schauen sich an.

Sie sind blaß. Schwein gehabt. Mit dem Ärmel wischen sie sich die Schweißperlen aus den Gesichtern. Schuhe zertreten zersplittertes Glas. Die Stationen melden dem LI.

Der LI berichtet dem Kommandanten.

»Boot ist tauchunklar.«

»Glauben Sie, daß Sie es mit Ihren Männern wieder hintrimmen?«

»Vielleicht, doch kann es sehr lange dauern.«

»Dann ran.«

Fünf Meter neben dem Boot gingen die britischen Fliegerbomben in den Bach, krepierten in fünfzehn Meter Tiefe, direkt unter dem Boot, und erschütterten es bis in alle Verbände.

»Denen, die dieses Boot erbauten, möchte ich die Hand schütteln«, sagt der Kommandant.

»Und wir Ihnen, Herr Kaleunt«, hört man den LI sagen. »Hätten Sie nicht das Tauchen abgestoppt, wären wir nicht mehr. Ihre Nerven möchte ich haben.«

In Überwasserfahrt strebt U 77 einem anderen Seegebiet zu.

Und in diesem Quadrat, in dem das in den Stützpunkt zurücklaufende Boot nach Ausfall der FT-Anlage nicht gemeldet worden ist, passiert es ...

Elf Uhr morgens, dieselbe Stunde, in der in der Nacht die verhängnisvollen Bomben fielen. Wieder pfeift und orgelt es in der Luft. Heimtückisch und nervenzerfetzend. Rechts, links, voraus und dahinter brechen riesige Wasserfontänen aus der See. Und dann erkennen sie auf dem Boot die Maschinen, die aus großer Höhe, aus der Sonne heraus angreifend, diesen Bombenteppich warfen.

Es sind fünf deutsche Ju 88, die nach Afrika fliegen sollten und auf der See den Strich eines U-Bootes erspähten.

Ein deutsches U-Boot war ihnen in diesem Quadrat nicht gemeldet worden, und aus der großen Höhe konnten die Flieger natürlich auch nicht unterscheiden, ob es sich um ein deutsches oder englisches Boot handelte. Ein Glück, daß die Bomben danebengingen.

Auf dem Weitermarsch: Britischer U-Boot-Angriff. Die Aale sind im Boot deutlich zu hören. Aber sie verfehlen ihr Ziel.

Nachts: Neuer U-Boot-Angriff.

Ein britischer Torpedo springt kurz vor dem Boot wie ein verspielter Delphin aus dem Wasser, knallt polternd und krachend auf das Heck und verschwindet mit verbogenem Leitwerk auf Nimmerwiedersehen.

»Junge, Junge, da hat der liebe Gott aber seinen dicksten Daumen dazwischen gehabt«, atmet Schonder auf.

11

Die neuen britischen Abwehrtaktiken

Zur Lage:
Unter dem Namen »Bold« glaubt man deutscherseits eine wirksame Waffe gegen das Asdic gefunden zu haben. »Bold« schaltet die Unterwasserortung zwar nicht aus, irritiert aber den Gegner. Es handelt sich um einen zylindrischen Körper, der vom Boot nach außen geschleudert wird und dessen Inhalt bei Berührung mit Seewasser feine Wasserstoffbläschen entwickelt, die einen so dichten Reflexionsschleier im Wasser bilden, daß das Asdic darauf anspricht und die ausgelösten Impulse den Gegner über den wahren Standort des Bootes irritieren.

Der britische Vizeadmiral Gilbert Stephenson hat die schwere Aufgabe übernommen, die neuen Besatzungen der neuen U-Boot-Abwehreinheiten zu schulen. Er hat dafür den Hafen Tobermory an der schottischen Westküste ausgesucht. Hunderte von U-Boot-Abwehrschiffen werden durch diese Spezialausbildung geschleust. Es ist auch den Briten klar, daß trotz der Bedrängnis nur eine gründliche Ausbildung die erhofften Erfolge gewährleisten wird. Dasselbe gilt für die Flugzeugbesatzungen der Küstenkommandos und jener neuen Hilfsflugzeugträger, die in aller Eile aus Frachtschiffen in sogenannte E.A.C.s umgebaut werden, um endlich auch das »Black Pit« zu kontrollieren. Die Auswirkungen dieser Anstrengungen beginnen sich bereits abzuzeichnen. Vermehrter Geleitschutz, vermehrte Luftüberwachung. Und da ist noch ein Captain Walker. Er entwickelte von sich aus neue, seine Gegner überrumpelnde Angriffstaktiken. Seine Methoden sind messerscharf abgewogen. Sie zeugen von einem überragenden Kopf und einer großartigen, seemännischen Kombinationsgabe, wie sie auf den Kriegsschulen kaum, eigentlich gar nicht vermittelt werden. Mit seinen »Killer-Groups« erzielt er vor Gibraltar einen für die Deutschen besorgniserregenden Erfolg.

Die Gibraltar-Geleite sind jetzt teilweise mit acht bis achtzehn Kriegsfahrzeugen geschützt. Ein Flugzeug des E. A. C. HMS »Audacity« sichtet in den ersten Dezembertagen ein 22 Meilen von einem ausgehenden Gibraltar-Geleit abstehendes U-Boot. Walker dirigiert gleich fünf Sicherungsfahrzeuge auf diese Position und zwingt nach laufenden Wasserbombenserien das tauchunklar gewordene U-Boot zum Auftauchen. Fregattenkapitän Baumann, Kommandant von U 131, versucht noch die Trägerflugzeuge mit Bordwaffen abzuwehren. Er schießt auch eine der im Tiefflug angreifenden Maschinen ab, kann aber nicht verhindern, daß das Boot vernichtend getroffen wird und langsam versinkt.

Wie es in diesen Tagen im Umkreis von diesem Geleit vorher aussah, kann nicht packender geschildert werden, als es der knappe Tagebuchbericht von Oberleutnant Wiebe, LI auf U 67, aussagt:

11. Dezember. – 11.13: Heyda meldet Geleit. Mit zweimal großer Fahrt laufen wir darauf zu.

12. Dezember. – 00.26: Zerstörer kommt von B. B. achteraus schnell auf. 16 Meilen Fahrt. Mehrfachschuß. Unmittelbar später dreht das Aas einen Kreis und kommt mit hoher Fahrt spitz auf uns zu.

00.45: Der Zerstörer eröffnet auf 500 Meter Artilleriefeuer. Seine Schüsse liegen zu weit. Wir laufen mit zweimal äußerster Kraft, ständig zackend, auf eine günstig in Sicht kommende Korvette zu. Der Zerstörer hinter uns her. Wir bilden infolge Meeresleuchten gutes Ziel.

00.55: Ruder hakt bei Backbord 270 Grad. Die Motorenleistung ist zu gering.

Mein Ruf: »Mit Fahrt heruntergehen«, kommt zu spät. Das Brückenpersonal stürzt ins Boot. Es muß, wenn der Zerstörer seine Fahrt durchhält, eine Ramming geben.

Handruder wird nicht klar.

00.56: Alarm bei höchstens dreihundert Meter Abstand. Boot bis 180 Meter Tiefe durchfallen lassen. Viermal drei Wasserbomben, die alle über uns krepieren. Kleine Glasschäden. Nach knapp zwei Stunden wieder aufgetaucht. Es ist nichts mehr zu hören.

02.50: Geleitsuche.

04.45: Alarmtauchen, Tieffflieger.

10.09: Alarmtauchen, Flugboot.

10.30: Aufgetaucht.

10.35: Bristol Blenheim, weit ab.

10.38: Flugzeug in 230 Grad.

11.00: Alarmtauchen vor Flugboot in 120 Grad.

11.15: Auftauchen.

11.29: Landmaschine.

11.48: Auf Sehrohrtiefe. Ein Bewacher. Runter.

12.48: Aufgetaucht. In 340 Grad eine Rauchfahne, in 270 Grad ein Bewacher, in 100 Grad ein Bewacher, in 80 Grad Dreibeinmast eines Zerstörers.

14.28: Tiefflieger.

14.47: In 80 Grad ein Flugboot. Fliegt anscheinend Luftsperre über dem Geleit in Südwestschlägen.

16.30: Dünner Mast abgelaufen.

16.45: Zwei weitere Masten.

17.40: Verband in Sicht.

17.41: Flugzeug.

17.52: Alarmtauchen.

17.56: Zwei Bewacher in unmittelbarer Nähe.

Der 13. Dezember.

03.08: Kleiner Dampfer mit allen Lichtern. Neutraler. BdU meldet durch FT Geleit. Es sollen darauf operieren Müller – also wir –, Hansmann, Baumann, Scholz, Gelhaus, Gengelbach. Diese Gruppe operiert unter dem Tarnnamen »Seeräuber«. Unser Standort 170 Seemeilen W Tanger.

17. Dezember.

04.47: Baumann meldet Fühlung.

06.05: Eigenes U-Boot in Sicht. Wahrscheinlich U 131, Baumann.

07.45: Baumann meldet Fühlung abgerissen.

08.26: BdU schickt eine Kondor als Fühlungshalter.

10.12: Rauchfahnen.

10.47: Scholz meldet Standort des Geleits.

12.10: Im Bugraum acht bis zehn Detonationen gehört.

13.45: Ein U-Boot.

13.55: Drei Rauchwolken laufen darauf zu.

14.04: Ein Flugzeug wirft in 150 Grad Bomben und dreht.

14.10: Flugzeug wirft eine weitere Bombe. In 160 Grad an der Kimm ein U-Boot, Kurs 90 Grad. Wir vermuten, es ist Baumann.

14.15: Baumann meldet Boot tauchunklar. Er wird von vier Zerstörern gejagt (Gruppe Walker).

14.46: Alarmtauchen vor Flugboot. Können Baumann leider nicht helfen.

15.55: Aufgetaucht.

15.59: Alarmtauchen. Flugboot fliegt an.

17.45: Aufgetaucht.

18.19: Gelhaus meldet Geleit.

18.41: Alarmtauchen vor Flieger.

19.55: Aufgetaucht. BdU fordert Standort von Baumann und Hansmann. Beide melden nicht mehr.

Sonntag, 22. Dezember.

00.05: Großer Schatten. Dahinter Bewacher. Es schält sich ein 10000-Tonnen-Dampfer mit hoher Silhouette heraus. Das Schiff hat eine lange Back. Es ist vermutlich ein Flugzeug-Katapultschiff.

00.23: Rohr 5 und Rohr 6, Fehlschüsse. Vorbei. Vor uns liegen jetzt das Flugzeugmutterschiff und 6 Sicherungsfahrzeuge, 2 Bewacher stehen achteraus im Kielwasser, und eine Korvette schießt laufend Leuchtgranaten, die unangenehm dicht neben uns liegen. Brückenwache runter. Bewacher auf 800 Meter.

Alarmtauchen.

00.48: Acht wirkungslose Wasserbomben.

00.55: Zwölf schon besser liegende Wasserbomben.

01.16: Tiefenlote (Asdic).

01.30: Geräusche wechseln vom Zerstörer auf Korvette.

01.44: Vierzehn prima liegende Wasserbomben.

02.09: Fünf prima liegende Wasserbomben.

02.38: Zwei sehr gut liegende Wasserbomben. Harte Erschütterungen im Boot.

02.48: Neue Gegnerortungen bis 02.56.

03.08: Korvette läuft ab.

04.30: Aufgetaucht. Geleit und Fühlung verloren.

10.36: Standort jetzt 600 Seemeilen NW Finisterre.

16.28: Flachsenberg meldet Geleit.

Wir bemerken nach dem Auftauchen, daß wir eine 20 Meter breite Ölspur hinter uns herziehen. Konnten den Fehler mit Bordmitteln beheben. Wahrscheinlich hat die

Korvette aufgrund der Ölspur geglaubt, uns versenkt zu haben, als sie von uns abließ.

Der 23. Dezember. – 09.21: FT vom BdU: Operationen am Geleit abbrechen. Rückmarsch antreten. –

Ende Wiebe.

Und was geschah mit U 131?

Getreu alter Marinetradition ist Fregattenkapitän Arendt Baumann an Bord seines Bootes geblieben. Er steht auf dem Turm, und das Wasser leckt schon über die Grätings des Oberdecks. Baumann sieht zu seinen Männern hinüber. Sie schwimmen bereits im warmen Wasser. Sie haben alle ihre Tauchretter umlegen können. Gefahr besteht für keinen der Treibenden.

Hört er richtig?

In das sanfte Rauschen der sich leicht brechenden Dünung und in die weiche Melodie des Passatwindes dieser Breiten schwingt das Deutschlandlied. Erst leise, dann lauter. Dann singen es alle mit, die im Wasser liegen.

Baumann nimmt sein Doppelglas ab. Es soll nicht in Feindeshand fallen. Als er es an den Sehrohrbock des sterbenden Bootes hängt, durchzuckt es wie ein Stich sein Herz, so, als müsse er sich von einem guten Freund, von etwas Lieb- und Wertgewordenem trennen ...

»Einigkeit und Recht und Freiheit ... sind des Glückes Unterpfand ...« Einig sind die Männer, die das Lied singen, das auf Helgoland geboren wurde und das das Ausland mißversteht oder bewußt mißgedeutet hat. Freiheit aber ... Jetzt in den letzten Stunden vor der Gefangenschaft? Und Recht? Welches Recht schuf diesen Krieg?

Mit welchem Recht morden sich Menschen? Doch nie mit Gottes Willen. Oder doch? So, wie in Gottes Natur der Überlegene den Unterlegenen frißt.

»Recht oder Unrecht – mein Vaterland«, sagt der Engländer.

Warum gehe ich nicht von Bord, durchfährt es Baumann.

Der Tradition wegen? Ist sie so heilig, sich selbst zu opfern?

Baumann weiß nicht einmal eine Antwort darauf. Er fühlt kaum, daß die See seine Füße umspült und das warme Wasser höher und höher klettert. Er hat seine rechte Hand noch immer auf dem Riemen seines Doppelglases liegen. Durch seine Optik sah er vor 1939 einen Teil der bunten friedlichen und schönen Welt. Damals ...

Spring über Bord. Rette dich. Der Sog wird dich hinabreißen, und du wirst da unten ersaufen wie eine Ratte. Warum sind die Füße gelähmt? Warum reagiert der Körper nicht? Es wird in Gottes Händen liegen, wenn du das Absaufen überstehst.

Und Baumann sieht, wie die See sein Glas überspült. Ist es nur das Glas, das er liebt? Das Glas ist ihm Heimat, nicht nur Besitz.

»Über alles in der Welt ...«, tönt es herüber. Stärker als das Rauschen der See.

Baumann springt nicht.

Er bleibt. Er ist Friese. Antworte, Schicksal, brauchst du mich noch?

Und das Boot sinkt. Und Baumann mit ihm. Es reißt ihn hinab, und es stößt ihn wieder aus. Baumann treibt auf.

Eine halbe Stunde später ist er an Bord des britischen Zerstörers. Er wird gut und anständig aufgenommen und kameradschaftlich versorgt.

Am nächsten Morgen.

Baumann und seine Offiziere sitzen in der Messe und frühstücken. Ein Läufer erscheint und bittet die deutschen Offiziere nach oben, im Namen des britischen Kommandanten.

»Sagen Sie Ihrem Kommandanten, daß wir frühstücken. Wir kommen, wenn wir fertig sind«, sagt Baumann.

Der Läufer trabt ab und erscheint nach fünf Minuten

wieder. Der Kommandant bittet noch einmal die deutschen Offiziere auf die Brücke.

Baumann sehr höflich, aber bestimmt: »Es ist bei uns nicht üblich, im Frühstück zu stören. Wir kommen später.«

Der Läufer erscheint ein drittes Mal.

»Der Kommandant befiehlt die deutschen Offiziere auf die Brücke.« Baumann legt sein Besteck hin: »Also gehen wir.«

Sie gehen langsam und ohne Hast nach oben.

Auf der Brücke herrscht Zustand. Aller Augen sind nach Steuerbord gerichtet, Baumann folgt den Blicken. Er sieht ein deutsches U-Boot, Leute im Wasser treiben und ein Verkehrsboot des Zerstörers auf das U-Boot zustreben.

Baumann blickt in das selbstzufriedene Gesicht des britischen Kommandanten. ». . . Wir werden das Boot entern und nach Hause schleppen«, drückt dessen zuversichtliches Lächeln aus.

Plötzlich ein Knall, eine wütende Detonation.

Baumann sieht, wie das U-Boot in einer Rauchsäule verschwindet und dann sinkt. Das britische V-Boot hat gedreht und die Maschine über Stop auf Zurück gelegt. Es wäre beinahe am U-Boot gewesen und mit in die Luft geflogen. Baumann lächelt. Der Britenkommandant dagegen ist galliger Zorn.

»Ich danke, Captain.«

Baumann und seine Offiziere sind entlassen.

Eine Viertelstunde später klettert Korvettenkapitän Heyda an Bord. Er trifft auf Baumann.

»Boot gesunken, Besatzung lebt.«

»Ein doppelter Trost, Heyda, so bitter er auch ist.«

An diesem Geleit, das der britische Kapitän Walker befehligte, ging auch das Boot von Kapitänleutnant Endraß, Priens Wachoffizier von Scapa, verloren. Dönitz hatte Endraß, auf den er große Hoffnungen setzte und der sich als ehemaliger Handelsschiffsoffizier in vielen schwierigen Situationen hervorragend bewährte, zur Unterstützung an das Geleit geschickt.

»Dranbleiben am Geleit. Ich schicke Endraß«, lautete das FT. Es half nichts. Die britische Abwehr war derart vorzüglich, daß ein Teil der angreifenden Boote, die sich mit Zähigkeit festgebissen hatten und immer wieder versuchten, den Ring der Geleitfahrzeuge zu sprengen, verlorenging . . .

Kapitänleutnant Hansmann mit U 127 am 15. Dezember durch HMS »Nestor«, Totalverlust. Niemand wurde gerettet.

Fregattenkapitän Baumann, U 131, 17. Dezember, durch HMS »Exmoor«, HMS »Stanley«, HMS »Penstemon«, HMS »Stork« und Flugzeuge des Trägers »Audacity«, Kommandant und ein Teil der Besatzung gefangen.

Korvettenkapitän Heyda, U 434, am 18. Dezember durch HMS »Blankney« und HMS »Stanley«, Kommandant und Soldaten gefangen.

Kapitänleutnant Gengelbach, U 574, am 19. Dezember durch HMS »Stork«. Ein Teil der Besatzung gefangen.

Korvettenkapitän Hoffmann, U 451, am 21. Dezember auf dem Abmarsch zum Geleit durch Flugzeug versenkt. Es gab nur einen Überlebenden.

Kapitänleutnant E. Endraß, U 567, am 21. Dezember durch HMS »Deptford« und HMS »Samphire« versenkt. Keine Überlebenden.

Vermutlich ist auch U 208, Kapitänleutnant Schlieper, ein Opfer dieser Abwehrgruppe geworden. Eine genaue Verlustursache ist allerdings unbekannt.

Dönitz ließ den Angriff auf diesen Konvoi abbrechen. Die Verluste waren schwer und standen in keinem Verhältnis zu den Erfolgen. Die neue konzentrierte U-Boot-Abwehr bestand ihre erste Bewährung. Die deutschen U-Boote vermochten diese massive Abwehr nicht zu zersplittern.

12

Die U-Boote und das HK-Atlantis-Drama

Zur Lage:
Das Jahr klingt also mit schweren Verlusten aus. Gingen im Mai ein Boot, im Juni fünf, im August drei, im September zwei und im Oktober zwei, im November fünf Boote verloren, so sind es im Dezember neun. Immer sind Flugzeuge die Ursache. Insgesamt verloren die Deutschen 1941 35 Boote, also nicht ganz drei im Monat, gegenüber 12 bis 18 Indienststellungen. Die britischen Verluste betragen (nach britischen Angaben) bis zum Jahresende 2,2 Mill. BRT. Inzwischen sind aber die USA in den Krieg eingetreten, und damit vermehrt sich die Zahl der U-Boot-Abwehrkräfte zur See und in der Luft um ein vielfaches. Auf den USA-Werften beginnt das Henry-Kaiser-Programm Gestalt anzunehmen. Die ersten Fließbandschiffe laufen vom Stapel. Sie nennen sie »Liberty«-Schiffe – »Freiheitsschiffe«. Während nur ganze sechs U-Boote gegen die USA-Schiffahrt unter dem Begriff »Paukenschlag« angesetzt werden können, weitet sich der U-Boot-Krieg auch auf die karibischen und südatlantischen Gewässer aus, seitdem die Seeversorgung durch Versorgungs-U-Boote solche weiträumigen Operationen zuläßt. Der U-Boot-Krieg gleicht einem Waldbrand. Kaum haben ihn die Alliierten an einer Stelle gelöscht, flackert er an anderen wieder auf. Es fehlt an U-Boot-Jägern und Flugzeugen, um gleichzeitig überall zu sein. Je mehr sich der U-Boot-Krieg räumlich ausdehnt, um so mehr werden die Alliierten in die Defensive gedrängt, wird das System der Geleitzugrouten und deren Schutz durch Bewacher und Flugzeuge immer komplizierter. Der alte militärische Grundsatz, den Feind zu schlagen, wo man ihn trifft, findet hier keine Anwendung. Der Feind ist nicht immer sichtbar, ihm kommen alle Möglichkeiten der Guerilla zugute.

Trotzdem, auch dem Gegner scheint Fortunas Sonne. Nur wenige Wochen vor der Gibraltar-Geleitzug-Katastrophe kam es im Südatlantik zu einem anderen dramatischen Geschehen, bei dem die deutsche Kriegsmarine ebenfalls schwere Verluste hinnehmen mußte.

U 126, Kapitänleutnant Bauer, führt Handelskrieg vor der Gold- und Elfenbeinküste Afrikas. In noch jungfräulichem Seegebiet vor Freetown hat Bauer Glück. Er versenkt sechs Frachter und einen Tanker, und er bittet Dönitz nach einer zehn Wochen andauernden Feindfahrt wegen Brennstoff- und Lebensmittelmangels den Rückmarsch antreten zu dürfen.

Funkspruch vom BdU: »Schiff 16, Hilfskreuzer ›Atlantis‹ übernimmt die Versorgung.«

»Prima«, sagt Bauer. »Um so besser.«

Bauer erhält den genauen Treffpunkt und den Befehl, vier Tage nicht zu funken, damit das Geheimquadrat der deutschen Überseeversorgung im südlichen Atlantik nicht durch Einpeilung verraten würde.

An Bord des U 126 kennt natürlich kein Mensch dieses Schiff 16, denn die U-Boot-Männer haben so viel um die Ohren, daß sie froh sind, durch ihre eigenen Geheimsachen und Spezialtechnik durchzusteigen.

Pünktlich wie bei einem Eisenbahnfahrplan kommen zur vereinbarten Zeit Mastspitzen in Sicht, dann Schornsteine und schließlich die Aufbauten eines Frachtschiffes.

Ist es jenes ominöse Schiff 16? Oder ein feindlicher Dampfer?

»Hier Schiff 16, Kapitän zur See Rogge. Herzlich willkommen«, ist die schnelle Antwort auf die Morseanfrage Bauers.

Man schreibt den 22. November.

Schiff 16 ist an diesem Tage genau 622 Tage in See ...

622 Tage, das sind fast zwei volle Jahre, die der Hilfskreuzer ohne Werft und ohne Hafen in überseeischen Gewässern operierte und bislang 145 000 BRT versenkte und damit nach Schiff 33, HK »Pinguin« (nach zwölfmonatiger Unternehmung am 9. Mai 1941 im Indischen Ozean gesunken) die zweitgrößte Erfolgsziffer an seine Flagge heften konnte.

Rogge läßt mit der Klappbuchs an Bauer morsen. »Im Kielwasser folgen. Klarmachen zur Übergabe.«

Die Versorgung beginnt ohne Umschweife. Bauer kann dies nur recht sein. Je schneller er wieder ausgerüstet ist, um so schneller, eher steht er wieder am Feind. Vom Hilfskreuzer wird ein Schlauch über das Heck gegeben, durch den das flüssige Gold in die Treibölbunker des U-Bootes rauscht. Alles klappt großartig. Wie am Schnürchen. Auch eine Telefonleitung wird vom Hilfskreuzer zum Boot gelegt, und als es auf U 126 mitten im Atlantik so vertraut wie im heimatlichen Stützpunkt klingelte, meldet sich zwar nicht eine besorgte Marinemutti, sondern eine baßtiefe männliche Stimme.

»Hier Obermaschinist Reinhard König, HK ›Atlantis‹. Ist dort ein Obermaschinist Schlumberger an Bord . . .? So so, ist an Bord . . .? Sagen Sie ihm, er möchte auf Schiff 16 kommen. Es ist für ihn einiges kalt gestellt. Ende . . .«

Die Verlockung ist groß, sich auf dem Deck eines richtigen Dampfers die Beine zu vertreten. Der Kommandant, der Arzt und noch einige, die drüben alle Freunde entdeckt haben, fahren zusammen mit Obermaschinist Schlumberger auf das rätselhafte Schiff mit der Nummer 16.

Sie betreten die schneeweiß gescheuerten Teakholzplanken eines ganz gewöhnlichen Handelsdampfers, der in keinem Winkel etwas von seiner eigentlichen Bestimmung erahnen läßt.

Zwei Welten prallen an diesem 22. November 1941 aufeinander . . .

Die vom Hilfskreuzer tragen schneeweiße Shorts, schneeweiße Tropenhemden. Sie haben weiße Panamamützen auf den Köpfen. Sie sind braungebrannt, kerngesund, kraftstrotzend. Auf einer Jacht kann die Besatzung nicht sauberer und gepflegter aussehen.

Die vom U-Boot haben verschmierte, graugrüne U-Boots-Päckchen an, die nach Öl und Schweiß riechen. Sie

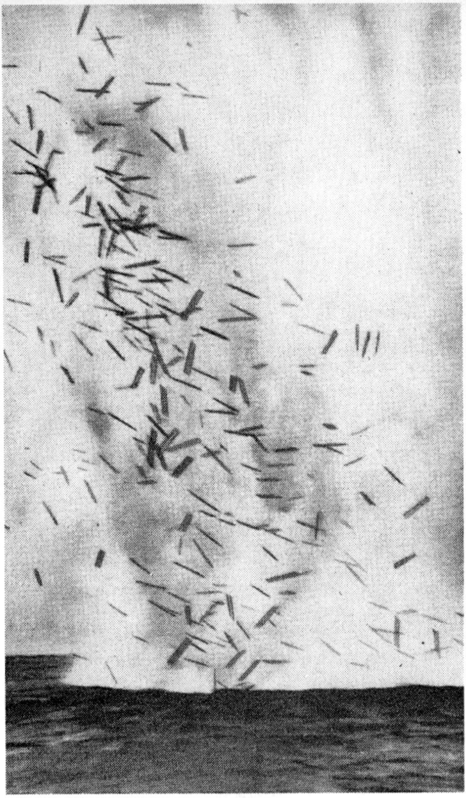

Gnadenloser Krieg

Rechts: 7000 Meter Festholz, die ein Frachter für England geladen hatte, werden buchstäblich in die Luft gejagt, als der U-Boot-Torpedo traf. Das Schiff sank augenblicklich. – Mitte: Ein dramatisches Bild. Der letzte Mann eines Zerstörers, der sich auf den auf einer Luftblase aufschwimmenden Zerstörerbug gerettet hat. Im Hintergrund ein herannahendes Rettungsboot. – Unten: Selbsterhaltungstrieb verbot den U-Booten, Überlebende versenkter Schiffe zu retten. Solche Szenen belasteten die Männer schwer. Es blieb nur die Hoffnung, daß andere Gegnerschiffe die Überlebenden finden und auch aufnehmen würden.

Im Mittelmeer

U 77 steht vorgeflutet vor der palästinensischen Küste, bereit, bei Luftbedrohung in den nächsten Sekunden zu verschwinden. Die acht Ringe um das Geschützrohr bezeichnen acht vor Beirut durch Artillerie versenkte Frachtsegler. Im Mittelmeer war auch der kleinste Frachtträger von Bedeutung.

(unten) So sah Guggenberger die Force »H«, links HMS »Ark Royal«, die Schlachtschiffe HMS »Malaya« und (hier statt des Trägers »Furious«) »Renown«. Im Hintergrund der Felsen von Gibraltar.

Flugzeugträger »Ark Royal« nach der Torpedierung durch U 81 und U 205. Ein Zerstörer birgt die Besatzung von dem tödlich verwundeten Trägerschiff ab.

sind unrasiert. Mächtige ungepflegte Bärte umrahmen ihre Gesichter, die von den langen Wochen unter Wasser hohläugig und von ungesunder gelbgrüner Farbe sind. Die Jungen, die kaum Achtzehnjährigen und Zwanzigjährigen unter dieser Gruppe scheinen viel, viel älter zu sein, viel gereifter und erfahrener und so gar nicht unbekümmert jungenhaft. Als seien sie einer Galerie gnadenlosen Grauens entstiegen, aus der sonnenlosen Tiefe der See, so schauen sie, denen jetzt eine so herzliche Begrüßung zuteil wird, aus.

»Wie zur Kieler Woche«, strahlt Schlumberger, der Kollege von Reinhard König, der wie Schlumberger später auch Oberleutnant-Ing. und ein U-Boots-LI werden soll, als er sich in der geräumigen Oberfeldwebelmesse der »Atlantis« reckt und tief und bewußt die herrliche frische Luft mit vollen Zügen genießt. Auf dem Tisch steht eine auf einem britischen Frachter erbeutete Flasche »Black and White«.

»Kannst dir hier ruhig einen hinter die Binde gießen, Schlumberger. Stehen hier weit ab von allen Dampferlinien. Hier haben schon andere Einheiten seit Kriegsbeginn ungestört Öl aus den Versorgungsschiffen genuckelt und Proviant, Munition und dergleichen übernommen. »Admiral Graf Spee«, »Admiral Scheer« oder die vielen anderen Hilfskreuzer wie »Thor«, »Pinguin«, »Michel« oder »Kormoran«.

Hier lag auch jener legendäre Eierdampfer, den »Admiral Scheer«[1] kurz vor Weihnachten 1940 erbeutete. Mit seinen vierzehn Millionen Eiern an Bord wurde das britische Kühlschiff »Duquesa« zum zusätzlichen Verpflegungsamt »Wilhelmshaven-Süd«. Von hier aus schickte »Pinguin« seine in der Antarktis mit List und ohne einen Schuß Pulver erbeutete norwegische Walfangflotte nach Hause ...[2]

1 Siehe Brennecke-Krancke: »RRR – Das glückhafte Schiff« – Schwerer Kreuzer »Admiral Scheer«.

2 Siehe Brennecke: »Gespensterkreuzer HK 33« und »Die deutschen Hilfskreuzer im Zweiten Weltkrieg; gefürchtet, aber geachtet.« Alle Bücher bei Koehlers Verlagsgesellschaft, Jugenheim, Herford

»Dunnerlüchting, das sieht man dieser azurblauen Wasserwiese wahrhaftig nicht an. Nie was von einem solchen, so munteren atlantischen Stützpunkt gehört«, staunt Schlumberger, steht auf und zwängt seinen Kopf in das geöffnete Bullauge.

Bullaugen! Licht und Luft spendende Bulleyes, so etwas gibt es ja auf Schiffen, auf richtigen Schiffen . . .

Und nach einer Pause, während der er sich mit Daumen und Zeigefinger durch das Gestrüpp seines pomphaften Bartes fährt, sagt er:

»Kann aber auch mal anders kommen. Wir U-Boot-Fahrer wissen ganz gut, daß das, was heute richtig ist, morgen schon verkehrt sein kann . . . Trotzdem, Prost!«

»Prost, alter Pirat, sei unbesorgt, hier sind wir sicher.«

Zwischendurch serviert ein Backschafter frische Brötchen. Sie sind mit Schabefleisch belegt und mit Gurken und Zwiebeln hübsch appetitlich garniert.

Schlumberger bleibt der Schluck im Halse stecken, als er das sieht. »Donnerwetter.«

König erklärt, daß man auf der »Atlantis« auch ein bißchen Landwirtschaft betreibe. Man habe verschiedene lebende Tiere an Bord, natürlich auch und vor allem Schweinchen, die bei den vielen Abfällen und der frischen Seeluft ganz ausgezeichnet gedeihen würden. Er fügt noch hinzu: »Bei unserem langen Seetörn braucht man was Anständiges zu futtern, vor allem Frischfleisch. Dennoch, euer Dasein ist in mancher Hinsicht noch härter. Zu Ehren der U-Boot-Gäste hat daher eines der Borstenviecher dran glauben müssen.«

»Na, dann laß uns reinhauen in diese leckere Schweinerei!«

Mit beiden Backen kauend, fragt Schlumberger seinen Kumpel, was er denn zu tun beabsichtige, wenn er mit der »Atlantis« nach Hause komme.

»U-Boot-Waffe, klarer Fall.«

Schlumberger beugt sich vor und schlägt mit der Faust auf den Tisch.

»Höre ich recht? Du siehst doch, wie vergammelt wir aussehen. Bei uns heißt es angreifen, angreifen, angreifen. Für einen Obermaschinisten bedeutet solch ein Dasein: Nichts sehen, nur hoffen. Still ausharren. Immer auf Draht sein. Immer in der stickigen Röhre hocken. Eine Verantwortung tragen, an der das Wohl des Bootes und der ganzen Besatzung hängt, viel Verantwortung, mehr als hier, wo ihr so viele seid, wo einer auf den anderen aufpaßt.«

»Eben darum.«

»Überleg es dir noch mal.«

»Da gibt es nichts zu überlegen. Würdest du denn noch einmal zur U-Boot-Waffe gehen?«

»Was für eine überflüssige Frage. Natürlich. Damals, als ich mich großkoksig, wie Lords manchmal sind, freiwillig meldete, hatte ich Angst vor meiner eigenen Courage. Als ich dann zum ersten Mal in so eine Röhre einstieg, wäre am liebsten davongelaufen. Und heute? Es gibt für mich nur ein Kommando bei der blauen Zunft. Wer einmal den U-Boot-Geist erlebte, wird uns verstehen.«

»Du wirst mich verstehen, wenn ich ebendiesen U-Boot-Geist, diese U-Boot-Kameradschaft suche.«

»Es gefällt dir hier nicht an Bord?«

»Doch – aber . . .!«

Eine Stunde später rasseln die Alarmglocken. König springt auf und saust auf seine Gefechtsstation. Schlumberger geht an Deck.

Zwei Masten, drei Schornsteine sind über die Kimm geklettert.

»Kreuzer«, ruft Bauer, springt an die Backbordreling und treibt Schlumberger und die anderen an, schleunigst zum Boot zu fahren. Aber auch auf dem U-Boot hat man den Alarm gehört. Bauer sieht gerade noch, wie sein Boot auf Tiefe geht.

Ein Flugzeug kurvt heran und fordert das verdächtig erscheinende Schiff nach zwei Bomben vor dem Bug zum Stoppen auf. Über die Kimm treten die Umrisse eines britischen Kreuzers.

»Alle Besatzungsmitglieder von U 126 unter Deck. Bärte verraten die Tarnung«, wird durch den Bordlautsprecher durchgegeben.

Schlumberger lacht trotz der heiklen Situation.

»Wieso, Herr Kaleunt, uns kennt doch keener mit diesem Bart.«

»Mach schon, Schlumberger, das ist bitterster Ernst. Die hier wollen jetzt einen harmlosen Handelsdampfer spielen.«

Unter Deck empfangen die U-Boot-Männer Schwimmwesten.

»Da haben wir uns ja eine schöne Suppe eingebrockt«, schimpft Bauer.

Inzwischen fragt der Kreuzer an, was für ein Schiff der Handelsdampfer wäre. Rogge gibt den Namen des holländischen Frachtschiffes »Polyphemus« hinüber, das sich nach Kenntnis des »Atlantis«-Kommandos tatsächlich zur Stunde im gleichen Seegebiet befand. Die Frage nach dem Kurs beantwortet er mit USA. Dazwischen kommt immer wieder die Anfrage nach dem geheimen Codewort, das Schiff 16 natürlich nicht geben kann.

Eine Stunde dauert dieses von Rogge absichtlich verzögerte Frage-und-Antwort-Spiel.

Immer wieder will der Brite das Kennwort wissen. Obwohl die USA zur Stunde noch nicht im Kriege sind, bestehen hier offenbar geheime Abmachungen, wie sie nur unter Kriegspartnern üblich sind.

Rogge läßt durchgeben, daß mit allem zu rechnen ist.

Er hatte es kaum ausgesprochen, als der Brite, es ist der mit acht 20,3- und acht 10,2-cm-Geschützen als SA und MA neben zahlreicher Flak relativ stark bestückte Schwere

Kreuzer »Devonshire« (Captain Oliver), das Feuer eröffnet. Er steht 18 000 Meter ab und jagt in großer Fahrt über die Kimm dahin. Die »Atlantis«-Artillerie ist auf diese Entfernung machtlos. Dennoch versucht Rogge, sein Schiff in Fahrt zu bringen, um den Abstand zu verringern. Aber die »Devonshire«, gewarnt durch die Vernichtung des Kreuzers »Sydney« durch Hilfskreuzer »Kormoran«, hält sich aus dem Bereich der Hilfskreuzerartillerie.

Alle an Bord haben nur die eine Hoffnung, daß das U-Boot angreifen und zum Schuß kommen möge. Aber dort fehlen die wichtigsten Köpfe, der Kommandant, der LI und der Obermaschinist.

Die dritte Salve schlägt deckend ein. Sie zerreißt das Vorschiff, das zu brennen beginnt.

Rogge gibt nicht auf.

Neue Treffer.

Die Backbordseite wird total zerschossen.

»Aussichtslose Sache«, läßt sich Bauer vernehmen. Und als aussichtslos erkennt auch Rogge die Situation. Ihm hilft keine List mehr, die größte Stärke der Hilfskreuzer . . .

Rogge gibt Befehl, das Schiff zu verlassen und zu sprengen.

Was sich nun zuträgt, ist ein Drama für sich, das in diesem Zusammenhang nicht ausführlich geschildert werden kann. Vielleicht genügt der Hinweis, daß der britische Kreuzer noch immer schoß, als bereits die ersten Boote im Wasser treiben, als Schwer- und Leichtverwundete im Wasser um ihr Leben kämpfen, als auf der »Atlantis« schon lange die Waffen schweigen.

Die »Atlantis« sinkt.

Dreihundertzwölf Überlebende treiben in Rettungsbooten und Gummiflößen im Atlantik.[1]

1 Beim Auslaufen befanden sich 350 Mann an Bord. Abgänge gab es durch ausgeschiffte Prisenkommandos, einige auch wegen Erkrankungen und damit verbundene Abkommandierungen auf Prisen oder Blockadebrecher.

Eine Insel von Menschenleibern.

Das Bordflugzeug des Britenkreuzers überfliegt noch einmal in vierzig Meter Höhe die Schiffbrüchigen und verschwindet dann in Richtung »Devonshire«, die nicht wieder in Sicht kommt.

Sieben Stunden treiben die Überlebenden unter einer fast senkrecht stehenden, erbarmungslos stechenden Sonne. Die meisten sind nur notdürftig gekleidet. Wo bleibt das U-Boot. Der Sonnenbrand ist noch schlimmer als der peinigende Durst.

U 126 hatte die Überlebenden nach dem Angriff außer Sicht bekommen, als es vergeblich versuchte, sich dem Kreuzer vorzusetzen.

Ein vielstimmiger Schrei rollt über den Südatlantik. Neben den Rettungsbooten bricht das U-Boot plötzlich gischtüberströmt aus der See.

Bauer übernimmt wieder sein Boot.

Wohin mit den vielen Menschen? Das ist die Frage. Doch bevor er sich damit befassen kann, gibt er einen Funkspruch an den BdU ab, um Hilfe anzufordern.

Zweihundert Mann kann Bauer an Oberdeck unterbringen. Sie hocken dicht gedrängt wie Heringe im Netz beieinander, kaum, daß sie sich bewegen können, und der Gedanke daran, daß der Kreuzer wiederkommen könnte, macht die Stimmung nicht besser. Jeder ist sich darüber klar, daß es dann eine Katastrophe geben muß.

Weiß die »Devonshire« von dem U-Boot? Sicherlich, sonst wäre sie nach dem Angriff zurückgekommen, um die Überlebenden aufzunehmen.[1]

1 Daß die Briten von U-Boot-Versorgungen Kenntnis hatten, wird erst Jahre nach dem Krieg bekannt. Sie waren zwar (wegen der relativ geringen Zahl an Funksprüchen) nicht in den Kode der Überwasserstreitkräfte (also auch nicht der Hilfskreuzer) eingebrochen, wohl aber in den U-Boot-Kode, wobei ihnen die Erbeutung von U 110 (Lemp) und später die computerähnlichen »bombs« halfen. Da die Versorgung von U-Booten oft auch durch reguläre V-Schiffe, durch Hilfskreuzer, Blockadebrecher . . .

Der Rest der Männer bleibt in den Booten und auf den Flößen, die U 126 in Schlepptau nimmt. In jedem Boot werden 120 Mann untergebracht. Das ist viel zuviel, das übertrifft bei weitem das vorgesehene Höchstsoll.

Aber keiner klagt.

Im Boot selbst sind alle Kojen mit Verwundeten belegt. Die Offiziere, Feldwebel und Unteroffiziere des Bootes schlafen an Deck, auf den nackten Flurplatten.

Rogge teilt mit Bauer das Wasser und die Vorräte ein. Es muß Vorsorge getroffen werden, um sich auf eine lange Reise vorzubereiten. Man rechnet mit zehn Tagen Schlepptau, um vielleicht Pernambuco in Südamerika zu erreichen.

Pro Kopf werden pro Tag eine Tasse Wasser und eine Handvoll Gemüse und etwas Fleisch verausgabt.

Die Tage sind glühendheiß. Die Nächte bitterkalt.

Aus der Heimat geht ein beruhigender Funkspruch ein, daß alle im Umkreis stehenden Überwasserschiffe und auch einige U-Boote auf Kollisionskurs beordert worden seien.

Das klingt sehr hoffnungsvoll. Aber weiß die Skl auch genau, wo im Augenblick diese Schiffe stehen? Sie funken ja nur im Notfall und bei besonderen Ereignissen.

Nach fünf Tagen kommt tatsächlich ein Überwasserschiff in Sicht.

Es ist der deutsche Dampfer »Python«, ein Hilfsschiff der in Übersee operierenden deutschen Seestreitkräfte. U 126 gibt die Überlebenden ab. Auf einen Besuch auf der »Python« läßt sich Bauer auch nicht auf gütliches Zureden höherer Dienstgrade mehr ein. Er hat die Nase voll und nimmt sofort Kurs auf sein neues Operationsgebiet ...

Doch damit hat das tückische Schicksal seine letzten Würfel noch lange nicht ausgespielt ... Eine Kettenreaktion soll folgen. Und auch sie ist kein Zufall.

erfolgte, genügten die Daten und Positionen in den U-Boot-Funksprüchen, um solche Überwassereinheiten im Versorgungsgebiet zu überraschen, anzugreifen und zu vernichten.

Merten, U 68, der mit der »Atlantis« einige Tage vor Bauer zusammenlag, um seinen Männern an Bord des Hilfskreuzers ein bißchen Erholung zu gönnen, bevor er zur Kongomündung vorstieß, hat die Alarmrufe des BdU empfangen und selbstverständlich sofort seine Operationen abgebrochen. Auf dem Wege zum Versenkungsplatz erfährt er durch Funk, daß Bauer die Besatzung in Booten nach Südamerika abzuschleppen versuche. Kurz darauf ein neuer Funkspruch: Die »Python« habe inzwischen die »Atlantis«-Besatzung übernommen. In der Nähe stehende U-Boote hätten Gelegenheit, bei der »Python« zu versorgen, ehe diese in die Heimat marschiere.

Das läßt sich Merten nicht zweimal sagen. Mehr Öl – mehr Seemeilen und mehr Chance auf weitere Erfolge.

Auf dem Marsch zum Treffpunkt dicke Nebelsuppe. Obersteuermann Griese kommt sich wie ein Maulwurf vor, der sich mit animalischer Witterung durch die dunkle Erde wühlt. Aber sie erreichen haarspältig genau den bezeichneten Standort, sogar früher noch als befohlen. Merten ist über seinen famosen Steuermann des Lobes voll. Der meint lächelnd, bei klarem Wetter könne jeder navigieren. Mit dem »jeder« zielt er unverblümt auf den Kommandanten ab. Toleranz ist das Salz des Lebens, denkt Merten und lächelt verzeihend. Schließlich weiß er die Navigation in Grieses Händen in besten Händen, wenn nicht sogar in den besten an Bord.

Das zweite Boot, das ebenfalls zur »Python« befohlen wurde, ist noch nicht am Platz. Merten freut sich darüber, kann er sich doch sofort und intensiv um die eigene Versorgung kümmern. Er nimmt mehr Öl, als er eigentlich braucht. Warum, weiß er selbst nicht. Aber er tut es. Er hat das, was alle großen Seeleute auszeichnet: den sechsten Sinn für drohende Gefahren. Am nächsten Morgen nähert sich das zweite Boot. Es macht am Heck des Versorgers fest.

»Ich würde mich beeilen«, ruft Merten hinüber.

Der andere Kommandant winkt lässig ab.

Merten indessen drängt seine eigenen Männer. »Los, los, Jungs, die Torpedos müssen unter Deck. Ich möchte schnellstens das Luk dicht bekommen.«

»Kann gut reden, der Alte ...«, fluchen die Männer. Es ist schließlich keine erbauliche Arbeit, in der Affenhitze die zentnerschweren Aale in das schwankende Boot zu wuchten.

»So was wird im Frieden als Sensation in der Wochenschau gezeigt«, knurren sie böse.

Das Boot arbeitet schwer in der Dünung, und die Verladeanlagen, die den Torpedo an Bord ziehen und so schräg aufrecht stellen, damit er auch in das Luk eingeführt werden kann, sind recht primitiv, wenn sie an sich auch ihren Zweck gut erfüllen. In Ruhe – aber nicht in diesem Peitschentempo.

Merten hat sich auf die Turmreling gesetzt. Griese hockt neben ihm. Beide schweigen. Beide setzen aber immer wieder das Glas an, um den Horizont abzusuchen. Das sieht nach süßem Nichtstun aus, während die andern schuften und schwitzen. Aber es hat seinen Grund. Merten verläßt sich lieber auf sich selbst und seine und seiner Männer Augen.

Plötzlich plumpst er von der Reling. Ach Griese läßt sich fallen.

Gleichzeitig gibt es Alarm auf der »Python«.

»Leinen los. Los! Los! Los!« brüllt Merten.

Da beginnen auch schon die Schrauben der »Python« zu drehen.

Wieder sind erst zwei dürre Masten und wenig später drei kappenlose Schornsteine eben über die Kimm herausgetreten.

Den Überlebenden von der »Atlantis« braucht nicht gesagt zu werden, wer heranmarschiert.

Es ist wieder ein Schwerer Kreuzer: drei Schornsteine, je zwei Doppeltürme vorn und achtern.

Verrat? Wo? In der Heimat? Woher kennen die Briten

den neuen Geheimtreffpunkt? Zufall? Ein Zufall ist zu unwahrscheinlich ...

Die Lage für Merten ist zum Haare ausraufen. Sämtliche Luken sind offen, ein Teil der Besatzung schwabbelt noch in Schlauchbooten auf dem Ozean. Sie muß er erst einsammeln. Das Oberdeck ist schnellstens zum Tauchen klarzumachen. In der Zentrale zermartert sich der Ingenieur den Kopf, um die nach der Versorgung veränderte Trimmlage des Bootes zu errechnen.

Inzwischen ist die, wie man später erfahren wird, der »Devonshire« ähnliche »Dorsetshire«, die unter Captain Agar gezielt diese südatlantische Versorgungsposition anläuft, ganz über den Horizont herausgekommen. Der Kapitän der »Python« dreht ab. Er versucht, die U-Boote zwischen sich und den Kreuzer zu legen, hoffend, den Gegner über die sich tauchklar machenden Boote hinwegzuziehen. Ein kluges Blitzmanöver von diesem prachtvollen Alten auf der Versorgerbrücke.

Trotz der katastrophalen Trimmlage gibt Merten den Befehl zum Alarmtauchen. Das unter Wasser rauschende Boot liegt entsetzlich unstabil in der See. Obwohl die besten Tiefenrudergänger auf Wache sind und der LI persönlich die Tiefenrudergänger-Befehle gibt, ist das Boot nicht zu halten. Es tanzt wie eine Diva auf Stöckelschuhen. Es ist eierig und einfach nicht auf ebenen Kiel zu legen.

Eine geraume Zeit balgen sie sich unter Wasser herum. Ab und zu, wenn für ein paar Sekunden das Sehrohr freikommt, sieht Merten, daß der Britenkreuzer sein Vernichtungswerk begann.

Und sie selbst sind hilflos und machtlos. Unmöglich, einen Angriff zu fahren.

Vielleicht schafft es das andere Boot, vielleicht ...

Aber auch sein Kommandant hat Pech. Er verschätzt sich erheblich in der Geschwindigkeit des Kreuzers und schießt seine Aale daneben. Sie laufen achtern vorbei. Ins Nichts.

Eine verpatzte Chance. Eine großartige Chance, die in den Eimer ging.

Da faßt Merten einen wilden Entschluß, der ans Wahnsinnige zu grenzen scheint.

»Auftauchen! Anblasen! Raus mit dem Boot!«

LI, Wachoffiziere und Männer erbleichen und sehen den Kommandanten entgeistert an. Hat den Alten die Blechkrankheit gepackt? Jetzt raus??

Die »Python« sinkt. So geschehen am 1. Dezember 1941[1]. Ihre und die gerettete Besatzung der »Atlantis« schwimmen bereits in den Booten. Zwischen diesen vollgepfropften Rettungsbooten und dem britischen Kreuzer stehend, taucht Merten auf.

Er tut noch mehr. Er legt seinen Kurs direkt auf die »Devonshire«. Er setzt alles auf eine Karte. Er will die Besatzung der »Atlantis« und der »Python« vor dem Zugriff des Engländers und vor der Gefangenschaft bewahren.

Tatsächlich. Der Britenkreuzer dreht angesichts des U-Bootes ab und läuft mit hoher Fahrt davon, um von der diesigen Tropenkimm aufgesogen zu werden.

Rogge übernimmt das Kommando. Er verteilt erst einmal die Überlebenden auf die beiden deutschen U-Boote. Jedes übernimmt hundertzwanzig Kameraden. Zur Not können sie im Bootsinnern Platz finden ... verstaut werden, wäre der treffendere Ausdruck dafür.

Der Rest wird auf die Rettungsboote aufgeteilt, von denen jedes Boot einige in Schlepp nimmt. Was noch übrigbleibt, kommt auf den Oberdecks der U-Boote unter. Aufgeblasene Schwimmflöße sind den Männern ein Trost, bei einem Alarmtauchen wenigstens nicht hilflos im Bach liegen zu müssen.

1 »Entscheidend für die geschlossene Rettung beider Besatzungen war«, so der spätere Vizeadmiral Bernhard Rogge an den Verfasser, »daß beim Zusammentreffen mit der ›Python‹ die Rettungsboote der Überlebenden der ›Atlantis‹ gegen den Willen des ›Python‹-Kapitäns auf den Dampfer übernommen wurden. So hatten wir nun genügend Rettungsbootraum für beide Besatzungen.«

Haie gibt es hier genug, um in den Flößen einen guten Trost zu sehen.

Durch Funk kommt vom BdU durch, daß weitere deutsche U-Boote zur Hilfe eilen und daß aus Bordeaux große italienische Boote ausgelaufen seien, um die Überlebenden zu übernehmen. Ob die Italiener heil durch die luftüberwachte Biskaya kommen, steht auf einem anderen Blatt.

Die Männer haben jedenfalls das beruhigende Gefühl, nicht ganz verlassen zu sein. Sie wissen, daß man sich um sie kümmert und daß alles unternommen wird, diese einzigartige Rettungsaktion zu einem glücklichen Ende zu bringen.

Für die Geretteten gibt es keinen Teller, keine Tasse, keine Löffel und keine Messer. Aber Konservendosen sind ein ganz brauchbarer Ersatz. Löffel werden selbst geschnitzt und die Messer kameradschaftlich ausgetauscht. Rogge ist froh, seinen Männern diese praktische und nützliche Beschäftigung zu geben, um sie abzulenken und nicht dahindösen zu lassen.

In den kleinen Kombüsen der U-Boote wird sogar für alle gekocht, in einer Küche, die ein bißchen größer als die Fläche eines normalen Schreibtisches ist.

Ein tolles Bild erlebt der altgewordene Atlantik. Mit einer Pinaß, die man glücklicherweise von der »Python« zu Wasser bringen konnte, bringt man die Mahlzeiten von Rettungsboot zu Rettungsboot.

Die Schlepptrossen halten erfreulicherweise allen Beanspruchungen stand. Das ist Rogges Verdienst, denn sie stammen von der »Atlantis«. Rogge hat sehr viel Arbeit auf die Instandhaltung seines Schiffes und seiner Ausrüstung verwenden lassen. Diese seemännische Gründlichkeit macht sich jetzt bezahlt.

Geflucht wird natürlich überall.

Über die Hitze, über das Essen, über die Lage, kurzum über alles und über den Alten.

»Aber solange die Kerle fluchen, sind sie gesund«, denkt Rogge. Erst wenn sie mürrisch schweigen und den Kopf hängenlassen, ist es böse um die Stimmung bestellt.

Die, die in den Booten und an Oberdeck hocken, frieren nachts wie die Schneider. Sie beneiden ihre Kameraden in den Booten. In den Booten aber fluchen sie auch. Die Luft ist zum Schneiden dick, noch dicker als sonst U-Boot-Luft zu sein pflegt. Und das heißt, daß der Schweiß in Strömen läuft.

Zu allem Überfluß kommt jetzt auch ein Dampfer in Sicht. Ausgerechnet ein Brite. Vollbeladen schiebt er sich vorbei.

Jetzt gerät Merten aus den Fugen. Auch Rogge meint, daß es zum Weinen sei, denn man habe sich vorher wochenlang die Augen nach einem Dampfer ausgesehen, und nun kommt da einer angeschwommen. Sie müssen froh sein, daß der andere nicht funkt.

Er funkt nicht. Die Fairneß auf See ist nicht eingesargt. Vielleicht wäre es anständig gewesen, nach Verletzten zu fragen. Der Brite schließt die Augen. Er will nichts sehen. Gar nichts. Das ist anständig genug.

Fünf Tage vergehen. Der Treffpunkt kommt in Sicht. Hier warten U-Clausen und ein anderes deutsches Boot auf den seltsamsten Transport, der jemals über die alte Frau Ozean fuhr.

Das vierte Boot ist fast ohne Brennstoff.

»Richtige Nase gehabt«, freut sich Merten, denn er hat Überschuß an Bord. Die Sache mit dem Hamster oder Geier hat eben doch seine Vorteile. Es ist eben alles relativ im Leben. Und die Relativitätstheorie begründete ausgerechnet ein Deutscher, der jetzt kein Deutscher mehr ist.

In Trinkwasserschläuchen wandern neunzig Kubikmeter Dieselöl von Boot zu Boot.

Um schneller voranzukommen, werden jetzt alle Überlebenden in und auf die beiden anderen Boote verteilt.

Diese Arbeiten sind noch nicht abgeschlossen, als sich tiefschwarze Wolken im Westen zusammenbrauen und schnell den Horizont heraufkriechen. Aus der dunklen Wand bricht ein handfester Sturm heraus, der nach und nach zu einem schweren tropischen Orkan anwächst. In der wilden See, im Tanz der überbrechenden Wellen gehen die Arbeiten noch fünf volle Stunden weiter, ehe alle Männer in Sicherheit sind.

Auf dem Weitermarsch treffen sie die italienischen Boote. Sie sind geräumig genug, um die Überlebenden jetzt erträglich unterzubringen.

Ein schöneres Weihnachtsgeschenk an die Heimat, an viele Hunderte Mütter und Frauen, Brüder, Schwestern und Kinder konnten die U-Boot-Seeleute diesmal nicht in den Stützpunkt heimbringen, denn Heiligabend ist es, als die Boote am Pier des Stützpunktes ausschwingen. Die, die ihnen entsteigen, sehen so verwittert und grau wie die Boote selber aus.

Am Heiligen Abend, der die Welt mit Frieden und Hoffnungen und Seligkeit erfüllen soll, sinkt U 645 unter dem Kommando des Oberleutnants d. R. Otto Ferro als Wetterboot nach einem Angriff des USA-Zerstörers mit dem deutschen Namen »Schenck«. U 645 ist das erste von US-Streitkräften vernichtete deutsche U-Boot in diesem Orlog. Es gibt keine Überlebenden. Die Besatzung der »Schenck« sucht vergeblich das Seegebiet der Untergangsstelle ab. Abends, im Scheine der Kerzen des Tannenbaumes, stoßen sie an Bord des deutschen Namensträgers auf den Erfolg über Deutsche an.

Und Ende 1941 geschieht noch etwas, etwas, das Beunruhigung auslöst oder, deutlicher gesagt, hätte auslösen sollen.

Im Dezember meldet ein vor Gibraltar operierendes Mittelmeerboot, in völlig dunkler Nacht von einem Flugzeug mit Bomben beworfen worden zu sein. »Zufall«, winken die Experten in der Heimat selbstgefällig ab.[1]

Kompetente Stellen glauben nicht daran, daß es dem Gegner gelungen ist, im Flugzeug Meßgeräte von der Art des deutschen DeTe einzubauen. »Solche Anlagen sind viel zu groß und zu schwer.«

1 Der »Atlantis«-Kommandant, B. Rogge, später dazu: Zu dem Flugzeugangriff in dunkler Nacht auf das Boot von Lehmann-Willenbrock (U 96) bei dem Versuch, die Gibraltarenge zu passieren, haben wir – Lehmann-Willenbrock und ich – eine ernste Kontroverse mit Hitler gehabt. Nachdem Hitler der Auffassung war, daß es für ein Flugzeug doch unmöglich sein muß, in dunkler Nacht anzugreifen, habe ich geantwortet: »Mein Führer, es gibt beim Gegner Funkmeß, nicht nur an Land und auf Schiffen, sondern auch in Flugzeugen.« Worauf Hitler mit einem entschiedenen NEIN antwortete. Ich konterte zweimal und sagte, daß es beim Gegner doch Funkmeßgeräte gäbe. Hitler war ganz ungehalten und wies seinen Adjutanten von Puttkamer an, eine Überprüfung zu übernehmen. Als ich am nächsten Morgen ins Hauptquartier kam, sagte mir Hitlers Marineadjutant: »Sie haben Schwein gehabt. Die Nachfrage bei der Luftwaffe hat ergeben, daß es beim Gegner Funkmeß in Flugzeugen gibt, nur hat die Luftwaffe es bislang verabsäumt, diese uns überraschende Kenntnis im Hauptquartier bekanntzumachen.«
Ich war meiner Sache deshalb so sicher, weil wir während unseres Aufenthaltes im Südatlantik in den Tagen der Jagd auf die »Bismarck« und deren Untergang am 27. Mai 1941 einen Funkspruch von der Skl erhalten hatten, in dem mitgeteilt wurde, daß man in einem notgelandeten Feindflugzeug eine Funkmeßanlage entdeckt und ausgebaut habe. Dieser Fall des bisherigen Nichtwissens über eine Spezialanlage der Gegner geht in die gleiche Richtung wie das hartnäckige Abstreiten deutscher Nachrichtenspezialisten (der militärischen wie jener Herren aus der Elektro- und Elektronenindustrie) von Fakten, Erkenntnissen und Beobachtungsergebnissen der Front. Ich erinnere hier an einen Fall, der mich bzw. meinen Hilfskreuzer »Atlantis« betraf. Hier nämlich hielt ein uns als Aufklärer (sozusagen als verlängertes Auge) folgendes Prisenschiff immer auf der gleichen Position Fühlung mit uns, und zwar, ohne uns zu sehen. Möglich war das, weil der Prisenoffizier ein alter Funkspezialist der Handelsmarine war und die Ausstrahlungen unserer eingeschalteten FT-Anlage peilte. Auch das wollte in Berlin niemand wahrhaben, später, aber erst 1944 (!), dauerndes Einschalten von Großfunkanlagen wie auch das kleinerer Geräte strikt – und ohne verständlichen Kommentar verboten. Es ist gleichzeitig interessant, daß sich hier ein höherer Seeoffizierdienstgrad so intensiv mit Funk- und Funkmeßfragen befaßte, wo doch dieses zweifelsohne diffizile Fachgebiet fast überall an Bord den »Funkenpustern« (also dem FT-Personal unter den Soldaten) mitsamt dem Für und Wider überlassen wurde.

»Unmöglich«, rufen die Fachleute aus. Sie blättern in den Gestirnstafeln dieses Monats. »Hier bitte, es war Vollmond. Außerdem wird sicher so starkes Meeresleuchten geherrscht haben, daß es den Flugzeugen möglich war, das Boot in der Nacht zu erkennen.«

Aber der Kommandant besteht darauf, daß der Gegner ein neues Ortungsgerät besitzen müsse.

Auch Dönitz glaubt nicht so recht an eine funkmeßtechnische Ortung aus der Luft. Auch er spricht den Angriff als Zufall an. »Wenn sie da drüben so etwas haben, müssen wir ja auch von den anderen Kommandanten ähnliche Erfahrungsberichte erhalten.«

TEIL IV · 1942

DIE GLÜCKLICHE ZEIT

13

Krieg mit USA · Dönitz: »Angriff! Ran! Versenken!«

Zur Lage:
Japan hat die USA angegriffen. Deutschland bekennt sich zu seinen Bündnisverpflichtungen. Hitler will den bereits im November angekündigten »Paukenschlag« vor Amerikas Küsten erdröhnen lassen. Aber nur ganze sechs U-Boote können zunächst für dieses mit größter Geheimhaltung vorbereitete Unternehmen aus dem Operationsplan herausgezogen werden. Daß die Amerika-Unternehmen mit den wenigen Booten dennoch ein Paukenschlag wurden, verdankt die Oberste Wehrmachtführung der Einsatzbereitschaft, der Kühnheit und auch dem Können der dort angesetzten Kommandanten und deren Männer – und auch den mangelnden Erfahrungen der amerikanischen U-Boot-Abwehrkräfte. Einer der Paukenschlag-Kommandanten war Kapitänleutnant Hardegen, der bei Kriegsausbruch mit den USA gerade in Italien in Urlaub weilte. Ohne zurückgerufen worden zu sein, bricht Hardegen kurzerhand seinen Urlaub ab und meldet sich im Stützpunkt beim Flottillenchef, bei Viktor Schütze ...

»Gut, daß Sie kommen. Ich hatte nichts anderes von Ihnen erwartet und Ihnen deshalb kein Telegramm geschickt«, sagt Schütze zur Begrüßung.

Auf die USA anspielend, fragt Hardegen lauernd: »Wie soll ich denn ausrüsten für die nächste Fahrt?« Es ist nicht bloß Neugierde, er denkt dabei vor allem an die Sorgen seines WOs v. Schroeter, der darüber unterrichtet werden muß, ob das Boot für das Eismeer oder für tropische Zonen auszurüsten ist.

»Hardegen, ich kann und darf nicht mehr sagen, als daß Sie am besten alles mitnehmen ... für den kalten Norden wie auch für den heißen Süden. Alles andere ist Chefsache.«

Also schön! Hardegen läßt zunächst einmal »alles« einpacken. Die Ventilatoren, die sich auf der letzten Fahrt in den Tropen so prima bewährt haben, neben den elektrischen Heizkörpern für das Eismeer. Smut Hannes macht wieder einmal willig und ergeben Überstunden. Wie ein Kobold kriecht er bis in die äußersten Ecken des Bootes, um hier oder dort noch eine und noch eine Dose Proviant unterzubringen. Hannes kennt sich in den differenzierten Geschmacksrichtungen seiner Kumpels bestens aus, um auch für jeden Wunsch gewappnet zu sein. Er hat eine Liste aller Geburts- und Namenstage, und er sieht eine seiner schönsten Aufgaben darin, den Geburtstagskindern auf See ohne Umschweife und viele Worte ihr Lieblingsgericht zu servieren.

Hardegens Boot wird mit Eifer seeklar gemacht.

Die Torpedos sind geregelt, Treiböl und Munition sind übernommen, den Abschluß bilden einige Säcke Liebesgaben für die Besatzung, denn das Boot wird Weihnachten in See sein. Auf den Weihnachtspaketen in den geheimnisvollen Säcken hat WO v. Schroeter seine Hand. Nicht einmal der Alte weiß, was drin ist.

Hardegen ist unter den drei ersten Kommandanten, denen Dönitz ihre Aufgabe knapp umreißt.

Sie heißt: U-Boot-Krieg vor Roosevelts Haustür.

Die Boote sollen vor verschiedenen amerikanischen Häfen Position beziehen und schlagartig zur gleichen Stunde angreifen.

Sechs Boote sind zunächst vorgesehen. Weitere sollen folgen.

»Angriff! Ran! Versenken! Ihr dürft nicht leer nach Hause kommen«, das sind die letzten Worte, mit denen Dönitz die ersten drei Boote entläßt. Lange und prüfend ruht der Blick des BdU auf seinen jungen Kommandanten. Er hält ihre Hände länger, als es bei einem Abschied zwischen dem höchsten Chef und den Kommandanten üblich ist.

»Kurs West.«

Hardegens Boot kämpft sich durch die winterlich ruppige Biskaya und gewinnt auf dem Geheimweg unangefochten den freien Atlantik. In diesen Tagen beginnt eine ameisenhafte Emsigkeit in der »Büchse«. Es riecht nach Weihnachten. In der engen Zentrale wird der größte der mitgenommenen Tannenbäume mit elektrischen Kerzen geschmückt und aufgestellt. Da gehört er hin. Ins Herz des Bootes.

Nein, es ist kein Seemannstannenbaum aus einem Besenstiel und aus kunstvoll gerupftem Segeltuch, sondern ein würzig und heimatlich duftendes Weihnachtsbäumchen aus dem deutschen Harz, das am Heiligen Abend in der düsteren Tiefe des Atlantiks erstrahlt, ein Baum, den der prächtige Kommandeur des Heeres-Patenbataillons mit seinem Adjutanten eigenhändig noch vor dem Auslaufen mit Liebe und Herz aufgeputzt hat. Und der Koch dieses sich kameradschaftlich sorgenden Landserhaufens hat riesige Weihnachtstorten gebacken. Was die braven 85er für ihre Kumpels von der U-Boot-Waffe empfinden, ist in diesen wagenradgroßen Torten ausgedrückt. Befohlen hat es ihnen niemand. Sie hätten es ebensogut bleiben lassen können.

Hardegen spricht zu seinen Männern, WO v. Schroeter spielt danach auf der Quetsche ein paar Weihnachtslieder, na ja, und dann die anderen, die Hein Seemann ans Herz gewachsen sind. Nicht alle sind salonfähig.

Festessen. Postverteilung. Paketausgabe. Grüße aus der Heimat, Liebesgaben ...

»Erste Seewache sich klarmachen. An LI: Klarmachen zum Auftauchen.«

Die Geschenke verschwinden, die Lichter an den Bäumchen erlöschen. Wie ein Traumbild aus einer anderen, friedlicheren Welt erstirbt das stimmungsvolle Weihnachtsmilieu. Zischend und pfeifend dringt Luft in die Tauchzellen. In der Zentrale steigen vermummte Gestalten nach oben.

Trapp, trapp, trapp ...

Anzug »Großer Seehund«.

Rasmus gebärdet sich winterlich. Ihn kümmert es nicht, daß Weihnacht ist. Sturm heult, pfeift, orgelt, donnert. Es dröhnt wie von dumpfen Explosionen. Und aus der Tiefe steigt schmerzvolles Stöhnen herauf, als würden die Seelen all derer jammern, die hier, solange Menschen zur See fuhren, in dieser nassen Welt versanken. Die Wolken sind zerrissen, sturmzerfetzt. Bei den Bewegungen des Bootes jagen sie gespenstisch wie von Geistesgestörten hin und her geschobene Theaterkulissen über den Köpfen der Brückenwache hin und her. Zu beiden Seiten gischten Schaumgestalten hoch. Sie recken sich grünschillernd auf, drohend, wie vor Wut blinde, vorsintflutliche Saurier, um sich dann lärmend über das kleine, armselige Machwerk aus Menschenhand zu werfen.

Brausen, Bersten, Brechen, Zischen. Ein Chaos aus Wasser, Wellen und Wind. Fehlt bloß noch Richards »Fliegender Holländer«.

Wenige Minuten sind vergangen, da ist die Wache bis auf die Haut durchnäßt. Der Mensch steht im Kampf mit dem Aufruhr der Elemente.

Und über diese mordbesessene See schreitet noch ein anderer Sensenmann, einer, der noch unerbittlicher, noch gnadenloser ist als der mörderische Ozean:

Der Krieg.

Atlantik heißt heute:

Niemandsland! Totenland! Schattenland!

Hardegens Funker fängt Hilfeschreie auf ...

»SOS! SOS! Lost rudder – need help ...«, ein Grieche.

»SOS! SOS! – sinking slowly«, ein Russe, der vom Orkan

leckgeschlagen wurde und dessen Besatzung in die Boote ging.

Wer hilft? Niemand hilft.

»SOS! SOS! Torpedoed by submarine . . . sinking quickly – need help«, ein anderer Brite.

Westwärts stampft Hardegens Boot. Westwärts, westwärts.

Und die Männer im Boot frösteln, weil sie nicht helfen können.

Um ihrer selbst willen nicht helfen dürfen.

Dicht unter der Küste von Halifax kommt ein 10000-Tonner der »Blue-Funnel-Linie« in Sicht. Hardegen überlegt. Die Stunde des Paukenschlages hat noch nicht begonnen. Also muß der Frachter so getroffen werden, daß ihm keine Zeit mehr zum Funken verbleibt. Hardegen wagt es. Er nimmt es auf seine Kappe. Aber er muß zwei Torpedos opfern, ehe der Frachter stirbt und sinkt. Und der funkt doch. Verdammt! Die amerikanische Presse gerät über den ersten Verlust in Sichtweite des kanadischen Festlandes in Aufruhr.

Neumondnacht.

Hardegen steht vor dem Hafen von New York. Die Leuchtfeuer brennen friedensmäßig. Ihre Perlenschnüre spiegeln sich hundertfach, tausendfach erzitternd in der See, und dahinter steht der zuckende Lichtschimmer der amerikanischen Metropole am Horizont. Die Ortschaften auf dem vorgelagerten Long Island kennen noch keine Verdunkelung. Über die strahlend erleuchtete Strandpromenade kriecht die Kette unzähliger, nicht abgeblendeter Kraftwagen. Ahnungsloses Amerika!

Unfaßlich. Schließlich dürften sich auch die amerikanischen Marinestellen sagen, daß erhöhte Gefahr besteht, daß nach dem Kriegsausbruch deutsche U-Boote in diesem Seegebiet aufkreuzen werden.

Leichtsinn? Selbstsicherheit?

Hardegen schiebt sich, vorsichtig manövrierend, näher, immer näher an den Küstenstreifen heran. Kaum vierzig Meter Wassertiefe zeigt das Echolot.

Da drüben liegt New York, jene Stadt, die Hardegen auf einer Auslandsreise als Kadett erleben durfte und die er als erster deutscher Soldat im Kriege wiedersieht, wenn auch nur ihren lichtflutenden Pulsschlag, der sich rötlichgelb flackernd im Wasser widerspiegelt.

Vor Sandy Hock, jener kleinen Insel, die die Schiffahrtswege New Yorks in den Ambrose-Kanal und den Hauptkanal teilt, tummeln sich geschäftige Schlepper und Lotsendampfer. Man kann sie an ihren ihnen vorgeschriebenen Lichtern erkennen. Fischdampfer laufen ein, andere aus. Hardegen muß den vielen kleinen Fahrzeugen immer wieder ausweichen. Er denkt aber nicht daran, in den Keller zu gehen. In aller Gemütsruhe kundschaftet er mit seinen Offizieren den Hafen aus, vergleicht die ermittelten Lotwerte mit seinen Karten und bereitet seinen Angriff fast bedächtig vor.

Die vom BdU befohlene Stunde ist da.

Hardegen und IWO Hoffmann beobachten einen großen Motortanker. Tiefbeladen verließ er New Yorks Hafen. Er steuert jetzt das Nantucket-Feuerschiff an, um den freien Seeweg in den Atlantik zu finden. Hardegens Torpedo trifft. Mittschiffs. Die Detonation bricht wie ein Fanal in den nächtlichen Himmel. Als sie zusammenfällt, als das Wasser sich beruhigt, steht ein tiefschwarzer Pilz über dem Schiff, dessen Masten eingeknickt sind. Nur leise jammert der Notruf des getroffenen Schiffes durch die Nacht. »Tanker ›Norness‹ südlich Long Island auf Mine gelaufen.«

Noch einen Aal verschwendet Hardegen, um das Schiff schneller auf Tiefe zu zwingen. Der zweite Torpedo trifft achtern, dort, wo bei Tankschiffen die Maschinenanlage ruht. Nun sackt er ab. Das Heck geht auf Grund, der Bug ragt aus dem flachen Wasser.

Der USA-Rundfunk warnt Stunden später die Schiffahrt vor dem Wrack eines Tankers, der nach einer noch ungeklärten Unterwasserexplosion vor Long Island gesunken sei. Wahrscheinlich sei er auf eine eigene Mine gelaufen... Sonderbarerweise gibt man den Namen des Schiffes nicht mit bekannt.

»Na also«, grinst Hardegen, »ein ruhiges Gewissen ist ein sanftes Ruhekissen. An U-Boote denken die Weihnachtsmänner nicht.« Hardegen wartet.

Tagsüber war er seewärts gelaufen und hatte sich auf Grund gelegt. In der nächsten Nacht stampft er noch tiefer in die Hafeneinfahrt New Yorks. Wegen des hier noch flacheren Wassers ist ein Tauchen sinnlos geworden. Er muß trotz der zahlreichen Leuchtfeuer und der umherkutschierenden kleinen Schiffe zum Überwasserangriff ansetzen.

Von einer U-Boot-Abwehr ist noch nichts zu spüren.

U-Boote? Hier? »Unmöglich«, sagen die amerikanischen Experten.

Hardegen greift an. Treffer.

Tagheller Himmel! Der erste der angegriffenen Tanker brennt. Fangschuß. Auch dieses Schiff ragt in dem flachen Wasser mit Bug und Masten heraus.

Vor der USA-Presse erklärt der amerikanische Konteradmiral Kalbreus, Kommandeur der Marinestation Neuport, hellseherisch: »Nur ein feindliches U-Boot kommt für die Versenkung der ›Norness‹ in Frage.« Das Schiff habe übrigens die Panamaflagge geführt. Zwei Mann der Besatzung seien getötet worden.

Am Tage darauf wird auch der zweite vor New York versenkte Tanker in Rundfunk und Presse mit sensationell aufgemachten Augenzeugenberichten ausführlich behandelt. Den Namen dieses Schiffes, das keinen Funkspruch mehr abgeben konnte, erfahren sie über diese wütenden Kommentare auf dem deutschen U-Boot nicht.

Hardegen wartet jetzt auf die »B-Dienst-Schiffe«. Damit

sind jene Feindfrachter gemeint, die sich nach Beobachtungen dieser unheimlich präzise arbeitenden deutschen B-Dienststellen auf dem Wege nach New York befinden sollen.

Er kann also gut und gerne kleinere Schiffe ungeschoren passieren lassen. Der einzige größere Frachter, der am nächsten Morgen in Sicht kommt, entpuppt sich als ein Achsenfreund, als ein Spanier.

Natürlich haben die Amerikaner bei Kriegsausbruch alle Zerstörerflottillen mobilisiert, soweit sie nicht schon vorher »kollegialerweise« aktionsbereit waren. Aber das Sehen auf See will nicht nur gelernt sein, es muß auch geübt werden. Stets sieht der routinierte Hardegen den Gegner zuerst und hat so Zeit, rechtzeitig zu verschwinden.

Flugzeuge sind schon unangenehmer. Aber die Bomben, die sie werfen, sind, verglichen mit denen der Briten, kleine Fische. Dennoch versuchen die Amerikaner ihre aufgebrachten New Yorker zu beruhigen. Sie geben durch Presse und Funk bekannt, daß man das U-Boot, das die Frechheit besessen habe, in das Hafenvorfeld der Metropole einzudringen, mit Sicherheit mit Fliegerbomben vernichtet habe.

Sie müssen sich einige Tage später korrigieren. Das Geister-U-Boot schoß auch noch nach der offiziell bekanntgemachten Versenkung scharfe Torpedos. Mit einem Knall findet ein 4000-Tonner vor New York sein Ende. Auch er ragt nach dem Absaufen mit den Mastspitzen aus dem flachen Wasser heraus.

»Die Amis sparen dadurch Feuerschiffe. Wir legen ihnen da eine tadellose Fahrwasserbetonnung hin«, höhnt Hoffmann, der IWO.

Und nun geht es Schlag auf Schlag.

Auf allerkürzeste Entfernung knackt ein Aal einen mittelgroßen Frachter dicht unter dem amerikanischen Festland. Die Druckwelle des krepierenden Torpedos wogt durch das Boot. Es erbebt in allen Fugen. Durch die sammetweiche

Luft der Nacht segeln Fetzen von Eisen, Blech, Stahl und Teile der hölzernen Aufbauten. Hardegens Brückenwache hat sich entsetzt hinter das Brückenschanzkleid geflüchtet.

Schiff auf Schiff kommt jetzt in Sicht.

Voraus trottet ein kleiner Tanker. 2000 Tonnen groß, mehr nicht. So schätzen sie auf der Brücke.

Hardegen aber hat nur noch zwei Torpedos im Rohr. Ein kostbarer Aal ist ihm zu schade für diesen Zwerg.

»Granaten an Deck!« Hardegen will den Lütten mit Artillerie angreifen. Um aber auch den großen Frachter zu packen, entwickelt er den verwegenen Plan, einfach in den Dampferpulk hineinzufahren. Der Artillerieoffizier tritt verlegen wie ein Huhn beim Gewitter von einem Bein auf das andere.

»Was ist denn?« forscht Hardegen. »Ich habe in meiner Laufbahn keinen Artilleriekurs mitgemacht. Verstehe nichts von der Sache. Aber ich habe das im Gefühl, daß man so was machen kann, wie? Wir müssen nur die Schrecksekunde ausnützen. Die da drüben wissen doch noch gar nicht, wie ein U-Boot-Turm aussieht. Je frecher und unwahrscheinlicher wir den Angriff fahren, um so größer die Verblüffung.«

»Hm«, brummt v. Schroeter leise, »aber ein todsicheres Rezept ist das nun auch wieder nicht, Herr Kaleunt.«

»Sagen Sie jetzt bloß, Sie hätten Frau und Kinder zu Haus.«

v. Schroeter lacht und meint nun auch, daß die Geschützbedienung das schon machen würde. »Immerhin . . .«, fügt er noch hinzu.

»An Besatzung. Zuerst Feuerüberfall auf den Tanker, dann Torpedoangriff auf Frachter. Schiffe fahren Kiellinie. Bis jetzt alles klar. Kommen langsam in Kielwasser auf«, erklärt Hardegen seinen Männern und gibt dazwischen seine Befehle. Mal ist seine Stimme ruhig, dann wieder straff und schneidend.

»Entfernung 500 Meter. – Backbord zehn – komm auf – mittschiffs. – An Besatzung: Setzen uns seitlich heraus zum Feuerüberfall.«

»Beide Maschinen große Fahrt voraus. Festhalten an Oberdeck. Brecher. – Beide Maschinen halbe Fahrt. Zehn Schuß. Feuererlaubnis.«

Die Kanone brüllt auf.

»Treffer. Gut so.«

Schon die ersten Granaten krepieren da drüben in der Maschine. Der Tanker stoppt. Weitere Granaten zerreißen die Bunker, zerfetzen die Aufbauten. Öl brennt. Hardegen läßt sein Boot achteraus sacken. Er erschrickt. Das Schiff ist ja viel größer, als er angenommen hat. Der jetzt brennende Tanker liegt nur sehr tief im Wasser. Das hätte auch schiefgehen können, wenn er bewaffnet gewesen wäre.

»Mit den Dummen ist Gott, Herr Kaleunt«, sagt Schroeter trocken. Hardegen runzelt die Stirn und ist versucht, seinen vorlauten WO zurechtzuweisen, dann aber lacht er und gibt Schroeter einen sanften Stoß in die Seite, denn zu langem Palaver ist jetzt keine Zeit.

Die anderen Schiffe sind inzwischen wie eine aufgescheuchte Herde Lämmer auseinandergespritzt – als sei ein Wolf über sie hergefallen. Hardegen will gerade in Schußposition drehen, da fällt der Backborddiesel aus. Ein Kühlwasserrohr ist gebrochen. Ausgerechnet jetzt. Verdammtes Rohr.

»Reparieren. So schnell es geht. Los, LI.«

Dampfer ringsumher. Flügellahm zwischen ihnen Hardegen mit seinem Boot. Er kann die Schiffe nicht angreifen. Die Fahrt ist zu langsam. Unten aber bauen sie die Rohre aus und versuchen zu schweißen. Reparaturarbeiten vor Roosevelts Haustür ...

Der Funker meldet: »Tanker hatte laut FT 8000 BRT.«

»So kann man sich verschätzen«, knurrt Hardegen.

»Lieber nach unten als nach oben«, gibt WO Schroeter seinen Kommentar dazu.

»Bei Ihnen hat der liebe Gott sich aber auch vertan«, knurrt der Kommandant.

»Wieso, Herr Kaleunt?«

»Sie wären besser 'ne Langhaarige geworden. Denen steht das letzte Wort besser zu Gesicht.«

Da schiebt sich aus dem flimmernden Dunkel der sternklaren Nacht ein schwarzer Schatten vor Hardegens Boot. Direkt in die Schußlinie hinein.

Torpedo – los! – Treffer!

Der Schatten bricht in der Mitte auseinander.

Hardegen hatte, blitzschnell reagierend, den Aal ohne Unterlagen aus dem Handgelenk herausgeschossen.

5000 BRT kommen dazu.

Ein neuer Funkspruch von dem beschossenen 8000-Tonner-Tanker besagt, daß ein zu Hilfe geeiltes Schiff zusammen mit dem Rest der an Bord verbliebenen Besatzung den ausgebrochenen Brand habe löschen können.

Wo aber liegt der ausgeschorene und zurückgebliebene Tanker jetzt?

In langsamer Fahrt zockelt Hardegen zurück. Er stößt mal zur Küste vor, mal in Richtung See.

Auf der Brücke riecht es plötzlich nach verbranntem Holz. Hardegen dreht sein Boot in den Wind. Er fährt dem Geruch nach, der immer kräftiger wird. Wie ein Spürhund hält er witternd die Nase in die Luft, um dann wieder zum Nachtglas zu greifen. Das müßte doch mit dem Deubel zugehen, den angeknackten Untersatz nicht wiederzufinden. Die Fährte ist richtig. Da! Zwei Schatten schälen sich voraus heraus. Näherkommend sieht Hardegen, daß beide Schiffe gerade langsame Fahrt aufnehmen. Inzwischen dämmert der Morgen. Der Tanker versucht auszuweichen. Er hat nur eine Wahl, den Kurs nach See zu ändern oder auf Strand zu setzen. Hardegen entschließt sich zu einer List. Er dreht unvermittelt ab, als interessiere ihn das Schiff überhaupt nicht mehr. Der Tankerkapitän fällt prompt darauf herein. Er dreht nun auch seinerseits zurück. Hardegen wirft sein Boot mit Hartruderlage herum. Er kommt gut in Position. Dann schießt er. Der Aal trifft das Heck und damit die Maschine. Es war der letzte Aal.

»Ruder hart Steuerbord. Kurs Heimat.«

»Backbord querab ein Schatten«, kommt fast gleichzeitig mit dem Heimatkursbefehl eine Meldung.

»Scheint ein Einzelgänger zu sein. Der wird bestimmt die Flucht ergreifen, wenn er uns sieht«, denkt Hardegen beruhigt.

Inzwischen ist es heller geworden. Der Fremde muß das U-Boot sehen. Tauchen kann Hardegen nicht. Noch immer ist das Wasser zu flach.

Der Schatten am noch dunklen westlichen Horizont wird größer und größer. Nanu, der Kapitän auf diesem Eimer scheint Courage zu haben. Er dreht nicht ab.

Der Fremde sieht wie ein Walfangmutterschiff aus. Hardegen schätzt seine Größe auf 16000 BRT.

Das Boot hat aber keine Torpedos mehr. Zum Kotzen.

»An LI: Backborddiesel mit größter Beeilung klarmachen. Wenn klar, selbständig anlassen und beschleunigt auf AK hochfahren. Ihr müßt das Letzte aus dem Jockel herausholen.«

»O. k.«, ruft die Maschine herauf. Man tut ohnehin das Äußerste.

Das Riesenschiff hält geradewegs auf das deutsche U-Boot zu, das weder tauchen noch auf Höchstfahrt laufen kann, solange der eine Diesel unklar ist. Die Männer der Brückenwache umkrallen das Schanzkleid. An fünf Fingern kann es sich jeder abzählen, bis es kracht.

Näher, immer näher wälzt sich der Koloß heran. Seine hohe weiße Bugwelle ist wie der Geifer eines gereizten Ungeheuers. 300 Meter ... 280 ... 250 ... 200 Meter ...

LI Schulz schafft es in letzter Minute. Der Backborddiesel springt an. Die Bedienung bringt den Motor in kürzester Zeit auf volle Touren. Aber das schnelle Mutterschiff wittert Morgenluft. Es läßt nicht ab und folgt dem Boot. Mit nur wenigen hundert Metern Abstand jagt der Riese hinter dem kleinen U-Boot her. Die See wird gröber. Das Geschütz kann jetzt schon gar nicht mehr besetzt werden, so gern es Hardegen nun auch möchte. Und das Wasser ist noch immer zu flach. Alle paar Sekunden kommen die Tiefenmeldungen auf die Brücke.

Hardegen schießt dem Frachter ein paar Signalsterne vor den Bug. Aber der Käpten drüben läßt sich durch dieses Feuerwerk nicht irritieren. Er funkt, funkt, funkt und meldet laufend seine und des U-Bootes Position. Er meldet weiter, daß sich das U-Boot wahrscheinlich verschossen habe, da es nicht angreife.

Und wenn schon – mit einem Torpedo legt man kein 16 000 BRT großes Walfangmutterschiff um. Gleich werden Zerstörer auftauchen und Flugzeuge . . .

Auf dem U-Boot drohen sie mit der Faust. Und auf dem Tanker drohen sie mit wilden Gebärden zurück.

»Könnte ganz amüsant sein, wenn es nicht so bitterbös ernst wäre. Auf Flugzeuge achten! Horizont beobachten!«

Meter um Meter wächst nun die Entfernung. LI Schulze streichelt seine schnaufenden Jockel. Die Obermaschinisten möchten die Diesel umarmen.

Die auf dem Mutterschiff sehen wohl das Sinnlose einer weiteren Verfolgung endlich ein. Sie drehen ab. In diesem Augenblick erscheinen die alarmierten Flugzeuge über der Kimm.

»Noch dreihundert Meter«, schreit der Obersteuermann rauf, »dann tiefes Wasser.«

Sie schaffen auch die 100-Meter-, 200-Meter-Strecke. Die Bienen werden größer. Bevor die Flugzeuge zum Angriff abkippen, verschwindet das inzwischen tauchklar gemachte Boot in die schützende Tiefe. Kurz vor dem Tauchen aber fängt der Funker noch einen Spruch des angeknackten Tankers auf.

»Brauche dringend Hilfe. Sinke schnell.«

Erst abends taucht Hardegen wieder auf. Er fährt direkt in eine schwarze Gewitterwolke hinein. Blitze, Böen, Regen, Hagel.

»Brauchbares Wetter für uns«, grinst v. Schroeter.

»Theaterabschluß für unseren Paukenschlag«, sagt Hardegen. Er und alle andern ahnen nicht, daß diese Kulisse nach den ersten großen, aber auch verhältnismäßig leichten Erfolgen unter Amerikas Küsten wie ein Symbol für schwere Sorgen und schwere Opfer ist, die die Zukunft der »Grauen Wölfe« jetzt schon im geheimen überschattet.

Hardegen versenkte 52586 BRT. Die anderen fünf Boote weitere 131926 BRT. Zusammen brachte der Paukenschlag achtzehn versenkte Handelsschiffe mit 184512 BRT ein, die in kanadischen und amerikanischen Gewässern auf Tiefe gingen.

»Die Abwehr war noch gering. Sie war nicht organisiert. Und wo wir auf eine solche trafen, war sie ungeübt«, berichtet Hardegen, inzwischen mit dem Ritterkreuz ausgezeichnet, seinem U-Boot-Admiral freimütig. Kritischen Zuhörern entgeht es nicht, daß im Unterton Besorgnis mitspricht, daß es gar bald schon aus sein könnte mit dieser fetten Weide und daß der Paukenschlag mit viel zuwenig Booten begonnen wurde.

Aber Dönitz ist zufrieden, äußerlich.

Schon auf der nächsten Fahrt, die Hardegen unter die amerikanische Küste führt, sieht einiges anders aus ...

Bewacher sichern jetzt die Hauptverkehrsstraßen, Flugzeuge kreisen über den Seegebieten, und U-Boot-Fallen sollen die verhaßten »Naziröhren« in den ewigen Keller schicken.

Hardegen greift einen harmlos scheinenden kleinen

Frachter in den Abendstunden an. Er qualmt so unvorsichtig stark, daß man ihn einfach nicht übersehen kann. Ist es wirklich Unvorsicht? Ein Torpedo trifft ihn in Höhe des achternen Laderaums.

»Der hat genug«, sagt Schroeter, jetzt IWO, denn Hoffmann ist nach der ersten Unternehmung ausgestiegen.

Hardegen dachte es auch, wie groß aber ist Verwunderung auf allen Gesichtern, daß der kleine Frachter ganz und gar keine Anstalten macht, sich von dieser aufrüherischen Welt zu verabschieden. Er hat ein bißchen Schlagseite bekommen und brennt etwas. Das ist alles. Die Besatzung macht in gar keiner Eile die Boote klar. Sie fiert sie nicht schnell, aber auch nicht langsam, gleichsam als sei so ein Aussteigen die selbstverständlichste Sache der Welt.

Komisch, komisch.

Entweder haben die Kerls da drüben Nerven wie Festmachertrossen oder ...

»Artillerie klar«, befiehlt Hardegen und läßt den Gegner nicht aus den Augen. Er erkennt jetzt auch, daß er noch langsame Fahrt macht und dreht – und nun wie zufällig auf das Boot zuhält. Hardegen hält es für richtiger, mit hoher Fahrt abzulaufen. Er hat hierfür noch nicht den Befehl erteilt, als auf dem verdächtigen Untersatz an den Bordwänden Klappen herunterfallen und Persenninge fortgerissen werden. Maschinenwaffen und Geschütze werden sichtbar und überschütten das Boot mit einem wahren Eisenhagel. Einige Geschosse schlagen ins Boot ein. Hardegen fühlt sich von tausend Klingen durchbohrt, als er diese Treffer hört, die dem so leicht verletzlichen Druckkörper zum Verderben werden können. Neben ihm sinkt mit einem Aufstöhnen der Fähnrich in sich zusammen.

Aber der da drüben schießt nicht nur ... das, was da jetzt torkelnd und taumelnd schwerfällig auf das Boot zufliegt und davor ins Wasser klatscht, das sind Wasserbomben. Die See bäumt sich auf. Berge von Wasser brechen aus der Tiefe.

Das Boot wird hin und her geworfen wie ein Korken im kochenden Wasser.

Nur noch der Kommandant und Schroeter stehen auf der Brücke, umpfiffen und umheult von Granaten, umtobt von einem Hexensabbat an Detonationen über und unter Wasser. Rote, grüne, weiße Leuchtspuren rasen auf sie zu. Aber das Feuer wird schon unregelmäßiger. Die Entfernung ist größer geworden. Endlich stellt der Gegner die wahnsinnige Schießerei ein.

Hardegen sucht den Fähnrich, der neben ihm zusammenbrach. Man hat ihn bereits ins Boot gezerrt. Sein rechtes Bein ist ihm fast ganz abgerissen durch ein Geschoß, das durch das doppelte Brückenkleid drang. Man hat ihm zwei Morphiumspritzen gegeben, um wenigstens die Schmerzen zu lindern. Er klagt nicht. Er jammert auch nicht.

»Herr Kaleunt, das Boot, das Boot . . . der Bursche muß weg . . .«, preßt der Fähnrich hervor, als sich Hardegen zu ihm niederbeugt.

Dem Jungen ist nicht mehr zu helfen. Bevor Hardegen in die Zentrale zurückgeht, drückt er dem Sterbenden noch einmal die Hand.

Schroeter räuspert sich und sucht sein Taschentuch.

Die ausgestiegene Tarnbesatzung der U-Boot-Falle ist inzwischen wieder auf ihr Schiff geklettert. Hardegen, der jetzt getaucht hat, schleicht sich in vorsichtiger Unterwasserfahrt an den unheimlichen, nun aber erkannten Gegner heran, dessen Laderäume mit Kork und leeren Fässern angefüllt wurden, um das Schiff unsinkbar zu machen.

Als der jetzt geschossene Aal trifft, schließt der Fähnrich die Augen.

Auf der U-Boot-Falle krepieren durch die furchtbare Explosion die auf dem Achterschiff befindlichen scharf gemachten Wasserbomben. Auch die Bereitschaftsmunition geht hoch.

Das Schiff wird völlig zerrissen.

Und hier ein anderes Beispiel, das erkennen läßt, daß die Amerikaner aktiv geworden sind, um der deutschen U-Boot-Gefahr zu begegnen.

Bei einem späteren Angriff auf einen Tanker, der nach der Torpedierung lichterloh brennt, meldet der Horcher hellsingende Schraubengeräusche, sieht Hardegen einen kleinen U-Boot-Jäger auf sein Sehrohr zulaufen. Der Gegner, ein sehr schnelles, mit Wasserbomben ausgestattetes Motorboot, prescht nur wenige Meter neben dem Sehrohr vorbei. Wasserbomben fallen, und Hardegen erkennt, wie sie da drüben eine neue Serie klarmachen, um erneut anzulaufen.

Er verschwindet lieber in den tiefen Keller. Er muß den brennenden, aber noch nicht sinkenden Tanker seinem Schicksal überlassen, ohne ihm den Fangschuß geben zu können.

Es hat sich vieles geändert unter den Küsten der USA.

Wo Hardegen auch hinläuft, überall trifft er auf Zerstörer, auf Bewacher und Flugzeuge.

Was aber ihn und seine Männer nicht hindert, verbissen weiterzujagen und neue Abenteuer einzugehen, in Häfen einzudringen oder ganz dicht unter Küste sein Wild zu suchen.

Und das sind in erster Linie Tanker, Tanker, Tanker. Denn Öl ist das Herzblut des modernen Krieges.

Unter den nächsten Opfern ist wieder ein Tanker, der direkt vor dem mondänen Seebad Jacksonville Beach in Flammen aufgeht, dessen Öl ausläuft und eine breite, feurige Straße auf dem Wasser bildet. Erst kommen Flugzeuge, um das U-Boot zu jagen, dann ein Zerstörer. Hardegen geht mit dem Boot in dem unangenehm flachen Wasser auf Grund.

Die Wirkung der Detonationen der Wasserbomben ist entsprechend. Das Boot wird undicht. Preßluft entweicht. Auf der Wasseroberfläche muß auch ein Kind sehen, wo das U-Boot liegt.

Neue Bomben. Neue Schäden.

Plötzlich liegt das Boot fest und rührt sich nicht mehr. Beide E-Maschinen sind ausgefallen.

»LI, haben Sie noch Hoffnung, daß wir aus diesem Schlamassel einigermaßen heil herauskommen?«

»Nicht viel, aber man soll sich nicht vorher aufgeben. Die da oben können sich auch verrechnen.«

»Immerhin. Klar bei Tauchretter. Geheimsachen vernichten. Boot klarmachen zum Sprengen.«

Der LI läßt sich durch diese alarmierenden Notbefehle nicht stören. Er blinzelt Hardegen zuversichtlich zu, rückt nach Seemannsart die Hose hoch und geht mit seinen Leuten seelenruhig und gefaßt an die Arbeit, die seine und seiner Männer ganze Aufmerksamkeit in Anspruch nimmt.

»Das wäre ja noch schöner, Herr Kaleunt, einen Aal noch im Rohr und auszusteigen. Nee!« wettert der LI, als er eine Verschnaufpause einlegt. »Ein Wunder, daß die Jäger da oben diesen Schmiedebetriebskrach nicht hören.«

Nach Stunden ist es geschafft. Die Maschinen laufen wieder.

Der letzte Aal legt noch einen Frachter um. Und auf dem Heimweg findet auch die Artilleriemunition noch ein Ziel. Es dauert Stunden, um das 5000 BRT große Schiff mit 2-cm-Garben zu durchsieben. Hardegen kurvt um den Dampfer herum, um ihm durch Einschüsse auf der anderen Seite »Entlüftungen« beizubringen. Er sinkt tatsächlich.

Erfolg dieser Reise: 79000 BRT. Dank der Heimat: das Eichenlaub.

14

In der Karibik: 5000 Tonnen Dynamit gehen hoch

Zur Lage:
Das Merkmal der Schlacht vor Amerikas Küsten ist das Aufbrennen einer hohen Zahl von Tankern. Hampton-Roads, North Carolina und Kap Hattaras werden zu den Angelpunkten der Kräftekonzentration der deutschen U-Boot-Angriffe, um hier vornehmlich die einzelfahrenden Tanker zu jagen. Die Ausgangspunkte der ozeanischen Pipeline, die über die meerüberspannende Brücke der alliierten Tankerflotte führt, sind die Ölfundstätten im und am Karibischen Meer. Hierhin entsendet Dönitz die neuen großen Boote. Unter diesen U 68, Merten.

In der Zeit zwischen Januar und Mai belaufen sich die Gegnerverluste in den amerikanischen Operationsräumen auf 305 Schiffe mit 1 640 527 BRT, darunter 112 Tanker. Dönitz sieht vornehmlich in den Tankerverlusten nicht nur die Vernichtung gegnerischen Schiffsraumes, sondern mehr noch einen unmittelbaren Rückschlag auf das amerikanische Rüstungs- und Schiffsbauprogramm, da die meisten Betriebe in den USA vom Öl abhängig sind. Daher ist sein vordringlichstes Ziel die Destruktion der gegnerischen Tankerflotte. Andererseits bedeutet neben den unerschöpflichen Rohstoff- und Menschenreserven das amerikanische Normsystem trotz dieser Ölschwächung eine ungeheuerliche Gefahr, die nur von wenigen deutschen Stellen in vollem Umfang erkannt wird. Während sich die faustisch deutsche Gründlichkeit nicht vom Althergebrachten zu lösen vermag (die U-Boote werden noch immer »friedensmäßig« gebaut und eingerichtet), improvisiert der Amerikaner, vereinfacht, normt, schaltet auf Fließband um. Auch den Schiffbau.

U 68, Korvettenkapitän Merten, steht sechzig Meilen vor dem Panamakanal. Als der Tag versinkt und das Licht ohne Dämmerungsübergang erlischt, bleibt noch immer die drückende Treibhaushitze im Boot.

Ein Tag ist so brütend heiß wie der andere. Dieser ist ein Sonnabend. Ein Wochenende.

Auf U 68 ist der Sonnabend auch auf Feindfahrt ein Wochenende. Es ist der Tag der Flasche tiefgekühlten Bieres. Bis auf den daumenbreiten Schluck aus der Buddel nach schweren Stürmen und harten Wachen wird an sich kein Alkohol auf U-Booten ausgeschenkt. Aber eine Flasche am Sonnabend gönnt Merten seinen Männern – und sich. Er mag ja selbst gern einen guten Tropfen. Aber allein schmeckt es ihm nicht. Genau 160 Stunden lang darf sich jeder an Bord auf diese Stunde freuen.

Das Bier ist ausgegeben. Merten steht auf der Brücke. Eben will er einen genießerischen Schluck nehmen, als sich sein WO zu ihm wendet.

»Herr Kapitän, da stimmt doch was nicht, da steht ein seltsames Leuchten über der See.«

Merten vertauscht mit einer für seine Größe erstaunlich blitzartigen Bewegung die Flasche mit seinem Nachtglas. Er beobachtet zwei schwach leuchtende Vs und darüber kaum sichtbare Schatten. Kein Zweifel, das sind abgeblendete Schiffe. Zwei große, schwerbeladene Frachter, die sich da heranwühlen.

»Dreierfächer klar!«

Und was nun folgt, ist das Werk weniger Sekunden. Kursbefehle, Manöverkommandos, Anweisungen an die Torpedowaffe. Fast traumwandlerisch schalten und reagieren alle Stellen. Sie funktionieren so prompt wie eine elektrische Anlage, bei der einer auf den Knopf gedrückt hat.

Und dann, nachdem U 68 vor den anmarschierenden Frachtern seitlich herausgesetzt hat, nachdem alle Werte feststehen: Eigenfahrt, Gegnerfahrt, Entfernung, Torpedolaufzeit, Vorhaltewinkel, dann kommt der Befehl, den Dreierfächer loszumachen ...

Im Boot schlagen die Herzen wie dumpf dröhnende Glocken. Alle meinen, das Ticken der Stoppuhr zu hören, mit der der Obersteuermann die Laufzeit mißt.

Rabamm, Rabamm. – Zweimal knallt es. Dicht hintereinander.

Zwei Aale trafen den hinteren Dampfer. Der dritte ging vorbei. Noch ist es Zeit. Herausdrehend schießt Merten aus Lage neunzig mit dem Heckrohr auf den vorderen Frachter. Ein Schuß gedankenschneller Entscheidung.

Treffer. Drüben flammt Feuer auf. Irgend etwas brennt.

Auf dem 10000-Tonner, dem letzten, also dem vorderen Schiff, verlassen sie in kopfloser Flucht den angeschlagenen Untersatz. Wie die Irren benehmen sich die Leute dabei und veranstalten einen Heidenlärm.

»Komisch, komisch. Die ehrenwerten Kollegen von der anderen Seite sind doch sonst nicht so schnell durch den Wind, wenn das passiert, mit dem sie nun täglich, stündlich auch in diesen Seegebieten rechnen müssen ...«, sagt Merten nachdenklich.

»Die haben vielleicht 'ne wenig seebefahrene schwarzbraune Besatzung an Bord«, meint der WO entschuldigend. »Die Blackboys sind ja von Natur aus sensibler.«

»Nee, nee, da ist was wrong. Aber was stimmt da nicht, was?« knurrt Merten und schiebt die Mütze in den Nacken.

»Vielleicht haben die eben vor dem Auslaufen ein Boulevardblatt mit den letzten Sensatiönchen über uns ›bloody submariners‹ gelesen. Dann dürfte deren Angst doppelt groß sein.«

»Hoffentlich ist es nur das in diesem Fall«, gibt Merten zurück.

Frachter Nummer eins sinkt indessen. Der zweite aber schwimmt weiter und dümpelt mit seinen gestoppten Maschinen in der kammlosen, langen Dünung auf und nieder. Er wirkt so herzzerreißend hilflos wie ein tödlich verletzter Elefant im auf und ab wogenden Steppengras.

Die ausgesetzten, überbelegten Rettungsboote verschluckt die dunkle Nacht. Nur das metallene, klirrende Rucksen der Riemen hallt leiser, langsam schwächer werdend, zu U 68 herüber. Auf dem Wasser blitzt plötzlich ein Licht auf. Gleichzeitig hören sie gurgelnde Schreie.

»Help! Help! Help!«

Das Licht verschwindet. Dann ist es wieder da und wird wieder wie von Geisterhand ausgelöscht.

»Da liegt einer im Bach. Wird mitsamt seinem Notlicht an der Schwimmweste in der Dünung auf und nieder geschaukelt«, deutet der WO die Erscheinung.

»Auch nicht sehr nobel, den Kumpel im Bach schwimmen zu lassen und einfach abzuhauen«, erbost sich Merten und dreht sein Boot auf den Überlebenden zu. Sie nehmen einen eisgrauen, gute siebzig Jahre alten Seemann an Bord. Dem hilflos zitternden Alten reicht Merten seine geöffnete noch nicht angetrunkene Flasche hin. Bestes, an Bord gekühltes Dortmunder Union-Bier. Das kühle Blonde belebt den alten Knaben.

»Angst gehabt«, fragt Merten und stößt ihn kameradschaftlich sanft in die Seite.

»O yes, Sir, sehr viel Angst.«

»Maschine, was?« fragt Merten und tippt an die ölverschmierte Jacke.

»Yes, Sir, Dunkeyman«, sagt der noch immer Zitternde.

»Bestimmt alter Fahrensmann, was?«

»Yes, neunundsechzig Jahre alt.«

»Da sollte man lieber zu Hause bleiben.«

»Wollt ich auch, wollt dieses Jahr meinen Seesack pakken. An Land bleiben. Aber dann kam euer verdammter Krieg, und sie baten mich, doch zu bleiben ... Na ja, ich blieb, aber ...«

Auf einmal bricht es aus dem Alten untergründig und zornig heraus. Er habe in der Maschine gesessen, als das Biest von Torpedo krepierte. Die Hölle dürfte ein Sanatorium gegen das sein, was da unten los war. Es ging alles zu Bruch. Alles mögliche flog durch die Luft, und kreischend zerbrachen die Rohre. Diese verfluchten vielen Rohre, denn einige davon hätten ihn eingeklemmt. Er habe seinen Kumpels zugeschrien, ihn doch aus dieser boahaften Umklammerung zu befreien. Aber diese Fellows seien getürmt, hätten sich einen feuchten Schmutz um ihn gekümmert. Dann habe er sich doch noch befreien können. Mit letzter Kraft sei er an Deck gestürzt. Aber da wäre kein Schwanz mehr zu sehen gewesen. Alle Boote waren weg.

»Ich sprang über Bord. Weg, bloß weg von diesem Schiff.«

»Na, na«, beruhigt Merten, »so schnell säuft ein so dikker Brocken auch nicht ab. Das laß dir von einem alten Fachmann sagen. Ein Torpedo genügt da nicht immer ...«

»Aber nicht bei dem da ...«

Wieder kommt das kalte Grauen über den Alten. Plötzlich taumelt er und bricht zusammen.

»Erschöpfung«, denkt Merten. Er kann sich im Augenblick nicht um den Zusammengebrochenen kümmern, lediglich einem Seemann gibt er den Befehl, die Flasche mit dem besten Kognak nach oben zu holen. »Und einen Mitternachtswächter-Kaffee für ihn dazu«, ruft er dem ins Boot fallenden Matrosen noch hinterher.

Inzwischen will sich Merten um den angeknackten Dampfer kümmern. Man steht zu nahe vor dem Panama. Das Schiff muß schnellstens unter Wasser. Mit kleiner Fahrt läßt Merten U 68 um den zählebigen Frachter herumlaufen. Nur dreihundert Meter abstehend befiehlt er, einen Aal zum Fangschuß klarzumachen.

»Hähnert«, sagt er zu seinem WO, »merken Sie sich für Ihre spätere Kommandantenpraxis: Um einen Frachter, wie den hier, zu versenken, ist es zweckmäßig, ihn zwischen den beiden achteren Laderäumen zu treffen, so eben unter dem Achtermast. Da läuft nämlich, wie Sie wissen, der Wellentunnel entlang. Wenn der zu Bruch geht, säuft auch der dickste Towaß wie ein durchlöcherter Eimer ab ... Passen Sie auf ... So ...«

WO Hähnert ist nach dieser »Instruktionsstunde« vor dem Feind angespannteste Aufmerksamkeit.

Merten gibt seine Kommandos. Der Aal läuft.

Dort, wo Merten aber den Torpedo hinhaben wollte, trifft das Geschoß nicht. Es erwischt eben noch das Heck.

»Schweinerei«, flucht Merten. »Aal hat einen unerwarteten Knick gemacht.«

»Marke Erlkönig, erreicht den Hof mit Müh und Not«, hört Hähnert einen, der dicht hinter ihm steht, witzeln.

Der WO grinst und denkt: »Irgendwas muß der Alte zu seiner Entschuldigung ja sagen. Schweinerei stimmt immer. Wenn er das vom Erlkönig gehört hätte, oha ...«

Nun, sei es, wie's sei. Der Frachter sinkt trotzdem. Zwar langsam, aber unverkennbar bekennt er sich zum neptunischen Kurs. Etwas abdrehend erleben sie, wie das Schiff sich vor dem Sterben noch einmal stöhnend aufrichtet und mit dem Bug sekundenlang hoch aus der See herausragt. Dann rauscht es fauchend und lärmend in die Tiefe. Der Funker am Gruppenhorchgerät verfolgt mit der Stoppuhr die Geräusche der Todesfahrt unter Wasser.

Hundert Meter ... zweihundert Meter ... dreihundert Meter ... wird er jetzt wohl schon in die nasse Ewigkeit hinabgefahren sein. Die krachenden und berstenden Geräusche sind überall im Boot zu hören.

U 68 schwimmt jetzt von der Versenkungsstelle gut tausend Meter ab. Die See hat sich über dem verschwundenen Schiff wieder geglättet. Nirgendwo ist ein Ende gründlicher als auf See. Merten will nun Kurs auf die Rettungsboote nehmen. Er legt Wert darauf, sich mit dem Käpten zu unterhalten. Eben will er nach Backbord abdrehen lassen, als er noch einmal die furchtbaren Angstschreie der Besatzung nach der Torpedierung zu hören glaubt. Warum haben die den alten Dunkeyman nicht mehr herausgefischt? Warum sind sie mit ihren Booten in so panischer Eile von ihrem Schiff weggepullt? Sie hatten doch nicht die mindeste Ursache dazu. Hatten sie Angst, daß man sie in den Booten umbringen würde? Oder? Ja, was denn, was heißt hier oder ...

Dummes Zeug. Der Eimer da drüben ist weg. Der WO wird schon recht gehabt haben mit seinen Überlegungen ... Wer weiß, was man denen für Greuelmärchen serviert hat.

Diese Gedanken, die Mertens endgültigen Kursbefehl verzögern, retten ihm und seinen Männern das Leben ...

Gerade hat der Kommandant sich aufgerichtet und den Kopf zurückgedreht, um den Befehl an den Rudergänger und die Maschine zu geben, da grollt eine irrsinnige Detonation aus abgrundtiefer See herauf.

Im gleichen Augenblick wird das Boot in seiner ganzen Länge aus der See regelrecht herausgestemmt. Merten fühlt, wie sich die Brücke wie der Rücken eines Pferdes, das vor einem Hindernis bockt, unter ihm aufbäumt, wie ihm der Magen ruckartig fast in die Kniekehlen sackt und wie er, wie von einem Titanenhieb getroffen, halb betäubt von der Turmkante, auf der er sitzt, herunterfliegt, dem aufstöhnenden Dunkeyman direkt in die Arme.

»Torpediert«, zuckt es Merten durch den Kopf, der dröhnt, als säße er in einem Tunnel, durch den tausend D-Züge rasen. Wie in einer Narkose hört er unirdisch fern das Brausen und Rauschen der nach der Explosion wieder in sich zusammenfallenden See.

So also sieht das aus, wenn so ein Lausetorpedo trifft ...

Merten schüttelt erst einmal den Yankee ab, der sich in seiner Angst an ihm verkrallt hat. Benommen rappelt er sich auf. Mein Gott, das Boot schwimmt ja, dämmert es ihm. Er greift an die Reling. Er greift zu dem Sehrohrbock. Alles in Wirklichkeit. Er träumt nicht.

Wer hat auf U 68 geschossen? Wo steht der Gegner? Und was ist dem Boot, was seinen Männern passiert? wirbelt es durch seinen Kopf.

Seltsam, wieviel man in solchen tödlichen Sekunden denken kann ...

Handeln, jetzt sofort handeln.

»Männer«, ruft Merten in den Turm hinab, »Kerls, was ist los?«

»Herr Kapitän?« kommen Stimmen zaghaft und ungläubig aus dem Dunkel heraus, denn das Licht ist ausgefallen. Das Notlicht funktioniert noch nicht. Dann aber überstürzen sich die Meldungen.

»Backborddiesel unklar. – Beide Diesel unklar. – E-Anlage streikt. – Kreisel ausgefallen.«

»Wasser im Boot?« fragt Merten zurück.

»Nein, Herr Kapitän, nur tauchunklar. Sind schon dabei, Schäden zu beheben.«

»Nur tauchunklar«, denkt Merten und lächelt grimmig. »Als ob das 'ne Lappalie ist.«

»Hähnert, übernehmen Sie die Wache, und suchen Sie mit dem Ausguck die See ab«, ruft er unvermittelt dem WO zu und läßt sich kurz entschlossen ins Turmluk fallen, um sich bei seinen Männern zu zeigen.

Du lieber Himmel. Seine Stiefel schlürfen über Glas. Alle Manometergläser sind zerplatzt. Sextanten liegen an Deck. Kaffeetassenscherben. Die fromme Helene – stumme Trösterin auf Mitternachtswache, die alte geliebte Kaffeekanne ... Auch zum Teufel. Seekarten tummeln sich dazwischen, Nachtgläser schurren über die Flurplatten ... Dazwischen seine Leute mit eher wütenden als ängstlichen Gesichtern. Sie arbeiten mit Ingrimm, um das Boot aufzuklaren und um die Schäden zu beheben. Merten sieht in das fragende Gesicht seines Leitenden.

»Weiß nicht, Männer, was uns da packte. Wahrscheinlich Torpedo. LI, kriegen wir die Diesel wieder in Gang? Macht zu, klotzt ran, sonst verpassen sie uns einen zweiten.«

Als Merten wieder in den Turm raufjagt und sich auf die Brücke schwingt, trifft sein Blick den alten Dunkeyman. Ach richtig, der ist ja auch noch da. Ganz vergessen den alten Knaben.

Der Alte erhebt sich gerade. Taumelnd und mit müden

herabhängenden Armen drückt er sich mit dem Rücken an die Turmverkleidung. Als er Merten erblickt, hebt er die Hand und spreizt die Finger zur Fünf.

»Five thousand tons, Sir«, murmelt er dazu.

»Was für 5000 Tonnen? Wieso? Ich verstehe nicht!« forscht Merten, der damit nichts anfangen kann, wohl aber ahnt, daß diese Bemerkung vielleicht etwas mit der Unterwasserexplosion zu tun haben könnte.

»Dynamit«, stöhnt der Alte.

»Wie bitte?«

»Fünftausend Tonnen Dynamit hatten wir geladen.«

Fünftausend Tonnen! Das sind hunderttausend Zentner!

Das war unter anderem die Ladung der 10000 BRT großen »Surrey« auf ihrem Wege von den USA an die amerikanische Westfront im japanischen Kampfraum. Glücklicherweise ging diese teuflische Fracht nicht schon bei den beiden Torpedotreffern hoch. Der Dampfer soff erst mal ab, und der immer stärker werdende Wasserdruck preßte nicht nur den Schiffskörper, sondern auch die in den Kisten befindliche Dynamitladung zusammen. In einer Tiefe von zirka 800 Metern krepierte sie. Es fehlen die Worte, um die Gewalt dieser Explosion zu beschreiben. Wer jemals die Explosion einer Wasserbombe erlebt hat, kann sich ausmalen, was hier geschah.

Eiskalt kriecht es Merten den Rücken herauf. Was wäre geworden, wenn der Aal nicht diesen sonderbaren Knick gemacht hätte, wenn er wirklich in die Laderäume gefahren wäre? Und wie eigenartig ... es war der letzte klare Aal. Die anderen wollte Merten erst in dieser Nacht aus den Oberdecktuben nehmen. Vielleicht, nein, sicherlich hätte er noch einen weiteren Torpedo hinterhergejagt, schon, um den unverschämt grinsenden Hähnert zu beweisen, daß nur des Torpedos Mucken an dem Fehlschuß schuld waren. Welche überirdische Vorsehung war es, die dem Torpedo ins Leitwerk griff und seine Fahrt einknicken ließ?

Wegen dieser Teufelsladung riß also die Besatzung auf dem Frachter so panikerfüllt aus. Daher also diese unmenschliche Angst des alten Dunkeymannes, der in seinem langen Seemannsleben wahrhaftig hart und gründlich gesotten wurde.

Und wie seltsam, daß Merten vor der Ausführung seines Gedankens, über die Versenkungsstätte hinweg den geflohenen Booten nachzufahren, noch einmal die angsterfüllten Schreie der Besatzung zu hören glaubte, als diese nach dem ersten Treffer ausstieg ...

War es Instinkt, jener sechste Sinn, der von den see-erfahrenen Briten in Verbindung mit einer in solchen oder ähnlichen Situationen richtigen Handlungsweise mit höchstem Lob, ja sogar mit Orden bedacht wird ...?

Frachter Nummer eins war übrigens die 5400 BRT große »Ardenvohr«, von Baltimore durch den Panamakanal nach Australien deklariert. Ladung: Kriegsmaterial: Waffen, Munition, Tanks, Flugzeuge.

»Wo kamt ihr denn her, old boy?« will Merten von dem Alten wissen.

»Wurden aus einem Konvoi entlassen«, brummt der Yankee.

»Dicker Konvoi?« schaltet Merten wie ein Relais.

»O yes, so an die dreißig Schiffe.«

»Immer noch böse, daß es die ›Surrey‹ erwischt hat?« In Mertens Frage schwingt ein kameradschaftlich warmer Unterton mit.

»Sir, Sie wären es an meiner Stelle auch, by Jove!«

»Auf wen denn? Auch auf mich? Auf die Deutschen?«

»Auf alle, die an diesem Krieg verdienen. Ihr U-Boot-Leute seid Soldaten. Krieg machen immer nur die Zivilisten. Die Börsenjobber auf der einen – und Fanatiker auf der anderen Seite ergänzen sich wie ein paar alte Latschen.«

»Soso, dreißig Schiffe waren es also«, bringt Merten das Gespräch vorsichtig auf den Ausgangspunkt zurück.

»Well, die meisten sollten durch den Panama.«

»Wieviel Meilen lief denn dein Untersatz?«

»Zwölf.«

»Und die anderen?«

Seinem Gesicht sieht es Merten an, daß der Graukopf noch etwas auf Lager hat. Da, er blinzelt ihm zu. Dann macht er mit dem Kopf eine kurze Bewegung nach See zu und sagt langsam: »Einige andere schaffen nur zehn, höchstens elf . . .«

Merten läßt dem Alten noch einen Kognak reichen und ihn dann unter Deck bringen, wo er sich in die Ecke hocken und Kartoffeln schälen kann, wenn er will, da er offenbar keine Lust hat, sich hinzulegen und ein Auge voll zu nehmen.

Er schält dann auch Kartoffeln. Sogar mit Eifer. Und wahrscheinlich auch, um zu vergessen.

Merten läßt mit Eile die Aale aus den Oberdeckstuben nehmen. Er beginnt sofort mit dem Umladen.

»Mit Bulleneifer ran, Kerlchens«, fordert er.

Wenn der Merten »Bulleneifer« sagt, dann liegt was in der Luft. Nach zwanzig Minuten schon ruht der erste Torpedo auf dem Wagen. Man will ihn eben in das schrägstehende Torpedoluk versenken . . .

In diesem Augenblick meldet der Steuerbordausguck einen querabstehenden Schatten. Das Schiff ist schnell. Viel schneller als erwartet. Man rechnete ja mit den langsameren Nachzüglern aus dem Geleit, von denen der graue Alte sprach und derenthalber der Kommandant sein Boot wieder angriffsklar machen läßt.

Merten aber kann wegen des noch offenstehenden Torpedoluks nicht auf große Fahrt gehen, sondern zunächst nur langsam auf Parallelkurs drehen.

Ewigkeiten scheinen es, bis die störrische und aalglatte Stahlzigarre unter Deck gewuchtet, bis das Luk endlich dicht geschraubt ist. Noch bevor die letzten Verschraubungen angezogen werden, läßt der Kommandant den Maschinentelegrafen auf »AK« legen. »Dreimal Wahnsinnige«, schreit der Leitende im Motorenraum in den Lärm der stampfenden Diesel hinein. Merten läuft in großer Fahrt hinter dem wieder außer Sicht gekommenen Ziel her. Wenige Zeit später ruft es der Ausguck im westlichen Sektor wieder aus. Es ist zwar nur ein hauchfeines Leuchten zu erkennen, ein winziger Lichttupfen auf dem Meer. Die Hecksee des Frachters …

Fünfzig Minuten nach der Befehlserteilung melden die braven Torpedomixer den Aal im Rohr. In nur fünfzig Minuten wurde er der Tube entnommen, wurde das viele Zentner schwere Geschoß ins Boot gehoben, die Gefechtspistole eingesetzt, über die Niederdruckluftanlage mit Preßluft aufgefüllt, mit Kettentaljen ins Rohr geschoben und die Verschraubung angezogen.

Der Aal ist klar, das Rohr braucht nur noch gewässert zu werden.

Die Entfernung zu dem Frachter nimmt aber nur langsam, nur Meter für Meter ab.

»Himmel, Arsch und Wolkenbruch!« Merten schlägt auf die Entlüftungsgräting.

»Obersteuermann und Mixer auf die Brücke!«

Merten hält Kriegsrat mit seinen Getreuen.

Er ist entschlossen, den Schuß zu wagen. Die Entfernung ist zwar groß, und die Lage 140 Grad ergibt einen so spitzen Schußwinkel, daß ein sicherer Treffer nach den Regeln unwahrscheinlich sein muß. Nein, müßte …

Hinter ihnen erwacht der Tag.

Im Osten verfärbt sich der Himmel, schießen jetzt vier goldene Pfeile der nahenden Sonne voraus. Vor ihnen, auf dem noch teerig dunklen Wasser, schwimmt der Gegner und trottet stur seinen Kurs.

Der Kapitän liegt sicherlich noch in der Koje. Und in der Kombüse wirtschaftet schon der Smut, um ihm und allen anderen das Frühstück zu bereiten.

Alle wissen auf U 68, daß sich ihr Boot in wenigen Minuten schon immer klarer und scharf umrissen wie ein Scherenschnitt gegen den heller werdenden Osthimmel abzeichnen wird.

Den Frachter außer Sichtweite im Bogen zu überlaufen und dann im Unterwasserangriff anzugreifen, ist wegen dessen hoher Geschwindigkeit hoffnungslos. Es muß auch so gehen, auch, wenn dieser von Merten geplante Schuß der Schießtechnik widerspricht . . .

»Die Chancen stehen neunundneunzig zu eins«, wendet Hähnert mehr für sich als für den Kommandanten ein. Merten blickt seinen WO unwillig an. Nun fängt der auch noch an zu unken . . .

Und nun erst recht.

Er sieht nur noch den Frachter, als die Befehle fallen . . .

»Ferrtig . . . – Llllos . . .«

Ein Druck auf den Knopf, dann ein Fauchen, ein ganz sanfter Stoß. Der Aal ist draußen. Aus Lage 140 – im spitzen Winkel – geschossen, durchwühlt er die glasklare Karibische See. Schnurgerade, wie mit dem Lineal gezogen, läuft er auf das Heck des Gegners zu. Ein Bruchteil Abweichung nur, ein Millimeterfehler in der Errechnung der Werte, ein zu frühes oder zu spätes Abkommen in der unruhigen See – und der Aal, der letzte klare Torpedo an Bord, wird sein Ziel verfehlen.

05.40 Uhr. Die Sekunden sind wie dunkle, schwarze Öltropfen. Obersteuermann Grieses krauser Bart zittert vor Aufregung. Der alte Kumpel sieht, fiebrig rot im Gesicht, zum Frachter und dann wieder zum Kommandanten hin.

In letzter Bewegung nach dem Schußbefehl erstarrt, so steht Merten auf dem Turm. Äußerlich ruhig. Aber das Herz klopft auch ihm im Halse. Wie allen . . .

05.40 Uhr . . . 30 . . . 40 . . . 45 . . . 50 Sekunden.

05.41 Uhr . . .

Wo eben noch das Heck des Frachters sichtbar war,

bricht mit unterirdischem Grollen ein Vulkan aus der See. Einer Gigantenfaust gleich reckt sich mit einem Ruck eine riesenhafte Fontäne aus Wasser, Gischt, Rauch und Trümmern aus dem Meer heraus.

Schnell auflaufend, beobachten sie den Untergang des sich aufbäumenden Schiffes. Es sinkt, übergoldet von der aufgehenden Sonne. Mit dem Achterdeck voran geht es hinab. Einen Augenblick richtet es sich noch einmal abschiednehmend auf. Dann fährt es abwärts. Wie eine fallende Rakete ...

Die Besatzung rettet sich auf große Kisten Decksladung, deren Laschings bei der Detonation zerknallten und die die See nach dem Absaufen des Frachters wieder ausspie. Man bekam nicht mal mehr die Boote zu Wasser, so schnell und überraschend kam alles. Flugzeugteile treiben auf der See. Stammen aus einigen der Oberdeckskisten, die zu Bruch gegangen sind. Auch dieses Schiff hatte Kriegsmaterial geladen. »Port Montreal« war sein Name.

Drei Frachter mit 20000 BRT und 30000 Tonnen Fracht an Bord sind das Ergebnis einer einzigen Nacht in der Karibik.

15

Noch unerfahrene Amerikaner ...

Zur Lage:
Der Versenkungsdurchschnitt steigt ständig an. Im Januar 1942 sind es 209 BRT, im Februar 378 BRT, im März 409 BRT und im April 412 BRT pro Tag und Boot am Feind. Im März betragen die Gegnerverluste 446044 BRT durch deutsche, 82000 BRT durch italienische und 101098 BRT durch japanische U-Boote. Das sind zusammen allein durch U-Boote 649142 BRT. Nach deutschen B-Dienst-Unterlagen dürfte der Gegner insgesamt 7 Millionen BRT Schiffsraum im Jahre 1942 neubauen, während der stets

skeptischere Dönitz in der Führerkonferenz am 13. Februar 1942 sogar von 8200000 BRT sprach und die Neubauten für 1943 mit 10400000 BRT bezifferte, Zahlen, die von deutschen Schiffsbauexperten allerdings angezweifelt werden (hier spricht man von höchstens 5 Millionen). Sei es, wie es sei, bei 8 Millionen Neubauten im Jahr sind dies 660000 BRT im Monat. Jede darüber hinaus versenkte Tonne zehrt an der Substanz.

Der BdU tritt dafür ein, den Krieg in den USA-Gewässern so lange fortzusetzen, wie es vorteilhaft sei. Er schränkt ein, daß sich dort die Situation eines Tages aber ändern könne. Trotz der gewaltigen amerikanischen Anstrengungen würden jedoch die US-U-Boot-Abwehrkräfte vorerst noch keine ernsthafte Gefahr darstellen. Die U-Boote würden die Lage noch immer aufgrund ihrer größeren Erfahrungen meistern. Die amerikanischen Flieger sähen nichts. Die Zerstörer und Korvetten führen zu schnell, um die Boote zu orten und ihre Wabos richtig anzusetzen, wie auch das Beispiel von U 71 beweist. Die Besatzungen der US-U-Boot-Jäger seien noch unerfahren und unausgebildet. Noch ...

Lassen wir Kapitänleutnant Flachsenberg über seine fünfte Feindfahrt mit U 71 einmal selbst zu Wort kommen, um in seiner Sprache eine Unternehmung in den Frühjahrsmonaten des Jahres 1942 nachzuerleben ...

Es ist, zumal für die Atlantikküste, unangenehm kalt, als wir am 23. Februar starten. In der Loiremündung steht eine häßliche See, dicke Nebelschwaden treiben darüber hin. Ein Wetter, das uns den Abschied von St. Nazaire nicht gerade leicht macht. Das Fla-Geleit macht bald wieder kehrt, aber den Sperrbrecher kann ich dazu überreden, mich bis zur Sperrlücke zu bringen.

Dann sind wir allein!

Na, bei diesem Wetter ist wenigstens die feindliche Flieger- und U-Boot-Gefahr so gut wie ausgeschaltet.

Nur schnell in tiefes Wasser kommen!

Bei Tage marschieren wir in der Biskaya getaucht, bei Nacht laufen wir hohe Fahrt, um möglichst bald und ungefährdet aus diesem unangenehmen Seegebiet herauszukommen. Diesen »Stropp« kennen wir nun schon, auch die von den englischen Maschinen vor ihrem Rückflug abgeworfenen Bomben, wenn die Flugzeuge wieder einmal vergeblich auf U-Boot-Jagd geflogen sind. Sie stören uns in unserer Unterwassergeborgenheit kaum.

Am dritten Tag ist unwahrscheinlich schönes Wetter. Wir haben Sonnenschein und gute Sicht. Die See läuft von achtern auf, so, wie wir es brauchen. Nach meinem Operationsbefehl soll ich, falls der Brennstoffverbrauch es zuläßt, das Gebiet um Kap Hatteras vor der nordamerikanischen Festlandküste ansteuern, andernfalls muß ich weiter nach Osten abgesetzt operieren.

Ich laufe »sparsamste Marschfahrt« – verdammt langsam, doch Zeit haben wir ja genügend ... Aber darüber hinaus hängt der Brennstoffverbrauch weitgehend von der Wetterlage ab. Und die ist Glückssache! Und Glück scheinen wir vorläufig zu haben.

Dieser Tag soll für lange Zeit der einzig schöne bleiben. Wir marschieren auf dem Großkreis, auf dem navigatorisch kürzesten Weg, aber durch ein um diese Jahreszeit bekanntes Schlechtwettergebiet im nördlichen Atlantik. Unser Wetterglück ist nur von kurzer Dauer. Am nächsten Morgen geht es noch an. Wir können noch einmal unsere Gefechtsrolle durchexerzieren, denn bei jeder Fahrt habe ich 25 Prozent neues Personal, das eingefahren werden muß!

Dann springt der Wind endgültig um und bläst mit Stärke sechs und mehr aus Nordwest, West oder Südwest, jedenfalls immer gegenan.

Ich hätte doch südlicher marschieren sollen. Hätte ...

Ausgerechnet in einem der 20-Pfennig-Romane, die wir an Bord verschlingen, wird davor gewarnt, im Frühjahr oder Herbst über den großen Teich zu rutschen.

Ich kann diesen Ratschlag nur ergänzen: Im Winter soll man es erst recht nicht tun, bestimmt nicht auf einem U-Boot.

Das schlingert, stampft und schaukelt in allen nur vorstellbaren Koordinaten, bergauf, bergrunter. Es hängt nach Steuerbord, bis alle festgezurrten Gegenstände durchs Boot fliegen, dann wieder nach Backbord, bis auch der letzte Mann aus seiner Koje gerollt ist. Wellenberge steilen sich bis über zehn Meter Höhe auf. Das ist nicht übertrieben. Die muß das Boot buchstäblich hinaufklettern, um auf der anderen Seite um so schneller wieder hinunterzurutschen.

Die Brücke kann man nur im Schwerwetteranzug, eine Art Taucheranzug, und auch nur angeschnallt betreten. Aber das hindert nicht, daß der Brückenwache das eiskalte Wasser in den Hals läuft. Das Turmluk muß wegen der überkommenden See dicht gefahren werden. Die Lüfter können nicht laufen. Die Luft im Boot kann man sich vorstellen. Sie ist zum Schneiden dick.

Der Bugraum gleicht einer Räuberhöhle: Die Reservetorpedos nehmen den letzten freien Raum. Stehen kann hier niemand. Beim Essen hockt oder lagert der Verein an Deck auf einer Bretterlage, die über den beiden oberen Torpedos ruht.

Dazu der Seegang.

Die Hälfte des Eßgeschirrs rutscht auf Nimmerwiedersehen in die Bilge. Was tut's – wird eben aus einem Napf gefuttert. Und der letzte Löffel geht reihum. Ein hartes Brot, diese Seefahrt da vorne in der »Röhre«. In der Maschine mit ihrem Öldunst und Motorenlärm geht einem die Schaukelei noch mehr auf die Nerven.

Und erst die Seekranken. Da habe ich einen Fähnrich, der hat seit vierzehn Tagen kaum etwas gegessen. Er hängt blaß und abgemagert in seinem Anzug, wenn er seine Seewache durchstehen muß, und er liegt die übrige Zeit apathisch und völlig erschöpft auf seiner Koje. Ich kann ihm auch nicht helfen, wenn sein Magen nicht mitmachen will. Es jammert einen natürlich.

Dabei arbeitet der Koch trotz des Seeganges erstaunlich

pünktlich und geschickt. Der Frischproviant ist bis auf unsere Vitaminträger, Zitronen, nach acht Tagen zu Ende, und die Konservennahrung, die sich gut einteilen läßt, beherrscht nun den Speisezettel. Wir stellen uns allmählich auf eine lange Unternehmung ein und beginnen rechtzeitig mit der Rationierung unserer Vorräte.

Wenn nur das Essen selbst nicht soviel Mühe machen würde. Die Schüssel steht an Deck. Selbst sitzt man festgekeilt in einer Tischecke, balanciert den halbgefüllten Teller in der Hand und kann doch nicht verhindern, daß sich sein Inhalt über den Tisch oder die Koje des fluchenden Leitenden Ingenieurs ergießt. Gottlob, er hat Humor.

Zwischen den Mahlzeiten liegt man in Gummistiefeln oder Gummihose auf seiner Koje, eingeklemmt zwischen Rückwand und hochgeklapptem Schutzgitter. »Kindergarten« heißt das an Bord. Man kann nicht schlafen. Man mag nicht lesen. Man döst vor sich hin. Man hat zuviel Zeit, sich mit sich selbst zu beschäftigen, das ist auf die Dauer nicht gut.

Die Brennstofffrage bleibt der entscheidende Faktor. Geht es über Wasser nicht weiter – höhere Fahrtstufe würde bei unverhältnismäßig großem Treibölverbrauch keinen Gewinn bringen –, so marschieren wir unter Wasser so lange, bis die Batterien erschöpft sind oder die Luft mit Kohlensäure übersättigt ist – das letztere ist zuerst der Fall – und wir wieder auftauchen müssen. Meine Kalipatronen muß ich für das Operationsgebiet klar halten.

Der Unterwassermarsch in entsprechender Tiefe hat den Vorzug, daß in diesen Stunden das Boot wenigstens ruhig liegt. Die Besatzung lebt dann sichtlich auf: In der Zentrale wird mit fanatischem Eifer Schach gespielt, bei den Unteroffizieren knallen die Skatkarten auf die Back, im Funkraum werden mit Hilfe von Lexikon und Atlas Kreuzworträtsel gelöst, im Bugraum dudelt ein Seemann auf seinem Schifferklavier herum, überall wandern die halbzerrissenen und ölverschmierten Illustrierten des letzten Vierteljahres von Hand zu Hand, um im Sinne des Wortes zerlesen zu werden.

Ich versuche, einen französischen Roman zu lesen, und da ich nach bewährter Schulmethode halblaut vor mich hin spreche, glaubt meine mich mißtrauisch beobachtende Besatzung, bei dem Alten sei bereits nach vierzehn Tagen U-Boot-Seefahrt die Blechkrankheit ausgebrochen.

Aber trotzdem ist es hier unten still und friedlich. Wir sind gewissermaßen unter uns, und die wildgewordene See, der böse Feind und der BdU mit seinen Funksprüchen, sie alle drei können uns einmal . . .

Das geht nun schon die dritte Woche, wir kommen und kommen nicht recht weiter. Die Besatzung ist blaß und ungeduldig. Je mehr wir uns der Neufundlandbank nähern, um so blödsinniger wird das Wetter. Das Barometer macht tolle Sprünge. Dabei wird es von Tag zu Tag kälter. Schon meldet ein etwas nördlicher stehendes Boot eine Eisbergsicht. Das fehlt gerade, daß wir bei Nacht und Nebel oder gar unter Wasser auf so einen Vogel brummen. Die elektrischen Heizkörper fressen zuviel Strom. Freiübungen als bewährtes Hilfsmittel gegen Kälte kann man auf einem U-Boot auch schlecht machen. Bleibt nur das alte Hausrezept: sich warm anziehen.

Der IWO bringt es immerhin auf fünf Hosen, und da sein Oberkörper genauso verpackt ist, paßt er gerade noch durchs Turmluk.

Kalte Füße holt er sich trotzdem.

Mit den Kranken habe ich bisher Glück gehabt: einige noch nicht ausgeheilte Hautwunden aus der Werftliegezeit – der Koch arbeitete bisher nur mit einer Hand –, kleinere Verletzungen durch den Seegang, eine Mandel- und eine Nierenentzündung.

Als Abschluß der Schlechtwetterperiode geraten wir noch in ein Sturmtief, an dem aber auch alles dran ist. Pechschwarze Nacht, ein wüstes Gewitter mit Hagelböen und ein Orkan, der die See einfach niederkämmt und den U-Boot-Turm wie eine Segelfläche nach Lee ins Wasser drückt. Weltuntergangsstimmung! Die Brückenwache hat Angst, regelrechte körperliche Angst – das Bild ist aber auch unheimlich –, und wir atmen erleichtert auf, nachdem wir getaucht sind und uns in bewährter Unterwasserfahrt vor dem Unwetter verholen. Wie man sieht, hat ein U-Boot mitunter auch Vorteile, aber nur mitunter . . .

Endlich, nach fast drei Wochen Seefahrt, passieren wir den 55. Längengrad; ich melde einen unverhältnismäßig hohen Brennstoffbestand und bekomme nun vom BdU als Jagdgebiet einen Abschnitt zwischen Kap Tear und Kap Hatteras unter der amerikanischen Küste zugewiesen.

Aber noch sind wir nicht da.

Dafür ist das Wetter endlich besser geworden. Der Wind bläst zwar noch aus Nordwest oder West, aber mit einer erträglichen Stärke. Es ist wärmer, vor allem ist die Wassertemperatur gestiegen. Wir stehen im Golfstromgebiet, das uns in Zukunft noch viel zu schaffen macht, nicht nur durch seine schwer erfaßbaren Stromversetzungen, sondern vor allem durch eine schnell wechselnde Dichte und Wasserschichtung, die den tauchklaren Zustand des Bootes gefährden.

Der IWO hat Geburtstag, und da er gleichzeitig Menageoffizier ist, gibt es mittags und abends ein Festessen. Der Koch hat sogar eine Geburtstagstorte fertiggebracht. Um all das ungestört in uns aufnehmen zu können, gehen wir eigens dazu auf Tiefe.

Es ist wieder einmal schön bei der deutschen Kriegsmarine.

Überraschend früh, am 17. März nachmittags, wird der erste Dampfer gesichtet. Wir sind zwar in einem Gebiet »mittleren, stark gestreuten Einzelverkehrs«, meist Engländer aus Südamerika, die ihre Geleitzugsammelplätze südlich Nova Scotia ansteuern, haben hier aber noch nicht damit gerechnet. Zuerst liege ich hoffnungslos achteraus von ihm und will schon meinen Westmarsch fortsetzen, als er plötzlich auf mich zuzackt. Ich brauche, wenn er diesen Kurs beibehält, nur unter Wasser heranzulaufen. Und er tut mir den Gefallen. Ahnungslos kommt er heranmarschiert. Ich bin ziemlich weit entfernt, bei dem Seegang kann er mein Sehrohr unmöglich sehen. Donnerwetter, das ist ja ein Tanker, etwa 10000 BRT. Natürlich bewaffnet. Der braucht zwei Aale. Jetzt ist er in Schußposition.

Die Aale marschieren. Hoffentlich laufen sie gut.

»Zeit um!« meldet der Obersteuermann. Wenige Sekunden später zwei hohe Detonationen, beide Torpedos haben getroffen. Zwei vielleicht 400 Meter hohe Feuer- und Rauchsäulen schießen hoch. Der Tanker brennt. Da in diesem Gebiet keine unmittelbare Fliegergefahr ist, tauchen wir auf. Einer nach dem anderen darf die Besatzung einmal auf die Brücke.

Noch macht der Tanker Fahrt, das Ruder klemmt anscheinend Backbord, und so dreht er sich langsam im Kreise. Immerzu. Wie ein zu Tode getroffenes Ungeheuer schaut er aus.

Das brennende Öl, wahrscheinlich Petroleum, ergießt sich aufs Wasser, und das brennende Wrack fährt mitten durch das Feuermeer. Aber es ist zäh, nach wenigen Minuten taucht es wieder daraus hervor und beginnt seinen irrsinnigen Drehkreis von neuem.

Von der Besatzung lebt kein Mensch mehr. Die haben gottlob ein schnelles Ende gefunden.

In der Nähe treibt ein gekentertes Rettungsboot.

»Die armen Schweine!« sage ich zum Obersteuermann.

»Daran dürfen wir jetzt nicht denken«, meint er darauf. »Wenn sie uns haben, geht's uns nicht besser!« Und damit hat er zweifellos recht.

Trotzdem geht uns ein solches Schauspiel an die Nieren.

Als der Tanker nach einer Stunde noch keine Anstalten

macht, zu sinken, bekommt er einen dritten Aal. Endlich scheint er genug zu haben. Vorderer Mast und Brücke stürzen ein, er bleibt, über die ganze Länge brennend, mit Steuerbordschlagseite liegen. Den Untergang des brennenden Wracks warte ich nicht mehr ab. Das kann noch Stunden dauern.

Wir marschieren weiter nach Westen. Am Horizont steht bis zum Einbruch der Dunkelheit eine schwarze Rauchsäule, die oben pinienförmig auseinanderfließt. Ich werde unwillkürlich an den Vesuv erinnert.

Das Wetter der nächsten Tage macht einen Waffeneinsatz wieder unmöglich. Es ist auch nicht viel besser, als wir drei Tage später unseren zweiten Dampfer sichten. Bei diesem Seegang werden die Aale schwerlich laufen. Aber es muß versucht werden. Der Leitende hat Mühe, das Boot auf Sehrohrtiefe zu halten; aber ich kann bei diesen Wellenbergen nichts sehen. Auf einmal ist der Dampfer auf der anderen Seite, die günstige Schußgelegenheit verpaßt. Plötzlich sehe ich an seinem Heck eine Flagge. Sollte das ein Neutraler sein? Ich tauche auf, um mir Gewißheit zu verschaffen. Einwandfrei Amerikaner, unbewaffnet.

Der fährt ja noch recht harmlos zur See. Muß mich doch gesehen haben, verhält sich aber nicht danach.

U-Boot-Falle, denke ich unwillkürlich. Also Vorsicht!

Endlich hat er mich entdeckt und versucht, durch geschickte Kursänderung zu entkommen. Ich muß mit hoher Fahrt gegen die schwere See angehen. Meine Brücke steht zeitweilig völlig unter Wasser. Ich beschieße mit meinem MG Brücke und Oberdeck. Das hilft! Ein vollbesetztes Rettungsboot kommt zu Wasser. Aber der Käpten gibt das Rennen noch nicht auf. Er funkt verzweifelt um Hilfe.

Es ist die »Oakmar«, 5766 BRT, auf dem Weg nach New York. Zwar macht sie allmählich weniger Fahrt, aber ich fahre immer noch wie ein Verrückter hinter ihr her. Fehlt noch, daß jetzt die amerikanischen Flugzeuge kommen!

Erster Torpedo: Fehlschuß. Bei dem Wetter kein Wunder!

Wieder das MG 30 auf die Brücke. Das zweite Boot kommt drüben zu Wasser, aber leer. Von Oberdeck springen zwei Mann hinein. Na, wenn die man nicht Arm und Bein gebrochen haben.

Zweiter Torpedo: Oberflächenläufer, aber Treffer Vorkante Brücke. In der Umgebung des Treffers färbt sich das Wasser rot. Was hat denn der geladen?

Die Fahrt, die die »Oakmar« bis zur letzten Minute macht, wird ihr nun zum Verhängnis. Sie stampft sich buchstäblich zu Tode. Der Bug sackt schnell tiefer, und wenige Minuten später rauscht der Dampfer senkrecht in die Tiefe. Das Heck ragt einen Augenblick steil in die Höhe. Die Schraube dreht sich immer noch.

In der Nähe unseres Bootes schwimmt einer von der Besatzung und sieht mit erstaunten Kinderaugen zu uns herauf. Große Hoffnung auf Rettung besteht weder für ihn noch für die Boote.

Am nächsten Tag kommt der erwartete Willkommensgruß vom Festland: Ich muß vor einer Landmaschine alarmtauchen. Verflucht spät erst gesichtet, aber das beruhte wohl auf Gegenseitigkeit, denn sie wirft keine Bomben.

Nun kann's losgehen! Ich muß noch dichter unter die Küste, hole aber auch ziemlich weit nach Süden aus, da nach den vorliegenden Lagemeldungen dort die größten Angriffschancen bestehen.

Nachts alarmiert mich der IWO, der in seinem Jagdfieber den aufgehenden Jupiter für ein rotes Signallicht gehalten hatte. Entgegen den Angaben der atlantischen Monatskarte, die diese Gegend als das sturmreichste Gebiet bezeichnet, herrscht seit einigen Tagen schönstes Wetter. Spiegelglatte See, blauer, wolkenloser Himmel, strahlender Sonnenschein. Das Wasser mißt 25 Grad, die Luft steht ihm nicht viel nach. Drüben an der Virginiaküste werden sie jetzt am Strand liegen und sich die Sonne auf den Pelz brennen lassen. Der Krieg müßte überhaupt zu Ende sein: in einer Bucht geankert, die verschwitzten Sachen vom Leib, gebadet und gesonnt . . . Ach, das sind Träume.

Statt dessen müssen wir bei Tage fast ausschließlich unter Wasser stehen, denn die amerikanischen Flieger sind mit ihren Bomben jetzt schnell bei der Hand. Die Temperatur im Boot ist entsprechend: In der E-Maschine werden 42 Grad gemessen.

Auch bei Nacht ist man vor den Flugzeugen nicht sicher. Wir sind gerade in eine Vollmondperiode hineingeraten. Das ist hart. Aber den guten alten Freund da oben können wir nicht beschießen. Der lacht sich eins.

Ich wundere mich, daß auf dem Dampferweg, auf dem bisher starker Nachtverkehr beobachtet worden ist, bis auf einzelne patrouillierende Zerstörer nichts zu finden ist. Die Erklärung bringt ein Funkspruch an den BdU von Kapitänleutnant Mohr, der hier zwei Nächte zuvor »gerakt« hat.

»Weidmanns Dank für freie Jagd! In der Gewitter-Vollmondnacht war bei Lookout die Tankerschlacht.

Der arme Roosevelt verlor – 50000 Tonnen! – Mohr.«

Er hat seine Schuldigkeit getan.

Am nächsten Morgen, am 24. März, steuern wir bei 30 Meter Wassertiefe Grund an, amerikanischen Meeresgrund. Da meldet das Horchgerät Schraubengeräusche! Also wieder auf Sehrohrtiefe.

Außerhalb meiner Torpedoreichweite, zum Heranstaffeln ist es zu spät, zieht ein vollbeladener Tanker nach Norden. Er wird durch einen Zerstörer gesichert. Der Bewacher sieht glänzend aus. Ich muß unwillkürlich an die amerikanischen Olympiakämpfer in Berlin 1936 denken. Er ist schnittig und gepflegt, sich seines Wertes bewußt. Aber er sichert nicht sehr geschickt. Einmal fegt er sogar in hoher Fahrt über mich weg. Na, wenn der ahnte!

Auch die folgende Nacht bringt nichts ein. Ringsum ist

alles still und friedlich. Die Feuer brennen friedensmäßig. Im Morgengrauen sichte ich zwei Bewacher, die gerade zu ihrer Kontrollfahrt starten. Ich stehe jetzt in der Fahrtrinne, natürlich getaucht.

Das Kriegstagebuch: 13.26: (wir haben aus nachrichtentechnischen Gründen die deutsche Sommerzeit beibehalten) Tanker auf SW-Kurs, vollbeladen. Den nehme ich. Unterwasserangriff auf 800 Meter. Geschätzte Gegnerfahrt: 12 sm.

13.26: Ein weiterer Tanker in Sicht

14.59: Zwei Einzelschüsse mit zwei Meter Tiefe: Erster Treffer mittschiffs, zweiter Treffer achtern zwischen Mast und Schornstein. Auffallend starke Detonationen, vermutlich infolge der geringen Wassertiefe. Zwei hohe Feuersäulen. Tanker – geschätzte Größe 7000 BRT, Typ unbekannt, nicht bewaffnet – brennt über die ganze Länge und bleibt mit starker Schlagseite liegen. Setze mich etwas nach See ab.

15.05: Martin-Flugboot umkreist Schußstelle.

15.12: Zerstörer der Anderson-Klasse in 10 Grad, hält mit hoher Fahrt auf den brennenden Tanker zu. Flugboot sichert ihn Backbord voraus und wirft zwei Fliegerbomben in meine Nähe. Ich gehe vorübergehend auf 30 Meter.

16.00: Zerstörer wirft wahllos Wasserbomben, stoppt nach Horchpeilung in Nähe der Schußstelle und läuft dann nach Süden ab, vermutlich um den 13.26 gesichteten Tanker zu sichern.

16.30: Zerstörer kommt zurück, setzt Waboverfolgung kurze Zeit fort und läuft dann mit hoher Fahrt nach Norden.

Letzte Beobachtung Schußstelle: Brennendes Wrack, Oberdeck überspült. Starke Rauchentwicklung. Ladung: Petroleum oder Leichtöl. –

In der Nacht verlege ich mein Jagdgebiet nach Norden. Einmal bleibt mir doch sekundenlang das Herz stehen: In dem stark phosphoreszierenden Wasser sehe ich plötzlich zwei Torpedolaufbahnen, die wie zwei leuchtende Bänder auf meinen Bug zuhalten. Gleich müssen wir hochgehen! Aber dann sind es nur zwei Delphine, die nichts Besseres zu tun haben, als unsere Nerven unnötig zu verbrauchen.

Bei Tage aus Brennstoffersparnisgründen meist auf Grund, nur einmal bin ich zur Lufterneuerung kurz aufgetaucht, schon bekommen wir von einem aufmerksamen Flieger im Wegtauchen zwei Bomben aufs Haupt, daß wir in den Knien zusammensacken. Bei Nacht genau entlang der Tonnenreihe dicht unter der Küste.

Das Wetter ist wieder unfreundlich geworden. Die dichte Wolkendecke läßt, Gott sei Dank, den Mond nicht durch.

Da steht man nun auf der Brücke: vier Stunden, acht Stunden, bis zum Morgen und starrt in die Dunkelheit. Die erste Müdigkeitswelle überwindet eine Tasse Kaffee, versteht sich, daß der stark ist! Bei der zweiten hilft eine Zigarette, die man in den hohlen Händen hält, ängstlich bemüht, die Glut zu verbergen. Bei der dritten schließlich eine Tasse Fleischbrühe. Durch den Regen, den der Fahrtwind ins Gesicht schlägt, und überkommende Spritzer habe ich mir eine Bindehautentzündung geholt.

Deutlich sieht man an Land den Lichtschein der Städte. Das muß Wilmington sein, und das dort drüben ist die Funkstation von Currytuck-Island. Die haben es gut. Nur von Dampfern ist nichts zu sehen.

Ich bin gerade unter Deck gegangen, ein Funkspruch hat eben die englische Truppenlandung bei St. Nazaire gemeldet, als ein Zerstörer gesichtet wird. Der WO hat schon gedreht. Da läuft er ahnungslos mit langsamer Fahrt in breiter Silhouette vorüber. Ich kann jetzt schießen, muß aber treffen, sonst geht es mir auf dem flachen Wasser dreckig! Ich verzichte bewußt auf diese Chance. Wie sich später herausstellen sollte, ist der für diesen Zerstörer bestimmte Torpedo nicht gelaufen.

Zum Überfluß sichten wir in seiner Nachbarschaft noch zwei weitere U-Jäger.

Des Rätsels Lösung bringt ein Funkspruch am nächsten Tag. Ein anderes U-Boot hat am Vortag in diesem Seegebiet einen Bewacher versenkt; nun soll die Razzia steigen. Daher auch die zahlreichen Wasser- und Fliegerbomben, während wir auf Grund liegen. Wenn sie auch das eigene Boot nicht gefährden, so kosten sie doch unsere Ruhe und unsere Nerven.

Am 30. März nehmen wir zum ersten Mal wieder Ostkurs, mein Brennstoff geht zur Neige. Beim Hinüberwechseln aus der »amerikanischen Kaltwasserregion« in das Golfstromgebiet steigt die Wassertemperatur innerhalb einer Viertelstunde von 8 auf 21 Grad! Eben noch den Wolljumper an und jetzt wieder in Hemdsärmeln und Sporthose!

Diese Wasserscheide ist so ausgeprägt, daß ein vor Anker liegendes amerikanisches Vermessungsfahrzeug am Bug einmal 2 Grad und gleichzeitig am Heck 23 Grad gemessen haben will.

Das braucht aber niemand zu glauben.[1]

Es weht ein kühler Westwind vom Festland herüber, dichter Nebeldampf steigt aus dem warmen Wasser. Es sieht so aus, als ob wir durch eine Riesenwaschküche führen.

Kaum hat sich die Sicht gebessert, sind auch die Flieger wieder zur Stelle. Am letzten Märztag läuft uns ein Tanker bei gutem Schußwetter direkt in die Arme. So sieht es jedenfalls aus, als ich zum Unterwasserangriff tauche. Im Sehrohr muß ich dann freilich feststellen, daß er stark und unregelmäßig zackt. Ich mache verzweifelte Anstrengungen, um in Schußposition zu kommen. Der helle Schweiß steht mir auf der Stirn; in nervöser Hast schlucke ich eine ganze Schachtel Schokolade. Endlich, nach zwei Stunden würge ich in ungünstiger Lage aus ziemlich großer Entfernung zwei Schüsse heraus. Wider Erwarten: beide treffen

1 Aber es stimmt! Derart scharfe Schichtabgrenzungen sind mehrfach beobachtet worden. Sie sind auch optisch wahrnehmbar.

im hinteren Drittel des Zieles. Ich beobachte zwei niedrige, breite Sprengsäulen; im Boot sind zwei dumpfe Detonationen zu hören. Aber die beiden Aale müssen den vollbeladenen Tanker – ich schätze ihn auf 8000 BRT – wirksam getroffen haben. Er bleibt mit starker Schlagseite liegen und geht überraschend schnell, ganze fünf Minuten nach dem Schuß, über den Achternsteven in die Tiefe. Mein Sehrohr schneidet kurze Zeit unter; schon meldet der phantasiebegabte Funker am Horchgerät: »Es brennt über uns!« Aber dieses Knacken und Knistern ist nichts weiter als das widerliche Geräusch der brechenden Schottwände.

Ich gebe meine Sehrohrbeobachtungen gewöhnlich mit halblauter Stimme ins Boot; sobald aber die Besatzung die Trefferdetonationen gehört hat, ist sie jedesmal »aus dem Häuschen«.

Als wir auftauchen, ist von dem Tanker nur noch ein Riesenölfleck übriggeblieben. Als wir näher heranlaufen, bietet sich uns ein erschreckendes Bild. In dem dickflüssigen Öl schwimmt neben Wrackteilen und Holztrümmern ein Teil der Besatzung, es sind fünfzehn Mann. Einige versuchen, ein gekentertes Rettungsboot aufzurichten, in einem kleinen, halb voll Wasser gelaufenen Boot steht winkend ein ölverschmierter Seemann. Auf einem halbzerbrochenen Floß hockt ein zweiter mit blutender Kopfwunde. Ich frage ihn nach dem Namen des Tankers. – Keine Antwort.

Wir sitzen gerade bei unserem abendlichen Skatspiel – das beste Mittel, die aufgeregten Nerven zu beruhigen und die letzten häßlichen Eindrücke zu verwischen –, als mir an diesem Tag der zweite Dampfer gemeldet wird. Das ist hier ja eine fruchtbare Gegend!

Es ist inzwischen dunkel geworden. Der Mond steht hinter einer dichten Wolkendecke. Wenn er nur dahinterbleibt! Also starten wir zu unserem ersten Überwasser-Nachtangriff.

Zunächst warte ich, bis er seine wilden Kursänderungen etwas eingestellt hat, und verschaffe mir genaue Schußunterlagen.

Der erste Schuß geht fehl: Torpedoversager! Hoffentlich hat der Dampfer – es ist ein 6000-BRT-Frachter, beladen und bewaffnet – nichts gemerkt. Anscheinend nicht. Seine Kursänderungen sind eher weniger geworden. Wieder vorgesetzt zum zweiten Angriff. Mühsam und zeitraubend. Wenn nur der Mond nicht herauskommt.

Diesmal komme ich verdammt nahe heran. Wir können ohne Glas Einzelheiten an Deck unterscheiden, ein Brückengast will gesehen haben, wie der Dampfer sein Geschütz klargemacht hat. Er muß uns also doch entdeckt haben! Dann hätte er uns allerdings gleich mit einer entsprechenden Kursänderung über den Haufen karren können. Aber er setzt ungerührt seinen alten Generalkurs fort. Auch der zweite Schuß geht daneben. Wir warten und warten. Bei der geringen Entfernung ist die Laufzeit längst um, aber es geschieht nichts.

Ein drittes Mal versucht. Treffer! Es war der letzte schußklare Aal. Nun geht alles programmäßig. Der Dampfer bleibt mit der üblichen Schlagseite liegen. Die Besatzung geht in die Boote. Diese Rolle läuft reibungslos bei ihm. Scheint ein alter Geleitzughase zu sein. Dann verschwindet er auf Nimmerwiedersehen.

Als wir zehn Minuten später die Untergangsstelle zufällig überlaufen, macht das Boot urplötzlich einen Luftsprung, eine schwere Unterwasserdetonation schüttelt uns durcheinander.

»Jetzt haben sie uns«, denke ich im ersten Augenblick, wobei das »Was und Wie« mir allerdings unklar ist.

»Klar bei Schwimmwesten!« rufe ich geistesgegenwärtig, aber nicht sehr mutig, obgleich die uns hier auch nichts mehr nützen, wenn wir wegsacken. Dann kommen die Klarmeldungen der einzelnen Räume. Gott sei Dank nur geringe Ausfälle.

Und die Erklärung: Bei dem sehr langsam sinkenden Dampfer ist der Dampfkessel unmittelbar unter uns hochgegangen.

Wir haben jetzt noch zwei Torpedos an Oberdeck. Zum Umladen müssen wir noch auf besseres Wetter warten. In einer günstigen Nacht beginnt diese mühsame Arbeit. Aber das Glück, das uns bisher so treu zur Seite gestanden hat, ist diesmal nicht mit uns. Der vordere Torpedo ist verdorben und voraussichtlich schußunklar, beim Umladen des achternen Torpedos bricht die Transporteinrichtung zusammen. Es gelingt uns nur, ihn bis zum Morgengrauen in den Oberdecksbehälter zurückzuschaffen.

Ausgerechnet an diesem Tag muß natürlich ein Dampfer auftauchen. Die Untersuchung des Torpedos ist wenig vertrauenerweckend. Nach menschlichem Ermessen wird er nicht laufen. Trotzdem muß ich den Angriff versuchen. Wieder ist es ein schwerbeladener 6000-BRT-Frachter, natürlich bewaffnet.

Der Aal verläßt unter schießtechnisch günstigen Bedingungen das Rohr, aber getroffen hat er bis heute noch nicht. Nach der Horchpeilung ist er auf seinem Weg nach Steuerbord abgewandert. Der Dampfer hat nichts gemerkt, im Gegenteil, nach dem Schuß zackt er noch auf mich zu, aber ich muß ihn ziehen lassen. Einen fragwürdigen Artillerieangriff verbietet die Wetterlage.

Inzwischen ist es Ostern geworden. Wir sind fast schon sechs Wochen unterwegs. Kein Wunder, daß die Meldung durch die Bootslautsprecheranlage »Boot tritt Rückmarsch an« Freude und Begeisterung auslöst. Ich wähle einen Kurs, der infolge der im April schon weit vorgeschobenen Eisberge erheblich südlicher als der Anmarschweg verläuft. Das Boot macht bei Rückenwind und schönem Wetter gute Fahrt.

Zusätzlich zur Wache dürfen jetzt zwei Mann mehr auf den Turm. Endlich kann man die eingerosteten Gliedmaßen einmal strecken und bewegen. Ich versuche es sogar mit einem Sonnenbad mit dem Erfolg, daß ich mir die luftentwöhnte Haut völlig verbrenne.

Den Proviant müssen wir jetzt doch mächtig strecken. Eintopf beherrscht den Kombüsenspeisezettel. Seit acht Tagen schlucken wir eifrig »Dibionta«, was aber nicht hindert, daß wir immer häufiger von Obst oder frischem Gemüse träumen. Hautausschläge und Furunkel haben unerfreulich zugenommen.

Im Wasser ringsum schwimmt Sargassokraut, das der Golfstrom heraufgebracht hat. Mit uns segeln weiße Quallen mit breiter Rückflosse – »Bi dem Winde« hat der Seemann sie getauft –, die umfallen, wenn sie vom Fahrtstrom erfaßt werden und dann wie blaue Glaskugeln schimmern. Fliegende Fische, Delphine und Wale lassen uns für Augenblicke wenigstens Flugzeuge, Rauchwolken und Torpedolaufbahnen vergessen.

Es ist auffallend, wie wenig man über den Atlantik weiß. Über den »unbekannten« Erdteil Afrika gibt es ganze Bände, über dieses viel größere Gebiet kaum ein uns bekanntes Buch. Das Leben in den größeren Tiefen ist noch so gut wie unbekannt.

Nach ermüdendem Unterwassermarsch – doppelt so lang im Vorgefühl baldigen Einlaufens – geht es noch einmal mit Höchstfahrt und dem buchstäblich letzten Brennstofftropfen durch das U-Boot- und minengefährdete Küstenvorfeld. Gegen Sehrohre und Torpedolaufbahnen kann ein aufmerksamer Ausguck helfen. Gegen die Minen kann's nur der liebe Gott allein!

Am 20. April läuft U 71 in La Rochelle ein. Das Boot hat in acht Wochen Seefahrt ohne Brennstoffergänzung 7065 sm über, 841 sm unter Wasser, insgesamt 7906 sm, zurückgelegt, ohne eigene Verluste oder schwerwiegende Ausfälle drei Tanker und zwei Frachter, zusammen fünf Schiffe mit 35 200 BRT, versenkt.

16

U 134: Vom Eiskeller in den tropischen Backofen

Zur Lage:
Dönitz kann sich mit den vom Führerhauptquartier geforderten Angriffen auf nach Rußland gehende Geleite nicht anfreunden. Er sieht darin eine Zersplitterung der Kräfte für die Atlantikschlacht. Von den ihm jetzt zur Verfügung stehenden 288 Booten sind nur 125 Frontboote, von denen wiederum nur ein Drittel direkt am Feind operiert. Verständlich, daß er sich als Befehlshaber wehrt, Boote ins Polarmeer zu schicken. Er wird zu einer Konzession gezwungen, wenigstens eine Eismeerflottille aufzustellen, deren Aufgabe es sein soll, jene Rußlandgeleite anzugreifen, die über die Häfen Murmansk und Archangelsk die Sowjets mit Waffen und Munition versorgen. Jede neue Tonne bedingt neue Blutopfer an der deutschen Ostfront, wo inzwischen die Durchschnittsstärke einer Infanteriedivision von neun auf sechs Bataillone abgesunken ist. Überall fehlt es an Eingreifreserven und Material. Die Ersatzfrage scheint ausweglos. Wo man ein Loch zustopft, reißt man ein anderes wieder auf. Nicht zuletzt wird durch diesen Kräfteverschleiß auch die Rüstungsindustrie betroffen, auch jene, die vordringlich für die deutsche U-Boot-Waffe baut, deren Monatssoll von 20 Booten nur bei 16 bis 17 liegt. Dönitz behauptet, die Atlantikschlacht bringe ohnehin eine, wenn auch indirekte Entlastung der Rußlandfront. Also sei im Polarmeer eine direkte Abdrosselung der Nachschubwege für die Rote Armee gar nicht notwendig. Der Schwerpunkt der Operationen bleibt – von ein paar Eismeerbooten abgesehen – nach wie vor im Atlantik und unter Amerikas Küsten, wo erst vier Monate nach Kriegsausbruch das erste deutsche U-Boot, U 85, Oberlt. z. See E. Greger, am 14. April 1942 versenkt wird. Im ganzen haben die Russen während des Krieges über die Nordroute 4 Millionen Tonnen Kriegsmaterial erhalten, eine Zahl, die keines Kommentares bedarf. Vielleicht liegt hier der Schlüssel für die deutsche Niederlage im Osten. Gerechterweise muß aber hier erinnert werden, daß es dasselbe Führerhauptquartier war, das die U-Boot-Produktion behinderte und in maritimem Unvermögen und Kurzsichtigkeit den Marineetat auf das begrenzte, was von den anderen Wehrmachtsteilen übrigblieb.

Auf dem zur Eismeerflottille abgestellten U 134 ist Kapitänleutnant Schendel Kommandant, und in seinem Bootsmannsmaaten Hofmann hat es einen alten U-Boot-Fahrer an Bord bekommen, der schon auf U 48 seine Taufe bekam, der davon erzählte, daß man auf der siebten Feindfahrt, die am 7. August begann, auch sieben Dampfer knackte, und der, wie »Vaddi« Schultze, besessen an die Zauberkraft solcher Zahlen glaubte.

Daß die neue Bootsnummer nicht durch die Sieben teilbar ist, liegt Maat Hofmann fade auf der Zunge. Er wittert Unheil. Es kam dann auch gleich auf der ersten Reise, genauer gesagt, bei der Überfahrt zum Nordmeerstützpunkt Kirkenes.

Nordlicht geistert stumm über den Horizont und weht seine Riesenvorhänge über den Polarhimmel dahin. Es ist kalt, eisig kalt, und die Nässe tut das ihre dazu, daß die Männer aus dem Frieren und dem Schütteln nicht herauskommen und den Tag errechnen können, an dem Rheuma die noch jungen Knochen durchfließt.

Auf dem Weg nach Kirkenes, dem neuen Einsatzhafen, hat der Ausguck einen Geleitzug gesichtet. U 134 greift den Konvoi, der einige Bewacher zur Sicherung bei sich führt, in der unklaren Luft kurzentschlossen an. Schendel macht vorher noch ein FT an den BdU und schießt einen der Dampfer heraus. Dann aber verläßt er die Brücke, geht nach unten und läßt zur Verwunderung der Besatzung einen Kurs fahren, der alles andere, aber bloß nicht das Geleit wiederbringt.

Er sieht blaß, verstört aus, der Kommandant. Er redet auch nichts.

Das Geleit fuhr unter deutscher Flagge. Schendel erkannte es, als der Aal schon lief. Zu spät.

Von Kirkenes aus läuft U 134 zur ersten Eismeerunternehmung aus. Der Winter 1941/42 ist der härteste seit Jahren. Wer vier Stunden auf Wache steht, weiß, was er getan hat, oder auch nicht, denn der Mann ist gefühllos wie ein Klotz geworden und kommt wie ein Weihnachtsmann mit Eiskrusten bedeckt ins Boot hinab, knirschend und klirrend vor Frost.

Schwer ist es, sich vor Kälte und Nässe zugleich schützen zu müssen. Nur gegen das eine oder andere ist ein Kraut gewachsen, gegen beides aber nicht. Wer auf Wache zieht, wird noch mal so dick wie er selber ist, der zieht doppelte Unterwäsche an, Trainingsanzug darüber, Lederpäckchen darüber und noch die Schlechtwetterkleidung aus Gummi. Als Krönung die Mickymaus, ein Überhang, der den Kopf und die Schultern einhüllt.

Alles sinnlos.

Zwei Minuten Brückenwache . . . und der Mann ist naß. Wenig später ist der Bart eisverkrustet, sind die Finger klamm und steif. Wer von oben kommt, braucht eine halbe Stunde, um sich aufzutauen. Die wenigen elektrischen Heizkörper im Boot bringen den Erstarrten wohl Linderung, wärmen aber das Boot nicht durch. Die Männer können nur noch mit drei Anzügen in der Koje schlafen, wenn diese überhaupt ein bißchen trocken werden. Und draußen ist es Nacht und bleibt es Nacht. Das monatelange Dunkel trägt nicht dazu bei, die starren Gemüter aufzumöbeln.

Jagdgebiet: Weißes Meer, Murmanskküste und um die Bäreninsel.

Sonderbarerweise schaltet der Russe auf der ersten Fahrt längs der Murmanskküste entgegenkommenderweise seine Leuchtfeuer ein. Wenn U 134 den Sektor durchlaufen hat, erlöscht die Kennung und voraus flammt eine neue auf. Luft und Wasser werden klarer. Die glatte See gewährt einen weiten Rundblick. Im Norden zeigen sich merkwürdig ölige Flecken auf dem Wasser. Ein Tanker versenkt? Oder gar ein U-Boot? Die Flecken kommen immer näher, vereinigen sich zu großen Flächen. Jetzt fahren sie mitten hinein. Öl ist es nicht. Es fehlen die schillernden Farben.

Plötzlich sehen sie es. Winzige Eiskristalle schweben wie Stäubchen auf dem unterkühlten Wasser. Allmählich werden die Kristalle größer. Jetzt sind es schon deutlich sichtbare weiße Pünktchen. Bald vereinigen sie sich zu kleinen Gruppen. Es entstehen Täfelchen, die schließlich die Größe von Seerosenblättern, von Pfannkuchen, von Tonnendekkeln erreichen und sich leise scheuernd aneinander reiben.

U 134 ist zum Eisbrecher geworden.

Hier hört die Seefahrt auf, und die Polarforschung beginnt.

Endlich sichten sie auch ein Schiff. Bootsmaat Hofmann hat den Frachter mit bloßen Augen entdeckt. Das ist der fünfzigste Frachter, bei dessen Versenkung er mitwirkt. Über den weiteren Verlauf der Unternehmung sagt er aus:

... Alle Wachen sind hier oben Nachtwachen.

Am Tage, da das Bergfest ist, verschmatzen wir eine Riesentorte, froh, daß der Einsatz nun bergab geht, weil hier nicht viel zu holen ist, weil die Boote nur da sein müssen, wenn ...

Aber wann ist dieses »wenn«? Im Augenblick ist es duster und naßkalt. Aber die Torte schmeckt. Eine zarte Frauenhand in Berlin hat sie gebacken. Die Tannennadeln drin stören nicht. Sie, die Torte, wird im Hinblick darauf, die nördlichste Torte Deutschlands zu sein, mit Andacht verzehrt.

In den folgenden Tagen überzieht sich der südliche Himmel um die Mittagsstunden immer länger und intensiver mit einem glutroten Feuerschein. Und eines Tages ist sie wieder da. Nur für ein paar Minuten. Dem Kommandanten, der in diesem Augenblick nicht auf der Brücke ist, meldet der WO das Ereignis: »Die Sonne geht wieder auf, Herr Kaleunt. Kommen Sie schnell.«

Immer wieder erscheint an diesem und den nächsten Tagen ein Mann der Besatzung in der Zentrale und ruft nach oben:

»Frage: ein Mann Brücke?«

»Warum denn?«

»Ich möchte mal wieder die Sonne sehen!«

Daheim wäre diese Frage Ursache gewesen, den Mann von einem Psychiater untersuchen zu lassen.

Soweit Bootsmaat Hofmann.

U 134 lief ein, wird nach La Rochelle befohlen und bekommt als nächstes Operationsgebiet den mittleren Atlantik und den Golf von Mexiko zugewiesen. Von Eis und Schnee geht es in die subtropische Gluthölle von Mexiko.

»Kälte ist schlecht, aber Hitze ist noch schlechter«, notiert sich auf dieser Reise Maat Hofmann in sein Tagebuch, das er mit Schweißperlen netzt. 40 Grad Hitze durchfließen das Boot. Und die vom Dieselraum kommt noch dazu. Unerträglich scheinen die Unterwasserfahrten, wenn U 134 vor Floridas Küste auf und ab stehen muß. Die Butter, kaum aus dem Kühlschrank entnommen, zerfließt auf der Back. Witzlos, sie mit einem Messer auf das U-Boot-Konservenbrot streichen zu wollen. Einer macht den Anfang und aus Not eine Tugend, aus der Frischwassernot nämlich, derentwegen auf den U-Booten die Bärte sprießen und die Rasierpinsel zu Requisiten aus einer anderen Welt geworden sind. Mit einem Rasierpinsel pinselt sich ein Seemann die Butter aufs Brot. Das Beispiel macht Schule. Die Rasierpinsel haben wieder einen Daseinszweck. Maschinenpersonal und Torpedomixer bekommen vom Fett und Öl Ausschläge übelster Art. Sie sollen sich mit Jod abreiben. Einige tun es auch und laufen gescheckt herum wie zur Fastnachtszeit. Alles klebt an Bord. Alles ist feucht und naß. Ranziger Speck. Ranzige Wurst. Ranzige Butter. Fades Wasser.

Furunkel werden nun auch das äußere Zeichen ihrer Gemeinschaft.

Der Golf ist leer. Die Amerikaner lassen ihre Schiffe direkt unter den Küsten entlanglaufen, wissen sie doch, daß die U-Boote nur ungern in diese flachen Gewässer gehen, die ihnen kein Tieftauchen gestatten. U 134 sieht sich in der Mississippi-Mündung um. Kein Schiff. Keine Rauchfahne.

Die Amerikaner wollen durch diese Lahmlegung der Schiffahrtswege auch die U-Boot-Waffe erlahmen und verschleißen.

Und tatsächlich ermüdet dieses vergebliche Suchen die Stimmung der Besatzung. Die Gemütsverfassung der Männer segelt von einem Tief in das andere. So schlägt denn wie ein Blitz die Nachricht von einem gesichteten Schiff ein.

U 134 will unter Wasser angreifen. Der Frachter steht günstig, und das Boot kann sich in aller Ruhe vorsetzen.

Der Kommandant gibt laufend seine Beobachtungen durch ...

Und dann ist es soweit, als er sagt: »Gegner wandert gleich in das Fadenkreuz ein ... Rohr eins ...« Und dann folgen die üblichen, vertrauten Befehle.

Der Obersteuermann hat in dem Augenblick, da der Torpedo das Rohr verließ, auf den Knopf seiner Stoppuhr gedrückt, die er nun in der hohlen Hand vor sich hält. Er und die anderen neben ihm verfolgen mit klopfendem Herzen den Lauf des zuckenden Sekundenzeigers.

Dort, wo der Obersteuermann seinen Zeigefinger über das Zifferblatt gelegt hat, dort muß der Sekundenzeiger stehen, wenn der Aal wirklich trifft. Plötzlich reißt der Kommandant beide Arme hoch, und im gleichen Augenblick hören sie alle im Boot das dumpfe Grollen einer Torpedodetonation.

Den Obersteuermann durchfährt ein Ruck. Er beugt sein erstauntes Gesicht zur Uhr hinab. Verflucht, narren ihn die Sinne? Geht die Uhr verkehrt? Läuft der Zeiger zu langsam? Was ist denn das? Da fehlen doch noch gute fünf bis sechs Sekunden an der vorausberechneten Zeit? Hat der Alte sich in der Entfernung des Zieles vertan? Und warum warf der Alte die Arme hoch?

»Scheiße«, schreit einer. Sie alle kennen die Stimme ihres Kommandanten.

»Hier, sehen Sie selbst durch, zum Teufel. Ich irre mich doch nicht. Oder drehe ich durch ...«

»Nein, Herr Kaleunt, es stimmt, was Sie da sehen ...« Nachdem der Torpedo das Rohr verlassen hatte, wartete der Kommandant am Sehrohr auf die Trefferwirkung. Aber Sekunden vor der Zeit, die er für den Anmarsch des Torpedos errechnet hatte, sah er hinter dem Frachter gleichzeitig mit einem grellen Feuerschein eine Wasserfontäne aufsteigen. Als die Wassersäule in sich zusammengesunken war, bot sich ihm ein nicht unbekanntes Bild. Der Frachter war in der Mitte auseinandergebrochen. Und gerade als er versucht, Ordnung in seine Überlegungen zu bringen, wieso denn der Aal viel früher als technisch möglich traf, wieso die Wasserfontäne nach dem Treffer auf der anderen Seite des Schiffes hochging, gleichsam als habe der Torpedo das Schiff umlaufen und an der anderen Seite gepackt, da erkennt er weiter hinten, an dem jetzt absaufenden Vorschiff des zerrissenen Frachters vorbei, die Umrisse eines U-Boot-Turmes.

Ein Kameradenboot war U 134 um Sekunden zuvorgekommen und hatte ihnen das lang ersehnte Ziel buchstäblich vor der Nase weggeschossen. Der einzige Trost für die Besatzung ist das Gefühl, in diesem jetzt von so wenigen Schiffen befahrenen Seegebiet nicht allein zu sein.

Tage später ...

»Rauchfahne rechts voraus!« schreit der Ausguck aufgeregt.

Es sind zwei Rauchfahnen, wie sich bei genauerer Beobachtung herausstellt. Es können aber auch drei sein. Vielleicht ist es ein Geleit. Also ran.

»Komische Rauchfahnen«, wundert sich Hofmann. »Die wandern ja gar nicht aus, als ob der ganze Verein vor Anker liegt.«

»Nee«, sagt der Kommandant, »der Fall ist doch klar. Geleit liegt auf gleichem Kurs wie wir.«

Das leuchtet ein.

Der LI bekommt Weisung, seine Jockel aufzudrehen und aus den Dieseln rauszuholen, was rauszuholen ist.

Die Rauchfahnen wachsen viel schneller als angenommen aus der Kimm heraus. Wo aber bleiben die Mastspitzen?

Und was kommt schließlich in Sicht?

Ein paar wichtigtuerisch qualmende Schornsteine, die, wie man näher heranlaufend erkennt, zu irgendeiner Fabrik auf einer der kleinen Antilleninseln gehören. Man hätte bloß in die Karten zu sehen brauchen. Aber auf diesen Gedanken verfiel bei dieser Affenhitze keiner.

Es gibt, wie man sieht, immer neue Überraschungen auf einer Feindfahrt. Manche verbittern, manche bringen neue Erfahrungen, und manche sind bei aller Tragik und bei allem Pech grotesk und erheiternd.

17

Der Fall »Laconia«

Zur Lage:
Nach weiteren ähnlichen, ebenfalls gezielten Nachtangriffen aus der Luft, wie sie bereits an anderer Stelle ausführlich behandelt wurden, bestärkt sich Frühjahr 1942 die Vermutung, daß es dem Gegner tatsächlich geglückt sein muß, ein auch für Flugzeuge verwendbares Funkmeßgerät zu entwickeln. Bis dato sprachen es die deutschen Wissenschaftler, die bereits vor dem Krieg mit dem De-Te-Gerät ein Funkmeßgerät entwickelt und damit auf dem Gebiet der Radartechnik vor dem Gegner einen gewissen Vorsprung erzielt hatten, als unmöglich an, solche Geräte ihrer zu großen Abmessungen wegen auch in Flugzeugen einzubauen. Das DeTe-Gerät, also das deutsche Radar (später auch FuMO-Gerät = Funk-

meßortungs-Gerät), das auf der 80-cm-Welle arbeitete und dessen Entwicklung 1934 begann, konnte bereits 1937 auf Überwassereinheiten der deutschen Kriegsmarine erprobt werden. Die praktischen Erfolge, die in den ersten Kriegsjahren mit dieser Anlage erzielt worden waren, waren beachtlich, dieweilen der Gegner mit ähnlichen Geräten erst im Anfangsstadium der praktischen Nutzanwendung stand, später aber wider Erwarten sehr schnell aufholte, das dank der guten Koordination aller in Frage kommenden Stellen in Marine, Luftwaffe und Industrie.

Nachdem sich bei den deutschen Stellen die Überzeugung durchgesetzt hatte, daß die nächtlichen Direktangriffe auf deutsche U-Boote keinesfalls auf optische Sichtungen zurückgeführt werden können, sondern vielmehr mit Sicherheit durch Funkmeß-Einpeilungen gelenkt werden, antwortet man deutscherseits mit dem »Metox«-Empfänger, einem in Frankreich in Serienfertigung aufgefundenen Überlagerungsempfänger, der es gestattet, bei Überwassermarsch des Bootes über das auf dem Turm angebrachte Antennenkreuz, von den U-Boot-Besatzungen später Biskayakreuz genannt, die Impulse von mit neuartigen Funkmeßgeräten ausgestatteten Gegnerflugzeugen aufzufangen. Dem »Metox«, der nur Wellen im Bereich von 1,40 bis 1,80 m empfangen konnte, folgten die FuMB-Geräte »Borkum«, ein Detektorgerät, und die »Wanze« (W Anz = Wellenanzeiger), ein Überlagerungsempfänger, der den ganzen Wellenbereich automatisch durchdrehte. Bei diesen beiden fortentwickelten Geräten, die ebenfalls nur Wellen im Bereich von 1,40 bis 1,80 m empfingen, fiel aber das umständliche Biskayakreuz weg, da die Antennen nunmehr durch Runddipole ersetzt worden waren. Später wurde erkannt, daß der »Metox« sogenannte Sekundärstrahlungen aussandte. Die Vermutung, daß der Gegner diese Strahlungen in Betrieb befindlicher »Metox«-Empfänger einpeilte und daß das Warngerät so zum Richtungweiser über Wasser fahrender U-Boote wurde, lag zwar auf der Hand, hat sich aber als Irrtum herausgestellt. Die Alliierten hatten dies auch gar nicht nötig, da sie zu diesem Zeitpunkt, da die Sekundärstrahlungen bekannt wurden, bereits die ersten Zentimeter-Geräte in einigen Flugzeugen eingebaut und mit Erfolg erprobt hatten. Außerdem: Zur Ausnutzung der Ausstrahlungen des »Metox«-Warngerätes hätte man in den Flugzeugen ein regelrechtes Hochfrequenzlabor einbauen müssen.

Schwerwiegender wirkten sich dagegen die oft zu häufigen Funksprüche der U-Boote aus, die der Gegner einfacher als die »Metox«-Strahlungen einzupeilen vermochte. Er bediente sich hierfür der eigens für diesen Zweck entwickelten HF/DF(Huff-Duff). Kurzwellenpeiler, die auf seinen Geleitfahrzeugen für den Nahbereich eingebaut worden waren.

Wie uns heute bekannt ist, arbeitete der Gegner im Funkmeßbereich seinerzeit mit dem ASV-Gerät (ASV ist eine Abkürzung von Air to Surface Vessel), das über eine Wellenlänge von 1,40 m verfügte, also dem Wellenbereich des »Metox«-Empfängers, beziehungsweise des »Borkum«- oder des W Anz-Gerätes, entsprach. Anfangs vermochten die britischen Flugzeuge mit diesem Gerät nur in der Vorausrichtung zu orten, später war über eine gewisse Schwenkung eine Ortung auch nach den Seiten hin zusätzlich möglich.

Nach dem Krieg hat Kapitän zur See Helmuth Gießler, von dem auch diese ergänzenden Informationen stammen, als Mitglied des in Düsseldorf sitzenden »Ausschusses für Funkortung« mit dem bekannten britischen Physiker Sir Robert Watson-Watt korrespondiert. Watson-Watt schreibt über den Einsatz der ASV-Geräte: »Im April 1941 waren beim Küstenkommando bereits 110 Flugzeuge mit dem ASV ausgerüstet, davon allein 50 mit weitreichenden Antennen für die U-Boot-Ortung. Im Februar 1941 wurde das erste U-Boot infolge Ortung durch das ASV beschädigt. Ende 1941 erfolgten bereits 94 Prozent aller Ortungen bei Nacht durch das ASV.«

Erst um diese Zeit, also auf dem Höhepunkt der nahezu hundertprozentigen Funkmeßerfolge des Gegners, erhärtete sich der Verdacht bei den deutschen Stellen, daß die Briten auch ihre Flugzeuge mit einem Funkmeßgerät ausgestattet haben könnten. Aber noch einige Wintermonate mit ihren langen, für den Gegner mit seinen ASV-Geräten so günstigen und für die U-Boote so verhängnisvollen Nächten mußten vergehen, ehe man der ahnungsschweren Vermutung Rechnung trug und das oben erwähnte »Metox«-Warngerät zum Einsatz brachte.

Entgegen der in der ersten Auflage dieses Buches getroffenen Feststellung, das ASV sei ein Panoramagerät gewesen, sei jetzt nach der Freigabe weiteren britischen Quellenmaterials vermerkt, daß das ASV kein Rundsuchgerät und auch kein Magnetrongerät *war. Ein Panoramagerät wurde vom Gegner erst später (Ende 1942) entwickelt und 1943 als H_2S (Rotterdam-Gerät) getarntes ASV III eingesetzt. Darüber zu gegebenem Zeitpunkt mehr und ausführlicher.*

Im Frühjahr 1942 sah die Lage jedenfalls so aus: Der Gegner hat in aller Stille und von den Deutschen unkontrolliert einen gewaltigen Vorsprung gewonnen. Die Nacht ist nicht mehr der Tarnmantel über Wasser fahrender U-Boote.

Auch in der direkten Bekämpfung der U-Boote sucht der Gegner nach besseren Methoden. »Hedgehog« (»Igel«) nennen die Briten eine neue Waffe, die sie zum ersten Mal im Januar 1942 gegen U-Boote in Anwendung brachten. Die »hedgehog«-Wasserbomben werden vorausgeworfen. Die bisherigen Wasserbomben hatten den Nachteil, daß sich das Heck des in Fahrt befindlichen U-Boot-Jägers – grob gesehen – in dem Augenblick über dem Ziel befand, wenn die Serie gelöst wurde. Dadurch entstand eine tote Zeit zwischen der Asdic-Ortung und dem Werfen. Der »hedgehog« gestattet, auch während des Werfens die Ortung fortzuführen. In einem kastenähnlichen Behälter werden 24 igelstachelähnlich angeordnete Wurfgeschoßladungen von je 32 englischen Pfund Gewicht und mit dem neuen Sprengstoff Amatol geladen so angeordnet, daß die Geschosse einzeln, in Serien oder auch im Pulk geschossen werden können. Neu ist, daß sich der raketenähnliche Antrieb jetzt im Geschoß befindet, während die Wasserbomben durch einen mit Sprengstoff versehenen Stempel in die See geschleudert werden müssen. Die neue Waffe, deren Geschosse in der Form einer Ellipse von 120 bis 140 Fuß geschossen werden, arbeiteten bei der Erprobung recht genau und stellen eine sehr wirksame Verbesserung der »Tiefenladungen« dar. Während die Wasserbomben im Kielwasser detonieren und wirken, landen die »hedgehog«-Bomben voraus vom U-Boot-Jagdfahrzeug, das die Detonationsstellen hinterher sofort überlaufen und auf die Wirkungen der Unterwasserdetonationen hin mit seinen Suchgeräten abtasten kann. (Bei den Wasserbomben muß der U-Jäger erst wenden, zurücklaufen und Wurfpositionen erneut anlaufen und absuchen.) Die USA fassen ab Mai ihre Schiffe unter Land (endlich!) zu stark gesicherten Geleitzügen zusammen. Die Angriffe der deutschen U-Boote werden nicht nur erschwert, sondern in den flachen Küstengewässern schließlich völlig unmöglich. Die U-Boote ver-

lassen daher das amerikanische Küstengebiet, lediglich Minenunternehmungen bringen hier noch Erfolge.

Im Atlantik treibt die Schlacht ihrem Höhepunkt zu. Noch sind die deutschen U-Boote im Angriff. Im Mai versenken sie an allen Fronten bei vier Eigenverlusten 584 788 BRT, im Juni bei nur drei Eigenverlusten 616 904 BRT. Ab Juni setzen die Briten weitere mit dem neuen Radargerät ausgerüstete Flugzeuge im Raum Biskaya ein, den sie jetzt volle 24 Stunden kontrollieren.

Zu dem Krieg der Waffen ist der Krieg der Techniker und Wissenschaftler gekommen. Es mangelt in Deutschland nicht an hervorragenden Kapazitäten, wohl aber an der Einsicht der Wehrmachtführung, diese Kräfte auch sinnvoll anzusetzen. Viele Spezialisten werden in Uniform gesteckt und leisten damit, oft nur als einfache Landser oder Matrosen eingesetzt, einen so unproduktiven Dienst für ihr Vaterland. Es möge dem Verfasser erspart bleiben, Beispiele zu nennen. Es gäbe deren genug.

Bei aller Härte, bei allen schweren, dramatischen Kämpfen und bei allen mörderischen Strapazen, die deutsche U-Boot-Fahrer im Eismeer, in den verbissenen Geleitzugkämpfen und in den noch einsamer gewordenen Jagdgefilden des Südatlantiks hinnehmen müssen, gibt es Lichtblicke und fröhliche Stunden . . .

U 68, Korvettenkapitän Karl Friedrich Merten, als Beispiel . . .

Querab von dem britischen Flottenstützpunkt Freetown wird ein Sack gesichtet. Obersteuermann Griese hat ihn zuerst gesehen. Ihm entgeht nichts, was ungewöhnlich ist. Er und Merten beäugen schweigend und tiefsinnig diesen in stahlblauer See schwerfällig und müde auf und nieder torkelnden Zeugen einer vernichtenden Gewalt. Im Frieden hätte man ganze Romane um das Schicksal des Schiffes gesponnen, aus dessen Laderäumen dieser Sack ins Meer entkam. Jetzt im Krieg braucht niemand seine Phantasie anzustrengen. Der Sack stammt unzweifelhaft aus einem versenkten Frachter.

»Mehlsack«, meint Merten, und Obersteuermann Griese

sieht, wie es in seinem Auge aufflammt, als habe der Alte eine Idee. Die anderen auf der Brücke suchen weiter ihren Sektor ab. Der Sack hat sie nicht zu kümmern.

»Schön wär's ja, Herr Kapitän«, deutet Griese vielsagend an und zeichnet mit dem Finger etwas auf das Brückenschanzkleid, was einem Brötchen ähnlich sieht.

»Meinste, Griese? Aber wenn's wirklich Mehl ist, taugt's denn dann noch was?«

»Nachsehen kann man ja mal.«

Wenn Merten gut gelaunt ist, sagt er du zu seinen »besten« Männern an Bord. Und Griese ist so ein bestes Stück Inventar von U 68 geworden. Er gehört zum Boot wie jeder Bolzen.

U 68 legt an dem Sack an. Nummer Eins, Bootsmann Bitowski, nimmt ihn mit einer Handvoll und der Abwechslung wegen dankbar fideler Seeleute an Deck. Es ist ein aalglatter, glitschiger Zweizentnersack. Smut Hoffmann schlitzt ihn auf. Wie einer Sau den Bauch. Unter dem Sackleinen ist grauer Pamps, nasses, schmieriges Weizenmehl.

»Abwarten, Herrschaften«, grunzt der Smut und fährt mit dem Messer tiefer in die Masse hinein. Er stößt in blütenweißes, trockenes Mehl hinein. »Made in Canada.« Wie eine Wurstpelle läßt sich die nasse Schicht von dem Mehl abpellen.

»Hoffmann, machen Sie Meldung, ob das Zeugs zu gebrauchen ist.« Der Smut flitzt mit einer Handvoll Mehl auf die Brücke und verschwindet in einer Eile im Turm, als seien zehn Liberators hinter ihm her.

Fünf Minuten später taucht sein bauernschlaues Gesicht mit dem krausen, rötlichfarbenen Fusselbart im Luk wieder auf.

»Jeht, Herr Kapitän. First-class-Mehl.«

Fünf Säcke dieser Sorte werden im Laufe dieses Tages noch geborgen. Abends zaubert der Smut. Es gibt frische Berliner Pfannkuchen als Einlage.

Und noch zwei andere freuen sich über die Beute. Mertens Spezialisten: der Matrosengefreite Grecian, des Bootes unermüdlicher Brötchenbäcker, und der Matrosengefreite und Gefechtsrudergänger Geest, ein ganz großer Könner auf dem Gebiet erstklassiger Kuchenbäckerei.

Entdeckt wurden diese beiden im Verborgenen blühenden Talente von Merten persönlich. Alles, was etwas taugt, kann er gut gebrauchen. Das sprach sich schon herum in U-Boot-Kreisen.

Mit U Merten verbindet sich noch eine andere amüsante Story ...

Der Smut hat aus der untersten Last eine rostige Dose ausgegraben, eine Weißblechdose mit köstlichen australischen Früchten. Sie ist noch eine Erinnerung an das unglückselige Treffen mit dem Hilfskreuzer »Atlantis«.

»Schade«, sagt Hoffmann, »daß wir nicht auch mal Gelegenheit haben, so einen feindlichen Überseefrachter auszupacken. Das haben die Kameraden vom Hilfskreuzer uns voraus.«

Dieser gar nicht ernstgemeinte Einwand des Smuts ist für die jungen Wachoffiziere auf Mertens Boot das Stichwort, dem Alten mit diesbezüglich mehr oder weniger verwegenen Vorschlägen einzuheizen. Erst lehnt Merten strikt ab, dann aber lenkt er ein ...

»Bei Licht besehen ist's wahrlich 'ne Schweinerei, daß wir so ganz und gar nichts von den versenkten Eimern und ihren Ladungen haben. Man müßte da doch einmal einen Dreh finden ...«

Die jungen WOs wittern Morgenluft. Daß der Alte von einem Dreh spricht, ist der halbe Weg nach Rom. Merten läßt sogar durchblicken, daß er es mit dem nächsten Dampfer ernsthaft versuchen will.

U 68 steht in einem verhältnismäßig ruhigen Seegebiet, fern der bissig und grimmig überwachten Geleitzugroute auf dem Großkreis.

Hier ist Ruhe, noch Ruhe. Flieger sind unbekannt. Dampfer beinahe auch.

Den nächsten in Sicht kommenden Frachter will Merten nur anpuffen, damit er nicht gleich in den Keller geht. Alles andere würde sich dann schon finden.

Und richtig. Eines Nachts trottet ihnen der herbeigesehnte Dampfer am Heck vorbei. Bootsmaat Buttke, der sich laut Wachplan für den hinteren Ausgucksektor zu interessieren hat, macht einen ganz dünnen Schatten aus. Merten sieht lange hin.

Nanu, der wird doch kleiner? Jetzt ist er weg. Teufel auch. Da haben wir aber Schwein gehabt, der ist uns, auf Gegenkurs liegend, eben noch in den achterlichen Sektor reingesegelt. Buttke bekommt ein Lob, und der LI dreht die Diesel auf. Nach zehn Minuten hat man den Schatten wieder. Alles andere verläuft planmäßig wie bei der Agru-Front in der Ostsee.

Der Aal trifft den Dampfer – wie neulich ausgesponnen – nicht vernichtend. Er pufft ihn nur an, um mit Mertens Worten zu sprechen. Aber die Engländer an Bord scheinen hartgesottene Kollegen von der anderen Feldpostnummer zu sein. Sie machen gar keine Anstalten, ihren Untersatz zu verlassen. Warum auch. Der Dampfer schwimmt ja noch. Und ob die Deutschen noch einen Torpedo nach diesem »Fehlschuß« haben, bleibt abzuwarten.

»Na ja, dann müssen wir denen da drüben ein Ausrufungszeichen unter 'n Mors setzen«, meint Merten.

Ein paar MG-Salven zischen und singen über die Brücke des Frachtschiffes hinweg. Jetzt steigen die Engländer da drüben aber aus. Alles klappt prima wie im Kintopp, auch daß die Boote nicht ausreißen, sondern längsseit kommen.

»Captain Hawe«, stellt sich eine hagere Gestalt in dem U 68 zunächst stehenden Boot vor. Er schreit es herüber. Der neben ihm auf der Ducht des Bootes sitzt, heißt Smadley und ist der Chief, in der KM-Sprache also der Leitende Ingenieur dieses Frachters.

Nach der Ladung befragt, kommt bissig zurück »General cargo«.

Das kann alles mögliche sein ... Hosenknöpfe, Rasierklingen, Feuerzeuge und Sicherheitsnadeln oder auch fünf Billionen Sockenhalter. Merten will erst ärgerlich werden, beherrscht sich aber, denn er hätte anstelle des britischen Kapitäns ja nicht anders gehandelt.

Der mit der goldbestickten Mütze brummelt noch etwas vor sich hin, grüßt salopp mit den Fingern und verschwindet mitsamt dem Boot in der Nacht, quasi, als wolle er andeuten: »Mehr habe ich nicht auszusagen, und von nun ab könnt ihr mich mal ...«

Inzwischen steigen andere Engländer aber wieder auf ihren Dampfer ein, als störe sie die Anwesenheit eines deutschen U-Bootes absolut nicht.

Was wollen die Deutschen denn anfangen? Rammen können sie den Dampfer mit ihrem winzigen U-Boot nicht.

Seit Menschengedenken ist Irren menschlich, und den Briten geht kurz darauf eine Stallaterne auf, als das U-Boot ihr Schiff erneut mit leichten Fla-Waffen beschießt. Diesmal pfeifen die Leuchtspurgeschosse nur ein paar Handbreiten über die Brücke und kaum einen halben Meter über den goldverbrämten Hut des ebenfalls wieder eingestiegenen Kapitäns hinweg, den man in der Brückennock ruckartig verschwinden sieht.

Die Besatzung jumpt also wieder von Bord. Ein wenig schneller als das erste Mal. Sie verschwinden mit ihren Booten im Dunkel. Das Rucksen der Riemen zerhackt die Stille der tropischen Nacht. Die Geräusche werden leiser und verebben ganz. Nur die wilden Flüche hört man noch lange.

Merten will ein Prisenkommando auf den Frachter schikken. Er will sich selbst überzeugen, was es mit dem ominösen »General cargo« auf sich hat.

Die Männer dieses Kommandos – Merten weiß vor Freiwilligen nicht recht, wen er dafür aussuchen soll – steigen in das unsinkbare und unkenterbare Beiboot. So behaupten die Fabrikanten jedenfalls. Es sitzen die besten Seeleute drin. Merten ist beruhigt, als das Boot ablegt – und entsetzt, als es nach einigen zehn Metern in der hohen Dünung umschlägt.

Der Kommandant flucht. Auf die Werft. Auf sich selbst und auf die Tölpel im Boot. Die im Wasser liegen aber sind nicht böse. Das Bad erfrische großartig.

Merten denkt an die Haie und an die Verantwortung, die er mit diesem Manöver unternahm. Karlchen Dönitz wird es ihm nicht nur übel ankreiden, wenn er dabei Leute verliert. Die Männer werden herausgeholt. Jeder liest in Mertens Gesicht, daß dieser wenig Neigung verspürt, das mißglückte Unternehmen zu wiederholen.

»Na, was nun? Wie kommen wir an die Ladung heran, ohne den Frachter zu betreten? Wie macht man so was, Seeleute?« fragt Merten. Die Männer feixen. Ihr Boß macht schlechte Witze an diesem späten Abend.

»So, paßt mal auf. Was haltet ihr denn davon? LI, hören Sie mal mit zu. Sie sind doch ein technischer Zauberkünstler . . . Also ich dachte mir, wenn wir mit der Zwozentimeter die Lukendeckel zerknallen, dann muß doch nach dem Absaufen die in den Räumen lagernde Ladung aufschwimmen. Vorausgesetzt, daß uns der Bursche den Gefallen tut, auf ebenem Kiel auf Tiefe zu gehen.«

»Geht«, sagt der Leitende.

So geschieht es. Wie flache Blitze flammen die Leuchtspurbahnen durch die Nacht. Holz zerstiebt. Zerfetzte Persennings fliegen davon. Die eisernen Scherstöcke springen aus ihren Führungsschienen.

Immer, wenn das stilliegende Schiff sich in der Dünung neigt und die Luken sichtbar werden, rasseln die Feuerstöße aus den Rohren. Zwei Luken sind offen. Dort, wo vorher die glatte, graue Fläche der das Luk gegen Regen und Seewasser abdeckenden Segeltuchplane war, gähnt jetzt ein dunkles Loch. Die Luken sind offen.

Der Frachter bekommt einen genau berechneten Aal und buddelt tatsächlich auf ebenem Kiel ab. Nach achtern liegt er ein bißchen tiefer in der See. Nachher tauchen ein paar Kisten auf. Eine nach der anderen speit die See, die den 6000-Tonner verschlang, wieder aus.

Es sind Riesenkisten.

Die Männer von U 68 staunen.

»Wie soll man denn solche Wohnlauben auf das Deck bekommen?«

»Ganz einfach. Alles ganz einfach«, schaltet sich der Leitende ein.

»Vorschiff fluten, Boot unter die Kisten fahren lassen, anblasen . . . Funktioniert wie ein Kran im Hamburger Überseehafen.«

»Akzeptabel«, sagt Merten und gibt die Befehle zu diesem Manöver.

Eine halbe Stunde später steht eine solche Kiste an Deck. Auf beiden Seiten hängt sie ein bis zwei Meter über. Aber das macht ja nichts. Fieberhafte Aufregung. Jeder will natürlich die Nägel herausziehen. Die Heizerleins, gewohnt, alles mit anerzogener Gewissenhaftigkeit zu tun, ziehen die Nägel mit der Zange. Die Seeleute möchten gern ein Beil nehmen, damit es schneller geht.

Was mag wohl in der Kiste sein? Alle haben ein Gefühl wie zu Weihnachten, und Merten ist über sich selbst glücklich, seinen Männern durch diese Manöver eine kleine Freude bereiten zu können. Kleine? Nein, einen Heidenspaß. So was braucht eine U-Boot-Besatzung von Fall zu Fall. Das Handwerk ist tierisch ernst und mörderisch genug.

Der Leitende lüftet persönlich den Deckel, um das verdeckte Gericht zu enthüllen. Alle Hälse werden länger. Wie von Giraffen. Oben drauf liegt Ölpapier.

»Habe ich schon gerochen«, schnüffelt die Nummer Eins. »Kommt mir unangenehm bekannt vor ...«

Um es kurz zu machen. Die Kiste enthält achthundert Öljacken. Nichts für die Mutti daheim, nichts für die Braut, nichts zum Futtern, sondern ausgerechnet etwas für Seeleute, und dazu noch für Stunden, in denen Rasmus das Feld beherrscht. Stunden mit nassen Hintern und weichen Beinen und einem steten Kampf mit beschlagenen Gläsern.

Bei den abgeschlossenen Wetten über den vermutlichen Inhalt gewann keiner.

Die nächste Kiste ist etwas kleiner.

Inhalt: Ölhüte. – Die nächste: wieder Ölhüte. Und die nächste, wieder größere, Öljacken.

Merten gibt es auf. Die Männer sind weniger von den Anstrengungen als von den Enttäuschungen erschöpft, und es dauert eine geraume Zeit, bis einer den kleinen Schritt vom Weinen zum Lachen findet.

Merten bricht das nächtliche Spiel kurzerhand ab.

Auf der Viermannback, dem Offizierstisch in der kleinen, lächerlich winzigen Messe, dort, wo Merten zu sitzen pflegt, liegt eine in Kunstschrift beschriebene Visitenkarte:

Karl Friedrich Merten
Ozeanreisender in Ölhüten und Öljacken

Manchmal kann auch eine harmlos erscheinende Versenkung in die berühmte Hose gehen. Das U-Boot-Leben birgt soviel Gefahren, die in keinem Lehrbuch stehen. »Na, morgen früh muß denn ja ein Dampfer kommen. Sozusagen als Geburtstagsgeschenk für unseren August Maus«, sagt Merten noch, als er mit einem »Abwärts« im Turmluk verschwindet, um sich für ein paar Stunden auf das harte Lager zu strecken. »Jawohl, Herr Kapitän, der kommt gewiß«, ruft IWO Maus noch hinterher.

Das war so einige Stunden vor Mitternacht. Merten legt sich nach einem prüfenden Rundgang durch das Boot angezogen und ohne Umstände auf die Lederkoje. Er will nicht fest schlafen, sondern nur ein wenig ruhen. Aber dann verfällt er doch in einen tiefen, festen Schlaf. Er merkt daher auch nicht, als sein IWO an die Koje herantritt.

»Herr Kapitän, melde gehorsamst, befohlener Dampfer ist zur Stelle.«

»Ihr könnt mich nicht meinen«, grollt Merten verdrießlich über den vermeintlich faulen Witz. »Wenn denen nichts Besseres einfällt . . .«, denkt er.

»Herr Kapitän, Dampfer in Lage Null.«

»In Lage Null auch noch. Sagt bloß noch, die Briten sind vor Schreck gleich ausgestiegen, und ich soll wieder Weihnachtsmann spielen. Nee, gute Nacht.«

Maus weiß sich keinen Rat. Er schüttelt Merten unsanft und mit einer im Unterton verzweifelten Stimme.

»Es ist tatsächlich ein Dampfer da, 6000 BRT . . .«

Jetzt fährt Merten hoch, schüttelt sich, ist hellwach und durchsteigt gebückt und mit einem schlafwandlerischen Schritt, der langjährige Übung verrät, das runde Kugelschott, das in die Zentrale führt. In zwei Sprüngen ist er im Turm. Unter dem gleißenden Schild der eben aufgehenden Sonne steht, schon sehr nahe, ein 5000-Tonner. Für lange Überlegungen bleibt keine Zeit.

»Daß die da drüben noch nicht das Boot gesehen haben . . .?«

»Alarmtauchen . . .«

Hals über Kopf wird nun das Boot durchgependelt und auf Sehrohrtiefe gebracht. Die Trimmlage ist saumäßig. Mertens LI kann auch nichts dafür.

»Boot ist nicht auf Sehrohrtiefe zu halten«, warnt der Leitende.

Es bleibt aber keine Zeit. Ohne Schußunterlagen jagt Merten den Aal heraus, auf den Weg der letzten Chance, die Merten in diesem Augenblick noch verbleibt.

Der Aal läuft. In einigen Händen liegen Uhren in der Innenfläche. Es erfolgt eine leichte Erschütterung. Hohl und dumpf orgelt es um den Druckkörper herum. Merten will das Sehrohr ausfahren und läßt gleichzeitig die Fahrt erhöhen, um gegebenenfalls schneller und mit Ruderunterstützung auftauchen zu können.

Sinkgeräusche sind nicht zu vernehmen, jenes typische Pfeifen und Schleifen, wenn ein Schiff in Tiefen fährt, die noch keines Menschen Augen sah.

Plötzlich gibt es einen Stoß. Beinahe einen Knall. Im Boot fliegt und torkelt alles durcheinander. Es ist, als sei man gegen einen Felsen gerast, der die Fahrt so ruckartig stoppte. Flüche schwirren durch das Boot. In der Maschine ist der Obermaschinist mit dem Kopf gegen den Hochbehälter geschleudert worden und bewußtlos zusammengesackt.

Ein Felsen?

Unsinn.

Wo soll denn mitten im Atlantik so ein Ding herkommen. Oder ein U-Boot wie damals bei St. Antoa?

Leise brummt der Sehrohrmotor. Merten hängt bereits am Okular.

»Sehrohr kommt frei.«

Hallo, was ist denn das? Eine schwarze Wand ist zu sehen. Und Rostflecken sind da auf der Fläche. Und breite Tupfen von Mennige. Das ist ja die Bordwand des Frachters. Natürlich. Was sonst?

Zum Greifen nahe hat sie Merten im Sehrohr. Wie es dazu kam? Wer weiß das im Augenblick? Vielleicht hat der andere im letzten Augenblick seinen Kurs geändert und ist dann nach dem Treffer mit Hartruderlage ausgeschwungen.

»Äußerste zurück!«

Der Befehl ist ruhig und klar. Die Männer atmen auf. Einige kratzen sich vielsagend hinterm Ohr. Ablaufend erlebt Merten tolle Bilder da oben. Direkt über ihm werden Rettungsboote ausgeschwungen. Da steigen Leute mit angstverzerrten Gesichtern ein, mit Augen, in denen Merten nur

Nach dem Angriff

»Frage Torpedolaufzeit?«
Der Kommandant am Sehrohr nach dem Torpedoschuß. Sein Gesicht spiegelt die ganze Anspannung des Angriffs wider und die Sorge nach der Frage: Was wird nach dem Treffer . . .?

Der Torpedo saß. LI und Tiefenrudergänger erwarten ihre Befehle. Boot steht am Geleit. Da . . .! Bewacher läuft an . . . Kommen Wabos . . .?

»Schnell auf 150 Meter Tiefe gehen!« Die Entlüfter werden aufgedreht. Wasser rauscht in die Tanks. Die freie Besatzung rast nach vorn, um das Boot vorn schneller schwerer und vorlastiger zu machen . . .

Der Funker an seinem GHG. Die Ruhe selbst. Er verfolgt die Schraubengeräusche der das U-Boot jetzt jagenden Jäger.

Serienweise fallen die Bomben. Wummss . . . Rabammm . . . Manometer zerklirren, ein Rohr zerreißt. Ohne Befehl springt ein Seemann hinzu und dreht die Ventile dicht.

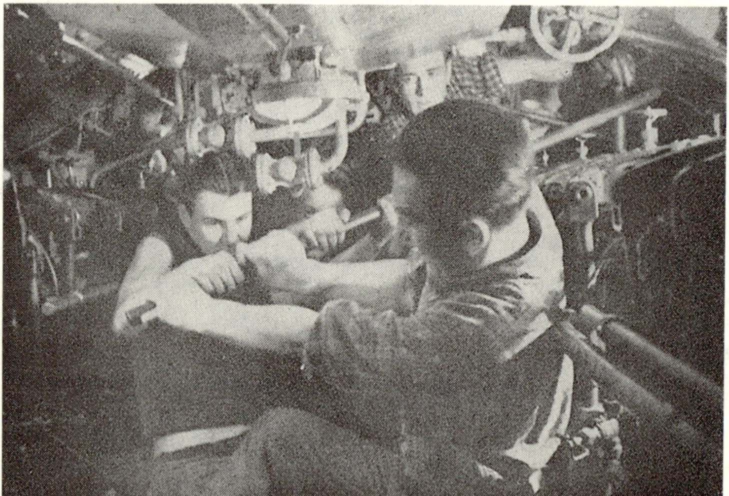

Auch der Diesel hat etwas abbekommen. Nach dem Angriff reparieren sie. Dieses Bild veranschaulicht die erdrückende Enge im Dieselraum besser als viele Worte.

das Weiße funkeln sieht. Wie ein Irrer sieht der eine aus. Ein anderer wedelt mit seinen nackten behaarten Armen und zeigt immer wieder auf das Sehrohr. Wie Gelatinepudding zittert der Kerl. Die brennende Brücke schwelt und qualmt schwarz. Merten sieht am Heck deutlich großkalibrige Geschütze. Aber sie sind unbesetzt. Verlassen. Merten kann die Angst der Besatzung nicht verstehen. Wenn man so stark bewaffnet ist, dann reißt man doch nicht einfach aus, solange der Behälter noch schwimmt.

Und wie im Film blenden seine Gedanken auf den Dynamitdampfer in der Karibik über . . .

U 68 läuft schleunigst unter Wasser ab. Und vierhundert Meter weiter steckt Merten vorsichtig den Spargel aus der See. Vielleicht haben sich die da oben inzwischen besonnen und doch noch ihre dicken Kanonen besetzt.

Merten hat den Frachter noch nicht im Okular, als eine mörderische Detonation die morgendliche Stille zerreißt.

»Also doch«, schreit Merten. »Verflucht.«

»Auftauchen.«

Merten springt auf die Brücke. Ein himmelhoher schwarzer Pilz zeigt die Stelle an, wo eben noch der Frachter stand. Die Wucht der Explosion muß ungeheuerlich gewesen sein, wie die riesige Ausweitung der Sprengfontäne erkennen läßt. Sie ist fast tausend Meter hoch. Das Schiff scheint wie eine Seifenblase zerplatzt zu sein. Später erst erfahren die Männer von U 68 Einzelheiten. Der Dampfer hieß »Bredford City«, berichteten die Überlebenden in einem der Boote. »Hatte einige tausend Tonnen Flugzeugbenzin an Bord!« Daher die Angst. Daher die heillose Flucht in die Boote.

Zum zweitenmal streifte die Männer von U 68 der Hauch des Todes, der mit einer knappen Bemerkung in die Akten der Seekriegsgeschichte eingegangen wäre. Nicht immer waren es Bomben und Wasserbomben, denen U-Boote zum Opfer fielen . . . Manchmal waren auch technische Belange die Ursache, Dinge, die dem Nichtfachmann nebensächlich erscheinen, die aber für das U-Boot-Fahren von lebenswichtiger Bedeutung sind . . .

Hier ist eines solcher Beispiele. Es ist die Aufgabe des technischen Personals, die Wasserdichte in genau festgelegten Zeiträumen zu messen. Auf U 128 ist es der Oberfähnrich (Ing.) Ossadnik, der sich damit zu befassen hat. U 128 ist eines der neuen, großen Boote vom Typ IXC, Kapitänleutnant Ulrich Heyse. Im März 1942 lief es zur ersten Feindfahrt aus, kam mit flatternden Wimpeln wieder heim, machte eine Erprobungsfahrt als Fla-U-Boot, ging im September erneut in See und wird durch FT nach Afrika geschickt, um vor Freetown einen vom B-Dienst gemeldeten Kreuzer zu erledigen. Den Kreuzer trifft U 128 nicht. Kapitänleutnant Heyse ist ärgerlich, denn so manches Schiff muß er dieses Auftrages wegen laufen lassen. Er hatte Schießverbot, des Kreuzers wegen. Heyse ist nach vergeblicher Suchaktion gerade zur Jagd unter die Küste Südamerikas entlassen worden, als das italienische U-Boot unter Kapitän zur See Rossi den Kreuzer sichtet – und zwölf Stunden nach der Abberufung von Heyse versenkt.[1]

U 128 liegt jetzt auf Kurs der Dampferroute Bahia–Trinidad. Alle zwölf Stunden mißt Fähnrich Ossadnik auf dem Weitermarsch die Wasserdichte und trägt sie ein. Die Unterlagen erhält der Leitende, der sie für seine Berechnungen zum Tauchen braucht. Zehn Stunden sind seit der letzten

1 Nach H. J. Bachmann, Langgöns, ist anzumerken: Der italienische U-Boot-Kommandant heißt Grossi und nicht Rossi, das U-Boot »Barbarigo«. Grossi glaubte, ein Schlachtschiff der »Maryland«-Klasse mit zwei Torpedos getroffen zu haben, in Wahrheit beschoß er am 20. 5. 1942, 02.50 h, den Kreuzer »Milwaukee« und den Zerstörer »Moffet«, die er verfehlte. Am 6. 10. 1942 meldet Grossi die Versenkung eines Schlachtschiffes der »Mississippi«-Klasse. Er irrte bei seinen für 02.20 h vermerkten Treffern. Er verwechselte Tiefenladungenexplosionen der gegnerischen Abwehr mit Torpedodetonationen. Diese Irrtümer sollen später Konsequenzen gehabt haben.

Messung vergangen. U 128 steht jetzt in einem anderen Seegebiet, als es Alarmtauchen gibt. Der LI taucht mit den Werten der letzten Wasserdichtemessungen. Das Boot sackt wie ein schwerer Fels bis auf 150 Meter durch. Das Wasser ist leichter geworden, denn U 128 ist in eine in Seekarten nicht verzeichnete Trift hineingelaufen.

Die E-Maschinen beben. Der Kommandant hat »Äußerste Kraft voraus« befohlen. Das Ruder zeigt hart nach oben. Aber das Boot reagiert nicht. Es fällt weiter und weiter. Es hat eine Schräglage bis zu 45 Grad. Was nicht angebunden und sicher verstaut ist, poltert und schurrt nach vorn und vergrößert die bedrohliche Lastigkeit noch mehr.

Sie stehen in einer Tiefe, in denen der Bootskörper theoretisch bereits zerquetscht werden müßte. Nur der LI und der Kommandant wissen, daß die neuen deutschen U-Boote solche Tauchtiefen noch ohne ernsthafte Gefahren zu überstehen vermögen.

Über Tauchtiefen spricht man an Bord nicht. Sie sind Chefsache. U 128 fällt noch weiter. Der Druckkörper ächzt. Farbe spritzt ab. Im Boot ist ein dumpfes Singen, ein heimtückisches Knistern, das Bände spricht. Inzwischen ist angeblasen worden. Die Todesfahrt in den ewigen Keller wird gestoppt. Das Boot steigt. Erst langsam. Dann schneller.

Ursache für diese Schreckensfahrt: »nur« eine andere Wasserdichte.

U 128 versorgt auf See aus einem U-Versorger, aus einer »Milchkuh«, und vermag seine Operationen fortzusetzen. Unter den Schiffen, die Heyse angriff – er ist übrigens ein von allen verehrter und bei allen beliebter Reserveoffizier –, war auch ein 18 000 BRT großer Tanker. Der Riese kostete vier Torpedos und siebzig Schuß Munition aus der 10,5-Kanone, ehe er sich bequemte, in Neptuns Reich zu fahren. Im Januar 1943 läuft U 128 ein. Es ist fast fünf Monate auf Feindfahrt gewesen. Der letzte Tropfen Öl wurde aufgebraucht. Es gab Boote, die sogar heimlich die Reglerzellen mit Treiböl fuhren, nur um länger draußen, länger am Feind bleiben zu können, und das in einer Zeit, da die gegnerische Presse schrieb, der Angriffsgeist und der Mut der deutschen U-Boot-Besatzungen habe im Vergleich zu den ersten Jahren nachgelassen.

Am 12. September versenkt U 156, Korvettenkapitän Hartenstein, 550 Seemeilen von Las Palmas den 19965 BRT großen Truppentransporter und ehemaligen Cunard-White-Star-Liner »Laconia«. An Bord befanden sich 3000 Mann, und zwar 463 Mann Besatzung, 286 britische Urlauber, 80 Frauen und Kinder – und 1800 italienische Kriegsgefangene von der Rommel-Front. Ein Drittel der Überlebenden wurde von Hartenstein und den von Dönitz durch FT an den Katastrophenplatz beorderten Booten der Gruppe Eisbär: U 507, Kapitänleutnant Schacht, und U 506, Kapitänleutnant Würdemann, gerettet. Sie wurden zum Teil an Bord genommen, zum Teil in den geschleppten Rettungsbooten belassen und versorgt. Während der volle fünf Tage andauernden Rettungsaktion, in der sich die Bootsbesatzungen ohne Unterschied um Freund und Feind kümmerten, wurden die Boote am 16. September von einem amerikanischen Bomber angegriffen. U 156 wurde trotz der an Bord gezeigten Rote-Kreuz-Flagge das direkte Ziel der Angreifer. Hartensteins Boot, dessen Besatzung ebensowenig wie die der anderen Boote ihre Fla-Waffen benutzte, wurde so schwer beschädigt, daß es nicht mehr voll einsatzfähig, gottlob aber noch manövrierfähig war. Am 17. September können alle Überlebenden an die von Dönitz über FT zur Hilfeleistung gebetenen französischen Kriegsschiffe der »Admiral Darlan«-Flotte abgegeben werden.

Am gleichen Tag geht unter dem Codewort »Triton Null« jenes Offiziers-FT an alle Boote, das für die Zukunft allen Kommandanten jede Rettungsaktion verbietet. Der Befehl lautet im Wortlaut:

»Jeglicher Rettungsversuch von Angehörigen versenkter Schiffe, also auch das Auffischen von Schwimmenden, deren Anbordgabe auf Rettungsboote, das Aufrichten gekenterter Rettungsboote, die Abgabe von Nahrungsmitteln und Wasser haben zu unterbleiben. Rettung widerspricht den primitivsten Forderungen der Kriegführung nach Vernichtung feindlicher Schiffe.

Befehle über das Mitbringen von Kapitänen und Chefingenieuren bleiben bestehen. Schiffbrüchige nur retten, falls deren Aussagen für Boot von Wichtigkeit.

Hart sein, daran denken, daß der Feind bei seinen Bombenangriffen auf deutsche Städte auf Frauen und Kinder keine Rücksicht nimmt.«

gez. Dönitz

Dieser Funkspruch wurde später in Nürnberg vor dem JMT als das Dokument GB 199 der Hauptanklagepunkt gegen Dönitz, dem vorgeworfen wurde, er habe damit den Befehl zum Töten von Schiffbrüchigen gegeben. Zumindest wollte die Anklagebehörde darin den versteckten Befehl zum Abschießen von Schiffbrüchigen sehen.

Das Haager Abkommen, die Anwendung der Grundsätze des Genfer Abkommens auf den Seekrieg vom 18. 10. 1909 betreffend, legt in Artikel 16 den Kommandanten der Kriegsschiffe die Verpflichtung auf, nach jedem Kampf sich um die Schiffbrüchigen des Gegners zu kümmern, »soweit es die militärischen Zwecke gestatten«. Diese Feststellung ist in diesem Zusammenhang wichtig, bildete dieser Passus doch einen der Eckpfeiler der deutschen Verteidigung.

Jedenfalls ist nie und nimmer von einer solchen verbrecherischen Aufforderung die Rede gewesen. Zwischen »Nichtretten« und »Vernichten« besteht ein einwandfrei klarer Unterschied. Das Ergebnis der sehr gründlichen Untersuchungen der Siegermächte endete in einem Freispruch von jeder Schuld.

Flottenrichter Kranzbühler erklärte zum »Laconia«-Befehl des BdU:

»Diese Formulierung entsprang ausschließlich dem Bestreben, jede Ermessensfreiheit der Kommandanten auszuschalten und jeden Gedanken zu unterdrücken, daß er nun im Einzelfall die Luftgefahr doch noch überprüfen und dann gegebenenfalls retten könne.«

Nie und nimmer aber dachte die deutsche U-Boot-Führung daran, gegen Schiffbrüchige vorzugehen. Weiter ist der »Laconia«-Befehl von den U-Boot-Kommandanten auch niemals anders ausgelegt worden, als er gemeint war. Und welch ein Widersinn des JMT, der deutschen U-Boot-Waffe solche Befehle zu unterstellen, wenn andererseits von Dönitz gefordert wurde, die Kapitäne und Leitenden Ingenieure versenkter Schiffe aufzufischen und heimzubringen.

Wie denn sollten sie gerettet werden, wenn eine Anweisung zur Vernichtung aller Überlebenden bestanden hätte, zumal ja auch bekannt war, daß sich die Kapitäne in Rettungsbooten oft als einfache Matrosen tarnten.

Begonnen hatte der Krieg mit Anweisungen, nach denen die Rettung von Besatzungen anzustreben war, und zwar nach Ausschaltung der Möglichkeiten für die Gefährdung der Sicherheit des Bootes. Dieser Befehl entsprach dem Haager Abkommen, nach dem beide Kriegsparteien verpflichtet werden, nach dem Kampf Vorkehrungen zum Auffischen von Überlebenden zu treffen, soweit es, wie schon erwähnt, die militärischen Belange gestatten würden.

Später erging ein neuer Befehl an die Boote.

»Keine Leute retten und mitnehmen.«

Dieser Befehl, der übrigens 1941 wiederaufgehoben wurde, war nur für das britische Küstenvorfeld bestimmt, denn hier hatten sich die Verhältnisse derart zugespitzt, daß eine Rettung eine unverantwortliche Gefährdung des Bootes darstellte. In dem Umfang, in dem sich die feindliche Luftabwehr steigerte, mußten zwangsläufig auch die Rettungsaktionen zurückgehen, zumal deutsche Boote des öfteren bei offenkundigen Rettungsaktionen angegriffen wurden und zumal Fälle bekannt wurden, daß auf im Wasser treibende Deutsche von Flugzeugen aus geschossen wurde.

Außerdem legten viele Schiffbrüchige gar keinen Wert darauf, von einem U-Boot aufgenommen zu werden. Das Leben im Rettungsboot, mit der Hoffnung, das rettende Land zu erreichen, schien ihnen immer noch sicherer als der Aufenthalt in dem permanent gefährdeten Tauchfahrzeug.

Weiter aber ist zu bedenken, daß jeder zusätzliche Mitesser auf einem U-Boot auf Kosten der Unternehmung geht. Es gibt Fälle genug, da Boote wegen Proviantmangel heimkehren mußten, ohne auch nur einen einzigen Torpedo verschossen zu haben. Und wo, schließlich, sollen Gefangene denn auf einem U-Boot bleiben, in dem schon die Besatzung mit der Raum- und Platznot zu kämpfen hat, in dem alles Maschine und nur Technik ist?

Und noch eine Feststellung: Rettete der Kommandant des britischen Kreuzers »Dorsetshire« die Überlebenden der »Atlantis« oder der »Python«, nachdem ihm die Anwesenheit eines U-Bootes bekannt war? Er rettete nicht, weil es die militärischen Belange nicht gestatteten. Und was geschah 1940 im Kanal, als die Luftschlacht um die Insel entbrannt war? Die über dem Kanal eingesetzten Seenotflugzeuge wurden abgeschossen, um die Rettung des fliegerischen Personals abgeschossener oder notgelandeter Bomber zu verhindern.

Churchill bekannte später, zu dieser Handlungsweise »unumgänglich aus der Lage heraus« gezwungen worden zu sein.

Lediglich der Ordnung halber und der geschichtlichen Wahrheit wegen sind einige solche Beispiele hier aufgeführt.

Wie gnadenlos der Krieg gegen die U-Boote von der Gegenseite geführt wurde, beweisen auch all jene Fälle, da Einheiten der britischen U-Boot-Abwehr keine Rücksicht auf die im Wasser treibenden eigenen Überlebenden nahmen, wenn eine U-Boot-Ortung einen Erfolg auf Vernichtung des U-Bootes hoffen ließ. Es sei hier an das britische Buch und den Film »Großer Atlantik« erinnert, in dem in erschütternder Realistik geschildert wird, wie der Kommandant eines britischen Zerstörers Wasserbomben in den Pulk der Überlebenden eines soeben von einem U-Boot versenkten Frachters wirft, da ihm genau unter dem Platz, wo die Überlebenden schwammen, eine Asdic-Ortung gemeldet wurde. Alle Überlebenden wurden von den Wasserbombendetonationen zerrissen. Die größte Tragödie dabei war, daß überhaupt kein U-Boot an diesem Platz stand, da der Asdic-Impuls durch den auf Tiefe gehenden versenkten Frachter ausgelöst wurde. Unter gleichen Aspekten muß auch der Angriff auf U 156 gesehen werden.[1]

Trotz des am 17. September 1942 vom BdU gegebenen Befehls taten die U-Boot-Kommandanten dennoch das Menschenmögliche, wie es die nachstehenden Beispiele U 71 und U 207 beweisen.

Kommandant von U 71 ist Kapitänleutnant Flachsenberg.

Sich mehrende Bewacher und Flugzeuge machen ihm die gestellten Aufgaben immer schwerer. Dampfer sind selten geworden in diesem Seegebiet. Aber ein einzelfahrender Tanker wird wenigstens erwischt. Wochen später kommt ein Segelboot in Sicht, ein Kutter, ein typisches Rettungsboot, eine Nußschale in der wildbewegten Wasserwüste.

1 Inzwischen hat sich im maritimhistorischen Magazin SCHIFF UND ZEIT, H. 26 (1987), der ehemalige Marine-Oberbaurat und spätere Ministerialdirigent Dr.-Ing. Waas als Zeitzeuge zum Thema »Laconia«-Fallfolgen zu Wort gemeldet. Er nahm am 24. September 1942 an einer Besprechung mit Hitler teil, bei der in Anwesenheit von Raeder und Dönitz das neue Walter-U-Boot und auch der Fall »Laconia« und dessen Folgen zur Diskussion standen. Siehe Anhang I, Nachtrag 3a und Anhang I, Nachtrag 3b.

»Paßt mir auf die Flugzeuge auf«, warnt er seine Brükkenwache, dieweilen er sein Boot an den Kutter heranmanövriert. Flachsenberg läuft von achtern auf. Er erschrickt, als er am Heck den Namen liest. Das Boot stammt von dem von ihm vor drei Wochen versenkten Tanker.

Unter der Persenning sieht Flachsenberg menschliche Gestalten.

Sie rühren sich nicht. Auch nicht, als der Kutter von dem seitlich stehenden U-Boot in der schweren See einen unbeabsichtigten Stoß bekommt. »Denen ist nicht mehr zu helfen«, murmelt der WO.

Flachsenberg läuft ab. Was kann er weiter tun? Er sieht noch einmal zurück. Und er erkennt durch das Glas, wie unter der Segeltuchbahn drei menschliche Gestalten hervorkriechen und schwach winken.

Er läuft wieder zurück und spricht mit den Bootsinsassen. Es sind drei Norweger. Am Ruder sitzt jetzt ein junger Mensch, der noch einen einigermaßen frischen Eindruck macht. Die beiden anderen aber sehen grauenerregend aus. Ihre eingefallenen Gesichter sind salzverkrustet und ölverschmiert. Die Backenknochen stehen weit hervor. Stechend brennende Augen glühen dem U-Boot-Kommandanten fiebrig entgegen. Ihre Gestalten sind entsetzlich abgemagert. Und die drei Überlebenden ahnen nicht, wenn sie überhaupt noch eines Gedankens fähig sind, daß dieses U-Boot dasselbe ist, das ihrem Tanker zum Schicksal wurde.

Flachsenberg muß sich anstrengen, um zu hören, was der Jüngere zu ihm herüberruft . . . daß sie anfangs elf Mann im Boot gewesen wären, . . . daß sie die einzigen wären, die das Ende des Tankers überlebt hätten . . .

Sie bitten nicht um Hilfe. Aber ihre tiefliegenden rotunterlaufenen Augen flehen stumm. Flachsenberg ist erschüttert. Die Männer der Brückenwache spüren ein Zittern in ihren Beinen.

Trotz des eindeutig klaren BdU-Befehls, keine Rettungsmaßnahmen mehr durchzuführen, trotz der drohenden Gefahr, aus dem wolkenverhangenen Himmel jeden Augenblick von einer mit Radar ausgerüsteten heranschießenden feindlichen Maschine angegriffen und mit Bomben belegt zu werden, läßt Flachsenberg das Boot mit Wasser, Proviant, mit einem guten Tropfen und Zigaretten versorgen.

»Habt ihr eine Seekarte an Bord?« fragt der WO.

Die drei schütteln den Kopf.

Also erhalten sie auch eine Seekarte mit der jetzigen Position und dem genauen Kurs nach Grönland. Es sind nur hundert Seemeilen. Nur . . .?

U 71 läuft ab. In dem zurückbleibenden taumelnden Boot erkennt Flachsenberg, wie der Rudergänger, der einzige, der wohl die Lage übersieht, aufsteht und dann in einem Anfall von Erschöpfung wie von einem Hieb getroffen in sich zusammensackt.

Flachsenberg erschauert. Auch er ist kein Freund des Krieges. Er haßt ihn so, wie die Überlebenden des Tankers ihn hassen mögen. Aber Liebe ist stärker als Haß. Diese Liebe gilt der Heimat, die er, Flachsenberg, und seine Männer im guten Glauben an eine gerechte Sache mit ihrem Leben verteidigen. Und diese Norweger, waren sie nicht auch von demselben heißen Wunsch beseelt, als sie auf den Tanker in alliierten Diensten stiegen, auf die Stunde der Befreiung ihrer von den Deutschen besetzten Heimat hoffend?

»Wenn die erst mal anständig gefuttert haben und wieder zu Kräften gekommen sind, werden sie auch die hundert Meilen schaffen«, meint der WO, als müsse er etwas Tröstliches sagen.

»Hoffentlich. Mit Hilfe der Götter wird alles reif.«

»Soll ich die . . . an sich verbotene Versorgung eintragen?« fragt der Obersteuermann Flachsenberg später.

»Was fragen Sie! Selbstverständlich tragen Sie ein, was ich befahl.«

In diesem Zusammenhang ein anderes Beispiel. Das KTB von U 207:

18.30: Roter Stern an Backbord. Beim Näherkommen zwei grellgelbe runde Schlauchboote, eines mit vier, das andere mit zwei Mann besetzt. Insassen winken. Kreis geschlagen. Es handelt sich um eine englische Flugzeugbesatzung.

19.20: Überlebende an Bord genommen, zu Gefangenen gemacht. Hätte ich sie mit frischem Proviant versehen und weitertreiben lassen, hätten sie bei dem guten Wetter leicht durch ein Flugboot aufgenommen werden können. Andererseits hätten sie mit diesen behelfsmäßigen Booten mit eigener Kraft niemals die 440 Meilen entfernte Küste erreicht. Sie wären umgekommen. Das erste wollte ich nicht, das andere konnte ich nicht über das Herz bringen, zumal mich hier keine eigenen militärischen Nachteile dazu zwangen.

Am nächsten Tag waren Windstärken von 6 bis 7 und Seegang 6. Die Schlauchboote habe ich mitgenommen, um bei zwingenden Gründen eine Ausschiffsmöglichkeit zu haben.«

Es folgen die Namen von zwei britischen Offizieren, drei Unteroffizieren und einem Seemann.

Dönitz nimmt nach dem Einlaufen des Bootes Stellung: »Die Anbordnahme der Flieger findet meine Billigung.«

18

Die Experimente des Ingenieurs Helmuth Walter und das OKM

Zur Lage:
Die Geleitzugsangriffe werden immer mehr erschwert. Die Zahl der Bewacher nimmt ständig zu. Neuerdings fahren Zerstörer und Bewacher auch innerhalb der Konvoi-Kolonnen, um so gegen die

deutsche Taktik des Einsackens anzugehen. Außerdem stationiert der Gegner jetzt auch in größeren Abständen vom Geleit seine neuen »Killer-Groups«, so daß die Boote oft schon vorher aufgefaßt, angegriffen oder abgedrängt werden. Die Reichweite der britischen Flugzeuge wird immer größer. Damit verlagern sich die Schwerpunkte der Atlantikschlacht immer weiter nach Westen. Die ernstesten Sorgen aber bereitet Dönitz die Entwicklung der gegnerischen Ortung auf kürzesten Wellen. In einer Denkschrift legt er im Frühjahr 1942 dem OKM seine Forderungen nieder. Ihre wesentlichsten Punkte seien hier in Stichworten wiedergegeben:

a) Das radikalste Mittel, um die Zukunft des U-Boot-Krieges nicht zu gefährden, ist: Wir müssen von der Wasseroberfläche verschwinden, wir müssen mit einem t o t a l e n U-Boot-Typ ins Wasser hinein.

b) Es ist unerläßlich und eine Lebensfrage für die U-Boot-Waffe, daß die Arbeiten an den Walter-U-Booten beschleunigt werden. Darüber hinaus ist zu prüfen, ob die Entwicklung eines totalen Unterwassertyps nicht auch auf einem anderen Weg möglich ist.

c) Es wird vorgeschlagen, eine gemeinsame Kommission BdU–OKM zu bilden, um die akuten Frontsorgen der U-Boot-Waffe allerschnellstens in realisierbare Baupläne umzuwandeln.

Das OKM verhält sich zu diesen konkreten Vorschlägen für eine Kommission ablehnend. Es bestehe durchaus kein Bedürfnis dafür, denn es würde ohnehin alles nur irgendwie Mögliche in der Frage der Walter-U-Boote und anderer neuer Bootstypen getan. Man werde, so wird abschließend versichert, gegebenenfalls den BdU bei Bedarf heranziehen.

In einem anderen Schreiben wird das Walter-U-Boot vom OKM sogar als eine Utopie bezeichnet.

Der Führer erfährt von den Sorgen des BdU und befiehlt Vortrag. Bei dieser Sitzung, an der der ObdM, das K-Amt und der BdU teilnehmen, behandelt Dönitz die immer größer werdende Gefahr der Überwachung des Atlantiks durch ortende Flugzeuge für den U-Boot-Krieg. Er endet mit der Feststellung: »Unsere Antwort kann und muß daher in U-Booten bestehen, die schneller unter Wasser sind als alle bisherigen Typen und die auch länger unter Wasser bleiben können. Der Idealfall wäre ein Boot, das während einer Feindfahrt überhaupt nicht an die Wasseroberfläche zu kommen braucht.«

Die Vertreter des OKM tragen Hitler vor, was in dieser Beziehung technisch bereits erfolgt ist.

Hitlers abschließende Antwort ist für den BdU wenig zufriedenstellend. Sie ist für eine Beschleunigung der von Dönitz geforderten Entwicklung eines »totalen« U-Boot-Typs nachgerade ein gefährliches Hemmnis. »Ich glaube nicht, daß es dem Gegner jemals gelingen wird, den Atlantik und jeden Geleitzug durch Flugzeuge als Ortungsträger zu überwachen.«

Wie stand es um die Pläne des Germania-Werft-Ingenieurs Helmuth Walter nun wirklich?

War sein »Walter-U-Boot«, wie vom K-Amt behauptet, wirklich eine Utopie?

Um den komplizierten Walter-Boot-Komplex zu verstehen, muß weiter ausgeholt werden, ist es notwendig, auch auf die ersten Anfänge dieser Planungen einzugehen.

Ausgangspunkt für die Walterschen Experimente und Pläne war das Wasserstoffsuperoxyd. Sein wissenschaftlicher Name lautet Perhydrol. Der Allgemeinheit ist es in verdünnter Form als Bleichmittel von Haaren, von Elfenbein und von Geweben oder auch als Desinfektionsmittel bekannt ...

Wer einen Finger in ein mit konzentriertem Wasserstoffsuperoxyd (H_2O_2) gefülltes Glas steckt, verspürt im Augenblick gar nichts. Zieht er ihn heraus, zeigt es sich, daß die gesamte Hautoberfläche bis zur Eintauchtiefe verbrannt und gebleicht ist. Später werden die Schmerzen geradezu wahnsinnig. Wer ein solches Konzentrat verschüttet, wird es erleben, daß es, gleich, worauf es geschüttet wird, sofort aufbrennt. Es braucht nur ein Tropfen auf ein Brettchen zu fallen, sofort steht die Stelle in Flammen, sofort breitet sich das Feuer rasend schnell aus. Wasser ist das einzige Mittel, um Wasserstoffsuperoxydbrände zu löschen. Weder Sand noch die üblichen Schaumlöscher helfen dagegen. Nur einige säurefeste Materialien wirken nicht als Katalysatoren: Glas, eine bestimmte Gummiart und polierte V2- und V4-Stähle. Alle Unreinlichkeiten, auch Staub oder Rost an Metallen, wirken als besagte Katalysatoren, nämlich als

Kontaktstoffe, die das Zustandekommen einer chemischen Verbindung auslösen, und zwar dahingehend, daß die Verbindung, die sie eingehen, sofort und sehr schnell wieder zerfällt. Diese sich plötzlich vollziehende Zersetzung erzeugt Wärme. Beim Perhydrol bewirkt dieser Zerfall unter Umständen sogar eine heftige Explosion.

Als Helmuth Walter 1934, damals als Ingenieur noch ein unbeschriebenes Blatt bei der Germania-Werft in Kiel, dem Oberkommando der Kriegsmarine seine Ideen für eine neuartige Gasturbine unter Ausnutzung von ebendiesem hochempfindlichen und teuflisch explosiven Wasserstoffsuperoxyd vortrug, war er einer unter vielen, die, wie üblich, dem OKM technische Verbesserungen und Neuerungen eingereicht hatten. Er hatte eine Aktennummer bekommen, und man hätte die Pläne vielleicht achtlos beiseite geschoben oder als interessantes, aber in der Praxis nicht oder vorerst nicht zu realisierendes Phantasieprodukt in einen Panzerschrank vergraben, wenn nicht einem Dr. Piening und dem Marineoberbaurat Waas, als zuständigen Referenten beim OKM, nach sorgfältigem Studium klargeworden wäre, daß diese Ideen einen Erfolg versprechen könnten – und zwar trotz der Einwände anderer überlegen und herablassend lächelnder Experten am Tirpitz-Ufer. Dr. Piening und Waas bezeichneten Walters Pläne als durchaus realisierbar und daher als förderungswürdig.

Dieser Helmuth Walter sah nämlich zwei Möglichkeiten, den bei einer Zersetzung von Wasserstoffsuperoxyd frei werdenden Sauerstoff zusammen mit der dabei anfallenden, außerordentlich hohen thermischen Energie auszunutzen:

A. Er hoffte über diesen Stoff die Leistungen der Dieselmotoren – und zwar unabhängig von einer Zufuhr an Außenluft – zu steigern. Als Endziel sah Walter den Betrieb von Dieselmotoren ohne eine zusätzliche Luftzuführung von außen. Würde ihm dies gelingen, könnten Dieselmotoren in U-Booten auch bei Unterwasserfahrt betrieben werden. Mit Dieselkraft unter Wasser fahren zu können, würde aber eine Vermehrung der Tauchfahrtgeschwindigkeit und damit des Kampfwertes eines U-Bootes bedeuten.

B. Er versprach sich eine noch größere Nutzanwendung darin, wenn es ihm gelingen würde, die bei einem gesteuerten Zerfall von Perhydrol anfallenden und unter hohem Druck stehenden sauerstoffangereicherten Gase sowie deren thermische Energie dem Antrieb einer Turbine nutzbar zu machen. Da der Zerfall von Wasserstoffsuperoxyd auch unabhängig von der Außenluft vor sich geht, ließe sich eine solche, über die thermischen Zerfallgase vom Perhydrol betriebene Turbine durchaus, zumindest theoretisch, als Antriebsanlage für getaucht fahrende, also von der Zufuhr von Außenluft abgeschnittene U-Boote verwenden. Die hier von Walter zunächst auf dem Papier errechnete Antriebskraft für Unterwasserfahrt erscheint in den Endzahlen sogar noch größer als die der üblichen Dieselmotoren.

Doch vorher stehen alle diese Ideen auf unschuldig weißem Papier. Und dieses Papier ist geduldig.

Es entwickelt keine giftigen Gase, wie Walters Gegner argumentieren.

Es explodiert auch nicht.

Helmuth Walter läßt sich nicht beirren. Ein Mann, der nicht manchmal das Unmögliche wagt, wird das Mögliche nie erreichen. Dieser Satz stammt zwar nicht von ihm, ein Max Eyth sprach ihn einmal aus. Und dieser Walter ist aus demselben Holz geschnitzt.

Zunächst beschäftigte sich Walter mit dem Projekt A ...

Bei den Versuchen mit Dieselmotoren zersetzte Walter konzentriertes achtzigprozentiges Perhydrol über einen Braunstein-Katalysator, also in Wasser und Sauerstoff, also in zweimal $H_2O + O_2$. Die sich bei diesem Prozeß entwickelnde Wärme verdampfte das freigewordene Wasser (H_2O). Es entstand aus Wasserdampf und Sauerstoff ein Dampfsauerstoffgemisch. Diese Gase leitete Walter in den Zylinder eines Dieselmotors, wobei der freigewordene Sauerstoff zur Verbrennung von Treiböl mit herangezogen wurde. Bei einer geeigneten Ventilstellung arbeitete der Motor wie mit Luft. Walter erkannte aber bald schon die Nachteile, die durch die schnelle Verunreinigung des Schmieröles mit Wasser entstanden, da ein Teil des kondensierten Wassers durch die Kolbenringe schlug. Entgegen seiner anfänglichen Hoffnungen erzielte Walter eine wesentliche Steigerung der Dieselleistung nicht, wohl aber bewies er, daß der Motor ohne zusätzliche Luft arbeitete, das heißt, auch in einem getauchten U-Boot ohne Außenluft in Betrieb gehalten werden könnte. Walter war einen Schritt, aber nur einen kleinen Schritt, weitergekommen. Von praktischem Nutzen waren die Erfahrungen mit diesem Plan nicht.

Wesentlich günstiger schienen Walter die Bedingungen bei einer Turbinenanlage, um hier die thermische Energie wie auch den freiwerdenden Sauerstoff für eine bewegliche Energie der Strömung auf kleinstem Raum wirkungsvoll auszunutzen.

1937 waren die Vorversuche so weit abgeschlossen, daß die beiden zuständigen Referenten im OKM die härtesten Widersacher wenigstens für ein Stillhalteabkommen gewinnen konnten. Besonders Marineoberbaurat Waas setzte sich für eine schnelle Förderung der Walter-Pläne mit allen Mitteln ein. Es gelang ihm auch – trotz der Einwände des K-Amtes – beim ObdM, Admiral Dr. Raeder, persönliches Interesse für diesen neuartigen U-Boot-Antrieb zu wecken. Raeder leistete jede nur denkbare Unterstützung, so daß beim OKM die notwendigsten Mittel für eine großzügigere Forschung frei gemacht wurden.

Walter selbst hatte eine Unterredung mit dem FdU, dem

damaligen Kapitän zur See Dönitz, der von diesen Plänen äußerst angetan war und die projektierte Gasturbinenanlage als das »Ei des Columbus« und als einen die gesamte U-Boot-Waffe revolutionierenden Antrieb bezeichnete. Als FdU und damit als ein dem ObdM untergeordneter Teilbefehlshaber der Kriegsmarine mit ihren Befehlshabern für Schlachtschiff-, Kreuzer-, Zerstörer- und viele andere Verbände, hatte er indessen keinen selbständigen Einfluß auf die Weiterentwicklung der Walterschen Pläne. Diese Handlungsvollmacht wäre aber notwendig gewesen, um diese Entwicklung in engster Zusammenarbeit mit der U-Boot-Waffe, für die ja der projektierte Walter-Antrieb ausschließlich ein so entscheidender Faktor war, selbständig zu steuern und mit der Dönitz eigenen motorischen Kraft zu beschleunigen. Der FdU wies zwar bei den zuständigen Stellen immer wieder auf die Bedeutung und die Dringlichkeit einer Fortentwicklung der Walter-Versuche hin, vermochte aber die Hürden des K-Amtes beim OKM weder zu umgehen, noch konnte er sie unter Ausschluß des Dienstweges überspringen. Das soll kein Vorwurf sein, denn schließlich sind Schlachtschiffe vom Kampfwert und der Sinksicherheit der »Bismarck«-Klasse das Endprodukt der langsam, sorgsam und gründlich arbeitenden Konstruktionsabteilung beim Oberkommando der Kriegsmarine gewesen.

Immerhin: (In Tannenberg bei Kiel wurde ein Walter-Werk gebaut. Gelder standen sogar reichlich zur Verfügung, zumal auch die Luftwaffe an den Walterschen Forschungsarbeiten für die damals schon zur Debatte stehenden Strahljäger direkt interessiert war und Walter, als der der Marine näherstehende Werftingenieur, zusätzliche Etatmittel ungefragt für die seiner Waffe dienenden Versuche abzweigen konnte.

In einem Punkt war eine gewisse Zurückhaltung, um nicht Bedenken zu sagen, seitens des K-Amtes gerechtfertigt. Der Treibstoffverbrauch für die von Walter vorgeschlagene Turbinenanlage würde außerordentlich hoch sein. Er wurde von ihm für die Betriebsstunde mit 15 Tonnen berechnet. Das Kilo Perhydrol kostete damals 2 Reichsmark. Das bedeutete, daß für eine einzige Fahrstunde mit der Walter-Anlage 30000 Reichsmark Betriebskosten entstehen würden.

Gemessen an den zu erwartenden Erfolgen eine relativ kleine Summe, zur Stunde aber eine Belastung des Etats, die wie ein Magnet alle Widersacher anzog und in einer Front vereinigte.

Dem wäre entgegenzuhalten, daß diese Kosten bei einer ernsthaften Nutzung des Perhydrols natürlich schon damals hätten gesenkt werden können, wäre das Wasserstoffsuperoxyd in so großen Mengen notwendig gewesen. Aber eine rationellere Massenproduktion stand noch nicht zur Debatte, solange die Realisierbarkeit der Walterschen Pläne noch nicht erwiesen worden war.

Die Arbeiten an der für einen neuen U-Boot-Antrieb vorgesehenen Turbinenanlage kamen leider nur langsam voran. Vielleicht lag dies auch in der Natur von Helmuth Walter selbst. Der geniale, aber unruhige, fast unstet zu nennende Wissenschaftler hatte kaum das eine Projekt auf den Weg einer End- oder Zwischenstufe verwiesen, als er bereits mit anderen Plänen ins Büro gestürzt kam, so zum Beispiel Möglichkeiten sah, den Wasserstoffsuperoxyd-Antrieb auch für neue, noch schnellere Torpedos zu verwenden.

Hätte ihm die Marine neben Technikern auch einen Stab hochqualifizierter Wissenschaftler beigeben können und hätte man außerdem aus den Reihen der U-Boot-Waffe erfahrene U-Boot-Ingenieure damals schon zu Walter abkommandiert, wären die Ideen ohne Zweifel bedeutend schneller in straffere Bahnen gelenkt und in die Endstufe entwikkelt worden.

Qualifizierte Spezialwissenschaftler konnte die Marine

aber aus ihrem Personalstand nicht herauslösen und zur Verfügung stellen. Diese Kräfte saßen in der Industrie oder an den Hochschulen. Bis dahin reichte der Einfluß des Oberbefehlshabers der Kriegsmarine nicht. Hier war der Reichsbevollmächtigte für Rüstung und Industrie, Reichsmarschall Hermann Göring, zuständig. Seine Meinung über den Wert und die Zukunft der Kriegsmarine ist bekannt und braucht hier nicht näher umrissen zu werden.

So blieb denn Helmuth Walter mit seinem neuen U-Boot-Antrieb der einzige vollwertige Wissenschaftler auf weiter Flur. Lediglich der Marineoberbaurat Waas stand ihm zur Seite, als Gönner und Förderer und als Freund zugleich.

Das K-Amt beim Oberkommando der Kriegsmarine verhielt sich abwartend, statt von sich aus in das Räderwerk dieser neuen Entwicklung einzugreifen. Eine aktive und verständnisvollere Unterstützung seitens dieses Amtes hätte, psychologisch gesehen, positive Auswirkungen auf Walter und damit auf die Entwicklung ausgelöst.

Der wissenschaftliche Mitarbeiterstab blieb auch dann noch klein, als Helmuth Walter kurz nach Kriegsbeginn den praktischen Beweis angetreten hatte, daß seine Pläne nicht in den Sternen standen.

In unermüdlicher Tag- und Nachtarbeit war es ihm endlich – aber noch lange nicht zu spät – gelungen, die erste Versuchsturbine fertigzustellen. Bei nur etwas mehr Verständnis seitens der verantwortlichen Stellen beim OKM wäre diese Turbine bereits viel früher gelaufen ...

Die Anlage war zwar ebenso primitiv wie unwirtschaftlich. Sie verarbeitete nämlich den freiwerdenden Sauerstoff noch nicht, da sie noch keine Zufuhr von Gasöl hatte. Man nutzte lediglich das unter thermischer Energie anfallende und unter hohem Druck stehende Dampfsauerstoffgemisch zum Antrieb einer Turbine aus. Die Anlage bestand aus nichts weiter als aus einer Pumpe für das Konzentrat, aus einem Zuführungsrohr für das Perhydrol, aus einem Katalysator, der mit porösem Lehm gebunden war, aus einer Übergangsschleuse für das Dampfsauerstoffgemisch und einer anhängenden Turbine.

Die Anlage arbeitete ganz einfach. Das Perhydrol wurde über die Pumpe aus dem Konzentratbehälter heraufgepumpt und über feinste Düsen auf den Katalysator gespritzt. Hier trat die Zersetzung ein. Die freiwerdenden Wärmemengen verdampften bei 485 Grad Celsius das beim Zerfall freiwerdende Wasser. Es entstand das erwähnte Dampfsauerstoffgemisch, das, da unter hohem Druck stehend, mühelos in die Turbine gelenkt wurde.

Das erste Versuchsmodell bewies, daß die Anlage zu außerordentlich hohen Leistungen fähig war und daß hier auf kleinstem Raum größte Energien erzeugt werden konnten.

Und zwar unabhängig von jedweder zusätzlichen Sauerstoffzufuhr von außen.

Die in die Vorversuche gesetzten Hoffnungen schienen erfüllt.

Nun galt es, die primitive Übergangsdruckschleuse in eine Brennkammer umzuwandeln, um über das Einspritzen und Verbrennen von Gasöl auch den Sauerstoff zu nutzen und die Anlage wirtschaftlich zu machen.

Inzwischen wurde das vom OKM genehmigte und bei der Germaniawerft in Auftrag gegebene 80 Tonnen große Versuchs-U-Boot, das Modell V 80, fertiggestellt. Walter wäre es lieber gewesen, in dieses Boot die ihm vorschwebende Endstufe der Anlage mit Gasölzusatz einzubauen, hier aber fehlten ihm die noch in der Entwicklung befindlichen Brennkammern. Andererseits war Walter daran interessiert, möglichst schnell Erfahrungswerte über den erforderlichen U-Boot-Typ zu sammeln, wenn auch die Anlage ohne Brennkammer, wie erwähnt, nicht nur unwirtschaftlich, sondern für eine Frontverwendung auch ungeeignet war, da der aus dem Boot ausgestoßene, beim Zersetzungsprozeß freigewordene Sauerstoff eine Blasenbahn zog, die Booten mit einem solchen Antrieb unbedingt zum Verräter werden würde.

Das im Frühjahr 1940 mit einer »A-Dampfanlage«, so nannte Walter die erste Anlage ohne Brennkammer und Treibölzusatz, ausgestattete Versuchsboot V 80, das von Zivilingenieuren der Germaniawerft erprobt wurde, bestand seine Bewährungsprobe.

Das Boot erzielte Unterwassergeschwindigkeiten bis zu 26 Knoten gegenüber den bisher üblichen 9 Knoten. Es gab genug Stellen, die diese Angaben bezweifelten, und genug andere, die diese Versuche als eine ebenso kostspielige, nutzlose wie auch gefährliche Spielerei bezeichneten. Die letzte Behauptung stimmte bedingt. Es zeigte sich schon bald, daß technisch unvermeidlich war, daß an den Stopfbuchsen der Turbine Kohlendioxyde entwichen. Diesen Gefahren hatten die Konstrukteure aber schon durch ein den Betriebsraum abriegelndes gasdichtes Panzerschott vorgebeugt. Die Anlage ließ sich durch eine Doppelsteuerung bedienen, wie sie in Flugzeugen vom Typ Ju 52 verwendet wurde.

Für Marineoberbaurat Waas schien damit alles Grundsätzliche geklärt. Für den Antrieb an sich wie auch für ein Spezial-U-Boot in Stromlinienform, denn daß man die bisherigen Typen nicht verwenden konnte, war allen Befürwortern des Walter-Antriebes klar.

Waas bedrängte zusammen mit Helmuth Walter das OKM noch im gleichen Frühjahr des Jahres 1940, sofort eine Entscheidung zugunsten einer Vorserie von Walter-Frontbooten zu treffen. Bei der damals noch völlig intakten Zuliefererindustrie und der noch nicht bis zum äußersten angespannten Personalreserve wären die Boote spätestens im Herbst 1941 erprobungsreif gewesen. Das schwierigste Problem der neuen Boote war von Walter gelöst und in der Praxis bewiesen worden, alles Weitere war so glasklar vorgezeichnet, daß Fehlschläge nicht zu erwarten waren.

Das K-Amt lehnte ab, auch dann, als Waas noch einmal

in einer ausführlich fundierten Denkschrift auf die Dringlichkeit einer solchen Vorserie hinwies und zum wiederholten Male die sich für die U-Boot-Waffe abzeichnenden ungeheuerlichen Vorteile eines mit Walter-Turbinen betriebenen U-Bootes präzisierte.

Im OKM nahm man die Denkschrift zur Kenntnis. Man rechtfertigte die Ablehnung mit der Begründung, daß ein Walter-U-Boot einen Verzicht auf zwei VII-C-Boote bedeuten würde. Diesem Argument schlossen sich auch alle anderen maßgeblichen Stellen beim OKM an, so daß Waas als Vorkämpfer für das Walter-U-Boot nun allein dastand.

Man glaubte, den BdU mit seinen eigenen Waffen zu schlagen: »Was wollen Sie denn? Erst haben Sie einen bevorzugten Bau der Boote vom Typ VII C gefordert und jetzt, da wir alle freie Baukapazität der Werften damit belegt haben, sollen wir diese Dringlichkeitsstufe mit einem unausgereiften Projekt belasten?«

Waas hätte Dönitz mobilisieren können, aber das verbot diesem korrekten Mann der Dienstweg, an den er sich trotz der ungünstigen Entscheidung seiner Dienststelle gebunden fühlte.

Einen kleinen Erfolg setzte er über sein unaufhörliches Drängen dann doch noch durch. Man gab wenigstens die Zustimmung für eine weitere und vor allem komplette Walter-Maschinenanlage für ein Musterboot vom Typ XVII »V 300«[1], das als U 791 projektiert wurde und in seiner Größenordnung dem Standardtyp VII A sehr nahe kam.

Während das Boot konstruiert wird, entwickelt Walter zuversichtlich die Endstufe seiner Turbine am Versuchsstand V 300. Es handelt sich um eine getrennte Doppelanlage für ein Zweischraubenboot.

Diese Anlage sieht nach Fertigstellung der Brennkammer

1 Typ XVII V 300: 655 ts ↑, 725 ts ↓, 2 TR, 2330 sm bei 9 kn ↑, 205 sm bei 19 kn ↓ (mit Walter-Turbinen).

so aus, daß nunmehr drei Antriebsmittel, nämlich Dieselöl, Kesselspeisewasser und das als T-Stoff getarnte Perhydrol zusammenarbeiten. Eine hochtourige Kreiselpumpe besorgt als »Dreistoffpumpe« die vorher sorgsam eingeregelte Zuführung der Stoffe unter Druck. Dabei fließt Perhydrol von oben in den Katalysator und verwandelt sich hier in Wasserdampf und Sauerstoff. Dieses Heißgemisch strömt nun durch ein Verbindungsrohr in die Brennkammer. Hier wird über die in den Brennkammerdeckel eingebauten Düsen der durch die Dreistoffpumpen gleichzeitig herangeführte Dieseltreibstoff fein zerstäubt eingespritzt, und zwar auf ein Kilogramm T-Stoff 108 Gramm Gasöl, das heißt so viel Treiböl, daß aller Sauerstoff verbraucht wird.

Bei Inbetriebnahme der Anlage muß das Öl allerdings durch eine Zündkerze entzündet werden. Nach der Zündung aber erhöht sich die Temperatur des jetzt Dampfkohlendioxydgemisches im oberen Brennkammerteil von 485 Grad auf 2350 Grad, eine Temperatur, die nunmehr ausreicht, um den Verbrennungsprozeß, der nur durch den beim Perhydrolzerfall freiwerdenden Sauerstoff möglich ist, ohne zusätzliche Zündung selbständig fortzuführen.

Das gleichzeitig in abfallenden Spiralen zugeführte Kesselspeisewasser drückt diese hohe Temperatur, mit der man in keiner Turbine etwas anfangen kann, wieder herunter, so daß das Gasgemisch im unteren Kammerteil nur noch mit einer Temperatur von 550 Grad Celsius über einen Staubabscheider in die Turbinen eintritt. Hier wird die statische Energie in die bewegliche Energie der Strömung umgewandelt. Die Leistung der Turbine liegt mit 14 100 Umdrehungen in der Minute bei 2500 PS. Die ausströmenden Gasdämpfe werden nach ihrem Durchgang durch die Turbine in einen Mischungsverdichter gelenkt, in dem der Dampf wieder zu Wasser niedergeschlagen wird. Ein Gasabscheider trennt die letzten Tröpfchen Gasrückstand, der über 99 Prozent aus CO_2 besteht und der entweder direkt oder über einen besonderen Kompressor aus dem Boot herausgedrückt wird.

Die ganze Turbinenanlage, die ihre Leistung an ein Getriebe und über das Wellengetriebe an die Schraube abgibt, ist so klein, daß sie im raumbeengten U-Boot, im Vergleich zu den Dieseln, nur wenig Platz wegnehmen wird, andererseits aber dreifach höhere Energien entwickelt.

Die Anlage hält, was Walter versprach.[1]

»Wo aber«, so fragt man Walter im OKM, »wollen Sie das Perhydrol im Boot denn lassen, wenn die Anlage in nur einer Stunde schon fünfzehn Tonnen Treibstoff verbraucht?«

Mit diesem Einwand hat Walter gerechnet. Er zieht einen

1 Diese Anlage war wesentlich komplizierter und erforderte zur Bedienung und Wartung ein gut geschultes Personal. An Hilfsmaschinen und -einrichtungen waren erforderlich: Zersetzer, Brennkammer, Kondensatoren, Gasabscheider, Kondensatbehälter, Dreistoffpumpe, Vierstoffregler (der vierte Stoff war das Regelwasser zum Gewichtsausgleich), Wrasenpumpe (zum Absaugen des Stopfbuchsendampfes über die Sperrwasserzelle), Kondensatpumpen, Schmierölpumpen, Anfahrschaltventil, Zündeinrichtung, Manometer, Fernthermometer, Salzmeßanlage für Treibstoff, Schottabdichtungen für Bedienungsgestänge und Welle. Es wurden zehn Anlagen dieses Typs gebaut: eine Anlage für den Versuchsstand, vier Anlagen für Versuchsboote Typ XVII A, fünf Anlagen für Frontboote Typ XVII B.
Eine weitere Anlage wurde konstruiert und zum Teil gebaut, aber nicht mehr fertig. Sie war erst vorgesehen für Typ-XVIII-Boote (Zweiwellenboote) und später für Typ-XXVI-Boote (Einwellenboote). Im Prinzip war es die gleiche Anlage mit folgenden Verbesserungen: eine Doppelstrom-Überdruck-Turbine von 7500 PS bei 10000 Umdr./min, Verdichter zum Ausdrücken der Abgase (Verdichtungsverhältnis 1:4), das bedeutete größere Leistung bei gleicher Tauchtiefe, Fahren auch bei größeren Tauchtiefen möglich (die größte Tauchtiefe, bei der noch mit der Walter-Anlage gefahren werden konnte, betrug beim Typ XVII 55 Meter, beim Typ XVI sollte sie mit den alten Anlagen bei über 100 Meter liegen), bessere Verhältnisse an den Turbinenstopfbuchsen. Die Anlage ist bis Kriegsende nicht mehr in Betrieb gekommen. In Vorbereitung waren Anlagen für den indirekten Betrieb. Eine Dampferzeugungsanlage für 1000 PS Leistung ist auf dem Prüfstand gelaufen. Vorteile: bei dichter Dampferzeugungsanlage kein CO_2 mehr im Boot. Die Anlage kann bei jeder Tauchtiefe angestellt werden. Geringer Leistungsabfall bei größeren Tauchtiefen. Guter Wirkungsgrad auch bei großen Tauchtiefen. Wegfall der Wrasenpumpe und des CO_2-Verdichters (beide sehr störungsanfällig).

Bleistift aus der Tasche und malt den Herren auf ein Blatt Papier einen Kreis, an den er einen zweiten Kreis so anhängt, daß das Ganze wie eine Acht aussieht.

»Der obere Kreis stellt einen Schnitt durch den üblichen Druckkörper dar, der untere ist ein weiterer Druckkörper, den wir an den oberen ineinandergreifend anhängen.«

Walter erklärt, daß er in dem unteren Teil der Acht das Perhydrol unterzubringen gedenke. Der zur Verfügung stehende Raum würde ausreichen, um Perhydrol für mindestens fünf bis sechs Höchstfahrtstunden unterzubringen, genug, um das Boot, das neben einer E-Maschine auch noch eine Dieselanlage bekommen soll, schnell an ein Geleit heranzuführen und nach dem Angriff ebenso schnell in weit abgelegene, sichere Zonen zu fahren.

»Wo aber wollen Sie dieses Teufelszeug unterbringen«, ist eine andere Frage, denn dieser Stoff kann nicht wie das Treiböl in den üblichen Betriebsbunkern gefahren werden, es sei denn, man könnte die Bunker mit Glas, reinem Aluminium, mit Gummi oder V2- oder V4-Stählen verkleiden. Man wäre dann aber trotzdem keinen Schritt weitergekommen, denn bei dem enormen Verbrauch an Perhydrol in der Stunde trat das andere Problem auf, diesen großen Gewichtsverlust bei einem unter Wasser fahrenden U-Boot zu regeln. Bei dem Treiböl war dies denkbar einfach, denn Treiböl ist leichter als Wasser; es wird daher in freigefluteten Tanks gefahren, das heißt, das Seewasser drängt im unteren Raum immer so weit nach, wie oben Treiböl abgesaugt wird.

Aber Perhydrol darf nicht mit Seewasser in Verbindung kommen, denn es würde sich aufgrund seiner chemischen Beschaffenheit sofort mit diesem verbinden und das Konzentrat verdünnen.

Die einfache, aber geniale Lösung findet Walter in Mipolansäcken, die in die Treibstoffbunker gehängt werden sollen. Mipolan ist eine bestimmte, säurefeste Buna-Art. Es

Wie es der Gegner sah . . .

Eine gegnerische Tiefenladung ist soeben krepiert. Bei 300 kg Sprengstoff liegt der Zerstörungsfaktor bei 10 Meter. Mit schweren Beschädigungen ist auf 25 Meter Umkreis zu rechnen. Es ist also gar nicht so leicht, mit Wabos vernichtende Treffer zu erzielen.

Der Mangel an U-Boot-Jägern war in den ersten Jahren so groß, daß selbst Motorboote für küstennahe Gewässer zur U-Boot-Bekämpfung mit Wasserbomben ausgerüstet und, mit Reservisten bemannt, verwendet wurden.

Ein Beweis für die Qualitätsarbeit der deutschen Werften mag dieses Boot sein, das, unter dem Kommando von Kapitänleutnant Erich Kremer stehend, unter der US-amerikanischen Küste von einem Tanker gerammt wurde. Trotz des gewaltigen Aufpralls, bei dem der Bug völlig zerstört, der Turm einschließlich Sehrohr zusammengedrückt und verbogen wurden, hielt der Druckkörper stand. Das Boot kehrte heim.

Von einem britischen Zerstörer aus gesehen. Ein durch Wasserbomben angeschlagenes und zum Auftauchen gezwungenes deutsches U-Boot in einem norwegischen Fjord. Die Besatzung steigt aus. Die Überlebenden wurden übernommen. Das Boot indessen wurde selbstversenkt.

wirkt nicht als Zersetzer. Bringt man Perhydrol in diesen Säcken unter, kann man bei der Treibstoffentnahme das Seewasser durch offen gefahrene Bunkerbodenventile nachdrängen lassen, um den Gewichtsverlust auszugleichen.

Das Versuchsboot V 300, auf dessen Endkonstruktion weder Walter noch Waas direkten Einfluß hatten, wurde ein für den vorbestimmten Zweck unbrauchbarer Entwurf. Am 18. Januar 1942 suchte Walter den BdU auf und berichtete ihm über die Fehlkonstruktion und die daraus für die weitere Entwicklung mit Sicherheit resultierenden Rückschläge, dahingehend, daß das K-Amt nunmehr resignieren wird: »Na also, wir haben es ja vorher gewußt, daß für die Waltersche Anlage ein zweckentsprechender Bootstyp nicht von heute auf morgen aufzureißen und zu bauen ist, daß wir nicht nur eines, sondern viele Versuchsboote völlig neuer Typen brauchen.«

Als alter U-Boot-Praktiker ist der BdU von Walter sofort zu überzeugen, wo der gravierende Fehler dieser Konstruktion zu suchen ist: die Unterwasserform ist unbrauchbar. Sie hat keine Stromlinienform. Man hat sich vom Althergebrachten und für geringe Geschwindigkeiten Bewährtem nicht lösen können. Die Dinge hätten einen anderen Verlauf genommen, hätte man dieses Boot, wie gefordert, in engster Zusammenarbeit mit dem Walter-Team und der U-Boot-Waffe konstruiert, hätte man zumindest den BdU beratend hinzugezogen.

Der BdU stellt den Antrag, den Weiterbau von V 300 einzustellen. Erneut weist er bei dieser Gelegenheit aber auf die Bedeutung des Walter-U-Bootes hin.

Die Fehlentwicklung des Versuchsbootes V 300 und die Weigerung des K-Amtes, die Serienfertigung der VII-C-Boote stören zu lassen, waren die tiefere Ursache, daß nach den so überzeugenden Versuchsfahrten des Germaniawerft-Bootes V 80 seit dem Frühjahr 1940 so viele kostbare Zeit verrann. Die sich seit 1940 immer mehr steigernden

Erfolge der U-Boote bisheriger Typen, die 1942 einem nie für möglich gehaltenen Höhepunkt zustrebten, lähmten offenbar die Initiative, glaubte man doch, mit den vorhandenen Typen die Schlacht im Atlantik so oder so gewinnen zu können.

Die sorgenschweren Warnungen des BdU, der Gegner könnte von heute auf morgen alle bisherigen Taktiken der fronterprobten U-Boot-Typen zunichte machen, verhallten zunächst ungehört. Funkmeßgeräte in Flugzeugen schienen, wie bewiesen, auch Experten auf diesem Gebiet unmöglich. Auch Hitler hatte die von Dönitz befürchtete Beherrschung des Atlantiks und der Geleitzugwege durch Ortungsträger in der Luft als Utopie bezeichnet.

Wir sind führend auf dem Gebiet der Funkmeßortung ... Wir haben mit unseren DeTe-Geräten einen nicht aufzuholenden Vorsprung errungen ... Die anderen können nichts ... Das sind die Thesen, mit denen man sich in Sicherheit wiegt und die in einer Bemerkung Hitlers gipfeln, die er gelegentlich seiner Rede am traditionellen 30. Januar 1942 dem Volk verkündet: »Der Kampf wird bis zum Sieg über die Habenichtse durchgeführt.«

Der BdU unterbreitet auf der Höhe seiner Erfolge im Juni 1942 dem Oberbefehlshaber der Kriegsmarine erneut eine Denkschrift: »Es gilt immer wieder zu prüfen, ob das U-Boot in seiner Kampfkraft seinen hohen Anforderungen noch gewachsen ist, beziehungsweise welche Möglichkeiten für die gegnerische Abwehr in Zukunft bestehen. Eine solche Prüfung scheint dem BdU besonders jetzt am Platz zu sein, in einer Zeit großer U-Boot-Erfolge in Gebieten schwacher Abwehr, die leicht dazu führen können, die richtige Einschätzung des Verhältnisses zwischen der Kampfkraft der U-Boote und der feindlichen Abwehr zugunsten des U-Bootes zu verlieren.«

Aus Sorge vor einer kommenden Überwasserortung aus der Luft fordert der BdU in dieser Denkschrift dann zum

Schluß die schnellste Entwicklung, Erprobung und den Bau des Walter-U-Bootes in großem Stil.

Oberbaurat Waas nimmt jetzt auch direkte Verbindung mit dem BdU auf. Zusammen mit Helmuth Walter trägt er ihm im Juli 1942 die Ursachen für die Behinderung des Walter-U-Bootes vor, siehe auch SCHIFF UND ZEIT, H. 26 (1987).

Der BdU schickt einen neuen Antrag nach Berlin. Er handelt weiter: Er gibt Waas geeignete Ingenieure aus dem U-Boot-Bereich, die Kapitänleutnante Heep, Gabler[1] und Möller.

Großadmiral Raeder ordnet nun selbst die Förderung der Walter-Boote an. Er befiehlt den vorgeschlagenen Bau einer Vorserie von vier Booten vom Typ XVII[2] und zwei Hochseebooten vom Typ XVIII[3].

Noch einmal kurz auf einen Nenner gebracht: Durch den neuen Unterwasserantrieb wird das bis dato geltende Gesetz, daß U-Boote unter Wasser langsamer als über Wasser sind, genau in das Gegenteil verkehrt werden. Die Taktik der U-Boote wird auf eine völlig neue Basis gestellt. Jedes Walter-U-Boot kann ein Geleit getaucht und somit unbehelligt von Flugzeugen einholen, überholen und angreifen. Die Fahrtstrecke für die Unterwasserhöchstfahrt mit der Walter-Anlage ist für die aus dem Versuchsboottyp XVII A zu entwickelnden Frontboote vom Typ XVII B auf 123 Seemeilen

1 Kapitänleutnant (Ing.) Gabler entwickelt das »Gabler-Boot«.

2 Es handelt sich um die unter der Baubezeichnung Wa 201 laufenden Boote U 792 und U 793 sowie die unter der Baubezeichnung Wk 202 rangierenden Boote vom Typ XVII mit 236 ts ↑, 259 ts ↓, 2 TR, 9 sm Höchstfahrt ↑ (mit Diesel), 26 kn ↓ (mit Walter-Antrieb), mit einem Fahrbereich von 1840 sm ↑ bei 9 kn, und 80 sm ↓ bei 26 kn. Man rechnete mit einer Fertigstellung im Jahr 1943. Die Boote Wa 201 erhielt Blohm und Voß, die Boote Wk 202 die Germaniawerft.

3 Als Typ XVIII wurden bei der Germaniawerft zwei Boote (U 796/7) folgender Größenordnung in Auftrag gegeben: 1485 ts ↑, 1652 ts ↓, 15,5 kn ↑, 24 kn ↓, 6 TR; Fahrbereich 5200 sm ↑ bei 12 kn, 230 sm ↓ bei 20 kn (Walter-Antrieb).

berechnet, groß genug, um nach dem Angriff aus der Gefahrenzone mit größter Geschwindigkeit abzulaufen. Um den Walter-Antrieb für reine Kampfzwecke aufzusparen, hatten diese Boote außer den Dieselmotoren für Überwasserfahrt (bzw. Schnorchel-Unterwassermarsch) auch noch E-Motoren an Bord. Die bisherigen Typen waren unter Wasser nicht nur zu langsam, auch ihre Reichweite unter Wasser war begrenzt und lag noch unter der der zusätzlichen Walter-Antriebsanlage. Bereits nach einem Unterwassermarsch von höchstens 80 Seemeilen (bei nur vier Knoten Höchstgeschwindigkeit) mußte ein Boot vom bislang am meisten verbreiteten Typ VII wieder auftauchen, um die Batterien mit den Dieselaggregaten wieder aufzuladen. Dabei wurden die meisten Boote das Opfer der darauf lauernden Gegner.

Im September 1942 spricht Raeder im Führerhauptquartier über die Walter-Boote. Er hoffe in zwei Monaten klarer zu sehen, um endlich die ersten 24 Boote vom Typ XVII B, dem Fronttyp, in Auftrag geben zu können. Er habe sich persönlich vom Stand der Entwicklung überzeugt. Würden sich diese neuen Boote bewähren, woran er nicht zweifle, würde er sie in Massen auf Stapel legen, vorausgesetzt, daß man ihm endlich die erforderlichen Mittel gewähren würde.

»Die U-Boote spielen am Ausgang des Krieges eine so entscheidende Rolle, daß die erforderlichen Aktionen mit größter Dringlichkeit durchgeführt werden müssen«, bekräftigt Hitler.

Anfang November 1942 bittet der BdU das K-Amt mit Schiffbaudirektor Schürer und Maschinenbaudirektor Bröcking und den Oberbauräten Oelfken und Waas zusammen mit Helmuth Walter in seine Befehlsstelle nach Paris, um sich über die Aussichten der Fertigstellung des Walter-U-Bootes zu unterrichten.

Das Ergebnis der Sitzung ist sehr ungünstig: das Walter-U-Boot wird in absehbarer Zeit nicht reif für eine Massenfertigung im Serienbau.

Sinn der Besprechung ist es aber nicht, sich über das *Wenn, Aber* und *Hätte man nur...* zu streiten, der BdU hofft, mit diesem Kreis einen anderen, schneller zu realisierenden Weg zur Schaffung eines schnellen Unterwasserbootes zu finden, wenn mit einem totalen U-Boot in absehbarer Zeit nun einmal vorerst nicht zu rechnen ist.

Admiral (Ing.) Thedsen vom BdU-Stab glaubt, einen solchen Weg unter Ausnutzung des Walterschen Vorschlages zu sehen, für Walter-U-Boote wegen der großen unterzubringenden Treibstoffmengen an Perhydrol einen weiteren Druckkörper an den bisher üblichen Druckkörper anzuhängen, so daß das Boot im Querschnitt dann einer Acht ähneln würde.

»Wie wäre es, wenn man statt der Wasserstoffsuperoxyd-Tanks in diese untere Form der Acht vergrößerte E-Batterien einbaut. Wir würden dadurch eine bedeutend größere Batteriekapazität gewinnen, um über sie eine schnellere Unterwasserfahrt zu erzielen.«

»Vorausgesetzt«, schaltet sich Dönitz sofort ein, »daß durch die damit verbundene Vergrößerung des Bootes der durch die Batterievergrößerung gewonnene Energievorteil nicht aufgehoben wird.«

»Das zu berechnen, wird sehr schnell möglich sein«, versichert Thedsen, und die drei vorzüglichen U-Boot-Bauer Schürer, Bröcking und Oelfken sagen die sofortige Prüfung zu.

Wochen später kann Dönitz versichert werden, daß ein Boot dieses Typs über vergrößerte E-Batterien bei einer Mehrfachschaltung mindestens Unterwassergeschwindigkeiten bis zu 19 kn erzielen könnte.

So hatte die Besprechung doch einen Nutzen, wurde sie doch zur Geburtsstunde der späteren Typen XXI und XXIII. Darüber hinaus sollen die Arbeiten an den projektierten Walter-Versuchsbooten aber weitergehen.

Die weitere Entwicklung beweist, daß es damals schon

für den *einen wie für den anderen Weg zu spät* gewesen ist.

19

Der Paukenschlag vor Kapstadt

Zur Lage:
Um den Booten den zeitfressenden Anmarschweg und Rückmarschweg durch die Biskaya zu ersparen, der zudem durch die massierte britische Luftüberwachung immer gefährlicher wird, hat die U-Boot-Waffe Versorgungs-U-Boote in Dienst gestellt. Diese Spezialboote sollen in See stehende Boote mit allem versorgen, was sie zur Erhaltung und Vergrößerung ihrer Einsatzbereitschaft brauchen. Außerdem gestatten diese Versorger, daß Dönitz seine Operationen nun auch bis in den südlichen Südatlantik ausweiten kann. Noch einmal gelingt ihm ein Paukenschlag, als eine Kampfgruppe in den Hafen von Kapstadt einbricht. Auf der anderen Seite aber greift der Gegner immer häufiger die geheimen Versorgungsplätze der U-Boote an. Ausgeschlossen, die Überzeugung in der Kriegsmarine, daß es ihm gelang, den deutschen Funkschlüssel zu knacken. Diese Überzeugung ist nicht zu erschüttern. Woher weiß der Gegner aber, wann und wo die Boote versorgt werden und bei offenen Betriebsluken in solchen Stunden hilflos sind ...

Noch einmal gelingt ein Paukenschlag.

Vor Kapstadt und im Hafen von Kapstadt selbst.

Es war August.

Emmermann saß gerade gutgelaunt und glücklich heiter an seiner eigenen Hochzeitstafel, als ihm ein Telegrammbote gemeldet wird.

Rückrufbefehl des BdU.

Emmermann verläßt seine junge Frau drei Tage später und meldet sich bei der Dienststelle des BdU. Der Erste Admiralstabsoffizier übergibt ihm einen versiegelten Umschlag.

»Sehen Sie sich das bitte durch. Es ist Ihr Operationsbefehl. Wenn Sie irgendwelche Fragen haben, dann sagen Sie es bitte gleich.«

Emmermann ist ärgerlich, beinah bös.

»Und deswegen haben Sie mich aus dem Urlaub geholt?«

»Das kommt doch schon mal vor, Emmermann.«

»Ich habe vor ein paar Tagen geheiratet.«

»Ja, wenn wir das gewußt hätten.«

»Ja, wenn ich das gewußt hätte«, sagt Emmermann und zeigt auf den Umschlag, den er nicht besonders erwartungsvoll aufreißt, denn schließlich sehen alle Operationsbefehle im allgemeinen gleich aus.

»Marsch durch die Biskaya mit Kurs auf Quadrat ..., anschließend nach Weisung des BdU.«

»Scheint doch was Besonderes zu sein«, wittert Emmermann.

»Abwarten und Tee trinken. Es ist was Besonderes, Emmermann.«

Das Ziel heißt Kapstadt.

Emmermann soll als Kommandant von U 172 mit einer Gruppe von drei anderen Booten einen neuen Paukenschlag fahren.

Emmermann ist jung, elastisch und ein neues As in den Reihen der »Grauen Wölfe«. Die Hochzeit ist verschmerzt.

»Läßt sich alles nachholen, und wenn Kapstadt glückt, doppelt nachholen ...«

Die anderen Kommandanten der Kapstadt-Gruppe sind Merten, Witte und Poske.

»Jegliche Feindberührung vor dem Ziel ist verboten.«

Der Zeitpunkt des Angriffes wird durch Funk übermittelt werden. Versorgung unterwegs ist vorgesehen. Ausrüstung für zwanzig Wochen.

In kurzen Abständen laufen die vier Boote aus. Niemand weiß, wo der andere steht. Jeder ist bis zum Erreichen des Operationsgebietes auf sich selbst gestellt und hat nur dafür zu sorgen, unbemerkt in den Südatlantik zu gelangen. Die Tage und die Wochen vergehen in einem eintönig unangenehmen Rhythmus. Eine riesige Seeschildkröte hellt bei Emmermann das Einerlei der Marschfahrt ein bißchen auf. Man hat sie nördlich der Azoren gesichtet, in jenem Gebiet, in dem U-Boote des öfteren mit diesen sonderbaren Meeresbewohnern in Berührung kamen. Es ist schwer, sie einzufangen. Dazu bedarf es besonderer Netze. Und es ist noch schwerer, sie zu schießen, denn an dem runden Panzer, der aus dem Wasser wie ein dunkler Fleck herausragt, prallen selbst MG-Kugeln ab.

Aber eine erledigt man doch. Der Smut bereitet aus ihr ein Süppchen, das gut und gerne im Great Eastern Hotel auf Kalkuttas Chowringi Street hätte serviert werden können.

Sie sichten Dampfer.

Und weichen aus.

Nach fünf Wochen Marsch steht Emmermann südlich von St. Helena. Ein U-Tanker, eine »Milchkuh«, erwartet sie schon. Es klappt famos. Sie ergänzen Proviant und Brennstoff und sind wieder so gründlich ausgerüstet, als seien sie eben erst aus dem heimatlichen Stützpunkt ausgelaufen.

Ein FT geht ein: »Vorläufiger Angriffstermin: Neumondnacht, 9. Oktober.«

Vorher trifft Emmermann noch mit Merten zu einem Kaffeestündchen nordwestlich des Angriffsziels zusammen. Es ist ein Tag wie im Himmel. Seidig das Meer. Seidig der tiefblaue wolkenlose Himmel. Weit und breit ist nichts zu sehen. Die beiden U-Boote tauschen ihre Besatzungen aus, so friedensmäßig scheint dieser Tag. Die Hälfte von Mertens Besatzung ist bei Emmermann zu Kaffee und Kuchen, und die andere Hälfte von Emmermann ist bei Merten zu Gast. Die Smuts wetteifern, den besten Kuchen zu backen. Merten, obwohl dienstgradälter, besucht Emmermann auf seinem Boot. Sie sitzen auf dem Turm und beratschlagen, wo man am besten die Hebel zur Erkundung der feindlichen Hauptverkehrsstraßen ansetzen kann.

Das scheint nicht ganz einfach zu sein, denn es ist bekannt, daß erst vor kurzem das deutsche Hilfsschiff »Doggerbank«, das vorübergehend die Reichsdienstflagge mit der Kriegsflagge vertauschte, vor Kapstadt und vor Kap Agulhas Minen warf.

Wo liegen diese Minen und wo die von den Südafrikanern geräumten Ein- und Auslaufwege?

Die Boote trennen sich. Emmermann ist endgültig entschlossen, in den Hafen der Hauptstadt der Südafrikanischen Union einzudringen. Er hält einen kurzen Kriegsrat mit seiner Besatzung und veranschaulicht ungeschminkt, was dem Boot bevorsteht. Viel Gutes ist es nicht. Gegen alles kann man sich wehren, gegen Fliegerangriffe und gegen Wasserbomben – aber nicht gegen Minen, von denen man nicht einmal weiß, wo sie überhaupt liegen.

»Das sind ja heitere Aussichten«, sagt die Nummer Eins und macht ein Gesicht wie ein Essigfaß.

Die Nacht vom 6. Oktober ist dunkel. Von Nordwesten kommend, steuert Emmermann, auf sein Glück vertrauend, Kapstadt an. Er läuft bei Flut über die Minensperre hinweg. Die Freiwache seiner Besatzung steht auf seinen Befehl an Oberdeck und auf der Brücke und hat Schwimmwesten angelegt. Im Boot sind nur die paar Mann, die zur Bedienung des Bootes unbedingt gebraucht werden. Emmermann will versuchen, die Ein- und Auslaufkurse zu erkunden, nachdem die Engländer einen Weg durch die deutsche Sperre geräumt haben – und auch, wo britische Sperren liegen.

Nach Stunden sehen sie die ersten Lichtscheine voraus. Es werden immer mehr, und schließlich schälen sich die dunklen Umrisse des hinter Kapstadt liegenden Tafelberges heraus. Kapstadt selbst ist friedensmäßig beleuchtet.

Emmermann dringt tiefer in die Reede ein. Erst über

Wasser fahrend und dann später unter Wasser, um von den auf Reede liegenden Frachtern nicht entdeckt zu werden.

»Schwimmwesten ablegen.«

Die Teufelseier vor der Einfahrt haben das deutsche Boot nicht gemeint. Es wäre fürwahr Zynismus gewesen, wenn das Boot von eigenen deutschen Minen vernichtet worden wäre.

Emmermann läßt jeden seiner Besatzung einen Blick durch das Sehrohr tun, um Kaptstadt zu sehen, jenen Hafen, der neben Rio und Sydney mit Recht als einer der schönsten bezeichnet wird.

Hinter der deutschen Minensperre scheinen sich die Südafrikaner recht wohl und sicher zu fühlen. Nichts deutet darauf hin, daß man mit einem Einbruch deutscher U-Boote rechnet. Kritischen Gegnerexperten erscheint es ohnehin unmöglich, daß deutsche U-Boote bis in diese entfernten Räume der südlichen Hemisphäre operationsfähig bleiben.

Emmermann legt sein Boot in achtzig Meter Wassertiefe auf den Grund. Die mächtige Dünung, die von den gefürchteten Breiten der »Brüllenden Vierzig« bis auf die Reede von Kapstadt herüberrollt, ist sogar noch in dieser Tiefe fühlbar. Das Boot liegt nicht ruhig. Es wird immer wieder aufgehoben und manchmal so hart auf den Felsengrund gesetzt, daß es dröhnt und stöhnt. Nachmittags geht Emmermann auf Sehrohrtiefe. Da den ganzen Vormittag oben ein ungeheurer Lärm von über den Liegeplatz hinwegmahlenden Schiffsschrauben zu hören war, ist Emmermann gar nicht wohl ums Herz, als er lenzen läßt, um auf Sehrohrtiefe zu gehen. Er fürchtet, jeden Augenblick mit einem der herumkarrenden Schlepper oder einem der ein oder aus gehenden Dampfer zusammenzustoßen.

Der erste Blick durch das Sehrohr ist beruhigend. Es ist kein Schiff in direkter Nähe zu sehen. Das Wasser aber ist so spiegelglatt, daß Emmermann das Sehrohr kaum ausfahren kann, ohne sich zu verraten. Über Kapstadt liegt strahlender Sonnenschein. Häuser, Hotelbauten und Hafenanlagen sind einwandfrei zu erkennen. Emmermann macht noch schnell eine Aufnahme mit der Sehrohrkamera vom Hafen und von der Stadt.

»Nachher glaubt es keiner«, begründet er sein Foto, das ein Dokument werden sollte, daß mit Prien, Kretschmer und Schepke keineswegs jene Männer verlorengingen, die zu solchen Taten fähig waren, wie Churchill im Frühjahr 1941 seinem Volk beruhigend verkündete.

Emmermann kommt sich vor, als stehe er bargeldlos als ein armer Schlucker vor einem strahlend hellerleuchteten Schaufenster, hinter dessen Scheiben in sicherer Obhut kostbare Schätze liegen. Ein Traum wäre es, jetzt in Kapstadt spazierengehen zu können. In einem der internationalen Hotels zu sitzen, oder auf einer Terrasse der weltbekannten Cafés ein Glas des herrlichen blauschwarzen Kapweines zu trinken ...

Zweihundert Meter neben dem Boot entdeckt Emmermann einen kleinen Bewacher auf einer bestimmten Linie, die den Innenhafen schützen soll. »Dicke« Dampfer laufen ein und aus. Es sind mächtige Burschen dabei. Manche haben zwei, einer hat sogar drei Schornsteine.

In der Nacht macht Kapstadt Scheinwerferübungen. Flugzeuge hängen in der Luft, und die Scheinwerferbedienungen sollen sie auffassen. Ab und zu blitzt es in den langen Lichtfingern auch weißglühend auf, wenn die Strahlen die Maschine erfassen.

Am nächsten Tag beobachtet er weiter und hat bald einen ganz bestimmten Auslaufweg heraus, der von den Schiffen benutzt wird. Um ganz sicher zu gehen, läuft er wenige Stunden vor der Zeit des Angriffes in tausend Meter Abstand hinter einem in See gehenden Frachter her. Er hat endlich den genauen Ansteuerungspunkt.

Es sind noch zehn Minuten bis Mitternacht. Zehn Minuten bis zum 9. Oktober ... Da ...! Ein Schiff ... Und was für ein Schiff. Vierkant marschiert der Ahnungslose in die Schußposition hinein.

»Hm, der Gott, der Eisen wachsen ließ, der wollte keine Knechte. Die Chance ist günstig. Der Löwe wird's verzeihen ...«

Zehn Minuten vor dem befehlsmäßig festgelegten Angriff verläßt der erste Torpedo das Rohr. Er trifft unter der Back. Der Frachter geht kopfüber in die Tiefe.

»Schon wieder einer«, schreit der Ausguck, kaum daß der erste Frachter gesunken ist. Ein noch größeres Schiff folgt. Es hat ebenfalls alle Lichter gesetzt und scheint gar nicht bemerkt zu haben, daß der Vordermann verschwand.

»Raus den Aal.«

»So, den haben wir auch gefrühstückt«, berichtet Emmermann nach dem nächsten Angriff seinen Männern. Die gesetzten Positionslaternen gaben Emmermann Schußunterlagen wie auf einem Tablett. Er fuhr einen schulmäßigen Anlauf.

Emmermann erwischt noch einen dritten Frachter in dieser Nacht.

Die anderen Boote melden ebenfalls Erfolge.

In den ersten beiden Nächten gehen insgesamt 200 000 BRT zu den Fischen.

Es ist ein Paukenschlag.

Aber so brillant geht das Feuerwerk natürlich nicht weiter. Die Südafrikaner sind wachgerüttelt worden und reagieren prompt, gründlich und sogar recht unangenehm. Bereits am folgenden Tag wird Emmermann in der Nähe seines selbstgewählten »Anstandes« von einer Suchgruppe aufgefaßt und achtundzwanzig Stunden intensiv mit Wasserbomben geärgert.

Aber am Tag darauf bietet das Schicksal eine Entschädigung an. Emmermann läuft die 23456 BRT große »Orcades« vor die Rohre. Sie scheint noch nicht gewarnt zu sein. Der Riese erhält zwei Torpedotreffer. Emmermann sieht, wie sie da drüben alle Boote aussetzen. Sie sind überfüllt mit Soldaten. Ein Truppentransporter.

Emmermann kann nicht nachschießen. Er muß auf dreißig Meter Tiefe gehen, um nachzuladen. Und im Keller hören sie, wie der Transporter Fahrt aufnimmt und mit mahlenden Schrauben davonzieht.

Erst nach dem Nachladen vermag Emmermann aufzutauchen, und wieder einmal zeigt es sich, daß die vorhandenen U-Boot-Typen noch lange nicht den schnellen Idealtyp darstellen, der den Anforderungen voll genügt. Zwei Stunden jagt Emmermann den Riesen. Er greift ihn mit drei Aalen noch einmal von der anderen Seite an. Der Koloß kentert nach drei Minuten.

Drei Wochen kreuzt Emmermann noch vor der Stadt seiner Wünsche.

Aber ohne weitere Erfolge.

Der Brite hat allen Verkehr gesperrt. Die durch diesen Zeitverlust entstehenden Tonnageausfälle zählen so schwer wie versenkte Frachter.

Übrigens: die Zahl dreizehn!

Obersteuermann Bonacker, früheres Besatzungsmitglied auf Liebes Boot, dann auf U 172 zu Emmermann kommandiert, erhielt nach der Versenkung der 23456 BRT großen »Orcades«, dem zweitgrößten Handelsschiff[1], das im Zweiten Weltkrieg von einem U-Boot auf Tiefe geschickt wurde, das Deutsche Kreuz in Gold.

Es war auf Bonackers dreizehnter Fahrt, und es geschah

1 Das größte Schiff, das durch U-Boote versenkt wurde, war der japanische Flugzeugträger »Shinano« mit seinen 65000 ts (der US-Träger »Dwight Eisenhower« verdrängt als zur Zeit (1989) größtes Kriegsschiff 91700 ts!). Diesen größten Einzelerfolg erzielte der amerikanische U-Boot-Kommandant Cdr. J. Enright mit seinem Boot »Archerfish«, SS 311, am 29. November 1944 vor Japan auf 32° 00 N und 137° 00 Ost.

am Freitag, dem 13. November, nach dem dreizehnten Dampfer.

Die Operationen der IX C-Boote der Gruppe »Eisbär« und die ihr folgenden großen Boote vom neuen Typ IX D_2 werden bei nur einem Bootsverlust (U 179) bei bis Ende November eingesetzten sieben Booten mit versenkten 380000 BRT ein großer Erfolg.

Auf diesen Unternehmungen schoß Karl-Friedrich Merten seine beste Serie. Von Mitternacht bis Mitternacht des 8. zum 9. Oktober 1942 griff er südwestlich von Kapstadt sechs Dampfer mit zusammen 36139 BRT an. Wochen später, am 6. November 1942, versenkte er auf 23.30 Süd 05.30 Ost ein bewaffnetes Passagierschiff, den 8034 BRT großen P&O-Liner »City of Cairo«. Tarnbemalung und Kanonen auf der Back und dem Heck deuteten unstrittig auf einen Truppentransporter hin. So war es:

Kurz nach Sonnenuntergang sichtet der Ausguck eine eigenartige Wolke. Die See ist spiegelglatt und vom Blau des Delfter Porzellans, die Dünung lang und breit und ohne Kämme. Diese kleine Wolke am Osthimmel erinnert jetzt an einen großen vom Horizont losgelösten Pilz. Auf sie dreht Merten sein Boot zu. Inzwischen wird es Nacht.

Da, ein Schatten. Abgeblendeter Entgegenkommer.

Merten muß mehrere Anläufe fahren, ehe er sich in Schußposition setzen kann. Er schießt und trifft. Die komplizierte Schießtechnik hat bei ihm schon etwas Handwerkhaftes. So wie ein routinierter Chirurg das Messer führt ... so rechnet, so wertet und so schießt er.

Als die Wassersäule in sich zusammengefallen ist, sehen sie, daß da drüben im Flackerlicht von Lampen und Lichtern zwei Boote zu Wasser gebracht werden.

»Gegner funkt«, meldet der FT-Raum.

Merten macht einen zweiten Torpedo los. Dieser zerreißt das Achterschiff zwischen Heck und Mast.

»So, der funkt nicht mehr. Der verrät uns nicht.«

Merten taucht auf. Unmenschliche Schreie gellen von dem sinkenden Schiff durch die Nacht. Es sind helle Stimmen darunter, solche von Frauen, von Kindern.

Merten dreht sofort auf die Untergangsstelle zu. Da erscheint der Funker auf der Brücke und reicht Merten den Spruch der »City of Cairo« hin.

»Soeben von deutschem U-Boot torpediert. Habe 250 Frauen und Kinder an Bord.«

Merten leuchtet die Trümmer ab, er dreht auf die Boote zu, auf die fünf, die noch ins Wasser kamen.

In keinem der ersten Boote ist eine Frau oder ein Kind. Nur Männer. Fast nur Schwarze. Völlig apathisch. Vor Angst wie erstarrt. Der Kapitän hält sich verborgen. Er meldet sich trotz mehrfacher Aufforderungen nicht.[1]

Trotz des Laconia-Befehls: Merten hilft, soweit er helfen kann. Und er bleibt vor Ort, bis man die letzten der im Wasser schwimmenden Überlebenden in die Boote gezogen hat.

Noch am gleichen Tag meldet der gegnerische Funk: Ein deutsches U-Boot habe einen mit Frauen und Kindern besetzten Passagierdampfer angegriffen und versenkt. Kein Wort darüber, daß das Schiff abgeblendet fuhr und bewaffnet war – und daß sich offenbar nur Männer in die Boote retteten.

160 U-Boote operieren im November 1942 im Atlantik, 26 im Nordmeer, 19 im Mittelmeer, und die ersten kleinen U-Boote vom Typ II B werden auf Spezialtransportanlagen erst auf dem Landweg und dann auf der Donau zum Schwarzen Meer gebracht, um hier gegen sowjet-russische

1 Friedrich-Karl Merten erfuhr nach dem Krieg von Überlebenden, daß sich der Kapitän absichtlich in keines der Boote gerettet hatte. Er hatte sich in Luv des Sichtbereichs des U-Bootes mit langen Armen außenbords an einen der zuletzt gefierten Rettungskutter geklammert, so lange, bis das U-Boot in das Dunkel der Nacht abgelaufen war.

Einheiten zu operieren. 118 alliierte Schiffe sanken auf allen Meeren allein durch U-Boot-Angriffe. Auf 1062000 BRT belaufen sich die Gesamtverluste der deutschen Gegner allein in diesem Monat.

Die deutschen Opfer im Jahr 1942 waren schwer. In einigen Monaten sogar sehr beängstigend, aber die Erfolge wiegen die Verluste auf.

1942 verlor die deutsche U-Boot-Waffe 86 Boote.

Seit Kriegsbeginn 149.

Sonst: siehe Anhang I, Nachtrag 4a und 4b.

TEIL V · 1943

DAS JAHR DER TÖDLICHEN WENDE

20

Die U-Boote sterben

Zur Lage:
116 Tage Orkan bestimmen die Frühjahrsschlacht im Atlantik. Ein kellertiefes Tief jagt das andere. Trotzdem greifen die U-Boote an, trotzdem erringen sie gewaltige Erfolge. Im März werden allein aus zwei vom B-Dienst ermittelten und von Suchstreifen der U-Boote auch erfaßten Geleitzügen 32 Schiffe herausgeschossen. Dönitz, nach dem Rücktritt von Raeder jetzt Oberbefehlshaber der Kriegsmarine, hätte jetzt die Befehlsgewalt, alle großen Überwassereinheiten der Kriegsmarine verschrotten zu lassen. Der Gedanke ist verlockend, dadurch zusätzliches Material und Personal für die neuen Boote, von denen jetzt 27 im Monat in Dienst gestellt werden und deren Ziffer Dönitz in der zweiten Jahreshälfte bis auf 30 Boote steigern lassen will, zu gewinnen. Hitler, von dem dieser Verschrottungsplan stammte, bedrängt Dönitz, diesen Weg allein schon im Interesse des weiteren Ausbaus der U-Boot–Waffe zu gehen. Dönitz äußert sich, als Hitler ihm diese Forderung nahelegt, nicht sofort, da er einen Entschluß so ungeheuerlicher Tragweite trotz der sich für die U-Boot-Waffe abzeichnenden Vorteile nicht aus dem Handgelenk heraus und auch nicht unter dem Druck Hitlers fassen will. Der vom OKM inzwischen ausgearbeitete schrittweise Außerdienststellungs- und Verschrottungsplan wird schließlich von Dönitz nach eingehender Prüfung der Lage und der strategischen Bedeutung der verbliebenen schweren Überwassereinheiten verworfen. Der historischen Wahrheit wegen muß festgestellt werden, daß die Tatsache, daß Dönitz Hitlers Verschrottungsplan nicht sofort beipflichtete, in verschiedenen Kreisen als Zustimmung gewertet wurde, eine Version, die ja nahelag, da Dönitz von jeher in einer gewissen, sachlich aber sehr gesunden und natürlichen Opposition stand, um den Ausbau seiner Waffe zu for-

cieren, erst recht, nachdem sich die U-Boot-Waffe als das schlagkräftigste Instrument der Kriegsmarine erwiesen hatte. Nunmehr Oberbefehlshaber, glaubt er – im Widerspruch zu Hitler – seine Ziele auf dem U-Boot-Sektor auch ohne das Opfer der noch einsatzbereiten großen Überwassereinheiten erreichen zu können. Außerdem binden diese Einheiten, die vornehmlich im norwegischen Raum stationiert sind, das Gros der britischen Home Fleet und Teile der amerikanischen Flotte dazu.

Das Jahr 1942 soll auf dem Gebiete des U-Boot-Krieges nur ein Auftakt gewesen sein. Es scheint, daß diese Prophezeiung in Erfüllung geht. Die Erfolge sind in der Tat überwältigend und lassen die düsteren Schatten von Stalingrad verblassen. Und alle Versuche der Alliierten, die deutschen U-Boote zu bekämpfen, sind bis jetzt ohne ernst zu nehmende Auswirkungen geblieben. Vielmehr kommt es bei Einsätzen mit bis zu 50 in Gruppen aufgegliederten U-Booten zu den bisher größten Geleitzugschlachten im Nordatlantik. Auch alle Anstrengungen, die verhaßten U-Boote in ihren Stützpunkten oder an ihren Geburtsstätten zu zerschlagen. 10 000 Tonnen Bomben haben die Alliierten im Frühjahr auf die U-Boot-Stützpunkte abgeworfen. Ohne einen Erfolg. Keine einzige Bombe, auch nicht die Spezialbomben durchschlugen die meterdicken Betondecken der Schutzbunker. Kein einziges U-Boot wurde bisher auf den Bauwerften in Hamburg, Bremen, Wilhelmshaven, Vegesack, Lübeck und so fort zerstört.

Im April spricht Goebbels: »Wir haben mit unseren U-Booten England endlich an der Kehle gepackt.« Es wäre besser gewesen, er hätte sich vorher mit Großadmiral Dönitz über die wirkliche Situation unterhalten, denn zur Stunde war es Dönitz bereits klar, daß seine Befürchtungen, der Gegner könnte den Bewegungskrieg der U-Boote bisheriger Typen durch den Einsatz neuer Abwehrmittel zum Erliegen bringen, vielleicht über Nacht schon Wahrheit werden könnten. Und Dönitz hatte früh genug gewarnt.

Der Gegner ist nicht müßig geblieben. Wie die Abblendemechanik bei einer Kamera hat er auch das »Black Pit« im Nordatlantik, der U-Boote bisher fetteste Weide, immer mehr verkleinert und auch dieses Gebiet, anfangs noch behelfsmäßig, durch auf Hilfsflugzeugträgern stationierte Flugzeuge unter seine Kontrolle bekommen. Über 2600 Kriegsfahrzeuge haben die Alliierten jetzt gegen die »Grauen Wölfe« der Meere eingesetzt. Das sind mehr als 50 Prozent des gesamten Kräftepotentials der Westmächte. Je mehr Frachter mit Kriegsmaterial, mit Bomben, Flugzeugteilen und Rohstoffen versenkt werden, um so geringer werden die Bedrohungen durch alliierte Luftangriffe. Was Göring und Hitler nicht begreifen, die Engländer erkennen die Bedeutung der U-Boote im Sinne des von Dönitz geprägten Wortes: »Die U-Boote sind Deutschlands Luftschutzkeller.« Ihn aufzubrechen, ist ihnen Aufgabe Nummer eins.

Im Mai bricht die Katastrophe über die deutschen U-Boote herein. In aller Stille und ohne großsprecherische Propagandadrohungen haben die Alliierten ein weiteres neues Funkmeßgerät, das H_2S-Panorama-Gerät, entwickelt, dessen 10-cm-Wellen von dem deutschen »Metox« nicht mehr erfaßt werden können. Den deutschen Stellen wurde sein Vorhandensein erst bekannt, als man im Februar 1943 dieses neue britische Magnetrongerät aus einem bei Rotterdam abgeschossenen Bomber barg und ihm den Namen »Rotterdam-Gerät« gab. In den Trümmern fand sich die aufschlußreiche Notiz, daß dieses »Experimentel 6« mit 10-cm-Wellen arbeiten würde. Die deutschen Experten waren nicht wenig überrascht, hatte doch auf einer Funkmeßtagung erst vor wenigen Wochen der damalige Bevollmächtigte für Hochfrequenzforschung, Staatsrat Plendl, erklärt: »Zentimeterwellen lohnen eine weitere Forschung nicht. Der für uns günstigste Wirkungsgrad beginnt mit den 2,5-m-Wellen. Bei 50-cm-Wellen beginnt jedoch die progressive Wirksamkeit zu schwinden.« H_2S ist übrigens keine Abkürzung. Es ist die chemische Formel für Schwefelwasserstoff. Die Engländer haben ganz einfach – oder in grimmigem Humor sogar bewußt – die Formel dieses stinkenden Produktes für dieses neue Gerät gewählt. In der Tat, es stank wirklich zum Himmel, was der Bevollmächtigte für die deutsche Hochfrequenzforschung beruhigend versicherte, als er die weitere Forschung auf dem Gebiet der Zentimeterwellen abschrieb.

Der erste Erfolg, den die Alliierten übrigens mit dem neuen, auch ASV III bezeichneten 10-cm-Gerät im Raum bzw. vor der Biskaya verbuchten, erzielte eine amerikanische Liberator, als sie am 10. Februar U 519 in der Nacht überraschte und versenkte. Zur gleichen Zeit griff eine ebenfalls mit einem 10-cm-Radar ausgestattete britische Wellington das durch Funkmeß eingepeilte U 333 an. Das Boot schoß aber den Angreifer ab. Der Kommandant (Ali Cremer) berichtete nach seiner Heimkehr, daß das FuMB »Metox« nicht angesprochen habe, obwohl kein Zweifel daran bestehen konnte, daß der Gegner das Boot nur über Radarpeilung gefunden und angeflogen hatte.

Der Metox, das neue Borkum-Gerät und die neue FuMB Wanze, die alle nur den Bereich von 1,40 bis 1,60 m umfassen, sind ausgeschaltet, zumindest für alle jene Gegnermaschinen, die mit dem H_2S orten. Die Auswirkungen sind vernichtend: Bei Dunkelheit nähern sich die Feindbomber. Kurzer Gleitflug – Treffer ins Ziel. Kampflos werden die deutschen U-Boote überrascht. Was die Deutschen nicht wissen ist, daß ganze lächerliche zwölf Überwachungsflugzeuge mit H_2S-Panorama-Geräten an Bord genügen, das gesamte Seegebiet vor der französischen Küste zu kontrollieren.

Weiter aber: Zu den »Killer-Groups« sind die »Support-Groups« hinzugekommen. Sie setzen sich aus einem Geleitflugzeugträger und aus drei Zerstörern zusammen. Das »H_2S-Panorama-Gerät« in der Luft und die »Support-Groups« und »Killer-Groups« auf See werden im Mai schlagartig und konzentrisch auf den Brennpunkten der »Schlacht im Atlantik« eingesetzt.

Und noch eine andere Abwehrwaffe werfen die Alliierten neben neuen, tödlicher wirkenden Wasserbomben in das Ringen um die Schlacht im Atlantik, um die Synergie ihrer Anstrengungen zu einem entscheidenden Erfolg zu verhelfen, den Salvenwerfer »hedgehog«. Hedgehog ist, wie schon gesagt, das britische Wort für Igel.

In diesem Monat sterben 45 deutsche U-Boote. Lähmendes Entsetzen bricht über die Befehlsstelle des BdU herein. Am 24. Mai befiehlt Dönitz die Einstellung des Geleitzugkampfes im Nordatlantik, f a s t a l l e Boote werden aus diesem bislang wichtigsten Operationsgebiet zurückgezogen, d. h., nur ein kleiner Teil verbleibt im Nordatlantik als »Stör-U-Boote«; andere, brennstoffstarke Boote werden in den Mittelatlantik geschickt, in dem die U-Boot-Abwehr gering scheint (noch, denn hier baut gerade der amerikanische Fleet-Admiral King eine starke U-Boot-Abwehr mit modernsten und unbegrenzten Mitteln auf), weniger brennstoffstarke Nordatlantik-U-Boote werden in die Stützpunkte zurückbefohlen.

»Wir haben die größte Krise der U-Boot-Kriegführung zu bestehen«, erklärt der neue Marine-Oberbefehlshaber und BdU im Führerhauptquartier nach diesem Totentanz im Niemandsland der atlantischen Seeräume. »Neue Ortungsgeräte machen es uns zum ersten Mal unmöglich zu kämpfen.«

Wie erfolgreich sich die alliierte Großoffensive gegen die »Grauen Wölfe« an ihren nordatlantischen Geleitzugwegen auswirkte, beweist eine Übersicht, die sich auf alle zwischen dem 14.

April und dem 31. Mai 1943 in See gewesenen oder in See stehenden Konvois bezieht. In dieser Navigationsperiode waren 22 Geleitzüge mit insgesamt 912 Frachtschiffen mit je über 1500 BRT unterwegs. Insgesamt vermochten die U-Boote 17 Schiffe mit 86565 BRT aus den Konvois selbst, sechs Nachzügler mit 37937 BRT und ein Marineschiff mit 5248 BRT, also 24 Schiffe mit 129750 BRT, zu versenken, wobei festzustellen ist, daß diese Erfolge vornehmlich im ersten Zeitraum errungen wurden, während um die Zeit Mitte oder Ende Mai praktisch überhaupt keine Gegnerfrachter mehr angegriffen und torpediert werden konnten. Das heißt, daß von den 912 Frachtschiffen, Tankern und auch Truppentransportern 888 Schiffe auf der nordatlantischen Route ihre Bestimmungshäfen erreichten. Der Preis für diese Anstrengungen waren 27 U-Boote, deren Spezial-Besatzungen zum größten Teil nicht gerettet wurden. Ein ungleiches, einfach nicht mehr vertretbares Verhältnis, das den BdU schließlich zum erwähnten Rückzugsbefehl zwang.

Die deutschen Funkmeßexperten beraten – und sie müssen sich eingestehen, daß eine wirksame Abwehr vorerst nicht möglich ist. Es fehlt an den bisher links liegengelassenen Magnetronröhren. Eine serienreife Herstellung wird mindestens 15 bis 20 Monate erfordern. Ein Glück, daß Telefunken wenigstens einen Detektorempfänger in Entwicklung hat, der den Anflug feindlicher »Rotterdam«-Maschinen auf zehn Kilometer Entfernung und mehr meldet. Das Gerät bekommt die Tarnbezeichnung »Naxos«. Doch vorerst ist es noch nicht einsatzbereit . . .

50 Jahre normaler Entwicklung sind unter dem Druck des Krieges auf fünf Jahre zusammengeschrumpft. Deutschland, einst führend im Funkmeßwesen, ist überrundet. Als man jetzt endlich die Gefahren erkennt, ist der Vorsprung der Engländer nicht mehr einzuholen.

Die U-Boote sind nicht mehr Deutschlands Luftschutzkeller. Nach ihrem teilweisen Rückzug aus dem Nordatlantik vermag der Gegner Kräfte für andere Zwecke und Ziele abzuziehen, vor allem Flugzeuge.

Hamburg trifft der erste Schlag. Hamburg wird das dritte Stalingrad. Tausend Bomber fliegen in der Zeit zwischen dem 24. Juli und 3. August unter dem Codewort GOMORRHA mehrfach die Hansestadt an. Hamburg versank mitsamt seinen Hafenanlagen in Schutt und Asche. 53 % aller Wohnungen, 25 % aller Schulen, 40 Kirchen und 60 % der Hafenanlagen wurden zerstört. Über 55000 Menschen, vornehmlich Frauen, Kinder und alte Menschen, ka-

men um. Bei 35 718 zerstörten Wohnungen wurden 600 000 Menschen obdachlos. Viele Werften sind zerstört. 10 Schiffe sanken, darunter ein 36 000 BRT großer Neubau. Und U-Boote.

Auf den Wiesen und Feldern um Hamburg findet man Stanniolstreifen, sogenannte Düppel. Schon dreißig solcher gebündelter abgeworfener Streifen genügen, um in den deutschen »Freya«-Geräten ein Flugzeug vorzutäuschen. Im Februar noch schoß Hamburgs Flak 20 % aller Angreifer ab. In dieser Todeswoche für die Hansestadt sind es, durch die Düppel abgelenkt, nur noch 2 %!

In der dritten Maiwoche, nach dem Rückzug der Boote also, verlieren die Alliierten auf der nordatlantischen Geleitzugsroute kein einziges Schiff mehr. Im Juli versenken die U-Boote ganze 86 807 BRT. Inzwischen haben die Alliierten ihre Anstrengungen auch auf die anderen Seegebiete, das Mittelmeer, die Karibische See und den Südatlantik, ausgedehnt. Auch hier treffen die »Grauen Wölfe«, die in allen bisherigen Operationsgebieten, die Rudelschlachten im Nordatlantik ausgenommen, auf Befehl des BdU den U-Boot-Kampf dennoch fortsetzen (siehe Anhang I, Nachtrag 5.), auf eine immer stärker werdende Abwehr. Symptomatisch für die nunmehr auf allen Seegebieten erschwerte Situation sind die nachstehenden Beispiele . . .

Carl Emmermann berichtet:

Anfang 1943 gab es kaum noch einen Teil des Nordatlantik, der nicht von feindlichen Flugzeugen ständig überwacht wurde. Der An- und Abmarsch von der französischen Westküste durch die Biskaya war das Hauptrisiko einer jeden Feindfahrt. Nach den zu tragenden Strapazen der Fahrt, die die jetzt schon seltener werdenden Erfolgsmöglichkeiten bargen, stand wie ein Damoklesschwert der Weg durch die Biskaya, für den ab Frühjahr des Jahres 1943 – wie jeder der einlaufenden Besatzung wußte – nicht mehr als 30 % Aussicht bestand, ihn heil zu überwinden. Die Engländer hatten mit ihren Patrouillenflugzeugen eine regelrechte Sperrkette vor die französischen Einsatzhäfen gelegt, der manchmal mehr als zwei Drittel der Boote, zum Teil wenige Stunden vor Aufnahme durch die deutschen Geleitfahrzeuge, zum Opfer fielen.

Wehe dem Boot, das infolge vorheriger Feindberührungen nicht voll einsatzfähig diesen Heimweg antreten mußte.

Anfang März 1943 lief ich mit U 172 aus Lorient aus, nachdem ich am Tage zuvor mit einem meiner besten Freunde, Kapitänleutnant Staats, im Stützpunkt auf die nächste Unternehmung und deren Erfolg angestoßen hatte.

Wir hatten fast die Grenze des besonders gefährdeten Gebietes und die äußere Biskaya erreicht, als wir die kurz gefaßten Funksprüche von U-Staats auffingen, der durch Feindeinwirkung tauchunklar gebombt war und nun versuchte, über Wasser in einem Gebiet, das von Feindflugzeugen überwacht war und in dem überall U-Boot-Jagdgruppen von Zerstörern und Fregatten auf ihre Opfer lauerten, die freie See zu erreichen und um Unterstützung der in der Nähe befindlichen Boote bat.

Grübelnd saßen wir an der Karte und verfolgten von Stunde zu Stunde das sich in unserer Phantasie nur zu plastisch abspielende Drama. Ein todwundes Boot, das seines einzigen Schutzes, der Tauchfähigkeit, beraubt, nun wie ein weidwunder Hase inmitten einer Meute von Hunden versuchte, die Lücke nach Westen zu finden. In geringem Abstand von ihm standen Kameraden, die, durch die feindliche Überwachung unter Wasser gehalten, in erzwungener Ohnmacht ihm nicht helfen konnten. Wir sehnten die Stunden herbei, in denen die Dunkelheit dem Boot wenigstens eine notdürftige Tarnkappe überziehen konnte. Als wir wußten, achtzig Meter über uns ist es langsam Nacht geworden und U-Staats meldet sich noch, waren wir davon überzeugt, daß er es schaffen würde, den freien Seeraum zu erreichen. In derselben Nacht tauchten wir auf – ohne Rücksicht auf die überwachenden, mit Radar ausgerüsteten Flugzeuge – und stießen nach Westen vor auf den vermeintlichen Standort unseres Kameraden. Staats gab laufend Standortmeldung und erbat für den nächsten Morgen einen Treffpunkt mit in der Nähe stehenden Booten, um seine Schäden zu reparieren. Vor allem meldete er mehrere Risse im Druckkörper und erbat Hilfe durch Schweißgeräte. Im Laufe der Nacht frischte der Wind auf, und die See, die bisher spiegelglatt gewesen war, wurde rauher. Mit Höchstfahrt liefen wir – ohne Rücksicht auf die überkommenden Brecher – auf den verabredeten Treffpunkt zu. Kurz nach der morgendlichen Dämmerung meldete der Ausguck: »U-Boot voraus.« Als wir näher kamen, nahmen wir als Begrüßung den ersten Winkspruch auf, den Staats an uns abgab: »Morgen, Charly! Hast du schon gefrühstückt?«

Nichts von den überstandenen Strapazen!

Kein Hilfeschrei!

Wir gingen auf Rufweite heran, und obwohl inzwischen Seegang drei bis vier aufgekommen war, beschlossen wir, unter Einsatz unseres einzigen kleinen Schlauchbootes, den Versuch zu wagen, unser autogenes Schweißgerät mit Sauerstoff- und Acetylenflasche sowie einen ausgebildeten Schweißer hinüberzuschicken, um die Reparaturen am Druckkörper auszuführen, ohne die das Boot den Heimweg nicht antreten konnte. Der seemännische Leckerbissen gelang. Sauerstoff- und Acetylenflasche, die vorn und hinten fast einen halben Meter über das unter dieser Last völlig eingeknickte Schlauchboot herausragten, wurden bei dem Seegang hinübergeschickt und kamen gut drüben an.

Inzwischen war noch ein zweites Boot zur Stelle, und auch von diesem Boot wurden Schweißer und Schweißgerät zu Staats hinübergeschickt. Zusammen mit der Besatzung des havarierten Bootes arbeiteten die Schweißer unserer Boote trotz überkommender Brecher mit Schwimmwesten und Tauchrettern an drei Stellen an Oberdeck und schweißten die durch Bomben entstandenen Risse des Druckkörpers, während wir im geringen Abstand die Luftsicherung des beschädigten Bootes gegen etwa auftauchende Feindflieger übernahmen. Der Wind frischte auf, die See wurde zusehends unruhiger, und wir gingen, einer nach dem anderen, bis auf wenige Meter an das havarierte Boot heran, stellten aus Feuerlöschschläuchen, die an Schwimmwesten aufgebojt waren, die Verbindung mit U-Staats her, um unsere Brennstoffvorräte zu ergänzen, die wir so dringend brauchten, und ließen U-Staats nur so viel Öl, um sicher den Heimathafen zu erreichen.

Als die Dämmerung hereinbrach, war es geschafft.

Staats hatte mit seinem Boot eine Unterdruckprobe gemacht, und wie ein Aufschrei kam per Winkspruch die Meldung herüber: »Boot ist tauchklar bis auf 13 m. Ich mache das in Paris wieder gut.«

Tatsächlich gelang es dem Boot nach dieser »Werftliegezeit im Nordatlantik«, wenn auch nur für Sehrohrtiefe tauchklar, den Einsatzhafen Lorient zu erreichen, um nach gründlicher Reparatur der Schäden zu neuer und diesmal erfolgreicher Fahrt und Heimkehr auszulaufen.

Im Oktober desselben Jahres sahen wir uns zusammen im Stützpunkt wieder. So etwas war selten, obwohl man zur selben Flottille gehörte. Jeder war vier bis fünf Monate draußen und nur wenige Wochen im Stützpunkt. Wir fuhren zusammen nach Paris und begossen die nun schon ein halbes Jahr zurückliegende Hilfeleistung und Staats Ritterkreuz. Es sollte unser letztes Wiedersehen sein. Staats lief wenige Tage darauf aus, und sein Boot wurde schon vierundzwanzig Stunden nach dem Auslaufen, in stockdunkler Nacht, als er für eine knappe Stunde auftauchte, um die Batterie zu laden, von einem Flugzeug versenkt.

Kein Mann der Besatzung wurde gerettet.

In den letzten Apriltagen kämpft sich, 500 Seemeilen südwestlich von Kap Farewell, der südlichsten Spitze von Grönland stehend, das von Liverpool kommende und für Halifax bestimmte Geleit ONS 5 mühsam durch die nordatlantische See. Drei Zerstörer, eine Fregatte, vier Korvetten und zwei Rettungstrawler sichern das Geleit, sollen die zerbrechliche Sicherheit von 42 Frachtschiffen vor den gefürchteten »wolf packs« abschirmen und schützen.

Sie warten schon, die Rudel. 13 U-Boote stehen südwestlich von Grönland, zwei weitere Gruppen zu je 17 und 15 Booten riegeln in breiten Suchstreifen das Gebiet östlich von Neufundland ab.

Am 29. April meldet ein Boot der Grönland-Gruppe das Geleit aufgefaßt. Am gleichen Tag läßt der beunruhigte Gegner die Geleitsicherung verstärken. Aus St. John läuft die 3. Sicherungsgruppe aus: fünf durch die »Offa« geführte Zerstörer.

Schwerer Sturm erschwert den Weitermarsch des Geleits, das für Stunden zum Beidrehen gezwungen wird und dadurch erst am 2. Mai von der Sicherungsverstärkung gefunden werden kann.

Inzwischen haben sich die U-Boote auf den Angriff vorbereitet. Mehr als dreißig Boote sind zusammengezogen worden und erwarten den vom Fühlungshalter beschatteten Konvoi, weitere elf Boote liegen auf dem erwarteten weiteren Anmarschweg auf Position. Der Sturm nimmt noch weiter zu. Das Geleit wird stark auseinandergezogen. Der Zerstörer »Duncan« und zwei Einheiten der »Offa«-Gruppe müssen, das sie bei dem unhandigen Wetter auf See nicht beölt werden können, nach St. John zurücklaufen, um ihre Tanks aufzufüllen. Dem bedrohten Konvoi schickt der Commander in Chief Western Approaches zur weiteren Verstärkung und als Ersatz die 1. Eskortgruppe entgegen: die Sloop »Pelikan«, drei Fregatten und eine ehemalige amerikanische Einheit. Flugboote der kanadischen Luftwaffe übernehmen die Sicherung aus der Luft. U 630, das auf dem Wege zur Position des über den BdU gemeldeten Geleitzuges steht, wird das Opfer dieser Luftüberwachung. Es strebte mit großer Fahrt in Überwassermarsch dem Geleitzug zu. Plötzlich wurde es von einem aus den dichten Wolken heraus vorstoßenden Flugzeug angegriffen. Die Maschine kam im direkten Anflug. Kein Laut im Metox, der eine Annäherung dieses Flugzeuges und seines in Betrieb befindlichen Radargerätes anzeigte . . .

Bomben. Aus.

Mit Beginn der Dunkelheit greifen die Boote am 4. Mai an. Das Wetter hat sich etwas beruhigt. Dreißig Schiffe des Geleits sind wieder zusammengefaßt worden. Nur die »Tay«, vier Korvetten und die beiden noch verbliebenen Zerstörer der »Offa«-Gruppe, die »Offa« und die »Oribi«, stehen dem Gegner im Augenblick als Geleitsicherung zur Verfügung, da die andere Gruppe sich noch im Anmarsch befindet. Angriffe und Gegenangriffe wechseln in schneller Folge. Sie werden auf beiden Seiten mit grimmiger Erbitterung und Zähigkeit durchgeführt. Fünf Frachtschiffe, darunter ein Nachzügler, reißen die »Grauen Wölfe« in dieser Nacht. Vier weitere gehen während der Tagesstunden des 5. Mai auf Tiefe.

Inzwischen ist es der Fregatte »Pink« gelungen, zwölf der abgesprengten Schiffe des Geleits wieder zu sammeln und in einem kleinen, nachfolgenden Konvoi zu vereinen. Auf dieses Nachzüglergeleit konzentriert auch U 192 seine Angriffe, wird von der Fregatte »Pink« geortet und schließlich vernichtet.

Aber die »Wölfe« lassen nicht locker. In der Nacht vom 5. zum 6. Mai greifen sie immer wieder, aus den verschiedensten Richtungen in Überwasserfahrt vorstoßend, das Hauptgeleit an. Vierundzwanzig Angriffe zählen sie auf den alliierten Sicherungsstreitkräften. Erst morgens 04.20 Uhr lassen die U-Boote ab. Kein einziges Schiff des Geleitzuges wurde torpediert, wohl aber mußten die U-Boote einen schweren Zoll ihrer vergeblichen Angriffe zahlen.

Die Korvette »Loosestrife« jagte U 638 und vernichtete es mit den neuen Wasserbomben.

In der ersten Morgendämmerung griff der Zerstörer »Vidette« ein anderes Boot, U 125, vernichtend an.

U 125 glaubte sich einigermaßen sicher, denn die Detonationen der offenbar anderen Boote geltenden Wasserbomben lagen ziemlich weit ab, wenn auch einige darunter waren, die in ihrer Wirkung viel schwerer schienen, als die der üblichen und bekannten. Wohl hörte man in nicht allzu weiter Entfernung das helle Singen typischer Zerstörerschrauben. Hin und wieder stoppte der gefährliche Jäger. Asdic-Impulse erfaßten das Boot. Aber es kamen keine Bomben. Sonderbar, irgend etwas klatschte in die See. Da, wieder. Wasserbomben mit Fehlzündungen? Und ganz plötzlich war es aus. Eine furchtbare Detonation, ein direkter Treffer, der das Schicksal von U 125 besiegelte.

Ein »Hedgehog«-Treffer!

Zum ersten Male hat der Gegner diesen neuen, von den Amerikanern entwickelten Werfer eingesetzt. Es ist ein Salvenwerfer für 24 kleinere, nur 15 Kilogramm schwere Geschosse, die nach der Abfeuerung in etwa 200 Meter vor dem U-Boot-Jäger in einem elliptischen Feld von 45 x 35 Meter auf der See aufschlagen. Die elektrische Abfeuerung ist so angeordnet, daß die Geschosse paarweise im Abstand von einer bis zwei Zehntelsekunden geschossen werden. Raffinierterweise dabei die mit der größten Erhöhung zuerst. Dadurch erfolgt der Aufschlag aller 24 Geschosse nach etwa acht Sekunden gleichzeitig. Die Zünder werden aus Sicherheitsgründen erst nach dem Abschuß scharf. Die einzelnen Geschosse sinken mit etwa 7 m/sec in die Tiefe. Sie detonieren nur bei einem Aufschlag auf ein Unterwasserziel, so daß die Ortung bei Fehlwürfen nicht mehr gestört wird, wie es bei den üblichen Wasserbomben der Fall ist.

Kurz nach der Versenkung von U 125 hat der Zerstörer »Oribi« eine Peilung, der er nachdreht. Aus dem Nebel heraus läuft ihm ein U-Boot vor den Bug. »Oribi« rammt es, und das Boot, es ist U 531, versinkt. Gegen 16 Uhr jagt die Sloop »Pelikan« ein anderes Boot. Es wirft Bomben mit den größeren Ladungen, die U 438 zerstören. Ein Flugzeug der kanadischen Seeüberwachung überfällt das in der Nähe des Konvois operierende U 710. Auch hier wird die Brückenwache ganz plötzlich überrascht. Aus den niedrighängenden Wolken schießt in direktem, also gezieltem Anflug eine Fortress heraus. Ehe die schußbereiten Fla-Waffen an Bord in Aktion treten, krepieren die Bomben so dicht neben U 710, daß das Boot verloren ist.

Sieben U-Boote kostete diese Geleitzugschlacht. Und nur zwölf Handelsschiffe büßte der Gegner ein. Der Angriff, der so hoffnungsvoll begann, endete mit schwersten, in keinem Verhältnis stehenden Opfern.[1]

1 Captain Roskill hat in seinem Seekriegswerk »The war at sea«, Band II, eine Übersicht über die anderen, späteren Geleite und deren Schicksale gegeben. Diese erhellt, daß die angreifenden U-Boote gegen Monatsmitte und Ende Mai immer mehr in die Verteidigung gedrängt wurden. Durch das ausgezeichnete Zusammenwirken der Geleitzug-Sicherungsfahrzeuge mit den Trägerflugzeugen, Langstreckenbombern und den Flugzeugen der Küstenkommandos wurden die Boote bis zur Erschöpfung ihrer Batterien unter Wasser gedrückt und gejagt, wo auch immer sie auftauchten. 46 Schiffe zählte der Konvoi HX 236 (von New York nach Liverpool, vom 24. 4. bis 9. 5.). 46 Frachter kamen trotz mehrfacher deutscher Rudelangriffe im Zielhafen an. Deutscherseits dagegen ging U 465 verloren, am 4. Mai von einer mit dem H_2S-Gerät ausgerüsteten Liberator angegriffen und versenkt. Aus dem Geleitzug SL 128, zwar ein Südatlantik-Geleit, das aber in die Angriffsoperationen gegen HX 236 geriet (32 Frachter, von Freetown nach NW Approaches und verschiedene Häfen, vom 20. 4. bis 14. 5.) verlor man ein Schiff mit 3805 BRT. Der Konvoi ONS 6 (31 Schiffe von Liverpool nach Halifax, vom 29. 4. bis 17. 5.) kam ohne Verluste durch. Der Konvoi HX 237 (46 Schiffe, von New York nach Liverpool usw., vom 1. 5. bis 17. 5.) mußte drei Nachzügler abschreiben, die Deutschen dagegen das am 12. Mai durch Trägerflugzeuge vom HMS »Biter« angegriffene und gemeinsam mit Überwasserschiffen versenkte U 89 und das am 13. Mai von einer Sunderland und Überwasser-Sicherungsschiffen angegriffene U 456. Das Geleit SC 129 (von Halifax nach Liverpool, vom 2. 5. bis 20. 5.) verlor zwei Frachter. Zwei deutsche U-Boote sind die Gegenrechnung: U 186 durch HMS »Hesperus« am 12. Mai und U 266 durch eine Liberator am 14. Mai. Das Geleit ON 182 (56 Schiffe, von Liverpool nach New York, vom 6. 5. bis 22. 5.) bleibt verschont, ebenso das Geleit HX 238 (42 Schiffe von

New York nach Liverpool, vom 7. 5. bis 22. 5.). Dramatischer gehen die deutschen Angriffe gegen den Konvoi ONS 7 (40 Schiffe, von Liverpool nach Halifax, vom 7. 5. bis 25. 5.) aus. Einem versenkten Frachter stehen zwei deutsche U-Boot-Verluste gegenüber: U 657, am 14. Mai durch US-Flugzeuge versenkt, und U 640, am 17. 5. ein Opfer von HMS »Swale«. Das Geleit ON 183 (32 Schiffe, von Liverpool nach New York, vom 10. 5. bis 25. 5.) kommt unbehelligt in seinen Zielhafen. Niederschmetternd sind die deutschen Opfer bei den vergeblichen Angriffen gegen das Geleit SC 130 (38 Schiffe, von Halifax nach Liverpool, vom 11. 5. bis 26. 5.). Der Gegner verliert bei dem durch die B7-Gruppe (HMS »Duncan« als Führerschiff) und durch die Support-Gruppe der 1. Escort Group (HMS »Wear«) gesicherten Geleit kein einziges Schiff, die deutsche U-Boot-Führung aber fünf U-Boote! U 273 wird von einer Hudson der RAF am 19. 5. versenkt, U 954 durch eine Liberator am 19. Mai, U 381 durch HMS »Duncan« und HMS »Snowflake« am 19. Mai, U 209 durch HMS »Jed« und HMS »Sennen« am 19. Mai und U 258 durch eine Liberator am 20. Mai. Wer hier zwischen den Zeilen zu lesen versteht, vermag sich die Erbitterung und den verzweifelten Angriffsgeist der deutschen U-Boot-Besatzungen vorzustellen, diesen Opfergang gegen neuartige Waffen der Alliierten. Aus den in die Mitte und das Ende der Maiperiode fallenden weiteren fünf Geleitzügen wird kein Frachter mehr torpediert, wohl aber werden deutsche U-Boote vernichtet: U 569 durch US-Flugzeuge des Trägers »Bogue« am 22. Mai (Geleit ON 184, 39 Schiffe, von Liverpool nach New York, vom 15. 5. bis 1. 6.); U 752 durch ein Flugzeug des Hilfsträgers HMS »Archer« am 23. Mai (am Geleit HX 239, 42 Schiffe, von New York nach Liverpool, vom 13. 5. bis 27. 5.); U 304 durch eine Liberator am 28. Mai (beim Geleit HX 240, 56 Schiffe, von New York nach Liverpool, vom 19. 5. bis 4. 6.).

Es bedarf keiner ausführlichen Betrachtungen, welch eine ungeheuerliche Stärkung des britischen Kräftepotentials die jetzt praktisch unbehinderte Geleitzugbrücke bedeutet hat und welche schwerwiegenden Folgen sich für die »Festung Europa« durch den Flugzeugträger Großbritannien bereits jetzt schon abzeichneten. Der Schlüssel zur Invasion und zur Niederwerfung der Bastion Europa wurde von den Alliierten im Monat Mai 1943 geschmiedet.

Unbeirrt haben Churchill, sein Anti-U-Boot-Komitee und die Britische Admiralität nur das eine Ziel verfolgt: Kampf den »Grauen Wölfen«. Gewiß, es hat erregte Dispute und Kontroversen, vor allem mit der Royal Air Force, gegeben, die das Kabinett überzeugen wollte, daß die Bombardierung der deutschen Industrie und Wohnstätten schneller zum Ziel führen würde. Aber Churchill und die Marine wichen keinen Schritt vom Weg ab, und der Chef der Operationsforschung bei der Britischen Admiralität Professor P.M.S. Blackett kommentierte: »Das britische Volk kann wohl die Riemen enger schnallen, aber unsere Streitkräfte können ohne Ausrüstung, ohne Kanonen, Tanks, Flugzeuge und Munition nicht auskommen. Das bedeutet, daß wir nicht nur mehr Schiffe, noch mehr Schiffe brauchen, sondern auch noch mehr Sicherheit für unsere Geleitzüge!« Noch mehr Sicherheit für die Geleitzüge hieß aber, alle Kräfte gegen die U-Boote zu mobilisieren.

Admiral Horton in seinem Bericht an die Britische Admiralität:

Dieser Erfolg kommt in erster Linie unseren Radargeräten zu, deren Zehnzentimeter-Impulse der Gegner nicht mehr auffangen kann, weiter aber auch dem zum ersten Male eingesetzten »Hedghog« und den neuen, größeren Tiefenladungen unserer verbesserten Wasserbomben.

Es geschah am 23. Mai 1943.

U 752, Schröter, steht im mittleren Atlantik. Er operiert auf ein dickes Geleit mit westlichem Ziel.

Seit Tagen, fast seit Wochen ruft der BdU laufend die Nummern von Kameradenbooten, die sich, im gleichen oder nördlicheren Kampfraum stehend, bis heute nicht wieder gemeldet haben.

Schröters Funker hat sie auf einem gesonderten Blatt notiert – und täglich werden es mehr. Es begann in den ersten Maitagen, und es steigert sich von Tag zu Tag ...

Seit dem 2. Mai meldet U 332, Oberleutnant Hüttemann, nicht mehr. Seit dem 3. Mai schweigen U 439, Oberleutnant v. Tippelskirch, und U 659, Korvettenkapitän Hans Stock, seit dem 4. Mai U 630, Oberleutnant W. Winkler, seit dem 5. Mai U 465, Kapitänleutnant Heinz Wolf, U 638, Kapitänleutnant Staudinger, und U 192, Oberleutnant Werner Happe. Seit dem 6. Mai fehlt jede Nachricht von U 531, Kapitänleutnant Neckel, von U 438, Kapitänleutnant Heinsohn, und von U 125, Kapitänleutnant Folkers. Von U 109, Oberleutnant Schramm, U 447, Oberleutnant Friedrich Wilhelm Bothe, und U 663, Korvettenkapitän Heinrich Schmid, bleiben seit dem 7. Mai die Positionsmeldungen aus. So geht es weiter. Der BdU ruft seit dem 13. Mai U 528, Kapitänleutnant v. Rabenau, und U 456, Kapitänleutnant Teichert, seit dem 14. Mai U 657, Kapitänleutnant Göllnitz, U 89, Korvettenkapitän Lohmann, U 186, Kapitänleutnant Hesemann, und U 266, Kapitänleutnant v.

Jessen. Seit dem 15. Mai schweigen U 176, Korvettenkapitän Dierksen, U 182, Kapitänleutnant Nico Clausen, und U 753, Fregattenkapitän v. Manstein. Seit dem 17. Mai antworten U 640, Oberleutnant Nagel, und U 646, Oberleutnant Wulff, nicht mehr. Nach dem 19. Mai bleiben die FTs von U 954, Kapitänleutnant O. Loewe, U 209, Korvettenkapitän Brodda, U 273, Oberleutnant H. Roßmann, und U 381, Kapitänleutnant Graf v. Pückler und Limpurg, aus. Seit dem 20. Mai meldet U 463, Korvettenkapitän Wolfbauer, nicht mehr. Seit dem 21. Mai schweigt U 258, Kapitänleutnant v. Mässenhausen, und seit gestern, dem 22. Mai, U 659, Oberleutnant Johannsen.

Was ist da los?

Diese bange Frage beschäftigt jeden Mann auf Schröters Boot. Sie schleicht sich wie ein Todesahnen durch die Röhre.

Wann packen sie uns? Mit was?

Zum Teufel, was haben die Briten für eine Schweinerei ausgeheckt.

»Komisch«, bricht es aus Schröter heraus, »dabei haben die Metox-Impulse nachgelassen. Es sind viel weniger Ortungen als sonst.«

Heinz Krey, Leutnant und KI an Bord, sieht seinen Kommandanten lange an.

»Das scheint mir der Schlüssel zu sein. Sie haben unser Ortungsgerät ausgeschaltet.«

»Ja, Krey, das meint der Funker auch.«

»Hier in diesem Gebiet müssen alliierte Bomber sein.«

»Sind es auch. Mehr als genug. Langstreckenbomber und solche von Hilfsflugzeugträgern.«

Erhöhte Aufmerksamkeit braucht keinem Mann des Brückenpersonals befohlen zu werden. Mit brennenden Augen starren sie in die Nacht, suchen sie am Tage die Kimm und die niedrigziehenden Wolken ab. Aus dem Dunkel der Nacht heraus oder aus dem Grau der Wolken erwarten sie das Verderben. Schröter ist wieder auf den Turm geklettert. Eigentlich hätte er eine Stunde Ruhe bitter nötig. Aber es treibt ihn hinauf zu seinen Männern.

In der Zentrale wirtschaftet LI Heinz Krey ...

Da ... Bewegung auf dem Turm. Füße scharren. Rufe. Schreie. Befehle. Rasend schnell läuft nun alles ab. Die 3,7 bellt los. Die Zwozentimeter hacken dazwischen. Hammerschläge erschüttern das Boot. Kreischend reißt und zersplittert Metall. Treffer von Maschinenwaffen.

»Aha, Flugzeuge«, durchfährt es Krey. Wie man mit einer Handbewegung über einen Schalter elektrisches Licht einschaltet, so ist Krey, so ist dessen Maschinenpersonal, so sind alle anderen im Boot im Augenblick in fiebernder Bereitschaft, um zu handeln, wenn der Befehl zum Alarmtauchen kommt.

Plötzlich fallen Männer ins Boot. Schweißgebadet und keuchend stürzen sie nach unten.

Alarmtauchen!

Oben fliegt das Luk dicht.

Während des Flutens stellt Krey fest: Schröter fehlt.

Das Boot rutscht durch. Da krachen auch schon die Bomben. Nah wie noch nie. Irgendwo sind Wassereinbrüche. Man hört das gefährliche Zischen, Gurgeln und Brausen.

U 752 fällt, fällt, fällt.

Es ist nichts mehr zu machen.

Krey gibt Preßluft auf alle Tanks, der einzige Weg, die Todesfahrt in den ewigen Keller abzustoppen. Nun steigt das Boot wieder – und bricht durch. Sie hetzen auf den Turm. Sie wollen sich nicht kampflos ergeben. Nach dem Kommandanten wird das restliche Brückenpersonal zusammengeschossen. Sechs Flugzeuge greifen von allen Seiten an, und mit hoher Bugwelle nähert sich ein Zerstörer.

Krey ist der einzige noch lebende Offizier an Bord. Er übernimmt das Kommando. Tauchen mit dem unklaren Boot wäre Selbstmord. Bleibt nur noch eines: aufgeben, raus aus dem Boot und U 752 sprengen, damit es nicht in Feindeshand fällt.

»Aussteigen, habe ich gesagt«, brüllt er seine Getreuen neben sich an. »Macht, daß ihr rauskommt. Ich sprenge das Boot.«

Ich sprenge das Boot, das waren die letzten Worte, die sie aus dem Munde des Leutnants Heinz Krey hörten. Bewußt wählte er zwischen einer möglichen Rettung und dem Selbstopfer getreu seiner Pflicht.

Die anderen, die draußen ihr Boot nach dumpfen Explosionen versinken sehen, noch ehe die Zerstörer herangebraust sind, warten vergeblich auf den letzten Mann, auf ihren Leutnant Krey.

Stundenlang kreisen Zerstörer um den Platz der Versenkung, suchen Flugzeuge das Seegebiet ab. Ein Ölfleck breitet sich aus. Er schillert in allen bunten Farben. Er wirkt wie eine riesige Blume. Sie wird größer und größer ... und verwelkt.

Am 4. September wird dem toten Leutnant Heinz Krey nachträglich das Ritterkreuz verliehen.

Ohne ihn hätte niemand an Bord den Angriff überlebt, der wie ein Blitz aus dem Himmel herausfuhr.

Der britische Zerstörer »Harvester« sichtet ein U-Boot, das ein Schiff verfolgte und angesichts des Zerstörers auf Tiefe geht. »Harvester« wirft Bomben und zwingt das Boot, das schwere Wassereinbrüche hat, zum Auftauchen. U 444 wehrt sich mit Bordwaffen. Aber auch die Kanonen von »Harvester« erzielen Treffer. Es gelingt dem britischen Zerstörerkommandanten in diesem Durcheinander des Gefechts zu einem Rammstoß anzusetzen. Mit 27 Knoten Fahrt trifft er auf das U-Boot. Der Zusammenprall ist so heftig, daß auch die Bordwände des Zerstörers aufgerissen werden. Das U-Boot gleitet an dem Angreifer entlang und gerät unter einen Schraubenschaft des Zerstörers, wo es zehn Minuten hängen bleibt. Der Zerstörer kann in dieser Situation keine Wasserbomben werfen. Er hat auch keine Mittel an Bord, das U-Boot vom Heck aus zu bekämpfen. U 444, das unter dem Kommando von Oberleutnant Langfeld steht, schlippt klar und entkommt in der Nacht. Der Zerstörer muß gestoppt liegenbleiben, da eine inzwischen eingetretene Explosion auch die andere Maschine ausfallen ließ. Eine Stunde später naht die französische Korvette »Aconit« und findet mit ihrem Scheinwerfer das gezwungenermaßen langsam fahrende deutsche Boot. U 444 hat schwere Schäden davongetragen, daß es dem neuen Rammstoß nicht mehr ausweichen kann. Die Korvette spaltet den Druckkörper auf und wirft dem sinkenden Boot noch Wasserbomben nach. Nur fünf Mann der deutschen Besatzung werden gerettet.

Zerstörer »Harvester« indessen versucht mit seiner Elfmeilenfahrt den Hafen zu erreichen. Bei dem Rückmarsch bricht nun auch noch der Propellerschaft. Das Schiff treibt. Es ist hilflos und soll abgeschleppt werden.

Kapitänleutnant Eckhardt, U 432, sichtet den havarierten Zerstörer. Er macht zwei Aale los. Die »Harvester« zerplatzt in zwei Teile und sinkt.

U 432 geht in den Keller. Kommandant und Besatzung freuen sich über den Erfolg. Inzwischen kehrt die »Aconit« zurück, ortet das Boot, wirft Wasserbomben. U 432 verliert die Trimmung und muß anblasen. Eckhardt fällt im Feuer der Korvette. Plötzlich wird das Boot gerammt. Es versinkt ...

Bei dem Versuch, südlich des Äquators ein Geleit anzugreifen, schießt der neue Kommandant von U 128, ein von der Luftwaffe kommender umgeschulter Fliegeroffizier mit der goldenen Frontfliegerspange, erst einmal sechs Torpedos daneben und wird als Antwort in Sehrohrtiefe von einem Flugzeug mit Bomben belegt.

Das Boot, vom Kommandanten Steinert in größte Tiefe befohlen, stürzt wie ein Stein hinab.

An Bord fällt unter dem Druck der Bombendetonationswellen alles aus, was Sicherung heißt.

Oberfähnrich Ossadnik stürzt auf seine Gefechtsstation, trifft dort aber den abzulösenden Obermaschinisten und eilt in die Zentrale zurück, um zu helfen, wo geholfen werden kann. Im Schein der Akkulampen, auch das Notlicht ist ausgefallen, sieht der Fähnrich den Zeiger des Tiefenmanometers immer weiter, immer weiter kriechen. Jetzt zeigt er auf 269 Meter Wassertiefe, in die das Boot nach den schweren Beschädigungen abgesackt ist. Der LI, ein ehemaliger und im Kampf mit allen Tücken und Gefahren erprobter Obermaschinist, der als Volksoffizier und Kapitänleutnant (Ing.) von Anfang an in einem gespannten Verhältnis zu dem schneidigen Flieger-U-Kommandanten stand, gibt von sich aus Preßluft auf alle Tanks, um das Boot vor einem weiteren Durchsacken zu bewahren, das zweifelsohne seiner Besatzung Ende gewesen wäre. Kaum ist U 128 aufgetaucht, als auch schon die Bedienung der Flak an die Kanone eilt. Die beiden Bienen, die sich noch in der Luft tummeln, und, von verschiedenen Seiten anfliegend, einen neuen Angriff versuchen, werden abgewehrt.

Inzwischen versuchen der LI und seine Männer, das Boot wieder tauchklar zu bekommen. Aber solche Reparaturen wie diese hier brauchen Zeit. Auf der Brücke gibt es durch den Bordwaffenbeschuß der Flugzeuge Tote und Verwundete.

Zu allem Überfluß tauchen auch noch zwei Zerstörer auf, die U 128 unter Feuer nehmen. Aber Kommandant Steinert läßt sich nicht unterkriegen. Er hofft, in großer Überwasserfahrt unter die neutrale Küste zu entkommen. Der LI hat auf seinen Befehl alle Energien auf die Schraubenwellen geschaltet, die der Dieselmotoren und die der E-Maschinen.

U 128 macht über 18 Knoten.

Die Zerstörer folgen, aus allen Rohren schießend.

Ein unglücklicher Treffer im Turm läßt die dort lagernde Bereitschaftsmunition explodieren.

Sechs Stunden nach den ersten Bomben und dem notwendig gewordenen Auftauchen gibt Steinert nun doch den Befehl, das schwer havarierte und noch immer tauchunklare Boot zu verlassen. U 128 ist außerdem durch den Turmtreffer und die Schweinerei mit der Munition so schwer beschädigt, daß es abzusaufen droht.

Zusammen mit Otto Riegert steigt Ossadnik in den Bach. Sie haben ihre Tauchretter umgehängt und aufgeblasen. Die Rettungsflöße können nicht mehr zu Wasser gebracht werden. Sie sind durch den Beschuß zum Teufel gegangen.

Während U 128 versinkt, feuern die beiden Zerstörer weiter und gefährden die Überlebenden.

»Saubere Herrschaften«, flucht Riegert und droht mit der Faust.

»Laß, das hat keinen Zweck. Die vermuten wohl, das Boot habe nur tauchen wollen«, will der Oberfähnrich beruhigen.

»Kann man auch dazu sagen ... Zum Teufel, warum lassen wir die nicht mal auf solchen Leim kriechen. Warum tun wir nicht mal so, als ob ... Zu dumm, zu ehrlich. Nicht vereinbar mit traditionellen Prinzipien. Das lehren sie uns nicht bei der Taktischen ... mit List absaufen spielen ... paar Mutige schwimmen lassen und nachher, wenn der andere näher kommt ... Torpedo raus ... aus!«

»Ach, halt's Maul.«

Neue Granaten schlagen ein. Riegert steckt den Kopf unter Wasser.

Auch Ossadnik versucht unterzutauchen ...

»Denkste, daß die annehmen, Boot hat nur getaucht ... Das ist doch schon lange weg ...«

»Na, so lange auch nicht. Vor eben ein paar Minuten, die uns bloß wie Ewigkeiten vorkommen«, beschwichtigt der Oberfähnrich.

Wichtig ist jetzt erst einmal, daß die schwimmenden Gruppen zusammengehalten werden. Dafür sorgt Steinert, der sich hier als hartgesottener Kerl zeigt. Er verliert die Nerven nicht.

Da, ein Flugzeug. Es geht tiefer. Es setzt zum Sturzflug an, direkt auf den Pulk der im Wasser treibenden Überlebenden.

Ein Aufschrei. Die meisten tauchen, fürchtend, sie würden nun auch noch mit Bordwaffen beschossen.

Aber das Flugzeug schießt nicht. Es wirft ein Gummiboot ab, auf das sich ein Teil der Überlebenden retten kann, auf das sie vor allem ihre Schwerverwundeten, unter diesen ihren Leitenden, betten.

Erst sechs Stunden später nähert sich einer der Zerstörer, vorsichtig sichernd, als fürchte er noch immer das plötzlich verschwundene Boot, als glaube man da drüben wirklich an eine deutsche U-Boot-Falle, weil man wohl geneigt ist, solcher Art List in ähnlicher Situation selbst anzuwenden, weil man dort nicht mit Traditionen belastet ist und nüchtern sachlich nur der Stunde Rechnung trägt.

Ossadnik ist einer der ersten, der auf dem Zerstörer über die außenbords gehängten Rettungsnetze klettert und von amerikanischen Seemannsarmen über Bord gezerrt wird.

»Sind das denn dieselben Kerls, die da eben noch auf uns geballert haben?« durchfährt es den Oberfähnrich, als er sieht, wie sich ihm fünf, zehn und mehr Fäuste mit Zigaretten entgegenstrecken und wie einer die anderen auf einmal zur Seite drängt und nasse Lappen auf das in der Sonne glühendheiß gewordene Deck legt, damit die barfuß Dastehenden und von einem Bein auf das andere tretenden Geretteten ohne Schmerzen darauf stehen können.

Einer nach dem anderen wird an Bord geholt. Um die

Verwundeten kümmert sich sofort ein hilfsbereiter Arzt, der auch die kleinsten Verletzungen sorgfältig verbinden läßt und sich mit besonderer Obhut um den Leitenden bemüht, der dann aber doch trotz aller aufopfernder Fürsorge des amerikanischen Sanitätspersonals verstarb.

Der Zerstörer läuft Pernambuco an und sorgt dafür, daß die Überlebenden in einer Baracke anständig und menschlich untergebracht werden.

»War die schönste Zeit während des ganzen Krieges. Die Brasilianer benahmen sich prima. Sie versorgten uns prächtig. Weniger die dort ansässigen deutschen Landsleute. Meinten wohl, sich jetzt schon rückversichern zu müssen«, schreibt Ossadnik in sein Tagebuch.

Die Überlebenden von U 128 werden später auf dem Kreuzer »Milwaukee« nach den Staaten geschafft. Sie werden an Bord anständig und kameradschaftlich verhört und später, an Land, vier volle Tage lang im amerikanischen Lager ziemlich hart in die Zange genommen.

Der eine der Verhöroffiziere spricht ein ausgezeichnetes Deutsch.

Er trägt – – – eine deutsche Marineuniform und heißt schlicht und bürgerlich Schmidt.

»Hast du dem Schwein etwa eine Antwort gegeben?« fragt Riegert den Oberfähnrich.

»Überflüssig zu sagen, daß er keine erhielt.«

»Hatte es auch nicht anders erwartet. Von den anderen hat auch keiner nur Piep gesagt, sosehr er mit Vergünstigungen lockte, wenn wir aussagen würden, und davon sprach, daß dies der freien Welt gegenüber so etwas wie eine moralische Pflicht wäre. Moral hin, Moral her. Wir sind Soldaten. Churchill und Roosevelt haben gut reden. Sie brauchen, als Beispiel, ihrem Volk nicht das Abhören von Feindsendern zu verbieten. Die Amis bleiben trotz allem Amerikaner. Die Engländer trotzdem Engländer.«

Südlich des Äquators geht auch U 591 verloren.

Sein Kommandant, Kapitänleutnant Ziesmer, berichtet ebenfalls, über die faire Behandlung durch die Amerikaner überrascht gewesen zu sein:

Unser Boot war gut getroffen und sank schnell. Ohne Zeit für Überlegungen zu haben, mußten wir es verlassen, das heißt, alle jene Männer, die sich noch an Oberdeck durcharbeiten konnten. Ein Rettungsboot hatten wir nicht. Nur wenige Schwimmwesten waren heil geblieben. Sie reichten nicht aus für uns siebenundzwanzig Männer, die wir im tropisch warmen Wasser trieben.

Immerhin, wir waren froh, erst einmal von Bord zu sein. Noch einmal bäumte sich unser braves Boot auf. Dann ging es lautlos unter. Die blanke See spülte über jene Stelle, wo vor wenigen Minuten noch unsere »Heimat« mit all ihren vertrauten Habseligkeiten, den Bildern von den Eltern, den Geschwistern, Frauen oder Bräuten schwamm.

Siebenundzwanzig Köpfe sah man nun, regellos zerstreut, in der langen Atlantikdünung auf und nieder gehen. Sie sahen nach oben. Knapp über uns, in fünfzig Meter Höhe brauste das Flugzeug dahin, das unser Boot erledigt hatte. Da löste sich aus seinem Silberbauch ein gelbes Paket, das dicht neben einigen Treibenden ins Wasser klatschte.

»Ein Boot. Himmel, ein Boot.«

Es war zwar nur ein kleines Schlauchboot, das sich durch Aufdrehen einer Druckluftflasche aufblasen ließ, aber es war wie ein ruhender Pol, zu dem alle Männer hinstrebten und der ihnen mehr moralischen als festen Halt bedeutete. Zwei Quadratmeter war der gelbe Punkt groß und für zwei, höchstens für drei Personen gedacht. Fünf stiegen ein, zwei Nichtschwimmer und drei Verwundete, die bisher von ihren Kameraden mühsam über Wasser gehalten wurden. Wir anderen wechselten uns ab, um an den Seitengriffen des Floßes auszuruhen.

Das Flugzeug verschwand. Die Sonne befand sich auf

dem absteigenden Ast ihres auf dieser Breite steilen Tageslaufs.

Ich weiß nicht, ob die anderen, die nie wie ich diese südliche Hemisphäre befahren haben, daran dachten, mich aber überlief es kalt. Hier gab es Haie, viele Haie.

Ich hatte einmal gesehen, wie von diesen Bestien ein Mensch, dessen Bein ins Wasser ragte, von einem Floß heruntergezogen wurde.

Da! – Ein entsetzlicher Schrei. Aus zehn, fünfzehn, zwanzig Kehlen.

Der erste Hai steuerte, deutlich an seiner spitzen Rückenflosse erkenntlich, auf uns zu. Das Schlauchboot kenterte, und als die erste Erregung im Abflauen war, trieb es kieloben und die Männer hingen wie ein unentwirrbares Bündel Angst daran. Ich zählte die Köpfe. Es waren noch immer siebenundzwanzig. Gott sei Dank. Wir brachten das Boot wieder in die richtige Lage. Die fünf waren bald wieder drin. Zweiundzwanzig schwabbelten rundherum, dicht zusammengedrängt wie Küken um eine Glucke, wenn Gefahr im Anzuge ist. Unheimlich war es anzusehen, wie die Köpfe sich mit dem Bogen, den das kleine Exemplar dieses Raubhais um uns zog, mitdrehten.

Immer lauter klopften unsere Herzen.

Dieses Warten zerfaserte jeden von uns, so wie eine Stahltrosse mit einem Ruck auseinanderspringt und ihre schwarze Seele entblättert, wenn man den Takeling abhackte.

Wen packt er? Wen?

Da, knapp vor mir taucht der deutlich umrissene Rumpf des mir jetzt riesenhaft erscheinenden Untieres auf. Ich tauche. Ich sehe einen Augenblick in die urwelthaft starren Augen der Bestie, schließe die meinen und schreie mit der letzten Kraft der Verzweiflung.

Der Hai dreht ab.

Ich entsinne mich heute nicht mehr, ob ich wirklich geschrien habe, oder ob es nur ein Gurgeln war, das ich herausbrachte. Aber der Hai, der Tiger unter den Lebewesen im Wasser, floh.

Nun, der Hai kam zurück.

Aber er blieb wenigstens allein.

Er ließ sich jedesmal durch Schreien und Lärmen verscheuchen.

Wir fühlten uns wieder als Beherrscher der Lage.

Indessen, der Hai wurde nicht langweilig. Wieder wurden seine Spiralen enger.

Da sieht einer Blut an den Rückenflossen.

Einige brüllen entsetzt auf.

Ich blicke näher hin. An seiner Rückenflosse hängt eine an den Rändern rot unterlaufene Streichholzschachtel.

Kurz vorher war übrigens noch ein zweites Flugzeug erschienen und hatte ein dem ersten ähnliches Paket abgeworfen. Dieses wurde aber vom Wind abgetrieben. Zwei meiner Männer schwammen trotz meiner Einwände los, um das Floß zu suchen. Sie kehrten ohne Erfolg zurück. Ich war froh, daß sie überhaupt wiederkamen. Offensichtlich befanden sich in dem zweiten Paket auch Streichhölzer und Fackeln. Das ganze Bündel war vermutlich von unserem unheimlichen Begleiter durchsucht worden. Und dabei blieb dann wohl auch die Streichholzschachtel an den Rükkenflossen der Bestie hängen.

Daß man uns, wie das zweite Flugzeug bewies, suchte, erfüllte uns mit stiller Hoffnung. Aber die Sonne näherte sich dem Horizont. Die Anstrengungen der letzten Stunden lösten bei vielen Krampferscheinungen aus. Der Austausch der Plätze am Floß wurde immer kürzer. Wir konnten es uns ausrechnen, wer von uns unter den ersten sein würde, die aufgeben müssen.

Die Sonne sank. Über uns warf die Nacht ihre drohenden, in den Tropen schnell heraufziehenden Schatten voraus.

Im schwindenden Licht dieses Schicksalstages erschien wieder ein Flugzeug über dem Horizont.

Man dachte also doch noch an uns.

Ein zweites Flugzeug tauchte auf. An der Art des Fluges glaubte ich zu erkennen, daß es einem Schiff oder einem Boot die Richtung wies. Bald kreisten über uns acht Flugzeuge, und schließlich sahen wir eine Mastspitze sich über die Kimm heraufschieben, ein schmaler Strich gegen den erfahlenden Himmel.

Innerhalb einer Stunde standen wir siebenundzwanzig völlig nackte, jammervoll anzusehende Gestalten mit bleichen, überanstrengten und von wilden Bärten umrahmten Gesichtern auf dem Achterdeck eines amerikanischen Minensuchers. Man reichte uns Handtücher, Hosen, Jacken, Segeltuchschuhe. Eine Flasche Schnaps kreiste. Für jeden blieb ein daumenbreiter Schluck.

»Is te skipper with you«, fragte ein amerikanischer Offizier.

»I am the skipper«, sagte ich.

Und man führte mich zum jungen, mir gleichaltrigen Kommandanten dieses Boots. Er fragte mich nach meinem Namen und nach der Zahl der Überlebenden und nach denen, die vermißt würden. Er versprach, er wolle unter allen Umständen weitersuchen. Er erhob sich leicht, reichte mir die Hand und drückte sein Bedauern aus, daß ich mein Boot verlieren mußte.

Ich dankte ihm für die Rettung.

Er wehrte ab. »Selbstverständlich.«

Unwahrscheinlich dramatisch ist der Verlust des 1600 Tonnen großen deutschen Versorgerbootes U 459 unter dem Kommando von Korvettenkapitän Georg v. Wilamowitz-Moellendorf.

Der Kommandant der Wellington »Q« vom 172. Geschwader, W. T. H. Jennigs, sichtet bei einer Tagespatrouille das deutsche Boot, dreht seine Maschine auf das Ziel zu, wird sofort unter schweres, gutliegendes Geschützfeuer genommen und getroffen. Jennigs steuert seine abstürzende Maschine direkt auf das U 459 zu und kracht damit auf das Deck des Bootes. Ob er dies so wollte oder ob es nur Zufall war, wird der britische Flugzeugkommandant nie mehr aussagen können. Er verlor bei dem Aufprall sein Leben. Das an Deck aufschlagende Flugzeug zerstörte die Kanonen und löste einen schweren Brand aus. Man beseitigte die restlichen Trümmer, denn die Masse der zerstörten Maschine war schon an beiden Seiten über Bord ins Wasser gerauscht. Zwei Wasserbomben blieben an Oberdeck liegen. Sie werden von der Besatzung außenbords gerollt. Die Fahrt des Bootes ist aber nicht so groß, daß es noch aus dem Bereich ihrer Detonationswellen herauszukommen vermag. Sie beschädigen den Versorger schwer am Heck und machen ihn nun endgültig tauchunklar und manövrierunfähig. Der Kommandant fischt erst einmal den noch lebenden Heckschützen der abgeschossenen Liberator auf. Dann nimmt er die Meldung seines Leitenden entgegen, daß das Boot mit Bordmitteln nicht mehr in Fahrt zu bringen sei. v. Wilamowitz läßt angesichts einer neuen, sie anfliegenden Maschine Sprengladungen anschlagen, einige davon bringt er sogar persönlich an, und versenkt sein Boot. Die Überlebenden werden später aufgefischt und geraten in Gefangenschaft.

v. Wilamowitz ist nicht dabei. Er blieb an Bord.

Er war nicht verwundet, nicht einmal verletzt.

Ähnlich ergeht es der Liberator D vom RAF 200 Sqdr., als sie am 11. August U 468, Oberleutnant z.S. Schamong, ausmacht und angreift. Auch hier hat die Flak des U-Bootes Erfolg. Auch hier gelingt es den deutschen U-Boot-Männern, kaltblütig und besonnen ihre Waffen bedienend, das Flugzeug in Brand zu schießen.

Der Pilot der Liberator ist ein Neuseeländer, ein Mister L.

A. Trigg. Ungeachtet des Brandes in seinem Flugzeug dreht er die Maschine auf das U-Boot zu. Dort hat man das Schießen eingestellt, überzeugt, der Angreifer habe ohnehin genug. Aber Trigg bringt seine Maschine tatsächlich noch einmal in Angriffsposition. Bevor die brennende Liberator abstürzt, löst Trigg die mitgeführten Wasserbomben. Sie treffen genau neben das Boot, krepieren unter Wasser und reißen auf U 468 den Druckkörper auf. Die Liberator zerbirst beim Aufprall auf die See. Niemand überlebt den Absturz. Aber auch U 468 übersteht den Angriff nicht. Das Boot sinkt, und, welch eine tragische Fügung des erbarmungslosen Schicksals, die Überlebenden von U 468 retten sich in das von der Liberator übriggebliebene, aufgetriebene Rettungsfloß.

Die »Aphrodite« ist ein Rettungsanker, der deutscherseits Hoffnung im mörderischen Kampf U-Boot gegen Radar-Ortung wachwerden läßt . . .

Es ist Nacht. Ein deutsches U-Boot strebt über Wasser seinem Operationsgebiet zu. Am Horizont tauchen Schatten auf. Bewacher.

»›Aphrodite‹ los«, befiehlt der Kommandant.

Auf der Brücke beginnt ein gespenstisches Treiben. Durch das Luk werden Gummihüllen gegeben, an denen Drähte hängen, und ein Mann ist damit beschäftigt, eine der Hüllen mit einer kleinen Druckflasche aufzublasen. Kameraden helfen ihm dabei. Einer hat ein Brett in der Hand, an dem er die Markierung, die darauf angebracht ist, abtastet.

»Halt, zuviel.«

Der Ballon ist zu dick geworden. Einer läßt wieder Luft ab.

»Halt, zuwenig.« Preßluft wieder rein.

Inzwischen ist einer der Schatten näher gekommen.

Das Boot arbeitet in dem schweren Seegang. Die Gruppe,

die mit dem Ballon beschäftigt ist, muß alle seemännischen Künste aufbringen, um nicht in eine Ecke geschleudert zu werden. Endlich hat man den ersten Ballon auf die gewünschte Größe gebracht.

Er wird vorsichtig über Bord gegeben. Es ist ein gewöhnlicher Gummiballon, an dem aber Metallstreifen herunterhängen und der, da er in der richtigen und von den Erfindern genau berechneten Größe aufgeblasen wurde, nun eben über den Wellen dahinschwebt.

Der Kommandant flucht Stein und Bein. Ihm dauern diese Ballonmanöver zu lange. »Hat sicherlich so ein Schreibtischmann ausgedacht. Keine Ahnung von U-Boot-Fahren. Soll das mal selber machen in der Dunkelheit. Angesichts auflaufender Bewacher. Und bei Seegang und bei Wind.«

Der Kommandant ist böse. Und die Männer sind es auch. Aber es besteht strikter Befehl, die Aphrodite auszuprobieren.

Das Boot dreht zurück. Die Bewacher laufen auf die Impulse zu, die durch Metallstreifen der Ballons im Radar ausgelöst werden. Die im gegnerischen Radar erscheinenden Echos ähneln denen eines U-Boot-Turmes.

»Aphrodite« ist und bleibt aber eine Notlösung. Ein Behelf, mehr aber auch nicht. Nur die neuen Boote versprechen eine Wendung. »Stirb und Werde« muß es bis dahin für die U-Boot-Waffe weiter heißen.

Kreuzrittergeist.

Die U-Boot-Besatzungen bleiben hart. Sie nehmen das unglückliche Geschick der Stunde mit soldatischer Standhaftigkeit hin. Sie vertrauen auf die neuen Boote, und sie wissen, daß sie die übermächtig gewordenen gegnerischen Kräfte bis dahin hinhalten müssen.

21

... und hatten die Ruhr an Bord

Zur Lage:
Die Situation im Atlantik und ebenso in den nach dem Mai von Dönitz befohlenen Ausweichgebieten südlich der Azoren und südlich der Linie veranschaulicht eine Unternehmung des U 172 unter dem Kommando von Carl Emmermann, über den hier bereits in Verbindung mit dem Paukenschlag vor Kapstadt berichtet wurde. Der Gegner greift immer häufiger die geheimen Versorgungsplätze der U-Boote in den südlichen Operationsgebieten an. Auch solche, an denen reguläre U-Schiff-Versorger nicht beteiligt sind. Es ist für den BdU und seinen Stab nach wie vor ausgeschlossen, daß es den Alliierten gelang, den deutschen Funkschlüssel, den maschinellen »Schlüssel M«, zu knacken. Woher aber weiß der Gegner, wann und wo die Boote versorgt werden? – Siehe Anhang I, Nachtrag 6.

U-Kommandant Carl Emmermann ist Ende Oktober nach einer erst durch die Versorgungs-Seekühe möglichen fünf Monate langen Unternehmung in den französischen Stützpunkt heimgekehrt.

»Was machen die anderen Kameraden von der Flottille, Herr Kapitän?« fragt er seinen Flo-Chef. Er nennt Namen ... Er bekommt als Antwort nur Achselzucken ...

Nach jedem Namen nur diese stumme, aber alles besagende Antwort.

»Freuen Sie sich, Emmermann, daß wir Sie wenigstens begrüßen und beglückwünschen dürfen.«

Freuen ...? Emmermann fühlt, wie es ihm die Kehle zuschnürt. Er sieht, wie Kuhnke sich abwendet und zum Fenster geht und mit den Knöcheln seiner Hand an das Fenster trommelt. Diese Antwort genügt.

In Emmermann brechen Erinnerungen auf.

Es war eine harte Fahrt. Eine verteufelte Unternehmung, die er im Juni dieses Jahres mit seinem U-Boot U 172 begann.

Das Operationsgebiet lautete befehlsgemäß: Südatlantik.

Langer Unterwassermarsch bis südlich der Azoren. Hier geht ein FT ein: »Versorgung durch Boot ›Czygan‹, U 118«, ein zum Versorger umgebautes Minen-U-Boot vom Typ XB. Emmermann marschiert auf den Treffpunkt zu. Stunden vor Erreichen des Quadrats meldet der Funker Unterwasserdetonationen, dann schwache Schraubengeräusche.

Emmermann springt in den Funkraum. Sein Gesicht wird ernst.

»Ich fürchte, Herr Kaleunt ...«, will der Funker beginnen, aber Emmermann schneidet ihm mit einer Handbewegung das Wort ab und geht.

Sie treffen U 118 nicht mehr an.

Dönitz beordert U-Lange mit seinem IXC-Boot, einem Kampfboot, als Versorgungsersatz auf den Treffpunkt zu Emmermann.

Lange ist geballter Zorn. »Schweinerei. Ich ärgere mich grün, Versorger spielen zu müssen ... Da hat man sich durch die Biskaya und die luftüberwachten Räume gequält und muß nun Milchkuh spielen, weil ... Sonderbar genug ist es, daß die Briten unsere Versorgungsplätze kennen ...«

Emmermann versorgt aus U-Lange und hat dann auch einige Erfolge. Per FT schickt man ihm das Eichenlaub. Es erreicht ihn unerwartet. Ruhm ist zwar seit alten Zeiten schon der Schmuck der Männer, aber des Ruhmes und der Auszeichnungen wegen fährt auf U-Booten keiner zur See.

Sein IWO sieht es ihm an, daß er keine rechte Freude an dieser Auszeichnung hat ... Vorschußlorbeeren haben immer einen schlechten Beigeschmack. Dabei sind es nach der Versenkung des 5000-Tonners vor Natal gar keine, nur, daß man daheim übersah, daß die Fahrt ja erst begann ...

»Wie stehen wir denn nachher beim Einlaufen da, wenn jetzt nichts mehr vor die Rohre läuft. Peinlich, daran zu denken ...«, meint Emmermann. Groß sind die Chancen nicht mehr.

Emmermann hat als Operationsgebiet die brasilianische Küste von Natal bis Rio erhalten, ein Riesengebiet – größer als das Mittelmeer – steht ihm als freies Manöverfeld offen. Außer ihm operieren hier noch Guggenberger mit U 513, einem IXC-Boot, und Kraus mit U 199, einem IXD-2-Boot, Höltring und Müller mit alten VIIC-Booten und Maus mit U 185, einem IXC-Typ.

»Hm«, überlegt Emmermann, »was würdest du tun, wenn du britischer Dampferkapitän wärest. Welche Kurse würdest du fahren, um diesen verdammten deutschen U-Booten hier zu entwischen ...?«

Er kommt zu einigen Ergebnissen und setzt in weit ausholenden Kreuzschlägen seine Suche auf den vermutlichen Dampfertreck an.

Emmermann bleibt erst einmal in der Nähe von Rio. Sie suchen und suchen, haben auch einige Male leise Andeutungen in der »Nervensäge«, wie der »Metox-Empfänger« an Bord heißt. Mehr aber auch nicht. Die Flugzeuge arbeiten jetzt mit Sparortung, die nur sekundenlang zu hören ist und keine präzise Ortung zuläßt.

»Ich habe außerdem das Gefühl, daß der Metox uns verrät«, sagt Emmermann zu seinem Funker.

»Das ist gar nicht ausgeschlossen, Herr Kaleunt, Kameraden von anderen Booten sind derselben Meinung.«

»Es geht uns ja immer so bei unseren langen Unternehmungen, daß nach kurzer Zeit schon derartige und andere Anlagen veraltet sind. Die Technik überrollt die Zeit.«

»Nehmen Sie doch bloß unsere überholte Bewaffnung«, mischt sich der IWO ein. »Andere Boote haben schon Vierlinge an Bord, und wir müssen uns mit einer müden 2-Zentimeter und der alten 10,5-Seezielkanone zufriedengeben.«

»Bleibt nur eines, aus dem Vorhandenen das Beste herauszuholen.«

»Dann wird es, wenn ich vorschlagen darf«, wirft der IWO ein, »das beste sein, wir benutzen den Metox überhaupt nicht mehr, denn daß neue Geräte entwickelt werden – wir bekamen ja leider keines mehr eingebaut –, beweist eindeutig, daß dieses Fu-MB den jetzigen Ansprüchen nicht mehr genügt.«

»Also gut, lassen Sie die Finger von der Kiste.«

Ins KTB kommt ein kurzer Vermerk.

Tatsächlich sollte sich später auch herausstellen, daß der Gegner inzwischen herausbekommen hatte, daß der deutsche Metox eine bestimmte Frequenz ausstrahlte, die leicht anzupeilen war. Daß er aber keinen Gebrauch davon machte, wurde bereits an anderer Stelle dargestellt. Er hatte es nämlich gar nicht mehr nötig, da er inzwischen durch andere Geräte den Metox schachmatt gesetzt hatte.

Der Brennstoff geht wieder zur Neige. Die Erfolge bleiben, wie befürchtet, aus.

Emmermann soll von Guggenberger Treibstoff übernehmen, bestimmt Dönitz als Beruhigungspille. Ein Versorgerplatz wird durch Funk angewiesen.

Wenige Tage später melden sich Guggenberger und Kraus nicht mehr. Sie standen zuletzt auf der Höhe von Rio, etwas südlicher von Emmermanns eigenem Quadrat. Wie die letzten Nachrichten des BdU erkennen lassen, sind sie beim Aufladen ihrer Batterien einem Flugzeugüberfall zum Opfer gefallen. Beide Besatzungen gerieten in Gefangenschaft.

Zwei Dampfer werden gesichtet. Tagelang und wochenlang gar keiner, und nun ausgerechnet gleich zwei. Einen muß Emmermann laufen lassen, da der eine südlichen und der andere nördlichen Kurs hat und beide gleichzeitig in Sicht kamen. Es läßt sich nicht einrichten, daß die Versenkung still vor sich geht. Rio wird durch die Funksprüche des zweiten Schiffes alarmiert. Emmermann setzt sich nach Santos ab und erledigt hier den vierten Dampfer dieser Reise.

»24 000 BRT sind in dieser Sauregurkenzeit eine beruhigende Grundlage«, tröstet Emmermann seine Besatzung, die unter dem täglichen Einerlei des Suchens und Auf- und Abstehens leidet und nervös zu werden beginnt.

»Habe schwere Schäden durch Angriffe von Flugzeugen und Suchgruppen«, meldet in diesen Tagen das Boot von Höltring, der südwestlich Natal operiert.

»An U 172. Sofort zur Hilfeleistung zu Höltring laufen!« fordert der BdU. Es folgen genaue Positionsangaben und noch ein Zusatz: »Bestimmt selbst Treffpunkt.«

Emmermann bespricht sich mit dem Funker.

»Sind Sie felsenfest davon überzeugt, daß unser Schlüssel M dicht ist?«

»Jawoll, Herr Kaleunt, unmöglich, in den Schlüssel einzubrechen.«

»Und wie erklären Sie es sich, daß der Gegner die Treffpunktpositionen zu kennen scheint, nein kennt!«

Der Funker zuckt mit der Schulter. »Auf eigene Hilfsmittel kann der Brite dabei bestimmt nicht zurückgreifen.«

Auf eigene Hilfsmittel ... Der Funker bestätigt, was Emmermann schon seit geraumer Zeit befürchtet ... Die gegnerische Abwehr muß über irgendeine Stelle präzise Informationen erhalten.

Emmermann läßt den Treffpunkt so verschleiert durchgeben, daß er annehmen darf, daß ihn, selbst wenn der Spruch dem Gegner bekannt wird, nur der BdU und Höltring versteht. Er bezieht sich dabei auf eine andere, in einem früheren FT benannte Position. Planmäßig trifft Emmermann das schwer havarierte Boot von Höltring, der sich nur mit Mühe der tagelangen Verfolgung durch Zerstörer-Suchgruppen und Flugzeuge entziehen konnte. Das Boot ist tauchunklar und kann nur noch mit der Backbord-E-Maschine gefahren werden. Auch das Ruder klemmt.

»Da wird nicht mehr viel zu machen sein, Höltring«, sagt Emmermann.

»Ich fürchte es auch. Diese Schäden kann der LI mit Bordmitteln nicht mehr beheben. Nur eine Werft ...« Höltring blickt auf die See, auf ein wundervoll tiefblau strahlendes Wasser, das sich sanft auf und nieder hebt, als ob es atme.

Inzwischen ist auch Maus mit seinem Boot U 185 eingetroffen.

Gemeinsam besprechen sich die drei Kommandanten.

»Versenken wir also Ihr Boot, Höltring. Ich nehme die eine Hälfte Ihrer Besatzung und Maus die andere Hälfte. So wird es gehen, denke ich.«

Die beiden anderen stimmen zu, und da Höltring bei seinem Anmarsch zum Treffpunkt in den letzten Tagen kein Flugzeug mehr gesehen hat, glaubt Emmermann es verantworten zu können, auch Höltrings Brennstoff und Proviant übernehmen zu können.

Die Besatzungen stellen die Schlauchverbindungen her, und Emmermanns Boot wird nun doch noch, wenn auch unter tragischen Begleitumständen, mit Brennstoff versorgt. Über eine Schlauchbootverbindung gelangt der Proviant an Bord. Auf dem Oberdeck von Emmermanns Boot türmen sich die Schinken- und Konservendosen . . .

Ausgesprochen hat keiner der Kommandanten seine stillen Bedenken. Daß Höltring zwei Tage lang kein Flugzeug sah, beweist nicht, daß der Gegner untätig ist. Emmermann, Maus und Höltring haben mit wachsender Besorgnis die jetzt zunehmende Bewölkung beobachtet. Sie haben die Männer zur Eile angehalten, ohne aber unnötig zu drängen.

Da geschieht es.

»Flugzeug 2000 Meter Backbord querab. Aus der Wolke kommend.«

»Leinen los. Schläuche kappen. Beide AK voraus!« schreit Emmermann. Flüche überall, wilde Flüche, die nicht druckreif sind.

Eine viermotorige Liberator fliegt in 50 Meter Höhe direkt das Boot von Emmermann an.

Fünf Bomben stürzen auf die im Augenblick gestoppt liegenden Boote zu. Acht Bugkanonen der fliegenden Festung jagen ihre Geschosse auch U 172 entgegen. Der Brückenbesatzung zirpst der tödliche Segen der Geschosse um die Ohren. Wer noch an Deck steht, bringt sich hinter dem Turm in Deckung. Die Bomben fahren Backbord querab in die See, zwischen Emmermann und Höltring. Unter ohrenbetäubendem Krachen detonieren sie und lassen beide Boote in einem Wirbel von hochaufbrechenden Wasserfontänen verschwinden, die rauschend über den Booten zusammenbrechen.

Emmermann hat sich mit seinen Männern an das Brükkenschanzkleid gekrallt. Er spürt, wie sein Boot nach unten sackt.

»Das ist das Ende«, denkt er – und fotografiert auch noch diese Szene.

Aber dann merken sie, wie ihr Boot langsam doch wieder hochkommt.

»Braver Kahn, verdammt braver Kahn.«

Schwarzer Qualm quillt aus dem Auspuff. Endlich. Der LI hat die Diesel angeworfen. Das Boot nimmt Fahrt auf. Die Liberator fliegt voraus eine Schleife und setzt zum zweiten Angriff an. Diesmal kommt sie von vorn. Zwei Bomben. Sie gehen links und rechts neben dem Boot in den Bach. In kaum fünf Meter Abstand.

»Diesmal hat es uns«, durchzuckt es Emmermann.

Sekunden werden zu Ewigkeiten.

Versager? ... Warum krepieren die Satanseier denn nicht ...?

Meter um Meter schiebt sich U 172 voraus. Emmermann hat das Gefühl, als tanze er auf einem brennenden Vulkan. Er mustert die blassen Gesichter seiner Männer. Ihre Blicke haben sich dort festgekrallt, wo die Bomben im Wasser verschwanden.

Rummmms ... Einmal, zweimal ... 50 Meter hinter dem Boot bricht das Wasser zu einem riesigen Hügel auf.

»Wabos ...«

»Wenn das Fliegerbomben gewesen wären ...«

Wenn ...! Dann wäre Emmermanns Boot nicht mehr davongekommen ...

Dann gute Nacht U 172.

Fahrt kommt ins Boot. Die Diesel sind warm geworden.

Eine neue Hiobsbotschaft.

»Ruder klemmt Backbord.«

»Beide Maschinen gehen AK voraus«, meldet der Rudergänger.

»Nummer Eins die 10,5 besetzen. Granaten rauf.«

Wieder brummt die Biene an. 20 Meter Flughöhe. Stur im Anflug. Bootsmaat Schmidt hat die 2-Zentimeter-Kanone besetzt, ruhig wartet er, bis die Maschine fast über dem Boot steht. Dann jagt er die Feuerstöße raus. Emmermann und seine Männer sehen, wie die Geschosse an dem Rumpf des riesigen Vogels wirkungslos abprallen.

»Das Biest ist gepanzert.«

»Panzersprengmunition rauf«, schreit Schmidt.

Wild kurven die drei Boote durcheinander.

Maus kreuzt den Bug von U 172. Emmermann hat das Megaphon vor dem Mund. Er brüllt zu Maus hinüber.

»Habe Ruderversager.«

Maus zeigt mit der Hand verstanden. Dann ist das Kameradenboot vorbei.

Das Flugzeug dreht erneut auf die drei Boote zu. Auf U 172 versagt jetzt die 2-Zentimeter-Kanone. Am Geschütz sinkt der Maschinengefreite Schiemann aufstöhnend in sich zusammen.

»Bringt ihn auf die Brücke rauf.«

Unten winken ein paar Hände ab. Nichts mehr zu machen.

»Los, rauf mit ihm.«

Ein paar Mann der Geschützbedienung heben den Maschinengefreiten auf den Turm. Geschosse haben seine Brust und den Hals zerfetzt.

Emmermann sieht ihn noch im Bugraum sitzen. Wann

war das ... Gestern noch ... Natürlich, der gute Kumpel Schiemann nähte die Siegerwimpel, lachend und unbesorgt. Emmermann machte noch eine Aufnahme von ihm. Die wollte er für seine Mutti haben, als Beweis, daß auch er vom Nähen eine ganze Masse verstünde ...

Ein anderer Maschinengefreiter hat einen Brustschuß erhalten. Er wird durch das Turmluk ins Boot gegeben.

Zwischendurch schwirren Befehle.

»Kompaß ausgefallen.«

»Alarm.«

Die Biene hat offenbar ihre Bombenschächte leergeworfen. Emmermann taucht, um sich dem Bordwaffenbeschuß zu entziehen und um unter Wasser die Schäden zu beheben. In vierundzwanzigstündiger Arbeit ist das Boot endlich wieder einsatzbereit und aufgeräumt. Es sah toll aus. Fast alles war von der Wand gekommen. Schinken, Konservendosen tummeln sich mit Kleidungsstücken und Werkzeugen durcheinander.

In der Offiziersmesse liegt der Maschinengefreite, der mit dem Einschuß. Er ist aschfahl im Gesicht. Er hat ein kleines dummes Loch in der nackten blutüberströmten Brust.

Emmermann und seine Offiziere umstehen ihn.

»Alter Junge, hast du einen Wunsch? Kannst alles haben.« Der Schwerverwundete lächelt müde und dankbar und flüstert mit matter Stimme:

»Durst, Herr Kaleunt, nur Durst ...«

»Kann Sekt schaden?« fragt Emmermann nach hinten.

»Glaube nicht. Kann nur gut sein – wer weiß, wie lange er noch unter uns ist.«

Eine Flasche wird geöffnet. Von hilfsbereiten Händen gestützt, trinkt er das erfrischende Getränk. Seine Lippen bewegen sich. Er dankt. Dann sinkt er zurück und schließt die Augen. Emmermann und seine Offiziere sind zur Hilflosigkeit verurteilt. Sie finden keinen Ausschuß. Also muß das Geschoß im Körper sitzen. Wo, das ist nicht festzustellen. Hier hilft kein ärztlicher Ratgeber, nur ein Chirurg. Aber einen Arzt hat Emmermann nicht an Bord. So verbinden sie die Wunde und bringen den Mann in einer Offizierskoje unter.

Draußen ist es dunkel geworden. Emmermann taucht auf.

Die Schäden sind zum größten Teil behoben. Nur der Kompaß ist hin. Der Magnetkompaß ist auch ausgefallen. Bleiben nur die Sterne als stumme Helfer.

Durch FT geht ein, daß Maus kurz nach dem Tauchen von Emmermann die Maschine abschoß und Höltrings Besatzung übernahm, der vorher noch sein waidwundes Boot versenken konnte. Am nächsten Tag trifft sich Emmermann mit Maus. Wie vereinbart, übernimmt er die Hälfte der Höltring-Besatzung. Schlauchboote sind nicht mehr vorhanden. Also müssen die Männer schwimmen. Leere Pistolenbehälter der Torpedos dienen als schwimmende Koffer. Emmermann hat jetzt 95 Mann an Bord. Proviant und Brennstoff reichen noch bis zu den Azoren. Jeder teilt seine Koje mit den schiffbrüchigen Kameraden.

Heimmarsch. – Maus kommt außer Sicht. Sie wollen nicht zusammen marschieren, da Emmermann und Maus fürchten, die Aufmerksamkeit der Ausguckposten zu beeinträchtigen.

Zu den anderen Sorgen treten neue.

Ein Obergefreiter ist schwer erkrankt. Er hat über 40 Grad Fieber und ist vom Schüttelfrost gepackt. Außerdem hat er Durchfall mit Blut.

»Kenne mich da nicht genau aus. Aber soweit ich das im Gefühl habe, ist das eine verteufelt ernste Sache. Mal den ärztlichen Ratgeber her.«

Emmermann blättert in dem kleinen Handbuch für U-Boote. Moment mal, was steht da unter Ziffer 15 über die Ruhr. Emmermann schlägt mit der flachen Faust auf den Tisch.

»Hier lesen Sie, LI, das hat wieder so ein Theoretiker verbrochen, der das U-Boot nur aus Wochenschauen kennt ...«

Da steht: Man bringe den Ruhrerkrankten in kühle und gut durchlüftete Räume. Strengste Isolation ist erforderlich, da akute Ansteckungsgefahr. Ganzkörperumschläge mit stubenwarmen wassergetränkten Tüchern.

»Arme Irre ... Auf einem U-Boot bei fast 28 Grad Wassertemperatur draußen und über 40 Grad im Bootsinnern. Bei zwei Pumpörtchen für 95 Mann und bei einem ausgefallenen Frischwassererzeuger.«

Am nächsten Tag schon fallen zwei weitere Mann der Besatzung aus. Es begann mit Leibschmerzen ... dann kam der Durchfall ... dann schweres Fieber, Schüttelfrost ... wirre Reden.

Das vordere Klosett wird jetzt für die Kranken reserviert.

Emmermann läßt die tägliche Wasserration reduzieren, um die Kranken in zwar nicht mehr saubere, aber frischwasserfeuchte Bettlaken einhüllen zu können.

»Pro Kopf ein halbes Glas Wasser pro Tag.«

Die Besatzung nimmt diese Einsparung tapfer hin. Jeden Tag fallen zwei bis drei weitere Mann aus.

Daß die zuerst befallenen Soldaten schon wieder leichten Dienst machen können, ist die einzige Hoffnung, daß die Infektion nicht das ganze Boot auf einmal verseucht.

Emmermann liegt in diesen Tagen abends auf seiner Koje. Er ist eingeschlafen und meint, im Unterbewußtsein unterdrückte Schreie zu hören.

Irgendeiner schreit: »Haltet ihn fest ... Haltet ihn fest.«

Emmermann schnellt von seiner Koje und prallt fast mit dem Matrosengefreiten Eberhardt zusammen, der splitternackt vor ihm steht und ein bluttriefendes Messer in seinen Händen schwingt. Seine Augen glänzen irr und fiebrig. Er starrt Emmermann an, der keinen Schritt zurückweicht. Er scheint seinen Kommandanten zu erkennen und brüllt:

»Herr Kaleunt, jetzt habe ich ihn erwischt. War die ganze

Zeit hinter mir her. Mit einem Messer. Hier, mit so einem Messer.« Dabei hält er das blutige Brotmesser zu Emmermann hin.

»Na, Eberhardt, das ist aber schön, daß du ihn erwischt hast. Nun brauchst du das Messer aber nicht mehr. Hast ihn ja erledigt ... Komm, gib das Ding mal her ...«

Ehe der andere überlegen kann, hat Emmermann das Messer über das Handgelenk des anderen in die Hand bekommen.

»Komm, mein Junge.« Emmermann packt den Matrosengefreiten an beiden Schultern, dreht ihn und schiebt ihn vor sich her, an dem IWO und der Nummer Eins vorbei, die hinter ihm standen. Kameraden bugsieren den Kranken in den Bugraum zurück.

Erst jetzt kann sich Emmermann um die Vorgänge vor seinem Wachwerden kümmern.

Der Matrosengefreite hat tatsächlich ein Besatzungsmitglied in der Absicht, es zu erledigen, mit dem Brotmesser angegriffen. In seinem Fieberwahn war er auf den Leitenden Ingenieur zugestürzt und hat zugestochen, als dieser ihn ansprach. Das Messer durchfuhr den Arm von Oberleutnant Frowein, und ehe der LI und andere hinzugeeilte Männer den Kranken packen konnten, war er mit einem Satz durch das Schott gesprungen.

Gegen Abend meldet die Nummer Eins: »Dem Kranken geht es besser. Er ist bei Besinnung.«

»Ihr habt ihm die Sache doch hoffentlich nicht erzählt?«

»Warum nicht ... er glaubt es nicht. Weiß nichts davon.«

»Hättet es nicht tun sollen. Natürlich weiß er nichts davon bei seinem Delirium von heute morgen.« Emmermann stürzt zu dem Kranken.

»Na, Sie wilder Knabe?«

»Herr Kaleunt, ich habe das nicht gewollt ... weiß nichts mehr, weiß wirklich nichts ...«, jammert er.

»Schon gut, Eberhardt. Es macht dir ja auch keiner einen

Vorwurf. Auch der LI ist dir nicht böse. Hauptsache, du wirst gesund. Nun vergiß. Er wollte dich ja bloß festhalten, und da hast du Gespenster gesehen. Mich hast du aber erkannt. Schlaf gut.«

Emmermann läßt von Stund an eine Wache bei allen Kranken aufziehen, damit diese in ihrem Fieberwahn nicht die Entlüftungen ziehen und das Boot versenken.

Wie gut, daß er noch die Männer von Höltring an Bord hat. Sie stellen Ersatz für die Ausgefallenen, obschon auch von ihnen einige von der Epidemie befallen sind.

So plötzlich die Krankheit über das Boot kam, so plötzlich verschwindet sie auch wieder.

In der Nähe der Kapverdischen Inseln muß Emmermann vor einem in sehr großer Höhe fliegenden Flugzeug in den Keller. Und da man nicht mehr und nicht weniger tun kann, als abzuwarten, so spielt Emmermann unten Doppelkopf. Mitten ins Spiel hinein kracht es mehrmals. Bomben sind gefallen. In acht bis zehn Seemeilen Entfernung.

Emmermann und alle anderen haben nur einen Gedanken: »Maus.«

Emmermann blickt in die besorgten Augen des Leitenden Ingenieurs von Höltring, Oberleutnant Jürgens, der ihm gegenübersitzt. Sein Kommandant und die Hälfte der Besatzung ist bei Maus an Bord. Jürgens legt behutsam die Karten auf den Tisch. Einige fallen an Deck. Jürgens bückt sich, lange, verständnisvoll lange.

Maus meldet sich am nächsten Tage nicht mehr.

Erst später wird bekannt, daß der größte Teil der Besatzung gerettet werden konnte. Höltring, der verwundet wurde, war nicht zu bewegen, das sinkende Boot zu verlassen. Er blieb an Bord und versank.

Zwei Tage später trifft Emmermann zur Versorgung mit Brennstoff, Proviant und vor allem mit Wasser das Boot von Korvettenkapitän Kuppisch. Er hat ein neues und großes IXD-2-Boot. Kuppisch, ein alter Hase, gehört zur Monsun-Gruppe und soll nach Japan marschieren. Er war aber lange nicht mehr zur See gefahren, nachdem er bei Kriegsbeginn zu den ersten erfolgreichsten Kommandanten zählte und danach eine Landverwendung fand. Er nimmt die drohende Luftgefahr nicht ernst genug. Als Kuppisch in den Morgenstunden U 172 triff, ist er ganz überrascht, daß auf U 172 sechs Posten Ausguckwache gehen, die 2-Zentimeter-Waffen besetzt sind und die 10,5 mit geladenem Rohr geschwenkt wird.

»Hallo, Emmermann, was ist denn los? Was tut ihr denn so großkotzig kriegerisch?«

»Vorsicht ist die Mutter der Porzellankiste.«

Kuppisch lacht und winkt ab. »Ich liege seit vierzehn Tagen hier. Habe noch keine Biene gesehen.«

Emmermann ruft ihm die letzten Erfahrungen und das Sichten der Flugzeuge in den letzten Tagen durchs Megaphon zu.

»Allein sind wir hier nicht. Auf keinem Meter dieser Landschaft sind wir vor den Bienen sicher.«

»Hm«, sagt Kuppisch nachdenklich. »Das klingt ja verflucht ernst. Wenn mir das einer im Stützpunkt sagen würde, na ja ... aber aus Ihrem Munde riecht es nach düsterer Erfahrung. Also gut, beugen wir vor ...«

Er läßt die Fla-Waffen klarmachen und schickt alle überflüssigen Brückengasten unter Deck.

Die Übernahme vollzieht sich in größter Beeilung. IWO Hoffmann besorgt den Proviantransport. Nach zwei Stunden schon ist U 172 ausgerüstet. Drei Hurras und alle guten und herzlichen Wünsche für Kuppisch und seine bevorstehende Unternehmung.

Emmermann läuft mit großer Fahrt ab. Das Boot von Kuppisch wird kleiner, dann zum Punkt, bis auch diesen die Kimm aufsaugt.

Emmermann geht mit seinem Boot unter Wasser, um zwar langsamer, aber sicherer heimzukehren.

Kaum zwanzig Minuten sind vergangen, als sie alle im Boot wieder dieses niederträchtige Rumoren und Poltern und Dröhnen von Explosionen hören. Emmermann stürzt an das Horchgerät. Er hört Schraubengeräusche zwischen den Bombendetonationen. Dann ist Stille.

»Funker, hören Sie noch was . . .?«

»Nein, keine Schraubengeräusche mehr . . . Kapitän Kuppisch, Herr Kaleunt . . .!«

Es war Kuppisch, wie Emmermann später erfuhr. Von Trägerflugzeugen überrascht, wurde er angegriffen und versenkt.

»Das dritte Boot, dessen Vernichtung wir mit anhören müssen«, sagt Emmermann verbittert.

»Ja, und das siebente, das auf dieser Unternehmung in unserer Nähe versoff«, zieht IWO Hoffmann die düstere Bilanz.

Emmermann schweigt, steht auf und zieht sich in seinen Kommandantenraum zurück, der besser nur als eine Koje anzusprechen ist.

Dicht unter Spaniens Küste versuchte er in der Nacht und mit großer Fahrt, den Stützpunkt zu erreichen. Ein langer leuchtender Schweif zieht hinter dem Boot her. Meeresleuchten in selten gesehener Schönheit. Links und rechts und voraus tummeln sich spanische Fischerboote. Sie sind friedensmäßig beleuchtet, es ist leicht, ihnen auszuweichen.

Unbehelligt laufen sie ein. An Deck angetreten ist auch der Maschinengefreite mit dem Brustschuß. Er hat nur noch ein kleines Pflaster auf der Einschußwunde. Keiner sieht es ihm an, daß man ihn aufgegeben hatte.

Emmermann spricht später mit dem Flottillenarzt über die Ruhrepidemie.

»Ihre Besatzung war anfällig, Emmermann. Nervöse Überreizung. So was schmeißt, auf die Dauer gesehen, den stärksten Eskimo vom Schlitten. Nur weil Ihre Jungs vorher so kerngesund waren und so eisern an ihren und Ihren Stern glaubten, wurde eine Katastrophe verhütet. Fünf Monate ununterbrochen Feindfahrt im U-Boot sind zuviel ... einfach zuviel. Eine Himalayaexpedition ist ein harmloser Wochenendausflug dagegen.«

Abschließend noch ein Wort zur »Bay-Offensive« der Briten und zum Verlust des Versorgers U 462, siehe Anhang I, Nachtrag 7.

22

Chemierat Dr. Cauer – »Miefdoktor« genannt

Zur Lage:
Wie eine Sense das Gras mäht, so rast der Tod über die Meere der Welt, wo nur sich deutsche U-Boote zeigen. Eskortträger mit 30 bis 40 Maschinen an Bord sichern jetzt die Geleite. Über den Seegebieten Englands, der USA, Afrikas und Südamerikas, überall patrouillieren die alliierten Flugzeuge. Wer von den U-Boot-Kommandanten sein Leben, das seiner Männer und sein Boot retten will, muß unter Wasser bleiben. Aber gleich einem Wal werden die U-Boote zum Auftauchen gezwungen, um ihre Batterien mit Dieselkraft neu aufzuladen. Auf diesen Augenblick warten die Bienen in der Luft wie heimtückische Hyänen auf ein wehrloses Wild. Wehrlos sind die Boote nach ihrem Auftauchen zwar nicht, nur unzureichend bewaffnet. Sie brauchen wirkungsvolle Vierlings-Flaks und 3,7-Maschinenwaffen. Aber die unter den Bombenhageln wankende deutsche Rüstung kommt mit der Produktion nicht nach, um alle Boote mit diesen erfolgversprechenden Abwehrwaffen auszurüsten. Und was hilft diese Verstärkung schon, wenn immer mehr Flugzeuge am Himmel auftauchen und das Boot zuletzt doch Opfer der letzten Angreifer wird.

17 Boote sinken im Juni – 11 davon durch Flugzeuge.

37 Boote gehen im Juli verloren – 30 davon durch Flugzeuge.

Im Juli findet im Walter-Werk in Kiel eine Besprechung von 50 Herren der Werften, der Rüstung und der Industrie in Anwesenheit des neuen Kommandierenden Admirals der U-Boote, Admiral von Friedeburg, statt. Es geht wieder einmal um die Walter-U-Boote. Das Ergebnis:

Ein neuer, kleinerer Walter-U-Boot-Typ für küstennahe Verwendung, das sogenannte Gabler-Boot, wird bei Howaldt in Auftrag gegeben. Dieser Typ, er rangiert in der Typenreihe unter der Ziffer Typ XXII, ist kleiner als Typ XVII und ist mit einer Walter-Turbine von 2500 PS und nur zwei Torpedorohren ausgestattet. Man will das erste Boot dieses Typs dem ObdM als Weihnachtsgeschenk präsentieren und bei Bewährung 100 Boote auf Stapel legen. Vom Walter-Boot Typ XVII B, dem größeren Frontboot, sollen sofort 24 Boote gebaut werden. Dabei sind die Schul- und Erprobungsboote vom Typ XVII A überhaupt noch nicht in Dienst gestellt. Aber die Ergebnisse, die man mit dem Versuchsboot V 80 erzielte, stimmen so zuversichtlich, daß man glaubt, auf zeitraubende Erprobungsfahrten mit dem Standardtyp verzichten zu können. Beim Gabler-Boot werden tatsächlich bereits nach sechs Wochen die ersten Spanten gebogen. Plötzlich wird dieses Projekt abgeblasen. Zugunsten eines anderen Programms, heißt es. Genauso ergeht es dem Typ XVII B. Von den 24 Booten sollen erst nur noch zwölf, später nur noch fünf, schließlich vorerst überhaupt kein Boot weitergebaut werden.

Das »andere« Programm sind nun endgültig die E-Boote.

Der gelegentlich der Sitzung beim BdU im November 1942 aufgegriffene Gedanke, höhere Unterwassergeschwindigkeiten für Angriff und Rückzug durch die Aufstellung besonders starker E-Motoren und zusätzlicher Batterien zu erzielen, hat immer mehr Platz gegriffen. Unter dem Preis des Verzichts auf eine hohe Lebensdauer ließe sich die Masseleistung der Akkus tatsächlich um 40 bis 50 Prozent steigern. Von den drei zur Debatte stehenden Typen neuer, wirklicher Unterwasserkampffahrzeuge, den Walter-Booten, den Kreislaufbetriebsbooten und den Elektrobooten hat das Elektro-U-Boot jetzt den Vorzug zu erhalten. Walter schwebt zwar eine Kombinationslösung vor, die zweifelsohne das Idealboot geworden wäre, aber für solche Versuchstypen fehlt es im Augenblick ebenso an der Zeit wie am Personal und Material.

Nachdem der Gegner durch den unbehinderten Einsatz seiner H_2S-Geräte seit dem Mai 1943 den Bewegungskrieg der U-Boote zum Erliegen gebracht hat und seine Geleitzüge mehr der weniger unbehindert die Versorgungsrouten befahren, ist die Insel in ihrer überseeischen Versorgung nicht mehr bedroht, so daß die Alliierten ihr Luftangriffe auf deutsche Wohnstätten und Industrieanlagen von Tag zu Tag steigern können. Die dadurch bedrohte Produktionskapazität der gesamten deutschen Industrie, also auch *der Zuliefererindustrie der U-Boote, zwingt Dönitz bei der Suche nach der besten technischen Lösung, die U-Boote von der Wasseroberfläche verschwinden zu lassen, den Weg des geringsten Risikos und der kürzesten Entwicklungsstrecke im Kampf mit dem »Admiral Zeit« zu beschreiten.*

Die Unsicherheitsfaktoren schienen bei den Walter-U-Booten wesentlich größer als jene bei den Elektrobooten, deren Antriebsanlagen, also Diesel- und E-Motoren, bereits ihre Bewährung bestanden hatten. Mit einer schnellen Indienststellung der ersten Walter-U-Boote ist – gleich, ob es sich um Boote vom Typ XVII A oder XVII B oder um die nur zirka 200 ts großen Typen XXII (Gabler-Boot) handelt –, bei der jetzt außerordentlich angespannten Personal- und Rohstoffsituation, bei den vernichtenden Bombardierungen von Industrie und Transportanlagen und dem Druck der Russen an der Ostfront nicht mehr vor Herbst 1944 zu rechnen, wohl aber mit einer Großserie der Elektro-U-Boote.

Vordringlich ist zunächst, eine Zwischenlösung für die vorhandenen Kampfboote zu finden, will man diese Typen nicht ganz abschreiben. Man findet diese Übergangslösung im Schnorchel, in einem bei Unterwasserfahrt aufzurichtenden Luftmast, über den das Boot durchlüftet und über dessen Sauerstoffzufuhr die Dieselmotoren nunmehr auch unter Wasser betrieben werden können. Die Idee eines Luftmastes ist nicht neu. Sie tauchte schon 1578 auf, als der Engländer Bourne sich mit dem Gedanken trug, über eine Luftröhre die Verbindung zur Außenwelt für ein von ihm entworfenes Unterwasserfahrzeug herzustellen. Auch die Franzosen und Holländer haben später ähnliche Anlagen entwickelt.[1] *Die Probleme, den Schnorchelkopf auch bei Seegang funktionsfähig zu machen, wurden in Deutschland ebenso gelöst wie die Erfordernisse, den Schnorchel gleich dem Sehrohr ein- und ausfahrfähig einzubauen. Auch für die in ihrer Turbinenhöchstfahrt begrenzten Walter-U-Boote bedeutet der Schnorchel eine Glückslösung, wird er doch auch diesen Typen gestatten, sich mit E-Maschinen bzw. Dieselmotorenkraft in einem permanenten Unterwassermarsch in das Operationsgebiet zu bewegen, um dort erst die Walter-Turbi-*

1 Der niederländische U-Boot-Kommandant Korvettenkapitän J. J. Wichers hatte schon 1927 eine Einrichtung erfunden und erprobt, die er am 27. Mai 1933 der niederländischen Marine anbot. Die Erprobungskosten für dieses »Unterwasser-Dieselsystem« (»getrimd dieselen«) schienen aber zu hoch, so daß erst 1937 das Luftrohrsystem für die Boote »O 19« und »O 20« verwendet wurde, das aber deutscherseits keine Beachtung fand.

nen als ausgesprochene Angriffsanlagen einzusetzen. Bis dato hätten auch die Walter-U-Boote, deren im Boot unterzubringende Spezialtreibstoffmenge höchstens für fünf bis sechs Stunden AK-Fahrt mit Walter-Turbinenantrieb ausreichte, wie die bisherigen Typen, also in einer wegen der Batterieauffüllung notwendigen teilweisen Überwasserfahrt in ihre OP-Gebiete marschieren müssen. Dort indessen stellen sie sich durch ihre 26 Knoten betragende Unterwasser-Höchstfahrt nicht nur eine revolutionierende Angriffskraft dar, sie können sich auch nach dem Angriff mit Walter-Anlagenbetrieb soweit in abseitige Seegebiete absetzen, in denen kaum noch mit gegnerischen U-Boot-Abwehr-Streitkräften auf See und in der Luft zu rechnen sein dürfte. Wenn auch verschiedene moderne Korvetten und Fregatten der britischen Hunt-Klasse zirka 27 Knoten Höchstgeschwindigkeit laufen können, so muß einbezogen werden, daß diese Höchstgeschwindigkeiten bei Seegang vermindert werden, während U-Boote in den für Walter-Antrieb noch möglichen Tiefen, also 50 Meter als damals unterste Grenze, ihre Höchstfahrt beizubehalten vermögen. Das bedeutet, daß die Walter-Boote der Masse der Jäger unter Wasser davonlaufen können, während die E-Boote mit ihren zirka 19 Knoten Höchstfahrt unter Wasser doch um einige, aber entscheidende Seemeilen zu langsam sind.

Immerhin versprechen die E-Boote, über den Schnorchel hinreichend total zu nennende Unterwasser-Kampffahrzeuge zu werden. Vermöge ihrer verhältnismäßig großen Geschwindigkeit unter Wasser – diese soll ja weitaus mehr als doppelt so groß sein wie bisher – werden die E-Boote in die Lage versetzt, Wasserbomben auszumanövrieren. Es gibt keine Formel, die Sinkgeschwindigkeit von Wasserbomben, deren tödlicher Zerstörungsradius für 150-kg-bzw. 300-kg-Ladungen zwischen acht und zehn Meter liegt, zu beschleunigen.[1] Der Gegner wird völlig neue U-Boot-Abwehrwaffen

1 Dieser kleine Radius erhellt, wie verhältnismäßig schwer es ist, mit Wasserbomben tödliche Trefferwirkung zu erzielen, zumal die Bomben ja auch der Tiefe nach gestaffelt werden müssen, auf der sie dann durch Wasserdruck oder durch ein auf die Sinkgeschwindigkeit abgestelltes Uhrwerk zünden. Allerdings ist mit Beschädigungen eines U-Bootes auch noch im Umkreis bis zu 25 m bei größeren Bomben (bei 150-kg-Ladungen entsprechend kleiner) zu rechnen.
Ein Problem taucht auf, daß mit größeren Bomben auch die Gefährdung des die Wasserbomben werfenden Fahrzeuges wächst, wozu noch zu sagen ist, daß eine Verdopplung der Ladung, durch die Kugelgestalt der Bombe bedingt, nur eine ein- und viertelfache Vergrößerung der Wirkung

erfinden und entwickeln müssen, U-Boot-Abwehrtorpedos oder sogar Unterwasser-Raketenbomben. Zunächst müßte er aber erst herausfinden, daß seine bisherigen Waffen und Taktiken versagen und vor allem warum. Wie lang der Weg vom Laboratorium und den Erprobungen bis zur frontreifen Waffe ist, beweist das Beispiel Walter-Boot eindringlich genug. Weiter aber werden die E-Boote gestatten, den Bewegungskrieg wiederaufzunehmen. Sie werden in jedem Falle schneller als jedes Geleit sein, das der Gegner zusammenzustellen in der Lage sein wird. Sie werden von jedem Sichtungspunkt aus ihre Ziele, ob Einzelfahrer oder Geleitzug, unter Wasser anlaufen und unter Wasser angreifen können. Größere Tauchtiefen und neuartige Torpedos sind weitere Verbesserungen, die den Nachteil der gegenüber den Walter-Booten geringeren Geschwindigkeit aufheben werden. Die Bedrohung der Boote dieser Typen verspricht sogar noch geringer zu sein als die der bisherigen Typen bei ihrem Einsatz in der »glücklichen Zeit«. Auch Professor Walter schließt sich diesen Überlegungen an, da er einsieht, daß seine Projekte nach den bereits geschilderten Versagern des OKMs gegenüber den realer gewordenen Plänen zurückstehen müssen, im Gegenteil, er bietet tatkräftig seine Unterstützung für diese neuartige Entwicklung an, und diese ist von außerordentlichem Wert, ist doch auch der Schnorchel eine Walter-Idee.

So wird denn das »Kieler Programm« annulliert, und mit Hochdruck läuft nun das E-Boot-Programm an. Nebenher, aber nicht minder vordringlich, sollen die alten Typen mit Schnorchel ausgerüstet werden. Man kann hier auf die Versuche mit U 58, einem II-C-Typ, zurückgreifen, das man zunächst mit einem festeingebauten, also starren Schnorchel ausgerüstet hatte. Ein etwa 1,50 m hohes Zuluft- und Abgasrohr wurde auf den Bock des Angriffssehrohrs montiert und durch die Druckkörperdurchführung des Seh-

bedeutet. U-Jäger mit größeren Bomben mußten also auch größere Fahrstufen laufen können, um den Abstand zur Detonationsstelle schneller zu vergrößern, oder aber man mußte die Sinkgeschwindigkeit der Bombe vermindern, was bei dem ohnehin geringen Wirkungsradius der Bomben ein nicht unerheblicher Nachteil war, da dem U-Boot mehr Zeit blieb, seine Stellung zu verändern. Man versuchte, die Wirkung des Angriffs dadurch zu verbessern, daß man Wasserbomben nicht nur über das Heck, sondern auch seitlich warf. Man konnte bei schneller Wiederholung solcher Dreiergruppen Felder mit neun bis achtzehn Bomben belegen. Später ging man zu Wasserbomben mit Raketentreibsatz über, wodurch sich der Vorteil anbot, daß nunmehr doch größere Ladungen verwendet werden können, da die Bomben bedeutend größere Wurfentfernungen überwinden.

rohrs ins Bootsinnere geleitet. Die im Sommer 1943 in Gotenhafen durchgeführten Versuche verliefen so erfolgreich, daß man schnellstens den ersten VII-C-Typ-Schnorchel entwickeln, erproben und in Serienbau geben konnte. Dieser Schnorchel besteht aus einem stromlinienförmigen verkleideten Doppelrohr mit aufgesetztem Schwimmerventil und darunterliegendem Auspuff. Bei Überwassermarschfahrt ruht er in einer Ausnehmung des Oberdecks und kann für den Schnorchelbetrieb durch eine Drahtseil-Zugvorrichtung aufgerichtet werden (später, 1944, entfällt die Drahtseil-Zugvorrichtung, sie wird durch einen Druckölzylinder, dessen Kolben über eine Kolbenstange auf einen am Gelenk befestigten Hebel arbeitet, ersetzt). Bald schon sind die ersten Frontboote vom Typ VII C mit einem solchen Luftmast ausgerüstet. Das am Schnorchelkopf eingebaute Schwimmerventil funktioniert bei Seegang so einfach wie ein Pumpklosett. Bis eines Tages eine ganze Besatzung ausfällt, fast gelähmt und vergiftet durch die Qualmeinbrüche, da wegen der Gesamtraumlüftung alle Schotten offen gefahren werden müssen ...

Wenn der Schnorchelkopf bei Seegang unterschneidet, schließt sich automatisch das am oberen Teil eingebaute schwimmerbetätigte Ventil, und der Diesel reißt für die Zeit des Mastverschlußzustandes die Luft aus dem Boot. Einige Sekunden ist dies erträglich, wenn auch der ruckartig eintretende Unterdruck die Trommelfelle unter wahnsinnigen Schmerzen fast zerplatzen und die Augen aus dem Kopf heraustreten läßt. Druckgefälle bis zu 400, ja 500 Millibar sind, besonders nach Bedienungsfehlern oder Unaufmerksamkeiten beim Tiefenrudergänger nicht selten. Im Boot herrscht dann ein Zustand, der nur mit dem zu vergleichen ist, wenn ein Mensch in einer Sekunde von Meeresspiegelhöhe in 4000 oder 5000 Meter Höhe geschleudert wird.

Nun, diese Kümmernisse wären noch hinzunehmen. Allein das Bewußtsein, zum Batterieaufladen im vom Feind überwachten Gebiet nicht mehr auftauchen zu brauchen, bedeutet eine nervliche Entlastung der gegenüber die Ohrenschmerzen, Ohnmachtsanfälle oder auch sogar Zahnschmerzen aufgewogen werden.

Übler bestellt ist es um die Qualmeinbrüche, die ausgelöst werden, wenn das Personal nicht exakt zusammenarbeitet. Wird, wenn der Motor nach einem zu langen Unterschneiden abgewürgt wurde, nach dem Wiederanblasen eines der Abgasventile nicht rechtzeitig geöffnet, dringen die Abgase, die sich im Abgassammelrohr und in den einzelnen Zylindern stauten, durch die Einlaßventile in die Absaugekanäle und gelangen so ins Boot. Oft sind die Qualmeinbrüche derart stark, daß der Obermaschinist seinen Abgasklappenheizer in einer dunkelgrauen, mit Rußflocken durchsetzten Qualmwolke verschwinden sieht. Rettung vor dem Vergiftetwerden bietet nur der Tauchretter, den die Männer bei Schnorchelfahrt stets griffbereit haben sollen. Aber wer bedient sich schon des Tauchretters, wenn er weiß, daß dieser Zustand schnell behoben wird . . .

Wie aber, wenn die Männer im Boot zuviel von den Gasen schlucken?

Es ist ohnehin schon genug Mief in einem U-Boot, der für die Gesundheit der Besatzung nicht gerade zuträglich ist. Jetzt aber droht dieser Mief zu einer Gefahr zu werden. Stimmen werden laut, daß das dauernde Schnorchelfahren schwere gesundheitliche Schäden nach sich ziehe. Es bleibt nicht aus, daß man sich bald schon in Heizerkreisen zuflüstert, die Schnorchelei ende damit, daß die Betroffenen nach zweijährigem Fahren auf Schnorchel-Booten unfruchtbar würden.

Irgendeiner will eine solche Feststellung dem Gespräch zweier Ärzte entnommen haben, die eine Schnorchelfahrt mitmachten. So ein Marinegerücht ist schneller als die beste Latrinenparole bei den Landsern. Dieses hier ist, wenn auch unsinnig, nicht gerade geeignet, die Kampfmoral zu festigen.

Die Abteilung AMA/G IIf des Oberkommandos der Kriegsmarine wendet sich an die Kapazität für Chemische Klimatologie, an Chemierat Dr. Cauer.

Cauer erhält mit höchster Dringlichkeitsstufe einen Forschungsauftrag, um die Raumluft in U-Booten bei Überwasser- und Unterwasserfahrten zu untersuchen. Er soll außerdem mit dem Leitenden Sanitätsoffizier beim Kommandierenden Admiral der U-Boote, Geschwaderarzt Dozent Dr. habil. Pohle, Fühlung nehmen.

Cauer erhält Anweisung, daß seine Forschungsergebnisse unbedingt geheim bleiben müssen und ohne Genehmigung des Oberkommandos an anderer Stelle und von anderen Stellen weder veröffentlicht noch verwertet werden dürfen. Der Chemierat macht sich auf den Weg und erscheint an der Küste.

Eines Tages sehen die Besatzungen der ersten Schnorchelboote einen Zivilisten in der Begleitung von Admiral Thedsen und gefolgt von einem Stab von Leuten, die sonderbare Geräte und Apparate bei sich tragen, auf U 237 einsteigen.

»Muß ja 'n ganz hohes Tierchen sein, der da drüben«, wundern sich die Leute im Stützpunkt.

»Gucke mal, was der Admiral höflich und zuvorkommend zu ihm ist. Nimmt gar keinen Anstoß daran, daß der Kerl nicht mal einen Schlips umhat. Wenn das einen Admiral nicht stört ... dann muß das aber ein Köpfchen sein.«

»Rammsteven hat er auch nicht in der Büx«, stellt ein anderer Seemann fest und meint die in der Marine sonst so sehr gepflegte Bügelfalte.

»Sieht aus wie 'n Seehund«, formuliert ein dritter seine Eindrücke. Er hat nicht ganz unrecht, denn des Doktors Gesicht ziert ein herabhängender Schnauzer von der Art, wie ihn Pilsudski trug. Durch die vielen Ärmelstreifen läßt sich Cauer überhaupt nicht erschüttern. Er verhandelt mit den hohen Offiziersdienstgraden genauso ungezwungen, wie er mit seinen eigenen Leuten oder mit den einfachen Seelords spricht. Dabei ist er von einer verblüffenden Geschäftigkeit und Beweglichkeit, wie sie sonst bei den Herren Zivilisten aus den Konstruktionsabteilungen und anderen zivilen Stellen ungewohnt ist. Wie ein alter Fahrensmann jumpt Cauer auf die Brücke, wo er geschwind und behende im Turm untertaucht. Langsamer folgen ihm die Admirale und die anderen Herren. Cauer überschüttet den Kommandanten und seinen LI in der Zentrale mit einem Schwall von Fragen, erst mit solchen über die Einrichtung der Zentrale, in der auf kleinstem Raum alle Kommandoelemente zusammenlaufen, und dann mit anderen: über die Luft im Boot, über den Mief und wie man damit zurechtkäme.

Inzwischen werden jene sonderbaren Geräte in das Boot heruntergegeben.

»Stellen Sie die Pfeifferpumpe dahin, das Waschrohr dorthin, und Sie passen mir auf den Psychrometer und den Thermohydrographen auf.«

Cauer sieht die erstaunten Gesichter der anderen Herren. Er erklärt kurz und in sprudelndem Tonfall: »Der Thermohydrograph wird das Verhalten der relativen Feuchtigkeit und der Temperatur registrieren, um die Kondensationskerne zu bestimmen ... dazu wird auch das Aßmannsche Psychrometer gebraucht. Hier, das ist eine Dräger-Handpumpe mit Teströhrchen für die Schnellbestimmung von nitrosen Gasen, des Gesamtoxydationswertes, des Reduktionswertes der Luft und auch der Bestimmung von Petroleum und ähnlichen Bestandteilen. Nun, Sie werden sehen, wie das funktioniert. Darf ich nun ein paar Worte zu der Besatzung sagen ...?«

Der Admiral nickt, und der Kommandant gibt die Erlaubnis dazu.

»Mein Name ist Cauer, den Titel Chemierat lassen Sie bei der Anrede und bei den Arbeiten im Boot bitte weg. Meine Aufgabe ist es, den Mief im Boot einmal genau zu untersuchen. Vor allem aber die Bootsluft nach einer Schnorchelfahrt und nach einem Qualmeinbruch. Ich habe mich etwas über die Technik der Schnorchelei informiert. Es wird notwendig sein, daß wir mit dem Boot absichtlich alle jene

Pannen durchexerzieren, die einen Qualmeinbruch auslösen. Ich will das ganz genau wissen, meine Herren. Vorsicht aber mit den Geräten, daß mir da keiner darauf herumtrampelt, wenn es dicke Luft in der Röhre gibt. Ja, dann können wir wohl anfangen?«

»Bitte«, sagt der Kommandant und neigt sich mit einem schelmischen Lächeln etwas vor, »wie war bitte Ihr Name, Herr . . . Miefdoktor?«

Der Admiral runzelt die Stirn. Die Besatzung lacht lautlos.

»Miefdoktor, großartig, Mann. Von mir aus nennen Sie mich so, wenn Ihnen mein Name Schwierigkeiten macht«, lacht Cauer und entkräftigt den dem Admiral schon auf der Zunge liegenden Einwand.

U 237 legt ab und marschiert in die Kieler Bucht, taucht und geht auf Sehrohrtiefe.

»Klarmachen zur Schnorcheleinfahrt. Alle Mann auf Schnorchelwache ziehen«, der Kommandant.

Der Schnorchel wird mit Drucköl aufgerichtet und entwässert. Eine gute halbe Tonne Wasser rauscht in das Boot, jenes Wasser, das im Schnorchelschacht stand und das ja irgendwo bleiben muß. Das Boot sackt etwas durch. Der LI pendelt es neu ein und drückt gleichzeitig das Wasser, das sich in den Bilgen verlaufen hat, mit der Hauptlenzpumpe wieder aus dem Boot heraus.

»Diesel klar zur Schnorchelfahrt.«

In der Maschine wird der Kühlwasserweg durch Öffnen der entsprechenden Bordventile geöffnet, der Motorindikatorstutzen wird aufgerissen und durchgeblasen, die Motorenschmierölpumpe angestellt.

»Steuerbordseite Dieselfahrt. Backbordseite reine Ladung«, befiehlt der LI. Der Obermaschinist stellt die Batterielüftung an, um eventuelle Knallgase von den Batterien abzusaugen, dann läßt er die Zuluftventile öffnen, dann die Abgasklappenschieber am Schnorchelmast, aber erst nachdem der Diesel angesprungen ist, um das in den Auspuffschacht des Schnorchels nachgedrungene Wasser mit den ersten Abgasen herauszupressen. Alle diese Handgriffe sind auf die Sekunde genau in ihrem Ablauf berechnet. Sie gehen nur klar, wenn die Besatzung traumwandlerisch eingefahren ist.

Dieses Zusammenspiel zwischen dem Dieselmaaten am Dieselfahrstand, dem Dieselheizer am Ausblasventil hinter dem Diesel und dem Zentralemaaten am Schnorchelabgasventil in der Zentrale muß jedenfalls bei Ablauf des Anlaßvorgangs innerhalb weniger Sekunden trotz fehlender Verständigung exakt sein, soll der Diesel nicht abgewürgt werden.

Die See draußen ist ruhig. Die Manöver können planmäßig und in Ruhe ablaufen. Dr. Cauer hat sich mit dem Kommandanten und dem LI abgesprochen, auf ein Zeichen hin den Schnorchel länger unterschneiden zu lassen, den Diesel abzuwürgen und neu anzublasen, wobei die Ventile der Abgasleitung absichtlich nicht rechtzeitig geöffnet werden sollten.

»Der Unterdruck macht uns schon schwer zu schaffen ... und einen längeren Qualmeinbruch durchzustehen ist eine gefährliche Sache«, wendet der LI ein.

»Ebendeswegen bin ich ja hier. Wenn wir echte Werte ermitteln wollen, müssen wir auch echte Risiken eingehen. Ich hebe meine Hand, wenn ...«

Das Manöver beginnt. Der Diesel reißt die Luft aus dem Boot, als der Schnorchelkopf unterschneidet. Cauer fühlt ein wahnsinniges Reißen in den Ohren, einen irrsinnigen Druck hinter den Augen. Er taumelt etwas. Der Motor stottert ... steht ... wird wieder angeblasen. Der verantwortliche Mann am Schieber läßt diesen geschlossen. Cauer steht am hinteren Ende des schwer stampfenden Steuerborddiesels. Er sieht Qualm aufsteigen, wie Geister winden sich grauschwarze Wolken in den Raum.

»Himmel, das ist ja reines Formaldehyd«, durchzuckt es ihn. Er gibt das verabredete Zeichen noch nicht. Er will genau sehen, wohin die Dämpfe und der Qualm fließen und an sich selbst erleben, was sich nun ereignet. Neben Cauer bricht der Dieselheizer zusammen. Cauer will jetzt das Zeichen geben. Er fühlt in diesem Augenblick ein Krampfgefühl in den Kiefern, und nach zwei, drei weiteren Atemzügen spürt er es auch in seinen Armen. Die Hände ballen sich zu Fäusten, und die Arme winkeln sich ohne seinen Willen an. Cauer merkt, wie das Bewußtsein zu schwinden droht. Er preßt den Mund wieder zusammen und versucht aus dem Dieselraum rauszukommen.

Dann umwallen ihn Nebel. Die schemenhaften Umrisse der beiden Dieselungetüme kreisen in einem wilden Wirbel um ihn. Er spürt, wie die Knie weich werden, wie er zusammenzusacken droht und wie ihn plötzlich eine derb zupakkende Hand aus dem Dieselraum zerrt. Hier im Nebenraum ist die Luft etwas besser. Aber der halbohnmächtige Forscher taumelt noch vor Benommenheit. Er sucht einen Halt, und seine rechte Hand greift dabei in einen siedendheißen Brei. Er reißt sie heraus und spürt im nebelhaften Unterbewußtsein, wie sie, als er sie vor Schmerz nach vorn ausstreckt, in etwas Weiches trifft und dann abgleitend über etwas raupenhaft Metallisches rutscht. Dann übergibt er sich. Endlich wird ihm wohler, beginnen die nebelhaften Umrisse Gestalt anzunehmen, eine davon, direkt vor ihm, ist der Admiral, der mit besorgten Augen den Forscher anblickt.

Die Umwelt wird noch deutlicher. Cauer erkennt auf dem elektrischen Herd neben sich einen großen Kessel mit dem Erbseneintopfgericht. Der Deckel des Topfes ist bei dem Unterdruck davongeflogen, mit ihm auch ein Teil der würzig duftenden Suppe, die oben an der Decke hängt.

»Aha«, denkt Cauer, »das also war das heiße Zeugs, in das ich hineingefaßt habe.« Er betrachtet seine verbrühte

Rechte, an der noch Reste der Erbsensuppe kleben. Andere solche Reste entdeckt er im Gesicht und auf der schönen blauen Uniform des Admirals, der schweigend vor ihm steht. Und weil der Admiral nichts sagt, schweigen die anderen, die um die Gruppe herumstehen, auch.

Der Admiral bricht den Bann.

»Das ist nun der Dank, lieber Cauer, daß wir Sie aus dem Dieselraum herausgezogen haben.« Er zeigt auf seine kornblumenblauen, jetzt aber mit Erbsen und Speck verunzierten Revers und lacht. Cauer hatte nämlich, als er nach seinem Griff in die Suppe einen Halt suchte, in das Gesicht des Admirals gelangt, und das raupenhafte Metallische, das waren die Schulterstücke auf dem Mantel des hohen Offiziers.

Ein fröhliches Wiehern kriecht durch die Röhre. Der Admiral ist auch nur ein Mensch, ist nicht bloß nüchterner Techniker.

Und während er sich teilnahmsvoll nach Cauers Befinden erkundigt, reicht der Kommandant ein doppelstöckiges Gläschen hin.

»Wissen Sie, Miefdoktor«, beginnt er und peilt mit einem mißtrauisch schrägen Blick zum Admiral hin. »Wissen Sie, als Sie an Bord kamen, dachten wir: Wieder so ein Klugschieter, so 'n Quitjer, der nachher vom sicheren und trokkenen Schreibtisch aus goldene Regeln fürs U-Boot-Fahren finden will. Teufel auch, man kann sich irren.«

»Kann man«, lächelt Cauer und puhlt eine Erbse aus dem golddurchwirkten Schulterstück des Admirals, bittet dann gebührend um Entschuldigung und stürzt sich in die Arbeit an seinen Geräten.

Dreimal am Tage läßt Cauer dieses Manöver wiederholen. Es ist schon dunkel, als U 237 in den Kieler Hafen wieder einläuft.

1413 chemische Bestimmungen und 1321 physikalische Messungen führt Cauer in kürzester Frist in einer Tage und

Nächte währenden Arbeit durch. Cauer schläft kaum noch, und zu seiner besorgten Frau, die ihn blasser und hohläugiger werden sieht, sagt er: »Alles tue ich für sie. Diese Jungs sind prachtvolle Kerle. Hätten wir in den Büros da oben, da am Tirpitzufer und da in der Bendlerstraße und da auf den staatlichen Werften und Werken, nur die Hälfte Männer von diesem Schwung, wir würden der Lage Herr werden. Wenn die da oben nicht jeden Tag eine Sondermeldung hören, lassen sie die Köpfe hängen. Alles, was noch nicht kompliziert ist, wird noch komplizierter gemacht, und dort, wo man auch mit einfachen Mitteln auskommen kann, jammert man die wertvollsten Rohstoffe herbei. Da sollte der Dönitz mal Schwung reinbringen.«

Cauer löst eine gewaltige Aufgabe.

Er stellt fest, welche Schäden der U-Boot-Mief bei normaler Fahrt über Wasser, bei Tauchfahrten und bei Schnorchelfahrten mit und ohne Qualmeinbrüchen auslöst. Seine Untersuchungen sind für das Fahren mit Schnorchel und für die Weiterentwicklung der neuen Typen von größtem Wert.

Ammoniak in der Luft kann tödlich wirken. Die von Cauer im U-Boot gefundenen Ammoniakwerte sind so hoch, daß sie den gleichen wie in vorübergehend menschenüberfüllten Bunkern entsprechen, besonders bei Qualmeinbrüchen während der Schnorchelfahrt.

Hier ein paar Vergleiche.

In den Räumen eines Sanatoriums in der Tatra maß Cauer 100 Einheiten, im Freien 8 Einheiten, im Freien über dem Meer 14 Einheiten, im Rauch bei Laub und Holzverbrennung 675 Einheiten.

Und auf einem U-Boot?

Die Mittelwerte im Dieselraum liegen hier bei 550 Einheiten, in der Kombüse sogar bei 600 Einheiten, im E-Maschinenraum bei 240 Einheiten, im Offiziersraum bei 440 Einheiten und im Bugraum bei 200.

Die höchsten Werte stellt er im Dieselraum bei Schnorchelfahrt fest, sie schwanken zwischen 1100 und 15000 Einheiten während zweier Qualmeinbrüche. Die Ammoniakwerte sind berechnet aus den gefundenen ammoniakalischen Stoffen. Es handelt sich also nicht um freies Ammoniak, daher wird auch der toxische Schwellwert nicht überschritten, auf längere Dauer wirken die Mengen aber biologisch ungünstig.

Die Zahlen sind nüchtern, aber die Vergleiche sind niederschmetternd.

Der Nitritgehalt ist irrsinnig hoch im Boot. Diese stickstoffähnliche Verbindung ist in den Qualmstößen so stark, daß sie den toxischen Schwellwert übersteigen.

Nitrogase sind lebensgefährlich.

2 bis 3 Milligramm in der Luft genügen vollauf, um tödlich zu wirken. Aber auch beim Nichtvorhandensein von Qualmstößen, also bei normalen Verhältnissen, sind die Nitritmengen bedrohlich hoch. Cauer führt dies auf das häufige Schalten bzw. auf die Funken der E-Anlagen zurück. Während die Ammoniakstoffe auch nach einem guten Durchlüften des Bootes nicht zu beseitigen sind, lassen sich die Nitrite durch einen starken Luftstrom hinausschaffen, steigen dafür aber um so schneller wieder an, wenn viele Menschen anwesend sind. Obwohl die Nitritstoffe nur bei Qualmstößen lebensgefährlich werden, genügen die Einheiten, um chronisch wirksam zu sein. Andererseits aber machen sie die Luft sauer. Sie wirken hemmend auf das Wachstum von Bakterien, sie verstärken den Säureschutzmantel auf der menschlichen Haut, wirken aber auf Metalle zerstörend.

Cauer stellte ungewöhnliche Mengen von Chlorid und von Sulfaten in der U-Boot-Luft fest. Er dehnte seine Untersuchung auf jeden Raum und auf jede Lebensstunde in der Röhre aus, um zu endgültigen Ergebnissen zu kommen.

Dem Formaldehyd gelten auf weiteren Fahrten besondere Untersuchungsreihen, denn diese Chemikalie liegt oft genug in so großer Spurenmenge vor, daß sie die Grenzen der Erträglichkeit überschreitet. Bereits 350 Einheiten Formaldehyd in der Luft wirken krampferzeugend. Cauer stellt fest, daß die Werte in der Bootsluft zwischen 0,1 und 905,6 Einheiten schwanken, während die Mittelwerte im E-Maschinenraum bei 40, im Dieselraum unter Einberechnung der Qualmwerte auf 150, im Bugraum bei 17, in der Offiziers- und Feldwebelmesse bei 50, im Unteroffiziersraum bei 60 Einheiten liegen. Schon 50 Einheiten in der Luft sind stark riechbar, 50 bis 350 Einheiten wirken schwach bis stark reizend auf die Schleimhäute. Größere Einheiten sind auf die Dauer unerträglich. Vergleichswerte: Im Luftschutzbunker, wo wenig geraucht wird, 4,5, wo viel geraucht wird: 44. Normaler Wert in der Außenluft größerer Siedlungen 2,5, in der Nähe stark qualmender Holzfeuer 63.

In den Qualmstößen aber mißt Cauer 300 bis 15 000 Einheiten. An den Druckventilen sind es sogar 60 000.

Was diese Mengen bedeuten, erfuhr Cauer praktisch.

An den Vergiftungserscheinungen, die er an sich erlebte, waren also nicht nur das Kohlenmonoxyd, sondern auch das Formaldehyd schuld, das vor allem jene krampfartigen Erscheinungen auslöst. »Hinzu kommt noch Furfurol, das Atemnot und Lähmungen bedingt«, erklärt Cauer.

Formaldehyd ist außerdem einer der Hauptfaktoren, die den typischen U-Boot-Geruch, den U-Boot-Mief, erregen, jenen Geruch, der allen Gegenständen im Boot und allen Männern, die mit ihren Päckchen an Land steigen, anhaftet.

Cauer stellt bei seinen Versuchen fest, daß Personen, die die Willenskraft besitzen, den Mund geschlossen zu halten und flach durch die Nase zu atmen, sich ohne Schäden in einer Qualmwolke im Dieselraum aufhalten können, sich infolgedessen auch leicht retten können, wenn Gefahr droht. Zwei bis drei Atemzüge aus dem Tauchretter unter Benutzung einer Schutzbrille befähigen die Männer, sich dem Qualm erneut wieder auszusetzen.

»Das kostet viel Nerven und Selbstüberwindung«, erklärt der Doktor. Schließlich hat er ja jedes Wagnis unternommen, um diese Erfahrungen zu sammeln.

Besondere Sorgfalt widmet Chemierat Dr. Cauer auch den Untersuchungen des Taues an reinen Metallflächen, was im Hinblick auf die Langfahrten deutscher Boote von allergrößter Bedeutung ist.

Diese kurze Darstellung zeigt deutlich, daß die Luft in einem U-Boot einen bedeutsamen Faktor im Rahmen der U-Boot-Kriegführung darstellt.

23

Zaunkönige kontra Zerstörer – wie Kreuzerkönig Brandi sein erstes Boot verlor

Zur Lage:
Ein neuer Torpedo ist entwickelt worden. Er trägt die Tarnbezeichnung ZAUNKÖNIG und soll in erster Linie Zerstörer angreifen. In seinem Torpedokopf wurde eine hochempfindliche akustische Anlage eingebaut, die auf Schraubengeräusche anspricht und den Aal automatisch auf sein Ziel einsteuert. Es ist möglich, diese Anlage auch in dem anderen neuen Torpedo, dem »LUT«, dem »lagenunabhängigen Torpedo«, zu verwenden, jenem Aal, der ein großes Seegebiet schleifenförmig so absuchen kann, daß er mit Sicherheit und ohne direkte Schußwerte sein Ziel finden muß. Die erste Bewährungsprobe wird bei einem Angriff auf zwei vom B-Dienst aufgefaßte, von starker Sicherung begleitete Konvois erwartet. Alle 15 angesetzten Boote, auf denen sich auch Vertreter des B-Dienstes befinden, sind mit Zaunkönigen ausgerüstet. Die beiden ausgehenden Geleitzüge, der eine mit 27 Schiffen, der andere mit 41, standen 90 Meilen auseinander und 650 Meilen von ihren Ausgangshäfen ab, als die Boote angriffen. Die Briten vereinigten beide Geleite, um den Bewacherring zu konzentrieren. Die Boote griffen unaufhörlich an und versenkten mit den neuen Torpedos zwölf Zerstörer und sechs Handelsschiffe. Der B-Dienst entschlüsselte während des Angriffs Funkberichte

der britischen Fregatte HMS »Itchen«, die die Besatzung des versenkten Zerstörers »St. Croix« und der Korvette »Polyanthus« an Bord hatte: »Unerklärlich und unheimlich ist, daß alle Schiffe in Schraubenhöhe getroffen werden.« Auch HMS »Itchen« sank, und zwar mitten in der Meldung, ein deutsches U-Boot voraus gesichtet zu haben. Nur drei Mann von den drei Besatzungen wurden vom Frachter »James Smith« gerettet.

Die Alliierten, die nach dem Krieg behaupteten, ihnen sei lange vorher von polnischen Agenten über die neuen Torpedos berichtet worden, reagieren mit gewaltigen Anstrengungen, um die neue Waffe auszuschalten. Von späteren Unternehmungen heimkehrende Kommandanten berichten, daß die Zerstörer angesichts eines U-Bootes neuerdings stoppen würden. Man kennt also die Ursache, und man findet nach verhältnismäßig kurzer Zeit ein Abwehrmittel in Gestalt von Geräuschbojen, die hinter den Zerstörern hergeschleppt werden.

Einer jener Kommandanten, der mit dem Zaunkönig später gewaltige Erfolge erzielte und drei nacheinander abgesoffene U-Boote überlebte, war der spätere Architekt Albrecht Brandi, der 1943 im Mittelmeer sein erstes Boot unter Afrikas Küste verlor.

Doch zunächst ein Bericht des Kapitänleutnants Purkhold, der inzwischen bei der Bundesmarine als Fregattenkapitän Dienst tat und der eines jener fünfzehn Boote führte, die die ersten Zaunkönige an Bord hatten.

Es ist Sommer 1943. Sechzehn Kommandanten, sie alle haben eine T-5-Belehrung hinter sich, werden zu Dönitz nach Berlin befohlen. In seiner offenen Art skizziert der BdU knapp, aber schonungslos die Lage. Er beschönigt nichts, auch nicht die Sorge, daß der Gegner der neuen Waffe, dem Zaunkönig, vielleicht schon bald mit einer Abwehrwaffe begegnen wird.

»Aber es muß etwas geschehen. Solange die neuen Boote nicht an der Front sind, müssen wir uns an jede Hoffnung klammern, die uns verbleibt. Der T 5 wird, bewährt er sich auch an der Front, Unruhe und Besorgnisse beim Gegner auslösen.«

Dönitz entwickelt seine Absicht, den Geräuschtorpedo

schlagartig gegen einen Geleitzug und dessen Zerstörer einzusetzen.

»Es ist selbstverständlich, daß die T-5-Belehrung, die Ausrüstung der Boote wie auch das Unternehmen selbst Gekados-Sache sind, auch den vertrautesten Kameraden gegenüber. Es genügt, wenn ich sage, daß darüber selbst hohe Marinestellen nicht unterrichtet werden. Der T 5 soll der Auftakt für den Einsatz neuer Waffen und neuer Boote sein.«

Mitte September laufen fünfzehn mit Zaunkönigen ausgerüstete U-Boote aus. Unter diesen ist auch U 260, das Boot von Kapitänleutnant Purkhold, der im Mai von seiner dritten Feindfahrt heimkehrte und neben seinem ausgezeichneten Ausguck auch Glück hatte, als er die Biskaya heimkehrend ohne Zwischenfall passierte. Alle Boote sind mit einer zusätzlich starken Flakbewaffnung versehen. Alle Boote haben den Metox an Bord, von dem man noch nicht weiß, daß ihn die Briten inzwischen mit ihrem neuen H_2S-Gerät ausgeschaltet haben ...

»Wir marschierten mit viel Zuversicht und großem Optimismus in See. Kein einziges Boot ging beim Ausmarsch verloren. Dreihundert Seemeilen westlich von Irland nahmen wir, wie befohlen, Aufstellung. Wir brauchten nicht lange zu warten, ein Boot meldete ein nach Westen steuerndes Geleit. Am späten Nachmittag des gleichen Tages bekam ich die äußere Sicherung des Konvois in Sicht. Neben einer auffällig starken Zerstörereskorte sicherten Flugboote das Geleit. Sie waren zwar unangenehm und störten unsere Anlaufmanöver, waren aber wegen ihrer Schwerfälligkeit keine übermäßig ernst zu nehmende Gegner, um uns dauernd unter Wasser drücken zu können.

Es ging auf die Abenddämmerung zu, als ich mit südwestlichem Kurs aufdampfte und dadurch, westlich stehend, mein Boot gegen den hellen Abendhimmel manövrierte, während im Osten, also in der Geleitzugrichtung, schwarze Regenwolken aufzogen.

›Wir können nichts daran ändern. Vertrauen wir auf unseren guten Stern, daß wir diese halbe Stunde der Dämmerung überstehen‹, tröstete ich meine Leute. Und die nickten, ohne die Augen vom Glas zu nehmen.

Eben nach Dunkelwerden, ich hatte meinen besten Ausguck auf der Brücke und diesen immer wieder auf die drohenden Gefahren im schwarzen Ostsektor hingewiesen, da wurde mir eine sich gegen den dunklen Nachthimmel abzeichnende Rauchwolke an unserer Backbordseite, also der Ostseite, gemeldet. Ich selbst vermochte zunächst nichts auszumachen, vertraute aber der Meldung meines Ausguckpostens und drehte mein Boot vorsichtshalber so ab, daß es nur noch eine schmale Silhouette zeigte.

So ging es weiter . . .

Wir hatten kaum gedreht, da erkenne ich die leuchtende große Bugsee eines mit AK anlaufenden Fahrzeugs. Zweifellos ist das spitz auf uns zuhaltende Fahrzeug ein Zerstörer, der uns vermutlich mit seinem Radargerät aufgefaßt hat. Daß er zu einem Angriff aufdreht, beweist die schwarze Qualmwolke, die sich aus seinem Schornstein windet. Er hat den dritten Kessel, der normalerweise zwar angeheizt, aber nicht in Betrieb gehalten wird, angesteckt. Dieser schwarze Blubber über dem Zerstörerschornstein ist für uns das Alarmsignal höchster Dringlichkeitsstufe. Ich lasse die Maschinen sofort auf äußerste Kraft hochfahren, bin mir darüber klar, selbst bei Höchstfahrt dem uns hetzenden Jäger nicht mehr davonlaufen zu können.

Nur eines ist jetzt wichtig: in der noch verbleibenden Zeit bis zum Tauchen das Heckrohr mit dem T 5 klarzumachen. Plötzlich schießt der Zerstörer Leuchtgranaten, die glücklicherweise direkt über uns liegen, die aber von meinen Steuermannsgasten falsch aufgefaßt werden. Der Brave springt wie ein geölter Blitz an die Zwozentimeter und ballert in rasantem Dauerfeuer auf die Lichtballen am Himmel, meinend, es handele sich um anfliegende Flugzeuge, die ihre

Scheinwerfer angestellt haben. So erfreut und beruhigt ich über diese blitzartige Reaktion auch war, hatte ich meinen Leuten doch eingeschärft, in solchen oder ähnlichen Fällen gar nicht erst den Feuerbefehl abzuwarten, sondern schnell und selbständig zu handeln, so kostet es doch einige Mühe, den wackeren Schützen von der Schnellfeuerwaffe wegzubringen, denn das Heckrohr war klar ...

Mit sanfter Gewalt reiße ich den Mann von der Zwozentimeterwaffe weg, denn eine Verständigung ist bei der Knallerei nicht möglich. Ich drücke ihn ins Luk, in das schon die anderen Männer der Brückenwache verschwunden sind. Der Zerstörer will eben das Feuer mit seinen Buggeschützen eröffnen, da tauchen wir von dem ungefähr noch dreitausend Meter entfernten Gegner weg.

Gleichzeitig lasse ich, wenn auch mit gemischten Gefühlen, einen T 5 nach achtern schießen.

Wir fahren in den Keller. Hundert Meter, hundertfünfzig Meter. In hundertachtzig Meter Tiefe – der LI hat das Boot eben durchgependelt – hören wir, wie uns der Bursche überläuft und wie er die erste Wasserbombenserie wirft.

Genau über uns.

Wir halten den Atem an.

Was kommt nun?

Da, ein helles singendes, stark ansteigendes Geräusch. Unser Torpedo, unser Zaunkönig. Er fährt programmgemäß über uns hinweg, dem Jäger nach. Seine Schraubengeräusche werden leiser, immer leiser ... Mit schweißnassen Händen warten wir. Fünf Sekunden, sechs ... sieben ... zehn.

Eine gräßlich Detonation läßt das Wasser erbeben.

Wir hören das Brechen und Bersten von Schotten. Typische Sinkgeräusche folgen.

Kein Zweifel, der Zaunkönig hat den Zerstörer geknackt.

Nach zwanzig Minuten tauche ich auf, nachdem sich

auch keine Anzeichen anderer Zerstörer bemerkbar machten.

Hinterher hinter dem Geleit.

Tagsüber reißt bei aufkommendem Nebel die Fühlung mit den Geleitungschiffen ab, lediglich ein achteraus sichernder Zerstörer bleibt in Sichtweite.

Inzwischen haben auch die anderen Boote T-5-Erfolge gemeldet, meist Zerstörer, auf deren Schraubendrehzahl die Zaunkönige ansprangen. Warum sollte ich es nicht riskieren, dem Zerstörer auf den Fersen zu folgen, um Fühlung zu halten?

Ein Witz, daß er uns nicht bemerkt, wohl weil er einen direkten U-Boot-Angriff einfach für illusorisch betrachtet und lediglich in vorlicher Richtung ortet.

In der Dämmerung werde ich als Fühlungshalter abgedrängt, als die Sicherung für den Dämmerungszack einen Vorstoß macht und genau auf mich zu hält. Ohne mein Zutun gerate ich, nachdem der Konvoi seine Kursänderung durchgeführt hat, mitten in den Geleitzug hinein. Drei Dampfer reißen meine Aale, während drei oder vier andere Boote in meiner Nähe die Whooling vollenden und die Nacht durch die Brände auf den Schiffen aufgespalten wird.

Ich muß nachladen, tauche und jage danach im Überwassermarsch dem Geleitzug wieder nach. Vier Stunden später habe ich wieder Fühlung. Alles rollt wie in einem mechanisch geführten Film so planmäßig wie in den besten Zeiten ab.

Erneut angreifend, macht mich ein Zerstörer aus. Am dunklen Horizont taucht plötzlich wieder eine schäumend weiße Bugsee auf.

Alles andere klappt wie am Schnürchen.

Ich befehle Alarmtauchen, schieße einen T 5, tauche, werde überlaufen und mit einer Salve Wabos bedacht. Ich höre unseren zurücklaufenden Aal über uns hinwegbrausen. Sein Geräusch ebbt ab. Jetzt, jetzt müßte er treffen . . .

Und er trifft.

Eine furchtbare Detonation.

Sinkgeräusche.

Dann ist Ruhe.

Ein bedrückendes Gefühl überkommt mich: Diese Art des Kampfes ist zu ungleich. Sie scheint mir einfach unfair.

Aber eine andere Stimme glättet die Gefühlswogen, die mich ob dieses schützenfestähnlichen Scheibenschießens mit dem letzten Aal überbranden: Heute du ... morgen vielleicht ich ...«

Und nun wenden wir uns dem Dortmunder Albrecht Brandi zu:

»Zwei britische Flugzeugträger, drei Kreuzer und ungefähr zwanzig Zerstörer und Korvetten evolutionieren vor Gibraltar«, meldet in den letzten Augusttagen der B-Dienst aufgrund zuverlässiger Agentenmeldungen aus Tanger, Ceuta, von der Insel Peregil und anderen Plätzen der Rifküste Nordwestafrikas.

»Die scheinen sich ja verdammt sicher zu fühlen«, wendet sich der FdU an Brandi, als er ihm die B-Dienstmeldung zum Lesen gibt. »Wissen Sie, Brandi, den Zahn müßte man unseren Freunden eigentlich ziehen ... eigentlich«, und der FdU, Admiral Kreisch, tritt an die große Karte mit den Planquadraten heran. Fünfundsiebzig Seemeilen ist das der Straße von Gibraltar vorgelagerte Iberische Meer zwischen Spanien und Marokko breit, und sieben Seemeilen mißt die Straße von Gibraltar.

Durchsichtig wie das Glas einer Flasche ist das Wasser im Mittelmeer. Klar und rein wie Kristall. Und oft spiegelglatt wie ein Ententeich. Ein hier nur kurz gezeigtes Sehrohr hinterläßt einen langen, aus der Luft weithin erkennbaren Schaumstreifen, der dem Boot zum Verräter werden kann und nur zu oft auch wurde. Wie ein dichtes Netz überspannt jetzt die permanente britische Luftüberwachung das

Mittelmeer. Sie macht den deutschen U-Booten schwer zu schaffen. Wer im Mittelmeer mit seinem Boot den Stützpunkt verläßt, ist sofort durch Flugzeuge gefährdet.

Das weiß der FdU ebenso wie Brandi, der Zerstörer- und Kreuzerspezialist und spätere Träger der Brillanten zum Ritterkreuz mit Eichenlaub und Schwertern. Das weiß auch Dönitz in der Heimat. Und in dem »eigentlich« des FdU ist ein Zögern, das sich auf ebendiese Überlegungen bezieht.

»Brandi ... Ihr Boot ist das einzige, das auslaufklar ist ...« Einen direkten Befehl möchte auch der FdU Brandi nicht geben, in die Höhle des Löwen einzudringen, in diesen Flaschenhals Gibraltar. 20 Zerstörer und Korvetten sichern den Verband. Ein ganzes Rudel der erbittertsten Feinde der »Grauen Wölfe der Meere".

»Ich fahre«, ist Brandis Antwort.

Bei einem Spähtrupp, der an Land in eine feindliche Stellung einbrechen soll, ist das anders. Da hat jeder einzelne Mann die Chance, den Kopf wegzustecken, wenn es pfeift, wenn Handgranaten fliegen. Da vermag der einzelne sich seiner Haut zu wehren.

Wer schießt, auf den wird geschossen.

Das ist der Krieg.

Und wer schneller schießt und sich schneller in den Dreck wirft, der hat Hoffnung, aus solchem Schlamassel wieder herauszukommen.

Was Brandi übernimmt, ist dasselbe, wie wenn ein Spähtrupp sich bis in das feindliche Hauptquartier schleichen muß. Und ein Spähtrupp hat nicht mehr als sieben, acht oder zehn Mann mit einem Leutnant oder einem Hauptmann als Führer. Ein U-Boot-Kommandant verantwortet aber 48 Mann an Besatzung. 48 Seeleute, die monatelang, viele Monate lang geschult wurden, von ihrer soldatischen Ausbildungszeit ganz zu schweigen. Diese Männer können den Kopf nicht in den Dreck stecken, wenn's pfeift, orgelt oder kracht. Sie müssen die Nerven behalten und besonnen und nüchtern klar hinter ihren Maschinen und Instrumenten stehen. Über sich das nervtötende Jijijitjijijit der Zerstörerschrauben ... um sie herum das höllische Dröhnen der Wasserbomben. Mal nah ... noch näher ... mal ferner und wieder näher.

Wer den Hammer in der Hand hat, wird schneller mit solchen Situationen fertig, die an die Nerven gehen. Wer aber stillhalten muß, an dem erprobt sich das Schicksal und die soldatische Haltung.

Nichts sei gegen unsere Landser gesagt. Sie machten Schweres, sehr Schweres mit durch. Oft noch Schwereres. Aber diese vorher geschilderten gravierenden Unterschiede werden sie nicht mißbilligen.

Am 28. August 1943 macht Brandi mit U 617 seeklar.

Hier ist sein Bericht: In höchster Beeilung lief ich aus. Erst in der Geschwindigkeit eines Radfahrers, also in Überwasserfahrt, und dann den Rest zu Fuß, unter Wasser. Vorsichtig tauchte ich an die feindliche Kriegsschiffgruppe heran. Die Zerstörer bildeten zwei Sicherungsringe um die beiden Flugzeugträger und die drei Kreuzer. Die B-Dienst-Meldung stimmte. Wieder einmal.

Ich untertauchte die äußere Zerstörersicherung und schlich mich mit zwei Seemeilen Unterwassergeschwindigkeit leise an den Kampfverband heran. Für Sekunden fuhr ich das Sehrohr aus.

Aus – Ein – Aus – Ein.

Nach meinen Berechnungen mußten die schweren Einheiten jetzt in der vorausberechneten Schußposition stehen.

Nur die Nerven nicht verlieren ... Nur die Ruhe behalten ... Rankommen lassen ... Noch näher herankommen lassen ...

Groß und massig stehen die Flugzeugträger jetzt im Fadenkreuz ... Und in diesem Augenblick, in der gleichen Minute, da ich den Ankündigungsbefehl zu einem Fächer gab, drehte der Verband zu einem Zack, um angreifenden U-Booten den für den Schuß erforderlichen Vorhaltewinkel zu nehmen. Das zu üben, war wohl auch der Sinn dieser Verbandsfahrten. Ich schoß den Fächer nicht. Die Trefferchancen waren zu gering und der Verlust des Bootes um so sicherer.

So verging der Tag mit neuen Anläufen. Und immer wieder vergeblichen Bemühungen, in eine sichere Schußposition zu gelangen.

Ein nervenaufreibender Tag.

Über uns und um uns das helle Singen der britischen Zerstörer und Korvetten. Ein widerliches Geräusch. Jeden Augenblick waren wir gewärtig, von ihnen eingepeilt zu werden. Aber die Briten fühlten sich wohl so sicher, daß sie offensichtlich ihre Horchstationen vernachlässigten. Sie hätte uns sonst mit dem Asdic auffassen müssen.

Die Feindberührung am ersten Tag und die Tatsache, daß der Verband schon einige Tage übte, ließ mich auf Wiederholung der guten Gelegenheit hoffen. Trotzdem. Es war buchstäblich zum Weinen, Flugzeugträger dieser Größe, »Formidable« und »Illustrious«, die ich nur aus den Abbildungen unserer Erkennnungsdienstblätter kannte, in solcher Nähe vor den Rohren zu haben.

Auch der zweite Tag brachte keinen Erfolg. Am dritten Tag kam ich an den Kampfverband überhaupt nicht mehr heran.

So entschloß ich mich, nach den langen leeren Tagen wenigstens etwas mit nach Hause zu nehmen. Es wurden zwei Zerstörer. Zwei in einem Anlauf, als ich den Fächer löste und vier Torpedos ihren Weg suchten. Ich schoß mit normalen E-To's mit Abstandzündung. (Der Zaunkönig, der Spezialtorpedo für Zerstörer, stand Brandi noch nicht zur Verfügung.)

Dieses Ereignis löste auf Gibraltar einen ganzen Abwehr- und Suchzauber aus. Hatten wir doch von unserer Schußposition aus sogar Einzelheiten aus dem Felsen erkennen können.

Unter Wasser suchte ich in den Schutz der afrikanischen Küste zu kommen. Oben tobten sich die Zerstörer aus. Serienweise fielen ihre Wasserbomben. Zu weit weg, viel zu weit weg. Meine Männer grinsten. Zum erstenmal wieder auf einer Feindfahrt.

Als die Tropennacht ihr dunkles Tuch über Nordafrika und den Schlauch von Gibraltar warf, tauchte ich auf. Wir mußten die erschöpften Batterien aufladen und vor allem frische Luft haben.

Um uns war alles ruhig. Sternenklar die Nacht. Weit und breit kein Schatten zu sehen. Auch keine Flugzeuggeräusche waren zu hören. Ich nahm Kurs auf Afrika, nach Mellile hinüber und gab die Wache an Graf Arco ab. Die Funkmeßbeobachtung schien jetzt wichtiger als Ausguck.

Plötzlich zerrissen Detonationen die Nacht.

Einmal, zweimal . . .

Das Boot geriet ins Wanken. Ich sprang auf.

Da knallte es ein drittes Mal. Das Boot bäumte sich auf. Glas splitterte. Das Licht fiel aus. Alles war dunkel. Im Boot herrschte ein unbeschreibliches Durcheinander. Rohrleitungen rissen und spritzten durcheinander. Die Flurplatten auf dem Fußboden waren herausgeworfen, und bei meinem Versuch, in die Zentrale zu gelangen, blieb mein Fuß zwischen zwei Rohren, die sonst durch Flurplatten verdeckt sind, hängen. Je mehr ich mich bemühte, ihn herauszubekommen, um so fester schien er sich zu verklemmen. Die Männer im Bugraum wollten, wie ich, in die Zentrale eilen. Sie versuchen, an mir vorbeizukommen, über mich hinwegzusteigen. Dabei drücken sie mich noch fester in die Verklemmung. Sie sehen ja in der Dunkelheit nicht, daß ich ihnen im Wege stehe. Es kostet mich einige Gewalt, meine lieben aufgeregten Freunde abzuschütteln und ihnen in dieser Situation noch in hinreichend vernünftigem Ton klarzumachen, daß ich ja in dem ihrer Meinung nach schwer beschädigten Boot noch etwas zu sagen hätte.

Einer rief plötzlich nach seiner Mutter. Ein anderer begann zu weinen.

Endlich begreifen sie. Endlich bekam ich mit ihrer Unterstützung den Fuß wieder frei. Mit Mühe gelangte ich an den Niedergang in die Zentrale. Es standen zwei »Leitern« da, denn die vom Turm zur Brücke war heruntergefallen. Zwei Leute hatten jeder eine gefaßt und wollten hoch. Sie blokkierten das Luk. Ich muß schnellstens klären, was da los war, schob die Männer mit Gewalt zur Seite und hangelte mich auf den Turm hinauf.

Als ich auf der Brücke erschien, empfing mich ein satanisches Gebrüll. Vielleicht haben die Männer der Brückenwache auch Hurra gerufen. Graf Arco zeigte aufgeregt in Richtung Backbord voraus.

Da hinten, dort soff gerade die »Biene« ab.

Während wir unten abzusaufen glaubten, hatte die Brükkenwache das Flugzeug abgeschossen. Die Männer hatten nur den dahinhuschenden Schatten gesehen. Und draufgehalten. Und getroffen.

»Alle Mann aus dem Boot!!!«

Der zunächst wohl richtige Befehl.

Wir hatten unsere Schäden weg. Totalschäden beinahe. Sogar der Diesel war ausgefallen.

Erst jetzt erfuhr ich, was oben geschah.

Die dritte Bombe mußte beinahe den Bootskörper gestreift haben, so nahe ging sie neben uns ins Wasser, um dann in 15 bis 20 Meter Tiefe direkt unter dem Boot zu krepieren.

Hier hatte der liebe Gott wirklich den Daumen dazwischengehalten. Und hier erfuhr ich, daß man auch Glück, manchmal viel Glück haben muß, um aus solchen Situationen einigermaßen herauszukommen. Wir unten hatten einmal für Sekunden erlebt, wie es ist und was man denkt, wenn man absäuft. Alle Anzeichen waren doch da! Das Anheben des Bootes durch die darunter hochgehende Bombe hatte man nicht bemerkt, aber die Abwärtsbewegung nachher. Gleichzeitig kam von den zusammenfallenden Fontänen der Bombe ein kompakter Wasserstrahl ins Boot. Ich dachte an nichts Feierliches unter diesem Eindruck, sondern nur mit Resignation, »so sieht es also aus, wenn man absäuft«.

Mit einem Diesel versuchten wir, unsere Fahrt zur Küste fortzusetzen. Ich hoffte, daß es sich einrichten lassen würde, das Boot direkt an den Felsen zu legen und mit einer Persenning und daraufliegenden Steinen so zu tarnen.

»Wenn er nicht gefunkt hat, Herr Kapitän, werden sie vielleicht kein anderes Flugzeug schicken ...«

»Sie werden ...! Passen Sie auf. Schließlich kann die Biene ja nicht ewig in der Luft herumschwirren. Wenn man sie bei dem Geschwader vermißt, schickt man andere.«

Und das andere Flugzeug kam ... Sehr bald schon.

Sicherlich hat der da oben gefunkt, und zwar, bevor er angriff. Der andere kurvte in respektvollem Abstand um uns herum.

Meine ganze Besatzung stand an Oberdeck. Niemand konnte im Boot bleiben. Durch eindringendes Wasser hatten die Batterien Wasser bekommen. Chlorgase bildeten sich. Nur mit Tauchrettern um den Hals vermochten die wenigen Männer, die unten bleiben mußten, ihre Pflicht zu erfüllen. Auch der Rudergänger. Er saß am Handruder. Das andere war ausgefallen. Meinen Kursbefehl schrie ich ihm durch den offenen Turm hinab. Das ging ganz gut. Viel besser, als ich dachte.

Tolle Schlangenlinien kamen allerdings bei diesem Fahren heraus.

Die Briten in der Luft wollten auch nicht untätig bleiben. Hin und wieder schossen sie mit ihren Bordwaffen. Meine Leute, die an Oberdeck standen, krochen hinter den Turm in Deckung. Immer rund um den Turm herum. Brummte der Vogel nach Backbord ... flitzten sie rüber nach Steuerbord.

Ich glaubte nicht recht zu hören.

Fingen die Kerle doch an zu singen ... einen Schlager für verliebte Leute, bestimmt nicht für U-Boot-Männer komponiert. Für die macht man an Land andere Lieder.

»Das Karussell geht immer rund herum ...«

Backbord – Achterkante Turm – Steuerbord – Vorkante ... Immer rund herum. Auch die vorhin verzweifelten Kumpels singen mit. Sicher am lautesten.

Aber daß sie überhaupt singen, war gut, das war wie eine Erlösung aus der Nervennot.

Wir standen fast unmittelbar unter der hohen, steilen Felsküste, ein in dunklem Schatten liegendes Seegebiet, das wir unbedingt erreichen mußten und in dem wir uns etwas sicherer glaubten.

Endlich gelangten wir in den Schatten, endlich waren wir aus dem ekelhaften Licht des messingfarbenen himmlischen Nachtwächters heraus. Geirrt. Sie warfen Leuchtkörper. Und zwar sehr genau über unserem Standort. Ausgeschlossen, sich der Kontrolle zu entziehen.

Wir laufen nun etwa 400 Meter unter Land entlang. Es blieb uns noch eine gute Stunde bis zur Morgendämmerung. Nur eine Stunde ... In dieser Stunde mußte irgend etwas geschehen. Bei Tageslicht würden weitere Flugzeuge und mit Sicherheit auch Überwasserstreitkräfte erscheinen und uns wie einen lahmen Hasen abknallen.

Der Leitende hatte inzwischen die Schäden festgestellt. Mit Bordmitteln nicht zu beheben. Vielleicht möglich, wenn wir das Boot einige Tage unter Land legen und tarnen.

Von weiteren Überlegungen wurden wir befreit. Das Boot ritt mit halber Fahrt bei nur einem Diesel auf eine Felsnadel unter der Wasseroberfläche auf und kam auch bei AK-zurück nicht mehr los.

Es war der schwerste Entschluß meines Lebens, U 617 aufgeben zu müssen. Es war ein braves Boot. Ein gutes Boot. Aber es gab keinen anderen Weg.

Das Boot mit normalen Sprengkörpern zu sprengen, würde hier wenig Sinn haben. Es würde nicht absaufen!

»Mit einem Torpedo sprengen«, war der Vorschlag von IWO Gautier.

So sorgte ich denn erst einmal dafür, daß alle überflüssigen Männer an Land geschickt wurden. Alle waren überflüssig, denn die Sprengung nach meiner Vorstellung ... diese Verantwortung konnte nur ich als Kommandant selbst übernehmen. Einige baten mich, es ihnen zu überlassen. Viele meldeten sich freiwillig zur Hilfestellung.

So mußte ich denn den dienstlichen Befehl geben, das Boot zu verlassen. Nur der IWO und die Nummer Eins blieben.

»Wir müssen Ihnen helfen, Herr Kaleunt«, beharrten sie.

Sie halfen den Torpedo klarmachen. Sie halfen, die Sprengleitungen auszulegen. All diese Arbeiten mußten wir mit umgehängtem Tauchretter erledigen, ohne Licht im Boot und bei schwieriger Verständigung.

Bei dem Torpedo im Heckraum wurde die »Pistole« durch eine Sprengpatrone ersetzt.

»So, nun kommt das Schwerste ... Wir müssen an Bord bleiben. Versteht ihr, an Bord, wenn der Torpedo hochgeht. Auf keinen Fall darf sich einer im Wasser befinden, wenn der Aal im Boot krepiert. Das würde der noch sicherere Tod sein. Das wissen wir doch aus Erfahrungen, die wir mit den Kameraden machten, die aus sinkenden Booten ausstiegen und dabei in Wasserbomben-Druckwellen gerieten. Lungenrisse ... Aus ...«

Neben dem Torpedo schlugen wir noch zusätzliche Sprengladungen an. Und dann kam die entscheidende Minute.

Die Zündschnüre brannten. Laufzeit sieben bis neun Minuten.

Es waren die längsten meines Lebens.

Keiner sprach. – Hin und wieder sahen wir uns an. Die

anderen beiden hielten sich mit den Händen an den Relingstützen fest. Ich dagegen lehnte am Turm, nicht fest, ganz lose, dabei umfaßte ich die untere Turmreling, die sich um den Turm herumzieht. Alles mit eingeknickten Knien in höchst verdächtiger Stellung. Sechs Minuten. – Sieben Minuten, acht Minuten ... 21, 22, 23, 24 Sekunden ...

Eine Feuersäule brach aus dem Boot heraus, und gleichzeitig erfolgte ein furchtbarer Schlag. Mir schien es, als würden wir in den Himmel geschleudert. Dabei hob sich das 500 Tonnen schwere Boot nur Millimeter aus dem Wasser. Der Stoß fuhr mir wie eine Faust in den Magen. Unsere Ohren schienen taub. Wir sahen, wie in einem Stummfilm, Bootsteile vom Heck durch die Luft wirbeln, und wir fühlten dann, wie unser braves Boot erst langsam, dann aber schnell abrutschte. Dann lagen wir im Wasser. Wir schwammen. Mitten im Öl, das die Augen verschmierte, denn die Bunker waren geplatzt. Ich sah noch einmal zurück. Wir hatten gute Arbeit gemacht. Der Bug sah allerdings noch immer einige Meter heraus. Vermutlich lag U 617 vorn noch immer auf dem Unterwasserfelsen auf.

Schweigend schwammen wir zur Küste. Dann rief ich. Noch einmal. Keine Antwort kam.

»Zum Kuckuck, wo sind denn die Kerle?« erboste ich mich nun doch. »Sind sie in Deckung gegangen? Hat man sie gefangengesetzt?«

Endlich rief einer zurück, und als wir an Land kamen, benahmen sich einige Männer höchst unmilitärisch. Sie wollten uns um den Hals fallen, als seien wir Helden.

»Warum habt ihr Halunken nicht geantwortet?« fragte ich mit gewolltem Ingrimm, innerlich aber froh, wieder unter meinen Männern zu sein. Eine Frage an alle. Erst schweigen, dann: »Weil wir glaubten, die Rufe stammen nicht von Ihnen.«

»Wie bitte?«

»Wir dachten, es seien andere, die da riefen. Wir fürchteten, uns zu verraten. Daß Sie noch am Leben waren, das haben wir nicht geglaubt . . .«

Schnell dämmerte der Tag. Die aufgehende afrikanische Sonne beleuchtete eine Felsen- und Steinlandschaft, die wohl einen Fotografen hätte erfreuen können, uns aber besorgte.

»Was nun, Herr Kapitän?«

»Erst mal die Gekadossachen verbrennen. Kriegstagebuch, Funkkladde und all die anderen Dinge, die vernichtet werden müssen.«

Das war leichter gesagt als getan. Man muß das mal versuchen, dicke Bücher so zu verbrennen, daß sie wirklich restlos verbrannt sind. Vor einer Felsenhöhle machten sich die Leute damit zu schaffen, während andere auszogen, um das Gelände zu erkunden. Plötzlich kam einer der aufgestellten Ausguckposten aufgeregt angelaufen.

»Sie kommen!«

»Wer?«

»Die Briten, drei Korvetten, Flugzeuge . . .« Da hörten wir es auch in der Luft brummen. Flugzeuge. Deckung. Wir flohen in die Höhle, die die anderen schon morgens ausgemacht hatten. Und wir konnten um die Ecke herum beobachten, was nun geschah. Die Flugzeuge luden ihre Bomben an der Untergangsstelle ab. Die Korvetten, es waren – wie später durch den B-Dienst festgestellt wurde – die Zerstörer HMS »Hyacinth« und »Haarlem« und die Korvette »Wollongong«, veranstalteten ein Scheibenschießen.[1] Sie meinten wohl, wir säßen noch im Boot.

Bis zu uns flogen die Querschläger.

Im britischen Kriegsdokument wird diese Tat als Versenkung gefeiert. Wahrscheinlich hatte die Knallerei die Küstenwache angelockt. Nachher, als wieder Ruhe eingetreten

1 Die B-Dienst-Angaben sind zu korrigieren in die 16 kn schnelle Korvette »Hyacinth« und den 16 kn schnellen Minensucher »Wollongong«; eine »Haarlem« gab es nicht.

war, als die Briten abgedampft waren, trabte auf einmal ein spanisch uniformierter Marokkaner heran. Er hatte eine fürchterlich lange Flinte bei sich und gebärdete sich, als habe er eine ganze Armee hinter sich. Er – erklärte uns zu seinen Gefangenen und fuchtelte mit seinem Schießprügel umher, daß mir doch etwas bange wurde, das Ding könnte dem nervösen Wüstensohn losgehen.

»Nehmt dem aufgeregten Kavalier mal die Flinte weg.«

Das geschah. Unser Marokkaner zeterte und schimpfte in seiner unverständlichen, sinngemäß aber sehr eindeutigen Sprache. Wir mußten ihn festsetzen, um ein Unglück zu verhindern. Für uns begann nun der schwere Marsch durch steiniges, unwegsames Felsland. Viele hatten keine Schuhe mit, sie banden Hemdenfetzen um die Füße. Mit gallengrüner Farbe im Gesicht waren wir nach drei Wochen aus der Röhre herausgekommen, und nun diese afrikanische Sonne.

Wenige Stunden später tauchte ein spanischer Offizier auf, mit dem eine halbwegs vernünftige Unterhaltung in Französisch möglich wurde.

Er bat uns sehr liebenswürdig, ihm zum Fort zu folgen. Und das wollten wir dann ja auch ohne Widerspruch, denn schließlich konnten wir weder verdursten, noch gab es für uns einen anderen Weg, in die Heimat zurückzukommen. Der Offizier versprach mir sogar ein Frischwasserbad, denn ich war über und über mit Öl verschmiert. In der Hitze schmerzte das beißende und fressende Dieselöl auf der bloßen sonnenungewohnten Haut nur noch mehr. Nur der Gedanke an ein Bad ließ mich die Strapazen des Fußmarsches ertragen. Ich hatte wenigstens Turnschuhe an . . .

Wir waren bis an die mögliche Grenze erschöpft. Einer mußte getragen werden.

Aber auch dieser Leidensweg ging zu Ende. Wir kamen in einem mehr oder weniger altertümlichen Fort unter, und ich bekam auch das versprochene Bad.

Ich dachte an eine schöne Wanne, an eine erfrischende Brause und meinte, meinen Augen nicht zu trauen, als man mich zu einem Häuschen führte, was verflixt viel Ähnlichkeit mit einem gewissen Örtchen auf dem Lande daheim hatte. Nur das Herz fehlte darin. Dafür fiel mir ein großer Trichter auf dem Dach auf und eine Leiter, die darangestellt war.

»Ach so«, dachte ich bei mir. Gut, daß ich das vor dem Gewaltmarsch nicht gewußt habe.

Einen halben Eimer Wasser schenkte man uns pro Kopf. Einen halben Eimer!

Und der wurde von oben in den Trichter geschüttet, schön langsam, als sei Wasser kostbares Olivenöl. Das hohe Lied der spanischen Ritterlichkeit aber war der Haupteindruck dieser meiner vorübergehenden Internierungsperiode.

Drei Monate später war ich mit meinen Männern entkommen und fuhr das nächste Boot im Mittelmeer. Damit hatte ich eine am Unglückstage abgeschlossene Wette mit meinem WO Graf Arco gewonnen.

Als Kommandant von U 617 und später von U 380 und U 967 versenkte Albrecht Brandi 21 Schiffe mit 118000 BRT, drei britische Kreuzer und zwölf britische Zerstörer, so viel wie die Kriegs- und Handelsflotte einer kleineren Nation. Siehe Anhang I, Nachtrag 8.

24

Kurs Madagaskar: Altes As auf neuem Boot

Zur Lage:
Im OKM hat man sich endgültig für die Elektroboote, also die Typen XXI und XXIII, entschieden, dieweilen das Walter-U-Boot, das in Verbindung mit dem Schnorchel bei zusätzlichem Diesel-

und E-Motoren-Betrieb den Forderungen nach einem reinen Unterseeboot am nächsten kam, vernachlässigt wurde. Die Typen XXI und XXIII indessen stellen nur eine Zwischenlösung auf diesem Wege dar, waren aber nach der Meinung von Dönitz schneller zu entwickeln, da sie an praktische Erfahrungen anschlossen. Dönitz erklärte Hitler: »Die neuen Elektroboote werden mit 19 Knoten Unterwassergeschwindigkeit alle Vorteile der Offensive wie auch der Defensive besitzen. Die ersten werden im November 1944 einsatzbereit sein.« Der Termin erscheint Hitler zu spät. Er gibt Reichsminister Speer den Befehl, dieses Programm zu beschleunigen. Es wird auch beschleunigt. Man geht jetzt sogar zu einer gewissen Fließbandarbeit über. Diese neuen Boote werden in Sektoren überall in Deutschland gebaut werden und brauchen nachher an der Küste bloß noch zusammengesetzt zu werden.

Inzwischen weitet sich der U-Boot-Krieg bis in den südlichen Indischen Ozean aus. Hier hofft man noch jungfräuliche Weiden anzutreffen. Eines dieser großen Boote vom Typ IX D 2 (mit einem Aktionsradius von 23 700 Sm und einem Bestand von 30 Torpedos an Bord), U 198, steht unter dem Kommando des wieder eingestiegenen Fregattenkapitäns Werner Hartmann, bei dem Priens ehemaliger LI Wessels an Bord ist und bei dem früher Prien und Wolfgang Lüth als Wachoffizier gefahren hatten. An dieser 200-Tage-Unternehmung nahm auch der Oberfunkmaat Brehm teil ...

Brehm ist der Typ des humorvollen und klar beobachtenden Seemannes. Er ist durch nichts aus der Ruhe zu bringen. Als Funker ist er den Kummer gewöhnt, praktisch immer der »erste Mann am Feind« zu sein. Wenn Zerstörer anlaufen und ihr schneidendes helles Schraubensingen im Horchgerät ermittelt wird, wenn Flugzeuge orten und das Metoxgerät mit Lautstärke fünf die höchste Alarmstufe verkündet ...

Dabei ist Brehm nun nicht gleichgültig geworden. Es ist auch kein Fatalismus, der ihm seinen Dienst dem Schein nach leichter macht.

Seine erste U-Boot-Fahrt machte Brehm unfreiwillig mit, damals, als er nach einer weltumspannenden Hilfskreuzerfahrt auf der »Atlantis« in den Bach mußte, von U-Bauer gerettet wurde, um später von der »Python« übernommen zu werden, auf der er, wie bereits geschildert, wenige Tage später wieder absoff. Brehm hatte mit einer fast zweijährigen Feindfahrt auf dem Hilfskreuzer und der täglichen und stündlichen Bedrohung, von übermächtigen Gegnern wie ein Karnickel abgeknallt zu werden, eigentlich ein Anrecht darauf, um ein Landkommando zu bitten, und man hätte es ihm, wie jedem anderen, nach dieser phantastischen Reise auch sicherlich gegeben. Aber Brehm meldete sich freiwillig zur U-Boot-Waffe.

Diese kleine Vorschau ist notwendig, um Brehms Sprache zu verstehen, sie ist die Sprache eines seemännischen Kumpels:

Wir sind durch den bekannten Rosengarten um Island herum ausgelaufen. Nur sein Name ist rosig. Diese Landschaft selbst ist stachliger wie ein Kaktus. Aber da wir unter Wasser fuhren, haben wir eine ziemlich ruhige Ausreise gehabt. In den wärmeren Zonen wurde es fast eine Badereise. Mit der fröhlichen Fahrt war es nun aber aus, als U 198 200 Meilen westlich von Dakar einen Luftangriff erleben mußte, der nicht von schlechten Eltern war. Seitdem hatte unser Alter am Baden den Geschmack verloren, um nicht für immer baden zu gehen.

Wir erreichten um Kapstadt herum unser östlich von Durban gelegenes Operationsgebiet ohne weitere Zwischenfälle.

Oder halt doch, wenn man das als Zwischenfall werten kann. Westlich von Kapstadt machten wir einen Trimmversuch. Ich hatte vor dem Auftauchen rundgehört. Nichts. Woher sollte auch hier in dieser einsamen Gegend einer herkommen, der von uns was wollte.

Kaum hatte Hartmann anblasen lassen, kaum ist der Turm freigekommen, und der Alte hat seinen Kopf witternd durch das Luk gesteckt, plumpst er wie ein Sack von oben herab.

Achteraus Zerstörer in nächster Nähe.

»Das ist ja eine schöne Begegnung«, denke ich so bei mir und rieche das heraufziehende Gewitter. Es kommt auch, nachdem wir uns von dem lästigen Kumpel da oben freimanövriert haben.

»Sie Topfnudel ... natürlich geschlafen ... wieder einmal ...«

Das sind noch die sanftesten Worte, die ich als Funker zu hören bekomme.

Na, ein Glück für mich, daß der Oberfunkmeister persönlich im Horchraum war, als ich die Rundpeilung nahm, und daß er mitgehört hatte.

»Nichts war zu hören, Herr Kapitän. Brehm trifft da keine Schuld.«

»Der Bursche lief doch. Also mußten seine Schrauben doch zu hören sein.«

Der Oberfunkmeister holt tief Luft und versucht in einem umständlichen Vortrag zu erklären, daß der Zerstörer nämlich in einem toten Winkel lag, in dem unsere Horchpeilung versagen mußte.

Aber Hartmann ist böse ...

»Dann schmeißt das Ding außenbords und baut statt dessen eine Kartoffelkiste ein«, endet er das Gespräch. Von den ganzen funktechnischen Neuerungen hielt er sowieso nicht viel, wie viele der Kommandanten, die zu Kriegsbeginn große Erfolge errangen und später unter völlig veränderten Gegebenheiten wieder ein Boot übernahmen, wie es bei Hartmann der Fall war. Auf der ganzen Fahrt wurde auf U 198 aufgrund dieser Ablehnung auch niemals das neue Funkmeßgerät[1], dessen Dipole an der Vorkante Turm angebracht waren, nachdem das Biskaya-Kreuz abgeschafft worden war, eingesetzt.

1 Gemeint ist das schon erwähnte »Naxos«-Gerät, das, wie wir heute wissen, einige Probleme auslöste; siehe Fortsetzungsband zur WENDE IM U-BOOT-KRIEG 1939–1943.

Aber die Kurzwelle mußte durchgehend besetzt sein, die sogenannte Südschaltung, und dazu vor allem auch die Längstwelle bei Programmzeiten, denn Hartmann legte großen Wert auf Freizeitgestaltung. Die gute Stimmung seiner Besatzung erschien ihm wichtiger als diese für ihn unnützen funkmeßtechnischen Taschenspielereien.

»Ein guter Ausguck ist mehr wert. Und ein Ausguck kann nur gut sein, wenn er sein Köpfchen beieinander hat und keine Sorgen und seelischen Belastungen bei sich herumwälzt.« Hartmanns Grundsatz.

Alle vier Wochen ließ Hartmann ein großes Wunschkonzert veranstalten. Einmal, weil es wirklich Spaß machte, und zum anderen aber, weil es die Stimmung aufmöbelte, wenn wir zum Beispiel das Geräusch des kartoffelschälenden Kommandanten durch das Mikrofon übertrugen. Jeden Sonntag mußten Berliner Pfannkuchen auf die Back. Hartmann hatte dafür gesorgt, daß der Bäcker und Konditor an Bord, der nebenbei noch seinen Gefechtsdienst versah, auch was konnte. Beim Barte des alten Herrn Neptun, seine Torten waren prima. Direkt wie von Kranzler am Ku'damm im ollen scheenen Berlin.

Die Bücherei an Bord hat Hartmann persönlich zusammengestellt. Auf der Fahrt verwaltet sie der II WO, dem Hartmann Instruktionen gegeben hatte, wie er für das geistige Wohl der Besatzung zu sorgen habe und was man als Chef so einer Leihbücherei auf dem Atlantik in dieser Hinsicht tun könne, um die Gemüter aufzubügeln.

Was so an Spielchen auf dieser Welt erfunden wurde, haben wir an Bord. Schach, Skat, Schwarzer Peter. Und dann die Schallplatten. 200 Stück, das Geschenk eines großen Bremer Musikhauses. Auch unsere Gefangenen an Bord – wir hatten ja Befehl, immer die Kapitäne von den versenkten Schiffen aufzupicken – spielten mit. Einer von den britischen Kapitänen zeichnete übrigens sagenhaft. Er zeichnete Bilder vom Kommandanten, von der Besatzung und von Dönitz.

Wir waren mit unserem Dasein schon ganz zufrieden, wir 65 Mann. Auf der ganzen Fahrt ist es niemals zu Streitigkeiten gekommen.

Hartmann hatte auch ein Reglement für das Rauchen an Bord eingeführt. Jeder Kommandant macht das ja anders, deswegen ist es vielleicht interessant, wenn ich das erwähne. Bei uns hingen in der Zentrale drei rote Marken. Man steckte sich eine an und meldete sich auf der Brücke mit dem üblichen »Frage, ein Mann Brücke«.

Dort meldete man sich beim WO. »Frage Sektor?« Man erhielt einen Qualmsektor zugeteilt.

Wer vergaß, die Marke wieder anzuhängen, zahlte eine Reichsmark in die Kasse.

Seit dem Fliegerangriff beim Baden auf der Höhe von Dakar durfte sonst niemand mehr an Deck.

Wochenlang gammelten wir vor Durban herum. Die Stimmung des Alten lud sich langsam, aber sicher mit Pulver auf, ach, was sage ich, mit Dynamit. Er rannte rum, als habe er Nitroglycerin in den Adern. Verständlich bei diesem Dasein. Nichts regte sich. Nichts zeigte sich. Keine Rauchfahne. Keine Mastspitze. Dazu die Enge in der Röhre und diese feuchtwarme Luft, die einen fix und fertig machte. Ich mußte oft an meine Zeit auf Rogges Hilfskreuzer »Atlantis« denken. Da konnte man sich wenigstens noch die Beine vertreten. Das Fahren, diese ständige Bewegung in der Ruhe des Bordbetriebes, war trotz aller Anspannung ein Ausgleich. Hier aber . . .

Auf und ab. – Auf und ab.

Mein FT-Kollege legte in diesen Tagen, noch dazu an einem Sonntag, ausgerechnet zum Frühstück eine Hot-Platte auf, die mit ihren schrillen Klängen unsere armen Nerven wie eine Säge überfuhr.

Das hätte der Mann auch nicht tun dürfen. Nachher war die Platte kaputt. Dafür hatte der Alte gesorgt, als er schnaufend in das Funkschap sauste.

Auch der Obersteuermann bekam an diesem Unglücksmorgen seinen Teil ab.

»Das nennen Sie steuern, was? Fahren ja Monogramme in den Teich. Schieben Sie lieber einen Kinderwagen.«

»Das hoffe ich auch, wenn wir heimkommen«, schießt der Obersteuermann in dieser Haltung zurück.

Hartmann freut sich über diese schlagfertige Parade. Die Stimmung war wiederhergestellt. Sein Zorn war ja mehr Kummer, das wußten wir alle nur zu gut in dieser Blechbüchse.

Blech oben. Blech unten. Blech neben uns. Blech um uns herum.

Und eine Blechkrawatte brauchte sich der Alte nicht mehr zu verdienen, die hatte er schon. Halsschmerzen hatte er also keine und auch niemals gehabt.

Nur wer U-Boot fuhr, weiß, was eine Blechkrankheit ist.

Wir hatten auch manches andere gemeinsam, das uns verband. Ausschlag, Geschwüre, die in dieser Treibhausluft wie Pilze wuchern.

Als ob das Hartmannsche Morgengewitter die Luft gereinigt habe, jedenfalls sichtete der Ausguck mittags die Mastspitzen eines Dampfers, dem wir uns vorsetzen konnten und der dann auf Tiefe ging.

Der amerikanische Kapitän erschien bei uns an Bord mit zwei riesigen Colts, die er sich vor den Bauch geschnallt hatte, die reinste Zimmerflak von Kanonen. Sonst benahm er sich aber ganz manierlich, und da er im Bach gelegen hatte und mit Öl ziemlich verschmiert worden war, sollte er sich erst einmal waschen und trockene Sachen anziehen, bevor ihn Hartmann ins Verhör nahm. Aber der Ami sagte nichts, und dabei brauchte er doch wirklich nicht so stur zu sein. Bekam ja alles wieder. Seine Ringe, seine Brieftasche und sogar seine goldene Taschenuhr.

Hartmann nahm ihm seine Patzigkeit nicht übel und bat ihn trotzdem, nachmittags Gast der Sonntagstorte und des

Wunschkonzertes zu sein. Bei dem Konzert wurde er sogar gesprächig. Er hatte auch einen Wunsch. Er bestellte sich bei mir einen Walzer vom alten Herrn Strauß. Nun, mit dem konnte ich dienen. Als geschäftstüchtiger Ami hatte er spitzbekommen, daß so ein Wunsch bei uns auch was kostet.

Es war ihm einfach nicht auszureden, er legte einen guten amerikanischen Dollar in die Kasse.

Die meiste Zeit hielt er sich im Oberfeldwebelraum auf und kam wie jeder andere an Bord in die Zentrale, fragte nach Chance und nahm sich eine rote Marke, um auf der Brücke eine Zigarette zu rauchen.

Wir merkten unsere Gefangenen kaum noch an Bord. Sie hatten sich sehr bald so in den Bordbetrieb eingewöhnt, daß sie alle Manöver mitmachten, so zum Beispiel in großer Selbständigkeit beim Alarmtauchen mit nach vorne liefen, damit das Boot schneller auf Tiefe kam.

Sie schälten fleißig Kartoffeln mit und halfen dem Smut bei seinen Arbeiten.

Die Trauer war auf beiden Seiten ehrlich, als wir uns trennten, um die gefangenen Kapitäne, Prachtkerle und großartige Seeleute, an den Versorger Schliemann abzugeben.

Bei dem Versorger trafen wir übrigens mit fünf Booten der sogenannten Ersten Monsungruppe zusammen.

»Was heißt Bier auf japanisch?« fragte mich Hartmann.

»Weiß ich nicht, Herr Kapitän«, war meine Antwort. »Noch nicht.«

»Na, dann kann man Sie ja auf die Schliemann loslassen. Brauchen ja nicht alles zu verstehen, was auf den Buddeln und Büchsen steht.«

Also fuhr ich auf den Versorger rüber. Hartmann hatte sich aber verrechnet, als er mich als Proviantmeister ausersah. Die Beschriftungen auf dem Proviant waren in deutscher und japanischer Sprache gedruckt. Die Begrüßung auf dem Versorger entsprach dann auch uraltem Seemannsbrauchtum.

Vorher aber mußte ich aus meinem übelriechenden U-Boot-Päckchen aussteigen, blütenweiße, frisch und sauber duftende Tropenwäsche empfangen, unter eine Frischwasserbrause kriechen und dann als Held mit U-Boot-Bart zu einem Umtrunk empfangen zu werden. Dazu gab es japanisches Bier, das zwar sehr stark war, für unsere Begriffe aber sonderbar süß schmeckte. An diesem Tage wurde nicht mehr gearbeitet. Ging auch nicht.

Sechs Tage dauerte die Versorgung im südöstlichen Indischen Ozean, dann marschierten wir wieder in unser Operationsgebiet. Gleich am ersten Tage sichteten wir innerhalb der Dreimeilenzone einen feinen Dampfer, so auf der Höhe von Lorenzo.

Hartmann fragte beim BdU an: »Darf ich den versenken?«

»Hartmann, Hartmann, Hoheitsgewässer beachten«, der BdU.

Und dann kam einige Tage später tatsächlich noch ein Geleit angeschwommen, aus dem wir wenigstens noch einen Dampfer herausknabberten, ehe wir auf Kurs Heimat gingen.

Das ist natürlich bei der Marine ein Anlaß, der gefeiert werden muß. Hartmann ließ pro Kopf eine Flasche Bier ausgeben, an den neuen gefangenen Kapitän natürlich auch. Das war so üblich. Für Hartmann war er eben Gast an Bord.

Das war uns nun noch nicht passiert, daß ein Gefangener eine Buddel Bier ablehnte. Dieser hier tat es.

»Warum?« wollte Hartmann wissen.

»Weil Sie einsehen müssen, daß es mir nicht zugemutet werden kann, auf die Erfolge dieser Ihrer Unternehmung mit anzustoßen. Schließlich ist so mancher meiner Kameraden auf diesen Schiffen mit untergegangen.«

Dieser Einwand war anzuerkennen. Als Hartmann ihm erklärte, daß diese Buddel ja die Heimatbuddel wäre, da ergriff er sie und grinste. Wir hatten es eilig, sehr eilig, nach Hause zu kommen, und fuhren meist mit hoher Fahrtstufe den letzten Teil der Reise auf dem Strich, auf der Dreimeilenzonengrenze der spanischen Küste. Genau kann man das natürlich auch nicht festlegen bei solch einer Fahrt. Die Biskaya kreuzte Hartmann über Wasser. Das war zwar gegen den bestehenden Befehl. Aber es ging klar bis auf Fliegerbomben direkt vor der Gironde. Aber hier schwammen wir bereits im Geleit, und die nervösen Herrschaften warfen bei dem Flakbeschuß daneben. Nachher mußten wir noch eine Weile gestoppt liegen, weil der Empfang noch nicht vorbereitet war. Als wir anlegten, kam die Kapelle ganz außer Atem im Laufschritt an. Der Flo-Chef strahlte. Hartmann strahlte. Wir strahlten. 46000 BRT, acht Schiffe, waren nicht viel für den Aufwand an Zeit, aber dennoch ein Lichtblick.

In diesem Trubel hatten wir unseren britischen Kapitän vergessen. Wir sahen gerade noch, wie ein schwerbewaffneter Trupp von irgendeinem Heeresküstenkommando mit ihm loszog. Kurs Gefangenenlager.

Hartmann wurde verständigt.

»Kommt nicht in Frage. Der Käpten bleibt erst mal bei uns.«

Wir holten ihn auf seinen Befehl zurück.

Nachher, als wir zum Marsch in den Stützpunkt antraten, war der Käpten mit dabei.

Damit man nicht falsch versteht. Wir führten ihn nicht wie vielleicht die alten Römer die Heerführer und die Könige ihrer unterjochten Völker im Triumph mit uns. Er gehörte zu uns, und er war von uns auch gar nicht zu unterscheiden. Er trug das gleiche stinkende U-Boot-Päckchen. Er hatte wie wir einen fusseligen U-Boot-Bart. Er sah genauso fahl und hohläugig und abgespannt wie wir, seine

Gegner, aus, und er war genauso froh wie wir, wieder festen Boden unter den Füßen zu haben. In Reih und Glied, voran die Musik, marschierte er mit uns zum Stützpunkt hin ... zu den Feierlichkeiten, die nachher gar nicht mehr feierlich waren.

Wer vertrug schon von uns noch Alkohol?

Auch unser Tommy machte schlapp. Mit Haltung, wie ein Gentleman, versteht sich.

Was Brehm berichtete, klingt fast amüsant. Die Fahrt war indessen alles andere als eine Vergnügungsreise. Aber es ist wohl typisch für solche Männer, daß in ihnen die menschlichen Erlebnisse stärker nachklangen als alle kriegerischen Geschehen und Erfolge. Sie wären im anderen Falle dem Selbstmord näher gewesen als dem Heldentum.

Auch Wolfgang Lüth, dieser hagere, schmalgesichtige Baltendeutsche, dessen Witz so knalltrocken wie ausgereifter Sekt war, durchkreuzte die tropischen Gewässer dieser südlichen Hemisphäre.

Siebeneinhalb Monate dauerte die Unternehmung mit U 181: 225 Tage, 225 U-Boot-Nächte.

Wolfgang Lüth über diese Fahrt:

Gleich, wo man umherfährt, das Leben in einem U-Boot ist immer ungesund. Den steten Wechsel zwischen Tag und Nacht gibt es nicht, weil im Boot dauernd Licht brennen muß. Es gibt auch keinen Sonntag. Das Leben verläuft so unrhythmisch und eintönig, daß man stets bemüht sein muß, diese Nachteile auszugleichen. Hinzu kommt der dauernde Klimawechsel, der auch dem gesündesten und härtesten Mann, auf die Dauer gesehen, Schwierigkeiten macht. Das Boot kam vom kalten Norden in warme Passatzonen, von dort in die Tropen, von feuchten Gegenden wieder in Schönwettergebiete. Man berührte namentlich beim Anmarsch eine Klimazone nach der andern, und zwar unter denkbar ungesunden Bedingungen des U-Boot-Lebens. Unregelmäßiger Schlaf kam hinzu, denn die Nacht ist die Hauptkampfzeit geworden. Störend wirkte auch der Mief an Bord. Die Luft ist ölhaltig und mit Giftstoffen angereichert, die auch die besten Lüfter nicht ganz beseitigen können. Sie wirken zwar nicht tödlich, aber doch irgendwie lähmend und ermüdend. Übersehen wir auch nicht den Krach und den andauernden Seegang. Alle diese Erscheinungen lösen einen Zustand aus, der mit dem Ausdruck Blechkrankheit wohl nicht treffender bezeichnet werden kann.

Wolfgang Lüth über seine Besatzung:

Bei einer so starken Besatzung, bei den Unterschiedlichkeiten der Charaktere, bei der Vielzahl der Ereignisse und Strapazen einer so langen Feindfahrt bleiben menschliche Versager nicht aus. Aber auf einem U-Boot kann man niemanden einsperren oder mit einer Ausgangsbeschränkung bestrafen. Hätte ich einem Soldaten vierzehn Tage Arrest zudiktiert, ich hätte ihm sagen müssen: In einigen Monaten sind wir wieder im Stützpunkt, dann mußt du brummen. Und dann teilen wir gemeinsam weiter Gefahren und Erfolge, bei denen sich der Mann als Soldat und auch als Mensch bewährt. Soll ich diesen Mann, heimgekehrt, noch und trotzdem vor den Kadi stellen lassen? Soll ich eine Bestrafung für ein Vergehen fordern, das Monate zurückliegt? Nein.

Ich hatte da mal einen Nörgler an Bord, der Vorgesetzten gegenüber, die ihm nicht gewachsen waren, gern ungehorsam war. Als wir wochenlang unterwegs waren und keine Erfolge hatten, er aber durch seine Meckerei und sein Miesmachen den Zusammenhalt der Besatzung zu stören drohte, entschloß ich mich zu einer Musterung.

Wir tauchten auf vierzig Meter. Nur drei gute Soldaten blieben in der Zentrale und bei der E-Maschine, und vor der im Bugraum versammelten Besatzung sagte ich zu dem Mann:

»Entweder du kommst nach Hause als mein Freund und Kamerad, oder du landest in der Sonderkompanie in Plön.«

Ich gab ihm dies schriftlich. Er unterschrieb. Vor allen. Und er war bereit, vierzehn Tage lang zusätzlichen Arbeitsdienst auf sich zu nehmen.

Der Seemann hat diese Arbeiten trotz der Belastungen durch tropische Klimabedingungen ohne Murren erledigt. Er hat die schlechten Kartoffeln aussortiert. Er hat die Bilgen gereinigt, den Proviant umgestaut und Kameraden, ohne gefragt zu sein, viele unbequeme Arbeiten abgenommen. Wochen später konnte ich, nein, mußte ich ihm das EK geben. Er hat sich auch weiterhin tadellos benommen und so ausgezeichnet eingelebt, daß ich ihn meinem Nachfolger sogar als zuverlässigen Gefechtsrudergänger empfehlen konnte.

Was auch immer vorkam, jede Schikane mußte verhütet werden. Niemals durfte der Mann eine Verärgerung beim Kommandanten bemerken. An einem Tage sah der achtere Ausguck einen Zerstörer zu spät. Ich konnte gerade noch tauchen. Der Angriff war zum Teufel, und eine unnütze Gefahr zog für uns und das Boot herauf. Wir bekamen so viel Zunder, daß wir erst nach fünfzehn Stunden wieder auftauchen konnten. Ich habe den Mann trotzdem nicht bestraft. Die Blicke seiner Kameraden zu Beginn der Wasserbombenverfolgung waren Strafe genug für ihn. Daß ich ihn nicht bestrafte, hat sich später gut ausgewirkt. Von nun an funktionierte er prima.

Ich habe mich nie gescheut und gewehrt, auch Männer mit Gefängnisstrafen an Bord zu nehmen. Man durfte solchen Männern ihren Fehltritt weder spüren lassen noch bei irgendwelcher Gelegenheit vorhalten. Ich habe alle Offiziere und Unteroffiziere angewiesen, ebenso zu handeln und den Mann als gleichwertigen Kameraden innerhalb der Bordgemeinschaft zu betrachten.

Ich denke da an einen unter meiner Besatzung. Eines Ta-

Das erste Walter-U-Boot,
das Versuchsboot V 80, das unter Wasser 26 Knoten (50 Stundenkilometer) erreichte. Aufnahme in der Schleimündung in der Ostsee.

Der vom Turbinenraum abgeschottete Führerstand von V 80. Hier wurde die Doppelsteuerung wie in den Junkersflugzeugen vom Typ Ju 52 verwendet.

(oben) Britische Luftaufnahme von einem Nordatlantik-Geleitzug, einem HX-Konvoi.

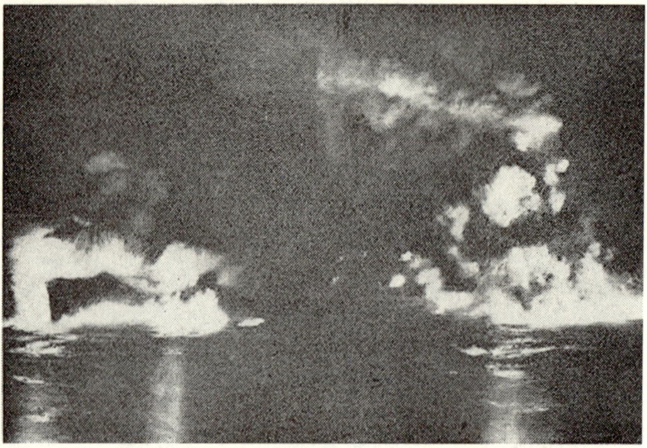

(rechts) Die »Grauen Wölfe« packten zu. Ein Tanker fliegt in die Luft.

Brennende Wracks bilden am nächsten Morgen die schaurige Kulisse des Geleitzugweges.

ges fielen Wasserbomben. Ein Ventil der Lenzleitung zerplatzte. Wasser brach in das Boot ein. Plötzlich zuckte bei diesem bedrohlichen Zustand im Boot ein Flammenbündel aus der Schalttafel der E-Maschine. Die Schalttafel brannte. Das Boot war in größter Gefahr, nun in doppelter Gefahr. Wir standen wie erstarrt, und wir vergaßen das Dröhnen der um uns krepierenden Wabos und das Zischen des einbrechenden Wassers. Noch ehe ich oder mein Leitender überhaupt Maßnahmen ergreifen konnten, war ebendieser vorbestrafte, von uns aber stets als Kamerad behandelte Seemann an die Schalttafel gesprungen, mitten in die Flammen hinein. Er löschte den Brand mit irgendwelchen Sachen, die er in der Eile ergriffen hatte.

Das Boot wurde gerettet, der Mann schwer verletzt.

Ich verlieh ihm das EK, und später wurde er Unteroffizier. Es war für beide Teile, für ihn wie für mich, ein Geschäft. Nie aber hätte er das ohne Befehl getan, hätte nur einer von uns ihn seinen Fehltritt spüren lassen . . .

Lüth über seine Offiziere:

Ich habe insgesamt siebzehn Offiziere auf all meinen Booten gehabt, nur vier konnten sich schwer einleben, und von den sieben Fähnrichen war nur einer ein Versager.

Man muß die Offiziere, wenn es sich irgendwie einrichten läßt, auch einmal allein in der Messe lassen, damit sie Zeit und auch Gelegenheit haben, über ihren Alten zu schimpfen.

Es ist doch so: Wenn Wasserbomben kommen, sieht alles auf den Offizier an Bord. Das ist eine Binsenweisheit.

Ich hatte auf der langen Madagaskar-Feindfahrt einen Offizier an Bord, der fast der Gipfel an vorbildlicher Ruhe und Gelassenheit war und der außerdem mit seinem begnadeten Humor auch in den schwierigsten Situationen oben schwamm. Er war so herrlich dickfellig, daß er bei einer Wasserbombenverfolgung fest einschlief und erst aufwachte, wenn ihm einige Armaturen oder andere Dinge auf den Kopf fielen. Da er Freiwache hatte, schlief er gleich wieder ein. Er knurrte bloß etwas von »scheußlich unruhigen Zeiten« vor sich hin. Als wir bei einer anderen Gelegenheit auftauchten und in ein Minenfeld gerieten, fragte ich ihn: »Was meinen Sie, sollen wir mehr nach Steuerbord oder mehr nach Backbord halten?« Sagte doch dieser Mann treuherzig: »Das scheint mir in diesem Falle egal, Herr Kapitän. Wenn wir morgen früh wieder aufwachen, sind wir richtig gefahren.« –

Lüths oberster Grundsatz:

Wenn etwas schiefgeht, bin ich selbst daran schuld. Was nützt es mir, wenn das Boot auf eine Mine läuft und in die Luft fliegt oder wenn ich unerwartet von Fliegern angegriffen werde und wenn ich dann sage: Der andere hat gepennt, der andere ist schuld. Als Kommandant kümmere man sich rechtzeitig um alles. Auch um Kleinigkeiten, denn manches Boot ist eben wegen solch einer Kleinigkeit verlorengegangen.

Und hier noch eine heitere, für den Menschen und Offizier Wolfgang Lüth typische Begebenheit während der Madagaskarfahrt.

Bei einem Flugzeugangriff hatte es einen Toten und einige Verletzte auf der Brücke gegeben. Lüth fragte gelegentlich eines Zusammentreffens mit einem U 181 versorgenden Blockadebrecher bei dem Kapitän dieses Schiffes an, ob er ihm nicht wenigstens einen Ersatzmann abgeben könnte.

»Seemann oder Maschine?« fragt der Blockadebrecher-Kapitän zurück.

»Seemann, möglichst jüngeren.«

»Kommt in einer Stunde an Bord, kann Ihnen da einen famosen Leichtmatrosen überlassen, wenn es nicht stört, daß der Junge seit vielen Jahren in Japan lebte und bisher auf deutschen Schiffen nur im japanischen Kampfraum zur See fuhr.«

»Stört nicht. Wenn Sie sagen, der Junge ist in Ordnung,

ist er es sicher.« Ein Kutter des Blockadebrechers bringt den Leichtmatrosen auf U 181. Mit elegantem Sprung setzt er auf das U-Boot über, rückt sich nach Seemannsart die Hose zurecht und schlendert dann gemächlich zum Turm hin, den er ohne sichtbare Eile entert. Oben angekommen, sieht er sich fragend in der Runde um.

»Wer ist denn der Alte auf diesem Untersatz?« fragt er mit einer lässigen Handbewegung zu Lüth hin, der ihm wegen seines viertelmeterlangen Fußsackes am interessantesten erscheint, denn Lüths Feindmarschbart hat beachtliche Dimensionen.

»Der mit der weißen Mütze auf dem Kopf, der ist der Alte an Bord.«

»Aha«, bricht der junge Mann das Schweigen der abwartenden Brückenwache, die er nun eingehend mustert. »Sie also sind der Kommandant. Tach, Käpten, ich soll hier einsteigen.« Dabei streckt er Lüth unbekümmert seine schwielige Seemannspranke hin.

Alle auf der Brücke haben das Gefühl, es müßte nun einen fürchterlichen Knall geben.

Es gibt keinen.

Lüth reicht dem Jungen seine Hand entgegen: »Tach, min Jung, willkommen an Bord.«

Er gibt dem Jungen einen seiner besten Unteroffiziere zur Seite, um ihm »Gehen und Stehen« auf einer militärischen Einheit und vor allem auf einem U-Boot schonend beizubringen und der ihn über die nun einmal unerläßlichen Formen auf einem Kriegsschiff aufklärt.

Nach vierzehn Tagen wird der Neue vereidigt. Lüth taucht und läßt die Vereidigung tief unten im Keller der Indischen See zu einer wahren Feierstunde werden. Die Besatzung erscheint in frisch gewaschenem Tropenzeug und mit frisch geschnittenen Haaren, wie Lüth es befahl. Schon lange vorher waren die Lieder, die die Feier umrahmten, festgelegt und durchgeübt, damit der Gesang auch klappte.

Und ob er klappte. Lüth übergibt dem neuen Soldaten der Deutschen Kriegsmarine die Schrift »Die Pflichten des Soldaten«.

Ohne eine Grundausbildung und ohne U-Boot-Kurse wird der Neue bald schon ein vorzüglicher U-Boot-Fahrer und ein vollwertiges Mitglied der Besatzung.

Nach weiteren Wochen läuft U 181 in den Stützpunkt ein. Auch der Neue bekommt seinen Urlaub. Sicherheitshalber gibt ihm Lüth einen Kameraden mit, damit der ihm, wie Lüth sich ausdrückte, sagen kann: Hier, den mußt du grüßen, das ist ein Vorgesetzter, das ist ein Offizier, das ist ein Unteroffizier der Flieger, und vor diesem dort mußt du dich in acht nehmen, der gehört zur Zugstreife. Und dieser Admiral ist gar kein Admiral. Das ist ein Eisenbahner. Der tut dir nichts.

25

Deutsche U-Boote in asiatischen Gewässern

Zur Lage:
Bereits 1941 wurden deutscherseits Gedanken laut, mit den japanischen Dienststellen in eine engere Zusammenarbeit zu kommen. Als die beiden Verbündeten im Herbst 1942 die Höhepunkte ihrer Erfolge erreichten, wurde der Wunsch noch stärker, die deutsche und die japanische Kriegführung zu koordinieren. In Verkennung des eigenen Kräfteschwunds versteigt man sich in der Obersten Deutschen Wehrmachtsführung sogar dazu, neben den Aktionen im Mittleren Osten auch solche gegen Indien vorauszusagen, Operationen, die ohnehin eine Abstimmung der Interessen zwischen Japan und Deutschland zur Voraussetzung machen. Eine Anfrage, die neuen deutschen U-Kreuzer vom Typ IX D 2 im Persischen Golf zusammen mit japanischen Booten operieren zu lassen, stieß aber zunächst auf fernöstliche höfliche, aber bestimmte Zurückhaltung. Das war ohne Frage ein Fehler in einer Zeit, in dem noch jede Möglichkeit ausgenutzt werden konnte, den schwer ange-

schlagenen Gegner sich nicht mehr erholen zu lassen. Die Gründe mögen in Prestigefragen einmal und zum anderen in einer gewissen Selbstüberschätzung der Japaner zu suchen sein, zumal die japanischen Erfolge über die wesentlichsten Teile der alliierten Streitkräfte in Fernost ohne nennenswerte Eigenverluste errungen wurden und so naheliegende Vergleiche zwischen der Kampfkraft der weißen und der gelben Kräfte geradezu herausforderten.

Im Frühjahr 1943 machte aber die anfängliche Siegerpsychose realeren Erwägungen Platz. Die Erkenntnis, daß eine deutsche U-Boot-Tätigkeit im Indischen Ozean auch im japanischen Interesse liegen dürfte, hatte sich durchsetzen können, zumal jetzt das Gros der japanischen Flotte im Pazifik eingesetzt werden mußte, um den verstärkten Anstrengungen der USA zu begegnen. Weiter aber kam hinzu, daß sich in Deutschland eine Verknappung solcher im japanischen Machtbereich vorkommenden Rohstoffe bemerkbar machte, wie Gummi, Zinn, Chinin, Wolfram oder Molybdän, die die deutsche Führung zwang, Blockadebrecher einzusetzen. Die zunehmende Gefährdung dieser Blockadebrecher, von denen immer weniger die deutschen Hoheitsgebiete erreichen, löste den Gedanken aus, die Rohstoffe zur Not durch U-Boote transportieren zu lassen, wenn diese ihre Kampfoperationen in Südostasien erledigt haben. Die Japaner stimmen zu. Frühjahr 1943 werden in Singapur und Batavia deutsche Dienststellen zur Abfertigung von Blockadebrechern und in Penang und später in Soerabaya für die U-Boot-Versorgung eingerichtet. Anfang Juli verläßt die »Erste Monsun-Gruppe« westfranzösische und norwegische Häfen. Von elf Booten erreichen nur fünf den Indischen Ozean, wo sie als Operationsgebiet den Raum zwischen Indien und dem Golf von Suez zugewiesen erhalten. Ende 1943 wird die zweite Monsungruppe in Marsch gesetzt. Nur ein Boot erreicht das Operationsgebiet. Später, im Frühjahr, laufen die Boote einzeln in den japanischen Raum aus. Von diesen 16 Booten kamen nur sechs in den ostasiatischen Stützpunkten an, die anderen bleiben, wie jene Boote der »Monsun-Gruppe«, zum größten Teil bereits beim Anmarsch durch den Atlantik am Feind. Chef im Südraum wird Fregattenkapitän Wilhelm Dommes, der mit seinem Boot nach einer 156 Tage dauernden Reise und nach Operationen im Indischen Ozean Penang erreichte. Die Schwierigkeiten, die er antrifft, sind ungeheuerlich.

Wilhelm Dommes, Kapitän der Handelsmarine und zur

Stunde seines Eintreffens noch Korvettenkapitän, ist der einzige U-Boot-Fachmann unter den Stützpunktleitern. Ihn zerrt man hin und her, wenn Rat gebraucht wird. Die Entfernungen, die die einzelnen Stützpunkte trennen, sind mit europäischen Maßstäben nicht zu messen. Die Gesamtstrecke zwischen den äußersten Plätzen innerhalb des Südraum-Stützpunktsystems beträgt über 2000 Kilometer, das ist eine Entfernung, die der von Königsberg bis Madrid entspricht.

Dommes hat zwar zwei Arado-Wasserflugzeuge zur Verfügung, die noch aus den Reservebeständen der damals hier operierenden Hilfskreuzer stammen. Er liebäugelt aber noch mit einer zusätzlichen japanischen Maschine, schon der Ersatzteile wegen, die für die deutschen Flugzeuge im Ostraum schwer zu beschaffen sind. Auf eigene Faust macht er, einer Anregung des Führers der Seeflugstelle Penang, Oberleutnant Horn, folgend, mit der japanischen Neugier für alle technischen Neuerungen der Deutschen ein rundes, beinahe groteskes Geschäft.

Die Japaner interessieren sich nämlich brennend für die Bachstelze.

Unter diesem Namen war seinerzeit für die großen U-Kreuzer eine Art Flugdrachen entwickelt worden, über den man sich eine Vergrößerung des Beobachtungsradius auf See versprach. Der Drachen, an dem sich ein Bootsmannsstuhl für den Beobachter fand, konnte von in Fahrt befindlichen U-Booten gestartet und hochgeschleppt werden.

Praktisch bewährt hat sich die Bachstelze allerdings nicht, nachdem auch in den fernsten Seegebieten Flugzeuge aus heiterem Himmel auftauchen und die U-Boote zum schnellen Tauchen zwingen, was bedeutet, entweder die Bachstelze mit dem Beobachter zu opfern oder dem Angriff des Flugzeuges mit unzulänglichen Bordwaffen entgegenzutreten.

Dommes wird mit den neugierigen Japanern handelseinig. Er tauscht eine Bachstelze gegen eine Reichiki, ein japanisches Wasserflugzeug. Wert eins zu tausend.

Nun ist er als CIS wenigstens beweglicher geworden.

Die anderen Schwierigkeiten in den Stützpunkten sind indessen ungeheuerlich.

Es liegt in der historischen Entwicklung des Aufbaues, daß diese Basen nicht mit den Maßstäben der Heimat gemessen werden können. Singapur und Batavia waren ja ursprünglich lediglich für die Abfertigung von deutschen Blockadebrechern eingerichtet. Für die Umstellung auf U-Boot-Betreuung fehlt jede Erfahrung, als die ersten Boote der Monsungruppe einlaufen. Der Stützpunkt Penang verfügt nicht einmal über ein Dock. Die Boote müssen also nach Singapur, später können sie auch in Soerabaya docken.

Die Umstellung auf U-Boote kann von den anderen Stützpunkten zunächst auch nur als Nebenaufgabe erledigt werden, solange noch einige Blockadebrecher in Fahrt sind.

Für Reparaturen stehen in beschränktem Umfange die in japanische Verwaltung übergegangenen örtlichen Werften zur Verfügung. Sie sind aber nicht sonderlich leistungsfähig, da sie bisher in der Hauptsache nur den Reparaturen von Handelsschiffen gedient haben. Die große Kriegswerft in Selatar bleibt deutschen U-Booten verschlossen und darf nur gelegentlich für schwierige Reparaturen einzelner Maschinen und Waffenteile unter argwöhnischer japanischer Aufsicht in Anspruch genommen werden. Außerdem sind vorher umständliche und zeitraubende Anträge bei den Japanern notwendig, so daß sich die LIs der deutschen Boote die Haare raufen und nach anderen Auswegen suchen.

Soerabaya muß mehr oder weniger ausfallen, obschon gerade die dortigen Werften allen Ansprüchen genügen würden, denn wenige Wochen nach der Einrichtung dieses Platzes als Stützpunkt wird die Verseuchung der Küsten- und Hafengewässer mit Luftminen immer größer.

Deutsche Ansprüche zufriedenstellende einheimische Fachkräfte, fehlen ganz. Die Werften haben nur in ihren Schlüsselstellungen weißes Personal beschäftigt, das interniert worden war. Ihr Ersatz durch Japaner erscheint nicht vollwertig. In allen deutschen Stützpunkten wird daher versucht, unter der Leitung deutscher Zivilingenieure, die seit Jahren im Fernen Osten ansässig sind, brauchbare leistungsfähige Werkstätten einzurichten.

Technische Zulieferungsfirmen für die Werften, wie sie vor der Besetzung durch die Japaner in Singapur und Batavia bestanden, sind beschlagnahmt worden, weil der Inhaber ein feindlicher Ausländer war, oder aber ihre Vorratslager sind in Kürze aufgebraucht.

Aber die Nachrichtenmittel sind wenigstens gut. Jeder Stützpunkt verfügt über eine ausreichende Funkstelle, deren Ausrüstungen hauptsächlich in Japan beschafft worden sind. Alle Funkstellen stehen in ständiger Verbindung mit der Dienststelle des deutschen Admirals in Tokio. Über sie läuft der Verkehr mit der deutschen Seekriegsleitung. Eine unmittelbare FT-Verbindung mit der deutschen Heimat ist ebenfalls herzustellen, aber meist schwierig durchzuführen, da von Jahreszeiten und Tageszeiten abhängig.

Zwischen Penang und Singapur gibt es sogar Telefonverkehr. Die Verständigungsmöglichkeiten sind jedoch gering, und außerdem sind die Leitungen durch den japanischen Bedarf überlastet.

Erschreckend unbefriedigend ist die personelle Ausstattung der einzelnen Stützpunkte, die je auf nur rund 50 deutsche Soldaten zurückzugreifen vermögen, die fast ausschließlich für Bürodienste, den Verwaltungsverkehr und den Nachrichtendienst eingesetzt werden müssen. Lediglich für persönliche Zwecke werden Eingeborene beschäftigt.

Im Rahmen der zur Verfügung stehenden Mittel wird den deutschen Dienststellen von den japanischen Behörden jede denkbare Unterstützung zuteil, um die Stützpunkte nach europäischen Begriffen und militärischen Notwendigkeiten einzurichten. Jeder deutsche Stützpunkt erhält eine ausreichende Anzahl von Bungalows, um Diensträume zu schaffen und um das Stammpersonal unterzubringen. Trotz der zunehmenden Verknappung der Lebensmittel können solche den Booten noch immer in ausreichendem Maße zur Verfügung gestellt werden. Dommes hat auch hier eine Lösung gefunden, um dieses Problem zu meistern. Auf sein Betreiben hin hat man in den deutschen Stützpunkten mit der Fertigung von Konserven begonnen, mit denen die Boote ausgerüstet werden. Auf der Plantage Tjikopo werden unter deutscher Anleitung Gemüse und sogar Kartoffeln angebaut. Ein Teil dieser Lebensmittel wird als U-Boot-Proviant in selbstgegossenen Zinnkästen tropenfest verpackt. Diese raumfressenden Zinnkästen werden nach dem Verbrauch ihres Inhalts zusammengeklopft und gelangen so als wertvoller Rohstoff nach Deutschland. Damit schlägt man zwei Fliegen mit einer Klappe.

Es ist schwer zu sagen, wem die Anerkennung gebührt, wenn wieder eine Schwierigkeit gemeistert wurde, denn diese Ergebnisse sind zuletzt doch aus den gemeinsamen Anstrengungen aller erwachsen. Die Bootsbesatzungen arbeiten mit den Soldaten der Stützpunkte in bewundernswerter Kameradschaft und Selbstlosigkeit zusammen, und sie werden dabei von den Mitgliedern der deutschen Kolonie nach besten Kräften unterstützt. Die ausgezeichnete Teamarbeit zwischen fahrendem und Stützpunktpersonal – wie auch zwischen den verschiedenen Dienstgraden – verdient in diesem Zusammenhang eine Würdigung.

Die Ausübung von Sport wie Golf, Tennis, Schwimmen und Jagen wird von den Japanern gefördert. Sie bringen den deutschen Wünschen nach geeigneten Erholungsheimen für die U-Boot-Besatzungen volles Verständnis entgegen, indem sie die Benutzung oder völlige Übernahme hochgelegener Kurorte wie Penang-Hill, Fraser-Hill, Cameroon Highlands in Malaya oder Selapentana und Tschikopo auf Java gestatten.

Das größte Problem bleibt aber die Überholung der technisch hochentwickelten Boote, deren Wartung schon in der Heimat besonders geschulten Personals bedarf. In Ostasien befinden sich seit Einrichtung der Stützpunkte zunächst aber keine U-Boot-erfahrenen Soldaten, geschweige denn technische Spezialisten. Erst nach der Übergabe eines U-Bootes vom Typ IX C an die japanische Marine zum Zwecke des Nachbaus wurden Besatzungsangehörige frei, die den Kern einer Reparaturgruppe bilden. Aber für einlaufende Boote stellen sie nur eine Entlastung, niemals aber eine Hafenablösung dar. Dabei sind die Besatzungen oft mehr als erholungsbedürftig, wenn sie nach über 150 und manchmal über 200 Feindtagen in den Stützpunkt einlaufen.

So sind denn die U-Boot-Besatzungen gezwungen, selbst mit Hand anzulegen, um die Termine einzuhalten. Sie müssen Arbeiten verrichten, wie sie kaum an die Tropen gewöhnte Eingeborene zu leisten imstande sind.

Der allgemeine Gesundheitszustand während der Liegezeiten ist zwar nicht beunruhigend, aber auch nicht zufriedenstellend. Später haben manche Boote Malariaerkrankungen bis zu fünfundzwanzig Prozent gemeldet, eine Quote, die vermutlich auf dem Irrtum der Bootsärzte beruht, ein an sich harmloses, aber schockartig heftiges Tropenfieber mit der Malaria verwechselt zu haben. Malaria und andere typische Tropenkrankheiten sind in den Stützpunkten sogar so selten, daß nach eingehender Beratung mit den japanischen Stellen nicht einmal eine Prophylaxe betrieben wird, vor allem, nachdem der CIS den bisherigen Sanitätsoffizier für den Südostraum durch Dr. Schlenkermann ablösen ließ. Die stationären Betten dieser Stationen sind meist nur bis zur Hälfte belegt.

Hautverletzungen, Geschwüre und bösartige Furunkel machen den Männern allerdings schwer zu schaffen und bedürfen langwieriger Behandlungen. Aber die Versorgung mit einschlägigen Medikamenten ist großzügig und fast besser als in der Heimat.

Trotz allem, die Anfälligkeit ist hier in diesen tropischen Zonen natürlich größer als in den gemäßigten Zonen. Die allgemein unbedingt notwendige Erholung kann aber nur Kranken gewährt werden. Die Boote gehen vor. Die Besatzungen murren trotzdem nicht. Sie erfüllen auch diesen schweren Dienst, weil ihr Leben vom betriebssicheren Zustand der Boote abhängt, weil es um Sein oder Nichtsein geht und auch, weil sie Erfolge haben wollen.

Auf japanische Arbeitskräfte kann übrigens auch nicht zurückgegriffen werden. Die Japaner haben eine offenkundige Scheu, vor den Augen der Eingeborenen körperlich zu arbeiten. Außerdem sind japanische Facharbeiter knapper denn je, denn Japan hat sich durch die Besetzung der ungeheuren Räume nicht nur materiell, sondern auch personell übernommen.

Während es möglich ist, schiffsmaschinenbauliche Arbeiten leichterer Art, wie Neuanstrich, Konservierung, Erneuerung von Dichtungen und Verpackungen sowie Reparaturen oder Neuanfertigungen einfacher Einzelteile, der Werft unter eigener Aufsicht zu überlassen, liegen sämtliche schwierigen Arbeiten am Bootskörper, an den Taucharmaturen und den Dieseln sowie alle Reparaturen an den E-Anlagen, den Sehrohren, Waffen und Nachrichtenmitteln in den Händen der Besatzungen und der eingesetzten deutschen Reparaturgruppen.

Es verbietet sich von selbst, Eingeborene in den Booten arbeiten zu lassen, da dies die Gefahr der Sabotage und die Geheimhaltungspflicht nicht erlauben. Erst später können die Werftarbeitsgruppen durch die als Facharbeiter sehr brauchbaren Italiener entlastet und durch die Einarbeitung deutscher Techniker und junger Japandeutscher verstärkt werden. Vorerst ist alles improvisiert, ist alles nur ein Notbehelf.

Die Arbeitszeiten werden, soweit vertretbar, in die Morgen- und späten Nachmittagsstunden verlegt, um eine Überbeanspruchung in der heißesten Tageszeit – 40 bis 50 und mehr Grad Celsius – zu vermeiden.

So sieht der Zeitplan eines in Penang oder Batavia einlaufenden U-Bootes aus:

Drei Tage Ausräumen des Bootes, Ziehen und Abgabe der Torpedos.

Zwanzig Tage dringendste Konservierungs- und Überholungsarbeiten am Bootskörper, den Taucharmaturen, Maschinen und Waffen.

Drei Tage Einpacken des Bootes, Überführung nach Singapur zum Dock.

Vierzehn Tage Dockzeit zur Reinigung und Konservierung der oft übermäßig und fahrtvermindernd bewachsenen Außenhäute, der Beseitigung äußerer Schäden, zur Ölentladung und der anschließenden Überführung zum Absprunghafen.

Etwa vierzehn Tage beanspruchen die Neuausrüstungen des Bootes mit Treiböl, Schmieröl und Proviant, die Munitionsergänzung, die Erholung der Besatzung, Probefahrten und Prüfungstauchen.

In der Praxis treten stets unvorhergesehene Verzögerungen ein. Sie sind auf die Anfälligkeit der Boote gegenüber dem feuchten Tropenklima zurückzuführen.

Die günstigste Überholungszeit liegt bei siebzig Tagen.

Bis auf die Schmierölbeschaffung bereitet die Ausrüstung einer neuen Unternehmung oder zum Rückmarsch keine Schwierigkeiten[1]: Torpedos sind durch Torpedo- und

1 Hierzu Kapitän Wilhelm Dommes: »Grundsätzlich muß ich feststellen, daß die japanischen Dienststellen der Marine – und hier vornehmlich die aktiven Stäbe der jeweiligen Seebefehlshaber – uns nach besten Kräften

Transport-U-Boote herangebracht worden. Schließlich werden die Bestände schon dadurch laufend vermehrt, daß einige als Transporter eingesetzte Kampfboote ihre Torpedos bis auf zwei abgeben müssen. Manche der einlaufenden Kampfboote haben sich auch nicht restlos verschossen, so daß der Mehrbestand stets ausreichend ist und bleibt. Für die Funkmeßbeobachtungsgeräte geht laufend Nachschub ein. Sonstige Ersatzteile für Maschinen, Hilfsmaschinen und Funkgeräte werden, soweit sie nicht in dem gutdurchdachten Nachschubsortiment enthalten waren, in eigenen Werkstätten oder durch die Werft hergestellt. Es gelingt den deutschen U-Boot-Gruppen sogar, starre Schnorchel anzufertigen und einzubauen.

Den Operationen im Indischen Ozean stehen vorerst noch die beiden deutschen Tanker »Brake«, 10000 BRT, und »Charlotte Schliemann«, 7000 BRT, zur Verfügung. Die Tanker waren, nach Kriegsbeginn in Übersee stehend, nach Japan ausgewichen und hier für militärische Aufgaben ausgerüstet worden. Sie haben ihre früheren Zivilbesatzungen behalten. »Charlotte Schliemann« führte die erste Versorgung einer Gruppe von sechs Booten, darunter auch das Boot von Hartmann, südöstlich von Madagaskar durch. Im September 1943 findet die erste Versorgung der Monsun-

unterstützt haben. Es entwickelte sich sogar ein unerwartet gutes Vertrauensverhältnis. Auf der anderen Seite hatten auch diese japanischen Dienststellen selbst unter dem Mangel an lebenswichtigen Materialien und Nachschubgütern schwer zu leiden. Hinzu kam die für uns unverständlich schlechte Zusammenarbeit mit den japanischen Heeresdienststellen, die wichtige Materialien und Rohstoffe horteten, ohne der Marine etwas abzugeben. Ganz besonders trifft dies auf Schmieröl zu, dessen angeblicher Mangel uns sehr viel Kopfzerbrechen bereitete. Nach dem japanischen Zusammenbruch fielen den Briten mehrere tausend Tonnen besten Schmieröls in die Hände, die das japanische Heer beim Einmarsch in Singapur erbeutet und nachher aus unverständlichen Gründen gehortet hatte. Häufig war der Grund der Ablehnung der deutschen Wünsche darin zu suchen, daß die japanische Marine, deren eigene Schwierigkeiten nicht minder groß waren, die deutschen Bitten beim Heer nicht durchzusetzen vermochte.«

gruppe durch den Tanker »Brake« statt. Auch hier kommt es zu keinen Zwischenfällen. Es geht alles glatt, noch glatt, denn auch in diesem Raum sind die Tage bis zum Aufbau einer intensiven Luftüberwachung durch den Gegner gezählt.

Die deutschen Dienststellen verfügen noch über drei italienische Boote, die beim Fall von Eritrea nach Singapur ausgewichen sind. Sie haben keinen Kampfwert mehr und werden vornehmlich für den Verkehr zwischen dem Südraum und dem japanischen Mutterland eingesetzt.

Die Weiträumigkeit der Seegebiete im Indischen Ozean und die Tatsache, daß die Alliierten hier ihre meist schnellen Schiffe einzeln fahren lassen, hat zur Folge, daß die Erfolge zahlenmäßig natürlich nicht überzeugend sind. Sie sind aber, gemessen an der Zahl der Boote, relativ hoch. Die durchschnittliche Versenkungsziffer pro Boot liegt bei 25 000 BRT.

Allein, es sind in allen Fällen Schiffe mit sehr kostbarer Ladung, deren Verlust nur schwer zu ersetzen ist. So haben die Anstrengungen und die Bemühungen doch einen Sinn, ganz abgesehen davon, daß die Gegner gezwungen werden, von anderen Kriegsschauplätzen Flugzeuge und Bewachungsstreitkräfte abzuziehen.

U 533 ist eines der ersten Boote, das nach der Versorgung durch den Tanker »Brake« im Indischen Ozean das Opfer eines Luftangriffes wird.

Es war an einem Sonntag, am 17. Oktober 1943, als U 533 nach der Versenkung eines Frachters in der Enge, die den Persischen Golf vom Golf von Oman trennt, bei glasklarer Sonne und bei schönstem Wetter von einem Flugzeug angegriffen wird. Kapitänleutnant Hennig glaubt noch durch ein Schnelltauchen verschwinden zu können, aber die nachgeworfenen Bomben verletzen den Druckkörper, und Hennig kann sein Boot nicht mehr nach oben bringen.

Im Turm über der Zentrale befinden sich in diesem Augenblick der IWO Oberleutnant zur See Paaschen und der Seemann Günther Schmidt. Der tosende Wassereinbruch in das geflutete Boot ist so gewaltig, daß die beiden jetzt verspüren, wie U 533 erst langsam und dann immer schneller nach unten sackt.

»Raus«, ruft Paaschen, bereits mit den Füßen im gurgelnden Wasser stehend. Er hangelt sich die Eisenleiter rauf und versucht, das Turmluk zu öffnen, auf dem bereits der Druck der darüberliegenden Wassersäule ruht. Aber da das Wasser sehr schnell in das Boot dringt und in der Zentrale und im Turm immer höher klettert, hoffen die beiden Männer, die einzigen, die sich im Turm befinden, stark genug zu sein, um das Luk noch aufstoßen zu können.

Paaschen und Schmidt haben Tauchretter angelegt. Der IWO rüttelt immer wieder an dem Luk ... es rührt sich nicht, immer noch nicht ... Die Sekunden, es sind ja nur Sekunden seit dem Absaufen vergangen ..., werden zu Ewigkeiten ... Aber da ... Das Luk hebt sich. Die Luft entweicht fauchend. Das Luk schlägt zurück. Paaschen duckt sich. Beide Männer halten sich krampfhaft fest, um nicht mit der Luftblase herausgewirbelt zu werden, um nicht Gefahr zu laufen, von dem wild auf- und abschlagenden Turmluk eingeklemmt zu werden. Dann aber kommt es zur Ruhe und gibt sanft nach. Der Druckausgleich ist hergestellt. Der Turm ist voll Wasser. Durch die Schutzbrille gesehen, hat es die Farbe von auslaufender Galle.

Paaschen läßt Günther Schmidt den Vortritt. Er muß ihn mit Gewalt dazu zwingen. Es ist ein altes Gesetz bei der Marine: Zuerst der Mann, dann der Offizier und zuletzt der Kommandant, wenn es gilt, sein Leben zu retten.

Schmidt wird nach oben gerissen. Wie betäubt kommt er an die Wasseroberfläche. Hier wartet er auf seinen IWO. Es dauert noch Sekunden, dann treibt Oberleutnant Paaschen auf. Schmidt ruft ihn an ...

»Herr Oberleutnant, bitte antworten Sie doch. Hier ist

Schmidt!« Was ist denn mit dem Oberleutnant los? Paaschen läßt ja den Kopf hängen. Schmidt schwimmt zu ihm. Er schüttelt seinen IWO.

Ist er betäubt, oder sind ihm die Lungen gerissen?

Schmidt bleibt bei Paaschen. Eine halbe Stunde, eine ganze Stunde schwimmt er um ihn herum. Bis er die volle Gewißheit hat, daß Paaschen nicht mehr lebt. Lungenriß.

Oben zieht das Flugzeug, das die tödlichen Bomben warf, seine Kreise und fliegt, ohne ein Zeichen zu geben, davon.

Im Wasser treibt der einzige Überlebende von U 533. Neben ihm sein toter IWO. Schnell wird es Nacht. Nur gut, daß Schmidt vorher zufälligerweise noch einmal in die Karte gesehen hatte. Die untergehende Sonne weist ihm die Richtung. Er paddelt los, um die nicht allzuferne Küste vielleicht schwimmend zu erreichen. Wie weit sie aber entfernt ist, weiß Schmidt auch nicht. Sehen kann er sie nicht.

Die Nacht schleicht dahin. Schmidt schließt eine stille Freundschaft mit den Sternen, mit dem Kreuz des Südens, das über ihm glitzert und das ihm, dem Seemann, weiter die Richtung weist. Wird der erwachende Tag das ersehnte Land bringen? Manchmal drohen ihm die Arme zu erlahmen, und manchmal fühlt er, wie ein Krampf die Beine heraufkriecht. Aber der Tauchretter leistet ihm gute Dienste und hält ihn über Wasser, über ein Wasser, das bei jeder Bewegung, die Schmidt macht, fluoreszierend aufleuchtet, mit einem Licht, das aus einer anderen Welt zu kommen scheint, so kalt, so sachlich, so nüchtern. Verwesende Totengerippe leuchten so, denkt Schmidt.

Als sich der Himmel rötet und als Schmidt sich kurz aus dem Wasser reckt, wenn eine Welle ihn nach oben trägt, glaubt er einen mageren grauen Schatten voraus zu sehen. Stunden später weiß er es genau: Es ist die Küste. Aber erst abends kriecht er nach einem achtundzwanzigstündigen Kampf mit den Wellen an der arabischen Steilküste an Land. Er schleppt sich über die Felsen, in die ihn schwellende Dünung hineinwarf, gottlob, ohne ihn dabei zu verletzten. Hier bricht er zusammen und wird erst wieder wach, als ihn einige Eingeborene weiter an Land geschleppt haben und nun aufgeregt palavernd um ihn herumstehen.

Freude ist bei den Arabern, daß der Weiße lebt, und noch größer ist sie, als sie vernehmen, daß er ein Allemanno ist. Sie schleppen Schmidt in eine kleine armselige Hütte, und sie holen herbei, was sie an Getränken und bescheidenen Nahrungsmitteln zu bieten haben, und sie holen alle Tanten, Enkel und Kinder hinzu, um das Wunder, einen deutschen U-Boot-Soldaten, gemeinsam zu bestaunen.

Schmidt versucht den Arabern klarzumachen, daß er hier nicht bleiben könne. Er ist zu erschöpft, um an ein Abenteuer zu denken oder um mit den Arabern einen Pakt zu schließen. Kopfschüttelnd, aber willig traben die Wüstensöhne davon, um seine Abholung durch die Engländer zu veranlassen.

Tage darauf wird Schmidt von einem britischen Kommando nach Basra geschafft. Als Schmidt Tage später im Flugzeug nach Kairo fliegt, als er aus der Maschine heraus über das silberglänzende Meer sieht, das sich hinten mit dem Himmel zu vermählen scheint, dort wo der Dunst der tropischen heißen Tage steht, kehren seine Gedanken zu seinem Boot zurück. Dort hinten, dort ist sein Grab. Unter dem Silber dieses unschuldig aussehenden blankgeputzten Meeres, im Stahlsarg von U 533, ruhen nicht nur der Kommandant, nicht nur alle guten Kameraden vieler Feindfahrten. In ihm schläft seinen letzten Schlaf auch der Berliner Junge Dietrich Knispel. Er ist der ältere Bruder jenes Günther Knispel, der elf Stunden vorher, einige tausend Kilometer entfernt, südwestlich der Insel Island mit U 470 und allen Kameraden in der Tiefe versank. Nur zwei Mann überlebten das Ende von U 470, das einen Geleitzug angriff und von drei Flugzeugen von drei Seiten gleichzeitig mit Fliegerbomben angegriffen wurde.

26

Das Wunderboot U 792

Zur Lage:
Im Frühjahr 1943, einen Monat vor dem Stalingrad der deutschen U-Boote, war es, als Kapitänleutnant (Ing.) Heller den Dienstraum des Kommandierenden Admirals der U-Boote verließ. Heller, klein von Gestalt, aber spartanisch zäh und von jener beim Militär so seltenen Zivilcourage beseelt, auch nicht vor höheren und höchsten Dienstgraden zu kapitulieren und sich nicht mit einem Jawohl Herr und Dienstgrad zu ducken, ist der Chef des Erprobungskommandos der neuen Walter-U-Boote vom Typ XVII A geworden. Nichts gegen Heller, aber nur ein Kapitänleutnant für eine Waffe, die den U-Boot-Krieg revolutionieren soll? Das heißt könnte, wenn ... Zur »Firma Walter« kamen ferner Heep zur Konstruktion Maschinenbau, Gabler zur Konstruktion Schiffbau, deren Chef der Marinebaudirektor Dr.-Ing. Fischer wurde, während die Bauaufsicht Marinebaurat Möller übertragen bekam. Jedenfalls hat Admiral v. Friedeburg den Kapitänleutnant (Ing.) Heller mit der Aufgabe betraut, sich um die Walter-Boote zu kümmern. Zu seinem Tätigkeitsbereich zählen alle Versuche und Erprobungen, die Ausbildung des technischen Personals und später, als nebendienstlicher Referent beim UAK, auch die Abnahme der Anlage ...

Als Heller im April bei den Walter-Werken erscheint, waren die Versuche mit den Brennkammern abgeschlossen. Der Versuchsstand vom Typ XVII A steht kurz vor der Fertigstellung. Die ersten Versuche folgen im Mai. Die vier Versuchsboote selbst befinden sich aber immer noch im Bau. Sie kommen einfach nicht voran. Es gibt Schwierigkeiten über Schwierigkeiten, meist nicht technischer Art.

Heller leitet ab Juli die ersten Lehrgänge der vorgesehenen Frontboote vom Typ XVII B und XXVI für das technische Spezialpersonal, die mit praktischer Belehrung verbunden sind. Er hat eine prächtige freundliche Art, seine Lehrgangsteilnehmer in die kompliziertesten Mechanismen einzuführen. Er macht es mit Humor und spart nicht mit plastischen Vergleichen.

Nach der Besprechung im Juli, an der, wie erwähnt, fünfzig maßgebliche Offiziere, Forscher und Wirtschaftler teilnahmen, wartet Heller Tag für Tag auf die Indienststellung der beiden ersten Versuchsboote. Erst Ende November ist es soweit. Endlich. Am 1. Dezember treffen die beiden ersten der vier Boote in Hela ein.

Es handelt sich um die Boote U 792 (BuV) und U 794 (GW).

Der Kreis derer, die dieses Gelände der Walter-U-Boote außer den Besatzungen betreten dürfen, ist sehr eng gezogen. Es sind eigentlich nur fünf Herren, unter diesen Heller und Papa Sachs, der »braune Bomber« in Kapitänsuniform, und drei weitere Offiziere. Selbst höchste Dienstgrade, auch Offiziere vom OKM mit Sonderausweisen für alle Gekados-Betriebe, werden von dem als »Feuerwehrmänner« getarnten Wachpersonal abgewiesen.

Noch vor Weihnachten kann Heller mit dem Versuchsboot U 792 die ersten Gehversuche machen. An Störungen und Kümmernissen mangelt es nicht. Aber sie werden von den Walter-Leuten, famosen und begeisterten Fachleuten, ausgebügelt.

Die Zündeinrichtung funktionierte zum Beispiel nicht. Durch schlechte Entgasung brach die Leistung um 70 Prozent zusammen. Zwei Turbinen gingen zu Bruch, bei der einen wurden durch die große Hitze die Schaufelräder verbrannt, weil der Vierstoffregler (der vierte Stoff war das Regelwasser zum Gewichtsausgleich) versagte. Bei der anderen zerbrachen sie wie Glas nach dem zweiten Anstellen. (Das radiale Spiel der Schaufeln war sehr klein; nach dem Abstellen der Turbinen kühlt der in seiner Masse kleinere Leitschaufelträger schneller ab, die Laufschaufeln stießen dabei an und gingen zu Bruch.)

Man hat die Ursachen für diese Versager bald herausgefunden. Die Fehler werden behoben. Diese technischen Einzelheiten sind vielleicht unwichtig, aber sie lassen doch erkennen, welch einen Canossaweg eine so umwälzende Neuerung zu gehen hat.

Diese Erprobungen ziehen sich über Monate hin. Wieviel früher hätte man sie zu einem Abschluß bringen können, hätte man diese Projekte nur etwas mehr forcieren können.

Heller hat U 792 jedenfalls in aller Gründlichkeit ausprobiert.

Es hält, was es auf dem Papier versprach.

Es läuft 25 Knoten unter Wasser.

Außer mit zwei Walter-Turbinen, die zusammen eine Leistung von 5000 PS entwickeln, ist das Boot noch mit einem Diesel und einer E-Maschine nebst Batterien ausgestattet. U 792 ist 304 Tonnen groß, ist also größenordnungsmäßig ein Zwischentyp zwischen »Einbaum« vom Typ IIB und C und dem Standard-Typ VIIC. Als Besatzung sind 14 Mann vorgesehen, unter diesen auf Walter-Anlagen spezialisiertes Maschinenpersonal. Der Aktionsradius liegt bei neun Knoten Fahrt bei 1840 Seemeilen Überwasserfahrt und bei 100 Seemeilen Unterwasserfahrt mit der Walter-Anlage und einer Höchstfahrtstufe von 25 Knoten.

Kapitän zur See Sachs, U-Boot-Fahrer und Träger des goldenen Militärverdienstkreuzes aus dem Ersten Weltkrieg, ist von Natur aus mißtrauisch. Als Heller ihm meldet, daß das Schulboot U 792 tatsächlich 25 Knoten unter Wasser mache, will er sich das lieber selbst mit ansehen und das Boot über die Meßmeile in seiner Gegenwart laufen lassen. Papa Sachs traut dem Frieden nicht recht.

»Wie machen wir das mit der Meilenfahrt, Heller?«

»Das wird nicht so ganz einfach sein, Herr Kapitän.«

»Daß sie mich übers Ohr hauen können, meinen Sie.«

»Aber Herr Kapitän. Nein, ich meine, daß sie auch wirklich beobachten, daß das Boot das läuft, was ich Ihnen ver-

Bombensichere U-Boot-Schutzbunker im Hafen von St. Nazaire an der französischen Südwestküste. Es war der letzte von Deutschen gehaltene französische Ort.

Ein großes deutsches Hochseeboot in einem der U-Boot-Bunker von Helgoland, in denen die Boote überholt und neu ausgerüstet wurden, ohne von Bomben gefährdet zu sein. Erst in der letzten Phase des Krieges entwickelten die Gegner sogenannte Blockbrecherbomben, die auch die Schutzdecken dieser Bunker zerstörten.

(oben) **Das Ende**
U-Boote, U-Boote, U-Boote fanden die Alliierten auf den deutschen Werften. Vorn U-Boot-Türme, im Hintergrund Boote vor dem Stapellauf.

(rechts) Britische Truppen auf der Werft von Blohm & Voss. U-Boote Typ XXI.

»Operation Deadlight«: Übergebende U-Boote in Loch Ryan, von wo die »Operation Todeslicht«, die Versenkung der U-Boote, ihren Anfang nahm.

spreche, Herr Kapitän. Das Sehrohr können wir bei der hohen Fahrt ja nicht ausfahren. Würde glatt abbrechen, wenn ich mit 25 Sachen unter Wasser dahinbrause. Also müssen wir eine andere Lösung finden. Ich dachte daran, vorn am Turm zwei Torpedokopflampen anzubringen. Das Licht sieht man ja unter Wasser. Und Sie, Herr Kapitän, benutzen vielleicht am besten ein Schnellboot, damit können Sie ja meine Fahrtstufe unter Wasser bequem überrunden. Ich werde also zuerst die niedrigste Fahrt laufen, die die Walter-Anlagen gestatten, also dreizehn Meilen, dann werde ich bei dem nächsten Durchgang auf 16 gehen und zuletzt auf 25. Wir verständigen uns durch UT unter Wasser.«

»Können Sie die erforderlichen Hilfsmittel bis morgen abend schaffen?«

»Jawohl, das wird gehen.«

»Na, dann sorgen Sie auch dafür, daß das ganze Gebiet abgesperrt ist. Also morgen abend um 20 Uhr geht es los.«

»Jawohl, Herr Kapitän, morgen abend zwanzig null null.«

Erprobungskommandant auf U 792 ist Oberleutnant zur See Heitz. Kommandant auf dem Schnellboot ist Papa Sachs.

Am nächsten Abend geht es dann wirklich los. Noch einmal tauschen Heller und Sachs ihre Maßnahmen aus, dann taucht U 792 mit Heller an Bord. Die Kopflampe wird eingeschaltet. Mit dreizehn Knoten Fahrt durchläuft Heller die Meßmeile. Papa Sachs marschiert mit seinem Schnellboot voraus. Er sieht das Licht des unter Wasser dahinbrausenden U-Bootes und ist beruhigt. An der Sache scheint was dran zu sein. Der erste Durchgang ging also klar. Papa Sachs bestätigt durch UT. Heller läßt »Verstanden« geben.

Nun schließt sich der abgesprochene Drehkreis für den zweiten Durchgang auf der Gegenseite an. Papa Sachs fährt ihn über Wasser. Heller unter Wasser, wobei er seine Anlage auf der Vorlaufstrecke auf 16 Knoten Geschwindigkeit bringt. Heller gibt durch UT das verabredete Zeichen.

Der Durchlauf beginnt.

»Nanu, antwortet das Schnellboot denn nicht?« fragt Heller auf U 792.

»Keine Antwort«, sagt der Funker.

»Wir laufen trotzdem die Meile durch.«

Heller marschiert die Meßstrecke mit 16 Knoten zurück.

Über UT kommt keine Antwort als Bestätigung.

»Na ja, er wird uns ja wenigstens sehen müssen. Also dritter Durchgang. Höchstfahrt 25 Meilen«, fordert Heller.

U 792 durchläuft auch diese Strecke. Hin und zurück.

Vom Schnellboot geht kein Signal mehr ein.

Heller läßt auftauchen.

Das Schnellboot steht sonderbarerweise zwei Meilen ab.

»Wo kommen Sie den her?« schimpft Sachs, als sich beide Boote auf Rufweite heranmanövriert haben. »Ich habe Sie nicht mehr gesehen. Machen Sie bloß keine dummen Späße mit mir. Sie spielen wohl Igel, und ich Hase soll drauf reinfallen!«.

»Schlage Herrn Kapitän gehorsamst vor, Durchgänge noch einmal zu wiederholen.«

»Meinetwegen, Heller. Also los.«

Aber auch die Wiederholung klappt nicht. Kapitän Sachs kann auch hier nur den ersten Durchlauf beobachten. Bei den beiden anderen sieht er nichts. Andere Beobachter will und darf er aus Geheimhaltungsgründen nicht einweihen.

Wieder liegen die beiden Boote nebeneinander. Papa Sachs ist helle Empörung. Er scheint fast zu platzen und ist krebsrot im Gesicht vor Empörung.

»Das ist 'ne Zumutung, Heller. Das ist glatter Schwindel. Sie sind mit ihrem Dreckskarren nur einmal durchmarschiert und dann heimlich auf Grund gegangen. Wollen mir nur erzählen, Sie wären 25 Knoten gelaufen. Ha, das aber nicht mir.«

»Darf ich Herrn Kapitän gehorsamst bitten, im Dock

noch einmal über die Durchgänge und eventuelle Fehler zu sprechen?«

»Na ja, das können wir ja der Ordnung halber machen. Wenn einer Fehler machte, waren Sie es – oder Sie haben mich beschissen.« Heller ist zuerst im Dock, auf dem er eine kleine Kammer weiß, wohin er schnell eine Flasche mit gutem Kognak schaffen läßt. Ein guter Tropfen wird den erbosten Papa Sachs, der im Ersten Weltkrieg als Deckoffizier aus einem U-Boot durch das Torpedorohr ausstieg, eine Netzsperre durchschnitt, wieder einstieg und Boot und Besatzung rettete, vielleicht versöhnlicher stimmen.

Die Unterhaltung verläuft auf der goldgelben Verhandlungsbasis auch ganz vernünftig. Sachs ist an sich schon aus purer Sympathie zu diesem zähen Heller geneigt, ihm zu glauben. Daß die Sache schiefging, wurmt ihn aber schwer. Man weiß jetzt jedenfalls die Ursache.

Das U-Boot hat nämlich einen Drehkreis von nur 150 Metern und das Schnellboot von 400 Metern. Das war nicht mit einberechnet worden. So kam es dann, daß Heller schon wieder auf Meßstrecke stand, als das Schnellboot, abseits stehend, gerade seinen Drehkreis beendet hatte. Das UT wird vermutlich nur deshalb versagt haben, weil der Winkel zu spitz war und die Anlage nicht ansprach. Ahnungslose ...

Also muß ein neuer Weg beschritten werden, das Boot »auf der Meile« zu messen. Man versucht es jetzt sicherheitshalber mit U-Booten, die an den Anfang und das Ende der Meilenstrecke in Deckpeilung gelegt werden. Die Boote sollen neben der Lichtbeobachtung gleichzeitig den Durchgang mit dem Gruppenhorchgerät orten. Die beiden U-Boote werden an die Position gelegt. Auf dem Turm darf aus erwähnten Gründen nur der Kommandant sein.

Kapitän Sachs ist wieder mit seinem Schnellboot unterwegs, das dem Lichtschein der Torpedokopflampen vorauslaufen soll.

Diesmal muß die Sache klappen. Sie klappt nicht, wieder

nicht, denn eine genaue Meile in beiden Richtungen hintereinander kann trotz bester Regie nicht gefahren werden. Der erste Durchgang wird noch beobachtet. Er wird auch mit dem GHG geortet. Die beiden anderen Durchgänge bleiben wieder unkontrolliert, da man den Lichtschein erste entdeckt, wenn das Boot bereits die Peilung durchlaufen und seine Fahrt vermindert hat.

Keine klare Horchpeilung, kein Schraubengeräusch.

Man muß Kapitän Sachs näher kennen, um zu ahnen, was sich nun abspielte. Er heißt nicht umsonst Papa Sachs in der Kriegsmarine, er kann so grantig wie ein Vater zu seinem Sohne werden, wenn etwas unklar geht.

Aber Heller verkriecht sich nicht. Er läßt das Gewitter geduldig über sich ergehen und kommt, behutsam vorfühlend, mit neuen Vorschlägen.

»Herr Kapitän, so geht es nicht weiter. Jetzt kostet die Sache Geld, und das Geld muß eben beschafft werden, ich meine die erforderlichen Mittel müssen her. Wir können diese Boote nur mit einem elektrischen Kabel orten, das wir, von Land gespeist, quer über die Meile legen. Dem Boot selbst legen wir eine Schleife um den Turm und bauen elektrische Meßgeräte innen ein.«

»Das ist natürlich eine Idee«, freut sich Sachs. An ihm soll es nicht liegen, die Mittel und vor allem den Kabelleger zu beschaffen.

Endergebnis des dritten Versuchs: U 792 läuft auf der Meilenstrecke, auf die Sekunde genau gestoppt, 25 Knoten, also fast 50 Stundenkilometer unter Wasser. Der Beweis ist nun auch meßtechnisch erprobt. Unverständlich, ja unheimlich aber bleibt, warum die beiden Positions-U-Boote keinen Impuls in ihren Gruppenhorchgeräten hatten.

Man tröstet sich einstweilen damit, daß nur ein toter Winkel schuld daran sein könne, und man weiß noch nicht, daß es etwas anderes ist, was die Ortung bei diesen Booten ausgeschaltet hat.

27

Düsterer Zukunftsausblick – 237 Boote sanken im Jahre 1943

Zur Lage:
Endlich ist es gelungen, die verhängnisvollen Zentimeterwellen des gegnerischen Radars aufzufassen. Im September 1943 kamen die ersten FuMB-Geräte vom Typ »Naxos« zum Einsatz, während gerade die Serienfertigung der die ASV-Wellen anzeigenden Funkmeß-Beobachtungsgeräte »Borkum« und »Wanze« angelaufen waren, eine verhängnisvolle Nacheilung, da die Empfänger und die Antennen ja erst neu entwickelt werden mußten und die Serienfertigung einfach nicht nachkam. Das Funkmeßgerät »Naxos« ist das erste Gerät, mit dem auch die Zehnzentimeterwellen des H_2S-Gerätes empfangen werden können. Im August fordert die U-Boot-Schlacht noch 25 Opfer an Booten, im September, dem Einsatzmonat des Zaunkönigs (siehe auch im Anhang 1, Nachtrag 8), sind es nur noch neun. Im Oktober schnellt die Zahl erneut in die Höhe. Wie schon auf Seite 326 angedeutet, hält »Naxos« (noch) nicht, was seine Konstrukteure versprachen. Es sinken 26 Boote, im November nur 19 und im Dezember nur noch 8, was allerdings auch dadurch bedingt ist, daß das Gros der Frontboote sich in der Umrüstung und Ausbildung auf den Schnorchelbetrieb befindet. Noch klingen die deutschen Siegesfanfaren in den Ohren des deutschen Volkes nach – die letzte aus dem März, in dem U-Boote 108 Schiffe mit 700000 BRT versenkten ... danach werden die »Grauen Wölfe« nicht mehr erwähnt und die Verluste schon gar nicht. Im September steigen die Erfolge zu den Vormonaten mit 20 Schiffen mit 119000 BRT (Zaunkönig-Einsatz) wieder etwas an, im Oktober vermindert sich die Erfolgsquote auf 13 Schiffe mit 97000 BRT, im November fällt sie noch unter die der ersten Monate des Krieges, als nur drei und vier Boote an der Front standen, nämlich auf 13 Schiffe mit 67000 BRT. 13 Frachter mit 87000 BRT sinken im Dezember. Der Großteil dieser Schiffe entfällt auf den südatlantischen Raum und in das Operationsgebiet der Monsun-Gruppen, den Indischen Ozean. Auch das Schlachtschiff »Scharnhorst« geht im Dezember verloren. Es wurde ebensowenig wie die anderen großen Überwassereinheiten außer Dienst gestellt, nachdem Dönitz einsah, daß die von Adolf Hitler vertretene Auffassung falsch war, auf die starke gegnerische

Kräfte bindenden schweren Einheiten verzichten zu können. Die Gesamtverluste des Jahres 1943 betragen 237 Boote, die durch die Zahl der Neubauten noch ausgeglichen werden können. Die »Festung Europa« wankt. Im Osten zwingen die russischen Material- und Menschenwalzen die Armeen zum Rückzug. Im Pazifik müssen die Japaner eine schwere Niederlage nach der anderen hinnehmen. Portugal hat den Amerikanern Stützpunkte auf den Azoren überlassen. Italien ist abgefallen. Nach dem Verlust Nordafrikas werden die deutschen U-Boot-Operationen mit Mittelmeer noch schwerer, als sie ehedem waren. Unter den Verlusten ist auch U 593 unter Korvettenkapitän Kelbling. Es war seine 15. Feindfahrt, eine Tatsache, auf die der britische Rundfunk unter dem Hinweis einging, daß auch die besten deutschen Asse das Opfer der neuen und verstärkten alliierten U-Boot-Angrifftaktiken und -mittel würden. Sie stellen in diesem Zusammenhang ganz besonders heraus, daß es auf U-Kelbling während all der 15 Feindunternehmungen nie eine Bestrafung gegeben habe ...

Es war der 10. Dezember, als U 593 zur 15. Unternehmung aus Toulon auslief. Am 11. Dezember steht Kelbling unter der afrikanischen Küste. Es ist eine helle Vollmondnacht und so hell, daß sie auf dem Turm des Bootes bequem Zeitung lesen können. Vor Morgengrauen taucht U 593, um in diesen kritischen Stunden nicht unliebsamen Überraschungen ausgesetzt zu sein. Im Keller sind im GHG Geräusche zu hören. Zerstörergeräusche. Kelbling geht auf Sehrohrtiefe und kann in der gerade beginnenden Morgendämmerung einen schwachen Schatten erkennen. Er riskiert einen Zaunkönig und trifft, trotz der sehr rohgeschätzten Unterlagen, den Zerstörer HMS »Tynedale«. U 593 setzt sich darauf weiter nach See zu ab. Im Boot hören sie vereinzelte, aber weit liegende Wasserbomben. Ein erneuter Blick durch das Sehrohr zeigt einen wolkenlosen, typischen Mittelmeerhimmel, der den U-Boot-Fahrern das Leben sauer macht. Kein Windchen weht. Die See ist so glatt wie ein Billardtisch, und wenn das Sehrohr ausgefahren wird, hinterläßt es einen breiten Spurstreifen, den jedes Flugzeug sichten muß.

Die Situation ist nicht erbaulich. Kelbling weiß, daß der Gegner nach der Zerstörerversenkung jetzt mit der Masse seiner U-Boot-Jäger und Flugzeuge kommen wird, und auch, daß es bei diesem Vollmond in der Nacht kaum ein Entrinnen geben kann. Er hat 36 Stunden Hoffnung vor sich. In dieser Zeit muß es sich zeigen, ob das Boot ausweichen kann, denn 36 Stunden reicht der Sauerstoffvorrat.

Mittags läuft ein Zerstörer an. Er kommt in so gute Schußposition, daß Kelbling ihn mittschiffs mit einem E-To trifft. Der Zerstörer, es ist HMS »Holcombe«, bricht auseinander.

»Bei allem Erfolg, wie kommen wir aus dem Hexenkessel raus«, ist des Kommandanten Sorge. Seiner Besatzung braucht er nicht viel zur Lage zu sagen. Sie sind alle lange genug im Mittelmeer, um zu wissen, daß die Chancen eins zu hundert stehen.

U 593 versucht durch wechselnde Kursänderungen die anderen Gegner abzuschütteln.

»Bleibt nur eines. Bei günstiger Horchpeilung müssen wir nachts raus und versuchen, in hoher Überwasserfahrt aus diesem Gebiet herauszulaufen.« So geschieht es. Kurz nach Mitternacht sind die Peilungen günstig. U 593 taucht auf. Kelbling erscheint als erster auf dem Turm. Er erschrickt. Der Mond steht hoch über dem Boot. Er ist transparenthell. Alle Maschinenwaffen werden besetzt. Der LI jagt seine Diesel hoch. Es scheint zu glücken. Auf dem Wasser sind keine Schatten zu sehen. Aber wenige Minuten später wird eine anfliegende Wellington gemeldet. Sie kommt von Steuerbord und hat jetzt genauen Kurs auf das Boot. Kelbling erkennt an den gesetzten Positionslampen des Flugzeuges, daß diese Maschine nicht allein ist. Aber den Bewegungen der anfliegenden Wellington zu urteilen, hat sie das Boot noch nicht gesehen.

»Schweinerei. Liegen hier wie auf einem Präsentierteller«, flucht der Kommandant, der nun auch keine Möglichkeit mehr sieht, in den Keller zu gehen. Die Entfernung zu der anfliegenden Wellington beträgt 1500 Meter, als die Geschütze das Feuer eröffnen. Aus sechs Zwei-Zentimeter-Rohren jagen dem Bomber die Leuchtspurgeschosse entgegen. Der Gegner zieht seine Maschine hoch, dreht seitlich weg und zeigt dem Boot dabei seine breite Unterseite. Deutlich erkennt Kelbling das Aufblitzen von Treffern.

»Gut so, Jungens, raus, was rausgeht.«

Die Jungs tun ihr Bestes. Sie zwingen den schwer angeschlagenen Bomber abzudrehen. Im Notwurf wirft er Bomben und Wasserbomben ab. Sie krepieren weit vom Boot entfernt. Hinter den hochaufstiebenden Wassersäulen verschwindet der Angreifer.

»Die nächsten werden nicht auf sich warten lassen nach diesem Feuerwerk«, brummelt der WO zum Kommandanten hingewandt.

Kelbling taucht. Während das Boot langsam auf größere Tiefe sinkt, hören sie Zerstörergeräusche. Dann werden sie von einem Bewacher überlaufen. Es fallen aber keine Bomben.

Nun aber werden die Sorgen ernst. Die wenigen Minuten über Wasser haben nicht ausgereicht, die Druckluft zu ergänzen und die Batterien aufzuladen. Ein zweites Auftauchen wäre Selbstmord. Der LI läßt alle entbehrlichen Stromverbraucher abschalten. Kelbling nickt zustimmend.

»Vielleicht können wir uns bis zum nächsten Abend halten.« Mit dem »Vielleicht« ist alles ausgedrückt.

»Herr Kapitän, in der nächsten Nacht haben wir wenigstens eine Galgenfrist von einer dreiviertel Stunde«, hat der Obersteuermann ausgerechnet, und er meint die kurze Spanne bis zum Mondaufgang. In ihr liegt eine kleine Chance zu entkommen.

Oben suchen die Zerstörer. Das helle Singen ihrer Schrauben klingt wie das Jaulen und Geifern einer entfesselten Meute.

In U 593 ist es still und halb dunkel. Die Besatzung schläft bis auf die notwendigsten Leute. Die anderen Männer sollen sich nicht nur ausruhen, sie sollen auch weniger Sauerstoff verbrauchen.

Kelbling sieht über seine Getreuen hinweg.

»Welch ein blindes Vertrauen haben diese Männer, und welche großartige Haltung der Ruhe und Besonnenheit zeigen sie, die doch fast alle keine Anfänger mehr sind und die ganz genau wissen, daß es jetzt um Kopf und Kragen geht«, denkt Kelbling.

Zum erstenmal kommt ihm diese wunderbare Haltung seiner Männer so deutlich in den Sinn, vielleicht auch nur, weil das Halbdunkel im Boot die Umgebung so warm, vertraulich und beruhigend erscheinen läßt.

Die Ruhe seiner Besatzung läßt auch Kelbling noch ruhiger werden, ihn, an dessen Vorbild sich die Männer aufrichteten, dessen Vorbild die Besatzung seelisch fähig machte, jetzt im tiefen Schlaf zu liegen.

Im Flüsterton berät sich Kelbling mit seinem Obersteuermann und dem LI. Vereinzelt fallen Wasserbomben. Weit weg.

Der Funker überwacht die Ortung der Gegner. U 593 weicht in vorsichtiger Schleichfahrt der gegnerischen Peilung aus. Jetzt aber meldet der Funker immer stärker werdende Schraubengeräusche. Jetzt werden diese widerlichen Geräusche auch mit dem bloßen Ohr vernehmbar. Kelbling vernimmt dazwischen etwas Neues, etwas, das schrill wie eine Kreissäge kreischt und das Mahlen der Zerstörerschrauben mächtig übertönt. Er soll nicht mehr dazu kommen, den BdU von dieser Beobachtung zu unterrichten, von jenem Gerät, das den Zaunkönig ausschalten soll und das der Gegner im Mittelmeer zuerst erprobte.

Wieder Wasserbomben. Alle im Boot sehen vor ihren Augen bildhaft, wie die zylindrischen Sprengkörper langsam absinken, dem Boote näher, immer näher entgegenschweben ... Dann kracht es. Und wie. Nur vergleichbar mit Hammerschlägen auf eine Blechtonne, in der Menschen hocken. Die nah krepierenden Bomben richten U 593 entsetzlich zu.

Glühbirnen zerplatzen, Schaltkästen fallen von den Wänden. Die Ruderanlage fällt aus. Beide E-Maschinen sind stehengeblieben. Das Boot kippt nach vorn über.

»Alle Mann achteraus.«

Die Schlafenden sind bei dem Krach aus den Kojen gesprungen. Nicht aus Angst, aber um bereit zu sein. Die Männer klettern und kriechen auf allen vieren über die Flurplatten, um die Schräglage zu überwinden, um das Boot achtern schwerer zu machen.

Da, wie eine Schaukel kippt das Boot plötzlich nach hinten.

»Alle Mann Bugraum.«

Das Manöver verläuft jetzt umgekehrt.

Was hier geschieht, kann man mit Worten nicht ausdrükken. Das kann vielleicht nur der Film darstellen. Jedes menschliche Schicksal wäre ein Kapitel für sich in diesen Sekunden tödlicher Gefahr. Die nackte Angst schleicht durch das Boot. Aber keiner zeigt sie. Steuerlos hängt das Boot auf 120 Meter Tiefe. Und fällt langsam tiefer. Immer tiefer.

»Zweite Serie!«

Ein Hexenkessel an Lärm.

Das Boot fällt weiter. Bei 220 Meter fängt es Kelbling ab. Durch das Sprachrohr kommt die Meldung: »Wassereinbruch im Diesel.« – »Wieviel?« – »Vier Liter in der Minute.«

»Na, das ist ja noch nicht so schlimm«, sagt Kelbling beruhigt zum LI, der mit allen Kniffen versucht, das Boot wieder hinzutrimmen. Es steigt, sogar schnell, und Kelbling überlegt gerade, daß U 593 bei nur vier Liter Wassereinbruch doch noch unter Wasser zu halten sein müßte. Wenn nur die Maschinen wieder in Gang kommen ... Er läßt etwas entlüften, um nicht ganz aufzutauchen. Das Boot fällt sofort wieder. Nicht langsam, sondern schnell, sehr schnell.

Der LI berichtigt seine Meldung. »400, nicht 4 Liter in der Minute, Herr Kapitän.«

400 Liter. Beim Himmel. Unter diesen Umständen wird das Boot nicht zu halten sein.

»Also raus! Auftauchen«, befiehlt Kelbling. Er schreit diesen Befehl nicht, er sagt ihn so ruhig, als handele es sich um ein friedensmäßiges Manöver und nicht um den sicheren Weg in die Gefangenschaft, wenn nicht in den Tod.

Zentralemaat Überschär reißt das Druckluftventil auf. Zischend, brausend strömt Luft in die Tauchtanks. Aber der Luftvorrat ist durch das Anblasen in 200 Meter Tiefe bereits derart erschöpft, daß das Zischen immer leiser und leiser wird. Und nun ganz aufhört. Auch der Herzschlag der Männer setzt aus. Die Druckluftflaschen sind leer. Das Boot aber hängt noch in 110 Meter Tiefe. Und noch immer mit 40 Grad Achterlastigkeit.

Stehen kann niemand mehr.

Schräg im Raum der Zentrale sieht man Kelblings LI, Oberleutnant (Ing.) Liebig. Noch immer strahlt er seine unerschütterliche Ruhe aus. Auch jetzt, in dieser himmelschreiend verzweifelten Situation, sozusagen eine Handbreit vom Sarg entfernt. Er klopft mit den Knöcheln am Tiefenmanometer. Ohne Hast. Ganz ruhig. Es bewegt sich weder nach oben noch nach unten. Wenn bloß die Maschinen in Gang zu bringen wären.

Kelbling kriecht nach hinten. Aber im Dieselraum stehen sie schon bis zu den Knien im Wasser. Sie versuchen, was nur menschenmöglich ist, um die Maschinen wieder in Gang zu bringen.

Das Wasser plätschert drohend. Sonst ist nur noch das Klopfen des Leitenden am Manometer zu hören.

Es ruft niemand. Es stöhnt niemand. Der Atem geht kurz. Aber das liegt wohl an der knappen Luft, hat nichts mit

Angst zu tun. Als sei gar nichts geschehen, so hocken die Männer auf ihren Plätzen, soweit sie nicht beschäftigt sind, die Schäden auszubessern.

Da zuckt in der Zentrale plötzlich der Umdrehungszeiger der Steuerbordmaschine hin und her. Er geht hoch auf halbe Fahrt.

Wie die Kerls in der halbabgesoffenen E-Maschine das fertiggebracht haben, ist Kelbling auch heute noch ein Rätsel.

Auch das Tiefenmanometer reagiert jetzt wieder. Es steigt langsam, und das plötzlich sanfte Nachvornkippen des Bootes verrät, daß U 593 aus dem Wasser ist.

Kelbling reißt das Turmluk auf. U 593 liegt im hellsten Sonnenschein zwischen zwei Zerstörern. Sie schießen aus allen Knopflöchern, das Boot als unfehlbare Zielscheibe zwischen sich. Ein Höllenspektakel. Schwere Granaten, leichte Granaten und MG-Geschosse orgeln um das Boot herum, bersten und detonieren.

Gegenwehr ist Wahnsinn.

»Alle Mann aus dem Boot.« Kelbling hofft, daß der Gegner angesichts des Aussteigens der Besatzung die Schießerei einstellen wird. Er fährt die ersten seiner Männer, die nach oben kommen, an: »Hier packt mit an, helft den anderen aus dem Luk heraus.«

Kommandant und Seeleute bemühen sich, die anderen, in der verbrauchten Luft völlig erschöpften Kameraden, an den Schwimmwestengurten schneller auf den Turm zu zerren. Dazwischen tobt sich der Feuerorkan von den beiden Zerstörern weiter um sie herum aus. Wer hochgekommen ist, muß sofort in den Bach. Aber die Zerstörer schießen weiter. Erst als zwanzig Mann im Wasser schwimmen, hört die wilde Knallerei auf. Kelbling kann jetzt ungefährdet den Rest seiner Besatzung aus dem zerschossenen und total beschädigten Boot herausholen. Die achtern im Wasser treibenden Kameraden werden zu Kelblings Beruhigung schon von den von den Zerstörern inzwischen ausgesetzten Beibooten aufgefischt.

Als letzte erscheinen er Leitende Ingenieur Liebig und der Torpedomaat Hühnert auf dem Turm. Der hintere Teil des Bootes liegt bereits unter Wasser. U 593 will nun aber nicht weiter sinken, obwohl der LI unten sämtliche Flutventile aufgedreht hat.

In diesem Augenblick sieht Kelbling, wie sich vom Zerstörer ein Motorboot löst. Es bleiben ihm nur Minuten, um zu verhindern, daß sein Boot und damit auch sämtliche Schlüsselunterlagen in Feindeshand fallen.

Zwei Sprengpatronen sind zusätzlich außenbords angeschlagen worden. Die Zündschnüre brennen auch. Aber werden sie zünden? Sind sie in der letzten Aufregung überhaupt richtig angeschlossen worden?

Das Boot darf nicht in Feindeshand fallen.

Ehe es Kelbling verhindern kann, läßt sich der dicke Torpedomaat wie ein Wiesel ins Luk rutschen und ruft nach oben: »Herr Kaleunt, ich drehe vorne noch was auf!« Es war auch ihm klar, daß das Boot vorne noch auf einer Luftblase im Bugraum schwimmt. Wahrscheinlich klemmte auch ein Flutventil.

Aber U 593 kann trotzdem jeden Augenblick untergehen. Und wer weiß, wie lange die Zündschnüre brennen.

Kelbling klettert hinter seinem Torpedomaaten hinterher, um ihn zurückzurufen. Aber da erscheint der auch schon grinsend, vom Burgraum zurückkehrend, in der Zentrale und winkt seinem ihn suchenden Kommandanten ab. »Schnell raus. Raus auf die Back . . . Torpedoluk ist auf . . .«.

Beide klettern auf den Turm zurück und laufen auf die noch eben aus dem Wasser herausragende Back. Sie reißen mit vereinten Kräften das Torpedoluk auf, dessen Vorreiber der Torpedomaat von innen aufgeschraubt hatte.

Mit jeder überkommenden Dünungssee schwappt jetzt Wasser in den Bugraum. Ein Eindringen in das Boot wird dem Gegner nun unmöglich sein. Der T-Maat verkeilt sogar noch das Luk, damit es nicht wieder dichtschlagen kann. Als er sich wieder aufrichtet, legt gerade ein Motorboot mit der amerikanischen Flagge an. Maschinenpistolen werden auf die beiden letzten Deutschen auf dem U-Boot-Wrack gerichtet.

Mein Gott, durchblitzt es Kelbling, wenn einer der Kerle im Boot Schneid hat, könnte er unter Umständen noch über den Turm in das Boot eindringen und die Schlüsselunterlagen herausholen, wenn er nur einigermaßen in einem U-Boot Bescheid weiß ...

Ein Leutnant springt an Bord. »Wo ist der Kommandant?« Kelbling geht auf ihn zu. Langsam, sehr langsam, um Zeit zu gewinnen. Und langsam, fast liebenswürdig sagt Kelbling zu dem jungen amerikanischen Offizierskollegen: »Keep off, the torpedos will blow up in a few seconds« – »Paß auf, die Torpedos werden in einigen Sekunden explodieren.«

Die Lüge wirkte wie ein Schuß. Der Amerikaner schiebt Kelbling und den Torpedomaaten hastig in das Motorboot und fährt in höchster Fahrt davon. Wenige Minuten darauf kippt U 593 nach vorn über und fährt wie bei einem Tauchmanöver zum letzten Mal auf Tiefe.

Wer von der Besatzung noch im Wasser schwimmt, bringt drei Hurras aus.

Auf dem amerikanischen Zerstörer werden sie mit Zigaretten versorgt und erst einmal in den Heizraum zur Selbstreinigung geschoben. Kelbling dagegen wird sofort in die Kommandantenkammer gebracht und mit frischem Zeug versorgt. Darauf erscheint der amerikanische Kommandant und begrüßt Kelbling wie einen alten guten Bekannten mit Handschlag.

»Freue mich, hälloh ... Pech gehabt ... Take ist easy.«

Bei der anschließenden Tasse Kaffee drückt Kelbling seinen Dank aus, daß man schließlich doch noch so vernünftig gewesen wäre, mit der verrückten Schießerei aufzuhören. Dadurch konnte die gesamte Besatzung gerettet werden.

Captain Strohbehn entschuldigte sich, daß er mit dem Schießen nicht früher aufgehört habe. »Glaubte, daß sich ihre Leute am MG zu schaffen machten.«

»Das sah nur so aus, der Mann wollte nur das unter dem MG verstaute Gummiboot flottmachen.«

»Sehen Sie, so was kann man von hier aus natürlich nicht beurteilen. Bin leider kein U-Boot-Mann, um so etwas zu wissen.«

Und nach einer Pause fährt er, dabei aufstehend, fort.

»Betrachten Sie sich als Ehrengast bei mir an Bord. Ihren Männern soll es an nichts fehlen. Wir sind hier unter uns. Unter Seeleuten.« Später werden Kelbling und der LI Liebig in die Offiziersmesse zum Essen gebeten. Auch hier sind sie Gäste und nicht Gefangene. Nach dem Essen verschwindet der Kommandant auf die Brücke. Nun entspinnt sich bei gutem Canadian Club und Lucky Strikes mit den wachfreien amerikanischen Offizieren eine angeregte Unterhaltung. Über alles ... nur nicht über militärische Fragen wird gesprochen.

Einer der Offiziere fragt aber dennoch ...

»Sagen Sie, Captain, sind Ihre Torpedos in der letzten Zeit nicht ein bißchen besser geworden?«

Da fällt ihm ein anderer Amioffizier ins Wort, ehe Kelbling eine ausweichende Antwort geben kann.

»Mensch, frag doch nicht so dumm. Du weißt doch genau, daß er nicht über militärische Sachen sprechen darf und nicht wird.«

Es ist eine selbstverständliche Kameradschaft unter Frontsoldaten, was sich hier abspielt, getragen von beiderseitiger Achtung und Ritterlichkeit. Kelbling glaubt nun ehrlich, daß man wirklich aus einem Irrtum heraus auf sie weiter geschossen hatte.

TEIL VI · 1944

DAS JAHR DER BETROGENEN HOFFNUNGEN

28

Dönitz und die Walter-U-Boote

Zur Lage:
Der Wettlauf mit der Zeit bestimmt das neue Jahr. Es gilt Zeit zu gewinnen, um die neuen Elektro-U-Boote vom Typ XXI (1623 t bei Unterwasserfahrt, 76,7 m lang, 5,6 m Druckkörperhöhe, Dieselfahrt über Wasser 15,5 kn, E-Maschinenfahrt bei vervierfachter Batteriekapazität unter Wasser 17,5 kn, 57 Mann Besatzung 23 Torpedos, Tauchtiefen bis 400 m) und vom Typ XXIII (256 t unter Wasser, 12,5 kn unter Wasser, 14 Mann Besatzung) als Küstenboot an die Front zu bringen. Das Produktionsprogramm ist mit Hochdruck angelaufen. Überall im nördlichen Binnenland werden die Teilstücke, die sogenannten Schüsse (acht pro Boot), gebaut, an die Küsten zu den Werften transportiert und hier in kürzester Frist montiert. Der Admiral Zeit beherrscht nun auch die Werften. Je schneller die auch in der Innenausstattung des jeweiligen Teilstükkes fix und fertig gelieferten »Schüsse« zum indienststellungsreifen U-Boot zusammengebaut werden, um so geringer sind die Gefahren der Bombardierung und Zerstörung.

An den französischen Atlantikküsten wachsen mit hektischer Hast immer neue und größere Betonbunker aus der Erde, um den Booten während ihrer Stützpunktliegezeit Schutz zu bieten. Man will sogar auch die Endmontage der E-Boote in Bunker verlegen. Einer der größten dieser Betonriesen ist der Bunker »Valentin« bei Bremen. 15 000 Arbeiter schaffen an diesem 120-Millionen-Projekt, das 450 m lang, 100 m breit werden und 46 m innere Höhe bei sieben Meter dicken Decken und drei Meter starken Wänden haben soll.

»Der Tag wird kommen, an dem ich Churchill einen neuen, umwälzenden U-Boot-Krieg offeriere. Die U-Boot-Waffe ist unter den Schlägen des Jahres 1943 nicht zusammengebrochen. Sie ist

stärker denn je. 1944 wird ein hartes, aber auch ein erfolgreiches Jahr werden«, erklärt Dönitz auf einer Tagung in Stettin. Hans Fritsche, Reichsrundfunkkommentator, wertet diese Rede aus und verspricht dem deutschen Volk über den Großdeutschen Rundfunk den endlich totalen U-Boot-Krieg mit völlig neuen Booten, gegen die die gegnerische Abwehr machtlos sein würde. Die Antwort der Alliierten besteht in massierten Luftangriffen auf jene Siemens- und Schuckert-Werke, in denen die Elektromotoren für die neuen U-Boote hergestellt werden. Sie sinken in Schutt und Asche. Was nützen die stärksten Bunker für die Endfertigung, wenn der Gegner die Zulieferungsindustrie für eine der wichtigsten Anlagen der neuen Boote zerschlagen kann ... Auf dem Berghof muß Dönitz Hitler gegenüber seine zuversichtlichen Prognosen, mit den neuen E-Booten eine entscheidende Wende in der Schlacht im Atlantik herbeizuführen, revidieren. Er spricht davon, daß sich nach den Bombardierungen der E-Motoren-Werke der Einsatz der ersten Gruppen um einen Monat verzögern werde. Es wird nicht nur ein Monat, es werden Monate daraus ...

Inzwischen wird auch Zeiss bombardiert. Zeiss stellt die Sehrohroptiken her.

Draußen an der Atlantikfront kämpfen noch immer die alten, unzulänglich gewordenen Boote. Erst ein winziger Bruchteil ist mit dem Schnorchelbehelf ausgerüstet. Warum zieht Dönitz diese Boote nicht aus dem vom Gegner jetzt überlegen beherrschten Atlantik zurück? Warum konzentriert er nicht alle verfügbaren und dadurch frei werdenden Kräfte auf den Bau der neuen Typen? Seine Argumente gehen dahin, daß diese Front-U-Boote unvorstellbare Kräfte zur See und vor allem auch in der Luft binden. Eine vorübergehende Einstellung des U-Boot-Krieges im Atlantik würde mit noch größeren und noch schwereren Zerstörungen der Heimatindustrie gleichbedeutend sein. Außerdem käme es der U-Boot-Führung darauf an, nicht den Kontakt mit den sich ständig weiterentwickelnden gegnerischen Abwehrgeräten zu verlieren. Diese Begründung leuchtet ein. Inwieweit es richtig war, so viele Boote an der Atlantikfront operieren zu lassen, steht auf einem anderen Blatt. Weniger hätten vielleicht denselben Nutzeffekt bei weniger Opfern an Spezialpersonal erzielt. Aber mit dieser naheliegenden skeptischen Frage schlägt man ein anderes Blatt voller Fragezeichen auf. Wäre eine solche Einschränkung dem Gegner auch wirklich verborgen geblieben? Nein! sagen kompetente Stellen. Die französische Widerstandsbewegung war damals schon straff organisiert. Ihre Agenten meldeten dem Feind jedes ein- und auslaufende Boot, oft sogar die Bootsnummern, die Namen der Kommandanten und die diesen zugewiesenen Operationsgebiete. Dadurch erhielt der Gegner ein genaues Bild vom Kräfteverhältnis in den nordatlantischen Räumen. Hätte Dönitz die Hälfte der nicht mehr voll kampffähigen alten Typen aus dem Atlantik zurückgezogen, hätte dies für die Alliierten den Schlüssel für ein »no danger for wolf-packets« bedeutet, denn eine wirksame und erfolgreiche Rudelbildung war nur mit einer angemessenen großen Zahl an U-Booten möglich. Die gegnerischen Maßnahmen hätten in einer Reduzierung der Sicherungsstreitkräfte bestanden. Von den 3000 bis 4000 eingesetzten Flugzeugen wären mindestens 1000, wenn nicht gar 2000 Langstreckenbomber abgezogen worden. Wo anders hätte man sie angesetzt als auf Deutschland. Bei des Gegners Zielsetzung, bei Luftangriffen in erster Linie die deutsche Zivilbevölkerung zu demoralisieren, hätten die Angriffe dieser frei gewordenen Kräfte aber Tausende Opfer an Zivilisten, an Frauen und Kindern, zur Folge gehabt, ganz abgesehen von den zu erwartenden Zerstörungen von Schlüsselindustrien, die für das neue U-Boot-Programm von so entscheidender Bedeutung waren. Die Relation der Opfer an der Front bei Beibehaltung der für die Rudeltaktik erforderlichen Quote zu den Opfern unter der Zivilbevölkerung bei einer Reduzierung der U-Boote im Atlantik hätte katastrophale Ausmaße angenommen. Nicht nur, daß der Gegner Luftstreitkräfte für solche Ziele abgezogen haben würde, er hätte auch seine Geleitzüge verstärken können, um noch mehr Kriegsmaterial auf den Flugzeugträger England zu schaffen. Übersehen wir dabei nicht, daß selbst der Großadmiral Dönitz das schwerste Opfer brachte, das ein Vater für seine Heimat zu bringen vermag, als gerade in dieser Übergangszeit auch der Sohn auf einem Boot der alten Typen an der Front blieb und damit einer unter den vielen U-Boot-Offizieren und -Männern war, deren Soldatentod unzählige unschuldige Frauen, Kinder und alte Männer vor den Bomben und dem Ende bewahrte. Wenn überhaupt in einem Kriege der Soldatentod einen Sinn gehabt hat, so hier, da sich die U-Boot-Männer, die sehr wohl um die Unzulänglichkeit der Boote der alten Typen wußten, die aber dennoch verbissen und zäh immer wieder ausliefen und immer wieder angriffen, wie ein Schutzwall vor die bedrohte Heimat legten und durch ihr Opfer Wehrlosen daheim das Leben retteten. An dieser tragischen, aber geschichtlichen Wahrheit kommen wir nicht vorbei, wenn wir den Entschluß des

BdU, die Boote der alten Typen an der Front zu belassen, kritisch prüfen (zu oben: siehe auch Anhang I, Nachtrag 6).

Gewiß, man hätte alle Küstenstreifen und alle Marineplätze an der französischen Küste von der Zivilbevölkerung räumen können, um damit auch die Spionagegruppen der französischen Widerstandsbewegung aus dem Bereich der U-Boot-Stützpunkte wirksam auszuschalten. Der Brite hätte es wahrscheinlich, nein, mit Sicherheit getan. Aber damit hätte man schuldige wie auch unschuldige Menschen zugleich getroffen. Bei der Marine wurde trotz aller Verbissenheit des Kampfes das Wort Menschlichkeit groß, sehr groß geschrieben. Dennoch, auf der einen Seite tat man zuviel, auf der anderen zuwenig. Aber das ist unser deutsches Schicksal.

Das Gespenst der bevorstehenden Invasion beschäftigt alle Führungsstäbe. Dönitz hat Kleinst-U-Boote entwickeln lassen, mit denen er die Invasionsflotte zusammen mit den einsatzbereiten großen U-Booten anzugreifen gedenkt, es sind Einmann- und Zweimann-U-Boote mit vielversprechenden Namen wie Biber, Molch, Neger, Seehund, Hai und Delphin. Die Besatzungen, in K-Verbänden zusammengefaßt, rekrutieren sich ausschließlich aus Freiwilligen. Viele der Männer sind seemännisch völlig unerfahren.

Immer noch nicht scheint endgültig entschieden, ob in Zukunft die alten Typen nicht besser eine vermehrte Flak als einen Schnorchel erhalten sollen, bis die neuen Typen einsatzbereit sind, jene Typen, von denen Dönitz überzeugt ist, daß der Gegner gegen sie vorerst keine fundamentale Abwehr finden wird. Hinsichtlich der Bewaffnung der Flak-U-Boote gehen die Meinungen sehr auseinander. Um die Entwicklung in geordnete Bahnen zu lenken, soll der Oberbefehlshaber selbst entscheiden, welche Flak-Bewaffnung am zweckmäßigsten ist. In Hela liegen im März im Walter-Boot-Bezirk sechs solcher Flak-U-Boote zur Besichtigung bereit. Ganz außen hat man das Walter-U-Boot U 792 vertäut, als der ObdM eintrifft ...

Nach Schluß der Besichtigung läßt sich Dönitz vom Chef der Walter-Boot-Erprobung, Kapitänleutnant (Ing.) Heller, durch das Walter-U-Boot führen. Im Turbinenraum setzt er sich auf das Drucklager und läßt sich von Heller die Lage erklären.

»Heller, wir sind hier ganz unter uns. Rede und sage mir klipp und klar, was du von dieser Sache hältst.«

Heller zögert mit seiner Antwort. Dönitz muntert ihn lächelnd auf. »Nun mach schon, Heller. Ich verstehe ja von technischen Dingen nichts. Ich sehe hier nur Eisen.« Dabei klopft Dönitz auf die Zuleitungsrohre der Dreistoffpumpe. »Los, rede. Ist diese Anlage nun brauchbar oder ist sie es nicht?«

Heller weiß nur zu gut, daß sein ObdM soviel wie jeder Spezialtechniker von U-Booten versteht, er wertet aber die Bemerkungen des Großadmirals so, wie sie gemeint sind, ihm schonungslos zu offenbaren, was er als Chef der Erprobungsgruppe für eine nüchterne Meinung von den ersten Walter-Booten hat.

»Herr Großadmiral«, bricht es aus ihm verbittert heraus. »Es ist zum Weinen. Diese Anlage und diese Boote sind nicht nur brauchbar, sie sind eine Revolution ...«

»Hm, Heller, das klingt sehr überzeugend. Wenn das so ist, dann müssen wir alles versuchen, diese Boote doch noch zu bauen.« Dieser Heller macht auf Dönitz einen ausgezeichneten Eindruck. Sein weiterer Bericht ist knapp formuliert und sehr überzeugend. »Gut, Heller, ich danke. Ich bin dafür, daß ich eine Probefahrt mitmache. Wann geht das zu machen?«

»Morgen, Herr Großadmiral. Morgen haben wir auch U 795 zur Verfügung, ein Blohm-und-Voss-Boot, das noch besser durchkonstruiert wurde als dieses hier, das die Germania-Werft gebaut hat.«

»Gut, Heller, morgen.«

Dönitz steigt mit seinem Stabe auf den Flottentender »Hela« über. Kommandant der »Hela« ist Korvettenkapitän Neumann, ein alter Bekannter von Heller, und da sich beide lange nicht gesehen haben, gibt es ein fröhliches Wiedersehen in Neumanns Kammer. Es bleibt dabei auch nicht aus, daß ein bißchen Luft in die Rumbuddel kommt und daß Neumann seinen alten Freund zu diesem Erfolg zuprostend beglückwünscht, denn er habe gehört, wie Dönitz sich begeistert über das Walter-Boot und seine, Hellers, Schilderungen äußerte.

Auch bei der Marine kommt es aber meistens anders, als man denkt . . .

Kurz nach dem Mittagessen erreicht Dönitz ein Fernspruch, der ihn zu einer anderen dringenden Besprechung abruft. Auf eine Probefahrt mit einem Walter-Boot will er aber nicht verzichten, und so entscheidet er, diese Probefahrt sofort durchzuführen.

»Thedsen, veranlassen Sie das Weitere«, ist sein Befehl an den Konteradmiral (Ing.).

Was ein Zustand bei der Marine ist, wurde schon erklärt. Jetzt herrscht einer, denn Heller ist nicht zu finden. Läufer jagen durch das Gelände, und alle Stellen werden angerufen. Im ganzen Bereich klingelt das Telefon. »Heller zum ObdM, vorher bei Admiral Thedsen melden.«

Endlich erwischt man ihn. Eine halbe Stunde nach dem Befehl von Dönitz steht Heller vor Thedsen.

»Herr Admiral, mein Musterboot U 793 ist erst vor einer halben Stunde von einer Schulfahrt eingelaufen. Es muß erst Treibstoff übernehmen.«

»Solange kann der ObdM nicht warten. Fahren Sie mit dem anderen Boot, Heller.«

»Ungern.«

»Sie müssen, Heller, sosehr ich Sie auch verstehe.«

Auf U 795 (wie U 793 ein Boot mit nur einer Turbine) steigen außer Dönitz der Kommandierende Admiral der U-Boote, Admiral Hans-Heinz v. Friedeburg, Admiral Köhler vom OKM und Konteradmiral Godt von der SKL-U-Boote ein.

Thedsen ist ein wenig aufgeregt. Er hatte sich immer sehr für die Walter-Boote eingesetzt, und er weiß auch, daß die Boote der Germania-Werft nicht hundertprozentig gelöst worden sind, während Blohm & Voss alle Vorstellungen der Planung erfüllte.

Heller führt das Boot, das noch keinen Schnorchel besitzt, in allen seinen Fahrtstufen vor, dabei erklärt er die Anlagen und läßt auch die erforderlichen Alarmmanöver durchführen. Er geht mehrere Male vom Walter-Betrieb auf E-Maschinenfahrt. Er läßt auch aus Sehrohrtiefe einen Rundblick nehmen. Dönitz ist überall. Er bleibt an Hellers Seite. Es entgeht ihm kein Handgriff der Bedienungsmannschaft. Viel gesprochen wird nicht auf dieser Fahrt. Aber Heller sieht es dem ObdM und den anderen Herren an, daß sie bei aller Skepsis erst überrascht, ja erstaunt und dann begeistert sind.

Als U 795 nach einer Fahrt ohne Störungen anlegt, drückt Dönitz Heller lange die Hand.

»Du hast recht, die Anlage ist nicht nur brauchbar, sie ist in der Tat eine Revolution im U-Boot-Antrieb.«

»Theoretisch ist sie es seit 1937, Herr Großadmiral.«

»Ich weiß, Heller. Praktisch ist sie es seit 1940, als dieses V 80 sechsundzwanzig Knoten unter Wasser fuhr, aber ...«[1]

In der Offiziersmesse der »Swakopmund« spricht Dönitz: »Meine Erwartungen, die ich in die Walter-Boote setzte, sind weit übertroffen worden. Ich werde mich dafür einsetzen, daß der Bau dieser Typen doch noch mit allen Mitteln forciert wird.«

Die um diese Zeit bei Blohm & Voss von den im Bau befindlichen Walter-Booten heruntergenommenen Arbeiter werden wieder zum Weiterbau kommandiert. Sie fangen wieder an, an den von Raeder in Auftrag gegebenen Frontbooten vom Typ XVII B zu arbeiten.

Nach Dönitz erscheint wenige Wochen später der Reichs-

1 Um die Leistungen der kleinen Walter-Gruppe in ihrem Kampf um die Entwicklung der Antriebsmittel und Bootsformen zu verstehen, muß man wissen, daß die Engländer, denen Musterboote und alle Konstruktionspläne in die Hände fielen, nach dem Kriege neun volle Jahre brauchten, um eine solche Walter-Anlage in einem U-Boot-Neubau betriebssicher einzusetzen.

minister für »Bewaffnung und Munition«, Speer, dem ja auch die Verteilung des neuen Treibstoffs untersteht, dessen elektrolytische Herstellung bei nur zwei Fabrikationsstätten – eine im Raum Springe, die andere bei Bad Lauterberg im Harz – begrenzt ist und der außerdem von der Luftwaffe für Jäger mit Strahlantrieb benötigt wird. Heller wundert sich daher nicht, daß sich in Begleitung von Speer der Luftwaffen-Generalfeldmarschall Milch befindet. Heller holt die beiden Herren mit U 793 von Gotenhafen ab und geht mit dem Boot auf die Meßmeilenstrecke.

Speer schweigt. Er äußert sich nach der Fahrt mit keinem Wort. Milch dagegen ist begeistert.

»Großartige Sache, Heller. Wenn die Marine damit schnell zum Zuge kommt, können wir noch manches retten.«

Speer sieht Milch erstaunt an, steht auf, sagt nichts weiter als »Danke, Herr Heller«, und geht.

Ein Vorteil entstand der Kriegsmarine durch diesen Besuch nicht. Die schnellere Fertigstellung weiterer Boote wird von Speer nicht unterstützt. Im Gegenteil.

Kurze Zeit später werden die Arbeiter an den Walter-Booten bei Blohm & Voss wieder abkommandiert.

Dönitz wird persönlich bei Speer vorstellig.

Die Arbeiten werden wiederaufgenommen.

Und wieder geht Zeit verloren. Sechs Wochen verstreichen, da der Bau an Booten wieder ruhte, die wirklich eine Wende in der Schlacht auf dem Atlantik gebracht haben würden.

Im April 1944 spricht Dönitz im Hauptquartier erneut über seine Bemühungen, ganz zum Walter-Boot überzugehen. Er zeichnet die Engpässe auf, die vor allem bei der Herstellung von Druckkörpern auftreten. Der Luftwaffe seien leider wieder Vorzugsrechte eingeräumt worden, deren Folge es ist, daß auch die Elektro-Boote vom Typ XXI weiter in Rückstand gekommen sind.

»Als weiteres Beispiel für die bedrohliche Situation um diese neuen Boote benenne ich die Maschinenfabrik Augsburg-Nürnberg, die MAN, deren vordringliches Auftragssoll für die U-Boot-Waffe trotz hoch anzuerkennenden Anstrengungen nicht fertig wurde, weil zuwenig Arbeiter zur Behebung der Bombenschäden eingesetzt werden konnten. Die fertigen Einzelteile für die U-Boote konnten daher nicht zusammengesetzt werden, da die bei der MAN bestellten Antriebsanlagen nicht rechtzeitig geliefert wurden.«

Daß dies ein Nachteil ist, sieht Hitler ein. Aber er macht geltend, daß die Gesamtlage von einem breiteren Gesichtspunkt betrachtet werden müsse, und danach müsse der Jägerstab haben, was er fordere und brauche, um zu verhindern, daß weitere Industrien zerstört werden, wodurch die U-Boot-Waffe nur noch mehr nachhinken würde.

Man sieht, die Katze beißt sich jetzt in den Schwanz.

29

Alarm nun auch im Indischen Ozean

Zur Lage:
Die Bemühungen der deutschen SKL, auch in der Zeit der Umrüstung der Boote, kräftebindende U-Boote im Atlantik zu konzentrieren, kostet weiterhin schwere Verluste bei erschütternd geringen Erfolgen. Im Januar 1944 sind 15 U-Boote mit kaum zu ersetzendem Spezialpersonal der Preis für ganze 11 alliierte Handelsschiffe. Dieses niederschmetternde Verhältnis ändert sich auch im folgenden Monat nicht, in dem auf 20 alliierte Frachter mit 75 027 BRT 25 U-Boot-Verluste kommen. Und wieder ist es der Monat Mai, der die Situation in der Schlacht um den Atlantik in grausamer Realität beleuchtet. Bei sage und schreibe vier alliierten Frachtern mit 24 424 BRT muß Dönitz 23 (dreiundzwanzig!) deutsche U-Boote abschreiben. Dieser Tiefstand an Erfolgen ist indessen nicht nur auf die gegnerische Aktivität zurückzuführen. Ein großer Teil der U-Boote ist von Dönitz in Erwartung der Invasion nicht nur in den Kanalstütz-

punkten und jenen im Raum der Biskaya, sondern auch in den norwegischen Häfen stationiert worden, da der Marineoberbefehlshaber eine Flankenoperation vor der eigentlichen Invasion durchaus für im Bereich des Möglichen erachtet.

Fast die Hälfte der alliierten Schiffe geht im Operationsbereich der »Monsun-Gruppen« verloren. Dadurch verschiebt sich das Bild noch mehr zuungunsten der bisherigen Erfolgsgebiete im atlantischen Kampfraum. Aber auch auf dieser bisher noch jungfräulichen U-Boot-Weide im Operationsbereich der »Monsun-Gruppen«, im Indischen Ozean, in der Bengalischen See, im Persischen Golf, der Java-See, ja selbst vor Australien, werden die gegnerischen Abwehrkräfte zur See und in der Luft von Woche zu Woche verstärkt und aktiver ...

Im Indischen Ozean steht Ende Februar der vollausgerüstete Tanker »Brake« wieder auf seiner Geheimposition als U-Boot-Versorger. Das Schiff hat Funkverbindung mit dem deutschen U-Boot-Stützpunkt in Penang, über den Kapitänleutnant Pich, U 168, meldet, daß er wegen eines Maschinenschadens erst einen Tag später als verabredet auf dem Versorgerplatz eintreffen würde. »Brake« bestätigt und wartet weiter. Noch andere Boote, auch einige Heimatboote aus dem Madagaskar- und Kapstadtraum, sind zur Versorgung angekündigt.

Der nächste Tag ist ein Sonntag. Und in Deutschland wird dieser Sonntag als Heldengedenktag gefeiert. Kapitän Koelschbach läßt die »Brake«-Besatzung zu einer Feierstunde antreten, um der Toten beider Weltkriege zu gedenken. Um die Mittagsstunde gellt ein lauter Ruf über das sonntäglich stille Schiff und die in der Hitze im Schatten dahindösende Mannschaft.

Der Ausguckposten will ein Flugzeug gesehen haben.

»Na na! Der wird wohl durchgedreht sein«, brummt Koelschbach auf dem Wege zur Brücke vor sich hin. »Wird wohl eine Möwe mit einem Flugzeug verwechselt haben. Wo soll denn hier, in diesem ebenso abgelegenen wie landfernen Seeraum, eine Biene herkommen?«

Auf den Alarmruf haben die Flakbedienungen ihre Waffen besetzt. Kapitän Koelschbach muß sich jetzt auf der Brücke aber überzeugen lassen, daß der Posten sich nicht irrte. Außerhalb der Reichweite der deutschen Waffen umkreist ein Flugzeug die Warteposition. Es ist Koelschbach klar, daß es sich nur um eine Trägermaschine handeln kann. Er bekommt in den nächsten Minuten schon die Antwort präsentiert. Mastspitzen werden gemeldet. Sie kommen sehr schnell auf. Nun schieben sich, unverkennbar, zwei Zerstörer über die Kimm. Sie haben Kurs auf die »Brake«. Zu allem Überfluß folgt ihnen ein Kreuzer.

Koelschbach ist ein Turm in der aufbrandenden Aufregung und Ratlosigkeit. Was soll er schon mit einer müden 10,5-Kanone gegen diesen waffenstarrenden Verband anfangen? »Heldenmut gut – aber nur, wenn er am Platze ist«, denkt der Kapitän, setzt sein Zeissglas ab und läßt es, am Riemen hängend, resigniert auf seinen repräsentablen Bauch fallen.

»Kutter zu Wasser!« ruft er mit dröhnender Stimme.

Das Ende ist unvermeidlich. Die Zerstörer schießen die üblichen Stoppschußsalven vor den Bug.

»Wenn jetzt Pich hier wäre ...«, tobt Obersteuermann Thomsen.

»Is aber nich«, stellt Koelschbach bissig fest und drängt die Leute zur größter Beeilung. Das Aussteigen vollzieht sich so schnell, daß nachher, als die Sprengladung hochgegangen ist, drei Leute vermißt werden. Niemand weiß eine Antwort, wo sie stecken.

Der Versorger sinkt.

Ob ein Befehl für die Engländer besteht, sich um deutsche Überlebende nicht zu kümmern, ist Koelschbach nicht bekannt. Als Seemann möchte er dies nicht annehmen. Er motiviert den hastigen Abzug der britischen Einheiten damit, daß sie dies wegen der hier vermuteten U-Boote tun. Was sucht sonst ein Tanker in diesen Breiten, wenn er nicht als

Versorgungsschiff fungiert. Auch die Flugzeuge verschwinden. Sie tauchen aber nach einer Stunde wieder auf. Es ist offenkundig, daß sie auf diesem Treffpunkt deutsche U-Boote erwarten. Woher kennen die Briten den Treffpunkt? Wer spielte dem Gegner diese Gekados-Unterlagen in die Hände?

Die Flugzeuge drehen wieder ab. Kurz danach bricht der Turm eines U-Bootes wie ein gischtüberschäumtes Ungeheuer aus der Tiefe der See. Die Rettungskutter schwimmen dicht beieinander. Pich liegt von dem Pulk nur gute hundert Meter ab. Er kann sich an fünf Finger abzählen, daß die in den Booten Treibenden zur »Brake« gehören. Als Pich auf dem Turm erscheint, wird er auch gleich mit lautem Rufen und erregtem, gar nicht fröhlichem Händewinken empfangen.

»Brake?« ruft er argwöhnisch herüber.

»Brake!« kommt es zurück, und der von seinen Kameraden festgehaltene, auf der schwankenden Ducht stehende Sprecher ballt die Faust und streckt den Daumen nach unten. »Wahrschau Flugzeuge!« schreit er zu Pich herüber, um diesen zu warnen.

Oberleutnant Pich gibt verstanden und manövriert sich an die Kutter heran. Über das Einsteigen wird nicht viel Worte gemacht. Erzählen kann man sich nachher, was los war. Jetzt heißt es angesichts der Luftbedrohung erst mal verschwinden.

Der letzte Mann ist eben auf den Turm geklettert, da sichtet der Backbordausguck die zurückkehrenden Flugzeuge.

Pich taucht. So schnell und so gut es eben geht. Der LI hat das rechnerische Meisterwerk fertiggebracht, die 80 Überlebenden so flink in die Werte seines Tauchmanövers einzubeziehen, daß das Boot zwar sehr schnell in den Keller geht, aber in 75 Meter Tiefe noch aufgefangen werden kann.

»Kommen denn keine Bomben?« denkt Pich, denken die anderen, die schweigend auf ihren Posten stehen und nach oben blicken. Darum sorgen sich auch die Geretteten, die sich in die Ecken drücken und nicht wissen, wem sie wo im Wege stehen.

Einige haben bei dem Alarmtauchmanöver blechernes Kratzen gehört. Könnte auch ein Schlag auf die Außenhaut gewesen sein. Dabei blieb es, denn es passierte ja nichts hinterher.

»Käpten Koelschbach, sagen Sie Ihren Männern, ich trete jeden noch im Himmel in 'n Mors, wenn einer hier unten jetzt spricht oder Lärm macht. Sagen Sie es Ihren Seeleuten bitte ganz leise, damit wir nicht durch die hochempfindlichen Horchgeräte der Zerstörer aufgefaßt werden.«

Drei Stunden wagt sich keiner der Geretteten zu rühren. Vier Stunden, fünf Stunden, acht Stunden nicht. Jeder hockt, teilweise in der unmöglichsten Stellung, auf dem Platz, auf dem er gerade stand, als das Boot in die Tiefe fiel. Im Boot liegt mancherlei kreuz und quer. Es sieht aus wie ein Keller in einem Eigenheim. Es war ja für die Versorgung klargemacht.

Nachts, nach zehn Stunden, taucht Pich auf.

Der Funker hat sofort eine Ortung im Gerät. Die Flugzeuge sind also doch noch da. Die Lautstärken so groß, daß sie in unmittelbarer Nähe herumschnurren müssen. Wieder runter.

Der LI hat bereits Sauerstoff ins Boot geben müssen, da der Kohlensäuregehalt der Luft infolge der zusätzlich achtzig Geretteten die höchstzulässige Schwelle überschritt. Der Mief wird aber bald wieder unerträglich. Der Atem geht in kurzen Stößen. Es ist nicht nur die Hitze, die den Neuen an Bord den Schweiß aus den Poren treibt. Ihre Augen hängen an den U-Boot-Männern. Aber die blicken gleichmütig drein, als hätten sie mit dem Teufel Brüderschaft getrunken. In der OF-Messe wird ein Schweigeskat gespielt. Mit Fingersprache und anderen Zeichen. Dieser Skat ist ein Grand mit Vieren gegen Angst und Panik.

Und wieder wird es Nacht. Pich taucht zum zweiten Male auf. Er muß, will er nicht den letzten Sauerstoff opfern. Zwei Männer sind schon ohnmächtig geworden. Andere scheinen nur eingenickt. Ein tödliches Schweigen schwebt durch das Boot. Pich reißt das Luk auf. Die Luft ist rein. Die Flugzeuge sind verschwunden. Pich kann in Überwasserfahrt Kurs auf Java nehmen. Batavia ist das Ziel.

Der LI scheint irgendwelche Bedenken zu haben, die er mit dem Kommandanten leise bespricht. Es sind nicht nur irgendwelche ... Der Brennstoff geht zur Neige, Pich hatte sich im Vertrauen auf die »Brake«-Versorgung auf seinen Operationen fast verausgabt.

Fünfzig Meilen vor Batavia ist daddeldu. Der LI läßt alle an Bord aufzutreibenden Ölreste zusammenkratzen und in die Brennstofftanks schütten. Mit sparsamster Fahrt kommt er Meile um Meile voran. Auch mit dem Trinkwasser ist finish. Mit dem letzten Tropfen Öl erreicht Pich Tanjok Priok, den Hafen von Batavia. Später erst wird eine Beule am Außenkörper des Bootes entdeckt, die Ursache des metallischen Schlages nach dem Alarmtauchen. Hier traf die Bombe und rutschte ab ... und krepierte nicht ...

In Penang wird Wochen später UIT 23 erwartet.

Man wartet vergebens ...

Um acht Uhr morgens geschah es auf UIT 23, kurz nach der Wachablösung ...

Der größte Teil der Besatzung, unter diesen einige an Bord kommandierte »Brake«-Seeleute sowie Überlebende des im japanischen Kampfraum durch ein U-Boot versenkten deutschen Hilfskreuzers »Michel«, halten sich an Oberdeck auf. Sie bewundern die exotische Küstenlandschaft und träumen, was Seeleute auf See zu träumen pflegen. Bis jetzt war ja Ruhe in diesem Seegebiet.

Plötzlich knallt es. Das Boot versinkt in einer Wassersäule und sackt wie ein Stein in die Tiefe.

Torpedotreffer Vorkante Turm.

Wer im Vertrauen auf den Frieden in dieser Zone an Oberdeck oder auf dem Turm weilte, schwimmt im Wasser. Aus der Tiefe steigt braunschwarzes Öl auf, das den Männern in den Augen brennt. Der Weg bis zur nahen Küste ist zwar nicht weit, aber die Strömung ...

In Penang hat der beunruhigte Stützpunktleiter inzwischen eine der beiden Arados 96 starten lassen. Sie finden den Pulk der Überlebenden. Die Maschine wassert, und da im Flugzeug selbst kein Platz ist, bleibt nur der eine Weg, die Kameraden auf den Schwimmern festzubinden. Fünf – nicht mehr. Die anderen müssen warten. Das Unternehmen glückt. Die Arado kommt im ruhigen Wasser gut ab, landet in Penang und holt die nächsten ... Alle, die UIT 23 überlebten, werden gerettet. Der Angreifer kümmert sich nicht um einen einzigen Mann. Gnadenlos wie im Atlantik wird auch hier der Krieg gegen die U-Boote geführt. Auch auf den amerikanischen U-Booten verbietet die Selbsterhaltung das Retten von Überlebenden, denn ein englisches U-Boot war es, das UIT 23 versenkte.

Was die Flugzeuge für den Auslaufweg Biskaya bedeuten, werden jetzt die amerikanischen U-Boote unter den Küsten der südostasiatischen Stützpunkte.

Auch diese Front unter Wasser bricht zusammen.

30

Aus 60 Meter Tiefe ausgestiegen – U 763 im Kriegshafen Portsmouth

Zur Lage:
Am 6. Juni erlebt die Welt die größte Landung der Weltgeschichte. 109 Boote stehen an diesem Tage an der Atlantikfront, mehr als 70 davon operieren in See. Ein Teil befindet sich in den französischen

Stützpunkten, um mit einem Schnorchel ausgerüstet zu werden, was sich aber durch die permanente Zerschlagung des französischen Eisenbahnnetzes von einem Tag zum anderen verzögert. Von den zwölf mit Schnorcheln versehenen Booten, die im Juni und Juli in der Kanalzone eingesetzt werden, gehen sechs verloren. Sie versenkten elf alliierte Zerstörer und zwölf Transporter. Für die U-Boote kam die Invasion zu früh. Mit normalen Booten innerhalb der Invasionszone zu operieren wäre glatter Selbstmord gewesen, denn das Gebiet wurde von Hunderten von Flugzeugen und Hunderten von Bewachern, darunter allein 119 Zerstörer, kontrolliert.

Wenige Tage vor der Invasion gelingt es noch, die ersten Einmann-Torpedos, die Vorläufer der Einmann- und Zweimann-U-Boote, an die Kanalzone zu bringen. Von den ersten 27 bleiben nur vier am Feind, einige Frachter und ein kanadisches Minensuchboot sind der Erfolg. Wenige Tage später folgt der Rückschlag. Von 31 Todesrittern vernichtet der jetzt gewarnte Gegner 21. Die Verluste der nächsten Wellen sind noch höher. Sie liegen bei 90 Prozent. Die Waffe, die sich im ersten Überraschungsangriff bewährte, wird abgeschrieben. Mehr Hoffnung auf Erfolge versprechen die Kleinst-U-Boote, aber diese sind noch nicht einsatzbereit, weder materiell und noch weniger personell.

Deprimierend sind die Produktionsziffern der neuen Elektro-U-Boote. Nach Lage der Dinge kann anstelle der geplanten 218 Boote höchstens mit 140 gerechnet werden, da es im Binnenland an Spezialarbeitern mangelt. Minister Speer bekommt vom Führerhauptquartier den Befehl, nach einem Ausweg zu suchen ... einem Ausweg in der Ausweglosigkeit. Der Bau der großen Montagebunker in Hamburg und Bremen, wo die Montage der Elektro-U-Boote ebenso wie in Danzig praktisch noch immer völlig ungeschützt vor sich geht, kommt nicht voran, da der Kriegsmarine zusätzliche Rohstoffquoten versagt werden und die eigenen Quoten für ein schnelleres Bautempo zu klein sind.

Unter den Booten, die während der ersten Invasionswoche verlorengehen, ist auch U 269. Das Boot lag nach den Schnorchelprobefahrten wieder im Dock von St. Nazaire, als die Meldung von der Invasion durchkam. Noch niemals wurde so schnell seeklar gemacht und ausgerüstet.

»Es geht also, wenn man an Land will«, staunt die Besatzung.

Noch am gleichen Abend laufen sie aus. Kommandant ist jetzt Oberleutnant Uhl, ein umgeschulter ehemaliger Verwaltungsoffizier, der sich in den U-Boot-Betrieb als Kommandant erst hineinfinden muß, wobei in diesem Zusammenhang erwähnenswert ist, daß einer der besten Schnellbootkommandanten ein ehemaliger V-Offizier war. Uhl hat in dem Obersteuermann Gustav Krieg einen alten U-Boot-Fachmann an Bord, mehr noch, Krieg ist sogar ein Original. In der U-Boot-Waffe ist er als »der druckfeste Justav« bekannt.

Das mit dem »Druckfesten« kam so.

Bei einem Alarmtauchen in dunkler Nacht hat Gustav Pech. Er bekam den Haken nicht los, mit dem er durch eine dünne Stahltrosse mit der Reling verbunden war, um bei überkommenden Brechern nicht über Bord gewaschen zu werden. Da hing er nun fest, unbemerkt von den anderen, die flink wie aufgescheuchte Füchse durch das Luk in die Röhre verschwanden und den Deckel dichtmachten. Erst nach dem Tauchen wird der Obersteuermann unten vermißt. Oben brausen Zerstörer heran. Im Boot hört man das Mahlen ihrer Schrauben. Und draußen hängt Gustav Krieg . . .

Der Kommandant läßt seinen Obersteuermann nicht im Stich. Er taucht wieder auf. Der Halbohnmächtige wird losgehakt und hereingerissen. Luk dicht. Wieder abwärts wie ein Sturzbomber.

Gustav mußte später ins Lazarett. Es war ein Wunder, daß er ohne Tauchretter den Wasserdruck in ungefähr 45 Meter Tiefe überlebte. Seinen Spitznamen aber hatte er seit jenem Tag weg . . .

Doch zurück zu U 269.

Nach Operationen im Raum von Plymouth bekommt Uhl Befehl, ohne weitere Angriffshandlungen bis Cherbourg zu marschieren.

Am 25. Juni, morgens 03.30, meldet der Funker Geräusche von E-Maschinen in 156 Grad. Das Boot steht auf fünfzehn Meter.

»Wird ein Kameradenboot sein«, meint Uhl.

»Ich weiß nicht recht . . .?!« Der erfahrene »Druckfeste« zieht die Stirn kraus. »Es hört sich zwar genauso an . . . Es könnte auch ein gestoppter Zerstörer sein, dessen E-Aggregat läuft.«

Uhl wischt diesen Einwand mit einer Handbewegung weg. Auch der LI vermutet ja ein eigenes Boot. »Müssen uns bemerkbar machen, ehe wir eine Ramming unter Wasser fahren«, fordert er.

»Machen wir.« Der LI tippt an den grünspanigen Metallbeschlag seiner Mütze und läßt durch Fluten und Lenzen typische U-Boot-Geräusche erzeugen.

Dann Pause.

Die zermürbende Ruhe wird auf einmal von den Turbinengeräuschen eines angehenden Zerstörers überfahren.

Uhl geht nicht auf Tiefe. Er vertraut dem Zaunkönig, den er sozusagen blind aus der Kartoffelkiste herausschießen läßt.

Das Mahlen der Zerstörerschrauben wird stärker und lauter. Plötzlich sind da noch andere Geräusche. Sie übertönen, wie Kreissägen kreischend, das hellsingende Mahlen der Zerstörerschrauben.

»Aha«, murmelt Krieg. Sein Daumen weist beschwörend nach oben. Dann wischt er mit der Hand durch die Luft, als wolle er sagen »Sinnlos, das mit dem Zaunkönig«. Der Gegner hat die achteraus geschleppte Geräuschboje in Betrieb genommen, deren Lärm die Ansteuerungseinrichtung des Zaunkönigs auf sich ziehen soll.

Auf diese Boje marschiert der Aal los. Sie ist zu klein, um den Zünder auszulösen.

Da flutschen auch schon die ersten Wasserbomben in den Bach. Ein Vulkan an Krachen und Bersten und Splittern tut sich auf.

Licht fällt aus. Trübes Notlicht flammt auf.

Eine neue Serie Wasserbomben klatscht in die See.

Im Dieselraum bricht Wasser ein, dort wo die Schraubenwellen aus dem Druckkörper heraustreten. Die Packungen halten nicht dicht. Sie sind von dem Druck der Detonationswelle herausgeflogen.

Dritte Serie.

Es kracht über dem Boot, neben dem Boot, unter dem Boot. Aus der Schalttafel brechen grelle stahlblaue Stichflammen. Öl spritzt umher, durch den furchtbaren Druck auf die Ölbunker nach innen und aus den Entlüftungsventilen herausgedrückt.

»Raus mit dem Boot. Auftauchen«, schreit Uhl.

Der LI gibt Preßluft auf alle Tanks. Die Besatzung steht wie erstarrt. Keiner bewegt sich. Keiner rührt sich. Die meisten sind leichenblaß.

»Sieht so das Ende aus?« denkt der Obergefreite Hans Albert, auf U 269 Zentraleheizer. Er wischt sich über die Augen. Er meint das Bild seiner Mutter, seines Vaters und seiner Geschwister vor sich zu sehen. Und dann hört er im Unterbewußtsein eine Stimme, die des Kommandanten. »Wollt ihr, verdammt noch mal, nicht raus aus dem Boot . . .?!«

Gebückt rast Albert in langen Sprüngen in den Zentraleraum und entert die Leiter. Oben, auf dem Turm, will er sich gerade über die Reling schwingen, als neue Wasserbomben fallen. Der Zerstörer hat mit dem plötzlichen Auftauchen noch gar nicht gerechnet und eben seine vierte Serie geworfen. Er steht nur hundert Meter ab. Die schon im Wasser schwimmenden Kameraden kommen in die Druckwellen der Wasserbomben hinein. Albert sieht, wie einige die Arme heben. Da versinkt auch ein guter alter Kumpel von ihm. Er war ohne Schwimmweste ausgestiegen. Die Wabo-Druckwelle gab ihm den Rest.

Albert hört plötzlich Schüsse. Willi Bender, früher Koch

an Bord, hat sich hinter die Dreisieben geklemmt und ballert auf den Zerstörer los. Bender will sein Boot verteidigen. Trotz des Befehls »Alle Mann aus dem Boot«.

Grell zucken die Feuerstöße der 3,7 aus dem Rohr. Ihr Feuerwurf beleuchtet ein grimmig entschlossenes, aber sehr ruhiges und gefaßtes Gesicht. Der Zerstörer bekommt auch Treffer ab. Aber er schießt nun zurück. Bender sinkt hinter seiner Kanone zusammen. Kopfschuß.

Albert versucht seine Schwimmweste aufzublasen. Er macht das mit dem gewohnten Handgriff zur Preßluftflasche. Vergeblich. Sprengsplitter haben sie aufgeschlitzt. Schwein gehabt, wenn auch die Weste hin ist.

Nach Albert stürzen noch ein paar Kameraden aus dem Boot. Er selbst zögert noch, sein Chef, der LI, fehlt. Albert hatte ihn eben noch unten im Boot gesehen. Auch der Zentralemaat ist noch nicht oben. Glauben die nicht daran, daß das schwer angeschlagene Boot nicht alleine absaufen würde? Fürchtet der LI, es könnte schwimmend in die Hände des Feindes fallen?

Schon spült die erste See über die hintere Plattform des Turmes. Sekunden später schneidet auch die Turmplattform unter. Wasser dringt in das noch offenstehende Luk.

»Boot sinkt«, schreit Albert in das Boot hinein. »Oberleutnant Mürb. Sie müssen raus . . .«

Albert bekommt keine Antwort.

Geistesgegenwärtig tritt Albert mit dem Fuß das Turmluk zu. Er braucht nicht mehr über Bord zu springen. U 269 taucht zum letzten Mal. An Bord bleiben der LI, Oberleutnant Mürb, und der Zentralemaat.

Albert spürt einen ihn nach unten ziehenden Sog, der durch das sinkende Boot entstand. Aber der Strudel reißt ihn nicht sehr tief hinab. Albert kommt wieder hoch. In seinem Kopf ist ein Dröhnen, ein entsetzlicher Lärm. Wie durch einen Schleier sieht er eines der eigenen Gummiflöße, und wie durch eine Wand vernimmt er Stimmen . . .

»Hier, Albert, hier . . .!«

Unbewußt schwimmt er auf das Floß zu, an dem sieben Kameraden hängen. Im Floß liegt der schwerverwundete Torpedomaat, den sie, nachdem er zwischen den Torpedos eingequetscht worden war, mit vereinten Kräften bewußtlos aus dem Boot gezerrt hatten.

Der britische Zerstörer hält sich ganz in der Nähe der Überlebenden auf. Die im Wasser Treibenden sehen britische Seeleute an Oberdeck stehen. Sie erkennen, wie sie winken. Sie hören sie rufen.

»Man müßte abhauen.« Einer von denen, die mit Albert am Floß hängen, sagt es. »Bloß nicht in Gefangenschaft geraten.«

»Hier sind ja noch andere U-Boote in der Nähe. Vielleicht nehmen die uns auf, wenn sie uns sehen. Lieber schwimmen . . .«

Sie versuchen das Floß von dem Zerstörer wegzupaddeln. »Verrückt«, durchfährt es Albert, »einfach verrückt. Da sind wir eben Freund Hein von der Schippe gehüpft, und schon beherrscht uns nur der einzige Gedanke, nicht in Gefangenschaft zu kommen . . . auszureißen, um vielleicht von einem deutschen U-Boot aufgenommen zu werden, um wieder und weiter U-Boot zu fahren, sollte man heimkommen . . . oder um elendiglich abzusaufen, wenn die Kräfte nachlassen, wenn kein Kameradenboot kommt . . .«

Ein Aufschrei hinter dem Zerstörer. Arme wirbeln in die Luft. Einer schwimmt mit großer Hast und mit der Aufbietung seiner letzten Kraft auf das Heck des Zerstörers zu . . .

Er ruft. Er schreit. »Oberleutnant Uhl!« Denn Uhl war der Überlebende, der schrie und die Arme aus dem Wasser warf.

Und dann sehen sie, wie der Mann hinter dem Zerstörer eine Mütze auffischt. Eine weiße Mütze. Die Mütze des Kommandanten. Uhl selbst wurde von der Zerstörerschraube zerhackt.

Inzwischen ist der Zerstörer neben dem Floß längsseit gekommen. Von oben hängen Netze über die Reling. Sie brauchen nur in die Maschen der Netze zu treten und aufzuentern. Albert versucht es. Unmöglich. Er kommt keinen Schritt weiter nach oben. Er fühlt, wie die letzte Kraft seine Arme verläßt, wie sich die Hände wie nach einem Krampf zu lösen beginnen.

In diesem Augenblick spürt er einen Griff im Nacken. Einer der britischen Seeleute ist heruntergejumpt und hat den Erschöpften beim U-Boot-Päckchen gepackt. Er zerrt ihn hoch.

Da steht Albert nun auf den Planken eines Zerstörers seiner Majestät des Königs von England ... Aber die Gesichter, in die Albert wie durch einen Nebel blickt, sind gar nicht feindlich. Einer der Briten, der breit und massiv wie der Leuchtturm auf Neuwerk aussieht, stürzt sich auf ihn. Er hat ein Messer in der Hand. Mit dem Messer schlitzt er das U-Boot-Päckchen auf. Er zerschneidet das nasse Zeug, um es ihm dann vom Leibe zu reißen. Schon kommt ein anderer Engländer. Er hat Handtücher über dem Arm. Eines gibt er Albert und drückt ihm dazu noch ein Stück Seife in die Hand, ein anderer nimmt ihn am Arm und schiebt ihn sanft in den Decksgang und dort in einen Duschraum hinein.

Albert wird jetzt erst klar, daß er ja im ölverseuchten Wasser geschwommen hat und über und über mit Öl bedeckt ist. Die Haare kleben, die Augen schmerzen und die Haut brennt. Gut tut die Dusche, das heiße Bad. Im Gang draußen reicht ihm ein britischer Seemann mit freundlich und teilnahmsvoll dreinschauenden wasserblauen Augen einen Segeltuchbeutel hin. Er murmelt was dazu und schlägt ihm auf die Schulter, so als ob er sagen wollte »Na, mach schon, old boy ... Hast Pech gehabt ... Morgen sind wir vielleicht dran ...«.

Albert packt den Beutel aus. Er enthält alles, was man so

nach einem Absaufen braucht. Unterwäsche, made in Australien, eine Flanellhose mit einem USA-Stempel drin, einen prima Rollpullover, den sicherlich britische Ladys als ihr Opfer für den Krieg gestrickt haben, einen Schal, schlicht und einfach in Marineblau, ein paar Taschentücher, kariert und derb, einen ledernen Leibriemen und die obligatorischen Segeltuchschuhe.

Albert und seine Kameraden sehen ziemlich verdutzt aus der Wäsche, als sie in die neue Wäsche steigen. Das haben sie nicht erwartet.

Immer noch werden Kameraden an Bord genommen. Auch der eine – es ist ein Heizer –, der die weiße Mütze vom Kommandanten auf dem Kopf hat, die er aufgefischt hat, als Oberleutnant Uhl von den Schrauben des Zerstörers zermahlen wurde.

Als ebendieser Heizer auf den Zerstörer klettert, wird er sofort von den anderen an Deck stehenden Kameraden isoliert und in eine Extrakammer gebracht. Langsam dämmert es ihm, daß man ihn für den Kommandanten hält. Da er kein Englisch spricht, nutzen ihm alle Einwände nichts, im Gegenteil ... die Engländer vermuten, daß dieser Kommandant wohl seine Gründe habe, sich als einfacher Seemann zu tarnen.

»Ich«, und er tippt mit seiner ölverschmierten Hand auf die Brust, als der britische Kommandant ihn mit Abstand, aber nicht ohne Hochachtung begrüßt, »no, Kommandant, ich Maschine.«

»O. k.«, sagt der britische Offizier vielsagend lächelnd, läßt ihn wieder allein und schickt einen Whisky in die Kammer. Erst kurz vor dem Einlaufen klärt sich das Mißverständnis.

Eine erfreuliche Nachricht schleicht sich in den Aufenthaltsraum der Deutschen:

Auch Oberleutnant Mürb und der Zentralemaat sind gerettet! Sie leben. Sie sind also tatsächlich noch aus dem abgesoffenen Boot herausgekommen. Später hören sie Einzelheiten:

Als Albert U 269 verließ, blieb das Turmluk halb offen. Es war ihm nicht geglückt, das Luk ganz dicht zu schlagen. Wahrscheinlich war der Überfall zum Einrasten bei dem Beschuß abgesprengt worden.

Mürb und der Zentralemaat Jaburek waren absichtlich im Boot geblieben, um in selbstverständlicher Pflichterfüllung das Boot zu sprengen. Die beiden zogen die schon vorher im Boot verteilten Sprengladungen ab und rissen noch die Entlüftungen für die Tauchtanks auf. Sie glaubten noch Zeit zu haben, um noch vor dem Hochgehen der Sprengladungen aus dem Boot auszusteigen. Aber die Wassereinbrüche waren viel schwerer als angenommen. Es waren ja nicht nur die Packungen bei den Schraubendurchgängen herausgeflogen. Auch der Druckkörper hatte Risse bekommen.

Jaburek kletterte voran, um aus dem nun schnell absaufenden Boot auszusteigen. Mürb folgte ihm und kam gerade bis zur zweiten Sprosse der Leiter im Turm, als er von dem einströmenden Wasser überschüttet wurde. Der Strahl war so stark, daß er die beiden Männer in die Zentrale zurückschleuderte. Mürb fühlte, wie das Boot jetzt sehr schnell absackte, und er bemerkte auch ganz deutlich, wie es auf den Meeresgrund aufschlug. Nicht hart, eher sanft.

Und ganz plötzlich hörte auch der Wassereinbruch durch das Turmluk auf. Erstaunt blicken Mürb und Jaburek nach oben. Sie können es gar nicht fassen, daß das Schicksal ihnen noch eine Chance gibt. Der Wasserdruck hatte das Luk dicht gepreßt . . .

Noch sonderbarer ist, daß durch den Aufprall des Bootes auf einmal wieder alle Lampen in der Zentrale und im Vorschiff brennen. Mürb blickt auf die Tiefenmesser. Der eine zeigt 27 Meter, der andere nur 18 Meter. Der Grobtiefenmesser aber steht auf 60 Meter.

Welche Tiefe stimmt nun?

Diese Frage ist von größter Bedeutung, denn nach den allgemeinen Erfahrungen ist ein Aussteigen aus 60 Meter Wassertiefe auch mit einem Tauchretter mit absoluter Lebensgefahr verbunden.

Mürb springt in den Offiziersraum, weil in der Zentrale jeden Augenblick die Sprengladungen hochgehen können.

»Warum tue ich das eigentlich?« fragt er sich ... »Wenn die Dinger krepieren, ist es sowieso aus. Wie doch so ein kleiner Mensch mit jeder Sekunde geizt, die er noch leben darf, als könnte doch noch ein Wunder geschehen, das aller Vernunft und aller Erfahrungen Hohn spricht. Vielleicht sind die Wunder nur deswegen auf die Welt gekommen, damit die Hoffnung nicht allein dahindämmert.«

Ist es nun tapfer von Mürb, dem Unausweichlichen entschlossen entgegensehen zu wollen, um dann mit Sicherheit und bei vollem Bewußtsein zu ersaufen? Wäre eine Kugel nicht besser in diesem Fall?

Aber hier ist das Herz tapferer als die Vernunft.

Der Tod scheint Mürb und auch dem Kameraden sicher. Aber als Soldat fordert er den schon grinsenden Sensenmann bis zur letzten Sekunde heraus. Mürb kann nicht stürmen. Er kann auch nicht angreifen. Er muß warten.

Aus dem oberen Turmteil hört er die Stimme Jabureks, des Zentralemaaten. Jaburek sorgt sich um seinen LI. Mürb will den Getreuen in dieser Stunde nicht allein lassen. Er hetzt in die Zentrale zurück und klettert in den Turm. Beide schließen hinter sich das Schott zwischen oberem Turm und Zentrale, um vor den Druckwellen der zu erwartenden Detonation sicher zu sein.

Die Ladungen krepieren. Scharf. Reißend.

Sie öffnen das Schott wieder. Schnell strömt jetzt das Wasser in das Boot ein, in dem die Luft immer mehr zusammengepreßt wird. Die Ohren schmerzen. Sie halten sich die Nase zu, um über die Ohrentrompeten den Druckausgleich herzustellen.

Das in die E-Batterien eindringende Wasser hat eine verheerende Gasentwicklung zur Folge. Mürb und Jaburek verspüren, wie ihre Sprechorgane gelähmt werden. Sie können sich nicht mehr unterhalten und keine Ratschläge mehr austauschen. Aber in beiden Männern ist jetzt ein unbändiger Lebenswille entfacht. Zum Teufel, es ist noch lange nicht erwiesen, ob das Boot wirklich auf 60 Meter Tiefe liegt.

Es gibt noch einen Weg, aus dem Turm herauszukommen.

Nur die Nerven nicht verlieren. Nur kalt bleiben und besonnen, so kalt wie das Wasser, das sie umspült und fast zärtlich umarmt.

Jaburek hat sich mit ansteigendem Wasser im Turm auf die oberste Sprosse der Leiter gerettet. Er hält das Handrad des Turmluks fest umklammert. Er hat es aufgedreht und wartet nur darauf, daß es sich öffnen läßt, sobald durch das eindringende Wasser der Druckausgleich zwischen dem Bootsinnern und dem Außendruck erfolgt ist.

Mürb ist unten im Turm geblieben. Er hält seine Nase ganz dicht unter die Decke, wo sich unter den Prallblechen eine kleine Luftblase gesammelt hat. Er hört Jaburek rumoren und schnaufen, wie er versucht, das Luk aufzustoßen.

Weder Mürb noch Jaburek haben einen Tauchretter um. Sie hatten ihre eigenen den verwundeten Kameraden mitgegeben, damit diese sich besser über Wasser halten können. Und der Tauchretter wurde ja, wie sein Name es auch sagt, gerade geschaffen, um abgesoffenen U-Boot-Männern noch eine kleine Chance zu geben, aus der Röhre zu entfliehen.

Aber es muß auch ohne Tauchretter gehen.

Aber nur, wenn man die Nerven behält. Eiserne Nerven. Solche wie Trossen mit einer gut konservierten Seele.

Das Wasser gurgelt, rauscht und gluckst. Oben mahlen Zerstörerschrauben. Sie tun nicht mehr weh und ängstigen nicht mehr.

Mürb muß sich jetzt ganz dicht an die Prallbleche heranpressen, um noch Luft zu bekommen. Er hat den Kopf weit nach hinten geneigt. Mit den Füßen stemmt er sich nach oben, und mit den Händen zerrt er sich an diese winzige Blase Hoffnung heran.

Ganz deutlich hört Mürb jetzt, wie Jaburek das Luk bewegen kann, wie es aufgeht, wie die Luft entweicht, wie das Luk noch einmal zurückschlägt. Mehrmals sogar. Wie es hin und her flattert. Und dann ist es still.

Hoffentlich ist der gute alte Jaburek bei dem Auf- und Niederschlagen des Deckels nicht mit der Luft nach oben gerissen worden und zwischen Luk und Süll geraten, so daß er eingequetscht wurde.

Mürb vermeint zu hören, wie Jaburek aussteigt. Er selbst hatte kurz vorher noch einmal tief Luft geholt, dann steigt auch er mit angehaltenem Atem nach oben und schleust sich durch das offene Turmluk hindurch.

Bei dem liftähnlich schnellen Auftrieb an die Wasseroberfläche verliert Mürb das Bewußtsein. Nebel umfließen ihn, er fühlt sich wundervoll leicht und schwerelos. Also ist der Tod doch kein grimmiger Geselle, wenn er so sanft und behutsam kommt ...

Als Mürb wieder etwas zur Besinnung kommt, findet er sich in den Armen von Jaburek wieder, der ihn über Wasser hält.

Ein britischer Zerstörer rettet sie.

Niemand will es glauben, daß sie aus der in der Seekarte angegebenen Wassertiefe von sechzig Meter ohne Tauchretter ausgestiegen sind.

An Bord des Britenzerstörers hauchen der schwerverwundete Torpedomaat und ein durch den Beschuß verletzter Seemann ihr Leben aus. Mürb und Jaburek kommen ins Lazarett und überstehen ihr grausames Abenteuer ohne Schaden.

Die beiden Verstorbenen läßt der britische Kommandant

in allen Ehren und nach altem Seemannsbrauch bestatten. Der Gegner senkt die Flagge, als die beiden Toten, in Segeltuch eingenäht und mit der deutschen Kriegsflagge bedeckt, über die Reling in ihr nasses Grab geschoben werden. In ein Seemannsgrab, auf dem keine Rosen blühen und kein Kreuz die Stelle schmückt, um einer Mutter Kunde zu geben, wo ihr Sohn begraben liegt, wie es in einem schwermütigen Seemannslied der Kriegsmarine heißt.

Aufrecht, die Hand an der Mütze, steht der Kommandant des britischen Zerstörers an der Reling.

Mit einem Ruck dreht er sich um. »Heiß Flagg und Wimpel.«

Leben und Sterben gehen weiter.

Mit unverminderter Wut und fanatischer Erbitterung werden die gleichen Männer weiter deutsche U-Boote jagen.

Mit den britischen Seeleuten haben die Geretteten ein gutes Auskommen. Sie versorgen die Überlebenden mit Tabak und Zigaretten in jeder Menge. Dafür nehmen sie ihnen ihre Uhren. Sie tun dies mit großer Selbstverständlichkeit, mit der Geste von Selfmade-Männern, als bestünde ein Befehl, daß den Deutschen nun keine Stunde mehr schlagen dürfte.

»Na gut«, sagt Albert, »wenn die schon eine Erinnerung brauchen, sollen sie uns Uniformteile wegnehmen, goldene Knöpfe und Mützen. Das wollen wir noch verstehen. Daß sie aber die Uhren klauen, ist weniger schön, wenn man aber will, so etwas wie ein Beweis, daß sich ein deutscher Soldat so einen Wecker kaufen kann. Und das ist bei allem sogar noch eine Genugtuung.«

»Wir haben Peilungen in allen Himmelsrichtungen. Die stärksten liegen an Backbord voraus«, meldet der Funker von U 763 seinem Kommandanten, Kapitänleutnant Cordes.

»Sauzucht, vor einigen Jahren haben wir uns die Augen wund gesehen, und jetzt, da sich die Brüder eingefahren und neue Abwehrmittel entwickelt haben, weiß man nicht, wohin man zuerst langen soll. Laß mal hören, Funker.«

Cordes hängt sich einen Kopfhörer um. Der Funker peilt ... Cordes winkt mit der Hand ab. Weiter, weiter. Stopp mal. Cordes schiebt den Kopfhörer zurück.

»Hört sich an wie ein Geleitzug.«

Dumpf mahlen die Schrauben von Frachtern. Hell die von den Zerstörern.

»Na, dann laß uns mal unser Glück versuchen«, lächelt Cordes und legt Kurs auf die stärkste Horchpeilung.

Das Boot macht seine erste Schnorchelfahrt. Wegen der Invasion war es zurückgerufen worden. Mit bienenhafter Emsigkeit wurden Schnorchel eingebaut und die Besatzung eingefahren, soweit man in dieser kurzen Zeitspanne von einem Einfahren und Erproben überhaupt reden kann.

Cordes ist in den Turm gekrochen und hat sich hinter das Sehrohr geklemmt. Aus – Ein – Aus ... Alarm ... Auf Gefechtsstation ... »Mit größter Beeilung, Kerlchens.«

Auch Rudolf Wieser von der Torpedogang springt mit langen Sätzen auf seinen Platz am LUT-Stellzeug zwischen den Torpedorohren.

»Der ›LUT‹ wird sie erwischen ...«, hofft Wieser. Hoffen alle.

LUT ist die Abkürzung für »Lagenunabhängiger Torpedo«. In dem Kopf ist eine Kreiselvorrichtung eingebaut, mit der der Torpedo so eingestellt werden kann, daß er bei großer Laufzeit ein breites Seegebiet in Schleifen durchfurcht.

Cordes macht fünf Torpedos los. Als die Detonationen verklungen sind, als der Funker Sinkgeräusche hört, steckt Cordes für einen Augenblick das Sehrohr heraus.

»Drei Frachter, ein Zerstörer«, berichtet er seiner Besatzung.

U 763 geht auf Tiefe.

»Tiefe ist gut«, höhnt der LI, »fünfzig Meter haben wir hier. 'n besserer Splitterschutzgraben beim Teppichwurf.«

Aber irgendwo muß das Boot hin, und über dem Grund sind, wie man weiß, die Asdic-Ortungen erfreulicherweise nicht sehr zuverlässig. Das Boot schlurft mal über Steine, mal über Sand.

Ohne einen Befehl abzuwarten, machen die Torpedomixer inzwischen die Rohre wieder klar. Sie sind nur mit Schuhen und einer Hose bekleidet, und ihre Rücken sind bei der Hitze im Boot so klatschnaß, als hätten sie unter einer Brause gestanden.

»Rin mit dem letzten Genossen«, muntert Wieser seine keuchenden Kumpels auf und will mit vereinten Kräften gerade den letzten Torpedo ins gähnende Rohr schieben. Da hört auch er das Asdic-Säuseln. Hm, ziemlich nahe, aber ... Weiter kann er nicht denken, denn nun donnern die Wasserbomben los. Lagen die anderen vorher weit weg, diese hier sind gezielt. Im Donnern der Detonationen machen sie die Klappe zu. Der Aal hängt noch vor dem Rohr, ein langer, fettiger, stumpf glänzender Fisch.

»Ruhe im Boot, äußerte Ruhe«, läßt Cordes durchgeben.

Es quasselt sowieso keiner mehr.

Acht Stunden fallen Bomben. Nah. Fern. Sehr weit weg. Wieder nah. Verdammt nah ... Die nächste Serie ... Immer neun Stück. Eine reicht, wenn sie in den tödlichen Bereich fällt.

Zwölf Stunden.

Bomben, Bomben, Bomben.

Sechzehn Stunden: Bomben. Vierundzwanzig Stunden. Immer noch Bomben. Dreißig Stunden ... zweiunddreißig Stunden. Sechsunddreißig Stunden. Das sind anderthalb Tage.

Wieser greift sich an die Kehle. Er spürt Freund Hein schon. Mit einem Würgegriff schleicht er sich heran, an

Wieser, an alle anderen. Die Luft wird immer knapper. Cordes läßt Sauerstoff zugeben. Aber der hilft auch nur kurze Zeit. Neuer Sauerstoff. Es geht wieder ein bißchen. Und dann werden die Glieder wieder schwer. Wieser spürt, wie er müde wird. Es ist eine wohltuende, angenehme Müdigkeit. Das Keuchen der Kameraden, das hastige Ein- und Ausatmen, das leise Stöhnen entschwindet in weite Ferne.

Ist das nicht der Kommandant . . . der da spricht . . . Was sagt er? Nicht einschlafen . . . Nicht müde werden . . .! Zusammenreißen . . . Ach ja, zusammenreißen . . .

»Rudi, du, werde munter . . .!« Einer rüttelt Wieser an den Schultern. Der Leitende ist es.

»Schlaf nicht, Weiser. Kein Arzt der Welt weckt dich wieder auf.«

Wieser richtet sich verwirrt auf. Er taumelt gegen den hängenden Aal, der ein wenig ausweicht und zur Seite schwingt.

»'tschuldigung, Herr Oberleutnant.«

»Quatsch, was heißt Entschuldigung. Es geht nicht nur um dein Leben. Um das aller. Jeder wird gebraucht. Noch . . .!«

Cordes geht durch das Boot. Seine Offiziere kümmern sich um jeden Mann. Niemand darf einschlafen.

Das Anstrichbrett für Wasserbomben ist voll. In Kolonnen marschieren die Fünferreihen auf. 100, 200, 250 . . . 296! Zweihundertsechsundneunzig Bomben.

Soviel gab es früher in ein, zwei Jahren nicht zusammen.

Zwischendurch läßt der LI lenzen und trimmen. Die E-Maschine summt auf Schleichfahrt. U 763 kriecht wie ein Krebs über den Grund. Aber das Boot schlängelt sich nun doch aus dem direkten Gefahrenbereich heraus.

»Ein Mann nach achtern«, kommt es aus der Zentrale durch. Aus dem Burgraum bewegt sich ein Mann auf Fußspitzen durch das Boot, das der LI durch solche Gewichtsverlagerungen wie eine Waage trimmen läßt.

»Zwei Mann Zentrale!« Auf allen vieren kriechen zwei Mann über die öligen Flurplatten. Sie sind schweißgebadet und haben große, weit aufgerissene Augen vor Anstrengung, in dem Kampf wach zu bleiben.

Eine balsamische Ruhe ist im und nun auch draußen um das Boot. Es fallen keine Wabos mehr. Cordes läßt auf Seerohrtiefe gehen und nimmt einen Rundblick. »Kinder, wie zu Weihnachten. Die Luft ist rein. Frieden auf Erden. Sterne brennen wie Kerzen am Tannenbaum. Los. Boot klarmachen zur Schnorchelfahrt.«

Mit dem ersten Luftstrahl, der ins Boot faucht und die Lungen weitet und wie ein pharmazeutisches Belebungsmittel durchs Blut zu fließen scheint, ist Wieser wieder bei den Aalen. Bei seinen Torpedos. Der letzte Aal wird schnell nachgeladen. Inzwischen füllt sich bei langsamer Schnorchelfahrt auch die Batterie wieder auf. Wie schnell doch diese dramatischen Stunden vergessen sind, wenn es Arbeit gibt.

IWO Thiel sitzt jetzt am Seerohr. »Ich sehe Lichter an Backbord. BÜ: Meldung an Kommandant. Obersteuermann, gucken Sie doch mal eben in der Karte nach.«

Cordes und der Obersteuermann machen sich an der Seekarte zu schaffen. Sie vergleichen die Gezeitentafeln, um einen einigermaßen brauchbaren Standort zu bekommen.

»Auch Licht an Steuerbord«, ruft der IWO.

»Na, daß muß ich mir dann aber doch mal selber ansehen«, sagt Cordes und klettert in den Turm hinter das Seerohr.

»Vermute, daß die Lichter von Invasionsbooten sind«, äußert sich Cordes. Der IWO nickt. Ganz überzeugt sind beide nicht.

»Rücken wir ein bißchen von den Burschen ab. Mit Kurs West, denke ich, werden wir in den offenen Kanal vorstoßen.«

So geschieht es. Es dauert nur Minuten. »Lichter voraus.«

»Brate mir einer einen chinesischen Hund. Da ist doch was faul.«

Cordes läßt auftauchen. Er hofft in Überwasserfahrt den Ring der das Boot umgebenden Lichter zu durchbrechen. Plötzlich naht ein Zerstörer mit hohem weißem Bart.

»Hart Backbord. Schnelltauchen.«

Ich achtzehn Meter Tiefe gibt es einen Bums. Das Boot hat Grundberührung.

»Wird ja immer verrückter. Fehlen bloß noch Wabos. Dann können wir aber unser Testament machen.«

Wabos fallen nicht, und U 763 findet, sich weiter schleichend, auf dem Grund eine Vertiefung. In diese dreiundzwanzig Meter tiefe Rinne schmiegt sich das Boot hinein.

»Warten wir den Morgen ab«, meint Cordes und packt sich, dickfellig wie er ist, auf die Koje, nachdem er die Wache eingeteilt hat.

Zur Morgendämmerung weckt man ihn. Cordes geht auf Seerohrtiefe und fährt das Periskop aus. Er meint zu träumen. Voraus ist Land. Links ist Land. Rechts ist Land. Häuser sind zu sehen. Schiffe liegen da vor Anker. Ganz hinten Schornsteine und Hellinge ...

Cordes merkt sich einige Leuchtfeuer und andere Markierungen und blättert mit dem Obersteuermann in den Karten und Handbüchern.

»Da – Moment mal, das ist doch ein besserer Witz ... Ne, ist keiner. Wir sind auf der Reede von Portsmouth. Im Kriegshafen Portsmouth.«

Im Boot kann man eine Stecknadel fallen hören. Die Nummer Eins faßt sich als erster.

»Dafür gab es früher die Blechkrawatte, Herr Kaleunt.«

»Ja, und uns blüht heute die Gefangenschaft, wenn wir Glück haben. Wenn wir also Pech haben, erlebt uns die Nachwelt als Wasserleichen, wenn überhaupt einer von uns aus der Röhre herauskommt. Zum Sachlichen, meine Herren. Boot klarmachen zur Sprengung. Alle Geheimsachen mit Handgranaten versehen. Und dann wollen wir mal abwarten und sehen, was weiter geschieht. Hoch können wir jedenfalls nicht.«

Cordes wartet die Nacht ab. Der Funker meldet dumpfes Mahlen.

»Geleit«, sagt Cordes, nachdem er sich selbst an das GHG gesetzt hat. Er ist auf einmal sehr vergnügt, er wittert eine Chance ...

Er hängt sich einfach an das auslaufende Geleit an. So kommen sie besser hinaus, als sie durch die Stromversetzungen hereingekommen sind.

Unterwegs geht ein FT ein: »Brest anlaufen.«

31

Flucht aus Bordeaux mit wrackem Boot

Zur Lage:
Im August gibt Dönitz den Befehl zum Rückzug aus den zur Festung gewordenen Stützpunkten Brest, Lorient und La Pallice. Ein Teil der Boote wird in die noch freien Häfen an der Biskaya dirigiert, andere werden nach Südnorwegen befohlen. Die Masse der Boote steht noch immer in der Umrüstung auf Schnorchelbetrieb. Als später auch in der Biskaya stehende Boote zu diesem Zweck nach Norwegen und Deutschland geschickt werden, stampft einer der größten Geleitzüge durch den Atlantik, ohne auch nur ein einziges Mal von einem der »Grauen Wölfe« angegriffen worden zu sein. Da fast die gesamte U-Boot-Abwehr-Flotte in der Kanalzone zusammengezogen wurde, können dem Geleit nur wenige Bewacher beigegeben werden. Unter dem Schutz von nur einer Fregatte und sechs Korvetten wühlen sich 167 Schiffe mit einer Marschfahrt von acht Knoten durch die See, ein Mammutgeleit, wie es die Seegeschichte noch nicht sah. Es bedeckt 30 Meilen im Quadrat, also gut 60 Quadratkilometer. Von den 167 Frachtern sind 156 für die Inselversorgung und den Frontnachschub bestimmt. Ihre Ladung beläuft sich auf 1019820 Tonnen. Die meisten der Schiffe sind Kaiser-Schiffe, Lyberty-Frachter, von denen seit geraumer

Zeit ein vielfaches mehr gebaut als Schiffe von den U-Booten auf den Meeren versenkt werden.

Unter dem Namen »Squid« haben die Briten einen neuartigen Mörser entwickelt, mit dem jetzt auch ein Bewacher Wasserbombenserien nach voraus werfen kann. Kommandanten von U-Booten, die sich vor einem Zerstörer, der mit langsamer Fahrt anläuft, noch sicher fühlten, werden jetzt noch vor Erreichen größerer Tauchtiefen mit Bomben belegt.

Die Lage in Frankreich ist hoffnungslos. Überall dort aber, wo die Marine den Schwerpunkt der Verteidigung bildet, und das ist nur in den Hafenstädten und U-Boot-Stützpunkten der Fall, trifft der Gegner auf einen hartnäckigen Widerstand. Am 20. August wird auch Bordeaux, kein ausgesprochener U-Boot-Stützpunkt, wohl aber Werftplatz für die U-Boote, zur Festung erklärt . . .

Wie eine Meute Jagdhunde vor der letzten Röhre eines Fuchsbaues, so lauern vor der Girondemündung in weitem Bogen alliierte Zerstörer und Korvetten, Fregatten, U-Boot-Jäger und Sloops, um den in Bordeaux verbliebenen U-Booten den Garaus zu machen. In der Luft hängen zu Dutzenden und aber Dutzenden die Maschinen des britischen Küstenkommandos. Sie haben die besten U-Boot-Jagdspezialisten an Bord.

Es gibt keinen Zentimeterstreifen Wasser vor der Gironde, der nicht unter Kontrolle des Radars, der Unterwasserhorchgeräte und der Asdics liegt.

Eines der Boote, dem der tödliche Vernichtungswille der draußen lauernden Verbände gilt, ist U 534, ein großes, in Finkenwerder erbautes Boot vom Typ IXC.

Wenn der Durchbruch dennoch gelang, dann dankt es die Besatzung auch heute noch in erster Linie den unerhörten Leistungen des Leitenden Ingenieurs und seinem technischen Personal.

Das geschah:

Anfang August, genau am 12., ist U 534 nach einer vier Monate langen Feindfahrt wieder glücklich in den Stützpunkt eingelaufen. Heimaturlaub muß abgeschrieben werden. Die Invasionstruppen kämpfen bereits vor Paris, und in Südfrankreich führen die fanatischen Maquis einen grausamen sadistischen Kampf gegen jeden Deutschen oder Deutschverbündeten, der dieses Gebiet passiert.

Die Heimatpost von vier Monaten liegt in Lorient, dem eigentlichen Stützpunkt des Bootes. Aber Lorient ist eingeschlossen. Die Besatzung kann die dort liegenden Grüße von daheim nicht erhalten. Kein Sterbenswörtchen von zu Hause und auch keine Möglichkeit, ein Lebenszeichen zu geben. Dabei häufen sich die Meldungen von immer schwerer werdenden Bombenangriffen auf kleine und kleinste Städte. Die schweren Sorgen sind nun auf beiden Seiten. Es besteht kaum noch ein Unterschied zwischen Front und Heimat. Auf das persönliche Gepäck, das in Lorient liegengeblieben ist, wollen die Männer gern verzichten, wenn sie nur einen einzigen der dort liegenden Briefe erhalten könnten ...

Es scheint immer klarer zu werden, daß Bordeaux auch für das nicht einsatzklare U 534 zum Grab werden soll. Aber sein LI, Oberleutnant (Ing.) Schlumberger, wir haben ihn auf U-Bauer noch als Obermaschinisten kennengelernt, hat seine eigene Meinung.

»Unser Boot aufgeben? Kommt nicht in die Tüte!«

»Nee, Schlumberger, so was läßt man nicht im Stich. Das wäre ein glatter Vertrauensbruch an unserer alten braven Röhre«, bekräftigt IWO Oberleutnant Willem Brinkmann, ehemaligen Handelsschiffsoffizier. Er hat sich von seiner Schiffsjungenzeit daran gewöhnt, daß ein Seemann sozusagen ein Verhältnis mit seinem Schiff hat, das oftmals inniger und herzlicher als eines mit einem Menschen ist.

»Wenn wir uns gemeinsam gegen alle Widerstände anstemmen, müssen wir das Boot zum Auslaufen klar bekommen«, fordert der LI. Er und der IWO setzten bei der resignierenden Werftleitung tatsächlich durch, daß an U 534 weitergearbeitet wird.

Man hat auch, als Bordeaux noch nicht zur Festung erklärt worden war, bereits mit dem Einbau des Schnorchels begonnen, wie das bei allen hier einlaufenden Booten üblich war. Jetzt aber müssen diese Arbeiten eingestellt werden, da durch die Abschnürung keine Schnorchelspezialnockenwellen mehr herangebracht werden können. Dort, wo neben dem Turm der Schnorchelmast eingesetzt werden sollte, klafft an der Steuerbordseite ein großes Loch. Keinen Menschen auf der Werft interessiert das noch. Die Hauptlenzpumpe, ohne die ein U-Boot unter Wasser hilflos ist, ist zur Überholung auch herausgerissen worden. Die Werft sagt kategorisch ab. Man könne sie, so behauptet man, nicht mehr reparieren, da auf die französischen Spezialarbeiter kein Verlaß mehr sei. Selbst wenn man wollte ... Es geht nicht! Basta.

»Die Franzosen wittern wohl Morgenluft. Dabei hat ihnen kein Mensch etwas getan. Gerade wir von unserem Haufen haben sie stets anständig, fast zu kameradschaftlich behandelt«, erregt sich Brinkmann.

»Gut«, sagt Schlumberger nach kurzem Überlegen. »Wir brauchen die Scheißkerls auch nicht. Wir machen den Kram allein.«

Unter fast unmöglichen Bedingungen trimmt der LI mit seinen Leuten die unklare Hauptlenzpumpe wieder hin. Sie wird auch wieder eingebaut. Kein Spezialist könnte es besser machen.

Manche Blicke der sich herumlümmelnden aufsässigen Franzosen sind höhnisch und feindselig. In manchen ist Erstaunen. In einigen aber ist Hochachtung und Respekt. Die meisten der französischen Werftarbeiter kommen überhaupt nicht mehr auf den Arbeitsplatz. Wenn sie aber arbeiten, sabotieren sie. Sie machen dieses und jenes derart ungeschickt verkehrt, daß auch Hein Mück aus Bremerhaven die Absicht merkt.

Eines Tages haben sie in aller Heimlichkeit einen ganzen

Waggon mit bestem französischem Kognak durch das Werfttor auf ein Abstellgleis geschoben. Der Erfolg läßt nicht lange auf sich warten. Ein paar Stunden später sind alle Franzosen blau wie die Strandhaubitzen. Auf stillen Örtchen haben sie den für eine würdigere und angenehmer duftende Umgebung bestimmten Stoff gleich aus den Flaschen zur Brust genommen. Der Rausch macht ihnen Mut.

Lallend bezeichnen sie die Deutschen als »Boches«. Sie finden noch andere Verbalinjurien, an denen sie sich und ihren Zorn berauschen. Eine offene Meuterei droht auszubrechen.

Was soll die deutsche Werftleitung veranlassen? Soll sie das berühmte Exempel statuieren? Soll man ein Blutbad anrichten? Die Franzosen sind ja wehrlos. Sie haben zwar ihre Handwerkszeuge zur Hand, schwere Hämmer, Schraubenschlüssel, Meißel. Aber sind das Waffen gegenüber Maschinengewehren und MPs? Die Menschlichkeit verbietet es den deutschen Befehlsstellen, gegen die sinnlos betrunkenen Werftarbeiter vorzugehen.

Die Menschlichkeit ...

Zu einer Stunde, da in der deutschen Heimat wehrlose Frauen und unschuldige Kinder unter Bomben begraben werden und am lebendigen Leibe verbrennen, da Angehörige der französischen Widerstandsbewegung deutsche Soldaten, genauso vaterlandstreue Männer, wie es diese rebellischen französischen Werftgrandis sind, anspucken, an die Wand stellen, quälen, mißhandeln und wie Vieh abschlachten. Mit alliierten Waffen.

Keinem Franzosen wird in Bordeaux ein Haar gekrümmt.

Der deutsche Werftadmiral ist nicht machtlos, aber er ist Mensch. Er fühlt mit diesen Franzosen, die in dem täglichen Vordringen der alliierten Truppen die Befreiung Frankreichs ersehnen und erwarten.

Er will und kann nicht auf Wehrlose schießen lassen.

Der Befehl ergeht, nur bei Tätlichkeiten gegen deutsche Soldaten und Zivilisten einzuschreiten. Doch dazu kommt es nicht. Wieder nüchtern, nehmen einige der Franzosen sogar die Arbeit wieder auf.

Die U-Boot-Besatzungen werden trotz dieser Zustände von keiner Weltuntergangsstimmung verzehrt. Ihre Gemütsverfassung findet keine Ausflucht in dem Gedanken: »Laß sie, es ist doch alles sinnlos. Es ist sowieso alles verloren.«

Bombenflieger erscheinen am Himmel wie zu friedensmäßigen Übungen. Teppiche rauschen herab. Tag und Nacht. Die Luftwaffenflak hat sich bereits abgesetzt, obwohl sie den letzten Schutz zu übernehmen hat. Das Gelände um den Hafen gleicht einer bizarren Mondlandschaft. Aber die Besatzungen arbeiten an ihren, in den noch bombensicheren Schutzbunkern liegenden Booten weiter. Es gibt Tote und Schwerverwundete. Und es geschehen Taten kameradschaftlichen Beisammenstehens, die an das Nibelungenlied erinnern.

Wenn die Männer, in den heißen Nächten von Moskitos gequält und zerstochen, endlich in den Morgenstunden in den Schlaf gesunken sind, dann dröhnen wieder die Motoren der anfliegenden Bomber, dann zerreißen wieder die Einschläge der krepierenden Bomben die Luft, dann sieht man sie übernächtigt in die kleinen Bunker zwischen den Unterkünften rasen. Alkohol ist das einzige Trostmittel. Und dieses ist reichlich vorhanden.

Sonderbar, sosehr Hein Seemann auch ein Prösterchen schätzt, so wahr das Wort ist, daß Durst noch schlimmer als Heimweh ist, hier trinken die Männer maßvoll und besonnen. Nicht zuviel, aber auch nicht zuwenig. Nur, um wenigstens in den Schlaf zu kommen. Aber man braucht Schlaf, erholende Ruhe, soweit die Bomber überhaupt für ein paar Viertelstündchen Ruhe geben.

Der Kommandant von U 534, Kapitänleutnant Nollau, ist skeptisch.

»Wird wohl besser sein, wir lassen unser Boot Boot sein, packen ein, hauen ab und schlagen uns durch die Büsche nach Old Germany durch.«

Brinkmann und Schlumberger sind anderer Meinung. Sie verteidigen sie auch. Der zuversichtlichen Haltung dieser beiden Offiziere kann sich auch der junge Kommandant nicht verschließen.

»Aber«, so wendet er besorgt ein, »unser Boot ist doch ein Wrack, Schlumberger. Ich bin kein Techniker. Aber soviel sieht man auch als technischer Laie, daß die von uns allein gemachten Reparaturen nur ein Provisorium sind.«

»Draußen hat es noch ganz andere Wracks gegeben, mit denen die Besatzungen trotzdem nach Hause gekommen sind. Wir müssen es wenigstens versuchen.«

»Also gut. Wenn ich mir die Sache reiflich überlege, Sie haben recht. Ich bin Ihnen dankbar. Sie sind der Ältere – und auch der Erfahrenere im U-Boot-Fahren. Es bleibt dabei, wir fahren.«

Im Stützpunkt werden an diesem nachmittag dreißig Schweine geschlachtet. Wellfleisch und Tatar à la Hermann Meyer wird in solchen Mengen auf die Backen getragen, daß sich die Tische biegen.

Nur wenige von U 534 essen. »Die Hitze«, entschuldigen sie sich.

Es sind aber in Wirklichkeit die Sorgen der Ungewißheit um das Schicksal ihres Bootes.

»Ihr seid völlig verrückt, mit diesem wracken Eimer in See gehen zu wollen«, warnen Kameraden von der Flottille.

Auch der Werftadmiral hat Bedenken. »Glatter Wahnsinn.«

»Abwarten, Herr Admiral«, lächelt LI Schlumberger. Er hat es inzwischen mit seinen Leuten sogar geschafft, auch den Schnorchelmast einzubauen. Dieser Schnorchel ist zwar starr, denn die Spezialteile fehlen, um ihn beiklappen zu können, aber es ist ein Schnorchel.

Ahnung von der Schnorchelei hat keiner der Besatzung. Nur mal gehört, wie die Sache funktioniert.

Der Tag des Auslaufens ist da. Jeder aus dem Stützpunkt hat etwas in die Heimat mitzugeben. Auf einmal haben auch die, die diese Besatzung noch am Tage vorher für geistesgestört erklärten, eine kleine Hoffnung. Die mannhafte Haltung, der ungebrochene Geist dieser Kumpels in grauen Arbeitspäckchen und deren alles überrundender Optimismus haben auch den anderen Verzagten und Wankelmütigen wieder ein paar Korsettstangen eingezogen.

»Gebt her, was ihr für die Muttis daheim mitzugeben habt«, lacht der LI und macht sogar denen Mut, die zögernd mit einer kleinen Kiste Wein angeschleppt kommen.

»Nur her damit, die werden wir auch noch verstauen.«

U 534 ist ohnehin nicht mehr als einsatzfähiges Boot anzusprechen, und Karlchen, der Großadmiral, wird schon ein Auge zudrücken, wenn man auch solche Fracht übernahm. Ist Kameradendienst an denen, die zurückbleiben und denen der Tod oder die Gefangenschaft wohl noch sicherer ist als denen im Wrack U 534.

Als das Boot ablegt und rückwärts aus dem Bunker herausfährt, stürzen immer noch Kameraden in den Betonklotz, die Briefe und Päckchen überreichen.

Die drei Hurras, die sich an den schweißnassen Betonwänden brechen, gelten nicht bloß der Besatzung. Sie sind Grüße an die Heimat. Die letzten vor dem bitteren Ende für die Zurückbleibenden.

Die Chance heimzukommen ist für U 534 winzig genug. Sie steht 1:100.

Im Boot sieht es toll aus. Schlumberger, als LI für das Gewicht verantwortlich, räumt rigoros auf.

»Daß mir keiner die Kistchen und Päckchen der Kameraden aus dem Stützpunkt anfaßt. Aber all der andere Mist aus dem Arsenal kommt über Bord.«

Es fliegt viel über Bord. Der Gewichtszustand kann vom

LI noch immer nicht klar übersehen werden. Das Boot kann jetzt aber wenigstens bedient werden.

Man hätte gern den Schnorchel ausprobiert, dessen Mast den Turm um vier Meter überragt. Aber Probetauchen kann U 534 in dem flachen Wasser nicht.

Noch sind einige der linientreuen französischen Werftarbeiter an Bord. Sie hämmern und sie schweißen weiter, während das Boot schon langsam die Gironde hinabschwimmt. Eine Stunde später klettern sie von Bord. Die wichtigsten Arbeiten sind endlich erledigt.

Als habe der Gegner nur auf diesen Augenblick gewartet, da erscheinen auch die ersten feindlichen Jagdbomber am Himmel. In der Nacht vorher hatten andere Maschinen akustische Minen in die Gironde gekleckert. Die Alliierten, denen das Auslaufen von U 534 von der Widerstandsbewegung gemeldet wurde, lassen sich die Vernichtung eines einzigen deutschen Bootes etwas kosten.

Die deutsche Minensuche ist schon seit Tagen ausgeschaltet. Die Kommandanten der letzten M-Böcke haben bereits alles zum Versenken klargemacht.

»Angenehme Aussichten. Wie der Reiter über dem Bodensee«, knurrt der Kommandant, und er meint den von Minen nicht frei geräumten Girondeweg. Aber die Besatzung sieht ihn trotzdem wieder zuversichtlich an diesem Tag. Das Boot schwimmt. Die U-Boot-Techniker haben geschafft, was der Werkleitung unmöglich schien.

Der Kommandant läßt bei der Girondefahrt vorsichtshalber die Gummiboote aufblasen und an Oberdeck legen. Er hat sie mit Proviant und Waffen versorgen lassen. Gegen die aus der Luft geworfenen lausigen Minen führt U 534 an beiden Seiten die Radaddel, ein Wort, das lautmalerisch so gut ist wie der besser bekannte Begriff von der Rabbatzbojen, Schwimmkörpern mit einer Lärmvorrichtung, die durch ihren Krach die tückischen akustischen Luftminen im Wasser vorzeitig hochjagen sollen.

14 solcher Minen krepieren auf dieser Fahrt. Einige davon ziemlich nahe, verteufelt nahe.

Rummss! – Wassersäule! Querab! – Rummss! Wassersäule achteraus! – Das Boot zittert und erbebt. Die Männer auf dem Turm werden bleicher, als sie es noch von den letzten langen Feindfahrten her schon sind. Brinkmann ruft durch das Luk ins Boot. »Keine Beunruhigung, Freunde, sind nur Minen!«

»Nur ist gut«, schallt es vom LI zurück. Aber sein Gleichmut läßt die anderen in der Röhre die Gefahr vergessen. Na ja, eine Mine, die man krachen hört, ist ja auch nicht mehr gefährlich. Wenn sie unter dem Boot hochgeht, wird man wohl nicht mehr viel davon merken. Wenn? Und wann? Das kann jede Sekunde sein. Die nächste schon.

»LI an Kommandant, Frage, ob Tauch- und Trimmversuch möglich.«

»Einverstanden«, bestätigt der Alte und sucht den Horizont ab. Da, da ist doch schon wieder so eine Biene. Sie hat aber Kurs zur Küste. Auch recht voraus werden jetzt Pünktchen am Himmel sichtbar. Neue Flugzeuge.

»Brinkmann, was halten Sie davon, wenn wir uns bis zum Abend auf Grund legen? Sonst putzen uns vielleicht doch noch die Jabos weg. Die Franzosen werden unser Auslaufen bestimmt gemeldet haben.«

»Der Gedanke ist schon gut. Aber ich fürchte, wir werden mit einem Teil des oberen Turmes, bestimmt aber mit dem Schnorchelstumpf aus dem Wasser herausragen.«

»Na und? Wir sehen dann wie ein richtiges Wrack aus, wie ein abgesoffenes Boot. Tut uns keiner was.«

»Hm, genau werden wir es erst wissen, wenn es Abend ist und wir noch leben. Aber man könnte den Mast vom Schnorchel und den Turm doch tarnen. Mit so einem Bäumchen zum Beispiel.« Brinkmann zeigt zum nahen Ufer.

»Famos, Brinkmann, das veranlassen Sie.«

Mit dem kleinen Schlauchboot werden vom Ufer eine

schlanke Birke und Strauchwerk besorgt. Man befestigt das Grün am Schnorchelmast und hängt über den Turmteil, der wahrscheinlich auch heraussehen wird, ein paar Tarnnetze darüber. Dann tauchen sie.

Der LI kann endlich in Ruhe den Gewichtszustand prüfen. Der Kommandant bleibt am Luftzielsehrohr. Ab und zu läßt er Brinkmann ablösen. Bangen Herzens beobachten sie die vorbeifliegenden Jabos und die landeinwärts ziehenden Pulks der schweren Bomber. Einer der Jabos fliegt kaum ein paar zehn Meter hoch über den Liegeplatz des Bootes hinweg. Der Beobachter kann aber mit dieser sonderbaren Insel im Fahrwasser wohl nicht viel anfangen. Er hält sie wahrscheinlich für den Mast eines abgesoffenen Schiffes, an dem irgendwelches Treibgut hängengeblieben ist. Es ruhen jetzt viele Wracks auf dem Boden der Gironde.

Befreit atmet die Besatzung auf, als der Kommandant die einsetzende Dämmerung verkündet und einige Zeit später auftauchen läßt.

Jonny Schuback, alter Elblotse, der jetzt in Royan als Marinelotse Dienst tut, will das Boot trotz der pechschwarzen Nacht sicher bis an die Ausfahrt bringen. Ihm stehen keine Feuer an Land und keine anderen navigatorischen Hilfsmittel mehr zur Verfügung. Jonny vertraut auf seine Augen und auf die der Ausguckposten, die jede Fahrwasserboje aus der Dunkelheit herauspicken. Und außerdem kennt er sein neues Lotsenrevier wie seine Hosentasche, daß er sich zutraut, auch mit verbundenen Augen ein Schiff stromabwärts zu führen. Eine tolle Fahrt.

Die Geräuschbojen lärmen. Dazwischen zerkrachen links und rechts noch immer Minen, und manchmal dröhnt über den Köpfen das dumpfe Brummen einfliegender Bomberverbände hinweg. Zwischen Le Verdon und Royan verlöschen plötzlich die Sterne.

Wolken? Nein. Flugzeuge! Flugzeuge! Flugzeuge!

Ein Riesenpulk schiebt sich über den nächtlichen Himmel, dreht auf Royan ab und öffnet über dieser unglücklichen Stadt die Bombenschächte. Minuten später zerhacken die Blitze der Detonationen die Nacht. Royan brennt auf. An Steuerbordseite lodert ein einziges Flammenmeer.

»Wahrscheinlich ist auch Ihre Lotsenstation zum Teufel, Herr Schuback.«

»Wahrscheinlich? Die haben sie zusammengehauen. Ich glaube, daß es keinen Sinn mehr hat, hier noch einmal auszusteigen.«

»Als Lotse werden Sie auf der Gironde bestimmt nicht mehr gebraucht. Zu Hause aber sicherlich.«

»Wären Sie einverstanden, daß ich unter diesen Umständen bei Ihnen an Bord bleibe?«

»Gern, wenn Sie unsere Fahrt ins Ungewisse dem sicheren Land unter den Füßen vorziehen.«

Jonny Schuback bleibt.

Die Fahrt auf der Gironde hat die Männer fertiggemacht. Sie scheinen mit ihren Nerven am Ende zu sein, vor allem jene Leute, die unter Deck bleiben mußten. Ihre Gesichter sprechen Bände. Dabei steht der eigentliche Durchbruch noch bevor. Aber die Besatzung hat wohl jetzt jenen eigentümlichen Zustand erreicht, da keiner mehr denkt, sondern nur noch nach einem fast tierisch zu nennenden Instinkt unter Einsatz aller Erfahrungen durch will. Jeder weiß, worauf es nun ankommt, und jeder wappnet sich, die gereizten Nerven nicht zu verlieren, wenn blitzschnelle Reaktionen erforderlich werden, um das Boot in der Hand zu behalten.

Es ist soweit. Voraus liegt das freie Wasser. Da flüstert der Funker Oberleutnant Brinkmann leise ins Ohr. »Ortung in 30 Grad. Zerstörer.«

Und gleich darauf meldet er »Luftortung in 60 Grad ... Ortung wird lauter ... Lautstärke drei ... Zerstörerortung in 340 Grad ... Lautstärke zwei bis drei.«

Und nun geht es rasend schnell.

»Luftortung von Backbord.« – »Luftortung von Steuerbord.« – »Von allen Seiten.«

Gleich muß der erste Scheinwerfer aus dem Dunkel heranschweben. Die Fla-Waffen werden besetzt.

»Frage Wassertiefe.« – »40 Meter.« – »O. k., laufend Tiefe melden.« »47 Meter« . . . »48 Meter« . . .

Der Kommandant hat von früher her noch den grundsätzlichen Befehl, wegen der auch hier liegenden Minen nicht vor Erreichen der 80 Meter Wassertiefe zu tauchen. Aber jetzt oben zu bleiben wäre glatter Irrsinn.

»Schiet an 'n Boom. Lieber das Risiko eines Minentreffers unter Wasser hinnehmen, als mit Sicherheit über Wasser draufzugehen.«

Pause. Dann: »Flak-Bedienung schnell einsteigen.«

Die Männer fallen nach unten. Der Funkmaat mit der Empfangsantenne am Knüppel meldet laufend Ortungen mit größter Lautstärke. Da geht voraus in See ein Scheinwerfer an. Der kalkigweiße Lichtfinger tastet nach der Girondemündung hin. Wenn er U 534 erwischt, kommt sofort die erste Salve aus den schußklaren Geschützen.

»Alarm!«

Die Brückenwache ist in Sekunden weg. Jetzt noch der Funkmaat mit seinem Knüppel. Das Vorschiff ist bereits eingebrochen und überflutet. Oberleutnant Brinkmann springt als letzter ins Luk und – kann nicht weiter. Der Knüppel mit der Antenne ist dem Funkmaaten in der Aufregung zwischen die oberste Sprosse der Turmleiter geraten, und Brinkmann hängt nun mit einem Bein rechts und mit dem anderen links vom Knüppel. Er kann das Luk nicht schließen. Mit letzter keuchender Anstrengung würgt er Kopf, Rücken und Arme so weit ins Boot, daß er mit der Hand den Deckel noch eben anziehen kann. Er vermag ihn aber nicht einzurasten. Sein Körper hängt noch dazwischen. Brinkmann preßt sich zusammen. »Herrgott, der verfluchte Knüppel. Sollen wir hier denn mit offenem Deckel absaufen?«

Brinkmann weiß später nicht mehr zu sagen, wie es ihm gleich einer Schlange gelang, wenigstens den Kopf nach unten durchzuzwängen. Er sieht unter sich das erwartungsvolle Gesicht des Leitenden, der darauf lauert, das erlösende »Turmluk ist zu« zu hören.

Brinkmann würgt mit letzter Kraft heraus »Zentralluk schließen. Schnell.«

Schlumberger weiß, was Brinkmann erreichen will. Daß nur der Turm absäuft, das Boot aber gerettet wird. Seine Gedanken gelten allen und dem Boot. Nur dem Boot. Sein Schicksal ist dabei gleichgültig geworden. Opfert er sich nicht, gehen alle drauf.

Brinkmann hat seine Anweisung gerade nach unten gerufen, als die durch das offene Luk hereinbrechende grüne See ihm den Mund verschließt. Wasser umspült ihn. Brinkmann hält mit dem gekrümmten rechten Arm noch das Luk an der Spindel. Dann bleibt ihm die Luft weg. Er kann nicht mehr atmen. Vor seinen Augen tanzen bunte Sterne, grellrote, grellgelbe . . . grellgrüne. Es wird still.

Brinkmann erstaunt. So also säuft man ab. Umflossen von einer ähnlich prickelnden Ruhe, als säße er in einem tönernen Gefäß. Aber diese Ruhe hat nichts mehr mit dem Absaufen zu tun. Diese Stille ist natürlich . . . Sie kommt aus dem Boot. Es stürzt kein Wasser mehr in den Turm. Der Wasserdruck von draußen hat das Luk zugepreßt.

Trotz der im Boot befindlichen, durch den Turm hereingestürzten freien Wassermassen pendelt Schlumberger das Boot durch.

U 534 geht auf Schleichfahrt, da ein Zerstörer anläuft. Die nahe Küste ist für das Boot ein Glück. Der Bewacher geht nicht näher heran. Wohl rumoren einige Wabodetonationen. Aber sie sind weit weg.

Das Boot steht auf kaum 60 Meter Wassertiefe. Wahrscheinlich können die Briten wegen der Küstennähe auch nicht genau orten.

»Müssen noch in dieser Nacht so oder so aus dem Mündungsbereich der Gironde heraus«, der Kommandant.

»Natürlich, sonst fassen sie uns morgen früh«, fällt Brinkmann bestätigend ein.

Das Boot schwebt vorsichtig auf Sehrohrtiefe. Ab und zu nähern sich Zerstörer.

»Wir müssen alles auf eine Karte setzen. Raus und über Wasser durch.«

»Wenn die merken, daß wir uns überreizt haben, gibt's kontra«, läßt sich der Leitende vernehmen.

»Bleibt uns nur ein Re, Schlumberger.«

»Natürlich, wenn aber wir diese Runde verlieren, kommen wir nicht mal aus dem Schneider raus, dann gute Nacht. Aber gut. Ich bin mit von der Partie. Sie spielen aus.«

»Also gut. Ich spiele aus.«

U 534 taucht auf und schleicht sich dicht unter der Küste entlang, die sich wie eine düstere Kulisse an der Backbordseite abhebt.

»Nicht ganz so nahe. Sind ja schon beinahe auf Kartoffelschmeißnähe unter Land«, warnt der Lotse. Die Küste ist voller Klippen und Untiefen. Spezialkarten sind nicht an Bord.

Eine vernünftige Peilung läßt erfreulicherweise noch der Schatten des gelöschten Leuchtturmes von Le Verdon zu. Als er, Gott sei Dank, endlich verschwindet, haben auch die Ortungen aufgehört. U 534 kann den Sprung wagen und geht mit beiden Dieseln auf große Fahrt. Kurs Südwest. In die Biskaya hinein.

Eine halbe Stunde bleibt das Boot ungeschoren. Da wird es von Peilungen erwischt. Flugzeugortungen. Sie werden lauter. Alarm. Abwärts in den Keller. Auftauchen nach einer halben Stunde. Wieder Ortungen. Wieder in den Keller. Diesmal ganz tief runter. Als es ruhiger wird, will der Kommandant auf Sehrohrtiefe gehen.

»Wie wär's, wenn wir schnorcheln«, schlägt der LI vor.

»Richtig, daran habe ich noch gar nicht gedacht.«

»Wird das hinhauen, Schlumberger? Wir haben doch keine Ahnung.«

»Mal sehen.«

Eine Schnorchelanweisung ist jedenfalls nicht an Bord. Und außerdem weiß man auch noch nicht, ob man mit der halbfertigen Anlage überhaupt schnorcheln kann.

»Also los. Schmeißt die Diesel an, wenn ich die Hand hebe.«

Der LI hebt die Hand. Beide Diesel springen an und – – – saufen ab. Abgase strömen ins Boot. Im Dieselraum fallen die Heizerleins um wie Fliegen, ehe sie noch einen Tauchretter anlegen können. Der Obermaschinist bekommt mit knapper Not die Ventile zu, dann stürzt auch er. In der Zentrale sinken weitere Männer zusammen. Der Funkmaat wankt aus dem Schapp und torkelt auf die Flurplatten. Er krümmt sich zusammen und erbricht sich. Der Leitende kann mit zwei anderen noch gerade den Tauchretter aufsetzten.

»Auftauchen. Anblasen.«

Das Boot kommt raus. Aber das Turmluk läßt sich nicht öffnen, Brinkmann reißt wie besessen an der eisernen Spindel. Es ist nichts zu machen.

»Lassen Sie, Herr Oberleutnant«, ruft der Obersteuermann nach oben. »Ich versuche es durchs Kombüsenluk.«

Mit einem langen Schraubenschlüssel bewaffnet, klettert der Obersteuermann durch das Kombüsenluk hindurch. Wasser dringt ins Boot. Aber das Luk kann sofort wieder geschlossen werden, so schnell ist der drahtige Feldwebel durchgeschlüpft. Im Boot hören sie ihn draußen eifrig rumoren und klopfen. Es gelingt ihm auch, mit dem Schlüssel das Luk aufzubrechen.

Fieberhaft wird das Boot durchlüftet. Der Funkmaat hat sofort wieder Ortung, als er sich wieder aufgerappelt hat. Diesmal aber wird sie nicht lauter, sondern leiser und verschwindet schließlich ganz.

»Müssen erst frische Luft im Boot haben, ehe wir wieder tauchen«, sagt der Kommandant und schickt die Flakbedienung an die Waffen, um für alle Fälle gerüstet zu sein. Das Boot hat eben Fahrt aufgenommen, als plötzlich Turm und Boot hell erleuchtet werden.

Starr vor Schreck sieht sich Brinkmann um. Der Scheinwerfer scheint ganz nahe zu stehen. Er kommt aus der Luft. Gleich müssen die Bomben fallen.

»Schießen, schießen. Mitten in das Licht hinein zielen ...«

Die Waffen bellen auf. Da krepieren die Bomben. Kurz und scharf und reißend. Die letzte dicht hinter dem Heck. Das Boot macht einen Satz. Mehr aber nicht. Der Druckkörper scheint dicht zu sein. Voraus stürzt die Maschine brennend in die See. Vorher aber konnte der Pilot noch ein Richtungsfeuer auf das Wasser werfen.

Sie warten auf die Nummer zwei.

»Vielleicht kommen wir noch weg, ehe die anderen anbrausen. Alarm. Ruder hart Steuerbord.«

Während das Boot einen halben Drehkreis fährt, steigt die Flakbedienung ein, und U 534 geht mit großer Fahrt in den Keller, um möglichst schnell auf große Tiefe zu kommen. Alles scheint klarzugehen. U 534 hat eine enorme Vorlastigkeit und geht mit einer Affenfahrt nach unten.

Kaum aber ist das Boot unter Wasser, da melden die Räume Wassereinbrüche überall.

Wo genau, kann bei diesem Zustand im Boot keiner feststellen. Tonnenweise strömt die See ins Boot. Jetzt ist es Daddeldu, durchzuckt es jeden an Bord. U 534 steht in einem Gebiet mit dreihundert Meter Wasser über dem Grund. Aussichtsloser Fall, daß das Boot diese Tiefe aushalten wird. Plötzlich versiegt der Wasserstrom.

U 534 schwebt bereits auf 145 Meter Tiefe. Und fällt immer noch. Ohne einen Befehl abzuwarten, bläst Schlumberger an. Hoffentlich reicht die Preßluft.

Der Kommandant blickt in todesstarre Gesichter. Und deren Augen kleben auf dem Tiefenmanometer.

»Alle Mann achteraus. Allle Maaann . . .!«

Langsam nimmt die Vorlastigkeit ab. Aber das Boot fällt weiter. Immer noch zischt Preßluft in die Zellen. Jetzt erreicht U 534 die Tiefe, die als Höchsttauchtiefe festgelegt worden ist. Aber es fällt, fällt, fällt weiter. Wird es den Druck aushalten? Warum werden noch immer keine Außenbordverschlüsse nach innen gedrückt?

Endlich wird das Boot achterlastig und, unterstützt durch die mit E-Maschinenantrieb laufenden Schrauben, kommt es langsam nach oben.

Noch wagt niemand zu sprechen. Das Boot schwebt noch immer in einer Tiefe, die auf dem Papier gleichbedeutend mit dem verbrieften Ende von Schiff und Besatzung ist. U 534 kann aber nicht auftauchen. Oben hat die Dämmerung eingesetzt. Der LI läßt das eingedrungene Wasser lenzen. Es sind seiner Schätzung nach 25 Tonnen.

Ein Aufatmen weht durch das Boot. Endlich schwimmt es außerhalb der Gefahrenzone. Das Tiefenmanometer zeigt 155 Meter an.

Der Kommandant ist fertig. Auch die anderen stehen schweißüberströmt im Boot. Alle atmen schwer. Auf den Kojen liegen die rauchvergifteten Kameraden. Der Obersteuermann läßt sie Büchsenmilch trinken.

Inzwischen ist auch festgestellt worden, woher der Wassereinbruch kam, und auch, warum er nachher so plötzlich aufgehört hatte.

Ein Zentralegast war nach der wilden Schießerei auf der Brücke und beim Bersten der Bomben zusammengeklappt und hatte beim Alarm das Zuluftventil nicht geschlossen, weil ihn die Ohnmacht packte. Daher also kam der Wassereinbruch, den zwei andere Männer dadurch beheben konnten, daß sie mit vereinten Kräften das Handrad Zentimeter um Zentimeter dicht drehten. Mit äußerster Kraftanstrengung, aber trotzdem noch schnell genug, bevor der Druck so groß wurde, daß das Ventil nicht mehr auf seinen Sitz kommen konnte.

U 534 kann sich unter die spanische Küste absetzen und taucht in den nächsten Nachmittagsstunden inmitten einer spanischen Fischerflotte auf. Es ist auch höchste Zeit, die Flaschen mit neuer Preßluft vollzudrücken und die Batterien nachzuladen.

Schlumberger und seine Männer haben sich inzwischen mit den Tücken des Schnorchels befaßt. Nach einigen Versuchen, bei denen alle Vorsichtsmaßnahmen angewendet werden, glückt es auch, mit einem Diesel zu schnorcheln. Um dieses zu erreichen, sind an Bord unter Wasser die Ventile nachgeschliffen worden. Außerdem hat man jetzt spitzbekommen, daß man den Schnorchel vorher entwässern muß. Es bleibt zwar noch immer ein aufgeregter Augenblick, wenn der Diesel zur Schnorchelfahrt angeworfen wird, aber der Leitende hat eine glückliche Hand.

U 534 setzt sich tief in den Atlantik ab und meldet sich einige Tage erst einmal nicht. Dann gibt es per FT Positionsmeldung. »Kann Boot als Wetterboot fahren?« fragte der über den wirklichen Zustand des Bootes nicht unterrichtete, ahnungslose BdU zurück.

»Klar«, ist die kurze Antwort.

Vier Wochen lang funkt U 534 aus dem ihm zugewiesenen Quadrat die Wetterlage, um dann endlich Kurs Rosengarten zu nehmen.

In den letzten Tagen vor dem Einlaufen kann man kein FT mehr absetzen. Schwere Stürme toben über dem Nordatlantik, und der Leitende muß alle Kunst und alle Kniffe anwenden, um das Boot in Schnorcheltiefe zu halten, was ja erschwert wird, da die ganze Anlage unvollständig ist. Von Norwegen fährt U 534 in Etappen bis nach Flensburg weiter.

Auf dem Pier steht auch der Flottilleningenieur aus Bordeaux, Kapitänleutnant Brinker, der mit 200 von 600 Mann U-Boot-Personal aus dem Kessel Bordeaux auf dem Landweg herauskam.

»Mit euch haben wir nicht mehr gerechnet. Ihr wart abgeschrieben«, sind seine Begrüßungsworte.

Von Dönitz geht ein Funkspruch ein. »Ausspreche Anerkennung und Hochachtung für einmalige seemännische und technische Leistung.«

Es war unglaublich, aber wahr, daß U 534 mit einem starren Schnorchelmast, ohne geschulte Männer für diese Anlage und mit so manchen anderen Schäden die dichte Sperre vor der Biskaya durchbrach, »Wetter machte« und auch nach Hause kam.

Allein 28 Tage waren ununterbrochene Schnorchelfahrt.

Wenn einmal ein Filmstoff gebraucht wird, U 534 ist einer.

32

Ein Unteroffizier rettet U 178

Zur Lage:
Von den 18 im August abgeschriebenen U-Booten gingen allein acht im Indischen Ozean verloren, eine erschreckend hohe Zahl bei der verhältnismäßig niedrigen Quote der dort eingesetzten Boote. Dabei sind diese Boote nicht allein für die operativen Aufgaben von Bedeutung, sie sollen, wenn sie ihre Kampfkraft erschöpft haben und eine gründliche Werftüberholung erforderlich wird – und diese kann nur in Deutschland durchgeführt werden –, als Transport-U-Boote Verwendung finden. Die Unterbringung der verschiedenen Rohstoffe erfolgt auf verschiedene Art. Der Rohgummi wird in den freiflutenden Tauchbunkern und unter den Oberdecks in eigens dafür gefertigte Racks und Oberdeckstuben untergebracht. Zinn wird zu Barren in verschiedene Formate gegossen und sowohl im Kiel wie auch im Bootsinnern verstaut. Die übrigen Rohstoffe wie Wolfram und Molybdän kommen in extra

angefertigte Zinnbehälter, die zugelötet im Bootsinnern gelagert werden. Chinin kommt in wasserdichten Tropenpackungen an Bord. Der Stauplan sieht hauptsächlich die Ausnutzung der Bilgen, der Bug- und Heckräume sowie der leeren Torpedorohre vor. Die Gesamtladung besteht beim Typ IX D 2 meist aus 120 t Zinn, zirka 15 t Molybdän, zirka 80 t Rohgummi, 1 t Chinin und 0,20 t Opium. Diese Beladung ist nur auf Kosten der Brennstoffvorräte möglich, die für wirtschaftlichste Fahrtstufen nur wenig Reserven enthält. Sie geht weiter auf Kosten der Torpedobewaffnung, so daß die Boote für Kampfoperationen auf ihrem Heimmarsch praktisch ausfallen und ihre Aale nur für die Fälle der Notwehr an Bord führen. Die von Dönitz vorgesehenen U-Transporter vom Typ XX mit 800 Tonnen Frachtkapazität bleiben nur auf dem Papier stehen. U 178 ist eines der ersten bei den Kampfoperationen im Südostraum übriggebliebenen Boote, das Mangelrohstoffe in die wankende Festung Europa karrt.

Auf U 178 ist Kapitänleutnant Spahr Kommandant und Kapitänleutnant Wiebe LI.

Von der technischen Seite betrachtet ist diese Unternehmung eine außergewöhnliche Leistung, denn neben den Beanspruchungen klimatischer und seelischer Art kommen noch die laufenden Arbeiten hinzu, um das Boot einsatzbereit zu halten.

Bei einer so langen Fahrt sind Maschinenschäden unausbleiblich. Es darf ja nicht übersehen werden, daß die Motoren drei, vier , fünf, ja sieben Monate lang ununterbrochen laufen müssen. Auf U-Booten sind Werkstätten mit regelrechten Drehbänken und festen Bohrmaschinen, wie man sie auf Handelsschiffen kennt, nicht einzubauen, obgleich es die großen Boote hinsichtlich der Maschinenleistung mit jedem großen Frachtdampfer aufnehmen können. Es fehlen auch die großen Lagerräume für Reparaturmaterialien wie Rohre oder Bleche usw. Auf einem U-Boot hat eben noch eine ganz kleine Drehbank Platz, außer der Möglichkeit, elektrisch und in beschränktem Umfange auch autogen zu schweißen. Das ist aber auch alles. Im übrigen vertraut man auf die Güte der Anlagen und auf die Improvisationsgaben des Maschinenpersonals.

Und dieses Personal ist findig, sonst wäre manches Boot nicht nach Hause gekommen. Aber manchmal hilft auch alle Findigkeit nicht mehr. Dann blieb als letzte Hoffnung nur noch ein bißchen Glück.

So war es auch auf Spahrs Boot auf dem Wege von Ostasien nach Europa ...

Im südlichen Indischen Ozean soll U 178 noch mit einem italienischen Boot zusammentreffen. Das Seewasser hat bei den langen Einsätzen in tropischen Gewässern sein Werk getan. Ein Teil der Laufbuchsen der Dieselmotoren ist zerfressen. Dadurch läuft Seewasser in das Schmieröl. So was verträgt der beste Diesel nicht. Als der Dieselobermaschinist das erste Mal Seewasser im Schmieröl feststellt und es ihm klar wird, daß eine Laufbuchse durchgefressen sein muß, soll diese nun durch die an Bord befindlichen Reservelaufbuchsen ausgewechselt werden. Schon in der Werft ist das eine tolle Arbeit, denn der Platz zwischen dem Diesel und dem Bootskörper ist so beengt, daß es außergewöhnlicher, ja akrobatischer Anstrengungen und einer Millimeterarbeit bedarf, den Kolben, der vierzig Zentimeter im Durchmesser mißt, herauszuziehen, geschweige denn die Laufbuchse dazu. Von den 60 Grad Celsius im Maschinenraum wollen wir gar nicht erst reden. Möge der Hinweis genügen, daß diese Hitze nicht trocken ist. Routinierte Tropenfahrer wissen, was das bedeutet: die Hölle.

Nun, mit vereinten Kräften gelingt es. In der engen Röhre schwebt der Kolben nun an den Ketten des Flaschenzuges in der Luft. Zwei schweißbedeckte und schmutz- und ölverschmierte Heizer mit nackten Oberkörpern haben ihn umkrallt, damit er in der Dünung, die das Boot hin und her bewegt, nicht anschlägt und dabei Rohrleitungen oder einen der daneben befindlichen Treibölhochbehälter zertrümmert.

Aber mit des Geschickes Mächten . . .

In diesem Augenblick gibt es Fliegeralarm. Das Boot muß tauchen. Die beiden Männer bleiben am Kolben stehen, als das Boot mit großer Vorlastigkeit nach unten fährt. Sie haben sich zwischen den am Flaschenzug hängenden Kolben und den Treibölbehälter geschoben, damit nichts zu Bruch gehen soll. Die Bombe, die das Flugzeug wirft, liegt – welch ein Glück – weit entfernt. Eine zweite hat die Maschine wohl nicht mehr an Bord. Wiebe, der sich beim Alarmtauchen in die Zentrale begeben mußte, kann sich jetzt, nachdem wieder Ruhe eingetreten und der Alarm beendet ist, wieder um seine Männer kümmern. Man zerrt die beiden Heizer elend zerschunden, zerquetscht und blutend hinter dem Kolben hervor.

»Um Himmels willen, wie seht ihr aus. Das hat euch doch keiner befohlen«, fährt LI Wiebe entsetzt und betroffen die beiden Heizer an.

»Hauptsache, Herr Kaleunt, dem Boot ist nichts passiert«, ist ihre Antwort, als Wiebe sich die Quetschungen und Verletzungen besieht und veranlaßt, daß die Männer verbunden werden. Bestimmt wäre etwas zu Bruch gegangen, wenn die beiden Heizer nicht so geistesgegenwärtig gewesen wären, nicht nur etwas, denn das Boot tauchte ja mit 40 Grad Vorlastigkeit nach unten, das heißt, die Winkelhalbierende zwischen dem Fußboden und der senkrechten Wand bildete in diesem Augenblick eine waagerechte Linie.

Wer spricht schon über dieses stille Heldentum der Männer an der Maschine, und wer dachte an sie, wenn Orden für Tapferkeit vor dem Feind zur Verteilung standen. Gewiß, mancher LI hat das Ritterkreuz bekommen. Auch Wiebe. Aber tausendfach sind die Beispiele, da die Techniker es waren, die ein Boot vor dem sicheren Untergang bewahrten.

Auf dem Weitermarsch zum Treffpunkt mit dem italienischen U-Boot trifft Spahr an dem Platz, an dem das Boot stehen soll, nur einen riesigen Ölfleck an. Hier also hat das Flugzeug seine anderen Bomben fallen lassen. Sonderbar genug ist, daß die gegnerische Flugzeugbesatzung auch hier offensichtlich wieder davon unterrichtet war, daß sich zwei U-Boote an dem fraglichen Tag in diesem Quadrat treffen sollten. Das italienische Boot muß während des Auftauchens getroffen worden sein. Überlebende sind nicht aufzufinden, so gründlich und weiträumig Spahr auch die Umgebung absuchen läßt.

U 178 setzt den Heimmarsch fort.

Vor den Augen der Männer, die bei der Suchaktion auf der Brücke waren, bleibt das Bild von dem riesigen buntschillernden Ölfleck auf dem seidenblauen Wasser im Indischen Ozean.

»So also sehen die Blumen aus, die unsere Gräber schmücken«, sagt Spahr mit resignierender Ironie angesichts dieser bitteren Wahrheit jener bunten Ölkringel, durch die das Boot noch einmal hindurchfährt ... über das Grab von fünfzig guten Kameraden, von denen niemand mehr berichten kann, wie sie starben, denn auf der See und in der See ist der Tod endgültig.

Auf U-Spahr kommt, was kommen muß.

Der ersten durchgefressenen Laufbuchse folgt die zweite, dann die dritte, die vierte, sechste und siebente. Ersatz ist nicht mehr vorhanden.

»Wir müssen eine Notlösung finden«, brütet Wiebe mit dem Kommandanten. Das Boot steht erst bei Kapstadt und hat noch den langen, langen Weg bis nach Europa vor sich. Der ist aber genausoweit wie der eines in Erwägung gezogenen Rückmarsches nach Ostasien.

»Das ist gehupft wie gesprungen«, lästert Wiebe und erwartet, daß der Alte sich äußert.

»Scheißkram«, faßt Spahr seine düsteren Empfindungen zusammen und tupft sich den Schweiß von der Stirn. »Eine aussichtslose Sache, mit nur einem Diesel den langen

Marsch antreten zu wollen, zumal ja dieser Weg durch vom Feind übermäßig stark kontrollierte Seegebiete führt.«

»Wie wäre es den, Herr Kaleunt, wenn wir auf die kaputten Stellen der Laufbuchsen Bleche mit Gummidichtungen montieren. Theoretisch muß die Sache hinhauen«, mischt sich, an Wiebes Adresse gewandt, ungefragt ein Dieselunteroffizier in dieses Gespräch ein.

»Theoretisch, mein Lieber, geht so was . . . Mensch, Kerl, Donnerwetter, das ist 'ne Idee. Das ist die Idee.«

Der Dieselraum von U-Spahr verwandelt sich in eine Werkstatt. Der Schweiß rinnt den öl- und dreckverschmierten Männern in Bächen am Körper herunter. Offizier, Maschinisten und Unteroffiziere sind vom einfachen Mann nicht mehr zu unterscheiden. Ihr Eifer ist kaum noch zu überbieten, und es ist ein faszinierend unheimliches Bild, wie die Arbeitenden gleich schlangenhaften Fabeltieren mit der bedrückenden Enge des Maschinenraumes fertig werden.

Diese halbnackten Menschenknäuel zwischen Rohren, Flaschenzügen und Kolben auf der Leinwand gezeigt, würden einen Außenstehenden sicherlich reizen zu sagen: »So was kann man auch bloß für den Kintopp kurbeln. In Wirklichkeit ist alles halb so schlimm.«

Es ist noch viel schlimmer als schlimm. Denn einer steht dem anderen im Wege, und doch wird auch seine ganze Kraft gebraucht.

Wieder wird also zuerst der Zylinderkopf heruntergenommen, und wieder wird der Kolben ausgebaut, der erste von denen, deren Laufbuchsen durchgefressen sind. Um die Laufbuchsen herauszubekommen, hat man wenigstens eine besondere Preßluftvorrichtung an Bord. Jetzt aber versagt auch die, denn wo kommt schon ein Unglück allein.

»Gebt mal noch ein paar Flaschenzüge her«, preßt der gebückt stehende Wiebe heraus.

Zwischen die Kurbelwelle und die Unterkante der Laufbuchse wird noch ein Balken gelegt, damit mit der Drehvorrichtung des Motors noch von unten gegen die Buchsen gedrückt werden kann.

»Was rein ging, muß auch raus gehen», grinst der Obermaschinist. Wiebe nickt. Denn schließlich hängt von dem Kampf mit solchen Tücken des Objektes sein eigenes und das Leben der ganzen Besatzung ab. Das verleiht übermenschliche Kräfte. Das schafft aber auch ausgefallene Ideen, für die heimatliche Werftleute das Verdienstkreuz oder zumindest ein Belobigungsschreiben mit Gehaltsaufbesserung erhalten würden.

»Sie kommt... bei des Teufels Großmutter... sie kommt!«

Die Laufbuchse geht tatsächlich heraus.

»So, um das Blech befestigen zu können, müssen wir nun Löcher bohren und Gewinde reinschneiden«, sinniert Wiebe. Der Obermaschinist beeilt sich, dafür zu sorgen, daß kleine Gewindebohrer herbeigeschafft werden. Der Obermaat, der den Gedanken mit dem Blech und der Gummidichtung hatte, hat das Blech schon bereitgelegt.

»Geht das, Herr Kaleunt?«

»Geht«, sagt Wiebe und gibt Anweisung, das Blech in entsprechende Streifen zu schneiden.

»Fehlen bloß noch die Schrauben zum Festschrauben der Bleche. Solche Größen haben wir aber nicht.«

»Machen wir gleich selber.« Der Obermaschinist verschwindet an die kleine Drehbank, nachdem man sich über die Gewindegröße geeinigt hat. Man will es erst mit den kleinsten Gewinden versuchen. Wiebe fürchtet nämlich, daß die japanischen Gewindebohrer wegbrechen, und er hofft dann wenigstens auf einen größeren zurückgreifen zu können.

Nachdenklich und mit gefurchter Stirn sieht er den Männern zu, die an der Drehbank jetzt die Schrauben schneiden. Um das Material dafür zu bekommen, hat der Obermaschinist eine Geländerstange abmontieren lassen. Sie mißt 40 Millimeter im Durchmesser. Die Schrauben, die gebraucht werden, sollen aber nur drei Millimeter Durchmesser haben.

»Bekommt man in jedem Eisengeschäft für 20 Pfennig«, höhnt einer der Soldaten bissig.

»Es ist schon ein Kreuz, wegen solch ein paar dummer Schrauben einen solchen Zustand veranstalten zu müssen.«

Langsam gelingt es den Männern, in den glasharten Temperguß der Laufbuchsen das Gewinde zu schneiden. Da! Ein leises Knacken ...

»Darauf habe ich gewartet. Scheiße«, flucht Wiebe. Der Gewindebohrer ist abgebrochen. Auch der zweite bricht. Wiebe ist blaß geworden. Die anderen Männer blicken fassungslos auf ihren LI. Die letzten Gewindebohrer werden eingesetzt. Sie werden schnell stumpf und fassen nicht mehr. Das Material der Laufbuchsen ist zu hart.

»Ganz erfreulich, daß das Zeug da aus so gutem Stahl ist. Fast beruhigend. Aber was nun?«

Das Schicksal eines ganzen U-Bootes hängt von ein paar lumpigen Gewindebohrern ab, ein U-Boot für vier Millionen Mark mit sechzig Mann Spezialbesatzung an Bord, mit fronterfahrenen Leuten noch dazu ...

Wiebe läßt sich müde auf den Sockel des Diesels fallen. Er überfliegt mit fast traurigem Blick das wüste Durcheinander in der Maschine und spielt mit den abgenutzten Bohrern. Nicht die Anstrengungen der Arbeiten haben ihn erschöpft. Aber die Zerstörung aller Hoffnungen ist wie ein Niederschlag, der ihn schwer atmen läßt. Die Situation ist wirklich kritisch. Wiebe berichtet dem Kommandanten.

»Vielleicht haben wir Glück, Wiebe. Wir sollen auf der Höhe der Ascenions mit einem auslaufenden Boot zusammentreffen, das uns Schlüsselunterlagen übergeben soll. Hoffen wir, daß die Kameraden uns mit Gewindebohrern aushelfen können.«

»Hoffen wir es. Ich habe schon Pferde kotzen sehen. Es ist zum Kotzen. Jetzt schon.«

»Damit's schneller geht!« Spahr reicht Wiebe ein volles Glas Whisky hin. Wiebe trinkt es in einem Zug, schüttelt sich und blickt dann zu seinen Männern hinüber. Spahr weiß, was er andeuten will. Er hätte auch ihnen ohne Wiebes sanften Hinweis einen Doppelten angeboten.

Tage später treffen sie das Boot. Alte Bekannte sind an Bord. Mit dem Kommandanten und dem LI hat Wiebe manches Gläschen im Stützpunkt zur Brust genommen. Es ist so selbstverständlich, daß sie Wiebe helfen, daß darüber keine Worte zu verlieren sind.

Wiebe läßt die neuen Bohrer gleich durchprüfen. Sie sind aus besserem Material. Das andere Boot will in echter Hilfsbereitschaft noch warten, bis die Reparaturen beendet sind. Für alle Fälle. Wiebe winkt ab.

»Kann ich nicht verantworten. Wir müssen auch allein fertig werden. Dauert Tage, bis wir fertig sind.«

Wiebe und seine Männer wühlen sich durch den Berg von Arbeiten, die ihrer harren. Und sie schaffen es in schlaflosen Tagen und schlaflosen Nächten.

In sein Tagebuch schreibt der LI:

»Wenn auch der Vorgesetzte in der Lösung von Reparaturfragen den Ausschlag gibt, so ist es doch eine helle Freude zu erleben, wie auch der jüngste Soldat bei der Lösung dieser Probleme mitdenkt und aktiv mithilft. Die handwerklichen Fähigkeiten der Männer erwiesen sich wieder einmal von unschätzbarem Wert, vor allem aber auch, daß die meisten Angehörigen der technischen Laufbahn einen Beruf als Schweißer, Dreher oder Elektriker erlernt haben. So ergänzt der eine den anderen, und so kommt zum Ausdruck, daß der eine auf den anderen nicht nur in rein militärischen Dingen, sondern auch in technischen Belangen angewiesen ist. Was der eine nicht kann, schaffte dafür der andere.« Nicht immer kommt dem Vorgesetzten die rettenden Idee in einer Ausweglosigkeit. Wichtig ist nur, daß der »kleine Mann« dann auch den Mut hat, seine Vorschläge und Überlegungen vorzutragen und anzubringen.

U 178 erreichte Bordeaux. In den Laufbuchsen des Diesels fuhr es aufmontierte Bleche mit Gummidichtungen.

Auf einen Nenner gebracht:

Ein Unteroffizier rettete das Boot.

33

Im Eismeer: Bord an Bord mit britischem Zerstörer

Zur Lage:
Mitten im Zusammenbruch, mitten in der Orgie der Vernichtung an allen deutschen Fronten rüstet die U-Boot-Waffe mit einer unmenschlichen Schaffenskraft und einem durchaus berechtigten Optimismus um. Im September werden die ersten 14 Elektro-U-Boote in Dienst gestellt, im Oktober 32, im November 65. Mit dieser Ziffer erreichen die U-Boote aufgrund der neuartigen Bauweise die höchste Produktionsziffer des ganzen Krieges, der im Oktober die niedrigste Versenkungsziffer mit 7000 BRT bei vier verlorenen Booten gegenübersteht, allerdings als Folge der Zurückziehung der Masse der bisherigen Typen. Die neuen Typen sind die letzte große Hoffnung, den Versorgungsstrom der Alliierten über den Atlantik zu stoppen, um die Fronten im Westen zu entlasten und die Flut im Osten zu bannen. Diese Boote, die unter anderem über eine völlig automatische Torpedonachladeanlage verfügen und über zusätzliche Untertriebszellen in 30 Sekunden in 150 Meter Tiefe verschwinden können, um sich von dort in Tauchtiefen zu retten, in der alle bisher bekannten Angriffsmittel unwirksam sind, sollten im November bereits an der Front stehen. Der Termin kann nicht eingehalten werden, denn neben den schon bekannten Verzögerungen treten jetzt weitere dadurch ein, daß die Besatzungen längere Zeit brauchen, um sich mit diesem Typ und seinen völlig anders gelagerten Fahreigenschaften vertraut zu machen. Auch technische Kinderkrankheiten sind hier und dort zu heilen. Da schon bei den alten Typen normalerweise ein halbes Jahr von der Indienststellung bis zur Frontreife gebraucht wurde,

ist, um der Sicherheit der Besatzungen und der zu erwartenden Erfolge willen, mit ihrem Einsatz nun nicht mehr vor Frühjahr 1945 zu rechnen. Erschwerend tritt hinzu, daß nach dem Zusammenbruch der Finnlandfront die in der Kronstädter Bucht bisher blokkierten russischen U-Boote nicht mehr behindert werden und nun die deutschen Ausbildungsgruppen im Raum von Gotenhafen und Bornholm bedrohen.

Vom Walter-U-Boot, dessen Antrieb die Ideallösung für alle neuen Boote gewesen wäre, ist jetzt endlich ein Frontboot vom Typ XVII B in Dienst gestellt. Aber nun fehlt es an Perhydrol. Die beiden einzigen Werke können den plötzlich, auch durch den Bedarf von Luftwaffe und V-Waffen kometenhaft angestiegenen Bedarf nicht decken. Hätten die einschlägigen Stellen dem Perhydrol-Antrieb zu Kriegsbeginn mehr Wert beigemessen, wäre man zwangsläufig auch zu einer größeren und vor allem gesicherteren Produktion gekommen. Jetzt rächt es sich, daß die ausschließlich auf ein kontinentales Denken ausgerichteten Männer in den obersten Staats- und Wehrmachtskreisen der Kriegsmarine keine größeren Mittel für Forschungszwecke zur Verfügung stellten.

Die Kleinst-U-Boote kranken ebenfalls an Kinderkrankheiten. Ihre Erfolge bleiben weit unter den in sie gesetzten Hoffnungen. Von 40 auf dem Landwege ins Mittelmeer entsandten und dort eingesetzten Booten vom Typ »Molch« werden 90 Prozent nicht das Opfer gegnerischer Einwirkungen, sondern technischer Unzulänglichkeiten. Es erweist sich auch, daß die Ausbildungszeiten der Kleinst-U-Boot-Besatzungen viel zu kurz sind. Es läßt sich nichts übers Knie brechen. Begeisterung und Opferbereitschaft allein vermögen Können und Praxis nicht zu ersetzen.

Der größte Teil der alten, zum Teil jetzt mit Schnorchel ausgerüsteten Front-U-Boote ist in die Stützpunkte nach Norwegen verlagert worden. Der Weg zu den Hauptgeleitzugswegen im Atlantik kostet wieder Zeit und mit der Zeit längere Gefahren bei Anmarsch und längerem Rückmarsch. Nur die Rußlandgeleite marschieren jetzt quasi an der Haustür der U-Boote vorbei ...

Mit einem neuen Rußlandgeleit haben einige U-Boote der Norwegenflottille bereits Fühlung. Diesmal muß es klappen ...

Auch U 1163, ein VII-C-Boot, das noch keinen Schnorchel fährt, bekommt Berührung mit dem Konvoi, wird dann aber bei sehr schlechtem Wetter durch die Flugsicherung wieder abgedrängt. Oberlt. z. See Balduhn geht auf Gegenkurs und läuft auf die russische Küste zu. Ein Bewacher kreuzt den Bug. Der Russe schießt mit Artillerie. Mit einem Zaunkönig beendet U 1163 dieses Gefecht. Der russische Zerstörer sinkt.

Um die Mitternachtsstunde taucht Balduhn, der nach dieser Versenkung die schützende Tiefe aufsucht, auf, um kurz die Batterien aufzuladen. Er will gerade wieder tauchen – alle Mann befinden sich auf Gefechtsstation –, da schält sich aus einer Dunstwolke an Steuerbord ein feindlicher Zerstörer heraus. Ein Brite. Entfernung 250 Meter.

Der Gegner schießt sofort. Eine der ersten Granaten wuchtet zehn Meter vor U 1163 in die See.

Lähmende Spannung auf dem U-Boot. Balduhn zerreißt sie mit schnellen Befehlen.

»AK . . . Rohr fünf klar.« – »Hart Backbord . . .« –

»Rohr fünf ist klar«, kommt es zurück.

Aber das U-Boot und der zum Rammstoß aufdrehende Zerstörer sind sich bei ihren Manövern einander so nahe gekommen, daß ein Torpedoschuß keinen Erfolg mehr verspricht. Durch eine schnelle Kursänderung kann Balduhn eben noch eine Ramming vermeiden. 50 Meter hinter dem Heck von U 1163 braust der Gegner mit 25 Knoten vorbei. Nun dreht er hart nach Steuerbord. Er will das Boot an der Backbordseite in einem rechten Winkel rammen.

Um U 1163 wäre es geschehen gewesen, wenn man nicht rechtzeitig die Absichten des Zerstörers erkannt hätte, wenn die Befehle weniger gut übermittelt worden wären, wenn der Rudergänger nur einen Herzschlag lang langsamer gewesen wäre, wenn der Zentralemaat – alter U-Boot-Fahrer mit dem »Deutschen Kreuz in Gold« – nicht so gut geschaltet hätte . . . und wenn die Diesel nicht im entscheidenden Augenblick so schnell auf AK hochgejagt worden wären.

So aber gelingt es dem Kommandanten mit seiner »alten« Besatzung, diesem Rammstoß des Feindes wenn auch nicht mehr auszuweichen, so doch ihn zu mildern. Balduhn dreht nach Steuerbord ab. Der Zerstörer trifft nur im spitzen Winkel den Backbordaußenbunker des U-Bootes. Der Druckkörper bleibt unbeschädigt. Krachend, berstend, schießend und schlierend schiebt sich die Bordwand des Jägers am U-Boot entlang.

Drei Minuten sind seit dem plötzlichen Auftauchen des Zerstörers vergangen, aber diese drei Minuten sind fast harmlos gegenüber der einen Minute, die jetzt folgt.

Eine volle Minute lang kleben Zerstörer und U-Boot wie festgesogen bei AK-Fahrt aneinander fest. Im Licht einer Leuchtspurgranate sieht man das große »S« am Bug des Zerstörers, die angemalte Bugwelle, die drei Schornsteine und die am hinteren Mast flatternde Kriegsflagge. Man kann jede Bewegung der Geschützbedienung verfolgen. In der Steuerbord-Brückennock der fortlaufend Befehle schreiende Kommandant. Stoßweise hat sich der Zerstörer, der gegenüber dem U-Boot einen erheblichen Fahrtüberschuß hat, in den Außenbunker hineingefressen. Er wirft fortgesetzt Wasserbomben über sein Heck, durch die das U-Boot angelüftet wird. Dazu dröhnen seine noch immer schießenden Geschütze. Ein verrücktes, nervöses und völlig sinnloses Schießen.

So vielfältig gebeutelt, zuckt und zittert U 1163 wie ein geprügelter Hund an der Kette. Unter der Wucht des Rammstoßes ist es um 30 Grad nach Steuerbord gekrängt worden. Nun richtet es sich langsam wieder auf. Deutsche und Briten kommen sich dadurch näher. Die Reling des Zerstörers kann man von der Brücke des U-Bootes aus mit der bloßen Hand ergreifen.

Die See rauscht wild. Die Diesel brummen. Dazwischen wütende englische Wortfetzen. Schreie, Befehle, Pistolenschüsse. Schwarzer und weißer Qualm breiten sich aus. Was soll geschehen?

Ein Glück, daß das U-Boot soviel tiefer als der Zerstörer im Wasser liegt. Die gegnerischen Geschütze können wegen ihres Begrenzungswinkels nicht gefährlich werden. Aber auf der Back des Zerstörers steht, etwas erhöht, eine 2-Zentimeter-Kanone, das Rohr auf die U-Boot-Brücke gerichtet.

Der Kommandant des Zerstörers faucht die drei Männer der Bedienung an. Aber das Geschütz ist aus irgendwelchen Gründen unklar. Umgekehrt kann auch Balduhn seine erst kürzlich beim Abschuß eines Flugzeuges bewährte Flak nicht einsetzen, weil das Boot gerade hatte tauchen wollen, als der Zerstörer kam. Die Panzerschilder der Kanone sind umgeklappt, die Waffen festgestellt, die Munition ist in den druckfesten Behältern verstaut.

Deutsche und britische Matrosen starren sich für einige Augenblicke aus wenigen Metern Entfernung untätig an. Geballte Fäuste fahren in die Luft.

Endlich lösen sich U-Boot und Zerstörer voneinander, denn der Zerstörer hat gestoppt und ist dann mit voller Maschinenkraft zurückgegangen. Neuer Rammstoßangriff. Wieder dreht Balduhn rechtzeitig, diesmal nach Backbord, ab. Der Zerstörer schießt hinter dem Boot vorbei. Er tastet jetzt das Boot mit seinen Scheinwerfern ab und schießt erneut aus allen Knopflöchern.

Schnell sind die beiden Gegner etwa 150 Meter weit auseinandergeschoren. Balduhn nutzt die Gelegenheit aus. Mit 45 Grad Vorlastigkeit geht es in die Tiefe. Dem technischen Personal sind die genauen Schäden nicht bekannt. Bei dem LI taucht die Sorge auf, ob das U-Boot überhaupt noch tauchfähig ist.

Die Augen der Männer sind auf die Tiefenmesser gerichtet. 90, 100, 110 und 120 Meter. In der Zwischenzeit versucht der Zerstörer sein entlaufenes Wild durch Wasserbomben zu vernichten. Um die Lastigkeit des Bootes zu erhöhen, mußte das Heck bis auf die Wache geräumt werden. Es geht alles klar. Sie schütteln den Briten ab.

U 1163, das außer den Schäden in seinem Außenbunker auch Einschüsse am Heck und in einer Tauchzelle hat und achtern tief im Wasser liegt, muß sich beim fünftägigen Rückmarsch gegen einen schweren Seegang durchackern. Der Tauchbereitschaft wegen muß man mehrere Tage lang eine Schlagseite von 30 Grad und mehr in Kauf nehmen und auf warmes Essen und auf Schlaf verzichten. Droben auf der Brücke kippen die eiskalten Wellen der querkommenden See über, und die Männer der Brückenwache werden, obwohl sie festgeschnallt sind, wiederholt ausgehoben und tragen Stauchungen, Quetschungen und Beulen davon.

Aber der Heimathafen wird erreicht.

Das Jahr 1944 wurde für die U-Boot-Waffe ein stilles Jahr. Ein Jahr der Umrüstung, des Zurückgeworfenwerdens und neuer vager Hoffnungen. Die Schnorchel, obwohl zögernd eingebaut, haben sich bewährt. Die Besatzungen haben Erfahrungen gesammelt und untereinander ausgetauscht. Man ist der ersten Schwierigkeiten Herr geworden.

Schnorchel-U-Boote sind wieder in den Kanal eingedrungen, aus dem sie in den letzten beiden Jahren völlig verdrängt worden waren. Obwohl es in diesem Gebiet von Bewachern aller Art, auf See und in der Luft, einfach wimmelt, obwohl fast ein Bewacher greifbar neben dem anderen steht, werden von eingebrochenen Schnorchel-U-Booten, die die gegnerische Ortung nicht fassen konnte, fünf Handelsschiffe und eine Fregatte um die letzte Monatshälfte des Dezembers versenkt.

Vom Standpunkt des britischen Küstenkommandos aus gesehen ergibt sich folgende Lage:

»Es ist klargeworden, daß der Gegner mit seinen neuen Schnorchel-U-Booten die Radarortung praktisch ausgeschaltet hat. Diese Situation wird noch sprechender, wenn man die Radarsicherungen der letzten Monate heranzieht, zu einer Zeit also, da die Deutschen noch immer fünfzig bis siebzig U-Boote in den verschiedenen Operationsgebieten stehen haben.

Im September waren es einundzwanzig Sichtungen, denen zehn Angriffe folgten.

Im Oktober waren es nur zehn Sichtungen bei nur drei Angriffen.

Im November waren es zwölf Sichtungen bei zehn gefahrenen Angriffen.

Diese Situation fordert sofortige Gegenmaßnahmen. Die deutschen Erfolge sind zwar geringer. Aber keine Erfolge erzielen heißt, einem Abnutzungsmatt entgegensehen.«

Auf einer Führerbesprechung im Dezember 1944 erklärt U-Kommandant Kapitänleutnant Nollemann im Hauptquartier über eine Schnorchelunternehmung bis an die Ostküste Schottlands, daß durch den Einbau des Schnorchels die alte Wirksamkeit der U-Boote voll und ganz wiederhergestellt worden sei.

Aber die Zahl der mit Schnorchel ausgerüsteten Boote ist viel zu gering. Erst im Februar 1945 steigt sie auf 35 Boote an. Die Ziffer der Bootsverluste kann durch den Schnorchel um die Hälfte reduziert werden. Aber dieser Erfolg wird teuer genug erkauft. Die Geschwindigkeit der nun nur noch unter Wasser fahrenden U-Boote sinkt bei Schnorchelbetrieb auf sechs Knoten als oberste Grenze, denn bei höheren Fahrtstufen sind die Schwingungen so groß, daß Bruchgefahr für den Schnorchel besteht. Die geringe Unterwassergeschwindigkeit der Schnorchelboote hat zur Folge, daß sie den größten Teil ihrer zeitlichen Einsatzbereitschaft mit dem Hin- und Rückmarsch verbrauchen, so daß die Zahl der wirklich im Operationsgebiet stehenden Boote absinkt, wobei einzubeziehen ist, daß durch den Ausfall der Biskaya-Stützpunkte der Anmarsch von Deutschland oder Norwegen sowieso länger geworden ist. In Zahlen ausgedrückt bedeutet dies, daß das Verhältnis der im Operationsgebiet tätigen U-Boote zur Gesamtzahl der einsatzklaren Boote jetzt bei 1:7 liegt, während es sich früher bei 1:4 oder sogar 1:3 bewegte.

Die Versenkungsziffern steigen im Dezember wieder an. Der Gegner verliert zwölf Handelsschiffe mit 72051 BRT. Die U-Boot-Waffe büßt an der Front sieben Boote und in den Stützpunkten durch Tauchpannen fünf weitere Boote ein.

225 U-Boote zählt die Liste der im Jahr 1944 bei 132 vernichteten Feindfrachtern verlorenen Boote. 1943 waren es 237.

Gewiß, Zahlen und Statistiken können auch täuschen, aber daß um die Jahreswende 1944 die Verluste zurückgegangen sind und daß sich der Schnorchel in der Tat zu bewähren scheint, das ist ein Lichtblick. Es ist auch ein Ausblick auf die neuen, ebenfalls mit Schnorchel ausgerüsteten schnellen Boote vom Typ XXI und XXIII. Dönitz, dessen Ansehen bei Hitler trotz der hohen Verluste gewachsen und gefestigt ist, ist nach wie vor davon überzeugt, mit ihrem Einsatz eine Wende in der Schlacht auf dem Atlantik und damit des Krieges herbeiführen zu können, zumindest hofft er, über die mit mathematischer Sicherheit mit den neuen Booten zu erwartenden Erfolge die fanatische gegnerische Forderung nach einer bedingungslosen Kapitulation zu brechen. »Außerdem«, so argumentiert er, »so töricht kann der alliierte Westen doch nicht sein, ganz Asien und Europa dem Kommunismus auszuliefern.«

TEIL VII · 1945

ZU SPÄT

34

Neue Geräte für alte und neue Boote

Zur Lage:
Um die Jahreswende, als feststeht, daß die neuen Boote vorerst nicht einsatzbereit sind, sucht Dönitz einen anderen, einen letzten und verzweifelten Ausweg, die die Geleite sichernden Flugzeuge mit den vorhandenen normalen Booten abzudrängen. Die meisten der in See gehenden Boote sind jetzt endlich, nachdem bereits 1943 Flak-U-Boote im Einsatz erprobt wurden, mit einer überplanmäßig starken modernen Flak bewaffnet. Sie operieren in Gruppen. Und sie sollen, in Gruppen aufgetaucht fahrend, anfliegende Bomber mit dem massierten Feuer ihrer Vierlinge abwehren, abschießen oder nach Erschöpfung ihrer Brennstoffreserven zum Rückflug zwingen. Natürlich gelingt es, den einen, den anderen und auch weitere Bomber herunterzuholen. Aber was nutzt das schon. Neue Bomber erscheinen am Atlantikhimmel. Ein ununterbrochener Strom großer Kampfmaschinen sichert pausenlos den Weg der wertvollen Geleite, die den Nachschub nach England und an die Frankreichfront heranschleppen. Keine Minute ist ein Geleit ohne Flugzeugschutz. Den Flakeinsatz gruppenweise über Wasser operierender U-Boote muß Dönitz mit den alten Typen abschreiben. Und damit seine letzte Hoffnung, die Landfronten zu entlasten und den Masseneinsatz der neuen Boote zu beschleunigen. Die Lage ist hoffnungslos. Sie ist aussichtslos schlechthin.

Die wenigen mit Schnorchel ausgerüsteten und eingefahrenen U-Boote älterer Typen bleiben jetzt dreißig, vierzig und auch fünfzig und mehr Tage unter Wasser. Oftmals müssen sie für lange Zeit größere Tauchtiefen aufsuchen. Damit wird ein neues, menschliches, allzu menschliches Problem heraufbeschworen.

Wir streiften schon einmal die Nöte, die ein U-Boot-Mann mit jenem Weg hat, den auch der Kaiser zu Fuß gehen muß. Einmal, weil das besagte Örtchen meistens besetzt ist, zum anderen, weil die Bedienung der kniffligen Technik dieser Unterwasser-Toilette gar nicht so einfach ist. Wie schon früher dargestellt, kann dieses Örtchen nur in geringen Wassertiefen benutzt werden. Also konstruierten die U-Boot-Techniker einen neuen, diesmal druckfesten Lokus, der auch in größten Wassertiefen funktionsfähig bleibt. Er hat nur einen Nachteil. Er ist noch komplizierter und noch schwieriger zu bedienen. Im Prinzip funktioniert diese neue Einrichtung denkbar einfach. Unter dem üblichen Trichter wurde lediglich ein druckfester Kasten angebracht, der durch besondere Sperrschieber geöffnet, geschlossen und vor allem nach einem sinnreichen Verriegelungssystem mit Preßluft ausgedrückt werden kann, um den außen stehenden Unterwasserdruck in größeren Tiefen zu überwinden. Schon bei der Erprobung zeigt es sich, daß nicht jeder Seemann damit fertig wird. Also werden ausgesucht technisch begabte Männer abgeteilt, um einen Kursus zu absolvieren. So heiter und anrüchig es klingt, sie werden auf einen WC-Kursus geschickt. Im Seemannsjargon wird diese Kommandierung noch würziger und drastischer ausgedrückt. Jedenfalls zählen die neuen Lokus-Absolventen mit zu den wichtigsten Spezialisten an Bord. Wie wichtig sie aber sind, beweist ein tragisches Beispiel aus der letzten Phase des U-Boot-Krieges.

Auf U 1206, einem Schnorchelboot. In der Nordsee, vor Peterhead, Schottland.

In der Zentrale der Kommandant und der LI. »LI, ich gehe mal einen braunen Stern schießen«, sagt Schlitt, der Kommandant. »Lassen Sie den Möbius ruhig auf Wache.«

»Herr Kaleunt, kommen Sie mit dem Klapperatismus auch klar?«

»LI, sehe ich danach aus, als ob ich das Pulver nicht erfinden konnte?«

»Das wollte ich damit nicht gesagt haben. Ich meine nur, weil wir unsere WC-Akademiker dafür haben, das Ding nach der Benutzung zu bedienen. Ich kann Möbius ablösen lassen.«

»Nee, ich will das mal alleine ausprobieren, wie der Vogel funktioniert.«

Der Kommandant verschwindet in dem kleinen Kabuff, das nicht viel größer als die Fläche eines Schreibmaschinentisches ist. Rotes Licht flammt auf: »Besetzt.«

Wenn Wolfgang Lüth in seinem Bericht auf der Befehlshabertagung, den später alle U-Boot-Kommandanten und Flottillenchefs in Abschrift zur Auswertung erhielten, in baltischer Offenherzigkeit humorig und sehr treffend sagte, daß der Lokus der schönste, stillste und besinnlichste Ort auf einem U-Boot wäre, weiß Gott, er hat recht, denkt Schlitt und liest in Gemütsruhe einige drei bis vier Wochen alte Bordzeitungen endlich einmal durch. Die Zeitungen sind nun nicht etwa dafür bestimmt, nach dem Lesen den bekannten Weg zu wandern. Für dieses neuartige Örtchen wurde ein besonderes Spezialpapier entwickelt. Es hat die Eigenschaft, sich sofort im Wasser aufzulösen. Das ist sehr wichtig, damit sich in dem Druckkasten keine sperrigen Reste befinden, die unter Umständen den Außenbordschieber verklemmen können. Nach »geraumer« Zeit will Schlitt nun den Mechanismus in Betrieb nehmen. Er hat sich die vorsichtshalber auf allen Booten angebrachte Bedienungsvorschrift (es ist wieder mal eine Marine-Dienstvorschrift in gebührender Länge und typischem Marinedeutsch, das auch einem Fachmann nicht immer ganz und einem Laien schon gar nicht verständlich ist) durchgelesen. Zweimal sogar.

»Na also«, denkt Schlitt, »'ne einfache Sache.«

Es ist aber doch keine einfache Sache. Schlitt kommt mit seinen Handgriffen nicht klar. Es faucht und rumort unterirdisch in dem Kabuff. Aber es ereignet sich nichts. Schlitt überlegt, ob er nicht doch besser einen der Heizer, der einen solchen Kursus machte, hereinrufen soll. Während er an den Hebeln herumwürgt und herumbastelt, öffnet sich die Tür. Der LI hat von sich aus, nichts Gutes ahnend, den Lokusspezialisten Möbius geschickt. Diesem Unglückswurm bleibt verborgen, daß der Kommandant den den eigentlichen Trichter absperrenden Schieber noch nicht geschlossen hat. Möbius öffnet den Außenbordschieber ... Mit einem Ruck, fast mit einem Knall, bricht ein oberschenkeldicker Wasserstahl donnernd und fauchend in den kleinen Raum. Der Kommandant und der Heizer werden erst von dem wenig angenehm duftenden Inhalt des Druckkastens und dann von der salzigen See überschüttet. Das Wasser bricht mit einer solchen Gewalt herein, daß die beiden Männer hilflos zurückgeworfen werden. Der Heizer schreit auf.

»Außenbordschieber dicht. Außenbordschieber dicht.«

Er versucht, sich in diesem Wirbel nach vorn zu bewegen. Er tastet, blind vom Wasser, vor sich umher und sucht, aber findet den Schieber nicht. Die See bricht mit einer solchen Wucht herein, daß der Heizer immer wieder zurückgeschleudert wird. Das Boot steht in 100 Meter Tiefe. Dementsprechend ist auch der Druck des Wassers, der in geschoßartiger Geschwindigkeit in das Boot hereindrückt.

Die Situation blitzschnell übersehend, hat der LI in der Zentrale rasch geschaltet. Ohne einen Befehl abzuwarten, bringt er das Boot in Sehrohrtiefe, um wenigstens den Wasserdruck so zu verringern, damit der Schieber endlich geschlossen werden kann. Inzwischen hat sich aber das salzige Seewasser in das Bootsinnere verlaufen. Es ist durch die Flurplatten in den unteren Bootsteil gesickert und in den Batterieraum eingedrungen. Weiße Gase steigen auf. Ausgerechnet liegt das Örtchen fast unmittelbar über der Akkuanlage. Das ist keine sehr günstige Lösung. Damit hätten die U-Boot-Konstrukteure eigentlich rechnen müssen, daß ...

Aber man weiß erst immer hinterher, wie man es richtig machen soll.

Kapitänleutnant Schlitt fühlt plötzlich eine lähmende Benommenheit in seinem Kopf. Schwindel überkommt ihn. Er weiß sofort, was los ist. »Chlorgase, um Himmels willen . . . Chlorgase.«

Schlitt sieht, wie einige seiner Männer Atembeklemmungen bekommen. Sie würgen und japsen nach Luft. Einige erbrechen sich. Gespensterhaft ziehen immer mehr tödliche weiße Schwaden durch das Boot, lassen die Kameraden und das Bootsinnere zu einer spukhaften Geisterkulisse werden.

U 1206 ist verloren, wenn nicht irgend etwas geschieht.

»Anblasen, LI. Anblasen. Raus mit dem Boot. Egal, was da oben los ist«, würgt Schlitt, weich in den Knien, heraus.

Der LI bläst an. Schlitt schleppt sich die Eisenleitern hinauf. Mit letzter Kraftanstrengung öffnet er das Turmluk. Frische Luft wirbelt fauchend in das Boot. Die Entlüfter saugen die giftigen Gase ab.

Zwei Flugzeuge hängen in der Luft, sichten das Boot und greifen sofort an. Ehe die Besatzung von U 1206 dazu kommt, Fla-Waffen zu besetzten, ist das Boot schon mit einem Hagel von Bomben eingedeckt. Es wird nicht direkt getroffen, aber durch Nahkrepierer so schwer beschädigt, daß es nicht nur tauchunklar ist. Die Schäden machen einen Weitermarsch illusorisch.

U 1206 ist verloren. Schlitt gibt auf. »Alle Mann aus dem Boot.«

Nicht alle entkommen aus dem angeschlagenen Boot, das ein Opfer des tückischen Örtchens und der tödlichen Chlorgase wurde.

Weil die Boote jetzt dauernd unter Wasser fahren und weil dadurch die Strapazen und die Anstrengungen für die Besatzungen noch größer als bisher geworden sind, hat die »Askania« in Berlin ein vollautomatisches Tiefensteuergerät entwickelt. Es besteht aus zwei Kästen. Der eine dient dem vorderen Tiefenruder, der andere betätigt das hintere.

Den Mechanismus im einzelnen zu erklären, dürfte wahrscheinlich nur für Techniker von Bedeutung sein. Interessant ist lediglich, daß in dem Gerät zwei Membranen eingebaut sind. Die eine Membrane findet für Tauchtiefen bis zu 20 Metern, die andere für Tauchtiefen von 20 bis zu 200 Metern Verwendung. Diese automatische Tiefensteuerung übernimmt nun das menschliche Denk- und Reaktionsvermögen und führt die entsprechenden Weisungen an die Tiefenrudersteueranlage aus. Interessant sind weiter die beiden im hinteren Kasten eingebauten Pendel, die bis zu acht Grad nach beiden Seiten ausschlagen und anomale Abweichungen des hinteren Ruders automatisch wie beim vorderen Tiefenruder regulieren.

Der Mann an den Tiefensteuerrudern könnte ganz gemütlich eine Partie Schach spielen. Er braucht lediglich das Funktionieren des Gerätes zu überwachen, um bei eventuellen Stromausfällen und ähnlichen Versagern einzugreifen. Für die Dauer-Unterwasserfahrt mit den Schnorchelbooten und vor allem mit den zu erwartenden Elektrobooten ist dieses Tiefensteuergerät eine wesentliche Entlastung für den anstrengenden Dienst der Besatzung. In den alten Booten muß man sich indessen noch mit den alten Methoden behelfen.

Außer dem Tiefensteuergerät befindet sich auf einem VII-C-Boot auch ein »Schwebegerät« in der Erprobung. Die beiden Flottillenchefs Erich Topp und Carl Emmermann sollen Erfahrungswerte ermitteln.

»Funktioniert ganz ausgezeichnet«, meldet Emmermann. Mit dem Gerät läßt sich ein Boot tatsächlich in der Schwebe halten. Durch einen empfindlichen Druckmanometer wird automatisch über eine Feinflutleitung über den Regler so gelenzt und geflutet, daß das Boot auch mit gestoppter Maschine »schwebt«. Wichtig ist es nur, es vorher genau einzusteuern, damit das »Schwebegerät« mit einigen Litern arbeiten kann.

35

Ritterlich und seemännisch fair bis zum bitteren Ende

Zur Lage:
Mit 426 Booten, stärker als je zuvor, beginnt für die deutsche U-Boot-Waffe das Jahr 1945 nebelhaft und ungewiß heraufzudämmern. 437 Boote stehen unter der Hinzurechnung der inzwischen fertiggestellten, aber noch nicht einsatzbereiten weiteren Neubauten der neuen Typen im Februar zur Verfügung. 117 Boote der alten Typen, nur 35 sind erst mit einem Schnorchel ausgerüstet, sind für den Fronteinsatz abgestellt. 23 Boote liegen auf den Werften, um überholt und umgerüstet zu werden. 237 Boote stehen bei den Schulflottillen beziehungsweise in der Endausbildung der Besatzungen bei der AGRU-Front. Hiervon zählen 128 Boote zu den neuen Typen der Serien XXI und XXIII. Weitere E-Boote befinden sich noch im Bau. 245 E-Boote sollten zum Jahresbeginn voll einsatzbereit sein. Knapp die Hälfte dieses Solls wurde erreicht. Nicht eines der Boote kam bisher an die Front, alles Folgen der Desorganisierung der Produktion durch die alliierten Bombenangriffe.

Wenn auch der Himmel über der Heimat und den zurückweichenden Fronten von den sich konzentrisch über das restliche Deutschland zusammenballenden düsteren Wolken der unabdingbaren Gewißheit eines baldigen Endes verdunkelt wird, so zeigen sich doch ein paar Silberstreifen am Horizont, die vielleicht eine günstigere diplomatische Verhandlungsbasis für eine Beendigung des Krieges erhoffen lassen. Die Versenkungsziffern steigen wieder an. Die jetzt eingefahrenen Schnorchelboote entwischen in allen Operationsgebieten der gegnerischen Luftüberwachung. Im Januar sinken fünfzehn Schiffe mit 80 844 BRT, im Februar siebzehn Schiffe mit 72 592 BRT, davon acht allein in nautisch schwierigen Küstengewässern, in denen die deutschen U-Boote nach Jahren endlich wieder aktionsfähig werden.

Der Gegner gibt zu: »Es ist uns klargeworden, daß, während wir die deutschen U-Boote unter Wasser drückten und sie dadurch in ihrer Angriffskraft beeinträchtigten, der von den Deutschen benutzte Schnorchel den Gebrauch des in der U-Boot-Bekämpfung seit 1943 so erfolgreich gewesenen Radar-Warnempfängers ausgeschaltet hat.« A. V. Alexander, Erster Lord der Britischen Admiralität, gibt im Februar dem Parlament zu bedenken, daß trotz der ermutigenden Erfolge der beiden letzten Jahre nicht damit zu rechnen wäre, daß der U-Boot-Krieg beendet ist: »Es ist höchst bedeutsam und beunruhigend, daß die Deutschen trotz der schweren Verluste im Jahr 1943, trotz der Verluste großer Mengen an Hilfsmitteln und Stützpunkten fähig scheinen, eine neue Schlacht im Atlantik entbrennen zu lassen.«

Dabei ist noch keines der neuen großen Elektroboote vom Typ XXI an die Front gekommen. Inwieweit der Gegner über ihre taktischen Werte und über ihre neuartige Technik unterrichtet ist, geht aus den britischen Unterlagen nicht hervor. In der Tat, die britischen Besorgnisse sind nicht aus der Luft gegriffen.

Aus dem Raum von Gibraltar ist ein Schnorchelboot heimgekehrt. Während hier noch vor kurzem die Operationen mit absoluter Wahrscheinlichkeit 60 bis 80 Prozent Verluste erwarten ließen, bestätigt der heimgekehrte Kommandant, daß er mit seinem mit dem Schnorchel ausgerüsteten Boot zehn Tage vor der Meerenge operieren konnte, ohne auch nur einmal durch die gegnerische Ortung gefährdet worden zu sein. Andererseits hätten sich die Angriffschancen dadurch sehr verringert, daß die geringen Unterwassergeschwindigkeiten der alten Typen bei Sichtungen von Gegnerschiffen ein Vorsetzen unter Wasser nicht möglich machen. Mehr oder weniger sind die Boote auf den Zufall einer sich ergebenden günstigen Schußposition angewiesen, will der Kommandant nicht das Wagnis eingehen, im fragwürdig gewordenen Schutze der Nacht aufzutauchen, um mit seinem Boot die günstigste Angriffsposition in Überwasserfahrt zu erzwingen. In neunzig von hundert Fällen ist ihm dann eine Einpeilung und ein Angriff aus der Luft sicher, von der Heranführung der U-Boot-Jäger auf dem Wasser ganz zu schweigen.

Alle Boote, die im März heimkehren, melden wieder Erfolge. Dönitz ist der Auffassung, daß auch die überfälligen Boote zum Schuß gekommen sind und Gegnerschiffe versenkten. Der Engländer würde diese Tatsache zweifelsohne aus der Überlegung heraus verschweigen, den Deutschen die Wirksamkeit der Schnorcheltypen nicht in vollem Umfang erkennen zu lassen.

Im März kehrte auch Leutnant zur See Hechler mit seinem Boot vom Typ XXIII, dem ersten Boot aus der Serie der kleineren Küsten-E-Boote, das endlich an die Front kam, nach Operationen an der Ostküste Englands wieder heim[1]. Nach der Versenkung eines alliierten Frachters, den Hechler vermöge seiner hohen Unterwassergeschwindigkeit in einem von zahllosen Bewachern und Flugzeugen stark kontrollierten Seegebiet angriff, vermochte er sich allen gegnerischen Anläufen und Unterwasserortungen dadurch zu entziehen, daß er unter Wasser mit Höchstfahrt aus dem Bereich ablief, in dem der Gegner das U-Boot nach seinen bisherigen Erfahrungen suchte.

»Sie warfen ihre Wasserbomben weit entfernt von uns und nachher völlig planlos in die See«, erklärt Hechler dem Oberbefehlshaber der Kriegsmarine, der ihn zur mündlichen Berichterstattung in seine Befehlsstelle kommen ließ. Dönitz stellt fest: »Das ist besonders erfreulich, da wir diese neuen Boote ohne vorherige gründliche Versuche sofort in Massenproduktion gegeben haben.«

Im April steigen die U-Boot-Erfolge weiter an. Endlich haben auch die ersten großen Boote vom Typ XXI die Ausbildungszeit hinter sich und werden frontklar gemacht. Die Kommandanten sind meist alte U-Boot-Asse, erfahrene und bewährte Kommandanten wie Schnee, Topp, v. Schroeder und Emmermann, der, wie berichtet, bisher mit Topp die EGRU, die Erprobungsgruppe der U-Boote, in Gotenhafen leitete.

Daß diese neuen Typen, deren Großeinsatz Dönitz be-

1 Laut Kapitän zur See Aßmann sollten, wie er am 28. Januar im Führerhauptquartier erklärte, Ende Februar rund 50 Boote dieser Typen im Einsatz stehen. Das Verhältnis 1:60 beleuchtet besser als umfangreiche Ausführungen die Aussichtslosigkeit, mit einem Masseneinsatz der neuen Typen von dem zu errechnenden totalen Zusammenbruch der Landfronten um Deutschlands Reichsgrenzen zu rechnen.

reits für November 1944 versprochen hatte, erst jetzt, praktisch fünf Minuten vor zwölf, für Fronteinsätze ausgerüstet werden können, hat seine Ursache nicht nur in den sich mehrenden Bombenangriffen auf die Werften und die Zuliefererindustrie. Bei den Fahrten der ersten XXIer- und XXIIIer-Boote zeigte es sich nämlich, daß die bisherigen Taktiken für diese Typen revidiert, völlig neu aufgestellt und vor allem auch erst praktisch erprobt werden mußten. Seit November 1944 bemühten sich also Topp und Emmermann, Erfahrungswerte über die ersten in Dienst gestellten und der EGRU zugewiesenen E-Boote zusammenzutragen. Trotz der angespannten Situation wurde diesem Erprobungskommando eine ganze Flotte von Ziel- und Geleitfahrzeugen sowie Flugzeugen zur Verfügung gestellt, um im Raum vor der Danziger Bucht die Übungen so kriegsmäßig echt wie nur möglich zu fahren. Dabei wurden regelrechte »Geleitzugschlachten« inszeniert, um die besten Taktiken für diese Bootstypen zu entwickeln.

Es zeigte sich erst jetzt, daß sich die neuen Typen bei Überwasserfahrten ganz anders als die bisherigen Boote verhalten. Da sie völlig unstabil in der See liegen – sie sind ja als reine Unterwasserfahrzeuge konstruiert und gebaut –, sind ihre Fahreigenschaften völlig anders als gewohnt. Sie sind bei Überwasserfahrt wie Fische, die man an Land geworfen hat. So bleibt es nicht aus, daß noch unerfahrene Kommandanten mit diesen Booten Rammings fahren, daß es hier und dort in der Nacht zu Kollisionen kommt, mal mit eigenen Booten, mal mit »gegnerischen« Frachtern und Bewachern. So kommt es, daß auch manches schon frontklare Boot wieder werftreif wird und daß sich neben all den anderen Schwierigkeiten der endgültige Einsatz noch mehr verzögert.

Als dann endlich die Stunde reift, daß Dönitz glaubt, die ersten Boote vom Typ XXI an die Front schicken zu können, müssen die jetzt von den Russen bedrohten Häfen in der Danziger Bucht geräumt werden, wird es zum vordringlichen Gebot, alle für die so wichtigen Abschlußübungen benötigten Einheiten, also Frachtschiffe wie auch »Geleitfahrzeuge«, zur Rettung der in den von den Russen abgeschnürten Gebieten in Kurland und Ostpreußen befindlichen deutschen Bevölkerung und Truppen herauszuziehen, während die U-Boote, Schulboote wie einsatzklare Frontboote, in die deutschen Häfen der westlichen Ostsee und nach Norwegen überführt werden.

Menschen retten ist wichtiger als kämpfen geworden.

Wie schon vorher angedeutet, ist den Alliierten die durch die neuen U-Boot-Typen heraufziehende Gefahr nicht verborgen geblieben. Ein sich vornehmlich aus fanatischen Polen zusammensetzender Spionagering hat dem Gegner Anhaltspunkte über diese neuen U-Boote vermittelt. Und das trotz der schärfsten Geheimhaltungsmaßnahmen. Während man auf der einen Seite die verschärfte Geheimhaltung so weit trieb, daß es selbst Kommandanten der alten Bootstypen verboten war, die E-Boote und Walter-U-Boote zu betreten, arbeiteten auf den U-Boot-Werften im Raum von Danzig, wo die Schüsse der neuen Boote zusammengebaut wurden, »zuverlässige« Fremdarbeiter und polnische Frauen. Kommentar überflüssig. Mit Nietzsche: Was die Deutschen auf der einen Seite zuviel tun, tun sie auf der anderen zuwenig. Jedenfalls kann sich der schiffsbautechnisch versierte britische Gegner aus dem Mosaik der vielfältigen Agentenmeldungen ein ungefähres Bild von den neuen deutschen Typen und der damit verbundenen, jetzt ernstlich akut gewordenen Bedrohung machen. Was Dönitz seit langem befürchtete und was er durch den energisch geforderten Bau von U-Boot-Baubunkern verhindern wollte, bleibt jetzt, da Speer anderen, ähnlichen Bauvorhaben für die neuen Turbinenjäger den Vorzug gab, nicht aus. Die Alliierten konzentrieren ihre Luftangriffe noch stärker als bisher auf die ungeschützten U-Boot-Werften und Ausrüstungsplätze. Überall, auf den Helligen, in den Montagehallen wie auch in den Ausrüstungsbecken der Werften, werden in der Endfertigung und kurz vor der Indienststellung stehende neue U-Boote zu Schrott.

Aber auch in See mehren sich die durch diese vermehrten gegnerischen Anstrengungen ausgelösten Verluste. In der britischen Presse feiert man diese Erfolge mit Hinweisen, daß die deutschen U-Boot-Verluste mit 33 Booten im Monat April genauso schwer wie im Mai des Jahres 1943 seien.

Der geschichtlichen Wahrheit wegen muß festgestellt werden, daß diese hohe Verlustquote auch Boote einschließt, die auf dem durch den Zusammenbruch der Ostpreußenfront notwendig gewordenen, überstürzt zu nennenden Überführungsmarsch nach Norwegen standen. Diese Boote waren mehr oder weniger nicht voll einsatzbereit und fuhren in der Mehrzahl ohne Schnorchel. Von den Typen XXI und XXIII ging dabei kein einziges Boot verloren. Weiter aber hatten alliierte Flugzeuge die nicht sehr tiefen Gewässer im Großen und Kleinen Belt und in der westlichen Ostsee mit E-Minen so verseucht, daß die Gefahren unter Wasser fast gleich groß wie über Wasser waren.

Thetis ist nach seemännischer Überlieferung die jugendfrische Gattin des die Meere der Welt beherrschenden Gottes Neptun. Im U-Boot-Krieg geht unter diesem Namen eine technische Neuerung ein, um die gegnerische Radarortung abzulenken, irrezuführen und zu zerstreuen. Dieses von den Deutschen entwickelte Gerät ist an sich nichts weiter als ein langes, oben und unten abgeschlossenes Schwimmrohr, an dessen oberem Ende Stanniolstreifen befestigt sind. In der Mitte ist ein vierkant gearbeitetes Kunstkorkstück über das unten beschwerte Rohr geschoben worden. Es soll bewirken, daß der Rohrbehälter mit seinen auf die Radarimpulse ansprechenden Stanniolstreifen senkrecht im Wasser aufschwimmt. Der Spezialkork hat die Eigenschaft, sich nach geraumer Zeit vollzusaugen. Thetis verliert damit ihren Auftrieb und versinkt nach der Erfüllung ihrer Aufgabe. Doch lange lassen sich die Briten nicht täuschen. Nicht immer funktioniert die »Selbstvernichtungsanlage«. Bewacher finden solche trojanischen Seepferdchen im Funkmeßkrieg, was allerdings die weitere Wirksamkeit der Thetis nicht ausschließt. Thetis ist trotz allem ein Hilfsmittel, bringt aber keine umwälzende, auf die Dauer wirksame Irreführung oder gar Ausschaltung der gegnerischen Ortung.

Auf der anderen Seite ringen Englands Wissenschaftler ihrerseits um neue Methoden, die getaucht fahrenden Schnorchel-U-Boote abzuwehren.

Sie haben inzwischen von den Amerikanern die Sonoboje übernommen, die diese bereits im Sommer 1943 bei der X. Flotte des Admiral King erprobten (siehe Fortsetzungsband zur WENDE IM U-BOOTKRIEG 1939 – 1943).

Dieses bojenähnliche, also aufschwimmbare Gerät besteht aus einem röhrenförmigen Hohlkörper, in dem eine kleine, aber leistungsfähige Funksendeanlage eingebaut ist. Ihre Signalfrequenz ist bei den einzelnen Bojen zur besseren Unterscheidung verschieden. Der aus dem Wasser herausragende Teil der Boje ist durch einen aufgemalten grellfarbigen Ring, der sich auf die Signalfrequenz bezieht, gekennzeichnet.

Sono wird von patrouillierenden Flugzeugen in den Haupt-Operationsgebieten abgeworfen. Sie ist mit einem kleinen Fallschirm ausgestattet, der bei dem Abwurf der Boje aus dem Flugzeug die Fallgeschwindigkeit und den Aufprall auf die See bremsen soll. Im unteren Teil des Bojengehäuses befindet sich ein Unterwasser-Horchgerät, das sich, an einem langen Kabel befestigt, im Augenblick des Aufpralls auf dem Wasser automatisch aus dem Bodenstück heraus abspult und dann in einer Tiefe von 15 bis 20 Meter unter der Boje im Wasser hängt. Dieses Unterwasser-Horchgerät soll die Schraubengeräusche von jedem in der Nähe befindlichen getaucht fahrenden U-Boot aufnehmen und über das Kabel an die automatisch arbeitende Funkanlage im oberen Gehäuse der Boje weiterleiten. Diese wiederum sendet ein auf eine bestimmte Frequenz abgestimmtes Funksignal an die Patrouillenflugzeuge. Bei Kenntnis der Bojenlage, der Lautstärke des Signals und seiner Frequenz soll die Flugzeugbesatzung in der Lage sein, die Position des getaucht fahrenden U-Bootes ziemlich genau bestimmen zu können. Das Flugzeug könnte nun den tödlichen Angriff auf das U-Boot fliegen und seine Wasserbomben werfen.

Man wird in diesem Zusammenhang einwenden, daß der Schnorchel, der bei Betrieb aus dem Wasser herausragt und außerdem eine keilförmige Wellenbahn durch die See zieht, aus der Luft zu sehen sein müßte. Das ist, wie die Beobachtungen ergeben, nicht der Fall. Weder der winzig kleine Schnorchel noch die gezogenen Wellenspuren sind aus normalen Flughöhen zu erkennen, zumal im Nordatlantik nur ganz selten eine ruhige, spiegelglatte See wie zum Beispiel im Mittelmeer anzutreffen ist.

So scheint denn das Sonogerät zunächst das einzige Mittel zu sein, um die neuartigen Unterseeboote aufzuspüren. Britische Stellen sagen, es sei ein verläßliches Ortungsgerät. Sie sind überzeugt, daß bei entsprechender Anzahl über das Seegebiet verstreuter Sonobojen auch ein Kurswechsel einem einmal aufgefaßten U-Boot nicht mehr helfen kann, seine Verfolger abzuschütteln.

Die Sonoboje ist gegenüber den Schnorchelbooten nur noch ein Hilfsmittel und nicht mehr und auch nicht weniger wirksam wie die deutsche Aphrodite oder das Thetis-Gerät (siehe Anhang 1, Nachtrag 9).

Aus dem Operationsraum von Gibraltar ist U 1227, Oberleutnant Altmeier, zurückgekehrt.

»Das mit dem Schnorchel geht in Ordnung. Ohne ihn wären wir weder hin- und wahrscheinlich auch nicht zurückgekommen«, erklärt er und bestätigt damit die Aussagen anderer Kameraden, die in dem sorgfältig überwachten Seegebiet vor Gibraltar, in dem sich in der letzten Zeit kein deutsches Boot halten konnte, mit Schnorchelbooten[1] heimgekommen sind.

1 In diesem Zusammenhang ist es von Bedeutung, darauf hinzuweisen, daß der Schnorchelkopf später mit einem Runddipol versehen worden war, also mit einer »Antenne«, die über die neuen FuMB-Geräte eine Warnung vor gegnerischen, mit Ortungsgeräten ausgerüsteten Flugzeugen gestattete. Im Sommer 1944 machte man übrigens Versuche, den Schnorchelkopf durch einen Kunststoffüberzug gegen feindliche Radarimpulse immun zu machen. Aufgeklebte gummiartige, gewaffelte Tarnmatten sollten die Ortung absorbieren. Diese Schicht erwies sich aber als wirkungslos. Nach dem Krieg wurde ausgerechnet von den Amerikanern ein Bild verbreitet, das einen mit dieser Matte beklebten Schnorchel zeigte, so daß in breitesten Kreisen die Auffassung Raum griff, alle späteren Schnorchel wären mit einer solchen Anti-Ortungsschicht ausgerüstet worden. Schnorchelköpfe, die ganz aus Kunststoff bestanden, hat es nie gegeben.
Bei den Typen XXI und XXIII wurde die Schnorchelanlage bereits bei der Konstruktion mit eingeplant und als ausfahrbare Einrichtung gebaut. Beim Typ XXI waren Zuluft- und Abluftmast getrennt angeordnet, jedoch durch Traversen fest miteinander verbunden, so daß zum Ausfahren und Einholen nur eine Antriebsvorrichtung notwendig war. Zuluft- und Abgasrohrleitungen waren an den jeweiligen Schacht herangeführt. Durch Öffnen an den Fußenden der ausfahrbaren Rohre war bei Schnorchelbetrieb ein Strömungsweg freigegeben. Bei normaler Unterwasserfahrt war der Schnorchel so weit eingefahren, daß der Kopf innerhalb der Turmverkleidung lag und keinen Strömungswiderstand darstellte. Beim Typ XXIII war die Anlage ähnlich, nur lag der Schnorchel mittschiffs achteraus vom Sehrohr, während er sich beim Typ XXI an Steuerbord befand.
Die Briten und Amerikaner haben die Schnorcheleinrichtung nach dem Krieg auf ihren Booten ausprobiert. 1952 berichtete die Weltpresse von einer einmaligen Glanzleistung eines der neuen (durch die Atom-U-Boote inzwischen überholten) US-Schnorchel-U-Boote. Das Boot habe 41 Tage

Außergewöhnliches hat die Fahrt nicht gebracht. Vielleicht ist es erwähnenswert und typisch für die hastig betriebene Umrüstung, daß auch die Besatzung von U 1227, die sich erst mit der Schnorchelei vertraut machen mußte, gleich nach dem Auslaufen aus dem norwegischen Stützpunkt Bergen die erste Panne erlebte.

Das Boot hatte Kurs auf den berüchtigten Rosengarten vor Island. Altmeier will schnorcheln lassen. Der LI wirft vorzeitig den Diesel an. Ein Heizer hat den Abgasklappenschieber am Schnorchel zu früh geöffnet und das Anlaufen des Diesels nicht abgewartet. So kommt prompt das noch im Abgasklappenstutzen stehende Wasser in den Motor, und da Wasser sich nicht zusammenpressen läßt, verbiegt sich nicht nur die Treibstange des gerade untenstehenden Kolbens sieben der Backbordmaschine, auch die Laufbuchse zerbricht. Das bedeutet, daß die Leistung des Backborddiesels erheblich abfallen wird.

»Kehren wir um. Reparieren wir zu Hause«, schlägt der IWO mit ahnungsvoll zerfurchter Stirn vor. Ihm ist, wie allen anderen an Bord, ein solcher Anfang nicht geheuer.

»Umkehren? Wann ist jemals ein Boot wegen einer solchen Lappalie umgekehrt, nicht war, LI?«

»Na, 'ne Kleinigkeit ist das nun auch wieder nicht. In normalen Zeiten wären wir reif für die nächste Werft. Aber versuchen wollen und müssen wir es, den Schaden mit Bordmitteln zu beheben.«

U 1227 verholt sich in fünfzig Meter Wassertiefe. Das Boot marschiert mit kleinster Fahrt der E-Maschinen, die nun dem Schleichfahrthebel gehorchen.

In sechzehn Stunden Arbeit schaffen es der LI, Oberma-

unter Wasser zugebracht. Solche Leistungen waren bei der deutschen U-Boot-Waffe fast normal. Kurz vor Kriegsende kehrte ein Boot von einer Unternehmung zurück, das zwischen Tauchen und Auftauchen die Zeitspanne von 83 Tagen hinter sich gebracht hatte. U 977, Kapitänleutnant Schäffer, schnorchelte 66 Tage auf dem Fluchtwege von Norwegen nach Argentinien.

schinist Sboron und ein Maschinenmaat. Sie können nicht ununterbrochen arbeiten, denn oben muß mit Zerstörern gerechnet werden, die sich auf die weithin hörbaren Klopfgeräusche einpeilen können.

Immer wieder schwirrt die Frage durch das Boot: »Darf geklopft werden?«

Erst, wenn im GHG keine Peilungen zu vernehmen sind, kann der LI weiterhandwerken. Und da ein Unglück nur selten allein kommt, bricht ein paar Tage später der Hebel am Schwimmerventil des Schnorchelkopfes. In dunkler Nacht kriecht Obermaschinist Sboron bei Überwassermarsch auf das Boot, um das Ventil auszubauen.

Oben tobt ein Hundewetter. U 1227 setzt unaufhörlich in die wilde, hochgehende See ein. Das ganze Vorschiff verschwindet im Turnus der heranrollenden Riesen in einem kochenden Wasserwirbel. Unter schwarzen, tief dahinjagenden Wolkenmassen rast der Sturm dahin und hetzt mit orkanhafter Gewalt die weißbemähnten, grünlich phosphoreszierenden Wellenberge vor sich her. Ein Bild düsterer gespenstischer Pracht. Immer wieder klettert das Boot ächzend und stöhnend auf einen Wellenrücken hinauf, bis erst der Bug und dann das ganze Vorschiff zitternd freikommt, um dann in die Tiefe des Wellentales wie in einen Höllenschlund hinabzufahren. Die Erschütterungen durch die nun überbrandenden Wassermassen sind wie Hammerschläge. Unglaublich, daß dieses Werk aus Menschenhand nicht wie Spielzeug zerschmettert wird. Normalerweise würde ein U-Boot-Kommandant bei einem solchen Sauwetter in den Keller kriechen, auf vierzig, fünfzig Meter Tiefe hinab, dorthin, wo Rasmussens Arm nicht mehr hinlangen kann.

Aber vom Schnorchel hängt die Sicherheit des Bootes ab.

Er muß repariert werden.

Sboron hat sich angeseilt, und Altmeier beobachtet von der Brücke aus, wenn wieder der giftgrün leuchtende Rükken einer besonders schweren See heranstampft. Ein Trost, die grimmigsten Roller schon vorher erkennen zu können. Sie stampfen in einem bestimmten Rhythmus heran. Meist ist die siebente Welle die größte.

Dann jagt Altmeier einen gellenden Pfiff aus seiner Batteriepfeife in die Nacht und über das Boot, und Sboron hat eben noch Zeit, sich in die Ausnehmung zu pressen, die an Oberdeck für den Schnorchel und Schnorchelkopf vorgesehen ist. Böse kreischend, wütend fauchend und unirdisch gurgelnd brandet die salzige See über ihm zusammen. Sboron beißt die Zähne zusammen. Das Wasser ist eisigkalt. Er spürt die elementare Wucht der See, die tonnenschwer auf ihm lastet und deren Sog ihn aus seiner Deckung herauszuzerren droht. Sboron schluckt soviel Wasser wie nie in seinem Leben, fast, daß er besinnungslos wird. Aber er arbeitet weiter. Im Frieden hätte er mit dieser Leistung die Titelseiten der Weltpresse gefüllt.

Er löst eine Schraube nach der anderen. Es sind genau zweiundvierzig Stück. Nie in seinem Leben wird er diese Zahl vergessen. Und mag er hundert Jahr alt werden. Zu allem Überfluß gleitet ihm in diesem Chaos aus Gischt und Wasser auch noch das Ventil aus der Hand.

»Macht nix«, wehrt der LI nachher mit einer Handbewegung ab. »Wir basteln uns ein neues. Hauptsache, daß Sie die See nicht fraß.«

In vier Stunden entstehen ein neuer Schwimmerhebel und ein neues Ventil. Keine Werft hätte es schneller und besser machen können. Sboron klettert wieder an Oberdeck und baut die Teile trotz der Dunkelheit, trotz der noch immer rasenden See wieder ein. Er kann sich nicht einmal auf sein Fingerspitzengefühl verlassen. Seine Hände sind eisig und bis zur Gefühllosigkeit erstarrt. Aber der Wille ist stärker.

Tage später kommt ein Geleit in Sicht. Vierzehn Schiffe. Starke Bewachung in der Luft und auf der See . . . Keiner ist erstaunt. Man hat nichts anderes erwartet. Einen in den Schußbereich laufenden Geleitzerstörer pickt sich Altmeier trotzdem heraus. Gleich nach dem Schuß hat er aus dem Rohr einige Bolds ausstoßen lassen, um die Unterwasserortung der andren Zerstörer zu irritieren. Und da es oben sonderbarerweise ruhig bleibt, geht Altmeier vorsichtig auf Sehrohrtiefe.

Der torpedierte Zerstörer ist gesunken. Altmeier sieht einen zweiten Bewacher des Geleits an die Untergangsstelle heranbrausen. Er hat alle Lichter gesetzt. Fährt wie im tiefsten Frieden zur See und will vermutlich den Überlebenden den Weg weisen.

Und dem U-Boot ein sicheres Ziel?

»Den könnte man aber prima umlegen«, murmelt Altmeier.

Der Obersteuermann, der ihm am nächsten steht, hat ihn als einziger verstanden.

»Warum tun wir's denn nicht, Herr Oberleutnant?«

»Warum . . .? Da, sehen Sie selbst mit an, was da oben los ist. Ich kann's nicht. Nicht für 'ne goldne Burg, und nicht für einen dekorativen Halsorden. Nee. Zeitlebens würde ich nicht mehr froh.«

Altmeier ist zurückgetreten, und der Obersteuermann klemmt sich hinter das Sehrohr. Er sieht, wie der zweite Zerstörer jetzt gestoppt hat, wie sich seine Besatzung im Licht von Scheinwerfern und Handlampen bemüht, die im eisigen Wasser treibenden Kumpels aufzufischen.

»Nein, so was tun wir nicht. Schlechte Beispiele verderben bei uns nicht die guten Sitten«, knurrt der Obersteuermann und macht seinem Kommandanten den Platz wieder frei. Altmeier zieht es vor, in größere Tiefe zu entschwinden. Das Geleit ist inzwischen weitergedampft. Vorsetzen wollen würde bedeuten, auftauchen zu müssen. Bei allem Mut und bei aller Opferbereitschaft haben weder Altmeier noch seine Besatzung selbstmörderische Absichten. Die Zeiten des Vorsetzens über Wasser sind ein und für allemal vorbei.

Zum Dank wirft der Zerstörer nach der Rettungsaktion

noch einige Wasserbomben. Die Serien liegen aber planlos. Sie sind mit der linken Hand gestreut. Gleichsam der Ordnung halber, als sei der Britenkommandant vorher überzeugt gewesen, daß die Deutschen ihn bei der Rettungsaktion nicht angreifen würden. Man denkt in der britischen Navy gottlob anders, als es die alliierte Presse in den behaglich warmen Redaktionsstuben auszudrücken pflegt.

Tage später ein neues Geleit?

Torkelnde Mastspitzen ... eine ... zwei ... drei ... vier ...

Irrtum: Es ist eine Suchgruppe von sechs Zerstörern, eine von den gefährlichen »Submarin-Killer-Groups«.

Sboron hat sich gerade auf seiner Koje ausgestreckt, als ihn Maschinen-Obermaat Herrsch aufweckt.

»Herr Obermaschinist, Zeit zum Aufstehen. Gleich knallt's.«

Sboron blickt in ein ernstes, aber nicht ängstliches Gesicht seines Kameraden Herrsch. Der Herrsch so ernst ... diese alte Betriebsnudel grinst nicht mal ... Hat doch sonst in jeder Situation einen blöden Witz auf der Zunge ... Seine Überlegungen werden von dem grellen Kreischen der Zaunkönig-Abwehrbojen der heranstampfenden Zerstörer überfahren. Auch so, so ist das ... Killer-Group ... U-Boot-Töter ... Spezialisten in diesem mörderischen Handwerk, die neuerdings in Massen kommen.

Sboron springt von der Koje, taumelt zurück, denn U 1227 liegt mit ziemlicher Vorlastigkeit in der See. Altmeier will sich noch schnell auf die Zweihundertmetergrenze zurückziehen.

Wabos fallen. Es rumort wie ein Solo von tausend Kesselpauken.

»Der Wagner, der Richard, der hätte so was miterleben müssen ... Das wäre 'ne Oper gworden ...«, sagt Herrsch langsam mit dem Blick nach oben gewandt.

»Gott sei Dank, der Herrsch hat sich wieder«, denkt Sboron und lächelt vor sich hin. Als er in den lärmenden Dieselraum tritt, sieht er auf seiner Holzkiste, in der ein paar private Sachen untergebracht sind, Jupp Pannek sitzen, ein erst neunzehnjähriges Kerlchen aus Oberschlesien. Macht seine erste Reise an die Front. Jupps Augen werden immer größer. Er starrt Sboron an, mit einem Blick, daß es diesem heiß und kalt den Rücken herunterläuft. Wenn der Junge bloß nicht durchdreht. Sboron nimmt sich vor, den Pannek nicht aus den Augen zu lassen. Dazwischen tobt das Höllenkonzert der Wasserbomben.

Rummmsss ... Rummmsss ... Wabammm ...

Zittern und Beben läuft durch das Boot – und überträgt sich auf die Männer.

Wammm ...

... Eine neue Bombe. Direkt über dem Boot krepiert. Ein irrsinniger Krach. Als würden tausend Vulkane ausbrechen. Als würde der Himmel einstürzen. Das Boot krümmt sich wie ein getretener Wurm. Dazwischen ist ein grelles Zischen und ein reißendes Bersten.

Pannek wird an den Ölverteilerkasten geschleudert. Auch Sboron verliert den Halt. Er knallt mit dem Kopf an das Zuluft-Kopf- und Fußventil, und er meint, einen ganzen Werftbetrieb im Kopf zu hören, so brummt ihm der Schädel. Aber schnell krabbelt er sich wieder hoch, um sich um den kleinen Pannek zu kümmern. Der ist auch schon wieder auf den Beinen. Die Angst in seinen Augen ist erloschen. Er ist so ruhig wie ein alter U-Boot-Fahrensmann, und er grinst sogar, als er Sboron anblickt und dann an sich heruntersieht und mit der Hand das Öl aus dem Gesicht wischt. Beide, Sboron und Pannek, sind über und über mit Treiböl bespritzt, das durch den ungeheuerlichen Wasserdruck nach der Bombenexplosion aus den Ölbehältern 3a an Steuerbord und 3b an Backbord aus den Entlüftungstrichtern herausschwabbte.

Sboron sieht, wie einige zu den Tauchrettern greifen. Völlig sinnlos in dieser Tiefe.

Und er erlebt es, wie andere bei neuen, aber weitab liegenden Bomben die Köpfe einziehen. Auch völlig sinnlos. Mehr eine Reflexbewegung, so wie der Landser die Schnauze in den Dreck steckt, wenn eine Granate platzt. Bloß mit dem Unterschied, daß das dem Landser nützen kann, daß sich ihm, wenn er flink und instinktiv reagiert, noch eine Chance bietet, sein bißchen Leben zu retten. Ein U-Boot-Mann aber muß sein Herz und seine Nerven in beide Hände nehmen. Er kann sich nicht verkriechen. Er kann sich als einzelner nicht schützen. Er ist hier unten im Keller immer Mannschaft, immer nur Glied in einer Kette.

Und wenn diese bricht, geht er mit vor die Hunde.

Im Mikrofon die Stimme Altmeiers. Sie hat einen beruhigenden, sonoren Klang.

»Herrschaften, Herrschaften. Gar kein Grund zu Aufregungen und irgendwelchen Befürchtungen. Schäden melden.«

Es sind Schäden genug im Boot. Der E-Verdichter ist gerissen. Die E-Motorenölpumpe ist abgebrochen, drei Luftflaschengruppen sind zerplatzt, alle Torpedos sind unklar, das WC ist zum Teufel, der Dieselverdichter ist hin.

Aber nach Hause gekommen ist Altmeier doch mit seinem Boot.

Auch das Schwesterboot, U 1228, kehrte in diesen Tagen heim.

Obermaschinist Neumann erhielt das Deutsche Kreuz in Gold nach dem Einlaufen.

Er und ein Heizer waren die beiden einzigen, die bei Schnorchelfahrt nach dem Unterschneiden des Schnorchelkopfes nach dem gewaltsamen Qualmeinbruch und dem irrsinnigen Unterdruck in allen Räumen nicht wie die Fliegen umgefallen sind. Neumann stoppte den Diesel. Er legte geistesgegenwärtig und selbständig den Hebel nach vorn.

Er allein rettete das Boot und alle Kameraden.

36

Die U-Boote kapitulieren

Zur Lage:
Greifen wir dem chronologischen Geschehen der letzten Kriegswochen voraus und lassen wir Dönitz, der von Hitler als sein Nachfolger bestimmt wurde, zur Endphase des Krieges zu Wort kommen:

»Ab Anfang Januar 1945 war der Krieg militärisch mit Sicherheit verloren. Eine Kapitulation hätte aber mit gleicher Sicherheit die Vernichtung von Staat und Volk und die Erfüllung des Jalta-Abkommens bedeutet. Ob sich dagegen beim Weiterkämpfen noch politische Möglichkeiten boten, konnte niemand in Deutschland mit Sicherheit verneinen. Auf jeden Fall war das Weiterkämpfen notwendig, um das Bestmögliche zur Erhaltung der deutschen Volkssubstanz zu tun. Wenn wir Anfang 1945 kapituliert hätten – das heißt also, jeder Soldat hatte dort stehen zu bleiben, wo er gerade stand – wären

a) etwa zwei Millionen Soldaten m e h r in russische Hand gefallen als im Mai 1945,
b) etwa sechs bis sieben Millionen deutscher Bevölkerung mehr den Russen ausgeliefert worden als im Mai.

Die Gegenrechnung hätte dann so ausgesehen:
Keine Verluste mehr an der Front.
Keine Verluste mehr durch Flieger.
Keine Zerstörungen mehr.

Zur Rettung von Truppen und Bevölkerung im Osten mußte aber auch im Westen weitergekämpft werden, da die Angelsachsen ja keinen Sonderfrieden gemacht hätten, also bei einem Aufgeben des Kampfes im Westen sehr bald auch der Widerstand im Osten zusammengebrochen wäre. Daß wir im Westen noch Menschen, Soldaten und Zivilbevölkerung durch Luftangriffe verloren, war sehr schmerzlich. Diese Verluste waren aber viel geringer, als die Verluste deutscher Menschen im Osten gewesen wären, wenn wir Anfang 1945 Ostarmeen und Ostbevölkerung den Russen ausgeliefert hätten.

Meine Forderung: Weiterkämpfen im Osten, Aufhören des Kampfes im Westen, war Anfang Mai möglich, weil damals die Fronten in West und Ost bereits so nahe aneinander gerückt waren, daß in wenigen Tagen der durch diese Parole beabsichtigte

Zweck erreicht werden konnte, nämlich Ostmenschen und Ostfrontsoldaten in den Westraum aufzunehmen. Im übrigen wäre eine Kapitulation Anfang 1945 auch unmöglich gewesen, weil Hitler sie nicht wollte ...«

Unter diesem Gesichtspunkt gesehen, werden diese Maßnahmen und Überlegungen vor jeder späteren deutschen Geschichte bestehen können. Die Frage, inwieweit der Einsatz der neuen Boote in diesen Monaten noch von Bedeutung gewesen wäre, ist ihre Antwort schuldig geblieben. Ob es in den letzten Kriegsmonaten überhaupt noch notwendig war, U-Boote der alten Typen einzusetzen und sterben zu lassen, soll hier nicht untersucht werden.

So organisiert denn Dönitz in den letzten düsteren schicksalsschweren Wochen des Großdeutschen Reiches Marinebrigaden, um die Bemühungen des verzweifelt kämpfenden Heeres in Ostpreußen und im Warthegau zu unterstützen, um die Lawine der roten Vernichtungswut zum Halten zu bringen. Er betreibt mit großer Umsicht und zäher Energie die Evakuierung Ostpreußens und Kurlands, und er rettet durch den nicht treffender als einen Opfergang zu bezeichnenden Einsatz der getreuen Besatzungen kleiner und kleinster Marineeinheiten und der braven, unverdrossen arbeitenden und zur See fahrenden Kapitäne, Offiziere und Seeleute der Handelsmarine Hunderttausende von Zivilisten und eingeschlossenen Soldaten vor einem noch schlimmeren Schicksal als dem Tod: vor dem gnadenlosen Weg in die russische Gefangenschaft

Dönitz setzt die letzten verfügbaren deutschen Überwasserstreitkräfte an. Sie beschießen die russischen Stellungen in den Räumen der bedrohten Häfen in Ostpreußen, Danzig und Kurland, sie decken mit ihrem pausenlosen, gut liegenden Feuer ihrer schweren Geschütze die größte Rettungsaktion der Geschichte.

Für Großadmiral Dönitz kommt die Nachricht, daß Hitler ihn zum Staatsoberhaupt bestimmt hat, völlig überraschend. Später erklärt er: »Ich war mir sofort darüber im klaren, daß ich den Krieg unter Rettung möglichst vieler deutscher Menschen so schnell wie möglich beenden wollte. Ich habe daher die Absicht gehabt, im Osten Zeit zu gewinnen, um möglichst viele deutsche Menschen noch nach dem Westen zu retten.«

Zur Durchführung dieser Absicht entsandte Dönitz in den Abendstunden des 2. Mai den neuen Oberbefehlshaber der Kriegsmarine, Generaladmiral v. Friedeburg, zu Feldmarschall Montgomery. v. Friedeburg vermochte jedoch erst am 3. Mai morgens im

Hauptquartier von Montgomery einzutreffen, da er unterwegs dauernd von Jagdbombern angegriffen wurde und einen Autounfall hatte.

v. Friedeburg bietet Montgomery die sofortige Kapitulation der in Ostfriesland und in Holstein stehenden Truppen an.

Montgomery entgegnet: »Ich fordere, die Erweiterung dieser Kapitulation auch auf Holland und Dänemark auszudehnen!«

v. Friedeburg setzt sich mit Dönitz in Verbindung, und dieser stimmt auch sofort zu.

So tritt denn diese Teilkapitulation am 5. Mai morgens in Kraft.

Für die U-Boote war schon vorher Waffenruhe angeordnet worden.

Es spricht für den fairen Geist Montgomerys, den großen Gegenspieler von Feldmarschall Rommel, daß er sofort mit Beginn dieser Verhandlungen die Luftangriffe auf die benannten Räume einstellen ließ.

Kritischer verlaufen die Verhandlungen mit General Eisenhower, zu denen Dönitz Generaladmiral v. Friedeburg und Generaloberst Jodl am 6. Mai entsendet, um diesem auch für seine Räume die sofortige Kapitulation anzubieten. Eisenhower besteht beharrlich auf der totalen Kapitulation, läßt sich aber im Verlauf der Verhandlungen zu einer achtundvierzigstündigen Frist für die Gesamtkapitulation herbei. In dieser Zeit will er von Osten nach Westen zurückgehende Truppen und Zivilbevölkerung noch im amerikanischen Raum aufnehmen.

Am 7. Mai erfolgt schließlich die totale Kapitulation auf allen Kriegsschauplätzen. Sie wird am 8. Mai unterzeichnet und tritt endgültig am 9. Mai, 00.00 Uhr, in Kraft.

In dem offiziellen Bericht über die Schlacht im Atlantik schreibt später »His majesty's stationary office, London«: Bis zum endgültigen Ende hat die deutsche U-Boot-Waffe mit Disziplin und Heftigkeit gekämpft. Es gab kein Nachlassen der Anstrengungen und keine Ermüdung, sich immer wieder den tödlichen Risiken auf See auszusetzen. In der Tat, in der Nacht vor Deutschlands Kapitulation wurden von U-Booten noch zwei Handelsschiffe in der Höhe der Einfahrt zum Firth of Forth und ein Minensucher in der Lyme-Bay versenkt.

Auch U 826 kapituliert. Auf seiner ersten Feindfahrt, die es am 6. März, von Norwegen auslaufend, antrat und über die der LI, Leutnant (Ing.) Reuter, später nach dem Krieg schrieb:

»Wir haben uns in der Gefangenschaft köstlich darüber amüsiert, daß die Amerikaner zwei Jahre nach dem Krieg die Sechs-Wochen-Unterwasserfahrt eines ihrer mit der erbeuteten deutschen Schnorchelerfindung ausgestatteten U-Boote als eine einmalige, welterschütternde und hervorragende Leistung hingestellt haben. Die amerikanische Presse feierte diese Tatsache als einen Triumph der US-amerikanischen Technik und Wissenschaft. Nun, wir sind am 6. März unter Wasser gegangen und erst am 9. Mai, am Tage der totalen Kapitulation, wieder aufgetaucht. Das sind nach Adam Riese vierundsechzig Tage – oder neun Wochen. Wir hatten bis zu der Zeit knapp die Hälfte unseres Brennstoffes verbraucht, konnten gut und gerne weitere acht Wochen unter Wasser bleiben, hätte uns die Kapitulation nicht zum Auftauchen gezwungen. Der Brennstoffverbrauch beim Schnorcheln war denkbar gering. Wir benötigten pro Tag, also für volle vierundzwanzig Stunden Fahrzeit, im Mittel 350 Liter Dieselöl.

Auf seiner ersten und auch letzten Fahrt schnorchelte U 826 bei jedem Wetter: Entgegen anders lautenden Berichten wird das Boot mit Schnorchelantrieb sogar bis zu Windstärke sieben gefahren. Es traten keine Beschwerden und auch keine Schwierigkeiten dabei auf. Lediglich bei einem Seegang, der über die Stärke fünf hinausgeht, war es unmöglich, gegenan zu dampfen, da das Boot dann zeitweise, durch die Wellenberge bedingt, aus dem Wasser herausgeworfen wurde. Der Kommandant, Kapitänleutnant Lübcke, legte das Boot dann an den Wind und nahm die See seitlich. Geschnorchelt wurde meist nachts, bei bedecktem Himmel oder bei Neumond, und dann mittags um 13.00 Uhr, um das Boot routinemäßig durchzulüften.

Die Schnorchelei ist eine reine Milchmädchenrechnung. Eine Stunde vor dem Schnorcheln gingen wir auf Horchfahrt. Lagen keine Peilungen vor, fuhren wir auf Schnorcheltiefe, also auf 13 bis 13,5 Meter Tiefe. Aus Erfahrungsberichten war uns ja bekannt, daß das Boot beim Schnorcheln bis zu zehn Seemeilen zu hören ist. Wenn man annimmt, daß ein Zerstörer diese Geräusche auffaßt und mit einer Höchstfahrt von 30 bis 35 Meilen auf den Standort des U-Bootes zuläuft, dann müßte er das Boot in ungefähr zwanzig Minuten erreichen. Also müßte nach allen zwanzig Minuten gestoppt und wieder gehorcht werden. Sind keine Schraubengeräusche zu hören, wird weiter geschnorchelt. An sich eine einfache Sache, der gegnerischen Ortung auszuweichen.

Natürlich bestand die Gefahr, daß ein verfolgender Zerstörer den Rhythmus der Schnorchelfahrt nach dem ersten Mal heraus hatte und nach zwanzig Minuten seine Maschine ebenfalls stoppte. Also haben wir unsere Schnorchelpause geändert und mal nach fünfzehn Minuten, mal nach zwölf Minuten und dann wieder nach zwanzig Minuten gestoppt.

Nach dieser Wahrscheinlichkeitsrechnung, die jede Lebensversicherung anerkannt haben würde, haben viele Kameradenboote operiert. Sie sind gut damit gefahren. Erfahrungsberichte im einzelnen lagen damals allerdings noch nicht darüber vor.

U 826 wurde jedenfalls während des gesamten Einsatzes nicht ein einziges Mal angegriffen. Es fuhr vollendet unsichtbar für den Gegner als vollkommenes Tauchboot unter Wasser zur See. Nur zweimal, einmal auf der Hinfahrt und einmal auf der Rückfahrt, hatte U 826 angeblasen, aber nur so weit, um mit dem Netzabweiser an die Oberfläche zu kommen, um ein FT absenden zu können.

Zeitweise traten sehr schwere Atembeschwerden auf, und nach den theoretischen Berechnungen der Wissenschaftler hätte die Besatzung eines mehrfachen Todes sterben müssen. Der an Bord befindliche CO_2-Messer zeigt ja laufend den Prozentsatz des Kohlensäuregehaltes in der Luft an. Bei 1,5 Prozent soll, so sagen die Fachleute, der kritische und höchstzulässige Punkt liegen. Bei 2 Prozent würden bedrohliche Atembeschwerden auftauchen. Bei 3 Prozent soll eine körperliche Leichtigkeit, eine Art Traumzustand, eintreten. Man steht also, wie die Wissenschaftler es ausdrücken, kurz vor dem Exitus. Bei 4 Prozent soll der Tod unvermeidlich sein.« Soweit LI Reuter, der in diesem, hier gekürzten Bericht auch noch lobend die Höhensonnenlampen erwähnt, die auf Anregung des »Miefdoktors« Chemierat Dr. Cauer den Schnorchelbooten mitgegeben wurden. Solange die Lampen in Betrieb waren – später zerplatzten sie durch Schweißwasser –, saßen immer fünf bis sechs Mann darunter.

Zurück zum 9. Mai. U 826 steht gerade in der Enge von Island und Färöer, als die Kapitulationsmeldung empfangen wird. Die Besatzung ist nicht überrascht, nur bedrückt.

Ein Befehl ordnet die Vernichtung der gesamten Geheimsachen an. Lübcke läßt alle diese Dinge in Kisten mit Grundgewichten packen, und später, nachdem das Boot aufgetaucht ist, werden sie mit Ausnahme der Maschinenunterlagen außenbords geworfen. Reuter war nämlich nicht dafür, die Maschinenpapiere schon von Bord zu geben, denn schließlich könnten noch irgendwelche Reparaturen erforderlich werden, für die er diese Aufzeichnungen dringend braucht. Es ist ja außerdem noch gar nicht gesagt, was sich weiter ereignen wird.

Ein FT von Dönitz »An Alle« geht ein. Er legt nahe, die Boote in einem englischen Hafen zu übergeben. Ein Befehl ist es nicht.

In dem FT heißt es weiter, daß bei einer Übergabe der Boote Hoffnung bestünde, daß das Leben von vielen Tausenden deutscher Menschen im Osten gerettet werden könne.

Lübcke bittet seine Offiziere zu einer Besprechung. Sie dauert drei Stunden. Sollen wir nach Irland laufen? Oder nach Spanien? Oder nach Südamerika? Aber den Ausschlag gibt der Nachsatz des Dönitz-FT.

Reuter später in sein Tagebuch: »Hätten wir jemals geahnt, was kommen würde, wir hätten das Boot nie und nimmer den Briten übergeben.«

So aber machen sie in Unkenntnis der Dinge, die sich noch ereignen sollen, U 826 zur Übergabe klar. Die Aale werden gezogen, die Zünder kommen in die Behälter. Lübcke meldet durch FT die Position.

Der einkommende Antwortfunkspruch kommt nicht mehr von einer deutschen Dienststelle. Eine englische Funkstation meldet sich. Die Briten geben den Deutschen den Befehl, die deutsche Kriegsflagge zu streichen. U 826 erhält Anweisung, mit neun Seemeilen Fahrt nach Loch Foyle zu steuern.

Lübcke stockt das Blut in den Adern, als er den Funkspruch weiter liest: »Es ist statt der deutschen Kriegsflagge eine schwarze Flagge zu führen.«

Eine schwarze Flagge ist eine Piratenflagge.

»Was sollen wir tun? Natürlich können wir diesen Fetzen verweigern. Aber laufen wir dann nicht Gefahr, daß sie uns beschießen? Irgendeine Flagge müssen wir ja setzen. Setzen wir keine, knallen sie uns zusammen. Setzen wir die Kriegsflagge, knallen sie uns erst recht zusammen. Setzen wir die schwarze, sind wir Piraten. Ehrlose, Entwürdigte, Entrechtete.«

»Na, beim Abknallen hätten wir noch ein Wörtchen mitzureden. Allein gehen wir nicht aufgrund. Ich bin gegen diese Schandflagge«, sagt der IWO.

Reuter macht seinerseits geltend, daß das Schicksal der Deutschen im Osten doch wichtiger wäre als jeder Protest und jede Maßnahme gegen diese Erniedrigung, die keinen U-Boot-Fahrer treffen könnte. Ein altes zerrissenes Bettlaken wird hergerichtet. Es wird mit Ruß und mit Öl geschwärzt.

Tränen auf einem U-Boot hat es nie gegeben. In keiner Situation. Während keiner Gefahrenstunde. Auch nicht, wenn Kameraden neben Kameraden starben. Jetzt aber wenden sich die Männer zur Seite. Sie senken den Kopf und sehen niemandem in die Augen. Nicht einmal ihrem besten Kumpel. Auch Lübcke hat sich zurückgezogen. In seine Kammer. Und der LI brütet über ein paar Papieren. Dabei liest er nichts. Alles ist unklar und verschwommen, was vor ihm liegt.

Noch ist die schwarze Flagge nicht gesetzt. Plötzlich tritt ein, was befürchtet wurde. Eine Sunderland kommt in direktem Anflug auf U 826 zu. Man ist auf alles gefaßt.

»Zum Teufel mit diesem Befehl! Auf Gefechtsstationen!« Noch nie sind die Männer so schnell an ihre Geschütze geeilt. Noch nie hat Lübcke sie so grimmig und entschlossen gesehen. Die englische Flugzeugbesatzung ahnt Unheil. Die Maschine hält sich in Abstand und fliegt in weit ausholendem Bogen um das Boot herum. Mit der Morselampe gibt man Sprüche herüber.

»Wir reagieren sauer. Laß sie morsen. Bei uns KMAM!«

Von U 826 erhält die Sunderland keine Antwort. Den Kurs auf Loch Foyle hält es allerdings bei. In den Nachmittagsstunden kommt eine Korvette in Sicht. Alle Geschütze sind auf das deutsche U-Boot gerichtet. Flaggensignale: »Folgen Sie mir.« Die Korvette fährt voraus und geleitet U 826 durch die Minensperre.

In der Bucht erhält U 826 den Befehl zum Ankern. Ein Verkehrsboot schwebt von der Korvette heran. Auf dem Turm von U 826 stehen die Offiziere.

Es ist eine Stimmung wie vor einem Tropengewitter.

»Meine Herren, ich empfange diese Brüder nicht«, sagt der Kommandant. »Ohne mich.« Lübcke dreht sich um und verschwindet im Turm.

»Ich auch nicht«, sagt der IWO.

Bevor der Alte endgültig ins Turmluk untertaucht, wendet er sich an seinen Leitenden. »Na, Leitender, dann müssen Sie wohl ran.«

Reuter ist einer der jüngsten Offiziere an Bord. Was soll

er machen. Schließlich ist der Wunsch seines Kommandanten eben doch ein Befehl. »Nur, wenn Sie es mir befehlen«, versucht er noch einzuwenden.

»Ja, fassen Sie es von mir aus auch als einen Befehl auf.«

Reuter klettert an Deck. Er hat eine geladene und entsicherte Pistole in der Tasche. Er weiß noch nicht, was geschehen wird. Und er ist sich nicht darüber klar, was er selbst tun wird, wenn der Gegner, der ihnen zumutete, mit einer Piratenflagge einlaufen zu müssen, das Boot besteigt. Die deutsche U-Boot-Besatzung steht an Oberdeck. Mit grimmigem Vergnügen beobachtet sie, wie das britische Verkehrsboot ein dreimaliges Anlegemanöver fahren muß, um längsseit zu gehen. Als erster steigt ein Offizier der Navy an Bord.

Reuter grüßt. Der britische Offizier dankt. Er übergibt Reuter eine Rolle. Sie enthält in deutscher und englischer Sprache den Befehl, daß U 826 sich bedingungslos zu übergeben habe. Dann folgen Anweisungen, wie die deutsche Besatzung sich zu verhalten hat.

Ein Fragebogen liegt bei. Es geht los mit den Fragebogen. Fragen nach der Anzahl der Besatzung, nach den Namen, nach Öl- und Trinkwasservorrat, nach der Verpflegung, nach Maschinenschäden und so weiter und so weiter. Die anderen folgen . . .

Die britischen Landser sind bis an die Zähne bewaffnet. An ihrem Hals hängen schwere Colts. Geladen und entsichert.

Die ganze Besatzung wird in den Bugraum befohlen. Es geht nicht sanft dabei zu. Es gibt auch einige Fußtritte – und Antworten darauf, wenn ein deutscher Seemann aus Versehen nach hinten »ausrutscht«. Ein schwerbewaffneter Posten sichert den Bugraum. Er wendet keinen Blick von den Deutschen, die sich darin niedergelassen haben, die herumstehen, auf dem Boden sitzen und keine Notiz von den Engländern nehmen.

Inzwischen fahren andere Engländer das Sehrohr ein, entfernen die schwarze Flagge, und nun kommt wohl der traurigste Augenblick für die auf der Brücke stehenden deutschen Offiziere.

Die britische Flagge wird gesetzt. Lübcke tritt an den britischen Offizier heran.

»Kennt man bei Ihnen nicht den ritterlichen Brauch, daß die Kriegsflagge des Siegers über die des Besiegten gehißt wird!?«

Der Brite sieht ihn groß an. Erst ist Erstaunen in seinem Blick, dann entspannen sich seine Züge. Er zuckt mit den Schultern, als wolle er damit ausdrücken: »Hast recht, aber es ist Befehl. Und du weißt genausogut wie ich, daß ein Befehl auszuführen ist.«

»Will man damit ausdrücken, daß wir ehrlos geworden sind?«

Der britische Seeoffizier grüßt statt einer Antwort. Er legt die Hand an seine Mütze, verbeugt sich, dreht sich um und geht.

U 826 wird an die Kette gelegt, im wahrsten Sinne des Wortes. Schwitzend, schimpfend und schweißtriefend schleppen die Engländer vor den Augen der untätigen Deutschen eine riesige Kette an Bord, legen sie um den Sehrohrbock herum, schieben sie durch das Turmluk hindurch und zerren sie aus dem Zentraleluk wieder heraus. Dort wird die Kette befestigt und mit einem riesigen Schloß gesichert.

Lübcke, seine Offiziere und seine Männer lächeln.

In den Nachmittagsstunden läuft ein weiteres deutsches U-Boot ein. Es ist U 293 mit Oberleutnant zur See Klingspor als Kommandant. Es geht neben U 826 längsseit.

Am nächsten Tage gehen beide Boote Anker auf. Sie fahren in einem Geleit von vielen Zerstörern und Korvetten die schottische Küste entlang. Es ist eine wunderschöne, geruhsame Fahrt. Zum ersten Mal nach vielen, vielen Monaten. Eine Fahrt ohne Angst und ohne Sorge um die Besatzung und um das Boot und auch um das eigene Leben, wenn auch eine Fahrt in eine traurige, gallenbittere Gefangenschaft.

Die beiden Besatzungen nutzen die Zeit. Sie machen in Kultur. Sie rasieren sich, schneiden sich die Haare und machen sich auch sonst wieder menschlich. Die Engländer sehen mit Verwunderung zu. Sie staunen, daß diese U-Boot-Männer soviel Wert auf solche Äußerlichkeiten legen.

In Loch Ailsch liegen weitere Boote. Eines neben dem anderen. Alle Typen. Auch E-Boote.

U 826 muß die Aale abgeben. Dabei geschieht es, daß ein britischer Offizier mit sicherem Griff die Torpedos auseinandernimmt, als habe er sie selbst konstruiert.

»Sieh mal an, die wissen aber verdammt gut Bescheid.«

Woher, das ist die Frage. In der kurzen Zeit der Tage nach der Kapitulation wird es auch dieser englische Offizier nicht gelernt haben, mit dem Mechanismus eines deutschen Torpedos so sicher umzugehen.

Auf U 826 wird wie auf den anderen Booten die Besatzung bis auf sechzehn Mann reduziert. An Bord bleiben außer dem Kommandanten nur noch der IWO, der LI, ein Obermaschinist und ein paar Männer. Der Abschied ist erschütternd. Viele haben Tränen in den Augen.

Die britische Bewachung macht es sich im Unteroffiziersraum wohnlich. Sie haben ihren eigenen Proviant mitgebracht. Vorsichtshalber auch ihr eigenes Trinkwasser. Sie rauchen gemütlich. Erst als Reuter ihnen mit sanften Worten klarmacht, daß das Boot bei der nächsten Gelegenheit mit ihnen zusammen und mit einem bildschönen Knall in die Luft fliegen könnte, machen sie die Zigaretten mit dem Ausdruck größten Erschreckens aus. Der eine stippt sie in der Aufregung dabei auf die Hand seines aufheulenden Kameraden.

Reuter unterhält sich in der folgenden Nacht bis in die frühen Morgenstunden über alles, was ihn und die anderen bewegt, mit dem britischen Offizier. Der Engländer legt ihm Fotos aus Konzentrationslagern vor.

Reuter erschauert.

Er ahnt, was ihm und seinen Männern und all seinen anderen Kameraden bevorstehen wird. Zum ersten Mal in seinem Leben hört er einen Begriff, der wie ein schon feststehendes Urteil ist: Kollektivschuld.

Der britische Offizier glaubt nicht, daß Reuter von diesem Grauen, von denen diese Bilder sprechen, niemals etwas gehört und auch niemals etwas gesehen haben will.

Mit anderen Booten wird U 826 erneut verlegt. Es kommt nach Londonberry-Belfast. Es ist eine schreckliche, ja furchtbare Seefahrt. Infolge der von Bord genommenen Waffen und der versenkten Munition ist das Boot kopflastig. Es holt bei dem schweren Seegang schwer über. Wasser dringt in den Turm, da das Turmluk infolge der Kette nicht zu schließen ist. Die Lenzpumpen laufen warm, und als schließlich noch die Treibölbunker gelenzt werden müssen, um durch das niedrige Fahrwasser der Einfahrt hindurchzukommen, wird die Fahrt noch unerquicklicher.

Am 15. Mai 1945, morgens um 08.00 Uhr, dreht U 826 auf die Pier zu. Lübcke fährt ein sauberes Anlegemanöver. Das letzte.

Die Besatzungen klaren auf. Es heißt, ein britischer Admiral wolle die U-Boote besichtigen. Trotz allem, was vorgefallen ist: Der britische Admiral soll die U-Boote so vorfinden, daß sie einer Besichtigung würdig sind. Aber der Admiral erscheint nicht. Statt dessen ergeht ein Befehl, daß die Besatzung sich zum Abrücken klarhalten möge. Sie habe Verpflegung für zwei Tage und Decken mitzunehmen. Zu der befohlenen Zeit gehen die Männer schnell von Bord. Leutnant Reuter sitzt unten im Bugraum und wartet auf einen englischen Ingenieur, dem er das Boot übergeben und die gesamte Anlage vorexerzieren soll. Alle Pumpen, die Diesel, die E-Maschine und so weiter.

Die Übergabe besorgt Reuter mit teutonischer Gründlichkeit. Er führt dem Engländer auch den Luftverdichter vor. Mit Vergnügen. Dazu schließt er das Schott und alle Zuluftklappen. Dann erst läßt er die Luft aus dem Raum saugen. Er selbst ist ja an den Unterdruck seit der Schnorchelei gewöhnt. Der britische Ingenieur wird bleich und schnauft wie ein Asthmatiker nach der hundertsten Treppenstufe. Ihm perlt Schweiß von der Stirn. Reuter aber tut so, als sei ein solcher Zustand etwas Alltägliches an Bord. Schließlich wird der Engländer bitterböse. Er rast zum Schott und rüttelt daran. Natürlich bekommt er es bei dem Unterdruck nicht auf. Der Engländer droht mit der Faust. Reuter nickt. Höflich, aber ziemlich spät verstehend, stellt er den Verdichter ab und öffnet die Zuluftklappen. Dieser plötzliche Umschwung der Atmosphäre bekommt dem Engländer nicht minder unangenehm. Reuter lächelt. »Ich hoffe, Ihre Wünsche erfüllt zu haben.« Er geht mit einem tadellosen Gruß und einer vollendeten Verbeugung in die Gefangenschaft.

Auch U 2511 kapituliert. Korvettenkapitän A. Schnee übergibt sein Boot vom Typ XXI in Bergen den Engländern. Schnee ist der einzige Kommandant, der mit einem der neuen großen Elektroboote noch vor der Kapitulation zur Feindfahrt auslief. Wenige Stunden nach der von Dönitz befohlenen Waffenruhe sichtet er einen britischen Kreuzer, dem er sich vermöge seiner hohen Unterwasserfahrt so vorsetzen kann, daß der Kreuzer mit absoluter Sicherheit versenkt worden wäre. Die gegnerische Abwehr ortet das Boot nicht.

Aber Schnee gehorcht dem Befehl von Dönitz.

Der erste und der einzige scharfe Torpedoschuß aus einem großen Elektroboot, der den Beweis erbracht hätte, daß die Hoffnungen in diese Typen voll und ganz berechtigt gewesen sind, bleibt im Rohr.

Das oft so launenhaft verspielte Schicksal will es, daß Schnee später auf dem gleichen britischen Kreuzer über seine Erfahrungen mit dem Typ XXI gefragt wird. Die Briten sind nicht schlecht erstaunt, als sie erfahren, daß es nur eines einzigen Befehls von ihm bedurft hätte, und dieses Verhör wäre illusorisch geworden.

Nachtrag: siehe Anhang I, Nachtrag 10.

37

Wo ist der Professor Walter – wo sind die deutschen Wunder-U-Boote?

Zur Lage:
Der Krieg ist aus. Bis zum Kriegsende wurden 1174 U-Boote (einschließlich Schulboote) in Dienst gestellt. Hiervon gingen 781 Boote verloren, und zwar 721 durch direkte Feindmaßnahmen, während die anderen durch Kollisionen, Tauchpannen und so fort abgeschrieben werden müssen. Von den 721 durch direkte Feindeinwirkung eingebüßten U-Booten wurden 658 U-Boote auf See vernichtet, und zwar durch Überwasserstreitkräfte 37,6 Prozent, durch U-Boot-Fallen 0 Prozent (im Gegensatz zum Ersten Weltkrieg, in dem sie mit 7 Prozent U-Boot-Vernichtungen ein Rolle spielten), durch Flugzeuge (vornehmlich Küstenflugzeuge) 44 Prozent, durch U-Boote 3,1 Prozent, durch Minen 5 Prozent, durch U-Jagdgruppen 6,8 Prozent, durch ungeklärte Feindeinwirkungen 3,5 Prozent (allein 505 U-Boote wurden das Opfer britischer U-Boot-Abwehrmaßnahmen auf See und in der Luft). Die Differenzzahl von den 968 durch Feindeinwirkung verlorenen Booten und der 630 auf See vernichteten Boote sind 63 U-Boote, die auf Werften und in U-Boot-Stützpunkten zerstört wurden. Von den restlichen Booten wurden 221 durch eigene Besatzungen versenkt, 156 wurden an die Alliierten übergeben, 26 Boote wurden abgewrackt oder von Japan übernommen. Während des 68 Monate andauernden erbitterten Ringens auf allen Meeren der Welt verloren die Alliierten 4786 Handelsschiffe mit 21 Millionen BRT, davon waren 2775 Schiffe britischer Nationalität mit zusammen 14,5 Millionen BRT. Außer dieser Handelsschiffstonnage wurden 178

Kriegsschiffeinheiten vernichtet, und zwar: 2 Schlachtschiffe, 3 Flugzeugträger, 3 (1) Geleitflugzeugträger, 7 leichte Flak- oder Minenkreuzer, 4 (2) Depot- oder Mutterschiffe, 36 (7) Zerstörer, 50 (6) große Sicherungsfahrzeuge (Geleitzerstörer, Fregatten, Korvetten, Sloops, PC-Boote), 31 (4) kleinere Fahrzeuge (Trawler, Minensuch-, Kanonen-, Wacht-, Wal-, Ms-Boote und Jachten), 4 U-Boote, 7 (2) Landungsfahrzeuge mit rund 21000 tons. Außerdem 11 Hilfskreuzer und 19 (3) weitere im Dienst der Alliierten stehende Schiffe mit 242996 tons, die in der angegebenen Handelsschiffstonnage nicht enthalten sind. (Die Zahlen in Klammern sind davon die amerikanischen.)

Ende 1944 standen den Alliierten 880 seegehende Schiffe und 2200 Küstenfahrzeuge zur U-Boot-Bekämpfung zur Verfügung, Hunderte von Flugzeugen mit größter Eindringtiefe in die atlantischen Zonen operierten ständig über den Gefahrenzonen der Meere, überall dort, wo deutsche U-Boote in Erscheinung traten. Eine ungeheuerliche Streitmacht war zur See und in der Luft aufgeboten worden, um der deutschen U-Boote Herr zu werden. Von den Alliierten wurden 75000 Schiffe in Konvois gezählt. Bei einer Gelegenheit waren mehr als 700 Schiffe gleichzeitig in Geleitzügen auf See, über 100 Seestreitkräfte sicherten sie. Mehr als 200 Millionen Seemeilen wurden von in Geleiten fahrenden Handelsschiffen zurückgelegt, während die britischen Abwehrstreitkräfte 13200 Einsätze zur U-Boot-Bekämpfung fuhren. Mehr als 120000 Einsätze sind allein die britischen und kanadischen Flugzeuge in der U-Boot-Bekämpfung geflogen. 850000 Flugstunden und 100 Millionen Seemeilen legten sie dabei zurück.

In Verbindung mit dem Bericht über die Verluste in der Schlacht um den Atlantik schreibt »His Majesty's stationary office, London«: Wie dem auch sei, es besteht kein Zweifel, daß sie (die U-Boote) trotz des verloren scheinenden Krieges weitergekämpft haben würden, wenn nicht die Niederlage der Armee den Zusammenbruch und die totale Kapitulation herbeigeführt hätte. Ihre Moral war ungeschwächt bis zum bitteren Ende!

»Die Boote der 23. U-Boot-Flottille haben sich sofort in Richtung Kiel in Marsch zu setzen«, lautete der Befehl, der Ende Januar 1945 bei Flottillenchef v. Bülow auf dem in Danzig liegenden Wohnschiff »Deutschland« eingegangen war. Er betraf auch das Boot von Oberleutnant zur See

Dähne, der vor Jahren bei der Rettungsaktion der drei überlebenden der »Bismarck« als Fähnrich seine erste U-Boot-Fahrt erlebte.

»Boote der Klasse A, soviel Proviant wie möglich übernehmen«, der neue Befehl, der auch für den in Kiel eingetroffenen Dähne gilt, denn er fällt mit seinem Boot unter die Gruppe A, unter die frontklaren Boote, die auszulaufen haben.

In der Gruppe B sind die bedingt tauglichen Boote, für die noch Sonderbefehle in Aussicht gestellt werden, eingestuft.

In der Klasse C werden alle einsatzunklaren und frontuntauglichen Boote registriert. Sie sind alle zu versenken. Ebenso die Spezialboote, die man nicht übergeben will.

Inzwischen ist der Rest der deutschen Kriegsmarine, sind die letzten deutschen Handelsschiffe im Einsatz, um aus den abgeschnürten Gebieten im Osten Frauen, Kinder, Greise und Soldaten vor der Gefangenschaft zu bewahren. Die Männer auf diesen Einheiten leisten Ungeheuerliches. Zwei Millionen Menschen retten die Männer der Marine vor den Russen. Zwei Millionen bewahren sie vor einem furchtbaren Schicksal.

Dähne steht während dieser düsteren Tage auf dem Marsch nach Norwegen. Im Belt erreicht ihn ein FT

Die Versenkung des Bootes muß danach bis zum 9. Mai, 06.00 Uhr, durchgeführt sein.

»Na ja, dann haben wir ja noch Zeit«, sagt Dähne zu seinen Wachoffizieren. »Wissen Sie, wenn es, verdammt noch mal, nun schon sein muß, dann bin ich dafür, daß wir wenigstens in deutschen Gewässern an Land gehen.«

Seine Offiziere sind dafür.

Dähne nimmt Kurs Flensburg.

Die Stimmung an Bord ist bestürzt, als sei eine festgefügte Ordnung ins Wanken geraten. »Was heißt überhaupt versenken?« unterbricht Dähne das Schwiegen. »Ich kann es nicht. Bei Gott, ich glaube einfach nicht an diesen Befehl.«

»Steht ja auch in keinem Lehrbuch, diese Art Kriegsschluß.«

»Nee, und in der Geschichte haben wir keine Parallelen dafür.«

Dähne ist ratlos, seine Offiziere sind ratlos. Die ganze Besatzung ist durch den Wind.

In der Nacht zum 9. Mai 1945 versammeln sich auf der Höhe von Steinberg in der Geltinger Bucht rund dreißig U-Boote aller Typen und ein Zerstörer. Auf Dähnes wie auf den anderen Booten flattert am ausgefahrenen Sehrohr die deutsche Kriegsflagge.

Von Flensburg tuckern Pinassen und V-Boote heran. Es herrscht ein nervöses Kommen und Gehen. Stabsoffiziere klettern auf die einzelnen Boote. Sie wiederholen noch einmal den strikten Versenkungsbefehl. Die ersten zögernden Sonnenstrahlen dieses wundervollen pastellfarbenen Maimorgens beleuchten ein dramatisches Bild. Ein Boot versinkt nach dem anderen. Mit wehender Flagge gehen die schwarzgrauen Wölfe der Meere auf den Grund der Förde. Unbesiegt.

Millionenwerte versinken hier, in der Kieler Bucht, in der Geltinger Bucht, vor Travemünde, vor Wesermünde. Überall vor deutschen Küsten.

Eine Welt zerbricht in denen, die dieser Waffe bis zum bitteren Ende getreu geblieben sind, die nach offiziellem britischen Urteil bis zur letzten Stunde mit seemännischer Disziplin und bewundernswerter Zähigkeit fochten.

Das Boot von Dähne ist das letzte, das in dieser Grabesbucht noch schwimmt. Eine Pinasse kommt in Sicht. Sie läuft in großer Fahrt und mit schäumender Bugsee auf das Boot von Dähne zu. Stabsoffiziere rufen von weitem schon . . .

»Beeilen Sie sich, versenken Sie sofort Ihr Boot.«

Alles sträubte sich bisher in Dähne. Er hat mit der Ausführung dieses Befehls, und er war doch klar und eindeutig genug, bis zur letzten Minute gezögert. Er ringt um einen Entschluß. Um einen Ausweg. Aber wo ist da ein Ausweg für einen Soldaten, der gewohnt ist, einem Befehl zu folgen, auch dann, wenn die eigene Überzeugung und persönliche Gefühle dagegen sprechen.

»Besatzung klarmachen zum Aussteigen. In größter Beeilung.«

Die Männer verschwinden ins Boot. Sie packen ein, was sie gerade greifen können. Völlig wahllos. Völlig sinnlos. Die meisten sehen gar nicht, was sie in ihrer Bestürzung zusammenraffen, weil alles, die nahe und ferne Umgebung nebelhaft vor ihren Augen schwimmt.

Dann steigen sie in die Barkasse über.

An Bord bleiben Dähne, der LI, Oberleutnant Detleffsen, und Hegenbarth, der Obermaschinist. Zu dritt bringen sie schweigend die Sprengladungen an. Einige der Ladungen verbinden sie mit den Torpedoköpfen.

»Wenn schon, denn schon. Nichts soll übrigbleiben. Nichts!« sagt Dähne grimmig. Er zündet selbst die Ladungen an.

»Sieben Minuten. Raus und runter vom Boot.«

»Ich bleibe«, hört Dähne den Obermaschinisten hinter sich. Dähne fährt herum und blickt in das versteinerte Gesicht des Obermaschinisten.

»Hegenbarth, machen Sie doch keinen Unsinn. Damit halten Sie das Rad der Zeitgeschichte nicht auf. Kommen Sie. Los!« Dähne versucht den Obermaschinisten mit sanfter Gewalt voranzuschieben. Aber Hegenbarth widersetzt sich.

»Nein, Herr Kapitänleutnant, der Krieg ist aus. Ich bleibe an Bord. Ich habe der Sache treu und ergeben gedient. In mir zerbricht mehr als eine Weltanschauung. Meine Eltern haben die Russen erschlagen. Ich bleibe.«

»Hegenbarth, daß ein Glaube in Ihnen zerbricht, verstehe ich. Wir haben doch alle im guten Glauben an eine gute Sache unsere Pflicht getan. Was falsch war, beweist erst die Geschichte. Daß vieles falsch war, beweist dieses Ende.«

Dähne sieht, wie Hegenbarth nur mit einem müden Achselzucken antwortet und wie er sich dann blitzschnell umdreht und durch das Turmluk im Boot verschwindet. Dähne sieht ein, daß an dem Vorsatz dieses Mannes nichts mehr zu ändern ist. Aber er versucht es noch mit einem dienstlichen Befehl, der ihm, dem zehn Jahre jüngeren, in dieser Situation so schwer wie nie ein Befehl wird. Dähne entert den Turm.

»Obermaschinist Hegenbarth, ich befehle Ihnen, das Boot sofort zu verlassen. Beeilen Sie sich, oder wir fliegen alle in die Luft . . .«

Der Obermaschinist antwortet nicht. Ins Boot zu steigen wäre glatter Selbstmord. Hegenbarth zu überzeugen, ist sinnlos. So verläßt denn Dähne mit seinem LI das Boot. Ob dies richtig von ihm ist, weiß er jetzt nicht. Sie warten noch in der Pinasse. Es sind peinigende Sekunden. Es sind nur noch ein paar lächerliche Minuten, dann werden die Torpedos hochgehen, und sie werden die Pinasse in tausend Stücke zerfetzen. Der Offizier in der Pinasse hat den Vorgang nicht genau verfolgen können. Er ist der erste, der nach dem Einsteigen der beiden U-Boot-Offiziere ausruft, als Hegenbarth nun wieder auf dem Turm erscheint. »Mein Gott, da ist ja noch jemand auf dem Boot.«

Dähne nickt nur, dann ruft er zu Hegenbarth hinüber. »Kommen Sie, Hegenbarth, kommen Sie doch.«

Der Obermaschinist legt nur seine Hand an die Mütze und rührt sich nicht. Über ihm knattert das rote Tuch der deutschen Kriegsflagge im frühlingshaft unschuldigen Morgenwind.

Der Barkassenführer hat auf Dähnes Befehl den Motor eingekuppelt. Schneller und schneller entfernt sich das kleine Boot. Es ist allerhöchste Zeit, soll es nicht mit all seinen Insassen draufgehen.

Sie lassen Hegenbarth nicht aus den Augen.

Er steht auf dem Turm.

Noch einmal grüßt er zurück. Dann die Kriegsflagge am Sehrohr. In diesem Augenblick verhüllt sich das Boot in seiner ganzen Länge in eine rotdurchflammte Wolke aus Wasser, Sprengstücken und Pulverdampf. Das Wasser stiebt zum Himmel. Eine wütende Detonation zerfetzt noch einmal die Stille der Förde. Dann hören sie in der Pinasse, wie das Wasser rauschend und gurgelnd in sich zusammensackt.

Und dann ist Ruhe.

Nur noch ein Stück des hinteren Bootsteils ist sichtbar. Und auch das verschwindet. U 349 tritt seine letzte Fahrt in die Tiefe an. An Bord bleibt Obermaschinist Hegenbarth, ein Pommer. Oft hatte er sich an die Front gemeldet. Immer wieder bekam er zu hören: »Sie sind nicht mehr der Jüngste. Außerdem brauchen wir solche tüchtigen Leute woanders. Sie sind für die Ausbildung wichtiger, als daß Sie uns draußen draufgehen.«

Seit Wochen hatte Hegenbarth keine Post von seinen Eltern aus Pommern mehr erhalten. Vielleicht hat das seinen Entschluß nur noch verstärkt, seinen Eltern und seinen Kameraden auf See zu folgen, mit denen er kämpfen und auch fallen wollte.

Dähne weiß nicht, was größer in ihm ist. Die Trauer um sein Boot oder die Hochachtung vor dem Hinscheiden eines Mannes, der an dem Sterben seiner geliebten, so gefährlichen Waffe und an dem Ende eines Mythos, dem er gutgläubig, kritiklos und reinen Herzens um seines Vaterlandes willen gedient hatte, zerbrach.

Nur wenige Zeit später geht noch ein anderer aus dem Leben, einer der besten deutschen Seeoffiziere, der letzte Oberbefehlshaber der Kriegsmarine, Generaladmiral v. Friedeburg.

Als Hans Georg v. Friedeburg die Kapitulation unterzeichnete, tat er dies aus dem gleichen Pflichtbewußtsein, in dem er in zwei Kriegen als Offizier seiner Heimat gedient hatte. Es war für den Admiral gewißlich die schwerste Aufgabe in seinem Leben. Es war ein Opfer.

Niemand anders als Dönitz hätte es von ihm fordern können. Die Eiseskälte, die im Hauptquartier des alliierten Oberbefehlshabers den deutschen Offizieren entgegenschlug, bestätigte Generaladmiral v. Friedeburg die ihm schon seit langer Zeit gewordene Erkenntnis, daß im Falle der Niederlage seitens der Alliierten mit einer Behandlung zu rechnen wäre, die nicht den Gesetzen soldatischer Fairneß entsprechen würde.

Schon frühzeitig, schon 1944, wuchs in ihm der Entschluß, sich einer zu befürchtenden schmachvollen Behandlung durch den freiwilligen Tod zu entziehen.

Diese Ansicht entsprach seiner geraden, aufrechten Natur und seiner Auffassung von Ehre und Würde, die ihm in seiner Dienstzeit und besonders in seiner hohen Stellung in der U-Boot-Waffe in diesem Krieg die Achtung und Wertschätzung von Vorgesetzten, Kameraden und Untergebenen sicherte.

Der 23. Mai 1945:

Britische Truppen und britische Panzer umstellen die Enklave Mürwik, in der die »Reichsregierung« in der Sportschule der Marine untergebracht ist.

Generaladmiral v. Friedeburg wird, wie allen anderen Offizieren des Oberkommandos der Wehrmacht, vom Chef des Alliierten Kontrollrates eröffnet, daß er sich als »Kriegsgefangener« zu betrachten habe.

»Machen Sie sich zum Abtransport fertig.«

Dieser Befehl kommt einer Verhaftung gleich.

In Begleitung seines Chefadjutanten, Korvettenkapitän Salmann, begibt sich der letzte Oberbefehlshaber der Kriegsmarine in sein Stabsquartier. Er will sich dorthin begeben.

Auf dem Weg nach dort wird er von Angehörigen der 11. Britischen Panzerdivision, die im Gelände der Marineschule Flensburg aufgestellt ist, angehalten.

v. Friedeburg und sein Adjutant werden aus dem Wagen gezerrt.

Der Wagen wird ausgeplündert.

Ihm selbst reißt man die Orden und Ehrenzeichen von der Uniform. Persönliche Wertgegenstände, die Uhr, die Ringe, selbst der Trauring, werden v. Friedeburg und seinem Adjutanten abgenommen. Dann treibt man sie mit anderen Offizieren auf einer Wiese zusammen.

Wie Verbrecher.

Die Begleitumstände sind so entehrend, so würdelos, so erniedrigend, wie sie v. Friedeburg bei aller Skepsis und Sorge niemals erwartet, niemals für möglich gehalten hätte. Erst nach längeren Schikanen und nach heftigen Protesten seinerseits kann der Generaladmiral zu seinem Dienstsitz weiterfahren.

Die Fahrt dorthin gleicht einem Viehtransport.

v. Friedeburg findet nach diesen praktischen Erfahrungen als »Kriegsgefangener« seine düsteren Erwartungen nicht nur in vollem Maße bestätigt, sondern erschauernd übertroffen. Sein schon lange vorher gefaßter Entschluß erscheint ihm nicht nur gerechtfertigt, sondern die einzige Möglichkeit zu sein, sich weiterer schamloser, entwürdigender Behandlung zu entziehen.

In seinem Quartier angekommen, verabschiedet er sich von seinem jüngsten Sohn. Ihm überträgt er seine letzten Grüße an seine Frau und an seinen ältesten Sohn.

In voller Klarheit und in voller Absicht ist er bereit, aus dem Leben zu scheiden.

Generaladmiral v. Friedeburg zieht sich in das Badezimmer zurück. Er nimmt Gift. Das ist die einzige und seiner Ehrauffassung letztmögliche Konsequenz nach einer Behandlung, mit der der Gegner sich selbst befleckt.

Britischen Soldaten bleibt es vorbehalten, den Leichnam des Oberbefehlshabers der deutschen Kriegsmarine zu plündern.

Wütend über den Freitod v. Friedeburgs, wütend darüber, um den Triumph seiner Gefangennahme und seiner erhofften Aburteilung gebracht worden zu sein, laden britische Soldaten den seiner Kleider beraubten Leichnam am Nachmittag dieses Tages auf einen englischen Truck und fahren ihn ab.

Ein Sturm der Entrüstung und der Empörung brandet auf.

Deutsche Seeoffiziere werden bei der Royal Navy vorstellig. Die britische Marine ist ebenso entsetzt. Sie entschuldigt sich. Sie sorgt für die Beendigung der unwürdigen Szenen britischer Heeressoldaten. Und sie sorgt dafür, daß die gestohlenen Sachen zurückgegeben werden, mehr noch, sie tritt dafür ein, daß die sterblichen Überreste Generaladmiral v. Friedeburgs freigegeben werden und daß der alliierte Kontrolloffizier seine Genehmigung für eine ehrenvolle Beisetzung des letzten Oberbefehlshabers der Kriegsmarine gibt.

Unter der Teilnahme aller Offiziere findet in der Aula der Marineschule eine Trauerfeier statt. Auf dem Adelbyer Friedhof wird Generaladmiral v. Friedeburg beigesetzt. Admiral Backenköhler widmet v. Friedeburg die letzten Worte der Hochachtung, der Verehrung und der tiefen Trauer.

Mit der Kriegsflagge bedeckt, sinkt der Sarg in die Gruft. Drei Ehrensalven sind der letzte offizielle deutsche Salut dieses Krieges.

Und der letzte scharfe Schuß beendet in diesen chaotischen Tagen das Leben eines Offiziers, der den Tod an den Fronten der Meere hundertfach besiegte: Kapitän zur See Wolfgang Lüth, Träger der Brillanten zum Ritterkreuz mit Eichenlaub und Schwertern.

Aus der Befürchtung heraus, irgendwelche Gruppen könnten Anschläge planen, erläßt Lüth als Kommandeur der Marineschulen in Flensburg-Mürvik einen strengen Befehl, auf jeden, der nicht bei Anruf stehen bleibt, sofort zu schießen.

Am 14. Mai 1945 überquert Lüth in der Dunkelheit selbst das Gelände. Die Sorgen um das künftige Schicksal der Heimat und seiner Kameraden zerquälen ihn. Er ist so intensiv mit seinen Gedanken beschäftigt, daß er den Anruf des Postens nicht hört.

Der Posten sieht nur eine mit schnellen Schritten dahineilende Gestalt, die auf seine Frage nach der Parole nicht reagiert.

Und er schießt, wie Lüth es befahl.

Der erste Schuß trifft tödlich.

Kapitän zur See Wolfgang Lüth ist das letzte Opfer aus einer Waffe aus deutscher Hand.

So endet das Ringen der Schlacht um den Atlantik mit einem tragischen Irrtum.

So, wie es mit einem Irrtum begann, als Lemp die »Athenia« mit einem Hilfskreuzer verwechselte und versenkte.

Auf dem Boden seiner besiegten, zertrümmerten Heimat wird Wolfgang Lüth ausgelöscht, als bedürfe die Zukunft seiner nicht mehr, ihn, das Vorbild des deutschen Seeoffiziers, immer Mensch und Kamerad zu seinen Männern, über die er sagte: »Wir müssen sie nur achten und gern haben!«

Kaum ist die Kapitulation in Kraft getreten, beginnt unter den Alliierten ein Run nach einem Deutschen. Französische, russische, amerikanische und britische Geheimdienste suchen den deutschen Professor Helmut Walter. Sein Name steht mit an der Spitze jener Fahndungslisten, in denen die noch nicht festgenommenen Reichsleiter, Gauleiter und die anderen verantwortlichen Männer der Regierung und der

Wehrmacht stehen. Diesen Walter zu erwischen, ist den Alliierten nicht minder wichtig wie die Jagd nach dem untergetauchten Reichsführer SS Himmler. Man sucht diesen Walter aber nicht als Kriegsverbrecher, man sucht den Erfinder und Konstrukteur jener deutschen Wunder-U-Boote, von denen die Amerikaner in der Halle eines Salzbergwerkes bei Blankenburg ein 1:1-Holzmodell des großen Walter-Bootes vom Hochseetyp XXVI fanden und die Briten vor Cuxhaven das frontklar gewesene Boot U 1407 vom Typ XVII B entdeckten.

Korvettenkapitän Chapman ist einer der britischen Seeoffiziere, die auf die Jagd nach den deutschen Walter-U-Booten angesetzt sind. Im Schlamm von Cuxhaven spürt er eines der von Oberleutnant (Ing.) Grumpelt gesprengten und versenkten beiden Boote dieses revolutionierenden U-Boot-Typs auf.[1]

1 Diese Walter-Frontboote vom Typ XVII B sollten ursprünglich im Juni 1944 in Dienst gestellt werden. Ihre Fertigstellung verzögerte sich aber, wie bereits berichtet, weniger durch die Bombenangriffe auf Werften, Zuliefererindustrie und Transportwege, sondern dadurch, daß die Arbeiter bei Blohm & Voß immer wieder von Bord genommen und anderweitig angesetzt wurden. Erst im Dezember 1944 wurde das erste XVII-B-Boot, U 1405, in Dienst gestellt. Das Boot, das infolge Vergrößerung der Treibstoffbehälter 312 ts (über Wasser) verdrängte, war als erstes Walter-Boot mit einem Sehrohrschnorchel ausgerüstet. Wegen der Frontnähe mußte die Walter-Boot-Gruppe Anfang April Hela verlassen. Sie ging nach Rendsburg. U 1405 machte hier die Restarbeiten, erledigte bei Eckernförde das Torpedoschießen und rüstete danach zum Fronteinsatz aus. Am 5. Mai wurde es von der Besatzung gesprengt. Im April trafen auch die beiden Nachfolgeboote, U 1406 und U 1407, in Rendsburg ein. Die beiden anderen Walter-Boote des gleichen Typs, die Boote U 1408 und U 1409, sind nicht mehr fertig geworden. Sie wurden in Hamburg am Pier gebombt und gesprengt. Gesprengt wurden im Kaiser-Wilhelm-Kanal auch die Schulboote U 792, U 793 und U 795, die in den letzten Tagen als Treibstofftanker fungierten, weil auf »Polyp« die Treibstoffbehälter mit Öl bis zur Halskrause vollgefüllt waren. Die im Bau befindlichen Walter-Hochseeboote vom Typ XXVI wurden in ihrer Bauhalle in Hamburg gebombt und auch nicht mehr fertig. Es handelte sich um die Baureihe U 4501 und U 4600 und um die sistierten Boote U 4601 bis 4700. Dieser Typ hatte eine Wasserverdrängung von 842 ts über Wasser und 926 ts unter Wasser und sollte eine Unterwassergeschwindigkeit von

Das Boot wird gehoben und durch den britischen Kapitänleutnant John Harvey, einen U-Boot-Kommandanten, mit einem alten deutschen Schlepper nach England geschafft. Der an Bord kommandierten deutschen U-Boot-Besatzung wurde die Todesstrafe angedroht, wenn dem Boot etwas passieren würde. Um Haaresbreite wäre die Überführungsfahrt noch schiefgegangen, denn mitten in der Nordsee brach die Schlepptrosse. Ein junger deutscher Seemann sprang über Bord in die frühjahrskalte See und hakte den Rest der Trosse über den U-Boot-Turm fest. Die Situation war gerettet. Der deutsche Schlepperkapitän, ein alter Herr schon, der jahrelang nicht mehr zur See gefahren hatte, steuerte den Schleppzug anhand der erbeuteten, ihm von den Briten zur Verfügung gestellten Minenfelderkarten durch die gefährdeten Gebiete[1].

Der deutsche Oberleutnant (Ing.) Grumpelt wird von den Alliierten festgenommen und wegen der Versenkung der beiden Walter-Boote zu sieben Jahren Gefängnis verurteilt.

Kapitänleutnant (Ing.) Heller bleibt zwar unbehelligt, er wird lediglich verhört und immer wieder verhört. Er weiß nichts. Er zuckt mit den Schultern, als ihn ein britischer Seeoffizier auch wegen der Boote vom Typ XXVI anspricht und erkennen läßt, daß man inzwischen über den von den Eng-

23 Knoten erzielen (11 Knoten über Wasser). Als Bewaffnung waren vorgesehen 10 Torpedorohre (4 Bugrohre und 6 Seitenrohre, die sogenannte Schneeorgel, die durch einen Einbruch in den seitlichen Druckkörper ermöglicht worden war, so daß das Boot beim Angriff über zehn nach vorn zielende geladene Torpedorohre verfügte). Die Fahrstrecke war bei Diesel-Schnorchelfahrt auf 7300 sm bei 10 Knoten berechnet, sie war also noch etwas größer als bei den alten Booten vom Typ VII B und C. Sie sollte mit Walter-Anlagenbetrieb unter Wasser 160 sm betragen (gegenüber 114 sm der Typen XVII B). Als Besatzung waren 35 Mann vorgesehen (Typ XVII 12 Mann).

1 U 1407 wurde 1946 von den Engländern unter dem Namen »Meteorite« in Dienst gestellt und in allen Phasen erprobt. Es fuhr unter dem Kommando von Kapitänleutnant O. Lascelles bis 1950 im Dienst der Royal Navy und wurde der Stammvater von U-Explorer, das von den Briten im Frühjahr 1954 in Dienst gestellt und als das schnellste Unterwasserfahrzeug bezeichnet wird.

ländern nach England geschafften Professor Walter und die in Blankenburg gefundenen Unterlagen[1] bereits alle wichtigen Einzelheiten dieses Typs studiert hat.

»Ein Glück«, sagt der britische Offizier, »daß diese Boote nicht mehr eingesetzt werden konnten. Wir hätten im Krieg nichts mehr gegen sie tun können. Zwei Jahre früher an die Front gebracht, wäre eine Invasion unmöglich gewesen, und im Atlantik hätten die Deutschen wieder, und diesmal vernichtend für uns, die Offensive an sich gerissen. Die Katastrophe wäre über uns genauso hereingebrochen wie jene über die deutschen U-Boote im Mai 1943.

Zu spät, Mister Heller. Ein Glück für die Welt. Eine Fügung Gottes.

Noch eine Frage, Mister Heller, wie stand es mit der Ortung? Sie leiteten doch das Erprobungskommando?«

Zum Teufel, denkt Heller bei sich, was weiß der über unsere letzten Versuche ...

Das war damals. Heller hatte es keine Ruhe gelassen, warum die Gruppenhorchgeräte bei den Meilen-Meßversuchen mit U 793 nicht funktionierten. »Die beiden auf den Endpositionen der Meßstrecke liegenden U-Boote der alten Typen können doch unmöglich in einem toten Winkel gelegen haben«, überlegt er immer wieder.

Er fuhr im Rahmen der weiteren Erprobung mit U 793 nach Nexö auf Bornholm, wo alle Boote nach ihren Unterwassergeräuschen, vor allem bei Schleichfahrt, getestet wurden.

U 793 lief durch die Strecke. Bei den Abhorchversuchen bekamen die Horcher an den Geräten keinen Laut zu hören. Sie hörten nur kurz ein sonderbares schnaufendes Geräusch, aber nicht das typische Mahlen der Schrauben.

Heller probte das Boot bei allen hohen Fahrtstufen, die

1 Die Amerikaner haben bei ihrem Rückzug aus dem Ostharz übrigens das Modell vergessen abzubauen. So fiel es den Russen in die Hände, die, wie zuverlässig bekannt wurde, diesen Typ sogar weiterentwickelt haben.

die Walter-Anlage hergab, durch. Die Peilung blieb aus. Die Geräusche waren so schwach und so unklar, daß von einer brauchbaren Peilung überhaupt nicht mehr gesprochen werden konnte.

Das war unfaßbar. Das war etwas, womit niemand in den kühnsten Träumen gerechnet hatte. Auch Professor Walter nicht.

Nur das konnte es sein: Durch das gut ausgebildete schlanke Heck strömte das Wasser der Schraube wirbelfrei zu, und durch die gut ausgebildeten Ablaufflächen der Schrauben war bei niedrigen Fahrtstufen das übliche mahlende Geräusch nicht zu hören. Bei hoher Fahrt der Walter-Anlage überschattete das Gemisch von CO_2 im Wasser diese Geräusche. CO_2 verließ das Boot Achterkante Turm durch große Siebflächen und hüllte den Heckteil, also die Geräuschquelle, in ein Gas-Wasser-Gemisch ein, das die Hauptgeräusche dämpfte, denn Gase leiten den Schall schlechter als Wasser.

Und man stellte weiter fest: Der neue Typ XVII war durch dieses Gaskissen auch gegen die Asdic-Unterwasserortung unempfindlicher geworden. Die Asdic-Strahlen wurden zum größten Teil aufgesogen. Die Impulse waren schwächer als sonst ...

So war das damals ...

Heller spielte den Gleichmütigen, als ihm der britische Offizier jetzt diese Frage stellt. Ist diese Frage wohl überlegt ... oder ...?

»Was soll schon mit der Ortung gewesen sein, Captain? Sie sprach auch bei den Walter-Booten wie sonst an, die Geräuschortung wie die Asdic-Ortung.«

»Sooo?« sagt der britische Kapitän gedehnt und sieht Heller lange und durchdringend an. »Na schön. Sie können gehen. Sie sind frei.«

Am 21. Juni 1945 ziehen außerhalb von Flensburg um ein

einsames, zwischen Sanddünen gelegenes Tal Posten auf. Mann neben Mann, so bilden sie einen schweigenden Ring, eine stumme Mauer um einen Platz, an dem um Mitternacht ein Holzfeuer auflodert. Die flackernde Rotglut beleuchtet eine kleine Gruppe von Männern, einen U-Boot-Kommandanten, einen Leitenden Ingenieur, einen Seemann und einen Heizer. Diese vier tragen das Tuch der letzten Kriegsflagge, für das 32000 deutsche U-Boot-Männer fielen, auf den Scheiterhaufen.

Die Männer hören die Worte.

»Unsere gefallenen Kameraden haben das Beste gegeben, was ein Soldat zu geben vermag: Gehorsam und Treue.

Nicht am 9. Mai, Kameraden, heute, jetzt in diesem Augenblick ist für uns U-Boot-Männer der Krieg wirklich und endgültig zu Ende. Nicht nur der Krieg ...«

Das brennende Holz knistert und kracht, Funkengarben sprühen in die Nacht, und die roten Flammenzungen verzehren den blutroten Stoff der letzten Flagge dieses Krieges. Ein weicher, warmer Wind trägt die Asche in die Nacht, die keine Antwort gibt auf die bange Frage um das Schicksal der geschlagenen deutschen Heimat.

In dem Prozeß des Internationalen Militärgerichtshofes in Nürnberg wird die deutsche U-Boot-Waffe freigesprochen. Trotz aller juristischen Bemühungen und der Masse der detaillierten Beweiserhebungen.

Am 6. Oktober erklärt Großadmiral Dönitz nach dem Urteilsspruch:

»Die deutsche Seekriegführung steht vor der Geschichte makellos da. Jeder Marinemann kann stolz sein Haupt hochhalten. Das ist bei der Flut der Anschuldigungen, die das deutsche Volk und die deutsche Kriegführung unberechtigt und berechtigt jetzt zu erleiden haben, von großem Wert.

Gegenüber diesem Sieg, der für das Ansehen der Kriegsmarine erfochten wurde, verschwindet die Bedeutung meines eigenen Schicksals.«

Inzwischen sind Jahrzehnte verflossen.

Amerikanische und englische Veröffentlichungen über den letzten Weltkrieg, gleich ob es sich dabei um kriegswissenschaftliche oder um andere Publikationen handelt, würdigen den tapferen und selbstlosen Opfergang der deutschen U-Boot-Waffe und ihren unsterblichen Ruhm. Diese Betrachtungen sind von größter Hochachtung und uneingeschränktem Lob getragen.

Und Churchill, einst der härteste und konsequenteste Gegner der »Grauen Wölfe« auf den Meeren der Welt, beendete seine in allen sechs Bänden seiner Erinnerungen die deutsche U-Boot-Waffe und ihre Männer behandelnden Abschnitte im letzten Band mit der Feststellung:

»Such was the persistence of Germany's effort and the fortitude of the U-Boat service.«[1]

Daß wir Deutschen dies auch anerkennen, erfordert die Ehrfurcht und die Dankbarkeit vor den gefallenen Männern im grauen Lederpäckchen, vor den Opfern des letzten Weltkrieges schlechthin.

1 »Derartig war die Beharrungskraft der Anstrengungen Deutschlands und die Seelengröße der U-Boot-Waffe.«

Anhang

Anhang I

Nachtrag 1 (siehe Seite 5): Nachwort zum Vorwort zu »Die Wende im U-Boot-Krieg. Ursachen und Folgen 1939 bis 1943«

Was sich im Hintergrund wirklich abspielte, behandelt der Verfasser in einem gesonderten Band unter dem Titel

Die Wende im U-Boot-Krieg
Ursachen und Folgen 1939–1943
Koehlers Verlagsgesellschaft mbH, Herford 1984
Als Taschenbuch im Heyne Verlag, München; 1989

Hier werden mit gebotener Gründlichkeit untersucht:

- Wie und warum es dem Gegner gelang, in den Geheimcode des deutschen Marineschlüssels »M« einzubrechen und so auch den Funkverkehr zwischen der Leitstelle und den U-Booten »mitzulesen«. Dieses hatte zur Folge, daß die oft bis zu 70 Frachtschiffe starken Konvois rechtzeitig umgeleitet werden konnten, weil der Einsatzort der U-Boot-Rudel bekannt war. Gleichzeitig konnten so auch die in Rudelbereitstellung aufmarschierten U-Boote durch die praktisch täglich stärker werdenden See- und Luftstreitkräfte gezielt bekämpft werden.
  Hierzu ist noch zu ergänzen, daß der Gegner den Einbruch in den U-Boot-Code einer ihm sich zufällig bietenden Gelegenheit verdankt, nämlich der Erbeutung von *U 110* am 9. Mai 1941. Das Boot war durch Wasserbomben zum Auftauchen gezwungen worden und mußte verlassen werden. Die Briten entsandten ein Prisenkommando und hatten das Glück, *U 110* noch vor dem Versinken zu entern.

Sie stoppten den Sinkprozeß und erbeuteten sämtliches Geheimmaterial, darunter die Schlüsselmaschine »M« sowie den nicht minder wichtigen Tagesschlüssel für die nächsten Wochen, wodurch sie für diese Zeit sogar unmittelbaren Zugang zum Inhalt der U-Boot-FTs hatten. Zu diesem Komplex, der selbst zwei Jahrzehnte nach dem Kriege geheim blieb, bleibt noch zu offenbaren: Auch die Besatzungsmitglieder des britischen Eskorters und des Prisenkommandos, die Zeugen von der Erbeutung des deutschen U-Bootes und seiner Ausbeutung waren, hielten dicht wie ein Banksafe. Bis zur Freigabe dieser Tabus wurde als offizielle Lesart vertreten und publiziert, daß der Kommandant von *U 110*, Kapitänleutnant Fritz Julius Lemp, bei dem Versuch ertrunken sei, zu seinem Boot zurückzuschwimmen, als er sah, daß die auf *U 110* beim Verlassen des Bootes eingeleiteten Selbstversenkungsmaßnahmen nur sehr langsam zum Sinken des Bootes führten, wenn überhaupt. Lemp wollte, wie er seinem IWO Löwe im Wasser zurief, zum Boot zurück, offenkundig, um die nicht funktionierende Selbstversenkung zu beschleunigen, das um so mehr, als er sah, daß auf dem inzwischen herangelaufenen Zerstörer (es handelte sich um die *Bulldog*) ein Boot ausgesetzt wurde. Nach einer amerikanischen Information, die wiederum aus den britischen Top-Secret-Akten stammt (siehe auch das maritim-wissenschaftliche Magazin SCHIFF UND ZEIT[1] 24/1986), wurde Lemp, noch im Wasser schwimmend, von Männern des Prisenkommandos mit Maschinenpistolen erschossen, eine Maßnahme, die der US-amerikanische Informant und ehemalige deutsche U-Boot-WO Peter C. Hansen als eine »gerechtfertigte Tötung« wertet. – Schließlich, so Hansen, sei dadurch dem Gegner, also den Briten, die Möglichkeit geboten worden, die deutschen Schlüsselmittel zu erbeuten. Das war eine derart kriegswichtige Konfrontation, die eine (Not-)Maßnahme der militärischen Ausschaltung des im Wasser schwimmenden, an einer weißen Mütze zu identifizierenden U-Boot-Kommandanten rechtfertigte.

Kapitän z.S. a.D. Karl-Friedrich Merten, Ex-Kommandant von *U* 68, verurteilt diese Erschießung des unbewaffneten, im Wasser wehrlosen Kapitänleutnants F. J. Lemp als Mord, eine Feststellung, der sich zahlreiche U-Boot-Fahrer anschließen. Der Marinehistoriker Kapitän z.S. Rolf Güth hat sich mit seinen Crew-Kameraden über den »Fall Lemp« unterhalten. Die Meinungen sind auch hier divergent. Der Bogen spannt sich von empörter Abscheu bis zu der sophistischen Feststellung hin, ». . . die tödliche Behinderung von Lemp als einen für die Briten gegebenen nationalen Notstand zu werten«.

Der Kölner Jurist und Präsident der Deutschen Marine Akademie, Professor Dr. Hanswilly Bernartz, attestiert den Briten, die Lemp im Wasser erschossen, »übergesetzlichen Notstand, dem das geringere Rechtsgut dem Interesse des höheren Rechtsgutes weichen muß«.

Der Neuamerikaner und ehemalige U-Boot-WO P. C. Hansen, mit der anglosächsischen Mentalität vertraut geworden, glaubt zudem, die Erschießung mit der typisch britischen Maxime RIGHT OR WRONG – MY COUNTRY erklären zu können.

Die Folgen der Erbeutung der deutschen Schlüsselmaschine »M« wie

1 Herausgeber ist die »Deutsche Gesellschaft für Schiffahrts- und Marinegeschichte« (DGSM), eine vom Autor Jochen Brennecke gegründete Interessen- und Arbeitsgemeinschaft. Das Magazin SCHIFFE UND ZEIT erscheint zweimal im Jahr (80 Seiten) in Koehlers Verlagsgesellschaft mbH, Herford.

auch des auf einige Wochen befristeten Tagesschlüssels waren vor allem, daß die Briten nach der Decodierung der U-Boot-Funksprüche und den Positionsangaben in der ebenfalls erbeuteten geheimen Marinequadratkarte ihre Geleitzüge vor sich aufbauenden Angriffsrudeln der U-Boote umlenkten, so daß die U-Boote in »Leere« vorstießen. Die U-Boote suchten, wie hier in JÄGER/GEJAGTE beschrieben, vergeblich. Sie suchten, suchten und suchten und erschöpften ihre Kräfte, die physischen, psychischen und auch die technischen Kapazitäten, wie vor allem den Treibstoff.

Hier seien gleich noch einige weitere Fakten aufgegriffen, die in dem Buch später zur Debatte stehen, aber in das Gesamtbild der sich ab Ende 1942 und für das Jahr 1943 abzeichnenden gegnerischen U-Boot-Abwehrmaßnahmen gehören.

- Unbekannt blieb auch für lange Zeit, auf welcher Welle der Gegner mit seinem neuen Radargerät ASV III vor allem von Flugzeugen aus arbeitete. Die Folge war daher eine monatelange »Abwehr« über deutsche Funkmeßbeobachtungsgeräte (FuMBs) auf falschen Frequenzen, die verständlicherweise keine Resultate, sondern nur neue, weitere Opfer an U-Booten und Besatzungen brachte. Als endlich die wahre Wellenlänge der neuen Radargeräte erkannt wird, sind die Verluste kaum noch auszugleichen. Außerdem werden die deutschen Funkmeßwissenschaftler und Techniker mit dem Problem konfrontiert, ein Funkmeßbeobachtungsgerät (= FuMB) für das auf der 10-cm-Welle arbeitende britische ASV-III-Gerät (das obendrein noch ein Panorama-Sichtgerät ist) entwickeln zu müssen, damit die U-Boote rechtzeitig gewarnt werden und sich rechtzeitig in Sicherheit bringen können. Welch eine Aufgabe, in kürzester Frist ein solches Gerät zu bauen, zu erproben und in Serie zu geben, auch dann, wenn man weiß, daß ein FuMB für Zentimeterwellen schon einmal (bei Pintsch, 1934) in der Entwicklung war, dann aber storniert werden mußte: Die oberste Führung erlaubte nur noch Entwicklungen, die in einem halben Jahr eine serienreife Fertigung versprachen. Die deutschen Ingenieure standen jedenfalls an Leistungsbereitschaft und Leistungswillen den Männern im grauen Lederpäckchen nicht nach.
- Ferner: Der Gegner arbeitete neuerdings mit an Bord seiner Eskorter montierten HD/HF (Huff-Duff genannten) Peilgeräten, mit denen die Kurzwellenfunksprüche sich zum Angriff sammelnder U-Boote in 25-sm-Umkreis eines Konvois eingepeilt werden konnten. Auch hier handelte es sich um ein Panoramagerät für die Rundumsicht. Auch diese wirksame Hochfrequenzwaffe, die den Gegner auf die Positionen der Rudel- oder auch Einzel-U-Boote anhand deren eigener FTs hinwies, blieb den Deutschen bis zum Kriegsende unbekannt. Erstmals haben wohl Besatzungsmitglieder deutscher Südostasien-U-Boote von der Existenz dieses Gerätes erfahren, als sie nach der deutschen Kapitulation während ihrer Gefangenschaft im »Südost-Raum« von den Briten für Reparaturen usw. an Bord britischer

Kriegsschiffe herangezogen wurden, siehe auch des Verfassers Buch: »Haie im Paradies«, dessen Neuauflage ebenfalls in Vorbereitung ist.

- Die U-Boot-Abwehr der Alliierten wurde – ohne durch Luftalarme und Bomben behindert zu sein – durch die am Fließband in großer Zahl hergestellten Escort Aircraft Carrier, den CVEs, auch in Seeräumen wirksam, die bisher von landgestützten Flugzeugen nicht kontrolliert und gesichert werden konnten. Die Tragweite des Systems der Support Groups, denen diese CVEs zugeteilt wurden, wurde seinerzeit nicht erkannt, und inzwischen drückten die Flugzeuge der CVEs U-Boote in großflächigen Räumen unter Wasser, bis zur Erschöpfung, die zum Auftauchen zwang, preisgegeben der Vernichtung.
- Zur U-Boot-Abwehr gehören auch die Geleitsicherungsfahrzeuge, auch sie laufen vom Fließband von Stapel, auch hier behindern den Gegner keine Bombendrohung aus der Luft und (!) keine Engpässe an Rohstoffen und Fachpersonal.
- Es kamen noch viele weitere Maßnahmen hinzu, die hier im Detail nicht genannt werden können, so zum Beispiel die von der typisch amerikanischen Ökonomie bestimmten Taktiken der Amerikaner, etwa vor allem die U-Boot-Tanker und die Hilfstanker bevorzugt zu versenken. Die Folgen allein dieser Operation waren katastrophal. Da ist weiter, ein anderes Beispiel, die Bay-Operation, die den U-Booten galt, die aus den Biskaya-Häfen ausliefen oder nach der Feindfahrt nach dorthin heimkamen. Der BdU Dönitz sprach vom Verrat in internsten Kreisen. Es war kein Verrat, es war ein raffiniertes, ökonomisch fundiertes alliiertes System, dem über zwei Dutzend U-Boote in kurzer Frist zum Opfer fielen.
- Ein Kapitel für sich sind die U-Boot-Abwehr und die alliierte Wissenschaft, zum Beispiel ASDIC und dessen Töchter.
- Schließlich und endlich waren die Karten aufgedeckt, was der Gegner wirklich wußte, wo deutsche Stellen annahmen, daß er es nie wissen konnte. Hierzu gehörte (zum Beispiel) die neue Geheimwaffe »Zaunkönig«: Beim rudelmäßigen Einsatz des technisch T 5 genannten neuen akustischen Torpedos hatte der Gegner nicht nur eine von den Deutschen viele Monate nicht erkannte Abwehrwaffe gegen den »Zaunkönig«: eine nachgeschleppte Geräuschboje (auch Rabbatzboje genannt), in der ein Drehmechanismus die akustischen Frequenzen von schnellaufenden Zerstörer-(oder Fregatten-)Schrauben erzeugte und damit (die Briten nannten dieses Täuschungsgerät Foxer) den T 5 auf sich zog und vor dem eigentlichen Ziel, den Zerstörerschrauben mitsamt dem Achterschiff, detonieren ließ. Der deutsche »Zaunkönig« war den Briten also kein Geheimnis, mehr noch, sie hatten inzwischen nicht nur ein Abwehrmittel, sondern auch einen eigenen akustischen Torpedo, Fido genannt, entwickelt; aus Flugzeugen wegtauchenden U-Booten ins Kielwasser nachgeworfen, war er eine absolut tödliche Waffe.

Auf die Frage, warum die deutschen Stellen den Einsatz der verschiedenen, meist unbekannt gebliebenen Gegnermaßnahmen nicht erkannten, versucht der Autor eine Antwort zu geben. Nicht selten war die gute alte Maxime die tiefere Ursache: Was nicht sein darf, kann auch nicht sein. Eine der Ursachen war wohl auch jener bürokratisch lahme Trott, der keine Konkurrenz zu fürchten hatte. Eine andere Ursache, beim Hochfrequenzgebiet, waren die im Dritten Reich ausgeschalteten Funkamateure, Fanatiker meist, die keine Bürostunden kannten. Eine wesentliche Ursache ist vor allem in der Personallage und in der Personalnot in technisch-wissenschaftlichen Bereichen zu suchen. Dieser Krieg war nach den ersten großen Anfangs- und Überraschungserfolgen – auf die Dauer gesehen – personell eine Nummer, nein, besser, sogar mehrere Nummern zu groß. So ist denn auch die Personallage hinsichtlich der U-Boot-Neubauten am Ende ein schwerwiegendes Problem, allein durch die Abgänge durch praxiserfahrene U-Boot-Asse und deren eingefahrene Besatzungen. Doch mehr auch darüber in

Die Wende im U-Boot-Krieg.

Anhang I

Nachtrag 2 (siehe Seite 200): Kapitän z.S. a.D. F.-G. Reschke, Ex-Kommandant U 205, stellt richtig

Franz-Georg Reschke, Kapitän zur See a.D., am 18. März 1984, in einem Brief an den Autor:

»Als früherer Kommandant des im Mittelmeer eingesetzten Bootes *U 205* habe ich mit großem Interesse Ihr Buch JÄGER/GEJAGTE leider erst jetzt gelesen. Es war die 6. Auflage. Ihre Darstellungen des Kriegsgeschehens an Bord der U-Boote erfahren Lob und Anerkennung. Ich schließe mich der Bewertung uneingeschränkt an. – Da Ihnen darüber hinaus Gewissenhaftigkeit und Objektivität bescheinigt werden, erlauben Sie mir bitte, im Interesse des Leserkreises, zu dem auch die Männer meines Bootes *U 205* gehören, zum Kapitel »*U 81* versenkt ein Luftgeschwader« aufgrund persönlichen Erlebens aus meiner Sicht Stellung zu nehmen.

Zunächst ein Fehler Ihrerseits auf Seite 120. Kommandant des Bootes, das einen Tag vor Guggenberger die Gibraltarenge bei Nacht und Überwasser durchfuhr, war unser Boot *U 205* unter Kapitänleutnant Reschke und nicht Bügel, der das Boot erst Ende 1942 vom Unterzeichneten übernahm . . .

Der Matrosengefreite Weise von *U 205* sichtet den gemeldeten britischen Großverband am 13. November morgens um 04.00 Uhr am dunstigen, mondbeschienenen Horizont. Ich lasse sofort die Fühlungshaltermeldung durch Funk abgeben, um auch Guggenberger, der westlich von uns stehen mußte, ans Ziel kommen zu lassen. Trotz Höchstfahrt gegen starken westlichen Wind kann *U 205* die Entfernung zum Gegner kaum verringern. Eine günstige Zackwendung des Verbandes um etwa 90 Grad nach Steuerbord bringt mein Boot auf eine noch zulässige Schußentfernung heran. Ein Dreierfächer verläßt die Rohre. Auf halber Laufstrecke der Aale verkündet eine unvermutete Feuersäule einen Treffer auf einen vermutlichen Bewacher, dessen Verlust später der B-Dienst als *Lady Glacis* bestätigt. Kurz vor beendeter Torpedolaufstrecke lassen zwei harte metallische Aufschläge zwei weitere Treffer vermuten. Bestätigt oder als Treffer anerkannt wurden sie jedoch nicht. Noch heute erscheint es mir aber zweifelhaft, daß *U 81* am gleichen Tage nachmittags mit nur einem Treffer auf den Träger *Ark Royal* ein so großes Schiff zum Sinken gebracht haben sollte. Die nach unserem Angriff einsetzende 14stündige Wabo-Verfolgung war jedenfalls nicht weniger dramatisch als bei *U 81*.«

In der von Rohwer 1983 herausgegebenen Dokumentation AXIS SUBMARINE SUCCESSES 1939–1945 heißt es in der Fußnote[5]) für *U 205* (Reschke) für den 13. November, Uhrzeit 05.06:

U 205 fired a 3-torpedo spread against the *Ark Royal* and observed a flash of fire after a run time of 3 min 29 sec. Two additional detonations were heard after 8 min 54 sec. A hit on the nearest destroyer and two hits on the carrier were assumed.

U 81 fired a 4-torpedo spread against the battleship *Malaya* in the force and heard two detonations after run times of 6 min 6 sec and 7 min 43 sec. In reality one torpedo from *U 81* hit the *Ark Royal*. She sank under tow 25 miles east Gibraltar on November 14th at 0613 GMT.

Der obige zusätzliche Bericht beruht auf Unterlagen der »British and American documents« wie auch der »Allied and Axis countries war diaries, personal interviews, code breaking material, shipping lin documents and much more«.

Anhang I

Nachtrag 3a (siehe Seite 329): Der »Waas-Bericht« über eine Geheimkonferenz bei Hitler mit Dönitz, Raeder und Waas über das Walter-U-Boot und auch den »Fall Laconia«

In seinem Bericht »Zeitzeuge zum Walter-U-Boot-Bau und zu den Laconia-Fall-Folgen – Privates Protokoll über eine Besprechung über den U-Boot-Krieg bei Hitler in der Reichskanzlei im Herbst 1942 und seine Bedeutung für den weiteren Kriegsverlauf; anwesend: Hitler, Dönitz, Raeder, Waas« befaßt sich der Autor. Ministerialdirigent a.D. Dr.-Ing. E.h. Heinrich Waas, Bonn-Bad Godesberg, auch mit der Diskussion zwischen Hitler und Dönitz über den »Laconia-Fall«. Nachstehend der im maritim-historischen Magazin SCHIFF UND ZEIT Nr. 26/1987 erschienene Bericht im Auszug zum Thema (die unterstrichenen Zeilen sind vom Autor bei der Besprechung wortwörtlich notiert worden und erhalten geblieben):

Hitler fuhr fort: »Jetzt komme ich aber auf eine Sache zu sprechen, die wir in den letzten Tagen über Fernschreiber und Telefon behandelt haben. Die Laconia-Affäre. Die Rettung von Besatzungen sinkender feindlicher Schiffe ist nicht nur eine Gefährdung des U-Boots wegen der immer drohenden Luftangriffe, sie paßt auch nicht in unser Ziel im U-Boot-Krieg. Wir müssen vor Augen haben, was es für die Stimmung im Feindesland bedeutet: Wer für England fährt, fährt in den Tod.« Hier wurde Hitler heftiger: »Es ist Unsinn, den Schiffbrüchigen in ihre Boote noch Lebensmittel hineinzureichen, wie ich gehört habe, oder sie mit Segelanweisungen für die Heimkehr zu versehen. Ich ordne hiermit an: <u>Schiff und Besatzungen sind zu vernichten, auch Besatzungen, die sich in Rettungsbooten befinden.«</u>

Dies sprach Hitler in hartem Befehlston. Keitel, neben Hitler stehend, zog ein Notizbuch heraus, legte es auf den Tisch, beugte sich darüber und schrieb diesen Befehl Hitlers auf. Nach einem kurzen, allgemeinen Schweigen sagte Hitler, jetzt wieder ganz ruhig: »Was gibt es noch für Vorkommnisse?«

Da trat Dönitz von der Tischkante einen Schritt zurück, nahm militärische Haltung vor Hitler an und sagte: <u>»Nein, mein Führer. Es verstößt gegen die Ehre eines Seemanns, auf wehrlose Schiffbrüchige zu schießen.</u> Ich kann einen solchen Befehl nicht geben.

Meine U-Boot-Männer führen als Freiwillige einen Kampf mit schwersten Verlusten im Bewußtsein, für eine gute Sache anständig zu kämpfen. Ihre Kampfmoral würde durch diesen Befehl untergraben. Ich bitte, von diesem Befehl abzusehen.«

Hitler, in ruhigem Ton in seine Wiener Mundart verfallend: <u>»Machen Sie, was Sie wollen, aber keine Hilfe und Segelanweisungen mehr.«</u>

Keitel zog sein Notizbuch wieder heraus und strich die vorher notierten Sätze aus. Bei dieser Episode sprachen nur Hitler und Dönitz, kein anderer aus der Runde.

Die Lage des U-Boot-Krieges Herbst 1942

Dönitz trug nun vor. Das Thema war: Die Luftbedrohung über dem Hauptkriegsschauplatz Atlantik wird immer stärker. Wir müssen in den Bereichen kämpfen, die weit genug von den Luftstützpunkten der Alliierten entfernt sind, jetzt also vorwiegend nur noch in der Mitte des Atlantiks. Die zu erwartende Steigerung der U-Boot-Zahlen läßt eine Verbesserung des Erfolgs hoffen. Ferner soll die Flakbewaffnung verstärkt werden. Hitler regte ein Täuschungsmanöver an. Das getauchte U-Boot solle kleine Ölbehälter an Deck mitführen, die bei Wasserbombenangriffen durch Schiffe oder Flugzeuge durch Druckwellen brechen und Vernichtung des U-Bootes vortäuschen.

Hitler im Wortlaut: »Gegner sieht Ölblubber und meldet: ›U-Boot versenkt . . .‹ Solche Irreführung kann nützlich sein.«

Dönitz widersprach diesmal in gelassenem ruhigen Ton: »Solche Täuschungsmanöver hätten nur Sinn, wenn dadurch direkt oder indirekt ein gegnerisches Schiff versenkt werden könnte. Nur darauf kommt es an.« Hitler hielt scherzend seinen Vorschlag nicht aufrecht. [19]

Auf der großen Atlantikkarte, die auf dem Tisch ausgebreitet war, erläuterte Dönitz die einzelnen Operationen der letzten Zeit. Abschließend fuhr er aber in pessimistischem Ton fort: »Die gegnerische Luftmacht über dem Atlantik wird wachsen. Bald wird auch die Mitte des Atlantiks von ihr beherrscht werden. Von unserer Seite muß etwas geschehen, um die U-Boot-Waffe wieder wirksam zu machen.«

Hitler meinte, die feindliche Luftwaffe würde Schwierigkeiten haben, die See so weit von Stützpunkten entfernt noch beherrschen zu können.

Hinsichtlich der Fähigkeiten der USA, ihr gewaltiges Schiffsbauprogramm zu erfüllen, sprach Hitler sich sehr skeptisch aus: »Die kapitalistische US-Wirtschaft hat ihre Produktionsfähigkeit auf Friedensbedarf eingerichtet und nicht auf solch großen Kriegsbedarf. Kein Kapitalist investiert mehr, als er für Friedensbedarf braucht.«

Anhang I
Nachtrag 3b (siehe Seite 329: Des Gegners Fairneß: Die überlebende Miss D. M. Hawkins über die U-156-Besatzung

Nachstehend noch ein Zitat zum »Fall Laconia«, das nach dem Verfasser von dokumentarischer, weil ehrlicher Aussage ist, nachzulesen in dem Buch von Doris M. Hawkins, S.R.N., S.C.M., das unter dem Titel ATLANTIC TORPEDO erschien und von dem einzigen weiblichen Überlebenden von Bord der *Laconia* stammt. D. M. Hawkins wurde nach der Torpedierung der *Laconia* zunächst von den U-Boot-Männern aus dem Wasser gefischt, versorgt und einem offenen Rettungsboot übergeben, aus dem sie mit anderen Überlebenden nach 27 Tagen geborgen wurde. Das oben genannte Buch wurde 1943 im Verlag Victor Gollancz LTD veröffentlicht und erschien 1969 als Reprint im Verlag Cedric Chivers LTD, Portway Bath.

In ihrem Vorwort sagt die Autorin, sie habe diesen sachlich-nüchternen Bericht (plain account) geschrieben, damit jene Landsleute, die das Glück hatten, zu Hause zu leben, erfahren, was andere während des unbarmherzigen U-Boot-Krieges (ruthless submarine warfare) an menschlichen Leiden zu ertragen hatten. ». . . Ich hoffe, daß dieser Bericht zu größeren Anstrengungen derer anspornen möge, in deren Händen die Produktion von jenen Waffen liegt, welche die einzige Antwort auf die uneingeschränkten Versenkungen der Nazis sind (which are the only answer to the Nazi unrestricted sinkings).«

Nach einschränkenden, zeitgemäßen Allgemeinplätzen zur Beurteilung des U-Boot-Krieges und der Offiziere und Männer, die gezwungen waren, ihn zu führen, heißt es:

»Sogar in der Mitte des Krieges muß man die Menschlichkeit dankbar anerkennen, die uns Überlebenden durch das Personal der deutschen U-Boot-Waffe, die uns aus dem Wasser herausholten, zuteil wurde. Ich werde immer dafür dankbar sein, obgleich ich weiß, daß der deutsche Kapitän, der uns so höflich und human behandelte, auch verantwortlich war für unsere Lage (for our plight).«

Kapitänleutnant Werner Hartenstein, geb. am 27. Februar 1908 in Plauen im Vogtland, der als Kommandant von *U 156* am 12. September 1942 den 18099 BRT großen Truppentransporter *Laconia* mit 692 Mann Besatzung, 766 Passagieren und 1793 italienischen Kriegsgefangenen 500 sm südlich von Cape Palmas, Liberia, torpedierte und versenkte, konnte die faire Anerkenntnis seiner für die deutsche Marine selbstverständlichen Handlungsweise nicht mehr lesen. Auch seine Männer nicht:

U 156 wurde am 8. März 1943 um 13 h 15 min östlich von Barbados auf 12° 38 N/54° 39 W durch Bomben US-amerikanischer Flugzeuge vernichtet. Totalverlust, es gab keine Überlebenden unter den 53 Mann Besatzung.

Anhang I

Nachtrag 4a (siehe Seite 364): Das Jahr 1942: Erst große Erfolge, dann aber spürbare Abwehr: Was nicht sein darf, kann nicht sein

Zusammenfassend und retrospektiv bleibt noch zu sagen, daß der Geleitzugkampf im Nordatlantik im Juli 1942 mit nur 12 Booten wieder begann, sich dann aber ab August auf 18 bis 20 Boote und im September auf 30 bis 40 Boote steigerte. Das ermöglichte Dönitz, die Konvois in sehr viel kürzeren Abständen zu erfassen, denn nun kann er auf beiden Seiten des Atlantiks U-Boot-Rudel bilden. Außerdem ist beim Gegner nach Auslaufen des Tagesschlüssels vom erbeuteten *U 110* wieder mit z. T. erheblichen Zeitverlusten bei der Dekodierung zu rechnen, denn noch sind die computerähnlichen »Bombs« nicht einsatzbereit. Ein rechtzeitiges oder sofortiges Umlenken der Konvois ist zur Zeit nur in Einzelfällen möglich.

Und ferner zwingen die bereits im ersten Halbjahr 1942 immer größeren Verluste an Handelsschiffen beim Gegner bei anfänglich nur 78 Zerstörern und 156 Korvetten, auf eine weitgefächerte Streuung der Konvoirouten zu verzichten, um den transatlantischen Schiffsumlauf nicht noch mehr zu verlangsamen. Die Zahl der Neubauten an Sicherungsschiffen genügt nicht (genauer gesagt noch nicht) den Ansprüchen.

Die Murmansk-Konvois und die Landungen in Nordafrika bringen dem Gegner neue Belastungen. So kommt es von August bis Anfang November – dank der taktisch richtigen Gruppenaufstellungen und durch die B-Diensterfolge, die Konvoipositionen und deren Kursanweisungen erbringen – in kurzen Abständen zu schweren, für die »Grauen Wölfe« erfolgreichen Geleitzugschlachten. Später, ab November 1942, zeigen sich dann beim Gegner bereits die immer wirksameren Ergebnisse der zunehmend auf den Eskortern eingebauten HF/DF-Geräte, im seemännischen Jargon Huff/Duff-Geräte genannt, die den Gegner, wie vorab gesagt, in die Lage versetzen, die U-Boot-Signale der sich im Bereich eines Geleitzuges sammelnden U-Boote zu orten. Geleitzugschlachten gegen Konvois mit HF/DF-Geräten ausgestatteten Eskortern kommen nicht mehr zustande, da die gegnerischen Sicherungsstreitkräfte den Aufbau der U-Boote zur Rudelschlacht stören, genauer gesagt, zerstören. Deutscherseits glaubt man nach wie vor, daß die Kurzsignale auf der Kurzwelle, die nur in einem beschränkten Umkreis zu peilen sind, nach wie vor nicht geortet werden können. (Was nicht sein darf, kann nicht sein.) Das versichern die Funkfachleute dem BdU immer, wenn er Bedenken äußert. Auf den Gedanken, eine dennoch mögliche Peilung zu untersuchen, kommen die in Frage kommenden militärischen und privaten Fachdienststellen nicht.

Anhang I

Nachtrag 4b (siehe Seite 364): Die U-Boot-Erfolge und ihre Kriterien

Hier sei noch gleich ein anderes Thema der grundsätzlichen Richtigstellung aufgegriffen: Was die Erfolge der U-Boote bzw. der U-Boot-Kommandanten angeht, so ist festzustellen, daß
(1) die verschiedenen Seekriegsschauplätze in Betracht zu ziehen sind. Tonnageerfolge im Mittelmeer, im Nordmeer, im Nordatlantik waren naturgemäß sehr viel höher zu bewerten als solche im Südatlantik, vor der US-Ostküste, in der Karibik, vor Westafrika oder im Indischen Ozean. Selbst innerhalb dieser Gebiete muß immer nach den zeitlich veränderten Bedingungen sehr stark differenziert werden. In den ersten Jahren: schwache U-Boot-Abwehr auf See und Luftabwehr nur im Küstenbereich, in weiter See kaum, später aber immer stärkere Abwehr durch vermehrte Anzahl an Eskorter und vor allem weitgreifende U-Boot-Jagd aus der Luft, nun auch in weiten atlantischen Seeräumen von improvisierten, aber einsatzstarken Hilfsflugzeugträgern, den dutzendweisen in Fahrt gekommenen – CVEs (bzw. EACs).
(2) Erfolge gegen Einzelfahrer sind selbstverständlich nicht mit Erfolgen an Geleitzügen gleichzusetzen.
(3) Selbst Erfolge an Geleitzügen müssen ja je nach Kampfgebiet und sogar auch nach Jahreszeiten unterschiedlich beurteilt werden. Natürlich auch nach Stärke der Sichtung.
(4) Selbstverständlich müssen auch die eventuell vorangehenden Tätigkeiten der Kommandanten als Wachoffiziere auf erfolgreichen Booten berücksichtigt werden.
(5) Abgesehen von Erfolgen gegen Kriegsschiffe, die ebenfalls sehr unterschiedlich zu werten sind, gibt es auch eine Unmenge Kriterien zur Beurteilung der Leistung der Kommandanten, von denen sich jedoch der BdU durch die obligatorische, persönliche Berichterstattung der Kommandanten einen Eindruck zu verschaffen verstand. Hier nur einige: Geduld · Zähigkeit · seemännisches Können · navigatorische Leistungen · Torpedotreffer · Selbsthilfe · Seeausdauer usw.

Diese fünf außerordentlich unterschiedlich zu analysierenden Kriterien gaben den Maßstab für die Bewertung der Leistungen der Kommandanten.

Anhang I

Nachtrag 5 (siehe Seite 372): Großadmiral Dönitz und die Fortführung des U-Boot-Krieges nach dem Mai 1943, dem »Stalingrad der U-Boote«

Über diese Dennoch-Fortführung des U-Boot-Krieges in den atlantischen Revieren und im bisherigen zentralen Kampfgebiet des Nordatlantiks hier, wie oben berichtet, mit zunächst nur »Kräftebindungsbooten« in stark reduzierter Zahl unter Aufgabe der bewährten und erfolgreichen Rudeltaktik hat es in jüngster Zeit harte Kontroversen in Fachzeitschriften und anderen Publikationen gegeben:

- Die eine Gruppe erachtet die Fortführung des U-Boot-Kriegs allein schon wegen der Kräftebindung als militärisch unabdingbar und auch vertretbar im Hinblick auf die verschiedensten defensiven und offensiven Neuentwicklungen für die U-Boot-Waffe und die somit relativ kurze »Durststrecke«,
- die andere Gruppe unterstellt dem BdU »unverantwortliches Fehlverhalten« in einem »aussichtslosen Kampf« und spricht hinsichtlich des von Dönitz vertretenen Kräftebindens von »einer Lüge vom Kräftebinden«, nachzulesen auch in einer der jüngsten Publikationen über den U-Boot-Krieg. Auch wird dem Verfasser dieses Buches unterstellt, in seiner kritischen Untersuchung DIE WENDE IM U-BOOT-KRIEG · 1939 BIS 1943 (erschienen in Koehlers Verlagsgesellschaft mbH, Herford) ». . . die Dönitz-Parolen von der Kräftebindung als Rechtfertigung für die Fortführung des U-Boot-Krieges nach dem Mai 1943 willfährig nachgeschrieben zu haben«.

Willfährig nachgeschrieben habe er auch die Behauptung des Großadmirals a.D., die dieser ihm 1955 gelegentlich eines von Dönitz erbetenen Gesprächs hinsichtlich der Bindung feindlicher Luftstreitkräfte gab, nämlich die Bindung von 3000, wenn nicht gar 4000 Flugzeugen durch die Anwesenheit der U-Boote im Nordatlantik, Flugzeuge, »die sonst«, so argumentierte Dönitz, »auf die Städte in der Heimat angesetzt worden wären. Und hier nicht nur auf Rüstungsindustrien, sondern auf zivile Wohnviertel, also auf unschuldige Frauen und Kinder und auf alte Menschen, auf Wehrlose schlechthin.«

Die Frage stellt sich: Waren diese Zahlen für Dönitz ein Rückkoppelungseffekt, um bei dem 1955er Gespräch im nachhinein die Fortführung seines U-Boot-Krieges nach dem STALINGRAD IM NORDATLANTIK im Mai/Juni 1943 zu rechtfertigen?

Eine Rückkoppelung war sie beweisbar nicht, denn die gleichen Zahlen finden sich in dem im Militärarchiv in Freiburg deponierten KTB des Befehlshabers der U-Boote, und zwar für die Zeit des Frühsommers 1943 in unmißverständlicher, dokumentarischer Aussage über die »Bindung von 3000 bis 4000 Flugzeugen«. Es wäre doch, gelinde gesagt, absurd zu nennen, wenn Dönitz, ein so abstrakt denkender Marineoffizier, in sein eigenes Tagebuch falsche Zahlen eintragen ließ. Zudem hat Dönitz ohnehin permanent auf die immer größer werdenden Gefahren durch immer mehr zunehmende »Luft« hingewiesen. Vor allem machte er auf den »Führerkonferenzen« keinen Hehl aus diesen Sorgen, so z. B. auch bei der bereits erwähnten Besprechung am 24. September 1942, bei der außer Raeder und Dönitz auch der damalige Marineoberbaurat und spätere Ministerialdirigent Dr.-Ing. H. Waas zugegen war und diese und andere Fakten (Walter-U-Boot-Bau-Beschleunigung) zum Teil wortwörtlich in seinem privaten Protokoll notierte.

Zweifelsohne: Die von Dönitz genannten Flugzeugzahlen von 3000 bis 4000 sind hoch. Sie decken sich nicht mit privaten Nachkriegsuntersuchungen, die Bodo Herzog anstellte und dabei kommt auf: »40 Langstreckenbomber, von denen jeweils immer nur 13 eingesetzt waren.« Herzog weiter: »Auch die Zahl der Flugzeuge des Coastal Commands ging nie in die tausend . . .«

Natürlich interessieren die von Dönitz genannten, scheinbaren Überkapazitäten. Unzweifelhaft sind die Zahlen im Frühjahr 1943 von Mitgliedern des BdU-Stabes zusammengetragen worden, leider ohne eine Spezifizierung nach Typenzahlen und Einsatzbereichen, jedenfalls nicht im BdU-KTB. Selbst wenn man die Aufklärungsmaschinen und hier auch die extremen Hochflieger hinzuzählt, kommt man nicht annähernd an die obengenannten Summen. Anders sieht es aus, wenn man außer den von Herzog nicht erfaßten Maschinen in der U-Boot-Abwehr über dem Mittelmeer, über der Nordsee oder im Bereich vor Grönland und Spitzbergen . . . die Flugzeuge derjenigen Geschwader hinzuzieht, die auf die mit U-Boot-Neubauten und U-Boot-Reparaturen befaßten Häfen wie auch die U-Boot-Stützpunkte angesetzt worden waren. Hinzuzuzählen wären da aber auch noch die Flugzeuge der aktiven Flugzeugträger und vor allem der Escort-Träger (CVEs), die in Serienfabrikation aus umgebauten Tankern gleich dutzendweise 1943/44 in Dienst gestellt und mit Flugzeugen ausgerüstet worden sind. Diese Flugzeuge den Dönitz-Zahlen hinzuzuzählen scheint, nein, ist geboten; zumindest belasteten auch diese Trägerflugzeuge die Produktionskapazitäten der britischen und amerikanischen Air Forces. Soviel steht auch fest: Der Umfang des Systems der trägerbestückten Support-Groups, denen CVEs zugeteilt wurden, wurde seinerzeit (weil von der schlafenden oder widerstandsaufgeladenen Abwehr nicht erfaßt bzw. nicht gemeldet) von der deutschen Marine nicht erkannt. Inzwischen drückten die Flugzeuge der CVEs im Nord- und Mittelatlantik die U-Boote auch in großflächigen, bislang noch durch die »Luft« ungefährdeten Revieren unter Wasser . . . Bis zur Erschöpfung, die zum Auftauchen zwang, preisgegeben der Vernichtung aus der Luft. Auch jene Flugzeuge seien nicht zu übersehen, welche über weite Seegebiete die von den Alliierten in aller Heimlichkeit entwickelten und in Massen produzierten Sonobojen verteilten, anderthalb Meter lange bojenähnliche Schwimmkörper, die für sechs oder acht Stunden schwimmfähig blieben, jedes Unterwassergeräusch in berechneten Abständen aufnehmen und per Funk automatisch mitsamt der Position weitermelden konnten. Die optimale Raffinesse dabei war es, daß die Bojen nach ihrer begrenzten Schwimmzeit absoffen und damit nicht Gefahr liefen, von einem der U-Boote gefunden zu werden. Und in der Tat: Nicht eine einzige dieser Spezialbojen wurde während des Krieges von einem deutschen U-Boot entdeckt und gar aufgenommen.

Wie dem auch sei, ob viel oder wenig Flugzeuge: Jedes alliierte Flugzeug über See oder über den Küsten war, wenn gegen U-Boote in See oder in den Stützpunkten oder Werften (soweit – abgesehen vom An- oder Abmarschweg – nicht schon durch meterdicke Bunker geschützt) eingesetzt, einer Kräftebindung gleichzusetzen. Genaugenommen betrifft das auch die Flugboote, deren Anzahl wiederum die Flugzeugproduktionskapazitäten strapazierte und flugtechnisches Personal beanspruchte und band.

Beenden wir hier die schon fast sophistischen Nachweise, denn ohne Einsicht in die KTBs und dergleichen Unterlagen der alliierten Luftstreitkräfte sind konkrete Zahlenauflistungen über die mit der U-Boot-Abwehr im europäischen Raum befaßten Flugzeuge nicht zu demonstrieren. Das ändert aber nichts an der glasklaren Erkenntnis, daß die von der Anti-Dönitz-Gruppe hochgespielte »Kräfteverbindungslüge durch Flugzeuge« der geschichtlichen Wahrheit einen schlechten Dienst erweist.

Die Kräftebindungen auf See sind indessen hundertprozentig unstrittig: Im Nordatlantik wie auch auf der überaus kriegswichtigen Murmansk-Archangelsk-Route werden die Alliierten durch die permanent gefürchtete Anwesenheit deutscher U-Boote pausenlos zur Konvoibildung und zur Konvoisicherung gezwungen:

- Es kostete Zeit, Konvois im jeweiligen Auslaufhafen durch Zuführung aus anderen Landehäfen vorzuordnen, zusammenzustellen und die Kapitäne in die jeweilige Konvoisystematik einzuführen.
- Es kostete Zeit, die Geleitzüge nach ihrem transatlantischen Marsch für die verschiedenen Löschhäfen wieder auseinanderzudividieren (Archangelsk und Murmansk als direkte Zielhäfen ausgenommen).
- Diese Zeitkosten sind ein realer Tonnageverlust, zwar nur ein sekundärer, aber ökonomisch durchaus fühlbarer Schaden. Bei militärischen Ladungsgütern – gleich ob Bomben, Flugzeuge, Ersatzteile, Panzer, Lkws usw. – sind die Folgen bei nicht rechtzeitigem Eintreffen schon fast eine verlorene Schlacht.
- Ein Zeitverlust (sprich Tonnageverlust) in diesem Sinne läßt sich auch aus den von den Konvois zur Täuschung der U-Boote gefahrenen Umwegen errechnen,

- auch aus den Zickzackkursen oder den alarmbedingten Ausweichmanövern,
- vor allem aber dadurch, daß die Schiffe in einem Konvoi sich nach dem langsamsten Mitfahrer zu richten haben (ausgesprochene Schnellgeleite, etwa mit Expassagierlinern bestückte Truppentransporter ausgenommen).

So war denn die ökonomische, taktische und seestrategische Bindung an den Konvoizwang ein gravierender und unumstrittener Kräfteverschleiß und damit ein stiller und obendrein permanenter Erfolg der U-Boote. Indessen wurden diese stillen Erfolge von der deutschen Marine nicht gebührend bewertet (siehe KTBs und die diesbezüglichen Publikationen). Auch Dönitz überging sie bei den Gesprächen mit dem Verfasser, als er die Flugzeugbindungen durch die U-Boote begründete.

- Ferner ist auch der für den Gegner ganz erheblich zu bezeichnende Aufwand an Eskortschiffen relevant:
  an Zerstörern,
  an Fregatten,
  an Korvetten,
  an Trawlern,
  an Patrolboats oder
  an Sloops.

Unter diesen Einheiten sind auch die speziellen Rettungsschiffe zu nennen, welche Überlebende versenkter Transporter und Eskorter übernehmen sollen und sich dabei stets in Gefahr bringen. Diese Eskortsicherungen kosten den Alliierten nicht nur Kriegsschifftonnage, sie belasten auch die Werftkapazitäten, wenn Ersatzbauten, Reparaturen oder die turnusmäßigen Werftliegezeiten notwendig sind. Und die Zahl der Ersatzbauten ist nicht gering. Man kann hier auch noch einen Schritt weitergehen und auch auf die bei Neubauten kostbaren, weil raren Werkstoffe hinweisen, die es im Lande nicht gibt und die über See erst herangeschleppt werden müssen. Aber auch die personellen Engpässe, die bei den Kriegsschiffen wie auch bei den Handelsschiffen kriegsbedingt unvermeidlich sind, sind ein kräfteverzehrendes Problem.

Die von Dönitz vertretene Kräftebindung eine »Propagandalüge nach Goebbelsscher Manier« zu nennen (so in einer jüngsten Edition über die deutschen U-Boote), ist eine subjektive Meinung und entspricht nicht wissenschaftlichen Ansprüchen.

Blenden wir nach der Darlegung der in der Tat militärisch bedeutsamen echten Kräftebindungen durch die U-Boote zur See und in der Luft auf die Kardinalfrage zurück:

- auf die Fortführung des U-Boot-Krieges
- nach dem verlustreichen Mai 1943.
- War sie militärisch sinnvoll, oder
- war sie es nicht?

Der BdU hatte ja, wie bereits dargestellt, noch im Monat Mai 1943 den U-Boot-Krieg in seiner bisher wirksamsten Form, der Rudeltaktik, im Nordatlantik abgestoppt. Er befahl, auch das sei noch einmal wiederholt, die brennstoffstarken Boote aus dem Nordatlantik in den nach seiner Kenntnis überschaubar weniger risikogefährdeten Mittelatlantik. Einige Boote beließ er abseits der akuten Risikozonen im Nordatlantik, um über Täuschungsfunksprüche dem Gegner »Anwesenheit« zu demonstrieren, während brennstoffschwache Boote den Rückmarsch in die Stützpunkte antreten mußten. Hätte Dönitz den U-Boot-Krieg ganz eingestellt, dann hätte der Gegner auf die Bildung von Konvois verzichten können, das um so eher, als er deutsche Überwasserstreitkräfte kaum oder gar nicht mehr zu fürchten hatte (Schlachtschiff *Bismarck* versenkt, Schlachtkreuzer *Gneisenau* ausgefallen, Schlachtschiff *Tirpitz* nicht mehr voll »kb«, keine HSKs mehr im Einsatz . . .). Kein Konvoiverkehr mehr hieße schnellerer Schiffsumlauf und das wiederum schnellerer Zulauf von Waffen und Munition. Und Bomben für die »auszuradierenden deutschen Städte« und »ungebundene« Bomber auf Industrieanlagen für den Bau der neuen, wieder kampfstarken Boote und auf deren Zusammenbauwerften. Dönitz hatte sofort gehandelt, indem er den Bau der neuen U-Boot-Konstruktionen um ein vielfaches beschleunigte. Dazu ist vor allem die Beauftragung des Ministers Speer zu zählen, der nunmehr die Produktion der neuen Typen übernahm, nachdem Dönitz dem Marine-Konstruktions-Amt beim OKM, dem K-Amt – eine bislang »unantastbare heilige Kuh« – die Verantwortung abgenommen hatte. Konsequent und ohne Rücksicht auf Personen und Dienstgrade. Aus Gründen der Beschleunigung sah man zunächst von weiteren Versuchsbauten der unter Wasser extrem schnellen, aber technisch noch schwierigen Walter-U-Boote ab. Es wurde eine schneller zu realisierende Zwischenlösung in den in diesem Buch JÄGER/GEJAGTE beschriebenen Elektrobooten der Typen XXI und XXIII gefunden. Hinzu trat die jetzt mit Hochdruck betriebene praktische Nutzung des bereits 1937 von einem Holländer erfundenen und der deutschen Marine angebotenen »Schnorchels«, desselben Systems, das in einigen, 1940 in Holland erbauten holländischen U-Booten für dieselmotorbetriebene Unterwasser-Batterieaufladung vorgefunden, aber von der deutschen Kriegsmarine damals als »uninteressant und überflüssig« ausgebaut und »zu den Akten« gelegt worden war.

Dieser Schnorchel, an dem und für den deutscherseits inzwischen noch einiges getan worden ist (erst umklappbarer, später ausfahrbarer Mast), wird nicht nur den neuen Elektrobooten für deren Dieselbetrieb unter Wasser in Schnorchelkopfhöhe von Nutzen sein, er macht auch die von Dönitz geliebten klassischen VII-C-Boote wie auch andere Typen aus der Vorkriegs- und der Kriegszeit wieder einsatzfähig und, wenn, wie später mit radarstrahlenabweisendem Material am aus dem Wasser herausragenden Schnorchelkopf beschichtet, gegen Radarortungen »unsichtbar«, bei Tage und in der Nacht. Außerdem ist der

Schnorchelkopf relativ klein und schon aus diesem Grunde schwer zu orten.

Die ersten XXIer-U-Boote, nach dem System der praktischen Wertanalyse in eine rasant schnelle Serienanfertigung in Sektionsbauweise genommen, werden laut Sommerplanung 1943 bereits für das Jahr 1944 als einsatzklar erwartet. Vorher jedoch sollen die »alten« VII-C-Boote, von denen übrigens keine Neubauten mehr in Auftrag gehen, so schnell wie möglich mit Schnorchelanlagen ausgerüstet und dann wieder einsatzklar werden. Was ihnen fehlt, ist die hohe Unterwassergeschwindigkeit der geplanten Elektroboote. Dieser Mangel an Offensivkraft unter Wasser mindert zwar bei den alten Typen die Aussichten auf Erfolge, bietet aber den Booten bedeutend größere Sicherheit, die 1944 bei Churchill zu der Resignation führen wird, »daß die deutschen Schnorchel-U-Boote die Flugzeuge des Coastal Command überflüssig machen«.

Inzwischen sind auch neue Torpedos in Serienbau gegangen: der Typ FAT als »flächenabsuchender Torpedo« und der Typ LUT als ›lagenunabhängiger Torpedo«. Neu und mit großen Hoffnungen abgesegnet ist der im Text dieses Buches ausführlich und im Anhang I, Nachtrag 1, kurz behandelte T 5, ein »akustischer Torpedo«, der unter dem Tarnnamen »Zaunkönig« eingeführt und bereits im August 1943 frontbereit und serienreif sein soll (die Briten, denen er – aus welchen Gründen auch immer – in seiner Wirkungsweise nicht lange ein Geheimnis bleibt [Verrat oder Dekodierung leichtfertiger Funksprüche?] nennen ihn sinnigerweise »Gnat«, was übersetzt nicht gerade respektvoll »Mücke« heißt).

Für die gleiche Zeit ist endlich auch ein Funkmeßbeobachtungsgerät (FuMB) gegen das auf der Zentimeterwelle (CMW) arbeitende »Rotterdam«-Gerät (so benannt nach dem Fundort an Bord eines bei Rotterdam notgelandeten britischen Viermotbombers) unter dem Tarnnamen »Naxos« als FuMB 7 zugesagt worden (die anderen FuMB waren Dezimetergeräte der Jahre 1940 bis 1942). Damit wird den U-Booten eine reale Möglichkeit gegeben, rechtzeitig vor über CMW-Ortungen anfliegenden feindlichen U-Jagdflugzeugen gewarnt zu werden, am Tage, in der Nacht und bei wolkenbedecktem Himmel, auf eine Distanz hin, die dem vom Radar erfaßten U-Boot noch genügend Spielraum zum »Wegtauchen« läßt. Darüber hinaus glaubt man beim BdU einen der schlimmsten Urheber für die gezielten Ortungen aus der Luft erkannt und damit als Ursache für die schweren Verluste beseitigt zu haben: Seit einiger Zeit hatten U-Boot-Kommandanten den Verdacht, daß das auf der Dezimeterwelle arbeitende FuMB »Metox« (das FuMB 1 der Kriegsmarine) »strahlen« würde und damit auch die Ursache für die unerkannten, plötzlichen Flugzeugangriffe und die oft tödlichen Bombenwürfe sei. Der Gegner, so argumentierte man bei der U-Boot-Waffe, würde diese Strahlen mit einem Strahlenmeßgerät auf der FuMB-Basis orten und diese »Metox«-Strahlung als Leitstrahl für seinen Anflug auf das U-Boot nutzen. Von Dönitz veranlaßte Versuche bestätigten den Verdacht. Der »Metox« strahlte wirklich. Der BdU befiehlt ohne Umschweife allen Kommandanten, den »Metox« nicht mehr einzuschalten und neue Geräte abzuwarten. Ein Irrtum, wie wir heute wissen: Der Gegner hat während des ganzen Krieges kein Funkmeß-Strahlungssuchgerät, also kein FuMB, entwickelt oder gar eingesetzt. Dönitz ist für diese Fehlinterpretation kein Vorwurf zu machen. Er war kein Hochfrequenzfachmann und daher darauf angewiesen, was ihm einschlägige Kompetenzen versicherten.

Doch zurück zum Thema »Fortführung des U-Boot-Krieges nach dem Mai 1943«:

Wenn ein verbalbegnadeter Dönitz-Kritiker heute, über fünfzig Jahre nach dem Kriege, von einer »Wahnsinnstat der Fortführung des U-Boot-Krieges spricht und zu der skurrilen Auffassung kommt, der BdU könne im Hinblick auf die »Durststrecke« an diese von ihm selbst in die Welt gesetzte »Propagandalüge« selbst nicht geglaubt haben ... – und wenn dieser Publizist seine Aggressionen untermauert mit Fragen solcher Art »... Nahm er (Dönitz) jetzt die eigenen und die Goebbelsschen Lügen für bare Münze? ... Hatte er nicht selbst zu oft und zu nachdrücklich die Wahrheit verfälscht, um die Kriegswirklichkeit noch klar erkennen zu können usw. usw. ...«, ja, dann kann man, gemessen am strengen Maßstab wissenschaftlich objektiver Wahrheitsfindung, nur den Kopf schütteln. Zweifelsohne hatten die »Grauen Wölfe« jetzt, nach dem »Marathon«, für die Dauer der Durststrecke ein »Thermopylae« zu erwarten. Das ist auch bei Karl Dönitz in seiner Biographie »Zehn Jahre und 20 Tage« evident. Diese Befürchtung hat er Hitler gegenüber weder verschwiegen noch beschönigt, noch verharmlost.

Doch: Dieser einkalkulierte Opfergang sollte ja, den Versicherungen der Wissenschaftler und der Techniker wie auch den Lieferungszusagen der einschlägigen Industrien folgend, nur vorübergehend sein. Nun, die Militärgeschichte aller Nationen, die je in Kriege verstrickt waren, kennt genügend Beispiele, daß militärische Forderungen oft auch dramatische, schwere und schwerste Entschlüsse verlangten und daß ein Befehlshaber auch Rückschläge erwarten, ertragen und durchstehen muß. Nur wer sich aufgibt, gibt sich verloren. Aber die Kalkulation muß stimmen. Doch nicht selten wird erst am Ende eines Opfergangs deutlich, ob sie gut und richtig war. Dabei ist die Gewinn- und Verlustrechnung oft genug Kriterien ausgesetzt, die sich, da vom Feind erneut mit neuartigen Waffen und dergleichen eingeleitet, der eigenen Beeinflussung entziehen und völlig neue Kalkulationen verlangen.

Hier nicht zu versagen – und auch nicht zu verzagen –, das zeichnet die Qualitäten einer flexiblen Führungspersönlichkeit aus.

Und damit auch von Karl Dönitz.

Und »kriegslüstern«, wie ihm von einigen Kreisen nachgesagt wird, war der BdU/ObdM Dönitz nicht. Er nahm den Krieg ernst, sehr ernst, gestärkt durch Liebe zu seinem Volk, zu seinem Vaterland. Aber auch umklammert von der Erkenntnis des »Wahnsinns eines Krieges an sich und speziell dieses Krieges«. So hatte er sich offenbart, als er 1943 in Gegenwart des Sanitätschefs der KM und des Chefs des Marinemedizinalamtes beim OKM, Admiralstabsarzt Dr. Emil Greul, wie sooft vorher, ein Marinelazarett im französischen Küstenbereich besuchte.

Doch bevor sich Dönitz nach dem Mai 1943 zur Fortführung des U-Boot-Krieges entschloß und damit, wie er selbst bekannte, zum »schwersten Schritt seines Lebens«, hatte er fronterfahrene Flottillenchefs zusammengerufen und unbeschönigt offengelegt, welche Probleme und Sorgen ihn bewegten. Einmütig stimmten diese nach eingehender kritischer, offen geführter Diskussion für eine Fortführung. Das Resümee der Flottillenchefs: Die U-Boot-Waffe könne nicht allein aus dem Krieg ausscheiden und zusehen, wie die Last, die sie bisher getragen hatte, mit ihrer ganzen Wucht nun den anderen kämpfenden Wehrmachtteilen wie auch der deutschen Zivilbevölkerung aufgebürdet würde. Eine Unterbrechung würde bis zur Wiederaufnahme des U-Boot-Krieges mit den neuen Booten eher von Nachteil als von Nutzen sein.

Unter den von Dönitz zu Rate gezogenen U-Flottillenchefs waren auch der spätere Bundesmarine-Konteradmiral Hans Rudolf Rösing und Heinrich Lehmann-Willenbrock, vormals der Kommandant von *U 96* (das spätere »Boot«) und nach dem Kriege Kapitän AG auf dem ersten und einzigen deutschen Atomfrachter, der *Otto Hahn*.

So nehmen denn die Dinge ihren Lauf, heute umstritten, auch bei einigen U-Boot-Fahrern. Nun, heute wissen wir einiges mehr, aber nur einiges. Diese Einschränkung auf »einiges« bedarf einer Erklärung: Das deutsche Nachkriegsschrifttum kümmerte sich primär – und das ist naheliegend – um das Schicksal der deutschen U-Boote, der deutschen Besatzungen, deren Leistungen und deren Einsatzbereitschaft in der Geschichte der Seekriege beispiellos waren, und über ihren – soldatisch wie auch menschlich – zutiefst tragischen Opfergang, der in der Geschichte auch ohne Beispiel genannt werden darf. Da blieb nur wenig Raum, sich neben den reinen Fakten über die Ursachen der Verluste auch mit dem Hintergrund der alliierten U-Boot-Abwehrentwicklungen zu befassen. Hinweise, wenn überhaupt, waren »feindliches Ausland« und den Normalverbrauchern unter den Historikern schwierig formulierbare und, was die Hochfrequenztechnik angeht, plastisch nicht sichtbare Technik. Kapitän zur See a.D. Karl-Friedrich Merten, einer der bekanntesten U-Boot-Kommandanten, zuletzt Chef der Kommandanten-Ausbildungsflottille (ein mutiger Mann, nicht nur vor dem Feind: Er ließ im Herbst 1944 das bedrohte Memelland mit Memel als Stützpunkt der 24. U-Flottille gegen den ausdrücklichen Befehl des Ostpreußen-Gauleiters Robert Koch räumen) über das Problem der von deutschen Kapazitäten unerwarteten Überlegenheit in einigen technisch-wissenschaftlichen Komplexen: »Bei Kriegsbeginn war klar und bekannt, daß wir zwar funkmeßtechnisch überlegen waren, aber keine Aussicht hatten, eine Minituasierung in Kleinwellenbereichen auch nur zu erahnen, weil das nach Ansicht und Prüfung durch die Koryphäen technisch als (noch) nicht machbar erachtet wurde und auch den ganzen Krieg über nicht gelöst werden konnte. Daß die Briten das schafften, lag in ihrem sehr viel höheren zweckgebundenen Aufwand an Spezialisten, weil sie bis zur Ägyptenfront keine eigenen Soldaten bluten ließen und selbst dort in erster Linie Empire-Truppen einsetzten (und vorher bei Dünkirchen, nach dem Frankreicheinsatz, auf Hitlers ausdrücklichen Befehl fast mit ihrem gesamten Festlandkontingent auf die britischen Inseln entkommen konnten). So konnten sie, ebenso wie in Bletchley Park, ihre gesamte wissenschaftliche Elite für das Radar, für die Verbesserung des Asdic und für die uns vollkommen überraschende automatische Kurzwellenpeilung einsetzen. Dinge, die wir ahnten, aber nicht beweisen konnten. Vergessen wir doch nicht, daß ausschlaggebend tatsächlich für die Niederlage der Schlüsseleinbruch war, der praktisch jedes Boot vom Auslaufen bis zum bitteren Ende positionsmäßig festnagelte, so daß es innerhalb eines sehr begrenzten Seegebietes ganz systematisch beim Batterieladen vernichtet werden konnte. Es ist doch töricht, heute dafür eine technische Rückständigkeit verantwortlich zu machen.«

Dieses Nichtwissen um die alliierten Entwicklungen trug von einem Tag zum anderen dazu bei, die vorprogrammierte Durststrecke zu verlängern. Dazu zählen auch:

- Der zügige Bau der neuen Elektro-U-Boote vom Typ XXI und XXIII wurde durch immer neue, immer schwerere Luftangriffe behindert. Die Bomber warfen indessen ihre zerstörerische Last nicht nur auf die Werften ab, sie hatten auch die weitverzweigten Betriebe und Werke der Zulieferindustrie zum Ziel ... bis nach Süddeutschland hin ... bis in den Bayerischen Wald. Woher die Alliierten die in Frage kommenden Werke kannten, das offenbaren die heute freigegebenen Feindakten bis heute noch nicht.
- Die Ausschaltung des akustischen Torpedos T 5, offenbar fast gleichzeitig mit dem ersten Rudeleinsatz. Warum und wieso? Doch darüber später, im Nachfolgeband zur Edition »Die Wende im U-Boot-Krieg 1939–1943«.
- Die Kenntnis bei den Briten über die neuen Typen; gab es doch in der britischen Admiralität eine spezielle, ganz geheime, dem Verfasser hier vorliegende zusammenfassende Akte über den Typ XXI. Und das mit Datum: NOVEMBER 1944!
- usw.
- Auch die schuldlose Unkenntnis über die nach dem dramatischen Mai 1943 neue U-Boot-Abwehrlage im Mittelatlantik gehört in den Komplex der vermehrten alliierten Anstrengungen, um die deutschen U-Boote auszuschalten; gerieten doch hier die aus dem Nord-

atlantik in der vermeintlich vom Feind weniger kontrollierten Mittelatlantik völlig unerwartet ausweichenden Boote vom »Regen in die Traufe«. Die bereits erwähnte Ursache: Der Feind hatte im amerikanischen Fleet-Admiral King einen mit weitreichenden Vollmachten ausgestatteten Berater, der seine für die U-Boot-Jagd im Mittelatlantik zuständige neue, neuartige, streng geheim gehaltene X. Flotte (man könnte sie, weil eine variable »Bedarfsflotte«, auch eine »Papiertigerflotte« nennen) mit den modernsten Techniken hatte ausstatten lassen. Dazu gehörten auch die obengenannten Sonobojen und jede Menge CVEs.

Es gibt nun auch im Mittelatlantik große Verluste durch die gefürchteten »Support Groups«, meist Totalverluste.

Und wer schon kennt die Details der gegnerischen Anstrengungen auf den Ein- und Auslaufwegen in der Biskaya: »die britische Bay-Offensive«; und wer weiß, daß der Großadmiral angesichts der Verluste in diesem Revier – trotz der verschiedensten Abwehr- und Selbstbehauptungsversuche – am 2. August 1943 jedes weitere Auslaufen aus den Biskaya-Stützpunkten stoppen ließ, um zunächst die Ursachen für die hohen Verluste zu erforschen? Oder wer weiß denn schon, daß das FuMB »Naxos«, das ab September 1943 erstmals zum Einsatz kam und die U-Boote bei feindlichen Funkmeß-(Radar-)Ortungen rechtzeitig warnen sollte, wegen einer Fehlinformation zwischen Hersteller und Anwender nur bedingt funktionierte und die Besatzungen verunsicherte?

Auch darüber wird der Autor im Fortsetzungsband zu »Die Wende im U-Boot-Krieg« berichten.

Wenn es um das politische Engagement von Karl Dönitz geht, dann sei nur darauf hingewiesen:

In dem Augenblick, als er nach Hitlers Tod die volle politische Verantwortung übernahm, bot er dem Feind sofort die Kapitulation an.

Anhang I

Nachtrag 6 (siehe Seite 397): Die Versorgungs-U-Boote, »Milchkühe« genannt – 100 Prozent Verluste

Hier ist noch eine Ergänzung zu den Versorgungs-U-Schiffen geboten, die unter die Typenbezeichnungen XIV bis XVI einzureihen sind. Zunächst zum Typ XIV: Seine Entwicklung ist auf die Entwürfe der Jahre 1939/40 zurückzuführen. Der Bedarf ragt also in die Kriegszeit hinein, Beweis genug, daß das K(onstruktions-)Amt im OKM wie auch die zuzuordnenden Dienststellen bei der Sk1 bislang noch keine glasklaren Konzeptionen über eine operative Verwendung der U-Boote hatten, bei der auch eine Versorgung in See durch Spezial-U-Boote als »Tauchboote für ozeanische Öltransporte« überlegt werden und entsprechend V-Schiffe geplant werden mußten. Die Meinungen auch hinsichtlich der Größen der U-Boote waren stark divergent, während Dönitz, der schon lange ein klares Konzept hinsichtlich der künftigen U-Boot-Strategie und U-Boot-Taktiken und daraus folgend der U-Boot-Größen und -Typen wie auch des U-Boot-Baues hatte, weder über Einflußrechte noch über Weisungsbefugnisse verfügte. Erst im Mai 1939 konnte er Raeder als dem Höchst- und Letztverantwortlichen von seiner von ihm inzwischen im Winter 1938/39 erprobten Rudeltaktik überzeugen und damit über die Bedeutung des inzwischen vom Typ VII A und über den Typ VII B weiterentwickelten Kampfbootes vom Typ VII C mit seinem weiter vergrößerten Fahrbereich, der Operationen rund um die Britische Insel erlaubte. Was lag näher als der Gedanke, den Operationsbereich dieses wendigen, relativ schnell tauchenden und zudem unerhört hochseetüchtigen Typs VII C noch durch zusätzliche Versorgungen durch U-Boot-Versorger »vor Ort« zu erweitern, um so die zeitraubenden Anmarsch- und Rückmarschwege und mit diesen die damit verbundenen erhöhten Risiken für die Boote zu relativieren.

Zunächst jedenfalls stand beim Bau solcher Versorgungs-U-Boote nur der Typ XIV an. Die 1688 t/1932 t (max. 2300 t) großen U-Schiffe (sie waren 48,51 m/67,10 m lang und 4,90 m/9,35 m breit) waren vom sogenannten Zweihüllentyp (X; I und X als Trimmzellen), hatten Tauchzellen und Bunker im breiten Tankkörper, darin auf halber Schiffslänge druckfeste Reglerzellen und -bunker usw.; sie hatten Tauchbunker in der Back und im Achterschiff. Als Versorgungsfracht waren vorgesehen: 4 Torpedos in druckfesten Behältern vor dem Turm im Oberdeck an Steuerbord 2 + 1, an Backbord 1 + 0 und außerdem 432 t Dieselöl in den Bunkern im Tankkörper. Der Typ XIV hatte keine Waffen (d. h. keine Torpedos) bis auf zwei 3,7-cm-Flak und eine 2-cm-Flak, die man ab 1943 noch verstärkte. Wegen ihrer massigen Breite und ihrer auffallend wuchtigen Form wie auch ob ihres Verwendungszwecks werden diese U-Schiffe bei den Seelords (und auch bei den Offizieren) sehr bald schon »Seekühe« geheißen.

Von 1941 bis 1942 laufen zehn dieser Einheiten bei den Deutschen Werken von Stapel und kommen 1941 bis 1943 in Dienst. Es sind dies die U-Schiffe *U 459* bis *U 464* und *U 487* bis *U 490*.

Weitere Einheiten dieses Typs, *U 491* bis *U 493*, werden in der Zeit vom Juli 1943 bis September 1943 bei den Deutschen Werken, Kiel, auf Stapel gelegt, unterliegen aber, zu 75 Prozent fertig, ab 1944 einem Baustopp und werden später abgebrochen. Die außerdem vorprogrammierten Versorgungs-U-Schiffe vom Typ XIV: *U 494* bis *U 500* und *U 2201* bis *U 2204* bei der Germaniawerft, Kiel, ab 1942/43 (ursprünglich bei DW vorgesehen) werden am 27. Mai 1944 sistiert.

Die Versorgungs-U-Schiffe der Typen XV und XVI, geplant als »Tauchschiffe für Transport- und Werkstattzwecke«, aber auch als Unterwasser-Frachtschiffe vorgesehen, bleiben Projekte nach dem Zweihüllenprinzip mit kombiniertem Druckkörper in Achtformquerschnitt. Im Gröner (auch die obigen Daten und Angaben entstammen diesem maßgeblichen Handbuch) werden als max. Verdrängung für den Typ XV 5000 t und für den Typ XVI 3000 t angegeben.

Die Zahl der Verluste an eingesetzten Versorgungs-U-Schiffen vom Typ XIV ist erschütternd: Sie beträgt 100 Prozent.

Entsprechend hoch ist die Zahl der Opfer unter den Besatzungen, obschon die drei Totalverluste, gemessen an den Totalverlusten der gesamten U-Waffe, noch relativ gering zu nennen sind. Grundsätzlich dazu eine Anmerkung: Immerhin konnten dank der britischen und amerikanischen Fairneß nach den erbitterten Vernichtungskämpfen mehr als 50 Prozent der deutschen U-Boot-Besatzungen gerettet werden.

Hier die Einzelschicksale, die belegen, daß der Kampf der Alliierten, die U-Boot-Versorgungs-U-Schiffe auszuschalten, um treibstoffschwache Kampf-U-Boote zur Umkehr und zur Heimkehr zu zwingen, eigentlich erst nach dem dramatischen Mai 1943, dem »Stalingrad der U-Boote«, begann. Vorher, 1942, hatten die Gegner nur einen der U-Boot-Versorger aufgespürt:

- *U 464* unter Kapitänleutnant Otto Harms. Das am 30. April 1942 in Dienst gestellte Boot wurde am 20. August 1942 im Nordmeer, südöstlich von Island, auf genau 61° 25' Nord/14° 10' West von USA-Flugzeugen gebombt. Es gab zwei Tote.

Abseits der großen alliierten U-Boot-Abwehroffensive im Nordatlantik im Mai 1943, aber auch während der mit grimmiger Verbissenheit eingeleiteten (Biskaya-)»Bay Offensive«, die den aus ihren französischen Stützpunkten auslaufenden wie auch den hier einlaufenden U-Booten galt, gingen an Versorgungs-U-Schiffen verloren:

- *U 463* unter Korvettenkapitän z.V. Leo Wolfbauer, der, 1893 in Pernegg/Österreich geboren, noch 1913 k.u.k. Offizier gewesen war und mit 47 Jahren zu den ältesten großdeutschen U-Boot-Kommandanten zählte, am 15. Mai 1943. Britische Flugzeuge hatten *U 463* südwestlich der Scilly-Inseln gestellt und mit Bomben genau auf der Position 48° 28' Nord/10° 20' West, belegt. Das Boot blieb mit der gesamten Besatzung vor dem Feind;

- *U 467* unter Oberleutnant z.S. Helmut Metz am 13. Juli im Mittelatlantik durch Fliegerbomben von Flugzeugen des US-amerikanischen Eskortträgers *Core* auf genau 27° 15' Nord/38° 05' West. (Bis zum Mai 1943 erschien der deutschen U-Boot-Führung der Mittelatlantik noch eine relativ erfolgreiche Weide mit bislang schwacher U-Boot-Abwehr. Das aber hatte sich, wie an anderer Stelle bereits aufgezeigt, quasi über Nacht geändert.)
- *U 459* unter Korvettenkapitän Georg von Wilamowitz-Moellendorf am 24. Juli 1943 durch britische Fliegerbomben nordwestlich vom Kap Ortegal auf 45° 53' Nord/10° 38' West; 19 Tote;
- *U 461* unter Korvettenkapitän Wolf Stiebler am 30. Juli 1943 um 12.06 Uhr nordwestlich vom Kap Ortegal 45° 33' Nord/14° 47' West durch australische Fliegerbomben (sonst siehe in Verbindung mit *U 462*);
- *U 462* unter Oberleutnant z.S. Bruno Vowe am 30. Juli 1943 um 12.14 Uhr durch britische Fliegerbomben und Artilleriebeschuß der britischen Sloops *Kite, Wren, Woodpecker, Wildgoose* und *Woodcock* auf 45° 33' Nord/10° 58' West; 1 Toter;
- *U 489* unter Oberleutnant z.S. Adalbert Schmandt am 4. August 1943 durch kanadische Fliegerbomben südöstlich von Island auf 61° 11' Nord/14° 38' West; 1 Toter;
- *U 460* unter Kapitänleutnant Friedrich Schäfer am 4. Oktober 1943 im Nordatlantik nördlich der Azoren auf 45° 13' Nord/28° 58' West durch Fliegerbomben des US-Eskortträgers CVE 11 *Card*;
- *U 488* unter Oberleutnant z.S. Bruno Studt am 26. April 1944 im Mittelatlantik nordwestlich der Kap Verden auf 17° 54' Nord/38° 05' West durch Wasserbomben der US-amerikanischen Eskorter *Frost, Huse, Barber* und *Snowden*; 64 Tote, und
- *U 490* unter Oberleutnant z.S. Wilhelm Gerlach am 11. Juni 1944 nordwestlich der Azoren auf 42° 47' Nord/40° 08' West durch Fliegerbomben bzw. Wasserbomben des US-Eskortträgers CVE 25 *Croatan* bzw. der Eskorter *Frost, Inch* und *Huse*; keine Verluste.

Wie sagte der LI von *U 642*, Korvettenkapitän Hans Krüger, im Angesicht des U-Boot-Ehrenmals Möltenort beim Besatzungstreffen 1983 als Abschluß: »Hier an unserem U-Boot-Ehrenmal wollen wir nicht nur der Gefallenen und Verstorbenen unseres Bootes gedenken: sondern aller 28 800 Gefallenen der deutschen U-Boot-Waffe wie auch der Opfer unter unseren Gegnern. Es waren junge, lebensfrohe Menschen in den besten Jahren ihres Lebens. Sie wollten wahrlich nicht so früh sterben und taten trotz der permanenten tödlichen Gefahren ihre Pflicht bis zum bitteren Tode. Möge gerade in unserer heutigen Zeit, in einer von Atomwaffen starrenden Welt, diese Ehrenmal gleichzeitig ein Mahnmal sein, um mit dazu beizutragen, daß unseren Kindern und Enkeln ein ähnliches Schicksal erspart bleibt. Möge es darüber hinaus auch ein Mahnmal für den FRIEDEN IN DER WELT werden.«

Anhang I

Nachtrag 7 (siehe Seite 412): Die »Bay-Offensive«, Bericht eines Zeitzeugen von *U 462*

Hierzu, zum Einlaufen wie auch zum Auslaufen der Boote aus den Stützpunkten, ist noch Wesentliches zu sagen. Emmermann hatte Glück, viele andere vor ihm indessen nicht, denn der Gegner hatte nach seinen Aktionen im Mai 1943 im Nordatlantik und seiner überraschenden U-Boot-Abwehr im Mittelatlantik, mit der bereits erwähnten (Biskaya-)Bay-Offensive im nachhinein ein weiteres Schwerpunktprogramm aktiviert, es galt vornehmlich ein- und auslaufenden U-Booten im Bereich der französischen Atlantikküste; es wurde unterstützt durch ein Höchstmaß an Jagdflugzeugen und an »den Grenzlinien« aufgestellten Eskortgruppen. Dönitz versuchte, dieser neuen Gefahrenquelle dadurch zu begegnen, daß die U-Boote die Gefahrenzone im Päckchen zu drei Booten passieren müssen, um dadurch eine Massierung der U-Boot-Flak und selbstverständlich auch gegenseitige Hilfe verstärkt zu gewährleisten. Zwischendurch setzt Dönitz auch noch seine Flak-U-Boote ein, die, wie der Name sagt, mit einem Übersoll an Flak ausgerüstet worden sind, eine Maßnahme, die sich aber nicht bewährt und die an anderer Stelle (im Folgeband zu »Die Wende im U-Boot-Krieg«) in Verbindung mit Götz von Hartmann, Kommandant von *U 441*, wegen ihrer Dramatik gesondert behandelt wird.

Hier nun ein Beispiel einer vorgenannten U-Boot-Ausfahrt in einer Dreiergruppe, berichtet von Fritz Schmidt, ehemaliger Maschinenobergefreiter und Teilnehmer der siebenten Feindfahrt von *U 462*. Das Boot ist übrigens eines der schon vorher im Anhang genannten »Spezial-U-Schiffe für ozeanische Öltransporte«. Fritz Schmidt war übrigens auch Zeitzeuge für die plötzliche, explosionsartige Wende in der Schlacht im Atlantik ab Mai 1943. Hier nun, was er in knappen Formulierungen wiederholt, was der LI von *U 462*, Korvettenkapitän a.D. Hans Krüger, am 10. September 1983 anläßlich eines Besatzungstreffens angesichts des U-Boot-Ehrenmals Möltenort über das Ende des Versorgungsschiffes unter dem Kommando von Oberleutnant z.S. Bruno Vowe in der Erinnerung zurückrief:

»Ausgelaufen aus Bordeaux am 27. Juli 1943 zur siebenten Feindfahrt. Befehlsgemäß liefen wir wegen vervielfachter Flak im Verband aus, und zwar zusammen mit dem Versorger *U 461* unter dem Kommando von Korvettenkapitän Wolf Stiebler (Kapitän A 6 und Cap Hornier) und *U 504*, einem IX-C-Boot unter dem Kommando von Kapitänleutnant Luis.

Nach drei Tagen Kriegsmarsch durch die Biskaya standen wir am 30. Juli 1943 90 Seemeilen nordwestlich von Cap Ortegal, als uns die erste Sichtung eines Flugzeuges trifft. Alle Boote sind nach langer Unterwasserfahrt noch beim Aufladen der Batterien. Bald hält eine Liberator außerhalb der Reichweite unserer Bordflak Fühlung. Sie fordert Verstärkungen an. Ein Tauchen war unmöglich . . .

Gegen 10.15 Uhr treffen eine Sunderland und eine Catalina ein. *U 461* wird von den drei Flugzeugen als erstes Boot angegriffen. Inzwischen sind noch fünf weitere Flugboote eingetroffen und nehmen auch uns und *U 504* an. Alle Boote feuern, was die Rohre hergeben. Gegen 11.00 Uhr meldet der Horchraum: ›Ortung durch Überwasserschiffe in schneller Fahrt auf zu uns.‹

Die Flugzeuge greifen inzwischen pausenlos weiter an.

U 461 schießt ein Flugzeug ab.

Im gleichen Augenblick fliegt eine Sunderland dieses Boot im Tiefflug an und vernichtet es durch Fliegerbomben. Der Kommandant und 14 Mann Brückenpersonal werden später gerettet, die übrige Besatzung ging mit dem Boot unter.

Inzwischen – es ist 12.00 Uhr geworden – sind die Überwasserschiffe in Sichtweite gekommen und beginnen, mit der Bordartillerie in das Gefecht einzugreifen.

Die Einschläge liegen in nächster Nähe.

Durch das lange Flaksperrfeuer geht unsere Munition zur Neige. In der Zentrale stehen wir fast bis zu den Knien in leeren Patronenhülsen.

Die Gegner erzielen in dieser Phase des Gefechts Steuerbordachtern einen Treffer. Eine Fliegerbombe hat den druck- und wasserdichten Lukendeckel zum Heckraum zerstört. Ein Abstützen des Werkstattschottes bringt nicht viel.

Außerdem klemmt das Seitenruder.

Das ist böse.

Der Heckraum muß abgeschottet werden.

Durch Ruderausfall dreht sich *U 462* nur noch im Kreise. Immerhin haben auch wir während der Angriffe eines der Flugzeuge abgeschossen.

Mit den letzten Patronen geben wir wenigstens noch *U 504* Feuerschutz zum Alarmtauchen. Das Boot kommt tatsächlich unbeschädigt unter Wasser, wird aber nach achtstündiger Wasserbombenverfolgung durch die britischen Sloops *Kite, Wren, Woodpecker, Wildgoose* und *Woodcock* vernichtet.

Totalverlust.

Für uns bleibt nur noch der Befehl ›Alle Mann aus dem Boot!‹.

Die gesamte Besatzung kann das Boot ohne Verlust verlassen, einschließlich zweier Schwerverwundeter, ehe *U 462* selbstversenkt wird und vor unseren Augen mit wehender Flagge untergeht. Noch im Schlauchboot stirbt der Matrosenobergefreite Heinz Sauer an seiner schweren Verwundung. Nach acht Stunden Treibens im Wasser werden wir von den britischen Schiffen aufgenommen und gehen für vier Jahre in die Gefangenschaft . . .«

Soweit der Maschinengefreite Fritz Schmidt.

Anhang I

Nachtrag 8 (siehe Seite 446): U-Boot-Erfolge und Errata, eine Antwort zur Wahrheitsfindung

Die in den Erfolgsmeldungen von Kapitänleutnant Albrecht Brandi bislang genannten Schiffsversenkungen entsprechen, wenn man die in englischer Sprache erschienene, von Professor Dr. Jürgen Rohwer mit Copyright US-Naval-Institute, Annapolis, 1983 herausgegebene Edition »Axis submarine successes 1939–1945« heranzieht, nicht den wirklichen Ergebnissen. Gleiches wird in dem vom Deutschen Schiffahrtsmuseum Bremerhaven herausgegebenen »Schiffahrtsarchiv«, Ausgabe 10 (1987) in dem Beitrag von Bodo Herzog »Ritterkreuz und U-Boot-Waffe« festgestellt; jedoch ist diese Publikation wegen der fehlenden Untersuchung und Begründung über die möglichen und zum großen Teil beweisbaren Ursachen der Errata als ernsthafte Forschungsquelle abzulehnen.

Kurzum, die in der Edition »Jäger/Gejagte« veröffentlichten »Brandi-Erfolge« laut damaligen Wehrmachtsbericht wie auch nach seinen nach dem Kriege dem Verfasser vorgetragenen Angaben schrumpfen nach den letzten, heutigen Erkenntnissen zusammen auf nur noch neun Frachtschiffe mit 26689 BRT sowie drei Kriegsschiffe mit zusammen 5000 ts.

Fehlinterpretationen sind laut den Auflistungen in der Rohwer-Edition für die Operationsgebiete »North Sea-Atlantic«, »Northern Theater«, »Black Sea«, »Mediterranien« und »Indian Sea« indessen nicht nur Brandi, sondern auch einigen anderen Kommandanten unterlaufen. Wer sich der Mühe unterzieht, die bisherigen Erfolgserlebnisse (die der Kommandanten in ihren KTBs und die der OKW-Berichte) mit den tabellarisch erfaßten Angaben in Rohwers »Axis submarine successes 1939–1945« zu vergleichen, wird feststellen, daß sich neben den Errata-Versenkungen (also jenen, die behauptet, aber in Wahrheit gar keine waren, wie noch erklärt werden wird) darüber hinaus auch Differenzen bei der angegebenen Tonnage offenbaren: bei dem einen zuviel, bei anderen aber auch zuwenig, zumindest dort, wo die Kommandanten lediglich auf optische Schätzungen bei den Schiffsgrößen angewiesen waren. Kapitän zur See F. K. Merten, einer der profiliertesten und erfolgreichsten U-Boot-Kommandanten und zuletzt Chef der 24. U-Flottille (Kommandanten-Ausbildungsflottille), zieht die Grenzen bei solchen Fehlschätzungen im Mittel bis maximal auf plus/minus 2000 t.

Dessenungeachtet: Wissentliche oder absichtliche Falschangaben sind, was die Versenkungen an sich und/oder die jeweilige Tonnage versenkter Schiffe betrifft, bei dem Typus der deutschen Seeoffiziere, hier also der U-Boot-Kommandanten, auszuschließen.

Wer den Ausbildungsweg zum U-Boot-Kommandanten in der Kriegsmarine kennt oder studiert hat, wird ohne Zögern bestätigen, daß er solide, gründlich und sehr sorgfältig war. Hier spielten neben der strengen Auslese (Raeder: »Charakter geht vor Leistung«) eine auf Erfahrungen und wissenschaftlichen Doktrinen basierende seemännische, soldatische, berufsethische wie auch technische Schulung eine gravierende Rolle. Und auch das Führen des KTBs war ein wichtiges Thema. Das Kriegstagebuch (KTB) verlangte auf das Wesentliche beschränkte, und zwar nüchterne, objektiv wahre Angaben. Das betraf insbesondere bei den U-Boot-Kommandanten die Angriffsberichte und Angriffsergebnisse, rein nachrichtentechnisch und ohne Kommentare.

Was die in die KTB eingetragenen Erfolgsergebnisse anging, die Torpedierung an sich, die Größe des Ziels usw., so waren diese auf einem U-Boot kein privates Tabu des Kommandanten. Sie waren bei jedem Torpedoangriff »nachher« Diskussionsstoff der Besatzung. Das KTB lag zwar nicht »öffentlich« aus, aber die Eintragungen blieben der kleinen Crew natürlich nicht verborgen. Schon gar nicht die Erfolgswerte und des »Alten«. Kommentare über die Feindlage, die Trefferbeobachtungen, Schiffsgröße (geschätzt oder bei einem FT-Notruf dem Register entnommen oder in verschiedenen Fällen bei Überlebenden über den Schiffsnamen ermittelt), vor allem beim monologisierten Bericht beim Periskopmarsch, je nach Typ des Kommandanten, mit aus der Lage heraus oft notwendigem Schnelltauchen. Solche Alarmtauchmanöver unmittelbar nach Trefferbeobachtung gab es beim Überwassermarsch insbesondere bei Nachtangriffen auf stark gesicherte Konvois oder auf Kriegsschiffgruppen, etwa wie bei Brandi im Vorfeld von Gibraltar im vom Feind besonders stark überwachten Mittelmeer.

(A) Der Kommandant mußte mit sofortigen Gegenmaßnahmen rechnen, das heißt mit Asdic-Suchaktionen und Wasserbombensalven, wenn sein Torpedo – in den ersten Jahren handelte es sich nur um E-Tos – einen Treffer erzielte, optisch sichtbar für die Brückenwache beim Überwassermarsch oder beim in Angriffstiefe fahrenden Boot durch das Periskop: aber auch akustisch hörbar. Nach dem Schnelltauchmanöver waren, was weitere Erfolgsbestätigungen anging, Kommandant und WOs (und die Männer der Besatzung) dann nur noch auf Sinkgeräusche des torpedierten Ziels angewiesen.

Hier einige Beispiele aus dem Mittelmeer, bei denen die Kommandanten nach Rohwer einer Täuschung oblagen, als sie die laut KTB beobachteten Trefferdetonationen mit einer Versenkung oder einer schweren Beschädigung des Ziels gleichsetzen, diese meldeten und in KTB eintrugen. Im Rohwer gibt es für diese Errata-Fälle keine Angaben über »Erfolge«, die laut Rohwer Mißerfolge (Torpedofrühzünder, Spätzünder pp.) waren, denen Rohwer aber fairerweise die ins Englische übersetzten KTB-Eintragungen als Anmerkungen beifügt, Anmerkungen, nach denen laut Beobachtungen der Kommandanten ein

Erfolg unstrittig oder mit großer Sicherheit möglich war. Nachstehend Beispiele aus der Rohwer-Edition der Seite 239:
(1) Am 15. November 1942 greift Kapitänleutnant Josef Röther, Kommandant von *U 380*, um 11.32 Uhr im Quadrat CH 7476 einen auf 10000 BRT geschätzten Dampfer an, den er, nachdem er laut Rohwers Fußnote »heard a detonation«, vorsichtshalber nur als »beschädigt« meldet, der aber im Rohwer in der Verbleibsstatistik keine Erwähnung findet, das heißt, weder gesunken noch beschädigt verzeichnet wird.
(2) Am 19. November 1942, um 04.01 Uhr, torpediert Albrecht Brandi, Kommandant von *U 617*, im Quadrat CH 8359 stehend, einen 1500 ts großen Zerstörer (DD), den er »beschädigt« meldet, während in den Erfolgsrubriken im Rohwer keine Angaben zu finden sind. Wohl heißt es zu *U 617* in der Fußnote laut KTB-Bericht: »*U 617* observed on large flash after run time of 3 min 45 s on a probable destroyer, after having heard two detonations at 3 min 1 s and 3 min 10 s. Red and white light were observed. – Diese Fußnote ist indessen auch den Zielen (3) und (4) zuzuordnen.
(3) Am 19. November, 04.02 Uhr, also eine Minute später nach dem Ziel (2), torpediert *U 617* im Quadrat 8359 einen 5500 BRT großen Dampfer, den Brandi als »versenkt« notiert, während im Rohwer kein Erfolg aufgezeigt wird, während die Fußnote sich auf den Text in (2) bezieht.
(4) Am 19. November 1943 torpediert *U 617* aus derselben Position, wieder nur eine Sekunde später, also 04.03, einen weiteren 5500-BRT-Dampfer, den Brandi als »beschädigt« meldet, während in der Erfolgsrubrik im Rohwer ebenfalls keine Angaben nachzulesen sind. Lediglich die Fußnote ist die gleiche wie beim Ziel (2).
(5) Am 21. November 1942, 11.27 Uhr, torpediert *U 617* im Quadrat CH 8474 ein 33950 ts großes BB (= Battleship), das von Brandi im Rohwer als »beschädigt« gemeldet wird. In der Fußnote in Rohwers Buch heißt es dazu: »*U 617* heard one detonation after run times of 2 min 24 s, 2 min 45 s 3 min 16 s and 6 min 21 Probably three this on one target.« Indessen: Die statistischen Rubriken für das Ergebnis dieses Angriffs bleiben im Rohwer leer: keine Versenkung, nicht einmal eine Beschädigung.
(6) Am 23. November 1943 greift *U 617* um 16.12 Uhr im Quadrat CH 7693 einen 6496 ts großen CL (Leichter Kreuzer) an, in der Fußnote im Rohwer kommentiert mit: »*U 617* heard one detonation after a run time of 2 min 7 s and later two heavy explosions. Target was identified as the cruiser *Jeanne d'Arc.*« Brandi selbst vermerkte das Ziel als »beschädigt«, im Rohwer gibt es dagegen in den Ergebnissen keine weiteren Angaben zum Schiff und zum Verbleib.
(7) Auch im Dezember 1942 ist Brandi mit *U 617* aktiv. Nach zehn Erfolgsangaben anderer deutscher und italienischer Mittelmeerboote ist der Rohwer-Editions-Seite 240 für den 28. Dezember 1942 zu entnehmen: *U 617* meldete aus den Quadraten CO 4936 und CO 4934 für

02.00 Uhr die Versenkung eines 1000 BRT großen Schleppers und für 03.36 Uhr einer 1000 BRT großen Barge rückwirkend für den 27. Dezember. Im Rohwer wird lediglich der auf 32.37 N/20.22 O versenkte, 810 BRT große britische Schlepper *St. Issey* erwähnt und bestätigt, aber keine 1000-BRT-Barge als weiteres Ziel. In der Fußnote heißt es im Rohwer (offenbar laut Brandi-KTB): »*U 617* attacked a tug towing two barges, sank the tug, and heard two detonations after a run time of 2 min 7 s without optical confirmation.«
(8) Am 28. Dezember 1942, 06.54 Uhr, funkt *U 617* die Versenkung eines Zerstörers (DD) in CO 4928. Im Rohwer wird diese Versenkung nicht bestätigt, und in der Fußnote heißt es laut KTB: »*U 617* heard one hit on a destroyer, which exploded in a flash of 100 m high. A corvette left the scene.« Den gehörten Treffer und den 100 m hohen Explosionsblitz kann man doch wohl schwerlich als Errata werten. Auch nicht die ablaufende Korvette.
(9) Am 30. Dezember, 15.46 Uhr, torpediert *U 617* in CO 4697 einen 8000 BRT groß geschätzten Dampfer, der laut Brandi versenkt wird, zur gleichen Zeit wird auf einem 7000 BRT großen Dampfer ein Treffer gemeldet, der aber nach Brandi nur zu Beschädigungen führt; das gleiche wird für einen ebenfalls um 15.46 Uhr torpedierten weiteren 7000-Tonner gemeldet. Im Rohwer findet keines dieser drei Ziele in den Erfolgs- oder Ergebnisrubriken Erwähnung. In der Fußnote heißt es hier in Auswertung des *U-617*-KTBs: »*U 617* fired four single torpedoes and heard three detonations after 2 min 3 s and 2 min 25 s and 2 m 25 s followed by sinking noises.«
(10) Am 31. Januar (keine Uhrzeit) schießt Kapitänleutnant Heinz Schomburg, Kommandant von *U 561*, im Quadrat CP 20 zwei Torpedos auf einen 1690 ts großen Zerstörer, der nach seinem FT sinkt. Im Rohwer gibt es keine Angaben darüber. Die Fußnote zum Boot besagt: »*U 561* heard two Pi-2 (pistol type) detonations on a destroyer of the *Jervis-class*.« Hier nun einige weitere Beispiele von einer anderen Seite der Rohwer-Edition (S. 241):
(11a) Am 13. Januar 1943, 06.40 Uhr, torpediert *U 617* (Brandi) im Quadrat CO 5721 einen 4000 BRT großen Dampfer, den Brandi als versenkt meldet.
(11b) Am gleichen Tage wird zur gleichen Zeit im gleichen Quadrat ein zweites Ziel, ein auf 2000 BRT geschätzter Dampfer, mit Torpedos angegriffen. Auch dieses Schiff wird von Brandi als versenkt gemeldet.
Im Rohwer werden beide Erfolge nicht vermerkt. Danach sind die Ziele also nicht versenkt, aber auch nicht beschädigt worden. In der Fußnote im Rohwer heißt es für (11a) und (11b): »*U 617* fired on three ships steaming some distance from a convoy, escorted by a corvette. Detonations were heard after 3 min 8 s, 4 min 2 s and 4 min 26 s, two on a large steamer that sank.«
(12) Der 15. Januar: Zwei weitere von *U 617* im Quadrat 5722 angegriffene Dampfer (one big and one med.) werden von Brandi als ver-

senkt gemeldet. Beide Schiffe werden in den Verbleibsrubriken im Rohwer auch als versenkt notiert, und zwar: der griechische 4324 BRT große Dampfer *Annitsa* gesunken auf Position 33.02 N/21.58 O, und das 1862 BRT große norwegische Motorschiff *Harboe Jensen* auf 33.04 N/21.50 O. Die für beide Schiffe aus dem KTB für die Rohwer-Edition formulierte Fußnote lautet: »*U 617* observed four hits on two ships that had great effect.« Es folgen auch auf der nächsten Seite wieder »Brandi-Errata« neben anderen deutschen Fehlbewertungen nach der Rohwer-Edition.

(13) Am 18. Januar schießt Oberleutnant z.S. Wörrishöfer (bei Lohmann/Hildebrand: Wörrishoffer), Kommandant von *U 83*, im Quadrat CH 7688 auf einen 3000-BRT-Dampfer, den er nach seiner Meldung beschädigt. Im Rohwer Fehlanzeige, also weder versenkt noch beschädigt, dazu der KTB-Kommentar nach dem *U 83*-Kommandanten: »*U 83* reported one hit.«

(14) Am 20. Januar torpediert Kapitänleutnant Egon Reiner Freiherr von Schlippenbach, Kommandant von *U 453*, im Mittelmeerquadrat CH 85 einen Dampfer ohne Größenangaben, den er als versenkt meldet. Im Rohwer wird der Erfolg bestätigt durch den bei Cape Tenes nach Torpedotreffer gesunkenen belgischen, 5859 BRT großen Dampfer *Jean Jadot*. In der Fußnote heißt es nach den KTB-Unterlagen bei Rohwer: *U 453* fired a 4 torpedo spread against four ships and heard three detonations. One ship was observed sinking.«

(15) Am 21. Januar greift Wörrishöfer auf *U 83* erst zwei und dann noch ein drittes Ziel von »ships out of convoy« im Quadrat CH 8179 an. Er meldet einen 6000-BRT-Dampfer und einen 4000-BRT-Dampfer als versenkt; ferner einen Dampfer nicht geklärter Größe als beschädigt. Im Rohwer sind keine diesbezüglichen Angaben zum Verbleib zu finden, lediglich die Fußnote weist darauf hin: »*U 83* reported two ships sunk out of convoy, and one more damaged by a torpedo hit.«

Man könnte diesen Beispielen, aus diesen wahllos(!) herausgesuchten Beispielen, weitere hinzufügen (denn auf vielen Seiten gibt es im Rohwer keine Fehlinterpretationen, was den Verbleib der angegriffenen Ziele angeht). Auffallend ist höchstens die große Anzahl der im Rohwer behaupteten »Falschmeldungen« (man sollte besser von Errata sprechen), die den mit Ritterkreuz mit Eichenlaub, Schwertern und Brillanten ausgezeichneten U-Boot-Kommandanten Albrecht Brandi (geb. 1914) betreffen. Hier könnten weitere Meldungen aufgeführt werden, die alle die Zeit vor dem Einsatz des akustischen Torpedos T 5 (= Zaunkönig) betreffen, mit dem sich die Errata mehren. Mit Sicherheit ist Brandi, den, wie bereits erwähnt, der Verfasser nach dem Kriege aufsuchte und sprach, als er bereits als Architekt in Saudi-Arabien tätig war, nach jedem Angriff sofort »in den Keller« gegangen, um die Gefahr, von Wasserbombendetonationen getroffen zu werden, so gering wie nur möglich zu halten. Daß Brandi im für U-Boote besonders gefährlichen Mittelmeer dennoch kein Risiko scheute, heißt nun nicht, daß er ein tollkühner Draufgänger war. Er kalkulierte vielmehr jedes nur mögliche Risiko vorher ein, besonders bei Angriffen auf Kriegsschiffeinheiten. Daß aber zum Beispiel die auch im Rohwer vermerkten drei Treffer auf ein 33 950 ts großes Schlachtschiff am 21. November 1942 (siehe (5)) in dem Erfolgsnachweis im Rohwer nicht die geringste Erwähnung finden, stimmt doch nachdenklich. Wenn das Schlachtschiff nach Brandis Beobachtung drei Treffer erhalten hat, wird es mit Sicherheit so beschädigt worden sein, daß es für eine Zeit ausfiel. Das gleiche betrifft auch den als *Jeanne d'Arc* angesprochenen Kreuzer, der am 23. November 1942 einen Torpedotreffer (one detonation) erhielt, nachdem auf *U 617* zwei schwere Explosionen zu hören waren . . .

Diese Einschränkung im Hinblick auf Brandi schließt nicht aus, daß es Irrtümer bei und nach Torpedoangriffen gab, bei denen keineswegs der Wunsch der Vater des Gedankens war, sondern die Ursache in einer turbulenten Situation am Angriffsplatz zu suchen ist. Und wer belegt denn, daß die Angaben im Rohwer durchweg hundertprozentig korrekt sind, auch hier sollten – zunächst jedenfalls – Fehler oder Irrtümer nicht ausgeschlossen werden.

(B) Klarer liegen die Fälle nach dem Einsatz des T 5, mit dem – wohl infolge von Produktionsengpässen – nicht alle Boote ausgerüstet werden konnten, als dieser Torpedo ab September 1943 für den Fronteinsatz freigegeben wurde. Die meisten Boote hatten eine gemischte Sortierung an Torpedotypen an Bord, wobei der T 5 gern für die achteren Rohre vorgesehen wurde, um sich verfolgenden Zerstörern, Fregatten oder anderer Eskorten zu erwehren. Der T 5, auch »Zaunkönig« genannt, ist ein Thema für sich, über das im Folgeband zur Edition DIE WENDE IM U-BOOT-KRIEG 1939–1943 ausführlich berichtet werden wird. Bei dem T 5 handelte es sich um einen akustischen Torpedo, das sei hier vorab noch einmal vermerkt, also um ein Unterwassergeschoß mit einer akustisch auslösenden Zündvorrichtung, wobei für die initiale Akustik, also die auslösenden Unterwassergeräusche, Schraubendrehzahlen hoher Frequenzen eingestellt waren. Solche wiederum waren fast ausschließlich bei den Eskortschiffen gegeben. Um nicht das eigene Boot mit seinen hohen Schraubendrehzahlen zu gefährden, war für den T 5 eine Sicherheitslaufstrecke vorgesehen, außerdem wurde der T 5 bei langsam drehenden Schrauben geschossen. So viel auch vorab, daß der mit viel Vorschußlorbeeren bedachte T 5, da nicht voll ausgereift, verschiedene »Macken« hatte, darunter Frühdetonierer, die beim Unterwassermarsch nicht immer von Trefferdetonationen zu unterscheiden waren. Last not least hatte der Gegner, der, das sei noch einmal betont, aus nicht näher zu untersuchenden Gründen, rechtzeitig Kenntnis vom deutschen T 5 hatte, ein raffiniertes Abwehrmittel in Form einer Geräuschboje gefunden, die achteraus hinter dem jeweiligen Eskorter hergeschleppt, mit künstlich erzeugten »Schrauben«-Geräuschen auf den Eskorter-Schraubenfrequenzen den T 5 auf sich zog und detonieren ließ. Auch hier kam es im U-Boot zu Fehldeutungen.

Auf der Gegenseite minderte das Vorhandensein der von den Eskortern nachgeschleppten Geräuschboje den befürchteten Gefahrengrad erheblich, so erheblich, daß die Briten den T 5 mit dem Terminus GNAT belegten. Und GNAT heißt, wie bereits erwähnt, übersetzt und verharmlosend MÜCKE. Horst Bredow vom U-Boot-Archiv behauptet, der Gegner hätte sogar »künstliche Sinkgeräusche« erzeugt, wenn U-Boote mit dem T 5 angriffen, um bei Frühdetonationen oder Detonationen an Geräuschbojen erfolgreiche Treffer vorzutäuschen. Im fachwissenschaftlichen Schrifttum wird über ein solches, zweifelsohne raffiniertes Defensivsystem indessen mit keiner Zeile berichtet. Und wenn es das nicht gegeben hat, werden die Briten ob solcher unverdienter Lorbeeren gewißlich nicht widersprechen.

Nachtrag 9 (siehe Seite 587): Sonobojen und Schnorchel-U-Boote; Churchill: Die Flugzeuge der coast guard sind nun überflüssig

Es ist hier der Hinweis angebracht, daß über die Entwicklung der Sonoboje keine klaren Auskünfte zu erfahren sind. Ist das Primat den Amerikanern oder den Briten oder gar beiden zuzusprechen? Das ist eine gravierende Frage im Zusammenhang mit dem Buch JÄGER/GEJAGTE.

Solange die U-Boote noch keine Schnorchel hatten (die erstmals 1937 ins Gespräch kamen, aber zunächst eine rein theoretisch technische Spielwiese blieben) und zum Batterieaufladen mit außenluftabhängiger Dieselmotorfahrt auftauchen mußten, führte die Sonobojen-Ortung beim Vorhandensein von Eskortträgern und deren Möglichkeiten einer pausenlosen Überwachung des Ortungsfeldes und dessen Umfeldes leicht zum Erfolg. Bei den Schnorchel-U-Booten war diese Taktik nicht mehr opportun. Und die Briten irrten, wenn sie meinten, daß auch Kurswechsel einem dreimal durch Sonobojen-Ortung aufgefaßten Schnorchel-U-Boot nicht helfen könnten. Nun, höchstens ein frühes (leichtfertiges) Auftauchen hätte das Boot gefährden können. Außerdem gaben die Sonobojen weder eine genaue Position noch Höhe bzw. Tiefe des Bootes an. Schwer also für die U-Jagdflugzeuge, ein solches Boot zu bomben, auch nicht mit den neuen depth-charges.

Churchill sah da ganz klar, wenn er resignierte, daß die Flugzeuge der coast guard seit dem Auftauchen der deutschen Schnorchel-U-Boote überflüssig seien. Wieviel mehr hätten ihn die neuen Boote vom Typ XXI (und XXIII) getroffen; ebenfalls schnorchelbewehrt, verfügten sie über Techniken, um die zeitgemäßen Ortungstechniken beim Gegner auszuschalten.

Anhang I

Nachtrag 10 (siehe Seite 608): Das Flüchtlingsschiff *Wilhelm Gustloff* und die XXIer in der Literatur, eine Richtigstellung

Zur Endphase 1945 ist noch ein Nachtrag notwendig:
In dem sonst aussagestarken Fachbuch von Eberhard Rössler U-BOOT-TYP XXI schreibt der Autor auf der Seite 47 über weitere dienstbereite Boote vom Typ XXI diesen Text:
»Als Ende Januar 1945 nach dem Zusammenbruch der Weichselfront und der Abschnürung Ostpreußens durch den russischen Vorstoß auf Elbing die östlichen Ausbildungsbasen der U-Boote zum Kampfgebiet wurden, hatten (abgesehen von *U 2511*) erst *U 3007*, *U 2506* (Kptl. von Schroeter) und *U 2519* (Korv.Kpt. Cremer) diese Ausbildung ganz durchlaufen und befanden sich am 30. Januar 1945 auf dem Rückmarsch nach Travemünde. Sie sollten möglichst bald mit ihren erfahrenen Kommandanten als erste geschlossene Typ-XXI-Kampfgruppe zum Einsatz kommen. Aus Gründen der Geheimhaltung und auch wegen der Dringlichkeit ihres Auftrages durften die Boote der in unmittelbarer Nähe sinkenden *Wilhelm Gustloff* nicht zu Hilfe kommen, sondern mußten ihren Kurs beibehalten.«
Einen solchen unsinnigen Befehl hat es nie gegeben. Die Rettung Überlebender bei dieser größten, je durchgeführten Seetransportaktion hatte absoluten Vorrang. Kein Kommandant hätte einen solchen Befehl ausgeführt und wäre an der sinkenden *Wilhelm Gustloff* vorbeigefahren. Keines der obengenannten Boote war in der Nähe. So schreibt zum Beispiel Vizeadmiral a.D. Horst von Schroeter: »Zu Rössler. Ich ging nach meinen persönlichen Aufzeichnungen am 1. 2. nach Gotenhafen und sah dort in einem Schuppen ›*Gustloff*‹-Tote. Am 2. 2. lief ich mit etwa 35 Zivilpersonen wieder aus und am 4. 2. in Travemünde ein, wo die ›Passagiere‹ der NSV übergeben wurden. Die Haltung der Vorgesetzten zur Mitnahme von Zivilpersonen auf Typ XXI war unterschiedlich. Der FdU-Ausbilder hatte sogar Hemmungen, mir Sanitätsfähnriche mitzugeben; der Leiter AGRU-Front wies zum Beispiel Mannesmann *U 2502* an, Angehörige von Marinesoldaten mitzunehmen, so verrückt war das damals . . .«
Auch ein Gespräch mit dem Kommandanten des XXIer Bootes *U 2519*, Korvettenkapitän »Ali« Cremer klärt die Sachlage. *U 2519* befand sich ebenfalls nicht im Bereich der *Wilhelm Gustloff*, als diese torpediert wurde. Der Kommandant hat erst viel später von der schrecklichen Katastrophe erfahren.

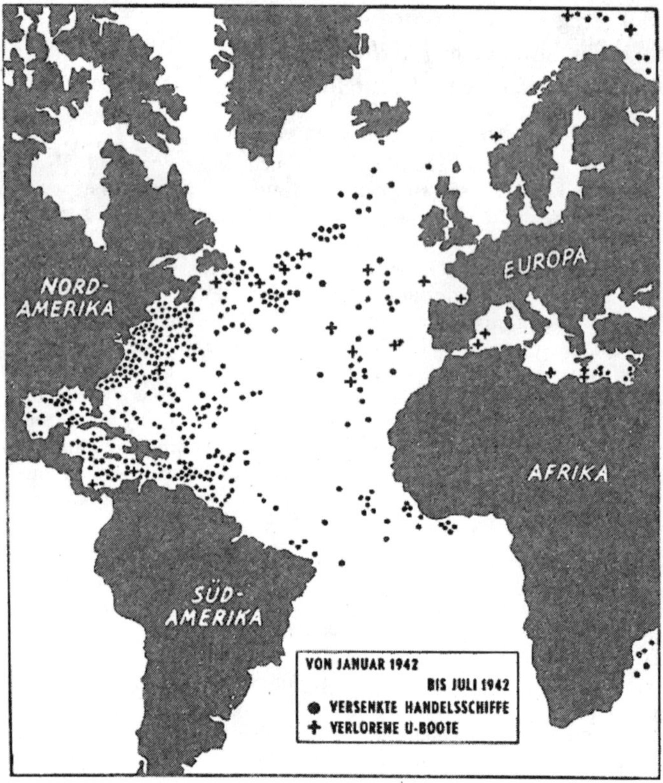

Die »glückliche Zeit« der »Grauen Wölfe«, deren operative Schwerpunkte nach dem Kriegsausbruch mit den USA sich bis dicht unter die amerikanischen Küsten verlagerte, solange die amerikanische Abwehr noch über keine Praxis verfügte. Die anderen Schwerpunkte lagen in der Karibik und noch mehr vor den Nordküsten Südamerikas, wo vornehmlich den wertvollen, von dort kommenden Tankern aufgelauert wurde. Unsere obige Zeichnung läßt deutlich die damalige Überlegenheit der deutschen U-Boot-Waffe erkennen.

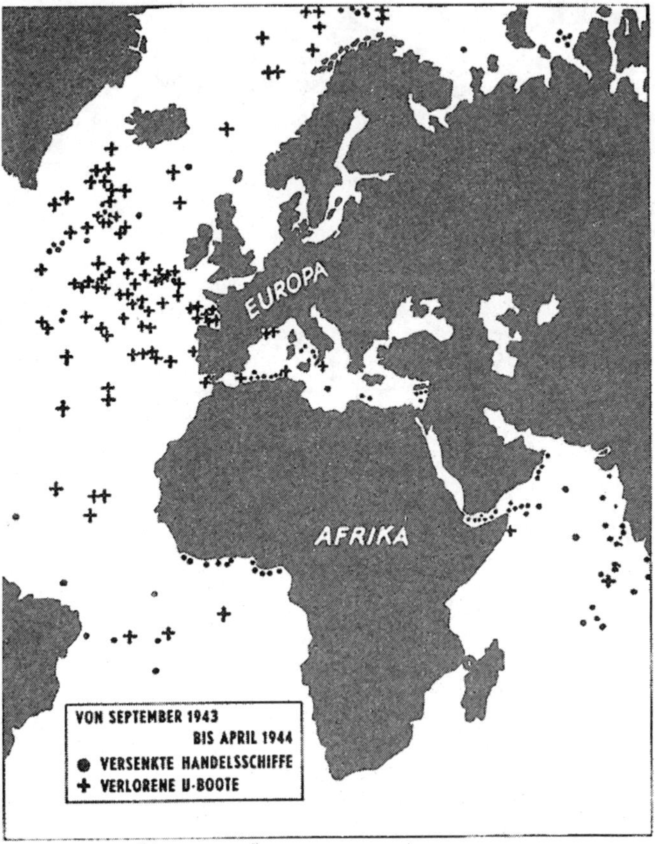

Kreuze, nichts als Kreuze. Überall, wo deutsche U-Boote zu operieren versuchten, wurden sie das Opfer der jetzt massierten und mit modernsten Geräten ausgerüsteten alliierten Abwehr. Die Biskaya und die Geleitzugrouten im Nordatlantik wurden zum Grab der »Grauen Wölfe«. Die Zahl der Erfolge ist verschwindend gering. Sie steht in keinem Verhältnis zu den schweren Opfern. Lediglich vor der afrikanischen Gold-, Elfenbein- und Sklavenküste kommt es noch zu Erfolgen und im Indischen Ozean einschließlich im Golf von Aden, wo die Abwehr noch nicht organisiert ist. Im bislang so »sicheren Südatlantik« hat der Gegner seine U-Boot-Abwehr ebenfalls verstärkt. Auch in diesem Seegebiet mehren sich die Kreuze.

Anhang III

Auszug der wichtigsten Anweisungen aus dem »Handbuch für U-Boot-Kommandanten«

(Marine-Druckvorschrift Nr. 906)

Abschnitt II. Der Unterwassertorpedoangriff

A. Grundlagen für den Unterwasserangriff

Ziffer 81. Ziel des Unterwasserangriffs ist der *sichere, unbemerkte* Schuß aus *geringer Entfernung.* Je geringer die Entfernung zum Gegner, um so sicherer ist die Schätzung von Gegnerfahrt und -lage. Der Nahschuß ist ferner am günstigsten, weil selbst starke Verschätzungen in den Schußunterlagen wegen der kurzen Laufzeit des Torpedos sich nicht mehr wesentlich auswirken können und weil jede Abwehrmaßnahme des Gegners – etwa durch Zu- oder Abdrehen, falls das U-Boot oder der Torpedo bemerkt werden – zu spät kommt.

Ziffer 91. Die untere Grenze des Nahschusses ist durch die Strecke gegeben, die der Torpedo bis zum eingesteuerten Tiefenlauf braucht, und durch den Sicherheitsabstand des U-Bootes vom Detonationspunkt des Torpedos. Auf Entfernungen unter 300 m ist daher nicht mehr zu schießen.

Ziffer 94. Horch- und Ortungsanlagen des Gegners sind in ihrer Wirkung von Seegang, Wasserverhältnissen, Fahrt des Gegners, Aufmerksamkeit des Personals und anderen Bedingungen abhängig. Die Gefahr feindlichen Horch- und Ortungsdienstes darf keinen Grund bilden, vom tödlichen Angriff auf geringer Entfernung abzugehen . . .

B. Ansatz des U-Bootes zum Unterwasserangriff

Ziffer 105. Allgemeine Regeln für den Angriff:

a) Mißtrauen und Vorsicht auf dem Marsch, solange kein Angriffsziel vorhanden ist, aber voller Einsatz beim Angriff.

b) Überlegt herangehen, wenn Angriffsziele vorhanden sind. Mit zähem Willen und Standfestigkeit den Angriff wirklich bis zum vernichtenden Enderfolg durchführen. Es gibt beim Angriff oft Situationen, wo man Grund haben könnte, vom Gegner abzulassen. Diese Augenblicke und Stimmungen müssen überwunden werden.

h) Im Krieg ist man im allgemeinen stets weiter ab, als man glaubt, besonders nachts. Also Durchhalten und nahe herangehen. Nahe Schußentfernung gibt auch die größere Sicherheit für das eigene Boot. In der Nähe eigener Schiffe wirft die feindliche Sicherung zunächst keine Wasserbomben.

Ziffer 106. Jeder Unterwasserangriff ist grundsätzlich so anzusetzen und durchzuführen, daß möglichst bald geschossen werden kann. Günstige Angriffsaussichten können durch Zögern verdorben werden. Wenn es die Lage erlaubt, muß daher dem Gegner entgegengelaufen werden. Es ist falsch, vor dem Gegner herzulaufen und zu warten, bis er in Schußweite aufdampft.

Ziffer 108. Bei der geringen Unterwassergeschwindigkeit des U-Boots ist eine vorliche Stellung zum Gegner beim Beginn des eigentlichen Unterwasserangriffs erforderlich. Je weiter der Abstand zum Gegner ist, um so vorlicher muß die Anfangsstellung für den eigentlichen Unterwasserangriff sein. Bei normalen Sichtverhältnissen und normalen Angriffsbedingungen soll daher erst zum Unterwasserangriff getaucht werden, wenn Lage 0 Grad zum *Generalkurs* des Gegners erreicht ist.

Ziffer 136. Muß beim Angriff auf einen Geleitzug vor der Bewachung oder vor Flugzeugen einmal schnell auf 20 m gegangen werden, weil Ramm- oder Sichtgefahr besteht, so darf deshalb keineswegs der Angriff endgültig aufgegeben werden ...

Abschnitt III. Der Überwasser-Torpedoangriff

A. Grundlagen für den Überwasser-Nachtangriff

Ziffer 195. Der Überwasser-Torpedoangriff kommt für das U-Boot nur bei Nacht in Frage. Ziel des Überwasserangriffs ist ebenso wie beim Unterwasserangriff aus den gleichen schußtechnischen Gründen der *unbemerkte* und daher *überraschende* Schuß aus *geringer Entfernung*. (Vergleiche Abschnitt II A Ziffer 91.)

Ziffer 197d. Große Verschätzungen in den Schußunterlagen sind nachts sehr leicht möglich. Daher auch *nachts so nahe ran wie möglich*, damit selbst starke Verschätzungen in den Schußunterlagen sich wegen der kurzen Laufzeit des Torpedos nicht mehr wesentlich auswirken können. Wenn auch das U-Boot beim Angriff bemerkt werden sollte, so darf es dem Gegner nicht mehr möglich sein, dem Schuß auszuweichen.

e) Die Mindestschußweite beträgt auch bei Nacht 300 m. (Vergleiche Abschnitt II A Ziffer 92.)

f) Nachts nicht zu früh aus zu spitzer Lage schießen. Der noch nicht genügend erfahrene Schütze neigt dazu, die Lage nachts meist für stumpfer zu halten, als sie ist. Daher Nerven behalten und nicht zu früh schießen.

h) Die Entfernung wird in der Nacht leicht unterschätzt. (Vergleiche Abschnitt II A Ziffer 99.) Nicht durch das Größerwerden des Zielschattens beeindrucken lassen und zu früh auf zu große Entfernung schießen.

I. Gefahr des Gesehenwerdens

Ziffer 199. Grundsätzlich soll sich der U-Boot-Kommandant vor Augen halten, daß das U-Boot, wenn nicht ganz besonders ungünstige Beleuchtungsverhältnisse vorliegen, nachts immer schlechter zu sehen ist als jedes Überwasserschiff. Das Vertrauen des Kommandanten in die eigene Unsichtbarkeit bei Nacht wird mit jeder neuen Erfahrung wachsen. Jedes gegensätzliche Gefühl muß bewußt mit der Überlegung überwunden werden, daß der angegriffene Gegner als in der Defensive befindlich die schwächere Position hat, zumal er auch durch Ausguck bei lange andauernder, zermürbender Tätigkeit keineswegs die Aufmerksamkeit in der Beobachtung erreichen kann, wie das im Augenblick mit höchster Konzentration auf den Angriff bedachte U-Boot.

Ziffer 200. Die geringe Sichtbarkeit des U-Boots bei Nacht über Wasser ist durch seine schmale und niedrige Silhouette begründet, da das U-Boot selbst bis auf den Turm fast gänzlich im Wasser verschwindet. Der Turm ist vom Gegner am leichtesten zu erkennen, wenn er sich von der Augenhöhe des Gegners noch über die Kimme erhebt. Dies ist die Gefahrenzone beim Heranlaufen. Gegen die Wasserfläche allein als Hintergrund ist der Turm sehr schwach auszumachen.

Ziffer 204. Günstige Angriffsbedingungen, um ungesehen zu bleiben:

a) Vom dunklen Horizont, von der dunklen Wasserfläche herkommend den Gegner gegen den hellen Horizont oder gegen den Mond angreifen. Das U-Boot selbst ist dann auch auf nächste Entfernung nicht zu sehen.

c) Es ist unter allen Umständen notwendig und richtig, beim Angriff bis zum Schuß bzw. bis zum Aufdrehen zum Schuß stets mit spitzer Silhouette auf den Gegner zuzulaufen. Bug- und Hecksee verschwinden dann in eins, günstig ist daher der Angriff aus spitzer Gegnerlage mit stets durch Nachdrehen schmalgehaltener eigener Silhouette, d. h. Anlauf auf der »Hundekurve«.

Ziffer 210. Auf keinen Fall dürfen beim Nachtangriff die Gefahren feindlicher Horchabwehr überschätzt und deswegen vom tödlichen Angriff aus geringer Entfernung abgegangen werden. (Vergleiche II A Ziffer 94.)

Ziffer 215. Die Gefahr feindlicher Ortungsabwehr darf daher ebensowenig wie die Gefahr der Horchabwehr überschätzt werden und keinesfalls zum Aufgeben des Angriffs führen. (Vergleiche Abschnitt II A Ziffer 94.)

Ziffer 216. Mit dem Vorhandensein eines Überwasser-Ortungsgerätes (DeTe) muß bei manchen Kriegsfahrzeugen gerechnet werden. Der Verdacht darf jedoch nicht dazu führen, daß der Kommandant sich bei jedem ihm auffällig erscheinenden Manöver des Gegners bzw. der Sicherungsfahrzeuge jedesmal geortet glaubt und seinen Angriff aufgibt.

Ziffer 227. Nach Erreichung der gewünschten und beabsichtigten vorlichen Lage zum Gegner beginnt der eigentliche Angriff. Hierbei als wichtigsten Grund beachten: *Schmal bleiben* bis zum Schuß, »Hundekurve« durchhalten. Jede auch nur vorübergehende Verbreiterung der Silhouette kann das Boot verraten.

Ziffer 228. Beim Angriff stets Fahrt im Boot behalten. Sonst ist ein Ausweichen über Wasser oder Alarmtauchen während oder nach dem Angriff vor feindlicher Sicherung nicht schnell genug möglich.

Ziffer 229. Beim Auftreffen auf feindliche Sicherungsfahrzeuge versuchen, nach Möglichkeit über Wasser auszuweichen, um beweglich zu bleiben und Überblick zu behalten. Über Wasser bleibt der U-Boot-Kommandant Herr der Lage. Geht das Boot unter Wasser, so wird es blind und stationär und muß eine Änderung der Lage oben allein dem Gegner überlassen.

Ziffer 236. Nach dem Schuß wird es in den meisten Fällen richtig sein, sofort hart nach dem Heck des Gegners abzudrehen, um möglichst schnell aus dem gefährdeten vorlichen Sektor des Gegners, in dem die Rammgefahr beim Bemerktwerden des U-Boots am größten ist, nach achtern herauszukommen.

Ziffer 238 und 239. Muß wegen Einsetzen der Verfolgung getaucht werden, dann erst einmal mit *hoher* Fahrt nach unten und weg von der Schußstelle und der Torpedolaufrichtung. Unter Wasser mit hoher Fahrt auf *geradem* Kurs ablaufen, damit das Boot auf kürzestem Weg aus der Bewachung herauskommt.

Anhang IV

Verzeichnis von Abkürzungen, Tarnnamen und seemännischen Ausdrücken

Aal	=	Seemannsjargon für Torpedo
Agru-Front	=	Ausbildungsgruppe Front
AK	=	Äußerste Fahrt
Akku	=	Akkumulator
Aphrodite	=	Schwebeballon mit herabhängenden Stanniolstreifen zur Irritierung der gegnerischen Radarortung, da diese das »Bild« eines U-Boot-Turms vortäuschten. Der Engländer nannte sie RDB = Radar Decoy Ballon.
Asdic-Gerät	=	aktives, ultrasonore Schallwellen ausstrahlendes Gerät (Allied Submarine Derices Investigation Committee) – in Deutschland unter dem Namen »S-Gerät« bekannt
Asto	=	Admiralstabsoffizier
ASV	=	englisches Flugzeug-Funkmeßgerät zur Anpeilung von U-Booten, auf der 1,40-m-Welle arbeitend
Bachstelze	=	U-Boot-Schleppdrachen mit Bootsmannsstuhl für Beobachter
Back	=	Tisch an Bord
BB	=	Backbord
(x)B-Dienst	=	Funkbeobachtungsdienst der deutschen Marine
BdU	=	Befehshaber der U-Boote
Bergfest	=	der Tag, an dem die Hälfte des vorgesehenen Seetörns abgelaufen ist, mit anderen Worten, an dem der Rückmarsch angetreten wird
Bilgen	=	Zellen im unteren Schiffskörper für Leckwasser
Blechkrawatte	=	scherzhaft für das am Halsausschnitt zu tragende Ritterkreuz des Eisernen Kreuzes
Bold	=	Störgerät gegen die Asdic-Ortung
Bolzen	=	seemännischer Ausdruck für menschliche Panne und Versager
Borkum	=	deutscher Detektor-Empfänger zum Empfang der ASV-Strahlung auf 1,40 m
B-Ü	=	Befehlsübermittler
Bulley	=	rundes Schiffsfenster aus dickem Glas
CiS	=	Abkürzung für U-Boot-Chef im Südraum (Südostasien)
Decks-Tuben	=	Torpedobehälter außerhalb des Druckkörpers
Deschimag	=	Werft bei Bremen
DeTe-Gerät, DT-Geräte	=	das deutsche Radar (bereits 1934 entwickelt und 1937 mit Erfolg erprobt); später hießen diese Geräte nur noch Funkmeß

dippen = Flaggen zum Gruß herunterziehen
Dowaß = scherzhaft für schwer beweglichen Gegenstand
Dreierfächer = drei Torpedos
Dunkeyman = Maschinist
E-Batterie = Elektro-Batterie
E-Boote = Elektro-U-Boote
EGRU = Erprobungsgruppe für U-Boote
Eimer = scherzhaft für Dampfer
E-Maschine = Elektro-Maschine
Fadenkreuz = Zielkreuz im Periskop bei Naheinstellung
Fächerschuß = Schuß mehrerer Torpedos
FdU = Führer der U-Boote
FdZ = Führer der Zerstörer
fieren = herunterlassen
Fla-Boot = Flugzeugabwehr-Boot
Fla-Geleit = Flugzeugabwehr-Geleit
Flo-Chef = Flottillen-Chef
Freya = deutsches Funkmeßgerät des Flugmeldedienstes, auf 2,40 m arbeitend
FT, FT-Raum = Funk, Funkraum
Fu-MB = Funkmeßbeobachtungsdienst
Funkkladde = Tagebuch des Funkers
gammeln = herumliegen, nichts zu tun haben
Gangway = Treppe zum Schiff
GHG = Gruppen-Horch-Gerät
GKdos, Gekados = Geheime Kommandosache
Großer Seehund = Anzug für schweres Wetter
Halsschmerzen = hier: »Halsordenbedürfnis«
HK = Hilfskreuzer
HMS = His Majesty Ship (Seiner Majestät Schiff) – Bezeichnung vor englischen Kriegsschiffsnamen
Hundekurve = das Anlaufen eines Gegners in einer Kurve, dahingehend, daß dem Gegner die kleinste Silhouette, nämlich die vorderliche Ansicht des Bootes, gezeigt wird. Da das Gegnerschiff genauso wie das U-Boot fährt, wobei das U-Boot auf den fremden Dampfer zuläuft, beschreibt das Boot eine Kurve, die man treffend als Hundekurve bezeichnet hat. Beispiel: Ein Hund, der einen fahrenden Radfahrer anspringen will, läuft seinen Augen nach, das heißt, er beschreibt bei seinem Anlauf eine Kurve, um an den fahrenden Radfahrer heranzukommen.
IWO = 1. Wachoffizier
IMT = Internationales Militär-Tribunal
Jumbos = Diesel auf U-Booten
Kaleunt = Kapitänleutnant
KddK = Kameradschaft der deutschen Künstler, Berlin
Kimm = Horizont auf See

KM	=	Kriegsmarine
KMAM	=	Abkürzung für seemännisches Kraftwort à la Götz von Berlichingen
Knoten	=	Schiffsgeschwindigkeit im Augenblick der Erwähnung oder der Fahrtmessung, sonst sm (Seemeile = 1852 m) in der Stunde
Koje	=	Bett an Bord
Kombüse	=	Schiffsküche
Konvoi	=	britisch: Geleitzug
KTB	=	Kriegstagebuch
Kugelschott	=	Rundschott, runde »Tür« in »Querwänden« im Schiff
K-Verbände	=	Kleinkampfverbände der deutschen Kriegsmarine, erst gegen Kriegsende aufgestellt
Laschings	=	von festlaschen
Leimis	=	Engländer
lenzen, Lenzpumpe	=	Wasser aus Schiffsraum pumpen; Wasserpumpe an Bord (sonst auch: mit wenig oder gar keinem Wind vor dem Sturm laufen)
LI	=	Leitender Ingenieur
Lords	=	scherzhaft für Seeleute
Luk	=	Öffnung im Deck eines Schiffes (im U-Boot-Turm oder U-Boot-Druckkörper) zum Einsteigen oder Ein- und Ausladen
LUT	=	Lagenunabhängiger Torpedo
Maschinentelegraf	=	Einrichtung zur direkten Übertragung von Maschinenbefehlen der Brücke an die Maschine, wie »Halbe Fahrt!«, »Stop!«, »Langsame Fahrt!«
Milchkuh	=	scherzhaft für Treibstoff-Versorgerschiff
Navy	=	britische Marine
Netzsäge	=	sägeähnliche Einrichtung vorn am U-Boot zum Zerschneiden von U-Boot-Netzen
Nummer Eins	=	wichtigster Unteroffizier für alle seemännischen Aufgaben
Ob. d. M.	=	Oberbefehlshaber der Marine
OKM	=	Oberkommando der Kriegsmarine
OP-Gebiet	=	Operationsgebiet
Orlog	=	niederländisch: Krieg
Ortung	=	Peilung mit akustischen und funkmeßtechnischen Geräten
Periskop	=	Sehrohr
Persenning	=	Segeltuchbezug
Pinaß	=	Motorboot
PK-Mann	=	Kriegsberichter (Propagandakompanie-Mann)
pöhnen	=	malen, streichen
Prahm	=	Lastkahn, Lastboot
Pulk	=	Flugzeugverband
pullen	=	rudern
Quitjer	=	scherzhaft für Seemännisch-Unbefahrene, für Binnenländer

Rasmus	= in der Seemannssprache für Windgott
Regelzellen	= mit Wasser zu füllende oder zu leerende Zellen zum »Regeln«; Ausgleich der Gewichtsveränderung
Reichiki	= japanischer Flugzeugtyp
Rotterdam-Gerät	= deutscher Name für das bei Rotterdam in einem abgeschossenen britischen Bomber gefundene H_2S-Gerät mit Panorama-Anzeige
Schapp	= Fach
Schlüssel M	= Marine-Funkschlüssel (Maschinenschlüssel)
Schnorchel	= Luftmast für U-Boote
Schott	= Tür an Bord
Seetörn	= Zeit für Reise von Hafen zu Hafen
SKL	= Seekriegsleitung
Sloop	= Schaluppe
Smut	= Schiffskoch
SOS	= internationaler Rettungsruf auf See: Save our souls!
Spargel	= scherzhaft für Sehrohr
Sperrbrecher	= »unsinkbares« Spezialschiff, das in minengefährdeten Gebieten vorausfährt
Squid	= englisch: Mörser zum Werfen von Wasserbomben
SS	= Steam Ship = Dampfer, vor englischen Schiffsnamen
Stiehm, stiehmen	= Sturm, stürmen
Stoker	= Heizer
Support-Groups	= U-Boot-Abwehrgruppe oder genauer: Geleitzug-Verteidigungsgruppe
Taljen	= leichter Flaschenzug, an Bord meist aus Holzblöcken und Tauen
Tampen	= Tau
T-Maat	= Torpedomaat
törnen, Törn	= drehen, umdrehen
trimmen	= in die richtige Lage bringen
Trosse	= starkes Tau
Trossenklüse	= Öffnung im Schanzkleid
T-Stoff	= Geheimwort für Perhydrol (Wasserstoffsuperoxyd)
U-A	= für die Türkei gebautes, nicht abgeliefertes und als U-A in Dienst gestelltes U-Boot
UAK	= U-Boot-Abnahmekommando
UIT	= italienisches U-Boot
U-Raum	= Unteroffiziersraum
V-Boot	= Verkehrsboot
V-Offizier	= Verwaltungsoffizier
Wabos	= Wasserbomben
Wachtörn	= Zeit einer Wache an Bord
Wahrschau, wahrschauen	= Achtung, jemanden rufen

»Wanze«	=	d. h. W-Anz = Wellenanzeiger, ein 1942 entwickelter deutscher Überlagerungsempfänger, der den ganzen Wellenbereich automatisch durchdrehte, der aber wegen Fertigungsschwierigkeiten erst 1943 zum Einsatz kam. Er sprach nur auf die 1,40-m-Welle der ASV-Geräte an, kam also zu spät
WO	=	Wachoffizier
Zaunkönig	=	Deutscher Torpedo, der akustisch gesteuert auf Schraubengeräusch anspricht, zur Vernichtung von Zerstörern bestimmt
Zentrale-Gast	=	Mannschaftsdienstgrad mit Wachstation in der U-Boot-Zentrale

Bildnachweis

Die Photos stammen von AP, London (5), Central Press, London (3), B. Drüppel, Wilhelmshaven (2), Karl Emmermann (1), W. Garns (1), Dr. Hans Lehmann (2), Rudi Meisinger (2), PBZ (1), Plant News (1), K. Schulze (1), Charly Schütze (3), K. Tölle (1), W. Vater (1), Ullstein-Bilderdienst (4), Weltbild (1), W. Wenig (2) und vom Verfasser.